# 中国文物志

## 不可移动文物编 IV

近现代重要史迹及代表性建筑

世界文化遗产（含世界文化和自然混合遗产）

中国历史文化名城名镇名村

中国文物志编纂委员会　编

董保华　总编纂

刘小和　乔梁　副总编纂

文物出版社

中国文化遗产

# 总 目 录

ZHONGGUO WENHUA YICHAN

## 第四节　近代工商业遗存

## 第五节　代表性建筑

# 第六章　世界文化遗产（含世界文化和自然混合遗产）

## 第一节　世界文化遗产

## 第三节　中国历史文化街区

## 第二节　世界自然与文化双重遗产

# 第七章　中国历史文化名城名镇名村

## 第一节　国家历史文化名城

## 第二节　中国历史文化名镇名村

# 第五章

# 近现代重要史迹及代表性建筑

近代以来，由于帝国主义列强的入侵和清朝封建统治阶级的腐败，中国从封建社会逐渐沦为半殖民地半封建社会。为了反抗帝国主义和封建主义的压迫，中国人民进行了长期的不屈不挠的斗争。特别是中国共产党领导全国各族人民进行了新民主主义革命、社会主义革命和建设以及改革开放的伟大事业，实现了中华民族从站起来，到富起来，到强起来的伟大飞跃。在自1840年以来的近现代历史进程中，发生过许多重大历史事件，涌现出许多著名历史人物，留下的历史遗迹（址）遍布大江南北。在国务院公布的第一至七批全国重点文物保护单位名录中，近现代重要史迹及代表性建筑（第一批、第二批称革命遗址及革命纪念建筑物）709处。本章从中选出176处，按照历史事件纪念地点、名人故旧居纪念地、军政机构驻屯地点、近代工商业遗存和代表性建筑分类叙述。

历史事件纪念地点，从鸦片战争前的林则徐销烟池与虎门炮台旧址，到新中国成立初期的鸭绿江断桥，见证了中国近代发生的许多重大历史事件。三元里平英团遗址、江孜宗山抗英遗址、义和团吕祖堂坛口遗址、望海楼教堂、刘公岛甲午战争纪念地等，是中国人民抗击外来侵略的历史见证。金田起义地址、太平天国忠王府、太平天国天王府遗址等，是中国历史上规模最大的一次农民起义的重要遗迹。北京大学红楼、中国共产党第一次全国代表大会会址、八七会议会址、遵义会议会址、洛川会议会址等，见证了中国共产党诞生及其成长壮大的历程。国民党"一大"旧址和黄埔军校旧址、北伐汀泗桥战役遗址等，在国共合作的历史上具有重要意义。"八一"起义指挥部旧址、秋收起义文家市会师旧址、古田会议旧址群、会宁红军会师旧址、南昌新四军军部旧址等，反映人民军队的创建及发展历程。西安事变旧址、平型关战役遗址、冉庄地道战遗址、芷江洽降旧址等，是中国近代史上中国人民反对外敌入侵并第一次取得完全胜利的抗日战争的历史见证。内蒙古自治政府成立大会会址是中国第一个少数民族自治区——内蒙古自治区的诞生地，是中国共产党实行民族区域自治、成功解决国内民族问题的历史见证。鸭绿江上第一桥——鸭绿江断桥，既是日本帝国主义蓄意侵略中国的铁证，同时又见证了中国人民取得抗美援朝战争伟大胜利的历史。

在中国人民长期的革命斗争中，无数志士仁人前仆后继，抛头颅，洒热血，探索救国救民的道路，进行可歌可泣的抗争，为实现中华民族伟大复兴做出贡献，给后人留下丰厚的物质遗产和精神财富，祖国大地留下了他们成长和奋斗的足迹。名人故旧居纪念地包括改良主义代表人物康有为、谭嗣同的故居，资产阶级民主革命先驱孙中山的故居和陵墓，黄兴、秋瑾的故居，中国共产党的主要创始人之一李大钊及中共领导人毛泽东、刘少奇、周恩来、朱德、任弼时、邓小平、胡耀邦等人的故居，国民党领导人蒋介石、蒋经国的蒋氏故居，爱国将领张学良故居，爱国民主人士宋庆龄、李济深的故居和冯玉祥墓，华侨领袖陈嘉庚墓，著名文学家鲁迅故居及墓地，现代著名学者、文学家郭沫若故居，国际共产主义战士白求恩工作过的模范病室旧址等。此外，还有为在人民革命事业中献身的革命志士集中修建的墓及纪念设施，如为纪念在辛亥革命时期为革命献身的黄花岗七十二烈士墓、辛亥秋保路死事纪念碑；为纪念在抗日战争中为国捐躯的抗日英烈修建的南岳忠烈祠、国殇墓园；为纪念在新民主主义革命时期殉难的共产党人和爱国志士兴建的雨花台烈士陵园；以及为纪念中国近代以来在人民解放战争和人民革命中牺牲的人民英雄，树立在天安门广场的人民英雄纪念碑等。

军政机构驻屯地点包括中国近代各党派团体建立的政府及军事机构的旧址。武昌起义军政府旧址，是1911年武昌起义爆发后革命党人建立的中华民国军政府鄂军都督府所在地，被誉为"民国之门"。孙中山三次在广州建立革命政府，其中广州大元帅府旧址是两次政府的驻地。武汉国民政府旧址，是遗存唯一的国共两党联合的革命政权暨中央政府所在地。原国民政府旧址，是中华民国政府建都南京的十年间（1927～1937）最高行政机关所在地。孙

中山临时大总统府及南京国民政府建筑遗存，是中国历史上第一个共和制的国家政权——中华民国临时政府所在地，也是后来南京国民政府机构的办公地。国民政府立法院、司法院及蒙藏委员会办公机构旧址是国民政府迁都重庆后的部分政府机关驻地。1927年，毛泽东、朱德在井冈山领导创建了中国第一个农村革命根据地，井冈山地区成为中国共产党政权较早的军政机构驻屯地。井冈山革命旧址是文物点最多、分布面最广的现代史迹之一。1931年，中国第一个全国性红色政权——中华苏维埃共和国在瑞金成立，瑞金被称为"红都"，中央苏区军政机构旧址遍布瑞金的大街小巷。此时期的中共各级军政机构旧址还有红安七里坪革命旧址、湘鄂西革命根据地旧址、鄂豫皖革命根据地旧址、闽浙赣省委机关旧址、南梁陕甘边区革命政府旧址等。1935年中央红军到达陕北，中共中央驻扎延安13年。自1938年起，延安进行大规模的建筑活动，除修建新的窑洞和住宅之外，还集中修建了礼堂、会议厅及一些党政办公楼等。延安是全国革命根据地城市中旧址保存规模最大、数量最多、布局最为完整的城市。西柏坡革命旧址是中国革命最后一个农村司令部所在地，毛泽东在这里指挥了著名的三大战役，召开了七届二中全会。此外，还有广州农民运动讲习所旧址、黄埔军校旧址等第一次国共合作的硕果和历史见证。有中国近代最早培养新式陆军军官的著名军事学校云南陆军讲武堂，民国时期四川开办的第一所高等佛学教育学府世界佛学苑汉藏教理院旧址，清朝末代皇帝溥仪充当伪满傀儡政权"执政"和"皇帝"时的伪满皇宫旧址等。新中国成立初

期的军政机构旧址，如青藏公路建设指挥部旧址和第一个核武器研制基地旧址等，是中国共产党领导中国人民，进行社会主义建设事业的缩影。这些旧址被辟为纪念馆，成为进行爱国主义教育和革命传统教育的重要课堂。

近代工商业遗存是第四批全国重点文物保护单位名录中新增类型。延一井旧址是中国陆上第一口油井遗存，被誉为"中国石油工业之母"。抗日战争时期延长石油成为陕甘宁边区政府主要经济支柱之一，为抗日战争和解放战争胜利做出贡献。大庆第一口油井标志着大庆油田的发现，是新中国石油工业崛起的重要里程碑。记录中国近代民族啤酒工业历史的青岛啤酒厂早期建筑，亚洲最早的钢铁煤联合企业汉冶萍煤铁厂矿旧址，中国第一座水力发电站石龙坝水电站，中国近代最早开办的三家水泥厂之一的华新水泥厂，见证了中国近代工（商）业的发生和发展历程。

遍布大江南北的近现代重要史迹，因所处的地域不同，所呈现出来的建筑风格各异。既有典型的江南民居，如茅盾故居、任弼时故居等，也有普通的北方民居，如乌兰夫故居、李大钊故居等。在中国近代社会"西风东渐"的背景下，近代史迹建筑也呈现出多样化的特点，既有传统的中式建筑，也有西式建筑，更多的是中西合璧式建筑。沈阳张学良旧居综合体现了这个特点：从完全"中式传统"的三进四合院，到"以中为主，辅以西式"小青楼，再到"以西为主，辅以中式"的大青楼，最后发展到"几乎完全西化"的帅府舞厅、边业银行和红楼群，非常鲜明、生动地反映国了中国建筑从中式—中西合璧式—西式的近代化过程，是中国近代建筑发展的一个缩影。

中国近代建筑是指1840～1949年建造的西洋建筑和少量之前建造的西洋建筑。其造型、材料、工艺、结构同中国传统建筑完全不同，是西方传到中国的新型建筑。1840年西方列强入侵中国之前，中国已经有西洋建筑存在。建于清代乾隆年间的圆明园西洋楼，是西洋传教士带领中国工匠建造的以喷泉为主题的欧式园林府邸建筑。咸丰十一年（1861年）"辛酉政变"后，清政府在宫廷园林中开始建造少量西洋建筑。之后，中国出现了多种西洋建筑形式，如京张铁路沿途车站建筑、通商口岸外国领事馆建筑以及各地的教堂建筑等。光绪二十六年（1900年）清政府实行"新政"后，把旧有的政府办公建筑按西方建筑形式建造。北京东交民巷到1912年形成欧式风格的使馆区，建筑形式均为20世纪初欧美流行的折中主义风格。

1911年民国政府成立以后，是中国近代建筑发展的成熟时期。一批受过西方教育的建筑师成为建筑的设计和建造者。民国十七年（1928年），民国政府以南京为首都，建造了大量的公共和办公建筑，政府建筑都采用中国清朝宫殿大屋顶的建筑形式。20世纪二三十年代各省都建有大学和公共图书馆、医院，既有中国传统宫殿风格，也有西洋古典折中主义和装饰主义风格。上海外滩建筑是中国民族资本主义发展的一个缩影，到20世纪40年代上海外滩建造了31栋超过十层高的楼房，这批建筑多为西洋古典折中主义和装饰主义造型。中国的民间也建造一些的西洋建筑群。如广东开平侨乡中西合璧的碉楼建筑。20世纪30年代末到40

年代末，仅在中国东北地区、民国政府所辖西南地区和中国共产党所辖的根据地发生一些建筑活动。日本对伪满洲国的首都长春进行了大规模的建设。国民政府的陪都重庆在抗战期间的建设以解决生活所需的住宅为主，俗称"住宅新村"，这些住宅多为2～3层，砖木结构两坡屋顶，建筑在郊区的山地上。

近现代重要史迹和代表性建筑不能截然分开。许多近现代重要史迹同时又是代表性建筑，而代表性建筑是特定历史背景下的产物，承载着丰富的历史内涵，反映中国近现代历史的不同侧面。

# 第一节 历史事件纪念地点

**林则徐销烟池与虎门炮台旧址** 是中国近代史上抗击外来侵略的重要历史事件发生地和纪念地。林则徐销烟池旧址坐落在广东省东莞市虎门镇解放路113号鸦片战争博物馆馆区西部,背靠太平镇牛背山,南临珠江,西边为太平镇镇口关隘。虎门炮台分别位于广东省东莞市虎门镇的沙角山、大角山、威远岛和广州市南沙区的上横挡岛、下横挡岛、大虎山等地。

19世纪30年代后期,英、美等国向中国走私鸦片愈演愈烈,严重威胁清王朝统治。清政府派坚决主张禁烟的钦差大臣林则徐前往广州查禁鸦片。林则徐将收缴的鸦片19187箱又2119袋,约118万千克,在虎门海滩当众销毁。林则徐销烟池旧址即为当年林则徐销烟处。旧址为两个正方形的池子,长、宽各50米,面积2500平方米。开挖于清道光十九年(1839年)4月。1973年,经考古发掘复原了这两个销烟池。池岸北、西边有栅栏,池四周栏桩钉板;池底平铺石板。池前设一涵洞,作排放鸦片残渣之用;池旁挖一水沟,便于车水入池。销毁鸦片时,先用水装满烟池,然后往水里撒盐成浓盐卤水,将鸦片倒入池内,用浓盐水溶化,加入生石灰搅拌,使鸦片分解销蚀,再引水入池冲到江中。

林则徐销烟的同时,与水师提督关天培一道动员民众筹备防务。在东莞县虎门要塞积极布防,加固和新建炮台11座,设置大炮300多门。道光二十年十二月十五日(1841年1月7日),英国驻华商务监督查理·义律派兵突然袭击珠江口大角、沙角炮台,守将陈连升等官兵英勇战死。道光二十一年二月初三(1841年2月25日),义律率军舰18艘进攻虎门炮台,关天培身先士卒,率众多次击退英军,终因寡不敌众,与部众400余人全部壮烈牺牲。

虎门炮台是分布在广东省东莞市虎门海口一带炮台的总称,共有炮台11座,是鸦片战争时期爱国将领关天培坚持抗击英国侵略军的地点。虎门炮台先后建于清康熙五十六年(1717年)至道光十九年(1839年),炮位有圆形、椭圆形、月牙形几种,设置大炮300余门。以沙角、大角炮台为第一重门户,威远、镇远、靖远、巩固、永安、横档前山月台为第二重门户,大虎炮台为第三重门户,组成三道防线。光绪九至十五年

林则徐销烟池位置图

（1883～1889年），曾对炮台进行大规模的修复、扩建，先后在白草山、捕鱼山、仓山、蜈蚣山、旗山、龟山、白鹤山、狮子山、象山、凤凰山修建10处炮台。炮台依山排列，面向大海，形成规模庞大的沙角炮台防御体系。

沙角炮台是虎门的第一道防线，系清嘉庆六年（1801年）建造，道光二十一年（1841年）第一次鸦片战争中在英军进攻虎门时受到破坏，咸丰六年（1856年）第二次鸦片战争再次被英军所毁。遗存文物主要有沙角炮台门楼、濒海台、临高台、捕鱼台、仓山台、旗山炮台、迎熏门等。沙角炮台包含有节兵义坟和林公则徐纪念碑。"节兵义坟"在虎门白草山西麓沙角炮台后方，埋着陈连升和大部分士兵的遗骸75具。大角山炮台系道光十二年（1832年）建造，在第一次鸦片战争中被毁，道光二十三年（1843年）重修。咸丰六年（1856年）再次被毁。光绪十一年（1885年），两广总督张之洞等引进西洋后膛炮，改为德国克虏伯后膛炮台，由原1处炮城增加到9个炮台。抗日战争中，中国守军曾在此抗击日军。炮台遭到日军的轰炸和破坏。大角山炮台遗存振威台、振定台、安胜台门楼，部分炮池、坑道和火药局的残存房屋。

威远岛上的炮台包括定洋台炮台、靖远炮台、威远炮台、镇远炮台、蛇头湾炮台，遗存的文物有2个露天炮位和围墙，另有靖远炮台暗室、暗道及兵房等遗址。定洋台炮台，又称鹅夷炮台，位于威远岛东南端之鹅山上，建于光绪七年（1881年）。靖远炮台建于道光十九年（1839年），是鸦片战争时期虎门炮台

林则徐销烟池旧址

威远炮台旧址

中规模最大的一座炮台，被称为"帅台"；威远炮台于康熙五十六年（1717年）在南山炮台基础上扩建而成；镇远炮台于嘉庆十二年（1807年）建造。几座炮台在道光二十一年（1841年）第一次鸦片战争虎门海战时遭英军破坏，道光二十三年（1843年）修复；咸丰六年（1856年）在第二次鸦片战争中再遭英军破坏，光绪年间再次修复。其中威远炮台于光绪九年（1883年）修复时将炮台左前方弯曲部分改建为一大二小的明炮位。光绪十一年（1885年）重修南山诸炮台，将原炮位一律改建为露天炮位，命名为威胜东台。蛇头湾炮台始建于道光二十三年（1843年），第二次鸦片战争中被英军破坏，光绪九年（1883年）重建，抗日战争中遭日军飞机轰炸破坏严重。

上横档岛的横档炮台、横档月台和永安炮台在第一次鸦片战争中俱毁，道光二十三年（1843年）重建炮台时将横档和永安两个炮台联成一台，放弃横档月台。炮台目前尚存有光绪十年（1884年）所建的前山东台群和后山西台群的后膛炮池8个及门楼、炮巷。东台门楼保存完好，匾额上横向阴刻"东台"二字，上款刻"两广总督部堂张、广东巡抚部院倪、

上横档炮台旧址1号池及后膛炮

署广东水师提督方"，下款刻"光绪十年夏月"。其他文物有官厅、厢房、交通壕、火药库、兵房，整体布局清楚。下横档旧有土炮台，已坍毁，道光二十三年（1843年）改建三合土炮台一座，第二次鸦片战争中被毁，光绪七年（1881年）两广总督张树声等重建。下横档炮台尚存光绪年间的9个西式混凝土炮池，坐北向南微偏东，一字排列在山梁上。炮台门楼较完整，但门额缺失，有官厅、兵营、库房、火药局和坑道，整体布局清楚。

大虎山炮台系清嘉庆二十二年（1817年）建造，在两次鸦片战争中被破坏。现仅见炮台基础和建筑材料三合土块。

1982年2月23日，林则徐销烟池和虎门炮台旧址被国务院公布为第二批全国重点文物保护单位，编号2-0001-5-001。1985年，东莞市虎门林则徐纪念馆（鸦片战争博物馆）成立，负责林则徐销烟池与东莞市属的虎门炮台旧址的保护管理工作。1994年，广东省人民政府公布番禺部分的保护范围和建设控制地带。1997年，对靖远炮台露天炮位、暗道等进行较大规模的维修，修复镇远炮台的营房与暗道暗室。2001年7月，在大角山炮台火药库西北侧约100米的山坳处发现大角之战阵亡官兵合葬墓。2009年，仿建清代"义勇之冢"风格的英烈墓。2010年，经国家文物局批复，划定东莞部分的保护范围和建设控制地带。2013年，广东省人民政府批准《林则徐销烟池旧址和虎门炮台保护规划》。东莞虎门林则徐纪念馆（鸦片战争博物馆）与广州市文物考古研究院分别建立和保管"四有"档案资料。

**三元里平英团遗址**　原为三元古庙，是三元里人民抗英斗争的历史纪念地，位于广东省广州市白云区广园中路34号。

三元里平英团旧址正面

清道光二十年五月二十九日（1840年6月28日）鸦片战争爆发后，英国侵略军不断对中国东南沿海地区发动侵略战争。道光二十一年四月九日（1841年5月29日）上午，一股英军闯到三元里抢劫并调戏妇女，村民群起反抗，英军狼狈逃窜。三元里民众在三元古庙前誓师，并以庙内的三星神旗为指挥旗，宣誓"旗进人进，旗退人退，打死无怨"。四月十日（5月30日），爱国士绅何玉成等出面联络三元里附近的103乡民众及部分丝织工人、打石工人、水勇等七八千人，在牛栏岗设伏，诱出英军至设伏点，鸣锣出击。时逢大雨，英军的火枪失去作用，这次战斗毙伤敌人200余人，击毙英军少校毕霞。四月十一日（5月31日），四乡民众包围被英军占领的永康炮台（当地人称四方炮台）。6月1日，英军在广州知府余保纯庇护下仓皇撤离广州。三元里人民的抗英斗争为中国近代史写下光辉的篇章。

三元古庙，原建于清康熙年间，是供奉北帝的道观，因道教以天、地、水为"三元"，故称三元古庙。占地面积1025平方米，建筑面积446平方米。古庙坐西朝东，为二进四合院的布局，由山门、拜庭、廊房、后殿、偏殿等组成。面阔三间11.38米，进深两进20.88米，中隔一天井；砖木结构，硬山顶，青砖墙石脚。正脊饰琉璃鳌鱼宝珠，四壁上绘有"伏生传经"等图案。三元古庙表现了晚清时期建筑趋向装饰华丽铺张的风格，具有浓厚的广州清代祠庙建筑的特色。清咸丰七年（1857年）十一月，英法联军侵占广州，焚毁三元古庙。咸丰十年（1860年）三元里村民集资重建三元古庙，后人称此为平英团遗址。

中华人民共和国成立后，三元里平英团遗址由广州博物馆负责管理与保护。1961年3月4日，三元里平英团遗址被国务院公布为第一批全国重点文物保护单位，编号1-0001-5-001；同年，遗址被辟为三元里人民抗英斗争纪念馆。1989年进行三元里平英团遗址抢险加固维修工程。1994年，广东省人民政府公布三元里平英团遗址的保护范围和建设控制地带。1996年，遗址被公布为全国爱国主义教育基地。1997年，再次进行三元里平英团遗址的保养维护工程。2004年，进行三元里平英团遗址防雷工程。2012年5月，国家文物局批复广东省文化厅《三元里平英团遗址保护规划》立项的申请。三元里平英团遗址"四有"档案由广州市文物考古研究院负责编制和保管。

**金田起义地址**　是清咸丰元年（1851年）洪秀全领导的太平军誓师起义地的旧址，位于广西壮族自治区桂平市北部金田镇金田村西侧的犀牛岭。

太平天国起义是中国近代史上规模巨大、波澜壮阔的一次伟大的反封建、反侵略的农民革命战争。清道光二十四年（1844年）以后，冯云山、洪秀全先后到桂平紫荆山区，建立民

金田起义地址正门

间宗教组织拜上帝会，并迅速扩展到广西浔州、林州和广东信宜、高州等十几个州县，斗争方式由宗教冲突发展到政治的武装斗争。道光三十年十二月十日（1851年1月11日），洪秀全在金田村犀牛岭营盘率众两万余人誓师起义，建号太平天国，起义军称为太平军，从金田开始轰轰烈烈的太平天国运动。

金田起义地址，俗称金田营盘。始建年代无考，相传为明代瑶民起义军修筑的基地。清道光末年金田起义前夕为洪秀全领导的太平军占用，并重修筑营盘土围墙，加高加固。由练兵场、古营盘及拜旗石、犀牛潭、堑壕组成，附属设施有陈列馆、碑廊、洪秀全像。金田起义地址包括韦昌辉故居、新圩三界庙、傅家寨、古林社、风门坳共五处文物点。犀牛岭

后枕荆山，前列金田平原，北端为古营盘，营盘中间原有一圆形土台，前面有块高出地面约1米的大石，称"拜旗石"，传说为洪秀全登高拜旗誓师宣告起义之处。古营盘前的草坪，是太平军练兵场。岭的西北坡紧靠犀牛潭，是太平军藏武器的地方。南面是现代修建的"太平天国金田起义历史陈列馆"，为花岗岩体，琉璃瓦歇山顶建筑，外观古朴，与接待室、碑廊、录像室形成园林式布局。太平天国北王韦昌辉故居，在犀牛岭东侧的金田村内。拜上帝会总部曾设于此，会众们曾在这里开炉日夜打制武器，然后运到犀牛潭中秘藏。起义军北上后，被清兵烧毁。韦昌辉故居为1987年恢复重建。距古营盘东4千米的新圩三界庙，是太平军的前军指挥部，庙内保存有碑刻近30块，是

金田起义地址

研究太平天国历史的珍贵资料。

1961年3月4日，太平天国金田起义地址被国务院公布为第一批全国重点文物保护单位，编号1-0002-5-002。1974年以来，广西壮族自治区文化厅拨款于营盘下的犀牛潭等处砌护坡石、建休息室，并修筑营盘至金田村的通道。1976年，成立太平天国金田起义地址管理所，负责旧址的保护管理，并建立太平天国金田起义地址"四有"档案。1980年，建成太平天国金田起义历史陈列馆，并对外开放。1987年，在原址修建纪念性建筑"北王韦昌辉故居"。1990年，立洪秀全像。1995年，太平天国金田起义地址被广西壮族自治区人民政府公布为爱国主义教育基地。2000年以来，完成遗址和周边部分基础设施的建设。2006年，广西壮族自治区人民政府印发《广西壮族自治区人民政府关于公布经略台真武阁等113处文物保护单位保护范围和建设控制地带的通知》，公布太平天国起义地址的保护范围和建设控制地带。

**太平天国天王府遗址**　是太平天国定都天京时的宫殿所在地，也曾是清王朝两江总督署、孙中山临时大总统府和国民政府所在地，位于江苏省南京市玄武区梅园街道梅园新村社区长江路292号。

太平天国天王府遗址，原为朱元璋所建的汉王府，明代称为"熙园"，是一座具有江南特色的古典园林建筑。清朝为江宁织造署、江南总督署、两江总督署。清康熙、乾隆两位皇帝下江南时均以此为"行宫"。

清咸丰三年（1853年），太平天国定都南京，并在原两江总督衙门的基础上，兴建规模宏大的天朝宫殿（天王府）。同治三年（1864年），清军攻破南京后，焚毁宫殿建筑，复建两江总督署衙门。民国元年（1912年）1月1日，孙中山在此处宣誓就任中华民国临时大总统，并组建中国历史上第一个共和制的国家政权——中华民国临时政府。民国2~16年（1913~1927年），这里先后成为江苏都督府、江苏督军署、江苏督办公署、副总统府、宣抚使署、五省联军总司令部、直鲁联军联合办事处等机构所在地。民国16年（1927年）4月，南京国民政府移驻此处办公。次年10月，国民政府行政院成立，以国民政府东院为办公处。民国26年（1937年）12月，侵华日军攻占

太平天国天王府遗址平面图及保护范围

太平天国天王府金龙殿

孙中山临时大总统办公处

南京后，国民政府办公处先后成为日军第16师团部和伪维新政府以及汪伪政府的立法院、监察院和考试院所在地；行政院办公处成为伪交通部、伪铁道部等机构所在地。民国35年（1946年）5月，国民政府"还都"南京后，这里仍为国民政府所在地。东花园成为国民政府社会部、水利部、地政部和侨务委员会所在地。民国37年（1948年）5月，蒋介石、李宗仁在"行宪国大"分别当选总统、副总统后，国民政府改称总统府。总统府有东、西两个花园，东花园曾是国民政府行政院；西花园一侧曾作为国民政府参谋本部等机关。

太平天国定都天京时改建的天王府，东至黄家塘，西至碑亭巷，北至浮桥、太平桥一

太平天国天王府西花园石舫"不系舟"与夕佳楼

线，南到科巷、大行宫长街。据晚清《贼情汇
纂》记载："城周围十余里，墙高数丈，内外
两重，外曰太阳城，内曰金龙城，殿曰金龙
殿，苑曰后林苑。雕琢精巧，金碧辉煌。"宫
城分内外二重，正殿为金龙殿，还有二殿三
殿，有穿堂直通后宫，最后为后林苑，东西两
侧有花园。仅存太平湖、古井口及园内石舫，
其余均在清军占领天京后被焚毁。

民国38年（1949年）4月23日南京解放后，
太平天国天王府遗址成为江苏省人民政府与江
苏省人大办公所在地，仅煦园对外开放。20世
纪80年代，江苏省人民政府与江苏省人大各机
关陆续迁出，此处成为江苏省政协办公地。
1982年2月23日，太平天国天王府遗址被国务
院公布为第二批全国重点文物保护单位，编号
2-0002-5-002。1996年，江苏省人民政府办公
厅印发《关于公布江苏省第一二三批全国重点
和省级文物保护单位保护范围及建设控制地带
的通知》，公布太平天国天王府遗址的保护范
围和建设控制地带。2000年11月江苏省政协机
关迁出，中共江苏省委、省政府在此实施南京
中国近代史遗址博物馆基建工程，并筹建南京
中国近代史博物馆。2001年3月1日，经过复原
整治全面对外开放。2003年4月，南京中国近代
史遗址博物馆管理建设办公室成立。2004年6
月，南京中国近现代史遗址博物馆管理建设办
公室建立太平天国天王府"四有"档案。

堂子街太平天国壁画　是太平天国时期在
东王杨秀清官衙署建筑上的壁画，位于江苏省
南京市秦淮区朝天宫街道陶李王巷社区堂子街
108号。

据史料记载，太平天国建都天京后，设立

堂子街108号建筑外景

"绣锦衙"，组织艺术创作活动。从事创作的
画工、画师达数百人，将天京及各地王府和馆
衙描绘得丰富多彩。各府衙"门扇墙壁，无一
不画"，"四壁禽鸟花草，设色极工"，"光
耀射目"。天京失陷后，壁画被清军摧毁后，
仍存1000多处。

堂子街壁画所在的建筑，为房主李奉先祖

堂子街太平天国壁画江天亭立图

堂子街太平天国壁画孔雀牡丹图

上建造的住宅。太平军进城时，李家逃走，太平军没收该房产作为东王杨秀清官衙署——东王府。太平天国灭亡后，李家回到原宅，看到满墙皆为太平军绘制的壁画，即用石灰涂抹，仅存下其中的一部分。

堂子街李氏原宅占地面积约2000平方米，坐北朝南，砖木结构，原为六进，第一进已毁，今存五进，每进均面阔三间，进深七檩。自南而北为大厅、二厅、四厅、后檐房，东面为花厅。各进厅堂之间均有天井。每进的东、西、北壁原都有壁画，均是绘在墙壁或板壁上。在74号第二进大厅石灰墙上，存有8幅彩色壁画。另在第五进的木板上存有8幅壁画，因长

期被炊烟熏染，画面暗黑不佳，经洗刷后移至第二进安装，还有2幅已模糊难辨，总计18幅。大厅东壁为《鹤寿图》《江防图》《山亭瀑布图》《柳阴骏马图》，西壁为《双鹿灵芝图》《云带环山图》《江天亭立图》，北壁为《孔雀牡丹图》；第二进东壁为《盆栽瓶花图》《鹿鹤同春图》《绶带蟠桃图》《丛林楼阁图》，西壁为《文房四宝图》《鸳鸯荷花图》《狮子戏球图》《茅亭远帆图》；第三进东壁为《鱼藻图》，西壁为《金狮彩球图》；四、五两进原壁画已毁。在壁画所在的区域内先后发现天王纶音碑额、碑座和总圣库石柱础，均存放于堂子街太平天国壁画馆内。天王纶音碑

额、碑座为1954年在遗址西花园墙隅发现，碑额高60厘米、宽131厘米、厚32厘米，前后两面均雕刻二龙戏珠，前面有阴文小篆"纶音"二字，据罗尔纲考证为洪秀全亲笔所写。碑座高61.5厘米、上宽123.3厘米、下宽133厘米、上厚33.8厘米、下厚38厘米，前后两面都雕刻云龙花纹。总圣库石柱础为1976年1月在南京升州路发现，刻有太平天国时期图案。

堂子街太平天国壁画采用现实主义的创作方法，构思精巧、布局合理、技法粗犷、设色鲜艳，具有较高的艺术价值。《防江望楼》，突出表现了太平天国重要防御工事"望楼"，这幅壁画不但把传统认为最难处理的高层建筑作为主要表现对象，而且把它经营在画面重要位置上，用浓墨来描绘它，使之成为整个画面上主题最集中、形象最突出的部分；并且在江边绘着许多军用船只，船樯上飘扬着太平天国的旗帜，使防守江边的主题内容表现得丰富、生动，被公认为太平天国壁画的杰作。其他如《孔雀开屏》《燕子矶》《栖霞山》等几幅画，峰峦绵延，树木苍劲，飞瀑倾泻，豪放自然，画中的孔雀、鹤、马、鹿、飞燕、斗鸡等均传神逼真，充满活力。

1952年1月18日，南京市第四区人民政府报告南京市文物保管委员会，称群众反映堂子街74号李家有太平天国壁画。同年12月7日，太平天国史专家罗尔纲等6位专家实地调查，确认该房为太平天国时期某王府，墙上的壁画为太平军画师所绘。后罗尔纲在其著作《太平天国史迹调查集》第一辑中专门记述了南京堂子街太平天国壁画调查记。堂子街太平天国壁画被认定后，得到党和政府的高度重视。1952

年12月，堂子街被回收修葺后，南京市文物保管委员会展览组在此筹办太平天国文物史料陈列。1956年10月1日，经文化部批复同意，太平天国纪念馆正式成立。同年10月，堂子街太平天国东王府被江苏省人民委员会公布为第一批省级文物保护单位。1961年1月，太平天国历史博物馆成立。1988年1月13日，堂子街太平天国壁画被国务院公布为第三批全国重点文物保护单位，编号3-0003-5-003。1991年7月，国家文物局委派文物保护专家到南京对堂子街壁画进行揭取保护。2011年，南京市文物局建立堂子街太平天国壁画"四有"档案。2017年6月，根据江苏省政府《关于南京市调整第一至三批省级以上文物保护单位保护范围及建设控制地带的批复》，调整并确定了堂子街太平天国壁画的保护范围和建设控制地带。

**大沽口炮台**　是清政府为防御外寇侵犯修建的军事设施，位于天津市滨海新区塘沽东炮台路1号滨海新区海河南岸，东抵大沽口，西邻滨海大道，北至海河大桥，南面滩涂洼地。

大沽口海防工事始置于明嘉靖年间（1522～1566年），专用于防倭。清嘉庆二十一年（1816年），因大沽口战略地位重要，清政府在大沽口设水师。两岸各建圆形炮台1座，称"南炮台""北炮台"，初以砖石砌就，后以三合土夯筑。鸦片战争期间炮台被重新启用，炮台建设不断发展，经过历次修整，至光绪二十六年（1900年），两岸共有5座营盘，其中南岸为南岸营盘、草头沽营盘、南滩新营盘，北岸为北岸营盘、石头缝营盘；大炮台共6座，其中南岸营盘"威"字、"镇"字、"海"字、长炮台4座，北岸营盘"门"字、"高"字炮台2座；另

大沽口炮台遗址远景

有平炮台62座。光绪二十六年（1900年），八国联军攻陷大沽口炮台进占北京。次年，清政府与列强签订《辛丑条约》，规定"大清国国家应允将大沽口炮台及有碍京师至海通道之各炮台，一律削平"。

大沽口炮台遗迹分布于大沽海口两岸，占地约16.08万平方米。大体由北岸炮台遗址区、旧海河口及海河故道、南岸炮台遗址区三个主要部分组成。遗址内有军事管制区，并建有雷达站、营房和掩体等设施。遗址地表自南向北

大沽口威字号炮台遗址

分布着海河南岸的"威"字炮台、"镇"字炮台、"海"字炮台，另有北岸"门"字炮台一处，以及南岸营盘东侧，南侧围墙局部。其他遗迹埋藏在地下。"威"字炮台位于海河南岸，海河大桥西侧，"镇"字炮台、"海"字炮台以南，为三合土夯筑的圆形炮台，保存较好，高13.79米，底座直径63.5米，周长约200米，基座相对埋深为7米，地表部分经修缮，仿建引道（马道），台顶、垛墙风化严重。"镇"字炮台为大沽口的主炮台，位于"威"字炮台北侧，由三合土夯筑，呈方形。清光绪二十六年（1900年）八国联军入侵时对其破坏最为严重，仅保存炮台的基础部分。遗址底座周长约190米，基座相对埋深为7米，地表迹象不明显，发现引道局部。"海"字炮台位于"镇"字炮台北侧，为三合土夯筑的方形炮台。地表部分保存基本完整，底座周长170米，

边长42.5米，残高9.53米，基座相对埋深为7米。"门"字炮台位于海河北岸，残高9米。

1988年1月13日，大沽口炮台被国务院公布为第三批全国重点文物保护单位，编号3-0004-5-004。1997年，成立天津市塘沽区大沽口炮台遗址管理所，为专门保护管理机构，同时辟建大沽口炮台遗址陈列馆。2006年8月14日，《大沽口炮台保护总体规划》获国家文物局批复。2011年4月，新建大沽口炮台遗址博物馆，基本陈列为"海上国门"。2015年，天津市人民政府批准实施大沽口炮台保护范围和建设控制地带。大沽口炮台全国重点文物保护单位记录档案，保存于天津市文物管理中心。

**瑷珲新城遗址** 是清代抵抗沙俄侵略的历史遗迹，位于黑龙江省黑河市南35千米的爱辉镇。

瑷珲的名字源于附近的瑷珲河，又有艾辉、爱乎、艾虎、艾浒等多种称谓，皆为达斡

瑷珲海关大门

尔语音译，意指"可畏"。瑷珲城又称黑龙江城，为清初黑龙江将军镇守之所。清康熙十三年（1674年），康熙皇帝为驱逐沙俄入侵者，决定在精奇里江与黑龙江汇流处的瑷珲河畔明代忽里平寨旧址建立瑷珲城，康熙二十三年（1684年）建成，任命抗俄名将萨布素为第一任黑龙江将军。康熙二十四年（1685年），鉴于瑷珲城僻处黑龙江东岸，与内地交通和公文往来诸多不便，在对岸被沙俄侵略者哈巴罗夫焚毁的达斡尔族屯寨——托尔加城的废墟上，重新修筑城寨，即瑷珲新城。瑷珲新城在抗俄斗争中具有重要的战略地位，在雅克萨战争（1685～1686年）和中俄《尼布楚条约》签订（1689年）的过程中，瑷珲是前线基地和指挥部。康熙二十九年（1690年）后为

瑷珲副都统衙门驻地。咸丰八年（1858年），于瑷珲新城副都统衙门签订中俄第一个不平等条约——《中俄瑷珲条约》。光绪二十六年（1900年），沙俄入侵中国东北，占领瑷珲，瑷珲新城被俄军纵火烧毁，只余内城东南处的魁星阁。光绪三十三年（1907年），俄军撤出瑷珲，瑷珲人民重返家园，瑷珲新城在原址偏西重建，并向西拓展。

瑷珲新城遗址包括清康熙二十四年（1685年）始建的瑷珲新城和光绪三十三年（1907年）复建的瑷珲新城两个阶段的遗存。

清康熙二十四年（1685年）始建的瑷珲新城遗存目前地表无存，仅城内魁星阁，为1980～1983年原址复建。据记载，此时期城墙分内外两重。内城遗址及黑龙江将军衙署

瑷珲魁星阁

黑龙江将军衙署（1690年后为副都统衙署）部分遗迹

（1690年后为副都统衙署）遗址已发现。内城平面基本呈长方形，东西约410米，南北约390米。城墙宽约4.1米，城墙外侧约5.3米有护城壕，护城壕截面呈斜壁囊底，宽5.7～6米，深约1.5米。黑龙江将军衙署位置大致在瑷珲历史陈列馆西部草坪、树林及其西侧的爱辉供水站院内东部。区域内发现5处较大面积的砖瓦堆积和其间的古松，外城及其他遗迹未有确切发现。

清光绪三十三年（1907年）复建的瑷珲新城地表可见，平面呈长方形，复原南墙约842米，西墙约948米，东墙约993米，北墙约805米，周长约3588米，面积约0.82平方千米。城墙为地面起建，堆土筑墙，未发现明显夯打迹象。据城墙内侧遗迹实测，宽4～5.5米，残高约0.5米。

城内外瑷珲海关、益盛公粮栈、东顺合洋布庄、满族民宅等建筑尚存，副都统公署、钟鼓楼、南大营、北大营、水师营、关岳庙等及一些墓葬遗迹尚在，永积仓、龙王庙则只知大致地点，遗迹难寻。据文献中记载，关岳庙等遗址为城北寺庙区内的一处寺庙建筑址，进行过清理，发现互相叠压的两座不同时期建筑基址：晚期建筑于"文化大革命"时期被拆除，应为瑷珲新城光绪三十三年（1907年）复建的庙宇，早期建筑叠压于晚期建筑之下，应为清康熙二十四年至光绪二十六年（1685～1900年）瑷珲新城的庙宇建筑遗存。

瑷珲新城遗址城内外遗迹中出土的遗物主要有铅弹丸、铁弹丸、铁镞、铜钱、铁钉、塑像残块、串珠、建筑构件和饰件及少量烟具、瓷器残片等，为研究瑷珲历史、不同建筑区域的功能及当时的社会生活情况提供重要的实物资料。

1975年，在魁星楼和见证松附近建成爱辉反修展览馆。1981年1月27日，瑷珲新城遗址被黑龙江省人民政府公布为省级文物保护单位。1982年，修改展览馆基本陈列，更名为爱辉历史陈列馆，复建魁星楼。1989年，黑河市政府印发文件，公布了瑷珲新城遗址重点保护范围。2000年，爱辉历史陈列馆扩建改陈，馆名改为瑷珲历史陈列馆。2001年6月25日，国务院公布瑷珲新城遗址为第五批全国重点文物保护单位，编号5-0480-5-007。2004年，黑河市爱辉区文物管理所建立瑷珲新城遗址全国重点文物保护单位相关档案，保存于爱辉区文物管理所。

**太平天国忠王府** 是一处具有代表性的太平天国王府旧址，位于江苏省苏州市姑苏区平江路街道拙政园社区东北街204号。

李秀成（1823～1864年），太平天国忠王，初名李以文，出生于广西藤县大黎里新旺村，太平天国后期将领。清咸丰九年（1859年）秋受封忠王，同治三年（1864年）6月，湘军攻陷天京，李秀成被俘，8月被处死。

太平天国忠王府门厅

太平天国忠王府一层平面示意图

清咸丰十年（1860年），太平天国忠王李秀成率军进驻苏州，以拙政园址并东、西邻的潘宅、汪宅等清代早、中期建筑为主体改建为王府，主要为公署建筑。同治二年（1863年），李鸿章将忠王府建筑群用作江苏巡抚行辕，改建大门，拆除东西辕门、吹鼓亭、望楼等。同治十一年（1872年），改作八旗奉直会馆，修建东路戏厅及其后的四面厅等。光绪十三年（1887年）进行修葺。辛亥革命后改称奉直会馆。民国27年（1938年），汪伪政权在此设江苏省政府办公处。民国35年（1946年）9月，国立社会教育学院曾借为校舍。

忠王府建筑群可分为中、东、西、北4个部分，以中路官署建筑为主。中路官署，按太平天国王府规制修建。虽经李鸿章拆建，改大门为清代衙署样式，涂改龙凤纹彩绘，其他仍保持原貌。中轴线上自南而北依次有照墙、大门、仪门、正殿、后堂、后殿，纵深约140米。忠王府大门面阔三间12.5米，进深10米，原为单檐歇山，后改硬山顶。前后檐柱上置阑额枋，架平板枋，施三参单昂斗拱，承檐桁，架抹角梁，置斗拱，托下金桁，承角梁。梁枋彩绘均被涂刷，龙凤痕迹依稀可辨，柱础均为青石覆盆式。次间脊柱之间砌隔墙，明间设断砌门，置抱鼓石。大门左右翼以"八"字墙，前踞石狮。抱鼓石和石狮均镂刻精细，气势不凡。仪门为硬山顶，面阔三间13.5米，进深8.5米，梁、枋、桁间饰以彩绘。门后为石板广庭，东西廊庑各宽七间，隔庭相对。正殿与后堂均硬山顶，各面阔三间，以纵深五架的卷棚顶穿廊过渡，连结为一整体，平面呈"工"字形，故俗称工字殿。正殿高约11米，面阔17米，进深14.5米。前置步廊，额枋上置平板枋，列一斗三升斗拱，上置连机承檐桁；廊柱头置丁字科，前出挑承檐桁，后出梁垫承月梁；步柱间共设海棠花格心长窗14扇，裙板

太平天国忠王府正殿

太平天国忠王府八旗会馆

浮雕云龙，绦环板饰以云凤纹；殿内梁架结构似厅堂抬头轩贴式，步柱与金柱间作船篷轩，金柱与后步柱架大梁，连后双步檐廊；明间后步柱间设屏门。后堂面阔14.2米，进深6.2米，后置步廊，梁架圆作，与正殿扁作相异。正殿与后堂的梁、枋、桁间均饰有彩绘。后堂与后殿之间辟小院，有东西两厢相对。后殿硬山顶，高同正殿，面阔三间14.6米，进深10米。前设步廊，额枋上设平板枋，列一斗三升斗拱；廊柱头置单面出跳的丁字科；步柱与金柱间设船篷轩，金柱与后步柱间架大梁；后步柱之间设屏门18扇，门枋与后步枋间设垫板，以引条分隔为九方，皆绘有壁画，内容以鹿、鹤、虎、豹、狮、象、鸳鸯、绶带鸟、白兔、花猫等鸟兽为主，配以树石花草，各有寓意。后檐柱与后步柱间相距仅1米，后檐高达7米，超出前廊桁2米，实属罕见。此殿原为太平天国供奉天父天兄神主，举行礼拜仪式的地方，称为"圣殿"或"天厅"。

忠王府正殿东侧戏厅内，保留有一座大型的室内戏台，是清咸丰十年（1860年）李秀成攻克苏州后所建。忠王府在太平天国灭亡后诸多变迁，古戏台仅存此一座。戏台呈方形，

为二层建筑，通高8.78米。下层台面高出地坪0.98米，纵深8.7米，横宽6.17米。演出舞台面为42.6平方米，高4.4米，平顶，三面敞开，一面设置上下场门。上层高3.4米，外置低栏，内设活络窗板。台口有可以升降的铁杠1根，为演武戏"上杠子"时所用。20世纪80年代戏台仍在使用。

忠王府的苏式彩绘数量多，艺术水平高，全国罕见，可谓清代苏式彩绘的代表作。经调查统计，原有包袱锦285方、如意头210个，共有彩绘495方，其中四分之三为山水、花鸟、走兽及绚丽的锦纹，取材大多寓意福禄寿、吉庆有余、百事如意、锦上添花等，如钱蝠（全福）、柏鹿（百禄）、蝠磬（福庆）、蜂猴（封侯）等。其中集中反映太平天国艺术特征的是龙凤艺术，如大门、仪门的额枋和正殿的额枋、步桁、脊桁绘有"双龙戏珠""祥云团龙""丹凤朝阳""凤穿牡丹"，惜已被涂刷，仅有正殿东西次间脊桁上的2方"凤穿牡丹"幸存。彩绘完整留存的共343方，其中323方是太平天国时期的原作，其余为后来涂改。

1951年，太平天国史专家罗尔纲到苏州调查，在忠王府发现壁画和大量梁枋彩绘，引起史学、文物界重视。忠王府不仅是唯一一座的太平天国大建筑，也是一座具有特殊风格与艺术的中国近代大建筑。罗尔纲《一座太平天国的大建筑——苏州忠王府》描述道：忠王府的建筑，宫殿建筑是雄伟壮丽的，住宅建筑是灵活精巧的，花园建筑是返于自然而又巧夺天工的。至于附丽在殿宇上做装饰的彩绘和壁画，也表现出建筑绘画工人的优秀艺术。忠王府就是结合了这三部分杰出的结构而成为一个整体

的大建筑。

1949年苏州解放后，忠王府由苏南行政区苏州专员公署使用。1951年11月，划归苏南区文物管理委员会管理使用。1954年起为江苏省博物馆筹备处所在地，同时将拙政园划归园林部门管理。1958年移交给苏州市文物管理委员会，1959年至今为苏州博物馆一部分。1961年3月4日，太平天国忠王府被国务院公布为第一批全国重点文物保护单位，编号1-0003-5-003。1964年10月26日，太平天国忠王府全国重点文物保护单位名称被撤销。1981年10月16日恢复。1981~1986年，文化部文物事业管理局和江苏省文化厅先后拨款维修中路公署建筑，并在前殿前面发现淹没已久的石砌露台。1989~1990年，抢修戏厅，陆续修葺大门、仪门、两庑、正殿、后堂、后殿，基本恢复忠王府官署建筑的原貌。1992年，苏州博物馆、苏州市文物管理工作委员会办公室建立太平天国忠王府的全国重点文物保护单位记录档案。1993年起，由国家文物局拨款，完成中路官署建筑和东路部分宅第建筑的维修。苏州忠王府基本保持原布局、形式、结构，整体保存较好。2017年6月，调整并确定了太平天国忠王府的保护范围和建设控制地带。

**太平天国侍王府** 是太平天国后期重要将领侍王李世贤在浙江的指挥中心，位于浙江省金华市城东将军路鼓楼里，处于金华历史文化名城的古子城历史街区之内，坐北朝南、面对婺江。

侍王李世贤（1834~1865年），广西藤县大黎乡人，太平天国后期的重要将领。忠王李秀成的堂弟。清咸丰十年（1860年）被封为侍王，次年率部由安徽、江西进军浙江，5月28日，攻克金华后，遂以金华为中心建立太平天国浙江根据地。侍王府为当年李世贤在浙江的指挥中心。

太平天国侍王府大门

侍王府旧址自唐开元（713～741年）中期以来一直为郡治、州治、路治、府治行政所在地，清顺治年间（1644～1661年）改为试士院，道光年间（1821～1850年）又增改为提调公署，咸丰十一年（1861年）五月，太平天国侍王李世贤率部攻克金华后，利用原有建筑大加修葺，并在试士院的西侧，即原明代千户所旧址拓建房屋四进。侍王府的总体布局形成东西两条轴线，东轴线称"东院"，西轴线称为"西院"。东院为召集议事、举行会议及讲道做礼拜处，西院为侍王办公、住宅和卫士勤务工作之处。1864年太平军撤出金华后，侍王府被清政府改为通判分府，经历两署。民国时期改为学堂，后又改成浙江省立第七中学。

太平天国侍王府规模宏大，保存完整，壁画、彩绘、雕刻精美，具有较高的艺术价值，是全国太平天国建筑中保存完整、规模宏大的一处。整个建筑分东、西院以及园林、后勤、练兵场等，占地面积达2.4万平方米，建筑面积3400平方米以上，并保存壁画113幅、彩画407幅，总面积达690.64平方米，木雕502余方，砖、石雕各11件等。东院建筑以大殿为中心，前为照壁、大门（二门），后为二殿、耐寒轩，前后贯穿于一条中轴线上，自南而北，由低到高，逐级而上，气势不凡。西院建筑共有四进，依次为大门、门厅、穿廊、正厅、后厅和楼屋。每进9间，即一至三进，中间3间为厅堂，两侧各3间厢房；第四进9间均为楼屋。一、二进之间有穿廊构成"工"字形平面。每进之间均有天井。整体建筑整齐对称，轩敞精工，雕梁刻拱，坚固朴实。西院利用明代千户所遗址建成，空间尺度比东院紧凑，重点突出绘画艺术效果。侍王府建筑雕梁画栋，雀替、牛腿、花牙子以及梁、枋上，均雕有各种各样花卉鸟兽、人物故事和图案纹饰，大小500余方，图案丰富，刻工精美。侍王府的瓦当、滴

太平天国侍王府西院穿廊

侍王府牛腿雕刻

水极富特色，瓦当上印制"太平天国"四字，"天"字上划长于下划，"国"字框内为王字，均以太平天国规定文字的规范制作。王府内壁画、彩画、木雕、石雕团龙、千年古柏、陆游书法碑刻等，具有较高艺术价值。

20世纪60年代东院的中北部被当时的塔下寺小学（建国路小学）使用，中南端被金华师范学校使用。1964年3月20日，成立太平天国侍王府纪念馆筹委会。1987年5月21日，侍王府纪念馆独立办公，专门负责太平天国侍王府的保护、展示和管理工作。1964年，对侍王府西院进行修缮。自1980～2002年，对侍王府进行多次维修。1982年建国路小学迁出。1988年1月13日，太平天国侍王府被国务院公布为第三批全国重点文物保护单位，编号3-0005-5-005。同年5月26日，浙江省文化厅、浙江省城建厅印发浙江省人民政府《关于划定绍兴鲁迅故居等二十五处文物保护范围和建设控制地带的批复》文件，划定太平天国侍王府保护范围和建设控制地带。1996年，金华师范学校迁出。1999年初侍王府正式对外开放。2004年，太平天国侍王府纪念馆完成了全国重点文物保护单位档案记录工作。

**望海楼教堂** 为法国传教士修建的天主教堂，是中国近代史上著名的"天津教案"发生地，位于天津市河北区狮子林大街292号。

望海楼初建于清乾隆三十八年（1773年），原是乾隆帝巡幸天津的休憩之所。望海楼的旁边，还有香火旺盛的崇禧观、望海寺等庙宇。同治元年（1862年），法国攫取在望海楼一带1万平方米地方的"永租权"。同治八年十一月（1869年12月），法国传教士谢福音，主持拆掉崇禧观，在原地基上建造起天津第一座天主教堂，取名圣母得胜堂，俗称望海楼教堂。同治九年（1870年）夏，谣传与望海楼教堂仅有一河之隔的仁慈堂中三四十名儿童，被法国传教士和修女的虐待而死；又有几起拐骗儿童事件，罪犯诬供受望海楼教堂教民的指使。6月21日，数千群众在望海楼教堂前示威。法国领事丰大业下令枪杀无辜群众，愤怒的群众当场打死丰大业及随从西蒙以及谢福音和其他教士、修女30余人，放火焚烧望海楼教堂和法国领事馆、仁慈堂。此即中国近代史上著名的"天津教案"。光绪二十一年（1895年），清政府被迫出资在原址重建望海楼教堂，并于光绪二十三年五月二十日（1897年6

望海楼教堂正面侧景

望海楼教堂内景

月19日）举行开堂仪式。光绪二十六年五月十九日（1900年6月15日）望海楼教堂被义和团民烧毁，后半部的福音堂被毁，前半部塔楼因是砖石结构，整体尚存。光绪三十年（1904年）法国利用庚子赔款修复望海楼教堂。

望海楼教堂具有欧洲哥特式建筑风格。总占地面积3409.66平方米，建筑面积为1002.50平方米，其中教堂占地面积约877平方米，可容纳千余人从事宗教活动。教堂坐北朝南，正面有3座塔楼。主楼除三个塔楼外都是二层，门窗皆作尖拱式，用彩色玻璃镶几何形图案。主楼正面墙上立十字架，镶含法文"Notre-Damedes Victoires"（意译"圣母得胜堂"）石匾。大厅高敞，左右排列圆柱。厅正中为圣母玛利亚主祭台，对面为唱经楼，地面铺有黑白色相间方瓷砖，顶壁皆有彩绘。教堂整体由直线构成，其装饰中的尖拱、尖券、塔楼、角楼等，均含有哥特式建筑特征。主体结构基本完整，外观保持原貌。

1982年7月，天津市人民政府公布天津教案遗址望海楼教堂为天津市文物保护单位。1984年起，由天津市河北区文物管理所负责望海楼教堂的文物保护和管理。1988年1月13日，望海楼教堂被国务院公布为第三批全国重点文物保护单位，编号3-0006-5-006。2015年，天津市人民政府印发《天津市人民政府关于天津市境内国家级、市级文物保护单位保护区划的批复》，划定望海楼教堂的保护范围和建设控制地带。望海楼教堂全国重点文物保护单位记录档案，保管于天津市文物管理中心、天津市河北区文物管理所。

**旅顺监狱旧址** 是19世纪初期俄、日两国在中国先后建立的国际监狱所在地，位于辽宁省大连市旅顺口区向阳街139号。

旅顺监狱旧址全景

清光绪二十四年三月初六（1898年3月27日），俄国政府迫使清政府与之签订《中俄旅大租地条约》，强行租借旅大地区，建立起一整套庞大的殖民统治机构。光绪二十八年（1902年），俄国修建旅顺监狱以维护统治。光绪三十至三十一年（1904～1905年），以旅大地区为主战场的日俄战争爆发，日本战胜俄国并占据旅大地区，光绪三十三年（1907年）在俄国修建监狱的基础上扩建旅顺监狱。民国34年（1945年）8月，日本战败投降，旅顺监狱结束了作为监禁场所的历史。

旅顺监狱围墙内占地面积2.6万平方米，包括前办公楼，东、中、西三面253间普通牢房以及4间暗牢和18间病牢，共计275间牢房，可同时关押2000余人。另有15座工厂以及澡堂、库房等设施；围墙外有驱使被关押者服役的林场、菜地和窑厂，占地面积约20万平方米。

前办公楼是旅顺监狱旧址正门，面向西南方，为俄国所建二层青砖楼房，内设大会议室、小会议室、所长室、庶务系、用度系、作业系、用度衣物库、用度仓库、庶务库。牢房在监狱西部，分东、中、西三处牢房，东牢房87间分三层；中牢房84间分两层；西牢房82间分两层。每处牢房另一侧有一个检身室，三处牢房的交汇点为看守台。看守台在牢房的第二层，南面是教诲室，楼下是戒护系和刑讯室。工厂有15座，包括手套工厂、被服工厂、铁工工厂、木工工厂等。医务系，位于三工厂的东面、八工厂的北面，共有18间普通病牢和6间隔离病牢，内设诊断室、理疗室、医药室和停尸间。绞刑场位于监狱的东北角，是一个二层小阁楼，内设宣判台、绞刑架和停囚室等设施。炊事在监狱西牢房的西侧。浴室在炊事的西侧。成品库在西牢房西侧，澡堂北侧，十三工厂西侧。

旅顺监狱是20世纪初俄、日两个帝国主义在中国旅顺相继修建的一座监狱，是当时东北最大的法西斯监狱，关押过中共大连地方党组织、抗

旅顺监狱旧址办公楼

原旅顺监狱放风地

胡里山炮台

日放火团、隐蔽战线谍报组织等团体和组织的中共党员以及韩国、日本、美国、埃及等国际抗日志士，对研究日、俄帝国主义侵略旅顺大连史，尤其是对研究日本侵占旅大时期的司法制度、揭露日本帝国主义侵华罪证有重要的价值，同时对研究中国人民抗日志士的反日斗争史及对观众进行爱国主义教育有重要意义。

1971年7月，旅顺监狱旧址经修复后向社会开放。1988年1月13日，旅顺监狱旧址被国务院公布为第三批全国重点文物保护单位，编号3-0160-3-108。1993年，辽宁省人民政府印发《关于公布一百五十九处省级以上文物保护单位保护范围和建设控制地带的通知》，公布了旅顺监狱旧址保护范围和建设控制地带。旧址归大连市文化广播影视局管辖。2004年，建立旅顺监狱旧址全国重点文物保护档案，2015年进行补充和更新。

**胡里山炮台**　是中国洋务运动时清代海防军事的重要遗址之一，位于福建省厦门市思明区曾厝垵2号，厦门岛南端海岬突出部。隔海与龙海市的屿仔尾炮台对望，两炮台互为犄角，扼控进出厦门港口的咽喉部。炮台基址坐落于胡里山海边沙滩和陆岸之间的岩土坡上，

南面临海，北面与环岛路曾厝垵路段相连，东面与原驻地部队和胡里山村居民部分建筑相邻，西侧为厦门大学海滨浴场。

厦门在明、清时期已被视为"八闽屏障"的军事重镇，素有"入闽门户"之称。鸦片战争期间，厦门岛一度被英军攻陷。特别是清道光二十一年（1841年）抗英保卫战以石壁炮台为代表的厦港要塞被英军摧毁，亟须加强东南防务。19世纪70年代以后，洋务运动兴起。清廷洋务派主张学习西方先进科学技术，建立海军，购买洋枪洋炮，以达富国强兵之目标。光绪十四年（1888年）福建水师提督彭楚汉会同闽浙总督卞宝第题奏获准建造胡里山炮台。光绪十七年（1891年），新任提督杨岐珍筹办炮台建造事宜。光绪二十年三月初八（1894年3月31日），胡里山炮台正式兴建，至光绪二十二年（1896年）二月竣工。整个炮台建成后，设守备、管带、旗官、匠目等140名官兵驻守。胡里山炮台成为近代厦门八大炮台的中心台和指挥台。

胡里山炮台平面呈长圭状，前端略呈弧形，而后半部则作方正状，总面积7万余平方米，城堡面积1.3万平方米，分为作战区、兵

营区和后山瞭望区，整个炮台以石砌城墙环绕，内有炮台、弹药库、兵营、阅练场、官厅、防护壕、瞭望台及其他附属设施。炮台结构为半地堡式、半城垣式，具有欧洲和中国明清时期的建筑风格。

作战区由炮台、暗道、弹药库、防护壕沟组成，是炮台的核心部分，主要军事装备均设在此区。炮台位于南部临海处，其结构为欧式炮台结构，分为地上、地下两部分。地上为火炮区，中心设主炮位2个，主炮位两侧各设副炮位1个。炮台左右两侧及左右角各筑小型弹药库，并设暗道相通。台面以沙土合灰夯筑而成，台基周围环砌防护壕沟。炮台建成后，主炮位配置2门28生克虏伯大炮，副炮位配置2门

15生克虏伯炮，还配置12门移动式克虏伯双轮小炮，由此构成整个胡里山炮台的正面防御体系。遗存的两个主炮位呈圆形地窖式结构，直径14米，炮位原无防护堡盖，大炮可作360°旋转。民国26年（1937年），抗日战争爆发后，因日军飞机轰炸而加建钢筋混凝土防护盖。东炮位上遗存1893年（清光绪十九年）德国克虏伯兵工厂生产的28生海岸炮1门。大炮长13.9米，口径280毫米，高4.6米，宽5.29米，射程19760米，全炮重87千克。该炮因"现存于原址上最古老、最大的19世纪海岸炮"而列入吉尼斯世界纪录。兵营区位于炮台基座落差约6米处，区域内设营房、阅练场和官厅。南面设东、西两门与炮台台面相连。东、西两门旁

胡里山炮台的克虏伯钢炮

还各开一门与暗道、炮台相通。营房分为东营房和西营房，总面积985.8平方米。每列营房长45.43米，宽10.85米，高4.06米，共有11个房间，每个房间东、西两侧均设对开大门，大门两旁开方形小窗。营房为砖石结构，拱券顶，两列营房呈左右对称布局，屋面平铺红色斗底砖。阅练场位于东、西营房中间，长35.1米，宽35.29米。官厅位于阅练场的北侧，共二层，为西式建筑样式。面宽27.81米，进深14.52米，高8.59米，建筑面积728平方米。正立面中部设出挑式廊。官厅北面有石砌内城墙一道，设"振威""奋武"两门，与后山瞭望区相连。后山瞭望区位于炮台内城墙内后，为一小山丘，树荫蔽日，小道纵横，巨石点缀。山顶和山脚原分别建有望厅和大弹药库各1座。抗日战争期间，日军曾在此增建小型炮垒1座，1986年将此改建为瞭望厅。炮台城墙以花岗岩条石砌成，东、西、北三面城墙顶部均设有垛口。城墙东、西两侧各设一城门。西门门额上横书"天南锁钥"四字。

辛亥革命爆发后，胡里山炮台由广州国民革命军政府海军接管。民国3年（1914年），炮台守军在阅练场北侧横向增建双层楼房1幢，称为"官厅"，一层设长官厅、会议厅，二层设客房、观察室等。胡里山炮台官兵建制改为120名。民国26年（1937年）9月3日，日本舰队进攻厦门，胡里山炮台守军奋起还击，并击中日舰1艘，迫使日军退出厦门海域。但炮台也遭到日本飞机的猛烈轰炸，长官楼二楼被炸毁，官兵阵亡5人、伤12人。随后，守军在主炮位加建钢筋混凝土防护盖。民国27年（1938年）5月，日军攻占厦门，胡里山炮台

被日军占领，副炮位上的2门15生克虏伯大炮被日军拆走。抗日战争期间，日军在炮台后山新建榴弹炮台1座。

抗战胜利后，国民党海军于民国34年（1945年）9月接管胡里山炮台。1949年10月17日，厦门解放，炮台由中国人民解放军驻厦部队接管。1957年，西主炮位上的28生克虏伯大炮被厦门铁厂拆除。1982年3月11日，胡里山炮台的克虏伯大炮被厦门市人民政府公布为第二批市级文物保护单位，名为胡里山炮台旧巨炮。1985年10月11日，胡里山炮台被福建省人民政府公布为第二批省级文物保护单位，定名为胡里山炮台。1996年11月20日，胡里山炮台被国务院公布为第四批全国重点文物保护单位，编号4-0204-5-006。2016年4月20日，福建省人民政府印发《关于公布全国重点文物保护单位（第四至七批）保护范围的通知》，公布胡里山炮台的保护范围。同年11月8日，福建省文化厅会同福建省住房和城乡建设厅下发《关于公布省级以上文物保护单位建设控制地带的通知》，公布了胡里山炮台的建设控制地带。建立有胡里山炮台全国重点文物保护单位记录档案。

**刘公岛甲午战争纪念地** 是清朝北洋海军基地，也是中日甲午战争的主要战场之一。刘公岛甲午战争纪念地包含28处保护遗址，分布于位于山东半岛最东端刘公岛、威海湾南北两岸及日岛，范围达100余平方千米。

清光绪十四年（1888年）北洋舰队正式编成，于刘公岛设北洋海军提督署，丁汝昌任提督，拥有大小舰艇近50艘。光绪二十年（1894年）中日甲午战争爆发。同年十二月二十五日

北洋海军提督署鸟瞰图

（1895年1月20日），日军分水陆两路围攻威海卫，北洋舰队在刘公岛外海面与日军激战数日，力战不敌，全军覆没，丁汝昌殉国。

刘公岛建有北洋海军指挥机构、军事防务、后勤供应、教育训练等设施。分别是北洋海军提督署、龙王庙与戏楼、丁汝昌寓所、威海水师学堂、水师养病院、刘公庙、电报局与电灯台、工程局、机器局、屯煤所和鱼雷修理厂、铁码头、石码头、麻井子船坞、黄岛炮台、公所后炮台、旗顶山炮台、迎门洞炮台、南嘴炮台、东泓炮台（包括雾炮台）、皂埠嘴炮台、鹿角嘴炮台、所城北炮台、旗墩（信号台）、杨枫岭炮台、摩天岭炮台、沟北船坞（包括弹药库）、黄泥沟炮台、北山嘴炮台（包括信号台）、日岛炮台等遗址。

北洋海军提督署，又称水师衙门，为提督丁汝昌驻节之地。始建于清光绪十三年（1887

年），光绪十五年（1889年）建成。平面呈长方形，周以毛石围墙，南北长146.5米，东西宽97米，占地面积1.7万平方米，建筑总面积4000余平方米。大门建筑为三开间，大门6扇，门上绘有"秦琼""尉迟恭"门神像，正门正上方悬挂李鸿章题"海军公所"匾额。主体建筑为清式砖木举架、抬梁与穿斗相结合的木结构形式。按中轴线建前、中、后三进院落，每进有中厅、东西侧厅和东西厢房。前、中、后院的中厅分别为礼仪厅、议事厅和祭祀厅，东、西两路有长廊贯通南北，各厅、厢、院落之间，廊庑相接，曲缦回环，雕梁画栋，浑然一体。大门外东西两侧，各置乐亭一座，飞檐翘角，四面歇山。南面与之相连，建东西辕门各1座，东西辕门内左右对称树立刁斗旗杆2支。西辕门以西20米处，建二层瞭望楼1座。

龙王庙始建于明末清初，遗存建筑系北洋

海军时期重建。建筑为四合院布局，由戏楼、正门、前倒厅、正殿、东西厢房组成。正殿内正中塑海龙王像，左右侍立巡海夜叉与海龟丞相。内墙左、右面山墙原彩绘《三国演义》和《封神演义》故事壁画。东厢房内有为北洋海军提督丁汝昌所立"柔远安迩"碑、为北洋护军统领张文宣所立"治军爱民"碑，系1985年移置该处。西厢房内供奉丁汝昌的灵位，丁汝昌殉国后灵柩曾临时厝放此处，故龙王庙又称为"丁公祠"。戏楼由戏台和化妆室组成，戏台基座高1.5米，戏楼单檐歇山顶，十字结脊。内部梁枋之上绘八仙人物故事、山水风光、梅兰松竹等图案。台前两角石柱上雕楹联一副。化妆间两开间，南面两窗，北面西间开门。

丁汝昌寓所是丁汝昌的官邸，又称"小丁公府"，建于清光绪十四年（1888年）。由中区、西区和东区三区组成，总占地面积近20000平方米。中区包括前花园、寓所主体建筑和后花园3部分，占地面积7000平方米。寓所建筑为砖木结构，坐北朝南，仿照丁汝昌在安徽巢湖汪郎中村的故居布局，分左、中、右三跨院落。中跨院为四合院式，有正厅、东西厢房和倒厅。西区前部大门与倒座，系丁汝昌

寓所原有建筑。1998年，辟为北洋海军将士纪念馆，在院内增建长18.88米，高3米的"北洋海军将士名录墙"。丁汝昌寓所现被辟为"丁汝昌纪念馆"。

刘公岛水师学堂是国内唯一一处保存比较完整的清末水师学堂。学堂建于清光绪十六年（1890年），占地面积1.8万平方米，周围环绕石砌堞墙和围墙。东侧有东辕门，西侧有西辕门，均三段脊、一拱券门。甲午战争中遭战火损毁严重。学堂于2004年修复开放，分为教学区、生活区、训练区以及英租时期英式建筑区、遗址原状保护区等。

刘公庙位于刘公岛东村，刘公岛中部前坡。庙始建于明朝末年，正门倒厅面阔三开间，砖石墙体，青砖砌墙垛与硬山，前后开窗。今前檐房椽尚存，后檐房椽已不见，屋面改用板瓦；大门被砌堵成房间。一进院正殿面阔三间，原貌改变较大，东西厢房已不存。二进院尚存正房与东厢房，西厢房已不存。正房面阔五间，砖石墙体，砖木举架，前出连廊，方形木柱，下为梯柱形石柱础。厢房三开间，一门两窗，砖石墙体，后封护檐，屋面瓦件已改换。

刘公岛龙王庙戏楼

丁汝昌寓所

黄岛炮台位于刘公岛最西端的黄岛上，设24厘米口径平射炮4门，6厘米行营炮2门，速射炮3门，炮位、地下坑道、兵舍与药库相互连通。兵舍劈崖而建，兵舍与坑道均用大石块砌筑，拱券顶，坑道高2.5米，宽2米，总长200余米，分为东西两段，共4个出入口。除主干坑道外，还有若干分支坑道。炮台大炮均在甲午战争中被日军所拆毁，地上炮位原有二层建筑，仅残存局部。南部临海有防浪堤，尚较完整，其上原有围墙及东西两座城堡式门楼，均已被毁。公所后炮台位于刘公岛西端岬角处，由北洋海军军事顾问、德国人汉纳根设计，设24厘米口径英国阿姆斯特朗地阱炮2门，7.5厘米口径行营炮6门，速射炮8门。紧依炮台南面，劈山而建半地下兵舍，总长68米，共12间。兵舍为赭红色花岗石砌筑，外观呈明显的欧洲建筑风格。每间兵舍之间既相对独立，又相互连通，皆可经坑道直达炮位。公所后炮台已开放炮台炮位、弹药库、兵舍等炮台建筑，复原地阱炮炮位，仿制地阱炮一门。

旗顶山炮台，位于旗顶山上，为刘公岛制高点。由北洋海军军事顾问、德国人汉纳根设计，建成于清光绪十六年（1890年）。炮台设24厘米、15厘米口径平射炮各2门，建有地上炮位、地下弹药库、兵舍和掩体。弹药库建在炮位之下，内部分为炮弹库和火药库2个库间和1个升降井，升降井高约5米，设提升滑轮。兵舍为一层石砌建筑，南北2间，每间宽约5米、进深约8米，与弹药库相向开门，炮手沿外部台阶可直接进入炮位。

东泓炮台，坐落在刘公岛最东端的大泓。炮台设24厘米和12厘米口径平射炮各2门，7.5厘米口径行营炮6门，速射炮4门。兵舍11间，通长58米，中间主要大门，两侧分别开三门两窗，门窗皆为拱券式。通过中央大门两侧的两间兵舍，分别直接向内进入坑道。坑道有主坑道、中间大厅、弹药库、分支坑道等。此前建筑为炮台原始建筑，均为块石砌筑，拱券顶。从弹药库西侧经阶梯坑道，上升约5米，进入上层坑道，东西向分支：向东30米，通往东侧12厘米大炮炮位；向西30米，再转向西南约100米到达坑道西出入口。上层坑道及地上炮位，经过改造，坑道用混凝土浇筑，平顶，宽1.5米，高1.9米，内设发电机房、通风机房、盥洗室等，并增建了若干暗堡、竖井。

日岛炮台位于刘公岛日岛。清光绪十六

刘公岛水师学堂内景

刘公岛旗顶山炮台及克虏伯大炮

东泓炮台

年（1890年），北洋海军从南岸运土石将日岛加高并修筑炮台，设20厘米口径地阱炮2门，12厘米口径平射炮2门，6.5厘米口径平射炮4门。甲午战争刘公岛保卫战期间，北洋海军游击、康济舰管带萨镇冰率30名水兵守卫炮台，后因弹药库和大炮被轰毁，被迫撤回刘公岛。炮台遗址尚存，1979年维修。该炮台为岛、台一体，围绕日岛北、东、南三面，用混凝土与石块建筑高度近3米的防浪堤，炮台正面朝东侧海口方向，用土堆成巨大的炮位防弹坡，高出海平面约13.8米，炮台正门设在西侧，原来用赭红色花岗岩块石砌筑，拱券顶；大门内南北防浪堤内侧，分别建有相对的弹药库和兵舍，长约45米，门窗均为拱券式，欧式风格。正门外原来建有一个小型栈桥码头。大门、栈桥码头、南北两侧的弹药库、兵舍建筑以及南北两侧海岸防浪堤均不存。

刘公岛还有迎门洞炮台、南嘴炮台、水师养病院、电报局与电灯台等遗址。在威海湾南北两岸还分布有诸多炮台及其他军事设施遗址，保存较好的有皂埠嘴炮台、鹿角嘴炮台、龙庙嘴炮台、所城北炮台、杨凤岭炮台、摩天岭炮台、沟北船坞、南邦信号台，北山嘴炮台、黄泥沟炮台等。南岸的皂埠嘴炮台是威海炮台群中规模最大的炮台；北岸北山嘴炮台是两岸炮台中设置大炮数量最多的海岸炮台。

1988年1月13日，刘公岛甲午战争纪念地被国务院公布为第三批全国重点文物保护单位，编号3-0009-5-009。2000年10月26日，山东省第九届人大常委会第十七次会议通过《山东省刘公岛甲午战争纪念地保护管理规定》，划定刘公岛甲午战争纪念地的保护范围和建设控制地带。中国甲午战争博物院是刘公岛甲午战争纪念地专门的管理、保护机构。1988年，中国甲午战争博物院建立刘公岛甲午战争纪念地的全国重点文物保护单位"四有"档案，2005年进行完善和补充，由博物院档案室、图书资料室分类保管。

**义和团吕祖堂坛口遗址** 是义和团运动最重要的遗址，也是唯一保存完整的义和团坛口遗址，位于天津市红桥区芥园西道与怡华路交口。

吕祖堂原为一座明朝时期的古庙宇。始建于明宣德八年（1433年），初为永丰屯屯中祠堂，清康熙五十八年（1719年）改建为吕祖堂，成为津门道教名观，因供奉"纯阳吕祖"（吕洞宾）而得名。光绪二十六年（1900年）五月义和团"乾"字团首领曹福田率领数千人进入天津，选择吕祖堂作为义和团的活动基地，建立总坛口。祖堂坛口成为当时天津义和团活动的中心之一。光绪三十二年（1906

年），天津地方政府在此设"乡谳局"。民国6年（1917年），天津闹洪水，"临时灾民收容所"设立于此。后改作"三合号"煤铺。

吕祖堂坛口遗址坐北朝南，整体布局为"T"形，由山门、前殿、后殿和西侧殿（五仙堂）组成，占地面积1300平方米，建筑面积600平方米。山门坐北朝南，面阔三间，进深一间，顶为青瓦悬山卷棚式。前殿面阔三间、进深二间，正中供奉吕祖。义和团坛场设于西侧殿——五仙堂，面阔三间、进深一间，平面为"凹"字形，硬山顶人字脊。后殿面阔五间、进深二间，平面为"凸"字形，前接卷棚作勾连搭式。硬山瓦顶，殿前月台宽敞，是当年团民练拳习武的场地。

1962年，吕祖堂坛口遗址由天津市人民委员会公布为文物保护单位。1982年2月23日，

义和团吕祖堂

吕祖堂前殿

吕祖堂坛口遗址被国务院公布为第二批全国重点文物保护单位，编号2-0003-5-003。1985年，重新加固前殿、后殿及五仙堂的梁架，修复各殿的门窗槅扇，重建山门。1986年1月，成立天津义和团纪念馆，"全国义和团运动史"陈列同时对外开放。1987年2月，在遗址设立红桥区文物保护管理所，负责包括义和团吕祖堂坛口遗址在内的文物保护管理。1992年，在前殿恢复吕洞宾和两个弟子的塑像，进行复原陈列。2003年，复原东配殿。2015年，天津市人民政府划定义和团吕祖堂坛口遗址的保护范围和建设控制地带。义和团吕祖堂坛口遗址全国重点文物保护单位"四有"档案，分别保管于天津市文物管理中心、天津市红桥区文物保护管理所。

**江孜宗山抗英遗址** 是清光绪三十年（1904年）西藏爱国军民抗击英国侵略军遗址，位于西藏自治区日喀则地区江孜县江孜镇江嘎村驻地。

江孜是西藏历史上第三大城市，是西藏对外的重要窗口，英国、印度、尼泊尔等均在此设有商务机构。江孜雄居要冲，自古以来就是兵家必争之地。清光绪二十九年（1903年），英国探险家荣赫鹏率领近万人武装使团从印度、经锡金由亚东进入西藏，光绪三十年（1904年）4月11日到达江孜。侵略者凭着先进的武器，强行推进，滥杀无辜。十三世达赖下令西藏军民抵抗，江孜人民在宗山上筑起炮台，用土炮、土枪"乌躲"、刀剑、梭镖和弓箭与入侵者展开血战，战斗持续3个月之久。5月上旬的一个晚上，千余军民偷袭英军兵营，几乎把以荣赫鹏为首的占据江孜的英军全部消灭。6月，英军援军用大炮猛轰宗山炮台，堡垒中的火药库被英军炮火击中，江孜军民用石头作武器，顽强抵抗，坚持三昼夜，最后全部勇士跳崖殉国。这就是历史上著名的江孜保卫战，江孜从此以"英雄城"而闻名。

江孜宗山抗英遗址，为吐蕃王朝末代赞普达摩（朗达玛）之孙贝考赞的宫殿原址，后江孜法王帕巴贡桑布在其宫殿旧址上修建江喀孜城堡（后简称江孜），城堡后为旧西藏江孜宗政府所在地，遂称宗山。整个遗址占地面积约5.9万平方米。宗政府周围建有土、石夯筑的围墙，墙体高4米、厚约1米，墙内遗存建筑有孜结拉康殿、哲拉康大殿、生宁宗、哲布岗会议厅、宗本官邸、宗府宿舍、仓库、马房等，大小房间共计193间，建筑面积7064平方米。遗存另有抗英炮台、抗英勇士跳崖处、江孜宗政府议事厅等。

抗英炮台为江孜保卫战中西藏军民用清乾隆五十六年（1791年）福康安大将军曾使用过的"黄色兄弟"大炮英勇抵抗外强侵略之处。抗英勇士跳崖处位于宗山北侧，江孜保卫战历经3个月，最后在寡不敌众、弹尽粮绝的情况下，勇士们不向敌人投降，从悬崖跳下。此处后立有纪念碑。驻藏大臣巡边石碑刻于清乾隆六十年（1795年），记载驻藏大臣松筠、和宁巡视边防的经过和戍边要领。江孜宗政府议事厅为宗政府官员办公场所，以塑像形式再现宗政府官员办公情形，展厅内的江孜宗政府土地清册等原始资料极为珍贵。法王殿建于明代，亦称如意宝寺，殿内留有英军侵略中国西藏时的罪证。

江孜宗山抗英遗址

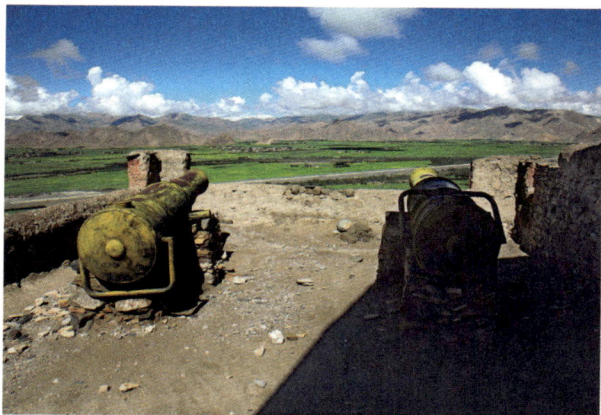

江孜宗山抗英炮台遗址

1961年3月4日，江孜宗山抗英遗址被国务院公布为第一批全国重点文物保护单位，编号1-0005-5-005。1994年，西藏自治区人民政府把江孜宗山抗英遗址公布为全区爱国主义教育基地。1996年，江孜宗山抗英遗址被中共中央宣传部公布为全国百家爱国主义教育基地之一。2003年，西藏自治区文物局邀请故宫博物院专家，对江孜宗山进行测绘，完成江孜宗山抗英遗址修缮方案。西藏自治区人民政府印发《关于确定布达拉宫等32处全国重点文物保护单位的保护范围和建设控制地带》的批复文件，划定江孜宗山抗英遗址的保护范围和建设控制地带。日喀则市文物局建立江孜宗山抗英遗址全国重点文物保护单位记录档案。

**北京大学红楼** 前北京大学校舍之一，是新文化运动与五四运动发祥地，位于北京市东城区五四大街29号。

北京大学的前身是清代京师大学堂，创建于清光绪二十四年（1898年），以原和嘉公主府为校舍。民国建立后，改称国立北京大学。北京大学红楼始建于民国5年（1916年），由北京大学向比利时仪器公司借款20万元兴建，原设计为学生宿舍。民国7年（1918年）红楼建成，改用作北京大学校部、图书馆和文科教室，组成文学院。因大楼为红砖到顶的五层（含半地下室）楼房，故名红楼。红楼布局为：地下室为印刷厂，一层为图书馆；二层是校内行政部门和大教室，有校长办公室、各系

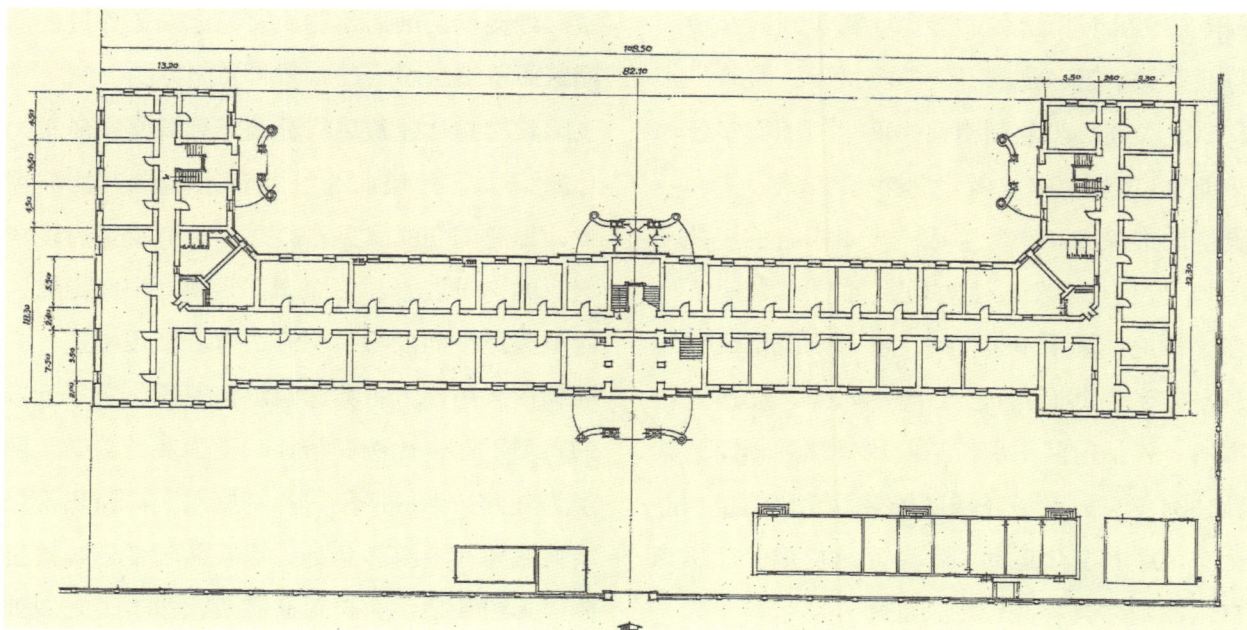

北京大学红楼总平面图

北京大学红楼

教授会、教务处、总务处等；三层、四层均为教室，并设有教授休息室和学生饮水室。民国9年（1920年）北京大学实行新学制，红楼又称北京大学第一院。

北大红楼坐北朝南，平面呈"凹"字形，东西宽110米，中部南北进深14.03米，东西两翼南北进深32.8米，形成一个半围合的后院，檐口高度16.1米。建筑地上四层、半地下一层。占地面积2140平方米，总建筑面积10700余平方米，共有房间263间，此外，红楼附属用房（包括前院平房、后院锅炉房和车库）共计1334.8平方米。红楼二楼有蔡元培的校长办公室。在新文化运动中，蔡元培提倡"循思想自由原则，兼容并包"。红楼一层东南角为一处套间，是李大钊担任北大图书馆馆长时的办

公室。当时有编目室、登录室、日报资料搜集室、藏报室、书库、图书馆主任室和3个阅览室。红楼一层的西南侧，有毛泽东工作过的新闻纸阅览室。

红楼总体建筑风格朴素，外观坚实庄重，体量宏大。外墙面为红砖清水墙，红瓦坡屋顶，地道的西洋式风格，是当时北京最有现代气息的建筑之一。平面布局紧凑，中间走道，两侧为大空间的教室与办公室，使用便捷。立面构图采用西方古典建筑纵向三段、水平五段的典型手法，比例和谐。一层为灰砖，二至四层为红砖，形成两段式，基座用灰砖作出水平横向线角。建筑转角处，用灰砖与红砖咬接拼砌，形成牙口。窗口用砖砌成水平券，入口处三组窗组合在一起，顶层用砖砌成圆券，使建

筑富于变化。入口处用柱式门廊、拱形长窗和正立面山花加以强调，重点突出。门廊的设置既丰富了建筑的立体感，又方便使用。

红楼作为早期近代建筑，其砖木混合结构形式与中国传统建筑大相径庭，是西方砖木建筑结构体系引入中国的较早实例，属于近代西方建筑体系。机砖砌筑条形基础，纵墙承受楼面重量，顶层横墙承受部分屋面重量，类似硬山搁檩做法。楼面为木龙骨、铺钉木地板。屋面结构为木桁架，坡屋顶。

北大红楼是新文化运动的中心和五四爱国运动的发祥地，中国传播马克思主义最早的基地，涌现出大批早期的共产主义者。民国9年（1920年）11月，由李大钊发起成立的北京共产主义小组第一批党员在红楼召开会议，宣传马克思列宁主义，马列主义迅速在北大得以传播，并以此为基地向其他地区传开，红楼成为北方革命活动的中心。民国7～8年（1918～1919年），毛泽东曾在北京大学图书馆工作。红楼北面是著名的民主广场，原是学生从事体育活动的操场，是学生爱国运动的主要活动场所。民国8年（1919年）五四运动大游行就是从民主广场开始的。陈独秀、李大钊等在红楼以《新青年》为阵地，高举科学与民主的旗帜，对封建文化进行广泛而猛烈的抨击，创建了光辉的革命业绩。在北大清新活跃的环境中，红楼涌现出新潮社、国民杂志社、新文学研究会、哲学研究会等革新团体。

民国26年（1937年）七七事变之后，北京大学被迫南迁，8月25日，日本宪兵进驻北京大学，红楼被日军宪兵队用作队部，地下室曾被作为囚禁迫害爱国志士的监狱。

1950年，北京大学在红楼开辟"李大钊先生纪念堂"和"毛泽东在校工作室"两个展览室。1952年全国高校院系调整，北京大学举校迁往西郊燕园。1955年，文化部文物局、古代建筑修整所设在红楼办公。1959年，对红楼进行第一次大规模整修、加固。1961年3月4

北京大学红楼背立面

日，北京大学红楼被国务院公布为第一批全国重点文物保护单位，编号1-0008-5-008。1976年唐山大地震后，国务院专门为抢修工程立项并拨专款，3年后完工。1984年，北京市人民政府印发《关于第一批划定六十项文物保护单位的保护范围及建设控制地带的报告》，划定旧皇城保护区及其以北地区的保护范围及控制地带，北京大学红楼被规划在内，确定了北京大学红楼的保护范围。2001年3月31日，国家文物局机关迁出，中国革命博物馆开始在此筹建新文化运动纪念馆。同年11月，国家文物局批准成立国家文物局机关服务中心红楼管理处（对外称国家文物局红楼管理处），专门负责对红楼的使用管理和保护。2002年4月28日，北京新文化运动纪念馆正式向社会开放。2004年，国家文物局建立北京大学红楼的全国重点文物保护单位记录档案，分别保管在国家文物局红楼管理处、北京市古代建筑研究所、北京市文物局。

**中国社会主义青年团中央机关旧址** 是中国共产党建党前的重要革命史迹之一，是中国社会主义青年团的诞生地，也是中国党团组织的第一所培养青年革命者的学校——外国语学社的所在地。旧址位于上海市黄浦区淮海中路567弄（渔阳里）6号。

五四运动的兴起，为中国共产党及其助手青年团的创立在思想上、组织上做了准备。民国9年（1920年）7～8月，以陈独秀为首的上海共产主义小组指派最年轻的小组成员俞秀松组建社会主义青年团。同年8月22日，上海社会主义青年团在上海淮海中路567弄（渔阳里）6号正式建立，成员有俞秀松、李汉俊、陈望道、叶天底、施存统、袁振英、金家凤、沈玄庐等8人。21岁的俞秀松担任书记。上海社会主义青年团的创建，对各地社会主义青年团的建立起到发动和指导的核心作用。为了联系和团结进步青年，上海共产主义小组和青年团组织在这里开办中国党团组织的第一所培养青年革命者的学校——外国语学社，在学社的学员中发展了最早的一批青年团员，包括罗党（亦农）、任弼时、萧劲光、李中、李启汉、任作民、王一飞、许之桢、傅大庆、梁柏台、卜琦、袁达时、柯庆施、廖化平等。后来成为中国共产党第一代领导集团成员的刘少奇、任

外国语学社

中国社会主义青年团中央机关旧址会客室

1920年1月10日俞秀松像及给家人的附言

弱时等人，也从这里踏上革命征程。民国9年（1920年）10月3日，中国共产党上海发起组在这里召开上海机器工会筹备会。民国9~10年（1920~1921年），华俄通讯社在这里设立。民国10年（1921年），上海第一次庆祝三八国际劳动妇女节的活动和上海工人庆祝五一国际劳动节的筹备会议都在此举行。

中国社会主义青年团中央机关旧址，是一幢坐北朝南、二楼二底砖木结构的旧式石库门里弄住宅，占地面积87平方米，建筑面积174平方米。外墙清水青砖间红砖带饰，砖缝嵌白色粉线；小青瓦双坡顶，山墙顶部作半圆处理。门罩作简化的希腊神庙造型；门楣为白色牌匾，书四言吉语，两侧砖砌方壁柱悬垂，饰凹槽。黑漆大门配黄铜门环，门框围花岗岩条石。旧址的楼下进石库门的大门为前天井，其正面为客堂间，其右边为统厢房的前厢房，从天井进客堂间、前厢房都要通过落地长窗。紧挨前厢房是中厢房，这是一间兼作教室和餐厅的大房间。中厢房后面是后厢房，烧饭兼管门的人居住此屋。后厢房有西窗，推开西窗可看到后天井和厨房。客堂间后面是楼梯，可通向二楼。东亭子间为俞秀松卧室（下面是后厢

房），西亭子间为杨明斋卧室兼华俄通讯社办公室，中间有石梯可通向晒台。二楼前楼为团中央办公室兼宿舍（下面是客堂间），二楼东厢房为外国语学社学员宿舍（楼下为一楼统厢房的前厢房和中厢房）。

1954年，中共上海市委宣传部首次提出将渔阳里6号恢复为外国语学社原貌。1956年初，上海市委办公厅发出批示解决了渔阳里5、6、7号居民的动迁问题。1957年3月，渔阳里5、6、7号房屋开始动工复原修缮，年底工程告竣，渔阳里6号经修缮后恢复原状陈列。1959年，旧址被公布为上海市文物保护单位。1961年3月4日，中国社会主义青年团中央机关旧址被国务院公布为第一批全国重点文物保护单位，编号1-0010-5-0010。1973年前，由中

整修后的团中央机关旧址

国共产党第一次全国代表大会会址纪念馆负责保护管理。1973年，旧址移交上海市文物管理委员会直接管理。1986年，共青团上海市委向中共上海市委请示，在渔阳里旧址的基础上筹建中国社会主义青年团中央机关旧址纪念馆，并将渔阳里5号和7号辟为中国青年运动历史资料陈列室，作为对全市团员和青少年进行革命传统教育的基地。1988年，再次对旧址按原貌进行大修。1999年3月29日，上海市人民政府印发《关于同意重新编制的上海市国家级和市级文物保护单位保护范围及建设控制地带》的批复，划定中国社会主义青年团中央机关旧址的保护范围和建设控制地带。2002年12月底，国家文物局正式批准渔阳里团中央机关旧址整修扩建工程方案。2003年4月8日，渔阳里中国社会主义青年团中央机关旧址（纪念馆）整修扩建基建工程正式启动。2004年，根据上海市文物管理委员会《关于中国社会主义青年团中央机关旧址保养维护的批复》，对旧址进行整修。旧址部分复原内部陈设，作为中国社会主义青年团中央机关旧址纪念馆的原状陈列部分对外开放。纪念馆位于上海市淮海中路567弄1～6号，2004年4月26日起免费向公众开放。同年，上海市文物管理委员会与卢湾区（2011年与黄浦区合并成新的黄浦区）政府签订旧址委托保护管理责任书，由2003年建立的上海市卢湾区文物保护管理所负责纪念馆的保护管理工作。2010年，中国社会主义青年团中央机关旧址纪念馆负责管理。已建立"四有"档案，由上海市黄浦区文物保护管理所保管。

**中国共产党第一次全国代表大会会址** 中共一大会址，是中国共产党第一次全国代表大

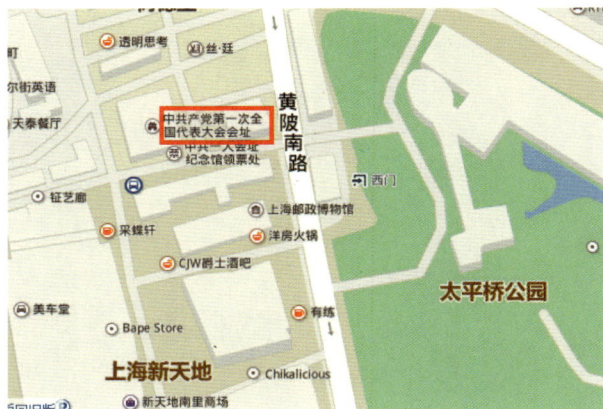

一大会址位置示意图

会召开的地方，是中国共产党的诞生地。中共一大会址位于上海市黄浦区兴业路76号、78号（原望志路106、108号），后门在黄陂南路374弄（即树德里）。按照2001年国务院公布的内涵，中国共产党第一次全国代表大会会址还包括嘉兴南湖中共"一大"会址。

民国10年（1921年）7月23～30日，中国共产党第一次全国代表大会在上海市黄浦区望志路106号楼下秘密召开。出席大会的有李达、李汉俊、张国焘、刘仁静、毛泽东、何叔衡、董必武、陈潭秋、王尽美、邓恩铭、包惠僧、陈公博、周佛海等13人，代表当时全国53名党员。共产国际代表马林、尼柯尔斯基也参加了大会。7月30日，会址受到法租界巡捕房的注意和搜查，最后一天的大会临时转移到浙江省嘉兴县南湖的一艘游船上举行。大会制定并通过中国共产党的第一个纲领，选举产生党的中央领导机构，宣告了中国共产党的诞生。

中国共产党的诞生是中国历史上开天辟地的大事件。自从有了中国共产党，灾难深重的中国人民有了可以信赖的组织者和领导者，中国革命有了坚强的领导力量。中共一大会址是一处具有非常重要纪念意义的革命历史建筑。

中共一大会址 106 号门牌

中共一大会址原为望志路106、108号，为上海共产主义小组发起人之一李汉俊与其兄李书城的住宅，人称"李公馆"。建于民国9年（1920年）秋，与左右紧邻的4幢同类房屋同时建成，是为上海典型的石库门式样的老建筑。房屋坐北朝南，占地面积600平方米，建筑面积900平方米。砖木结构，外墙青红砖交错有序，其间镶嵌有白色粉线，门楣有矾红色雕花，黑漆大门上配铜环，门框围以米黄色石条。李家将两楼内墙打通，楼梯合一，组成一家。106号楼上是李汉俊卧室。楼下是18平方米的客厅，中国共产党第一次全国代表大会在这里召开。民国11年（1922年），李家他迁，该处为其他居民租用。后增建厢房，在楼下开商店，上海解放前后为恒福昌面坊。

嘉兴南湖中共"一大"会址的主体是一艘游船，由于当年嘉兴南湖的游船已经在抗战时期损毁消失了。1959年，南湖革命纪念馆根据中共"一大"会议时来嘉兴安排游船的直接当事人王会悟回忆，仿制了一艘丝网船模型，送到北京请中共"一大"代表董必武审定认可。

中共一大会址外景

此后，按模型原样仿制了一艘画舫，作为南湖革命纪念船，供群众瞻仰。南湖革命纪念船停泊处岸上建有一座访踪亭，亭内树立董必武诗碑，亭额访踪亭三字由杨尚昆题写。这艘仿制的红船集无锡丝网船、灯船的优点于一身，船上的屏风、气楼的雕刻图案，如花卉和戏曲人物等表现得栩栩如生。

1950年，中共上海市委宣传部根据上海市委的指示，指派专人负责中共一大会址的调查勘实工作。1951年4月，上海市人民政府经过调查核实会址地址。1951年10月，成立上海革命历史纪念馆管理委员会，负责对会址的修缮及建立纪念馆工作。1952年1月，中共一大会址的行政业务工作交由上海市文化局代管，并成立上海革命历史博物馆筹备处，负责对中共一大会址的房屋修缮，内部布置和文物资料的征集工作。同时开展对革命文物的征集工作。同年9月经修缮后改为纪念馆，开始内部开放。1958年，按当年原状修复，拆除厢房。进入大门为天井，经过6扇玻璃窗门进入会议室，室内置有长餐桌、圆凳、茶几、椅子、两斗桌及花瓶、茶具等，均按当年式样仿制。1959年，中共一大会址被上海市人民委员会公布为上海市文物保护单位。1961年3月4日，中国共产党第一次全国代表大会会址被国务院公布为第一批全国重点文物保护单位，编号1-0011-5-011。1968年，上海革命历史博物馆筹备处更名为中国共产党第一次全国代表大会会址纪念馆，并向社会开放。1990年，为迎接中国共产党建党70周年，经报上海市文物管理委员会转报国家文物局同意，对会址进行长达半年的闭馆维修，1991年6月8日工程竣工。会址复原以后，为保持其原貌，由中共一大会址纪念馆编制保护规划，每隔五六年就会对旧址

中共一大会议室内景

中共一大会址后门树德里

嘉兴南湖中共"一大"会址

进行一次粉刷油漆维护工程。经过多次修缮，会址仍然保持当年的建筑原貌。1999年，上海市人民政府对由上海市文物管理委员会和上海市规划委员会会同有关部门重新编制的《上海市国家级和市级文物保护单位保护范围及建设控制地带》做出明确批复，重新确定中共一大会址的保护范围及建设控制地带。中共一大会址纪念馆建立并管理会址的全国重点文物保护单位"四有"档案。1959年10月，在中共中央和浙江省委的直接关怀下，设立了南湖革命纪念馆，作为嘉兴南湖中共"一大"会址的管理和展示、宣传机构。建馆之初，馆址设在湖心岛烟雨楼。2001年在国务院公布第五批全国重点文物保护单位时，将嘉兴南湖中共"一大"会址归入第一批全国重点文物保护单位中国共产党第一次全国代表大会会址。2006年坐落在风景秀丽南湖东岸的南湖革命纪念馆新馆建成开放。

**国民党"一大"旧址（包括革命广场）** 是中国国民党第一次全国代表大会的召开之所，位于广东省广州市越秀区大塘街道龙腾社区文明路215号。

民国13年（1924年）1月20～30日，孙中山在广东高等师范学校钟楼礼堂主持召开具有重要历史意义的中国国民党第一次全国代表大会，出席开幕式的代表165人，其中有共产党员20余人，包括李大钊、谭平山、林祖涵（伯渠）、张国焘、瞿秋白、毛泽东、李立三等。大会审议并通过《中国国民党第一次全国代表大会宣言》草案和其他决议，重新解释三民主义，制定联俄、联共、扶助农工三大政策。大会选举国民党中央执行委员会和监察委员会。共产党员李大钊、谭平山、于树德、毛泽东、林祖涵、瞿秋白、张国焘等当选国民党第一届中央执行委员或候补执行委员。国民党"一大"的召开，标志着国民党改组的完成和第一次国共合作的正式形成，成为掀起全国革命高潮的新起点。民国14年（1925年）第二次全国劳动大会和广东省第一次农民代表大会，民国15年（1926年）庆祝广东统一和庆祝北伐胜利

国民党"一大"旧址

国民党"一大"旧址内景

等群众集会都在钟楼礼堂和广场举行。

国民党"一大"旧址原为清代举行乡试的贡院,清光绪三十四年(1908年)改为两广优级师范学堂,辛亥革命后改为广东高等师范学校。民国13年(1924年)孙中山在此创办广东大学,民国15年(1926年)易名为中山大学。1927年1~4月,鲁迅在该校任文学系主任兼教务主任、组织委员会委员时,曾住在钟楼。原中山大学钟楼的首层有一个小礼堂,面积300余平方米,此即为国民党"一大"旧址。钟楼建于光绪三十一年(1905年),为一座仿西欧古典式砖木结构建筑,建筑面积2888平方米,坐北向南。钟楼正门开拱形圆柱廊,廊上有平台,廊下是门厅,底层四周是柱廊走道。钟楼的前半部为二层,后半部为一层,其外貌似"山"字形。因楼四面上方装置时钟,故名"钟楼"。钟楼曾为中山大学校本部办公楼。钟楼大院的前面有块宽阔的广场,即为革命广场。广场中间是一片大草坪,东西两端各有一个大讲台,周围绿树成荫。国民党"一大"旧址(包括革命广场)保存完好,对研究中国近代史及国共两党合作,促进祖国统一,具有重要的历史意义。

第一次国内革命战争期间(1924~1927年),因钟楼的广场毗邻中国共产党广东区委、中华全国总工会、省港罢工委员会、广东妇女解放协会和农民运动讲习所,成为革命集会的重要活动场所。廖仲恺、何香凝、毛泽东、刘少奇、周恩来、林伯渠、陈延年、邓中夏、苏兆征、彭湃、张太雷、恽代英、刘尔崧、邓颖超等革命活动家在这里进行革命活动。

1958年4月,中共广东省委决定把钟楼辟作鲁迅纪念馆。1959年10月1日开馆,复原鲁迅卧室兼工作室等,举办"鲁迅在广州"陈列。广州鲁迅纪念馆负责国民党"一大"旧址(包括革命广场)的保护与管理。1981年10月,国民党"一大"旧址复原了当年会场原貌,由广州鲁迅纪念馆统一管理,供游人免费参观。革命广场由广东省立中山图书馆管理,免费对外开放。1988年1月13日,国民党"一大"旧址(包括革命广场)被国务院公布为第三批全国重点文物保护单位,编号3-0020-5-020。1994年,广东省人民政府发文公布国民党"一大"旧址(包括革命广场)的保护范围和建设控制地带。国民党"一大"旧址的"四有"档案由广州市文物考古研究院负责编制和保管,广州鲁迅纪念馆备份保管。

**北伐汀泗桥战役遗址** 是第一次国内革命战争时期国民革命军第四军叶挺独立团大败吴佩孚北洋军的重要战役纪念地,位于湖北省咸宁市咸安区汀泗桥镇京广铁路西侧西山头上。

民国15年(1926年)7月9日,北伐战争在"打倒列强,除军阀"的雄壮口号中正式开始。同年8月,国民革命军从湖南挺进湖北。军阀吴佩孚急调北方直系主力南下,并在地形险要的汀泗桥一带布防。8月26日，国民革命军第四、第七军向汀泗桥发起总攻。因汀泗桥地势险要，易守难攻，经双方激战，屡攻不下。27日，共产党员、独立团团长叶挺率领独立团先遣队，绕到敌人后方，前后夹攻，敌军全线溃退，国民革命军占领汀泗桥，打开了通向武汉的南大门，为革命的势力迅速发展到长江流域起到重大的作用。汀泗桥大捷是北伐战争中具有重大历史意义的一役，它重创吴佩孚的主力，为北伐战争全面胜利奠定了坚实的基础。民国18年（1929年）10月18日，国民革命军在此修建烈士墓、纪念碑、纪念亭，纪念在此次战役中牺牲的北伐军将士，国民党元老胡汉民为纪念碑题字。

北伐汀泗桥战役遗址由塔垴山遗址、烈士陵园和老铁路桥、桥头碉堡及古石桥三大部分

组成，均保存较好。

塔垴山遗址位于汀泗河东，包括碉堡、炮台、战壕、猫耳洞。碉堡为钢筋混凝土方形构筑物，南北长6.52米，东西宽5.5米；炮台2座，底部以水泥砂浆铺筑而成，底边长宽为8.5米，高2.5米；猫耳洞分布于塔垴山及周边的各山体中部，仅存2个，猫耳洞洞口为半圆形，洞口高1.2米，宽2米，边墙为青砖拱砌而成；战壕分布于塔垴山及周边各山体上，遗存长约180米，宽1.5米，深1.35米。烈士陵园位于马家山西南，包括烈士墓、纪念碑、纪念亭。烈士墓位于马家山山脊，砖混结构，占地面积54.67平方米。墓首中间置石刻1方，上刻"国民革命军第四军阵亡将士之墓民国十八年十月立"；纪念碑高5.2米，与墓成中轴线对称布局，基座成正方形，碑座为四边形，在烈士墓

汀泗桥

维修后北伐汀泗桥战役遗址烈士陵园门楼

北伐汀泗桥战役遗址烈士墓

前5米处，以花岗岩为材料，上阴刻"国民革命军第四军北伐阵亡将士纪念碑 胡汉民题 民国十八年十月"的隶书题字，上方为国民党党徽图案；纪念亭与墓冢、纪念碑在同一中轴线上对称布局，位于纪念碑的西南方向，距纪念碑约8米处，为典型的欧式建筑风格，六角亭，上镌刻有国民党党徽。老铁路桥为五墩四孔钢铁结构，全长72米，高7.2米，宽7米。古石桥始

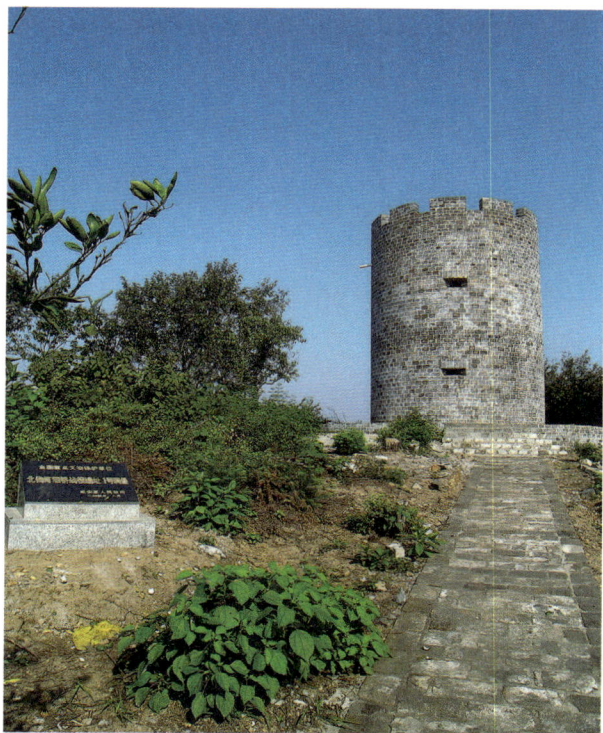

塔垴山遗址碉堡

建于南宋淳祐七年（1247年），桥为石结构构筑，三孔两墩，桥上建有风雨亭。

1981年12月3日，遗址由湖北省人民政府公布为第二批湖北省文物保护单位，名称"国民革命军北伐战争汀泗桥战役遗址"；1988年1月13日，北伐汀泗桥战役遗址被国务院公布为第三批全国重点文物保护单位，编号3-0023-5-023。1999年，经国家文物局立项批准，对遗址进行第一期修缮，修复陵园的大门和外护墙。2000年7月29日，湖北省人民政府办公厅印发《关于公布文物保护单位保护范围和建设控制地带的通知》，划定并公布北伐汀泗桥战役遗址的保护范围和建设控制地带。2003年，经国家文物局批准，修缮北伐汀泗桥战役遗址碉堡、炮台、战壕烈士墓、纪念碑和纪念亭等建筑。2005年，修复塔垴山上的炮台2座、猫耳洞2个、碉堡1座、战壕180米以及附属设施。2007年，在汀泗桥镇107国道边，新建北伐汀泗桥战役遗址纪念馆，2008年10月竣工，2009年11月正式免费对外开放。北伐汀泗桥战役遗址的全国重点文物保护单位记录档案于2004年3月，由咸宁市咸安区博物馆制作完成并保管，并报国家文物局、湖北省文物局备案。

**海丰红宫、红场旧址** 是大革命时期彭湃等领导海陆丰人民建立第一个苏维埃政权的革命活动场所，位于广东省汕尾市海丰县海城镇南门社区红场路13号。

彭湃（1896～1929年），广东省汕尾市海丰县城郊桥东社人，中国共产党早期农民运动的主要领导人之一，海陆丰农民运动和革命根据地的创始人，被毛泽东称为"中国农民运动大王"。民国16年（1927年）蒋介石发动四一二反革命政变后，海陆丰人民在彭湃领导下，于4月、9月和10月先后三次发起武装起义。11月5日，起义军先后占领海丰、陆丰县城，武装夺取政权。11月18～21日，海丰县工农兵代表大会在原明代学宫（孔庙）召开。会议选举苏维埃政府委员，通过《没收土地案》等八项政纲，宣布中国第一个县级红色政权——海陆丰工农民主政府成立。会场四周刷红色，场内用红布覆盖墙壁，从此学宫（孔庙）改称红宫。革命政权的许多重要会议在红宫召开。民国16年（1927年）12月1日，在紧邻红宫的红场召开5万余人大会，庆祝海丰苏维埃政府成立。次年1月2日，南昌起义部队红二师与徐向前率领的广州起义部队红四师在红场胜利会师。

红宫原为海丰学宫（孔庙），始建于明洪武十二年（1379年）。海丰县苏维埃政府成

海丰红宫旧址全貌

海丰红宫平民医院正立面

海丰红场正门

立后，改称红宫。民国初年，曾改为海丰通俗图书馆。红宫坐西北朝东南，自南而北有棂星门、泮池（含莲桥）、大成门、大成殿和东西庑等建筑。整体古朴典雅，墙壁和围墙都用红色粉刷，具有典型的中国式建筑风格。棂星门为六柱五间牌坊式建筑。大成殿为重檐歇山顶，屋内置五柱斗式梁架，有瓜柱、插枋、雀替等装饰。明清两代，曾多次修葺和改建。复

彭湃塑像

原后按照大革命时期的原样，墙上贴有"打倒军阀""工农兵团结起来""苏维埃政权万岁"等标语，室内摆着长凳，主席台居上首，上覆红布。

红场位于红宫东侧，坐北朝南。红场原为明代社仓，清代时称东仓，清末倒塌成为草埔，时称东仓埔。海丰县工农民主政府把东仓埔命名为红场。彭湃号召在此地兴建红场大门和司令台（后称红台）。自南而北有红场大门、通道、草坪、红台。红场大门是一座牌坊式拱门，门额上浮塑"红场"2个大字，为彭湃手书，两边浮塑有"铲除封建势力，实行土地革命"的对联，红场中央设有传声台。红宫的后侧东面紧邻红场之间，有红四师纪念亭。1986年10月28日，彭湃诞辰90周年时，在红场中心安放了彭湃烈士铜像。铜像高3.2米，重2吨。铜像垫座由花岗岩石制成，高2.3米，长2米，宽1.7米。正面中间碑板铸塑徐向前的题字。

1961年3月4日，国务院公布海丰红宫、红场旧址为第一批全国重点文物保护单位，编号1-0015-5-015。成立海丰红宫、红场旧址纪念馆，负责旧址的保护和管理。1994年，广东省

人民政府划定海丰红宫、红场旧址保护范围和建设控制地带。海丰红宫、红场旧址纪念馆建立和保管海丰红宫、红场旧址全国重点文物保护单位"四有"档案资料。

"八一"起义指挥部旧址　是民国16年（1927年）8月1日中国共产党领导的南昌起义指挥部所在地。包括总指挥部、贺龙指挥部、叶挺指挥部、朱德军官教育团、朱德旧居等5座旧址，均位于江西省南昌市老城的闹市区：总指挥部旧址位于中山路380号；贺龙指挥部旧址位于子固路165号；叶挺指挥部旧址位于苏圃路1号心远中学内；朱德旧居位于花园角2号；朱德第三军军官教育团旧址位于八一大道58号。

民国16年（1927年），轰轰烈烈的大革命失败后，革命形势转入低潮。为了使革命走向复兴，中共中央决定举行南昌起义。7月下旬，准备参加南昌起义的部队从九江来南昌后，将江西大旅社包租下来作为起义的总指挥部。7月27日，周恩来从武汉经九江到达南昌。根据中共中央决定，成立中共前敌委员会（简称前委），周恩来任书记。8月1日凌晨，

八一起义总指挥部旧址大楼

南昌起义时周恩来 25 号房间

在前委领导下，贺龙、叶挺、朱德、刘伯承等率领在中国共产党直接掌握和影响下的军队两万余人举行起义。经过4个多小时的激烈战斗，起义军占领南昌城。南昌起义打响了武装反抗国民党反动派的第一枪，标志着中国共产党独立领导革命战争、创建人民军队和武装夺取政权的开始，具有重大的历史意义。

总指挥部旧址原为江西大旅社，建于民国11年（1922年），民国13年（1924年）落成，业主为资本家包祝峰。整栋楼房是一座"回"字形建筑，主立面外观有浮雕花饰，呈银灰色，坐南朝北。主体建筑共四层，整个屋顶是一个大平台，在平台的北端正中有一个二层的小楼和一根旗杆，可凭栏鸟瞰南昌全城。楼内

叶挺指挥部

有一天井，显示中国传统建筑的格局，整个建筑布局为中西合璧砖混建筑风格，是当时南昌最大的旅社。建筑面积5222.9平方米。前敌委员会在这里成立，多次召开会议研究起义大计。二楼的第25号房间是前委书记周恩来工作和休息的房间，第20号房间是起义后成立的革命委员会财政委员会主席林伯渠的办公室和卧室。第二十军第一师的司令部也设在这里。南昌起义胜利后，部队南下广东，这里仍为江西大旅社。贺龙指挥部旧址原为中华圣公会宏道堂，建于民国14年（1925年），是一座中西合璧的建筑，主体坐东朝西，临街的前楼是一幢传统中式风格的三层楼房；与楼房连接的为礼堂和厢房，均为两层；后院有一幢西式风格的两层小洋楼。建筑面积1850平方米。叶挺指挥部旧址原为主管江西省教育的省文事局局长熊育锡开办的心远中学校舍之一，建于民国14年（1925年），为两层砖木结构的"工"字西式楼房，坐北朝南，建筑周围建有金属栅栏围墙，建筑面积1102.96平方米。朱德旧居是一座砖木结构两层楼房，坐西朝东，雕花飞檐悬于门楣，两扇大门，内有天井，是典型的江南民居。建筑面积839.62平

方米。朱德军官教育团旧址在清末时曾是清兵的训练场所，后改为江西陆军讲武堂，是一个坐北朝南的庭院，院内全部是砖木结构的平房，房屋平面大致呈"匡"字布局。各排、列房屋均有相连雨廊，房屋也有前后走廊。建筑面积1601.7平方米。

中华人民共和国成立后，江西省人民政府接收江西大旅社，由江西省交际处使用。1956年，在江西大旅社（即总指挥部旧址）内筹建南昌八一起义纪念馆，负责管理"八一"起义指挥部旧址。1959年10月1日，纪念馆正式对外开放。1961年3月4日，"八一"起义指挥部旧址被国务院公布为第一批全国重点文物保护单位，编号1-0013-5-013。中央和地方政府每年都投入大量的资金和人力、物力进行维护。1950年初，将原屋顶改为人字梁坡顶，并在原主立面正中顶部增建一小塔楼（又称吊楼），塔楼上安装了旗杆；1987年、1997年又进行过2次大规模的旧址维修加固；2007年对总指挥部旧址进行恢复维修；2013年对叶挺指挥部进行保护性维修。1992年，南昌八一起义纪念馆建立并保管"八一"指挥部旧址全国重点文物保护单位"四有"档案。2005年，南昌八一起义纪念馆委托东南大学编制"八一"指挥部旧址保护规划。2007年，获得江西省人民政府批准同意，分别划定了总指挥部旧址、贺龙指挥部旧址、叶挺指挥部旧址、朱德旧居、朱德军官教育团旧址的保护范围和建设控制地带。

**秋收起义文家市会师旧址**　是毛泽东领导秋收起义部队的转兵地，是开辟中国革命正确道路的新起点。位于湖南省长沙市浏阳市文家市镇人民路34号。

1927年9月9日，毛泽东领导工农革命军在修水、铜鼓和安源举兵起义，分三路会攻长沙，震惊全国的湘赣边界秋收起义爆发。敌军优势兵力围堵，各路起义部队相继受挫。9月14日，毛泽东在浏阳上坪召开紧急会议，决定改变攻打长沙的计划，命令起义部队到文家市会合。9月19日，各路起义部队在文家市胜利会师。当晚，毛泽东在里仁学校后栋教室（成德堂）主持召开前敌委员会会议，讨论起义部队进军方向问题。会议经过激烈争论，通过了毛泽东的意见，放弃原定进攻长沙的计划，起义军撤离湘东地区，向南转移到敌人统治力量薄弱的农村山区。9月20日，起义部队在里仁学校操坪举行会师大会，毛泽东作重要讲话。会后，毛泽东率领部队从文家市出发沿罗霄山脉南下。10月27日，秋收起义部队历时49天，把红旗插上井冈山，点燃了中国革命走向胜利的星星之火，为中国共产党开辟出一条"以农村包围城市，武装夺取政权"的正确革命道路。

秋收起义文家市会师旧址——里仁学校，原名文华书院，始建于清道光二十一年（1841年），同治四年（1865年）在书院的西、东两侧修建武帝庙和文昌阁、魁星楼（已毁）等。

秋收起义会师操坪旧址

秋收起义前敌委员会会议旧址内景

里仁学校旧址大门

光绪二十七年（1901年）清政府推行西学，下令全国学堂改制，光绪三十四年（1908年）文华书院改为文华小学堂。民国元年（1912年）更名为里仁学校。新民主主义革命初期，浏阳南区的第一个共产党支部在里仁学校成立，罗章龙、张国焘曾先后在此任教，胡耀邦、杨勇就读于此，接触革命思想。

旧址坐南朝北，为典型的书院式建筑，砖木结构。南北进深76.7米，东西最宽70米，总占地面积5000多平方米，建筑面积3834平方米。中轴线上自北向南依次由过道（标语巷）、照壁、过亭、前门、讲堂、大成殿、状元桥、成德堂等组成。讲堂和成德堂为硬山顶，大成殿为重檐歇山顶。大成殿之东为东斋（又称新斋），大成殿之西为西斋，东西斋均为悬山顶。西斋用作教室，其北首建有武帝庙。东斋之东为文昌阁，文昌阁东为厨房。文昌阁前襟墙与前门、讲堂、垛墙抱合而成操坪。旧址存有毛泽东、卢德铭、余洒度、余贲民等起义领导人的住房，前敌委员会会议旧址、会师操坪、战士住房、战士食堂、战士厨房以及秋收起义时期的标语墙、标语巷等，基本保存当年工农革命军驻扎时的原貌。

1959年1月24日，湖南省人民委员会公布秋收起义文家市会师旧址为第二批省级文物保护单位。1961年3月4日，秋收起义文家市会师旧址被国务院公布为第一批全国重点文物保护单位，编号1-0014-5-014。1963年，旧址由当地设立专人保护。1966年，成立秋收起义文家市会师旧址文物保护管理委员会，负责保护和管理工作。1969年，旧址初步对国内观众开放。1971年，成立秋收起义文家市会师旧址纪念馆。1974年1月1日，旧址正式对国内外观众开放。1983年，保护管理机构更名为秋收起义文家市会师纪念馆。2011年起，启动秋收起义纪念园的建设；至2017年9月19日，完成新建陈列馆相关附属设施的建设和两次修缮工作。2013年，国家文物局审批同意《全国重点文物保护单位秋收起义文家市会师旧址保护规划》，2015年4月23日，湖南省人民政府下发文件批准颁布实施。

**广州公社旧址**　亦即广州苏维埃政府旧址，是民国16年（1927年）广州起义后成立的苏维埃政府——广州公社所在地，位于广东省广州市越秀区光塔街道诗家里社区起义路200号广州市公安局大院内。

民国16年（1927年）12月11日，中共广东省委根据中共中央指示，由省委书记、起义总指挥张太雷等在广州发动反对国民党反动派的广州起义，工人赤卫队占领位于维新路的国民政府广东省立公安局。12日下午，在此成立广州苏维埃政府和工农红军指挥部。后人称广州苏维埃政府为"东方巴黎公社""广州公社"。12日晚，敌军疯狂反扑，工农红军总指挥叶挺和中共广东省委军委负责人聂荣臻下令起义军撤出广州，转往农村。13日，广州起义失败。民国38年（1949年）广州解放后，国民政府广东省公安局被广州市人民政府接管，并于此设立广州市公安局。

广州公社旧址为仿西式混合结构建筑，存有大门、监狱和南、中、北3座办公楼，四面有两米多高的围墙，大门后有花园。大门正对的房子是广州苏维埃政府办公楼，坐东向西，房子呈"凹"字形，为混合结构的两层建筑，面积约910平方米。楼下为张太雷的办公室、苏维埃政府会议室及临时救护处；二楼南面有两个办公室，是苏维埃政府委员和工人赤卫队负责人周文雍、杨殷、陈郁等的办公室；北面是大会议室，周文雍曾在这里召开工人赤卫队骨干会议，指挥工人赤卫队战斗。工农红军指

挥部位于苏维埃政府办公楼北面，坐北向南，为混合结构二层楼房，面积约400平方米。楼下为会议室；二楼为工农红军总指挥叶挺、副总指挥叶剑英、参谋长徐光英以及省委军委负责人聂荣臻等人的作战指挥室，西边的一小房间为秘书长恽代英办公室。警卫连的连部和军械杂物仓库位于苏维埃政府办公楼南侧，坐南向北，为混合结构三层楼房，面积约207平方米。办公楼东北角有一幢二层混合结构建筑，面积824平方米，为苏维埃政府扣押反动政权人员的拘留所。

广州起义是中国共产党领导的三大武装起义之一，广州公社旧址是中国第一个在大城市中成立的苏维埃政府旧址。旧址对研究中共早期武装革命斗争的历史以及开展党史教育、爱国主义教育都具有重大的现实意义。

1956年，广州市人民委员会把南楼辟为广州起义陈列室，对内开放。1961年3月4日，广州公社旧址被国务院公布为第一批全国重点文物保护单位，编号1-0016-5-016。1987年，广州市公安局将旧址的南楼、中楼及门楼等建筑移交给文物部门；文物部门对旧址的中楼南翼及南楼三楼按文物原貌进行维修复原，设立

广州公社旧址大门

广州公社旧址内景

广州起义纪念馆，隶属1959年成立的广东革命历史博物馆，负责广州公社旧址的开放、管理和保护。1994年，广东省人民政府划定公布广州公社旧址保护范围和建设控制地带。2005年底，广州市公安局向文物部门移交旧址北楼和拘留所。旧址中楼复原张太雷办公室、苏维埃政府会议室、救护室及苏维埃委员办公室等。南楼设置广州起义史料辅助陈列展。2006年开始重新修葺纪念馆，2007年重新开放。广州市文物考古研究院负责编制和保管广州公社旧址全国重点文物保护单位"四有"档案。

**八七会议会址** 是第一次国内革命战争失败以后，在关系党和革命事业前途和命运的关键时刻，中共中央政治局于1927年8月7日在汉口召开的紧急会议会址。会址位于湖北省武汉市江岸区鄱阳街139号，前临鄱阳街，后靠小巷，与珞珈山路相连。

民国16年（1927年），蒋介石、汪精卫先后叛变革命，第一次国内革命战争失败。中共中央在共产国际帮助下，8月7日在汉口原俄租界三教街41号召开紧急会议，即八七会议。会议总结大革命失败的经验教训，坚决纠正和结束了陈独秀的右倾机会主义错误，撤销其总书记职务，选出以瞿秋白、李维汉、苏兆征为首的中央临时政治局，确定了土地革命和武装反抗国民党反动统治的屠杀政策为党的新的总方针，决定发动湘、鄂、赣、粤等省农民秋收起义作为当时党的最主要任务。会上，毛泽东提出了"枪杆子里面出政权"的著名论断。八七会议给正处在思想混乱和组织涣散中的中国共

八七会议会址

八七会议会址会议

产党指明新的出路，也标志着中国革命由大革命失败到土地革命战争兴起的历史性转变。

八七会议会址整栋楼房建于民国9年（1920年），名为怡和新房，由经营茶叶、麻丝的英国惠罗公司兴建。会址楼系坐西向东、三层砖混结构的西式建筑（局部四层），平面呈长方形。建筑由3个单元组成，现分别为鄱阳街139、135、137号。139号，占地面积163.7平方米，正立面粉刷浅黄色涂料，背立面为红砖清水墙，屋面铺红机瓦内垟刷浅黄色涂料，顶棚为灰板条纸筋粉刷白色涂料。一层面阔7.65米，进深二间21.4米，层高4.87米，正面墙高13.85米，檐高12.76米，建筑面积494.6平方米，深红色水磨石地面，后院天井与137号后院天井相连，建筑面积32.8平方米。二层进深三间、层高4.01米，临街为阳台，进深2.3米，设三开木质格玻璃窗3个，其中中窗外形呈半圆形，走廊与临街前房为双层木质门，工艺考究，内层为对叠木质玻璃门，靠外围门装有对开百页扇。临街前房靠137号墙壁处为宽1.72米西式壁炉。临珞珈山路后房与前房结构、布局类似，靠后院设3开百叶窗，前房与后房相通，以双开双页对叠门分

隔；耳房通深7.52米，红色水磨石地面，建筑面积18平方米，设楼梯通往一楼后院。三层进深二间、层高3.88米，结构布局与二楼基本相似。四层为简易木阁楼，层高2.9米，屋面脊高（至四层楼面）5.45米，屋面出塔0.74米。135号和137号，占地面积327.4平方米，建筑面积1023.4平方米，装修风格与布局与139号类似。

从20世纪50年代起，文物部门对八七会议召开的具体地点，进行调查、研究、考证，并经会议参加者亲临实地指证，最后确定八七会议召开地点为鄱阳街139号二楼后房，即俄国农运顾问洛卓莫夫的住地。1978年，依托旧址成立八七会议会址纪念馆，隶属于武汉市文物处。1981年12月30日，会址被湖北省人民政府公布为第二批湖北省文物保护单位。1982年2月23日，八七会议会址被国务院公布为第二批全国重点文物保护单位，编号2-0005-5-005。1987年8月7日八七会议召开51周年之际，正式对外开放。1997年，国家文物局、武汉市政府拨款用于纪念馆扩馆和修缮，将与其毗邻的鄱阳街135号和137号收回，使纪念馆馆舍面积扩大两倍多。2000年7月29日，湖北省人民政府办公厅印发《湖北省人民政府办公厅关于公布文物保护单位保护范围和建筑控制地带的通知》，划定公布八七会议会址的保护范围和建设控制地带。2004年4月，八七会议会址纪念馆建立八七会议会址的全国重点文物保护单位记录档案。2005年，按照中宣部要求，八七会议会址纪念馆编制完成《红色旅游经典景区建设方案》和《可行性研究报告》，2007年5月获国家发展改革委批复。

**古田会议旧址群（古田会议会址）** 是红四军新泉整训和古田会议期间红四军领导机关驻地及相关历史事件发生地，包括新泉革命旧址群和古田会议会址及旧址群，分别位于福建省龙岩市连城县新泉镇和上杭县古田村。

民国18年（1929年）6月，毛泽东、朱德率领红四军主力从福建省长汀县到达福建省连城县新泉镇，指导地方建立红色政权。同年12月，毛泽东、朱德、陈毅在新泉镇领导红四军进行为期10天的军政整训，即新泉整训。红四军全军4个纵队4000余人参加集训。毛泽东、陈毅负责政治整顿，朱德负责军事训练。新泉整训，既是中共建军史上具有重大意义的一次民主整军运动，也是中国工农红军乃至人民军队第一次正规的军政整训。政治整训的规模和规范更是人民军队首次，成为人民军队政治整训制度化、规范化的首创。新泉整训是人民军队建设历程中一个重要里程碑，为古田会议的召开奠定了基础。12月下旬，中国共产党红军第四军第九次代表大会在古田村召开，史称古田会议。120余名红四军各级党代表、士兵代表、妇女代表和地方干部代表参加会议。陈毅主持大会，毛泽东作政治报告，朱德作军事报告。会议一致通过由毛泽东主持起草的大会决议案即《古田会议决议》。会议选举产生新的中共红四军前敌委员会，毛泽东当选为书记。古田会议总结中国红军创建两年多来的丰富经验，奠定了人民军队政治工作的基础，使之逐步成为一支新型的真正人民军队。古田会议决议确立了思想建党、政治建军的原则，是中国

古田会议会址大门

共产党和红军建设的纲领性文献，对党和军队的建设发挥了重大的作用。

新泉革命旧址群，包括新泉红四军前委机关旧址——望云草室，新泉红四军司令部旧址——于溪公祠，士兵调查会旧址——新屋里，农民调查会旧址——槐山公祠，新泉工农妇女夜校旧址——张家祠和新泉连南区革命委员会旧址——张氏家庙。

望云草室位于连城县新泉镇新泉村，原系张氏家祠书院，建于清咸丰年间（1851～1861年）。单层砖木结构，坐南朝北，进深15.5米，建筑面积163平方米，由前厅、天井、中厅、后厅、天井和回廊组成。民国18年（1929年）12月，红四军前敌委员会机关和政治部设于此，毛泽东、朱德、陈毅均居住于此。毛泽东在此召开士兵调查会，起草古田会议决议案。于溪公祠位于连城县新泉镇新泉村新中路74号，建于清同治年间（1862～1874年），坐南朝北，砖木结构，建筑面积402平方米，由门、雨坪、下厅、天井、上厅及左右一厢房组成。新泉整训期间，红四军司令部设于此。新屋里位于连城县新泉镇新泉村祖庆公祠前左侧，是近代土木结构平房，坐南朝北，进深8.7米，建筑面积85平方米。新泉整训期间，毛泽东、朱德、陈毅等多次在此召开红四军士兵调查会。槐山公祠位于连城县新泉镇官庄村孟连公祠右侧，建于清代，坐南朝北，土木结构，进深13.9米，建筑面积217.5平方米，中轴线上由前坪、大门、下厅、天井、上厅组成。新泉整训期间，毛泽东等在此召开农民调查会。张家祠位于连城县新泉镇新泉村温泉路，紧邻望云草室，建于清代，坐南朝北，砖

古田会议会场

木结构，进深10.5米，建筑面积196平方米，由门、下厅、天井、上厅、左右各一厢房，大门外雨坪和后院组成。民国18年（1929年），中央苏区第一所工农妇女夜校——"新泉工农妇女夜校"在此成立。张氏家庙位于连城县新泉镇新泉村街道旁，为张氏家庙所在地，建于明万历四十五年（1617年），坐东朝西，建筑面积540平方米，砖木结构，左右后三面砖墙，正门竖雕花斗拱木牌楼，门前蹲立一对石狮，祠堂中轴线上由倒座、雨坪、门楼、大门、下厅、天井（四角亭）、上厅及左右各一厢房组成。红四军进驻新泉休整期间，在此成立连城县第一个苏维埃政权——连南区革命委员会，张瑞明任区委会主席。

古田会议旧址群包括古田会议会址、中共红四军前委机关暨红四军政治部旧址——松荫堂、红四军司令部旧址——中兴堂、毛泽东《星星之火可以燎原》写作旧址——协成店、中共闽西第一次代表大会会址——文昌阁、中共闽西特委机关旧址——树槐堂和毛泽东、朱德、陈毅旧居等。

古田会议会址原为廖家祠堂，又名"万源祠"，建于清道光二十八年（1848年）。民

古田会议红军留下的标语

国6年（1917年），古田第一所小学"和声小学"创办于此。民国18年（1929年）5月，红四军第二次进入福建到达古田，将"和声小学"更名为"曙光小学"。同年12月28～29日，毛泽东、朱德、陈毅等在此主持召开古田会议。祠堂由前后厅和左右厢房组成。祠堂外面右侧有红军检阅台，左侧有水井，背后杉柏参天。祠堂为砖木结构，小四合院建筑，歇山顶。自西向东依次为前院、下厅、天井、正厅，左右为厢房。正厅为古田会议会场，会场设有主席台和会议代表座席；主席台上方悬挂有马克思、列宁石印像，中国共产党党旗和写有"中国共产党红军第四军第九次代表大会"字样的会标。左厢房为会议期间毛泽东办公室和休息室，右厢房为朱德办公室，会址左侧外墙上有当年红军书写的标语"保护学校"。松荫堂位于上杭县古田镇八甲村，又名"永东楼""耕心堂"，建于清嘉庆十二年（1807年）。松荫堂坐北（偏西）朝南（偏东），面阔七间、进深五间，建筑面积850平方米，占地面积1235平方米。围垅式建筑，悬山式屋顶，砖木结构，三合土地面。红四军进驻古田期间，松荫堂为前委机关和政治部驻地以及毛

泽东、陈毅的居所。中兴堂位于上杭县古田镇八甲村，建于清嘉庆十年（1805年）前后。中兴堂坐东（偏北）朝西（偏南），面阔九间、进深六间，建筑面积1186平方米，占地总面积1698平方米。围垅式建筑，砖木平房结构，悬山式屋顶，三合土地面。红四军进驻古田期间，中兴堂为红四军司令部驻地。古田会议期间朱德居住于此。协成店位于上杭县古田镇赖坊村，建于民国11年（1922年），坐西朝东，面阔三间、进深四间，二层砖木结构建筑，三合土地面，建筑总面积400平方米，占地面积180平方米。协成店是古田会议期间红四军第一纵队司令部驻地。民国19年（1930年）1月5日，毛泽东在这里给时任红四军第一纵队司令员的林彪写了一封近万言的长信。针对林彪等人"红旗到底打得多久"的悲观情绪，毛泽东明确指出"政权发展是波浪式地向前扩大的"，坚信中国革命的高潮必将到来，"星星之火"，即将成燎原之势。"星星之火，可以燎原"成为中国革命力量由小到大、由弱到强、最终取得彻底胜利的代表性表述。文昌阁位于上杭县蛟洋乡蛟洋村，建于清乾隆六年（1741年）。坐西（偏南）朝东（偏北），砖木结构，木瓦屋面，三合土地面，由主阁、天后宫、五谷殿等组成，建筑面积920平方米，占地面积1500平方。民国18年（1929年）7月20～29日，中共闽西第一次代表大会在此召开。毛泽东曾居住于此。树槐堂位于上杭县古田镇苏家坡村，建于明末清初，建筑面积672平方米，占地面积1100平方米。民国18年（1929年）10月，中共闽西特委从上杭城迁至苏家坡，特委机关设在树槐堂，毛泽东携贺子

珍住在树槐堂后厅左侧的小阁楼。

古田会议结束后，古田会议会址由廖氏宗亲族人负责保护管理和维修，一直完整保留到中华人民共和国成立后。20世纪三四十年代继续作为古田小学使用。1953年，开始对古田会议会址进行维修保护。1961年3月4日，古田会议会址被国务院公布为第一批全国重点文物保护单位，编号1-0018-5-018。会址收归国家所有，由福建省人民委员会委托当地公社保护管理。1964年，中共福建省委对古田会议会址进行大规模维修，并开始对外开放。同年6月，古田会议纪念馆成立，负责古田会议会址等革命旧址的管理。2006年6月25日，国务院公布第六批全国重点文物保护单位合并项目，将古田会议旧址群（1929～1930年福建省上杭县、连城县）归入第一批全国重点文物保护单位古田会议会址。2017年11月，对上杭的古田会议会址等5处旧址实施修缮工程。2016年4月20日，福建省人民政府印发《关于公布全国重点文物保护单位（第四至七批）保护范围的通知》，划定并公布古田会议旧址群的保护范围。古田会议旧址群国家重点文物保护记录档案已建立，由古田会议旧址群各保护管理机构保管。

**遵义会议会址**　是民国24年（1935年）红军长征途中召开中共中央政治局扩大会议的会址，位于贵州省遵义市红花岗区老城子尹路96号。

遵义会议会址原为国民党第二十五军（黔军）第二师师长柏辉章的私邸。中央红军进入遵义前夕，柏家老幼逃离遵义。民国24年（1935年）1月，中国工农红军第一方面军长征到遵义，军委总司令部和总部一局驻扎于此。1月15～17日，中国共产党中央委员会在

遵义会议会址

此召开政治局扩大会议（遵义会议），出席会议的政治局委员有毛泽东、张闻天、周恩来、朱德、陈云、博古，候补委员有王稼祥、刘少奇、邓发、何克全（凯丰），还有红军总部和各军团负责人刘伯承、李富春、林彪、聂荣臻、彭德怀、杨尚昆、李卓然，以及中央秘书长邓小平。李德及担任翻译工作的伍修权列席会议。遵义会议总结了第五次反"围剿"的经验教训。会后，张闻天根据代表们的发言，起草了《中央关于反对敌人五次"围剿"的总结的决议》（《遵义会议决议》），充分肯定毛泽东等指挥红军多次取得反"围剿"胜利所采取的战略战术的基本原则，会议改组了中央领导机构，选举毛泽东为政治局常委。遵义会议是中国共产党第一次独立自主地运用马克思列宁主义基本原则解决自己的路线方针和政策的会议。会议解决了党内所面临的组织问题和军事问题，结束了"左"倾教条主义错误在中央的统治，确立了毛泽东在中共中央和红军的领导地位。遵义会议在极端危急的历史关头，挽救了党，挽救了红军，挽救了中国革命，是中国共产党历史上的一个生死攸关的转折点。

遵义会议会址分主楼和跨院两部分，主楼建于20世纪30年代初，中西合璧风格，是当时遵义城首屈一指的宏伟建筑。临街有8间铺面房，是柏家当年经营酱菜和颜料纸张的铺面，进入大门后南侧跨院是柏家的旧宅。街面房连接主楼与跨院之间有一座青砖牌坊，一面上方用碎蓝瓷镶嵌着"慰庐"二字，另一面有"慎笃"二字。主楼坐北朝南，为砖木结构一

遵义会议会议室内景

红军总政治部旧址

楼一底的曲尺形建筑，歇山式屋顶上开一"老虎窗"，有抱厦。楼层四周的回廊在明间处截止，堂屋保留中国古代建筑"彻上明造"的结构风格，檐柱顶饰有垩土堆塑的花卉。整座楼房的檐下柱间有10个券拱支撑，底层有走廊，东西两端各有一转角楼梯，外面加有一道木栅栏。主楼门窗均涂褐色，楼上为梭窗，楼下为对开窗，镶嵌彩色玻璃，窗外层加有板门。整个主楼通面阔25.75米，通进深16.95米，通高12.00米，占地面积528平方米。遵义会议在主楼楼上原房主的小客厅举行。会址楼上除遵义会议会议室、军委总参谋部办公室外，还有军委副主席周恩来的办公室兼住室，总司令朱德和康克清的办公室兼住室，总参谋长刘伯承的办公室兼住室，参谋长叶剑英的办公室兼住室。楼下有作战室、机要室、三军团军团长彭德怀、政委杨尚昆住室，一局局长彭雪枫、张云逸的办公室兼住室，以及工作人员、警卫人员的住室。

20世纪50年代初，会址曾作为遵义市公安局"剿匪总指挥部"驻地。1951年1月，为纪念中国共产党成立三十周年，成立遵义会议纪念筹备委员会，有计划地对会址进行调查落实。1954年8月，在中共中央办公厅主任杨尚昆的确认下，正式确定遵义会议会址。1955年1月，贵州省文化局根据中华人民共和国文化部决定，成立遵义会议纪念馆筹备处；2月，遵义会议纪念馆成立，着手对会址进行维修工作。1955年10月，遵义会议会址内部开放。1959年10月1日，正式对外开放。1961年3月4日，遵义会议会址被国务院公布为第一批全国重点文物保护单位，编号1-0021-5-021。1964年底，毛泽东为遵义会议纪念馆题写"遵义会议会址"。1984年，文化部文物事业管理局批复同意将遵义会议期间毛泽东、张闻天、王稼祥住处，红军总政治部旧址列入遵义会议会址组成部分。1999年，遵义会议期间博古住处、中华苏维埃国家银行旧址修复后，统属遵义会议纪念馆管理。遵义会议会址从1955~2010年，共进行12次较大规模维修，其中最大的一次是1964年的第三次维修，维修工程采取整体脱落，原件安装重新修复的办法，11月13日竣工。2002年，贵州省人民政府印发《关于我省国家级和省级文物保护单位保护范围及建设控制地带划定方案的批复》，批准遵义会议会址，遵义会议期间博古、李德住处，红军总政治部旧址，中华苏维埃银行旧址，毛泽东、张闻天、王稼祥住处的保护范围和建设控制地带。遵义会议会址的"四有"档案由遵义会议纪念馆建立并保管。

**泸定桥** 是大渡河上建造时间最早、跨度最长的人行铁索桥，是红军长征中飞夺泸定桥战役的发生地，位于四川省甘孜藏族自治州泸定县泸桥镇新北街。

泸定桥，当地称"皇桥"，始建于清康

熙四十四年（1705年）。明清时大渡河称泸水，泸定桥又建在平定昌侧集烈之乱以后，故康熙帝赐桥名曰"泸定"，并作《御制泸定碑记》，题写"泸定桥"桥名。泸定桥不仅以川藏交通的要衢和军事要津著称于世，更以红军飞夺泸定桥的英雄业绩而载入中国革命的光辉史册。

民国24年（1935年）5月25日，红一方面军占领安顺场渡口。5月26日晚，中共中央和中央军委决定由刘伯承、聂荣臻率领红一军团一师和陈赓、宋任穷领导的干部团为右路军，沿大渡河东岸赶向泸定桥；其余为左路军，沿大渡河西岸北上向泸定桥急进；两支部队相互支援，夹河而上，相机夺取大渡河上的唯一桥梁——泸定桥，在最短时间内使红军越过天险大渡河。左路军担任先头任务的一军团二师四团，在团长王开湘、政委杨成武、总支书记罗华生率领下，于5月29日凌晨赶到泸定桥西岸。守敌国民党二十四军李全山团已闻讯将桥板全部拆去，只剩下13根铁索，同时在桥头及附近构筑工事，用交叉火力严密封锁桥面。5月29日下午4时，以连长廖大珠为首的22名勇士组成夺桥突击队在全团火力掩护下，攀着铁索向对岸冲击。守敌急令放火烧桥。在熊熊烈火中，勇士们一举夺下泸定桥。后续部队乘胜越过泸定桥，迅速消灭残敌，占领泸定县城。飞夺泸定桥战役的胜利，打破了蒋介石妄图把红军变成第二个石达开的美梦，为红军在陕北胜利会师奠定基础。泸定铁索桥成为红军长征史上的一座里程碑，被载入史册。1962年，毛泽东在《七律·长征》中写下"大渡桥横铁索寒"的不朽诗句。

泸定桥上有十三根铁链

泸定桥

泸定桥是一座古铁链桥，横跨大渡河，东西桥头桥台水平距离100米，是由川入藏的咽喉要道和军事要津。整体建筑呈东西走向，包括桥身、2个桥台、桥亭以及2块御碑。桥身由13根铁索组成，是泸定桥的主要组成部分。据实测，东西桥台之间净跨100米，铁索长101.67米。泸定桥的主要构件是铁索，由28毫米粗的铁条手工锻打成长形扣环连接而成。扣环长17～21厘米，外径9厘米。还有一种长扣环，每环长40厘米，只在落井内使用。13根铁索共有12164个扣环，重约2.1万千克。加上桥上其他地方的用铁量，总计达4万余千克。9根铁索作底链，余4根均分两边作扶手。底链根间距离0.33米，共宽2.7米，上铺3米长、0.1米宽的横桥板构成桥面。横桥板间隔相铺，犹如窗棂，既减轻桥的自重，又减少风的阻力。横桥板中间立铺上一条0.75米宽的主走道板，两侧靠扶手处各铺一条0.2米宽的辅走道板，方便行走。在扶手链与底链之间，每隔5米左右用小铁链与底链相连，使桥身形成一个统一和谐的整体。桥台东西各1座，用条石砌成，形如碉堡。西桥台建在坚硬的岩石上，高5.2米；东桥台建在乱石滩上，高14.5米（冬天临水处）。东西桥台上，各有一个深5米左右的落井，落井内埋着与桥身平行的地龙桩。地龙桩东落井有7根，西落井有8根，直径16～19厘米，均用生铁铸成。在地龙下，横卧着一根与桥身相垂直的卧龙桩。卧龙桩直径20厘米，长335厘米，是用生铁铸成。13根铁索通过东西桥台，进入落井，用罗锅绊牢固地锚固在卧龙桩上，巧妙地运用桥台的自重作为压重，以承担铁索的巨大拉力。据载，条石与条石之间打有榫头，关键部位浇灌铁水，加强桥台的坚固性。维修时发现，东桥台底部与岩石接触处，铺有一层栖木夹块石，据推测是为了把压力均匀地传到岩层上去而采取的一种办法。桥亭起着保护落井内的铁链不受雨水侵蚀的作用，东西各1座，均为木结构建筑，飞檐翘角，古朴大方。御碑包括泸定桥碑记和御笔"泸定桥"碑。清康熙四十七年（1708年）二月康熙撰写《泸定桥碑记》。康熙四十八年（1709年）二月初十四川巡抚能泰，提督岳升龙立御制泸定桥碑记于桥东，碑高4米，宽1.65米；立御笔"泸定桥"碑于桥西，碑高2.47米，宽1.1米，碑顶端有"康熙御笔之宝"篆文方印。

300余年来，泸定桥曾遭到数次破坏，但每次重大损坏后都得到较快恢复。其独特的结构，充分利用建筑力学的原理，保证了安全和牢固，加之历代政府对泸定桥的维修保护，使泸定桥完好保存至今，成为甘孜藏区独有的桥梁建筑精品。1961年3月4日，泸定桥由国务院公布为第一批全国重点文物保护单位，编号1-0022-5-022。1976年，国家拨专款对泸定桥东西桥头、铁索及堡坎进行彻底维修。2001年11月至2002年5月，泸定桥经历建桥以来最大规模的加固维修。1980年，泸定县成立泸定桥文物管理所，负责泸定桥及全县境内的其他各级文物单位的保护管理。2004年，泸定桥文物管理所与红军飞夺泸定桥纪念碑公园合并，成立泸定桥文物管理局。2014年，四川省人民政府印发《关于公布四川省全国重点文物保护单位和省级文物保护单位保护范围的通知》，公布泸定桥保护范围和建设控制地带。同年，甘孜州文物局建立泸定桥的全国重点文物保护单位记录档案。

**会宁红军会师旧址**　是中国工农红军一、四方面军胜利会师的地方。红军会师旧址位于甘肃省白银市会宁县会师镇。

民国24年（1935年）10月，红一方面军在历时一年的艰苦转战后，到达陕甘根据地的甘肃省吴起县吴起镇。中共中央决定红一方面军

会宁红军会师旧址全景

会师楼全景

红军会师联欢会会址

以中国工农红军抗日先锋军的名义东征，打通抗日路线和巩固扩大现有苏区。中华苏维埃共和国中央革命军事委员会决定以红一方面军的红一、红十五军团和红八十一师、骑兵团等，组成西方野战军向陕、甘、宁三省边界国民党军事力量薄弱的地区西征。民国25年（1936年）7月，红二、红六军团与四方面军在四川甘孜会师后，红二、红六军团合编为红二方面军与四方面军共同北上，与红一方面军会合。10月10日傍晚，红一方面军一军团第一师、二师，红十五军团七十三师和红四方面军各部队的代表五六百人，在会宁县城文庙大成殿内举行规模盛大的庆祝会师联欢大会。朱德宣读中国共产党中央委员会、中华苏维埃中央政府、中央革命军事委员会当日发来的《中央为庆祝一、二、四方面军大会合通电》。宣称"第一、第二、第四三个方面军在甘肃境内会合

了"，"这就是抗日民族革命战争的阶段"。

会宁红军会师旧址由红军会师楼（含红军会师门及两侧城墙）、红军会师联欢会会址（文庙大成殿）等多处遗址组成。旧址总占地面积约42600平方米，建筑面积约5000平方米。

会师楼（含会师门及两侧城墙），原为会宁县城西城门楼西津门，始建于明洪武六年（1373年）。会师楼为歇山顶二层砖木结构，龙脊兽瓦，飞檐翘角，面阔三间、进深两间，建筑面积为86平方米。城楼下为砖砌拱形城门；上为两层飞檐木楼，高7米，城墙上底面积约120平方米，下底面积150平方米。城楼两侧各保留一段城墙，共89米。城墙高8.7米，上底面宽3.5米，下底面宽7.5米，收分大。外檐垛口，内檐女儿墙。城墙墙体为黄土与植物纤维分层夯实而成。文庙大成殿，始建于明弘治十三年（1500年），清乾隆、道光

中国工农红军第一、二、四方面军会师纪念塔

年间，屡有修复。建筑形制为重檐歇山顶式，几经修缮，屋面以绿色琉璃筒瓦覆盖，琉璃雕龙正脊，面阔七间、进深五椽，平面布回廊设计24根八棱檐柱，每层柱上檐均布斗拱，大木结构上分心用三柱梁，梁架间驼峰支撑，并加叉手，总建筑面积500平方米。台面东西长28米、南北长23米，基台高1.45米。

中华人民共和国成立后，会师旧址得到有效的保护、利用。1958年，会宁县人民委员会为纪念红军会宁会师，将西津楼改称会师楼。1962年，甘肃省人民委员会批准改西津门为会师门，城门楼为会师楼。同年，甘肃省人民政府将会师楼及会师门公布为省级文物保护单位。1986年，为纪念红军长征胜利50周年，建成红军会师纪念塔，邓小平题写塔名"中国工农红军

第一、二、四方面军会师纪念塔"，塔高33.33米，呈三塔环抱形式，三塔塔体各九层，在第十层合为一塔，十一层收顶。塔心连线呈等边三角形，中心设置旋转梯立柱，每层有3间小展览室，布置有展览图片资料。1990年1月，会宁县红军三大主力会宁会师纪念馆成立，隶属于会宁县文化文物出版局。1996年11月20日，会宁红军会师旧址被国务院公布为第四批全国重点文物保护单位，编号4-0237-5-039。1999年，甘肃省人民政府印发《关于公布我省全国重点文物保护单位保护范围的通知》，公布红军会师旧址的保护范围。2006年8月，成立会宁县红军会师旧址管理委员会，全面负责红军会师旧址的管理工作。同年，纪念红军长征胜利70周年之际，对会师旧址的文物建筑（会师楼及城墙、大成殿）进行大规模修缮；在原址重建城隍庙大殿（在"文革"期间遭毁灭性破坏）、红军大学（原城隍庙廊房）、红军总政治部旧址；扩大会师旧址园区面积，对散布于会宁各乡镇的红军会师期间的活动场所红军总司令部旧址、红四方面军指挥部旧址、红二方面军指挥部旧址、红军演讲台旧址，在会师旧址园内进行易地仿建；改扩建将帅碑林；新建红军长征胜利纪念馆。红军三大主力会师纪念馆于2005年建立会宁红军会师旧址的全国重点文物保护单位记录档案，2014年由红军会师旧址管理委员会进行补充、完善。

**西安事变旧址** 是西安事变的发生地。旧址共包括8处旧址点，分别分布在西安城内和临潼华清池内，包括张学良公馆、高桂滋公馆、杨虎城止园别墅、西安事变总指挥部（红楼）和杨虎城新城官邸（黄楼）、西京招待

所、西安东城门、华清池五间厅和兵谏亭。张学良公馆位于西安城内碑林区建国路69号；高桂滋公馆位于建国路71号；杨虎城止园别墅位于莲湖区青年路117号；西安事变总指挥部（红楼）和杨虎城新城官邸（黄楼）位于陕西省人民政府院内；西京招待所位于新城区解放路中段西三路口272号；西安东城门位于西安东大街；五间厅及兵谏亭位于西安市临潼区华清池内。

民国25年（1936年）12月12日，东北军将领张学良与西北军第十七路军总指挥杨虎城在陕西临潼骊山脚下发动兵谏，扣押前来督战"剿共"的蒋介石，逼蒋停止内战，一致抗日，史称"西安事变"。12月16日，以周恩来为首的中共代表团到西安调停，促成西安事变和平解决，推动全民族抗战，成为中国革命史上的一大转折点。西安事变及其和平解决，对促成以国共合作为基础的抗日民族统一阵线的建立起到重要的作用，对于中国的近现代史产生深刻影响。西安事变旧址是这一历史事件的见证，对于中国近现代史研究具有重要价值。

张学良公馆，系泰记信托公司的私产，原名金家巷5号。民国24年（1935年）9月，张

张学良公馆

学良任西北剿匪总司令部副总司令，从汉口迁驻西安，租住在刚竣工的金家巷5号，对外称张副总司令官邸。张学良和夫人于凤至、秘书赵一荻以及儿子张闾琳与随从人员在此居住至民国25年（1936年）12月25日。西安事变的酝酿、策划、发生、和平解决等都在这里进行。公馆主体建筑为3幢坐南向北、自东向西依次排列的中西合璧式三层小楼，砖混结构，均设有阳台和半地下室，每幢楼占地200.28平方米，建筑面积509.36平方米。西楼为张学良办公楼，一层为警卫及工作人员住处；二层东面是张学良会议室，西面为办公室；三层西面为保姆住室，东面为办公室兼小会客厅，再向东是卧室和梳妆室；北面为中西式餐厅。中楼是张学良的副官侍卫居住办公处。东楼为管理函电的职员居所、办公地。西安事变后，中共代表周恩来、博古、叶剑英曾在东楼居住。院内西侧原设有中西餐厅，坐南朝北，砖木结构，青砖灰瓦，元宝顶，呈"T"形排列，建筑面积236.25平方米，已改建为西安事变纪念馆贵宾接待室；院子北面建有坐北朝南一面坡厦房，青砖灰瓦，建筑面积548.55平方米，已改建为西安事变专题陈列展馆和张学良生平辅助陈列室。

高桂滋公馆，原为五进院落，包括主楼和三进四合院，占地面积约7333平方米。仅存前院，主要建筑是一砖木混凝土结构的二层小楼，一层正中为垂花门，二层两边为角楼，整体呈凹形，重檐歇山顶，中西合璧，典雅大方，建筑面积286.65平方米。始建于民国22年（1933年），民国25年（1936年）落成，为时任国民党86师师长的高桂滋的私宅。西安事变

时，被东北军扣留的蒋介石于12月14日由新城黄楼迁住于此。12月22日，宋子文、宋美龄兄妹抵陕后，在这里向蒋介石报告南京政府等情况，并征求与张学良、杨虎城、中共代表会谈的意见；12月24日，周恩来在宋氏兄妹的陪同下到此与蒋介石会晤，并初步达成停止内战的六项协议；12月26日，张学良陪同蒋介石等人由此离开西安。这里一度为国民党陕西政府主席熊斌的居所。

杨虎城止园别墅，遗存主体建筑是一座砖木结构的三层楼房。一层正中为楼门，往下是一楼的半地下室。二层两边为角楼，整体呈凹形，重檐歇山顶、飞檐、挑角、灰瓦、朱柱；三层设有全玻璃封闭的西式阳台，东面为杨虎城书房，中间为会客厅，西面是杨虎城与夫人谢葆贞的卧室、卫生间、小餐厅。占地面积313.5平方米，建筑面积661.88平方米。建成于民国24年（1935年）。原名"紫园"，取"紫气东来"首字，有吉祥之意，后经杨虎城的心腹幕僚李元鼎提议，取"止戈为武"首字，更名为"止园"。西安事变前，杨虎城在这里与中国共产党人南汉宸、王世英、王炳南商讨合作抗日事宜。据文献记载，止园是事变

杨虎城止园别墅

前夜（1936年12月11日）张、杨二人秘密碰头的地方，是西安事变的策源地。12月17日，周恩来率中共代表团抵西安，曾在这里与杨虎城共商救国大计。

西安事变总指挥部因建筑屋顶及梁柱为红色俗称红楼。砖木结构，歇山顶，屋内居中为走廊，西侧为大会客厅，西南屋为杨虎城机要秘书办公室，西北屋是文员、勤务兵办公室。东侧设一个两米宽回廊，东南屋是餐厅兼小会客厅，东北屋是杨虎城与夫人谢葆贞的卧室。建筑面积389平方米。民国20年（1931年）建成，原为杨虎城与夫人谢葆贞的住处。民国25年（1936年）12月12日夜，杨虎城、张学良将军在此坐镇指挥西安"兵谏"。周恩来率中央代表团抵西安后，曾多次在这里与杨虎城共商救国大计。

杨虎城新城官邸（黄楼），原为明代秦王府建筑，民国16年（1927年）重建。由一个长方形主体建筑与4个五角形建筑组合而成，建筑面积389平方米。黄色的墙、黄色的廊柱，主色调呈黄色，俗称黄楼。外屋顶为中式建筑，歇山顶，砖木结构，屋顶施灰布板瓦、筒瓦压脊，檐角起翘。四围回廊中西合璧，屋内设计为西式。民国19年（1930年）杨虎城任西安绥靖公署主任时在此居住办公。民国24年（1935年）汪锋曾携带毛泽东致杨虎城的亲笔信在此与杨虎城密谈联共抗日等问题。蒋介石在临潼被扣后送往西安，曾居住在这里的东厢房；中共代表周恩来也曾在此与杨虎城会晤。

西京招待所，主体建筑为砖木结构三层楼房，对称直角排列，灰色的墙，绿色铁皮瓦屋顶，楼内房屋除了传统的正方、长方形空间

西安事变总指挥部旧址

外，还有圆形内厅、六角形会议厅、西式餐厅等建筑。当年建筑门窗所用木材均为东南亚进口，下水管道均由意大利、德国等国进口。共有大小房间62间，楼房占地面积约1500平方米。建成于民国25年（1936年）初，为军政要员下榻之处。西安事变时，陈诚、蒋鼎文、卫立煌等被扣押于此，张学良先后两次到这里看望，游说。民国26年（1937年），周恩来在这里举行记者招待会，宣传抗日民族统一战线的主张，举办西安各界人士茶话会，作题为《五个月抗战的总结》的讲话。

西安东城门原名长乐门，为西安城主要进出通道之一。始建于明代，建有箭楼和瓮城等军事设施，后代多有修葺。民国25年（1936年）8月，张学良在东城门楼设立东北抗日军校（亦称"学兵队"）招收东北及北平各地的流亡学生，培养抗日骨干。

五间厅，又名桐荫轩，坐落于骊山南麓，始建于清光绪二十六年（1900年），坐南朝北，砖木结构，青砖灰瓦，歇山顶，正脊骨饰有麒麟送子、莲花等物。面阔五间，建筑面积251.16平方米。原为华清池行宫禁苑。民国25年（1936年）蒋介石到陕西在此设行辕，第3

华清池五间厅

间为蒋介石卧室；第1间为侍卫主任钱大钧住室；第2间是蒋介石的会客室，第4是他的办公室；第5间是侍卫队长蒋孝先以及秘书、参谋的住室。事变发生时，蒋介石翻越五间厅后窗逃跑，藏匿于骊山虎斑石崖夹缝中，被搜山的东北军士兵抓获。西安事变后，国民政府曾建蒋公蒙难纪念亭。中华人民共和国成立后在此建亭，初名捉蒋亭，1983年改称兵谏亭。

西安事变和平解决后，张学良公馆曾一度作为国民党特务机关。中华人民共和国成立后，陕西省委在公馆设立干部招待所。止园为中共西北局机关办公处，先后有西北局书记刘澜涛等人在此居住，1968～1982年作为陕西省政府招待所。1982年2月23日，西安事变旧址被国务院公布为第二批全国重点文物保护单位，编号2-0006-5-006。根据周恩来关于恢复西安事变旧址的指示精神，1984年7月7日正式成立西安事变旧址管理处，1992年更名为西安事变纪念馆（含张学良公馆、杨虎城止园别墅）。西安事变总指挥部（红楼）由陕西省政府管理使用，后为陕西省黄帝陵办公室使用。高桂滋公馆、西京招待所、黄楼、西安东城门和五间厅及兵谏亭现分别由陕西省作协、陕西省外事办公室、陕西省人民政府机关事务局、西安城墙管理处以及华清池管委会管理、维修、保护、使用。1985年，国家拨专款对张学良公馆进行较大范围的维修并复原旧址陈列，1986年12月12日西安事变50周年之际与杨虎城公馆一起正式对外开放。1992年4月20日，陕西省人民政府批转陕西省文物事业管理局《关于划定省级以上重点文物保护单位保护范围的报告的通知》，公布西安事变旧址保护范围和

建设控制地带。2002年，国家文物局拨款对高桂滋公馆旧址进行较大范围维修。2005年，完成西安事变旧址全国重点文物保护单位记录档案。2007年，由中央和陕西省有关部门投资历时两年三个月，完成张学良公馆和杨虎城止园别墅主体建筑维修、基础设施改造完善以及陈列更新等。

**卢沟桥** 是标志中国抗日战争全面开始的卢沟桥事变的发生地，位于北京市丰台区永定河上，东距宛平城200米。

卢沟桥始建于金大定二十九年（1189年），建成于明昌三年（1192年），因跨卢沟河而得名。卢沟桥工程宏伟，艺术精巧，久负盛名。早在元代，意大利人马可·波罗在《马可·波罗行记》中称赞"它是世界上独一无二的桥"。欧洲人习惯称卢沟桥为马可·波罗桥。

宛平城始建于明崇祯十一年（1638年），建成于崇祯十三年（1640年）。这座被称为"崇墉百雉，俨若雄关"的古城，初建作为拱卫京师的卫城，也就是为对付明末农民起义军李自成进军北京而建。清代以来，宛平城西及永定河两岸商户逐渐迁至城内，相继兴建驿站、茶楼、酒肆和祭祀庙宇，打破了单纯的军

宛平城西门

卢沟桥

营格局。宛平城是中国华北地区唯一保存完整的两开门卫城，是北京地区保存较完整的古城墙。民国17年（1928年），宛平县归河北省；同年12月31日，宛平县衙迁入宛平城内，作为宛平县政府的所在地。七七事变后宛平县政府迁出宛平城。

民国26年（1937年）7月7日夜，日军一部在卢沟桥附近借"军事演习"之名，向中国驻军寻衅，并以一名士兵失踪为借口，要求进入宛平县城搜查，遭到中方拒绝。当交涉还在进行时，日军即向守卫卢沟桥和宛平城的中国驻军发动攻击。中国驻军国民革命军第二十九军三十七师二一九团奋起抵抗，爆发震惊中外的卢沟桥事变，又称七七事变。以此为标志，日本全面侵华战争开始，中国全国抗战爆发。至今，在宛平城墙上仍保留着当年日军炮轰宛平城时的弹坑。

宛平城东西长640米，南北宽320米，总面积20.8万平方米。城门分东西两座，东城门叫顺治门，西城门叫永昌门，后改为威严门。

城的四角有角台，台上有角楼，南北城墙的正中间有中心台，台上建有敌楼；角台和中心台之间各建有小敌台1座（应为兵房），南北共4座，台上建有敌楼，以便瞭望。城墙基础为六层条石，上身砌砖，内部以黄土碎石砌筑，夯实，城台地面铺砌三层面砖。城内地面铺装为北高南低，大约为千分之二找坡，城内排水从北向南流；东南部城墙下尚有拱形"水窦"一处，用于城内排水；城墙上设有旗杆12根；城墙顶上四周外侧有垛口，垛口上有望孔，下有射箭眼，垛口上还有一层盖板。

卢沟桥为东西走向的11孔联拱石桥，全长266.5米，宽7.5米。桥面分为河身桥面和雁翅桥面两部分。河身桥面长213.15米，据实测中心较两端高93.5厘米；雁翅桥面斜长28.2米，作喇叭口形。卢沟桥共有桥墩10个，桥孔11个。每个桥墩平面呈船形，迎水面砌成分水尖，分水尖上安有三角铁柱，俗称斩龙剑。河床、河岸两边均为鹅卵石和黄沙的堆积层。桥上栏板279块，望柱281根；栏板上有雕刻精美的石狮501个；

卢沟桥旧桥面遗址

桥上石狮数量较多，形态各异，惟妙惟肖，很难数清，因此，在民间一直流传着"卢沟桥的石狮——数不清"的歇后语。望柱上的石狮，从其雕刻风格、石质颜色及石料风化等情况来看，大致分为四类。第一类：身躯较瘦长，面部较窄，腿脚挺拔有劲，头上卷毛不甚高突，眼神贯注，颈部系带飘逸，石质为浅青黄色砂石；第二类：身躯稍微粗短，或足踏绣球，或足踏小狮，或身上有小狮，其石质为浅青黄色砂石，风化亦甚；第三类：挺胸张嘴，雕刻细腻，身上间有小狮，颈下有一宽大的系带，卷毛非常高突，其雕刻风格显然与以上两种不同，其石质为暗红色或青灰色砂石；第四类：外表甚新，雕刻比较粗陋，石质颜色不一。卢沟桥桥头立有卢沟晓月碑，清乾隆十六年（1751年）刻碑建亭，碑正面乾隆御书"卢沟晓月"四字，碑阴刻有乾隆作的《卢沟晓月》诗。碑通高4.52米，宽1.27米，厚0.84米。两侧及四边雕刻有二龙戏珠图案，为凸起的半圆雕。碑首为宝盖顶，满身雕刻有云、龙、花叶、莲瓣等图案，上冠圆形宝顶，基台用石砌成，四周铺阶条石。基台四周立汉白玉雕龙石柱4根，石柱高3.83米，直径达0.46米，柱上雕刻盘龙、波涛、山石、云海等。龙柱顶上安龙门雀替、垫板和额枋。龙门雀替当中相连，外刻仿古蟠

卢沟晓月碑

觚纹。原碑亭已毁，只存石质框架。"卢沟晓月"为燕京八景之一。位于桥西的康熙察永定河碑，是乾隆为镌刻康熙御笔的《察永定河》诗所立，碑阴刻《过卢沟桥有序》。碑通高3.79米，宽0.96米，厚0.33米。碑首为双龙脊顶，须弥座雕刻二龙戏珠装饰图案，最底下刻圭脚，碑亭现完好。

卢沟桥是中国华北地区保存最为完整的十一孔联拱石桥，是中国古代劳动人民桥梁建筑艺术的杰作。卢沟桥上雕刻的石狮，形态各异，惟妙惟肖，经历元、明、清、民国、中华人民共和国各个时期的修补，融汇各个时期的艺术特征，成为一座自金代以来历朝石雕艺术的博物馆。

明朝开始有记载的修缮工程有15次，但没有重大的改造，可见卢沟桥的坚固性和耐久性。1952年7月，宛平县辖区正式划归北京市，改称丰台区，宛平县撤销。1958年，宛平城为丰台区卢沟桥乡政府所在地。1967年10月17日至1968年12月5日，北京市革命委员会指示北京市市政工程设计院做出《卢沟桥桥面加宽工程设计》，市政工程局负责施工，将桥面加宽至12.5米。1985年，经北京市和丰台区政府批准，卢沟桥桥上禁止机动车通行，正式宣布卢沟古桥退役，变交通设施为历史文物。1981年7月7日，卢沟桥史料陈列馆正式开馆，对外开放。1984年，北京市人民政府印发《关于第一批划定六十项文物保护单位的保护范围及建设控制地带的报告》，划定卢沟桥（包括宛平县城、赵登禹墓）的保护范围和建设控制地带。自1985起，北京市政府对卢沟桥、宛平城进行大规模修缮，恢复古桥、古城的原有风

貌。1986年12月5日至1990年12月30日，按照保护卢沟桥"原形式、原结构、原风貌"的原则，完成对卢沟桥的修复工程。2001年，北京市政府拨专款在宛平城原有遗迹的基础上，复建角楼、敌楼、中心敌楼等建筑，修缮宛平城墙。2005年，改造宛平大街，恢复石板路，复建宛平县衙、拱极营、卢沟驿、兴隆寺，修建宛平广场、卢沟桥广场。卢沟桥的全国重点文物保护单位记录档案于2005年由北京市古代建筑研究所建立，分别由北京市古代建筑研究所、北京市文物局、中国文化遗产研究院、北京市丰台区卢沟桥文化旅游区办事处保管。

**平型关战役遗址** 是抗日战争初期中国军队在华北战场上伏击日军取得胜利的一处战争遗址。平型关战役遗址地处山西省大同市灵丘县城西南与繁峙县交界处，东河南镇的蔡家峪、小寨以及白崖台乡的关沟、辛诘、跑池一

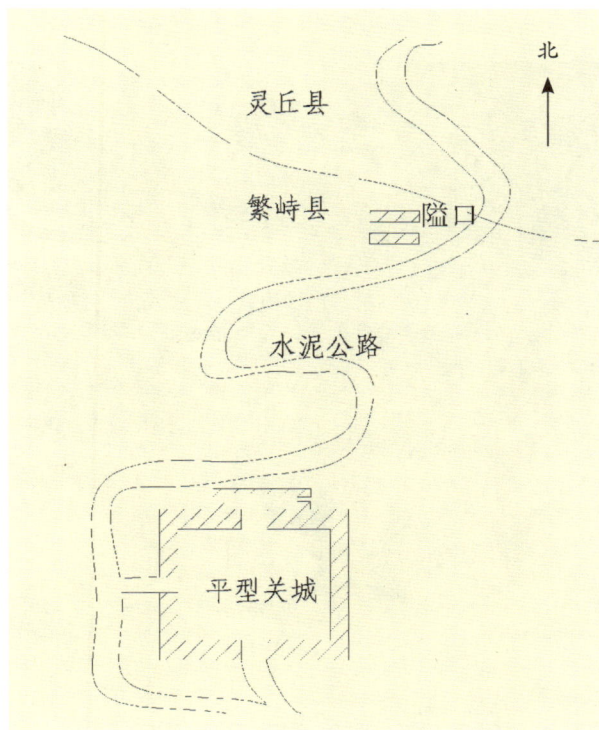

平型关战役遗址平面示意图

平型关关楼门洞

带。遗址位于一条天然的沟壑之中，沟谷全长约7千米，两边高山如削，高达十余米至数十米，地势险要，公路蜿蜒盘绕其间。

平型关是灵丘县和繁峙县交界处明代修建内长城上的重要关隘，因其地形如瓶，故宋时称瓶形寨，金时称瓶形镇，清时称平型岭关，后改称平型关。平型关山势险要，沟壑纵横，自古为兵家必争之地。

卢沟桥事变后，日本全面侵华，妄图三个月内占领中国。民国26年（1937年）9月中下旬，沿平绥铁路推进的日军进入山西北部。阎锡山指挥的晋绥军纷纷向雁门关方向撤退。八路军第一二〇师奉命从西面驰援雁门关；第一一五师从东面配合友军作战，对从灵丘增援平型关之敌实施攻击。9月25日，向平型关进犯的日军第五师团（师团长板垣征四郎）第二十一旅团一部进入八路军的伏击区。预先埋伏在崖顶的八路军一一五师官兵，在师长林彪、副师长聂荣臻指挥下，利用居高临下的有利地形，突然向敌人发起猛烈攻击。经过激烈战斗，歼敌1000余人，击毁汽车100余辆，缴获一批辎重和武器，取得八路军出师抗日的首战大捷，打破了日军"不可战胜"的神话，极大鼓舞了全国军民坚持抗战的信心，提高了共产党和八路军的威望。

平型关两侧峰峦叠起，陡峭险峻，左侧有东跑池、老爷庙等制高点，右侧是白崖台等

平型关战役双方争夺的制高点——老爷庙

山岭，在关前有一条由西南向东北延伸的狭窄沟道。老爷庙是平型关战役遗址的重要组成部分。建于清初，位于公路之西，坐西朝东，依山而建，前低后高，是沟壑的制高点，为平型关战役中争夺最激烈的地方，战役中为八路军六八六团指挥所，八路军在此阻击日军车队。战后全师聚此庙前举行祝捷大会。此外，还有乔沟主战场、一一五师指挥所、林彪聂荣臻临时住所、烽火台等遗迹。

1961年3月4日，平型关战役遗址被国务院公布为第一批全国重点文物保护单位，编号1-0025-5-025。1969年，由北京军区、中共山西省委员会、中共雁北地委员会在平型关战役遗址上新建平型关大捷纪念馆。1970年开馆，1971年10月闭馆，1995年重新开馆。1996年11月，成立灵丘县文物局，下设灵丘县平型关文物管理所，作为平型关大捷纪念馆专门保护管理机构。2002年8月27日，山西省人民政府印发《关于公布太原晋阳古城遗址等102处全国重点文物保护单位保护范围的通知》，公布平型关战役遗址的保护范围。2010年，山西省文物局批准平型关战役遗址关堡、北瓮城附属建筑的保护维修方案。2012年7月，成立大同市平型关大捷纪念馆，直属大同市政府。2013年，山西省文物局批准平型关战役遗址关堡北瓮城门洞及基础加固和关城及长城墙体修复两个项目的保护维修方案。2014年，平型关战役遗址被国务院公布为第一批国家级抗战纪念设施、遗址名录。平型关战役遗址的全国重点文物保护单位的记录档案由山西省古建筑保护研究所建立并保管。

**洛川会议旧址**　是在中国共产党历史上具有重要转折意义的洛川会议的召开地。旧址位于陕西省洛川县永乡镇冯家村，紧邻210国道，南距洛川县城10千米，距西安250千米，北距延安120千米。

洛川会议会址

洛川会议会址院落原为一所私塾小学，房产归村民冯建勋所有。民国26年（1937年）8月22～25日，中共中央在这里召开政治局扩大会议（洛川会议），毛泽东、张闻天、周恩来、朱德、彭德怀、周昆等23人出席会议。会议讨论制定动员全国军民开展民族解放战争，实行全面持久抗战的方针，进一步确定党在抗日战争时期的任务及各项政策。毛泽东代表政治局做关于军事问题和国共两党关系问题的报告；讨论并通过《中共中央关于目前形势与党的任务的决定》《抗日救国十大纲领》及《为动员一切力量争取抗战胜利而斗争》等重要文件；会议决定组成以毛泽东为主席的中央革命军事委员会，设立中央军委前方分会，同时建立以周恩来为书记的中共长江沿岸委员会。洛川会议是中国共产党在历史转折关头召开的一次重要会议。洛川会议旧址由此载入中国革命史和抗日战争史的不朽史册。

洛川会议旧址包括冯家村路南（南区）的中共中央政治局（扩大）会址及机要室、总务处、警卫队住所、徐向前旧居6座院落和路北（北区）的张闻天、周恩来、朱德、彭德怀、萧劲光等住过的5座院落。

洛川毛泽东旧居

洛川会议会址为一独立小院，主要建筑为坐南面北的两孔砖砌窑洞，面墙为土坯砌筑，黄泥抹光。左侧为会议室，室内陈设开会时用过的桌凳。右侧为毛泽东旧居。会址西侧为警卫队住宿的两个院落，共有5孔砖砌窑洞；机要室紧邻警卫队，右边窑洞是发报室，左边是收报室；总务处院落有3孔砖窑，开会期间负责与会人员的吃、住、行等后勤保障工作。徐向前旧居位于会址东南侧，有砖木结构瓦房1座，面阔五间，灰瓦苦顶。冯家村路北为张闻天旧居，有坐北向南3孔砖窑，面墙为青砖砌筑，南距会址院落约150米处。朱德旧居位于张闻天旧居西侧，为泥基砌筑，青砖砌面的窑洞2孔、厦房4间。周恩来旧居位于朱德旧居西侧，有砖砌窑洞2孔、厦房6间。彭德怀旧居位于周恩来旧居西侧，有砖窑2孔。萧劲光旧居位于彭德怀旧居西侧，有砖窑2孔、厦房3间。

1961年，经萧劲光、萧克等确认，根据国家档案局提供洛川会议有关资料，经调查勘察，确认洛川会议会址。1966年，成立洛川会议旧址管理筹备处，并对外开放会议旧址。1980年更名为洛川会议纪念馆。1992年4月20日，陕西省人民政府批转陕西省文物事业管理

洛川会议旧址会议室内景

局《关于划定省级以上重点文物保护单位保护范围的报告的通知》，公布洛川会议旧址保护范围和建设控制地带。2001年6月25日，洛川会议旧址被国务院公布为第五批全国重点文物保护单位，编号5-0509-5-036。2005年，洛川会议旧址全国重点文物保护单位记录档案建立，并上报陕西省和延安市文物局。2014年8月24日，洛川会议被国务院公布为第一批国家级抗战纪念设施、遗址名录。2015年，对强降雨造成的旧址损坏部分进行灾后抢险加固。洛川会议会址、警卫队、机要室、总务处、徐向前旧居等几座院落已经恢复历史原貌，并辟有"洛川会议史实陈列"和"洛川革命史陈列"，对外开放。

**冉庄地道战遗址** 是抗日战争时期华北军民抗击日本侵略者的一处重要战争遗址，位于河北省保定市西南30千米处的清苑区冉庄镇。

地道战是抗日战争时期华北平原上抗日军民打击日本侵略者的一种作战方式。民国26年（1937年）七七事变后，日军大举南侵，使冀中人民陷入巨大的战争苦难之中。位于清苑县西南的冉庄，是驻守保定日军南犯的必经之地，经常遭到日军骚扰和抢劫。村民在家里隐蔽的地方挖洞藏身和坚壁物品，俗称"蛤蟆蹲"，后来这种单口洞发展成双口洞，形成地道雏形。民国30年（1941年）秋，冀中平原的抗日进入困难时期，日伪军"扫荡"日益残酷。冀中人民抗日武装为保存力量，坚持平原游击战争，开始挖掘和利用地道对日伪军进行斗争。民国31年（1942年）3月，冀中军区发布《关于开展地道斗争的指示信》，在冀中全区推广地道战。冉庄全村男女老少齐上阵，积极投入大规模的挖地道活动。抗日战争时期，冉庄人民利用地道优势，配合武工队、野战军对敌作战157次，歼敌2100余名，其中较大的战役5次，荣获"地道战模范村"的光荣称

清苑冉庄地道战纪念馆外景

冉庄地道战遗址大钟

号。经过不断的发展，从单一的躲藏功能发展成为能打、能躲，防水、防火、防毒的地下工事，并逐渐形成房连房的内外联防工事，互相配合，打击敌人，使无险可守的冀中平原成为阻击日本侵略军的重要地区。

冉庄地道一般宽0.7～0.8米，高1～1.5米，上距地面2米多。地道以十字街为中心，沿东、西、南、北大街挖成4条干线地道，再由干线延伸出20多条支线，直通村外和周边几个村，最后挖成长达16千米的户户相连、村村相通、四通八达、上下呼应的地道网。在斗争实践中，冉庄人民用智慧和艰苦的劳动，把地道网建设得十分完备。地道分为作战用的军用地道和供群众隐蔽用的民用地道。地道内有指挥部、休息室、储粮室，设有路牌和油灯，还有翻眼、陷阱等多处秘密设施。充分利用地形地貌特征，在墙壁、地面、井壁、牲口槽、炕

面、锅台、衣柜等不易发现处巧妙地构筑地道口，并加以伪装，使敌人难以发现。利用高房、地面等有利的地形地貌构筑工事多处，并与地道相通，便于监视、打击敌人。在街道、路口遍布地雷，将引线引入地道。冉庄地上、地下各种工事相互配合，形成一个个立体火力网，成为一座能打能藏、可攻可守、进退自如的地下长城。

冉庄地道战遗址保护区面积约有20万平方米，房屋500余处，地道遗存3000米，原有高房、暗室、地堡等各类作战工事140个，地下作战设施掩体、隐蔽室、地下食堂、抢救室、兵工厂、储藏室、指挥部、翻板陷阱等23类256处，开放15处。冉庄村路网格局基本保存原状，一些路面有所改造。护村壕部分被填埋，青龙桥改为钢筋混凝土结构，村东北芦苇塘变为自然坑。南北大街中段传统商业店铺类建筑尚维持原有风貌，十字街部分传统风貌保存较好。青龙寺已经毁坏，现改建为冉庄礼堂；其他几座小庙保存基本完整。遗址基本保持了20世纪三四十年代冀中平原村落的环境风貌。

冉庄地道战遗址保护范围内，现有居民693户，其中原有建筑或保持传统形式的建筑约占60%。20世纪30年代及其以前建造的计有115户（其中原有文物编号的68户），十字街保护范围内68户已经收归国有；20世纪40年代建筑155户；五六十年代修建的传统式样建筑226户；七八十年代建造128户，与传统建筑差异较大，但仍以青灰色调为主；90年代以来建筑69户，红砖表面或水泥抹面居多，部分门脸贴有不同颜色的瓷砖。

1956年，冉庄地道战遗址由河北省人民委

员会公布为第一批省级文物保护单位。1959年，成立冉庄地道战纪念馆。1961年3月4日，冉庄地道战遗址被国务院公布为第一批全国重点文物保护单位，编号1-0029-5-029。1964～1966年，增设冉庄地道战展厅，于1997年重新布展开放。1987年，河北省文物局报请国家文物事业管理局拨付专款，将重点保护区十字街的68户近280间房屋收归国有。1991年10月，国家财政拨款建展室19间，面积900平方米。1996年，对冉庄地道战遗址进行较大规模的修复和建设，在原有保存2000余米地道的基础上，又修复旧地道400余米，并同时修复、复原地下兵工厂、地下储粮室、抗日村公所、保定城市工作委员会（九地委城工部）、冉庄抗日武装委员会等旧址。20世纪60年代以

来，地道部分累计加固修复约3000米，开放1200米。2004年3月，成立清苑县地道战遗址文物保护管理委员会暨清苑县爱国主义教育基地管理委员会，负责对冉庄地道战遗址保护管理，并保管该遗址全国重点文物保护单位记录档案。2006年，河北省人民政府批准公布实施由河北省古代建筑保护研究所编制的《冉庄地道战遗址文物保护规划》，界定了冉庄地道战遗址的文物保护范围和建设控制地带。2010年9月2日，冉庄地道战纪念馆新馆开馆。

**"中美合作所"集中营旧址** "中美合作所"是中美特种技术合作所的简称，是国民党军事委员会调查统计局（简称军统局）和美国海军参谋部情报署共同创建的用于训练特工的场所，后被改为集中营，关押革命志士。"中

白公馆监狱旧址

美合作所"集中营旧址位于重庆市西北部沙坪坝区歌乐山下的烈士墓、童家桥一带。东起渝碚公路,西接歌乐山次顶,南与西南政法大学相交,北抵三五一仓库围墙。

民国27年(1938年)10月,国民党军统局西迁重庆,次年初以躲避日机轰炸为名,强征磁器口缫丝厂、五灵观、杨家山、钟家山一带民宅,建立军统乡下办事处。又用重金购买白公馆,强占渣滓洞煤窑,将其改为监狱。民国32~34年(1943~1945年)成立"中美合作所"。在方圆20千米禁区内先后修建房屋800余间,设置多处秘密囚室,形成一个规模庞大的秘密集中营。皖南事变中被国民党扣押的叶挺曾关押在这里。这里还曾关押、囚禁、屠杀过杨虎城、罗世文、黄显声、宋绮云、江竹筠等革命志士300余人,制造了震惊中外的"11·27"大屠杀。

旧址存有"中美合作所"大营门、狼犬室、毛人凤旧居、"中美合作所"招待所、军统政训处、"四一"图书馆、杨家山总办公室、杨家山秘密囚室、"中美合作所"气象台、白公馆蒋家院子、黄家院子、戴公祠、小梅园、"梅园"、渣滓洞机枪阵地、军统政训处、梅园舞厅遗址共18处,烈士墓和烈士殉难地10处,总建筑面积为8748平方米,建筑均为20世纪30年代土木砖木结构的近代建筑,具有一定的建筑历史价值。规模较大的为白公馆和渣滓洞,人称"两口活棺材"。

白公馆旧址位于歌乐山半山腰,原为四川军阀白驹的郊外别墅,为一楼一底的砖木结构房屋。总建筑面积为516平方米,共有住房16间,包括地下储藏室1间。民国28年(1939年),军统局将此强占改为看守所关押政治犯。原住房改为牢房,地下储藏室改为地牢,原防空洞改为刑讯洞。"中美合作所"期间,白公馆改为来华美军人员招待所;抗战胜利后

渣滓洞监狱旧址

梅园

松林坡戴公祠

改为特别看守所，先后关押过抗日爱国将军黄显声、同济大学校长周均时、中共川东特委青委宣传部长许晓轩、《西北文化日报》总编辑宋绮云夫妇及儿子宋振中、大汉奸周佛海等。最多时曾有200余名"政治犯"被关押于此。1949年11月27日，国民党保密局对关押在此的革命者进行大屠杀，近30人殉难，19人脱险。放风坝一侧有烈士许晓轩生前亲手种植的石榴树。外部保存有碉堡、岗亭、机枪阵地等。

渣滓洞旧址位于歌乐山麓，原为一个小煤窑，民国9年（1920年）由钱庄老板陈尔昌创办，因渣多煤少而得名"渣滓洞"。旧址分内外两院，有特务办公室、刑讯室平房1栋、一楼一底16间牢房的男牢1栋、女牢2间平房1栋、厨房平房1栋、特务连部平房1栋、特务看守住房平房1栋，均为土木砖木结构建筑，川东民居风格，建筑面积为1428平方米。1949年11月14日，在重庆解放前夕，江竹筠被国民党特务杀害于渣滓洞监狱，牺牲时年仅29岁。

戴公祠位于歌乐山顶的松林坡，是当年戴笠为蒋介石修建，戴笠死后被命名为戴公祠。旧址由戴公祠、戴笠会客室、警卫室、警卫室附属房、停车房等5栋平房建筑和罗世文、车

耀先两烈士之墓组成。文物建筑建于20世纪40年代，为砖木结构。戴公祠、戴笠会客室为中西合璧别墅建筑，其余为普通建筑。戴笠会客室旁完整保存有杨虎城父子遇害后被埋其中的花台，警卫室附属房室内完整保存有解放后发掘宋绮云、徐林霞、小萝卜头烈士一家遗骸的土坑。

重庆解放后，西南军政委员会召开烈士追悼大会，并修建"11·27"死难烈士墓，集体安葬200余位烈士。1956年，四川省人民委员会正式公布"中美合作所"集中营旧址为第一批文物保护单位。1963年，重庆市人民委员会修复并设立重庆中美合作所集中营美蒋罪行展览馆。1982年，四川省人民政府发文，规定对保护区实行封闭管理，制定了南西北东闭合的保护区范围。1988年1月13日，"中美合作所"集中营旧址被国务院公布为第三批全国重点文物保护单位，编号3-0163-3-111。2012～2016年，经国家文物局批准，重庆红岩联线文化发展管理中心先后组织实施白公馆、松林坡修缮工程，狼犬室保护维修工程，以及蒋家院子、梅园、收发室等保护维修工程。"中美合作所"集中营旧址中毛人凤旧居为四

川外国语大学所有使用；黄家院子在四川外国语大学内，仅有遗址；"中美合作所"招待所为工人临时住房；其余旧址由重庆红岩联线文化发展管理中心管理。其余文物建筑均作为旧址，免费对外开放。"中美合作所"集中营旧址已完成全国重点文物保护单位记录档案。"中美合作所"集中营旧址保护区划经当地政府划定公布。

**抗日胜利芷江洽降旧址**　是中国抗日战争暨世界反法西斯战争胜利的重要历史见证地和纪念地主体建筑位于湖南省芷江侗族自治县芷江镇七里桥村境内。

芷江在中国抗战史上有着重要地位。抗战爆发初期，受邀担任中国空军顾问的美国退役军官陈纳德，于民国27年（1938年）在芷江创办中国空军第一所航空学校，并征调周边11县2万民工秘密修建前进机场——芷江机场。

经过不断扩建，芷江机场最终成为盟军在远东第二大机场，先后进驻苏、中、美等国空军战机，最多时达400余架。芷江一度成为国民党抗战指挥中心，国民政府陆军总司令部、中央政治大学等军政机构相继迁来芷江，素有"小南京"之称。民国34年（1945年）4月9日至6月7日，侵华日军发动意图夺取芷江，进犯重庆的"芷江攻略战"，史称"芷江保卫战""雪峰山会战"等。中国军民与驻芷江美国空军在400千米长的战线上给日军予歼灭性打击。此战以日军死伤3万余人而告终，是中国抗日战争中正面战场的对日最后一战。民国34年（1945年）8月15日，日本宣布无条件投降。8月20日，中国陆军总司令何应钦、陆军总部参谋长肖毅肃等从重庆飞抵芷江，洽商中国战区受降事宜。21日下午，日军降使今井武夫向肖毅肃呈交驻华日军战斗序列图册。22

中国凯旋门－受降纪念坊

日和23日上午，肖毅肃先后交给今井武夫令其陆、海、空三军缴械投降命令备忘录。对冈村宁次指挥下的128万日军，中国方面决定按战区划分16个受降区，分别派遣代表接受投降。从8月21日起至9月8日，何应钦在芷江指挥全国受降。9月9日，中国战区的受降仪式在南京正式签字。

抗日胜利芷江洽降旧址包括受降纪念坊、受降大院（包括受降堂、中国陆军总司令部、何应钦办公室）、中美空军指挥塔旧址、中美空军联队俱乐部旧址及附属的配电机房旧址等。

民国35年（1946年）国民党湖南省政府曾制订《芷江受降城设计草案》，纪念"芷江受降"这一重大历史事件，后因众多原因，仅建"受降纪念坊"。纪念坊位于芷江七里桥村受降纪念馆内，坐西朝东，为三门四柱牌坊式建筑，占地326.87平方米，高11.52米，宽13.37

受降大院全貌

米，厚1.4米，坊上镌刻有蒋中正、李宗仁、何应钦、白崇禧、于右任、孙科等国民政府军政要人题词、题联12处以及《芷江受降纪念坊记》223字铭文。是中国抗战胜利的历史丰碑，以"中国凯旋门"著称于世。

受降大院位于芷江七里桥村受降纪念馆内，由三栋鱼鳞板双层木结构西式平房组成，长40米，宽9米，建筑面积1080平方米。始建

芷江受降堂

于民国27年（1938年）10月，为中国空军第一所航校旧址，后为中美空军第五大队十四中队兵营俱乐部。房前有操坪，左右皆通公路。路口左右扎松柏牌楼各一座，左边缀"公理"二字，右边缀"正义"二字；中间的"和平之神"四字用一巨大的"V"形撑托。场内悬挂中、美、英、苏四国国旗，正面墙上挂孙中山像。民国34年（1945年）8月，芷江受降时作为中国战区受降堂，以及国民政府陆军总部和陆军总司令何应钦办公室。西面正屋为受降堂旧址，北面正屋为陆军总部旧址，南面正屋为何应钦办公旧址。受降堂按原貌恢复，室内桌椅、沙发均为受降原物，保存完好。

中美空军指挥塔旧址和中美空军联队俱乐部及附属的配电机房旧址等均位于芷江机场北端飞虎队纪念馆内。中美空军指挥塔旧址建于民国27年（1938年）10月，占地面积258平方米，是一栋"丁"字形美式砖木结构的三层建筑。二战时，这里是机场无线电指挥中心、发报中心、机要室、情报室、作战室、指挥室等。美国驻中国空军司令陈纳德，与中方芷江空军司令张廷孟等指挥官，在这里指挥了上千次的战斗。中美空军联队俱乐部旧址建于民国

中美空军指挥塔

33年（1944年）4月，占地450平方米，砖木结构，水泥地面，胶泥敷墙如蜂窝，造型坚实美观。俱乐部中间为舞厅，两端是休息酒吧。房西南端进口处右下侧，嵌有一块青石奠基石，宽37厘米，高54厘米，镌刻着"中美空军联队俱乐部""中华民国三十三年四月""空军第九总站站长高正明立"的中英文字铭文。配电机房旧址建于民国27年（1938年）10月，为3栋砖木结构平房建筑，分为发电房、配电房及供电房等3个部分。

"受降纪念坊"于"文革"期间被毁，1983年5月经湖南省人民政府批准复建，1985年8月落成。1985年，抗日战争胜利40周年纪念之际，组建"受降纪念馆"，9月3日建成开馆。1997年12月18日更名为中国人民抗日战争胜利受降纪念馆。2010年，报国家文物局批准，对受降纪念坊按原状再次复修，并建成兵器陈列馆。2006年5月25日，抗日胜利芷江洽降旧址被国务院公布为第六批全国重点文物保护单位，编号6-1014-5-141。同年9月，建成反映飞虎队援华抗日的专题性纪念馆——飞虎队纪念馆。2007年，中国人民抗日战争胜利受降纪念馆建立抗日胜利芷江洽降旧址的"四有"档案，2015年进行了完善补充。

**内蒙古自治政府成立大会会址** 又称五一大会会址，是1947年5月1日内蒙古自治政府成立大会召开的地方，是中国共产党实行民族区域自治，成功解决国内民族问题的历史见证。会址位于内蒙古自治区兴安盟乌兰浩特市五一北路。

内蒙古自治政府成立大会会址，原为伪满洲国兴安陆军军官学院礼堂，始建于民国24年

1947年4月23日与会代表进入会场彩门

（1935年）。民国36年（1947年）4月23日，内蒙古人民代表会议在这里召开，来自内蒙古大部分盟旗的393名各民族代表出席会议；4月30日，会议选举产生由121人组成的内蒙古第一届临时参议会。5月1日，内蒙古第一届临时参议会选举产生内蒙古自治政府主席、政府委员、参议会会长及驻会参议员，内蒙古自治政府宣告正式成立。乌兰夫当选为内蒙古自治政府主席，哈丰阿当选为副主席，特木尔巴根、奎壁、阿思根等19人当选为政府委员；博彦满都当选为内蒙古自治政府参议会会长，吉雅泰当选为副议长，特古斯、朝克图、克力更等9

内蒙古自治政府成立大会会址彩门

大会会场内景

人当选为驻会参议员，并通过了《内蒙古自治政府施政纲领》。这里成为中国第一个少数民族自治区——内蒙古自治区的诞生地。

五一大会会址坐落在岗地的边缘，面临五一北路，通过十余阶青石台阶步入大门。大门牌楼为青砖砌成。主体为青砖人字架结构起脊式建筑。坐东朝西，平面为长方形，东西长64米，南北宽18米。中轴线上依次为门厅、陈列大厅、主席台、库房，大厅西侧各有3个取暖壁炉。会址总建筑面积708.37平方米，占地面积2700平方米。

1946～1948年9月，五一大会会址为东蒙军政干部学校礼堂，1948年9月至1952年为内蒙古党校礼堂。1952～1968年为乌兰浩特市第三中学礼堂，1968～1986年为人民解放军某部仓库。1986年5月10日，五一大会会址被内蒙古自治区人民政府公布为内蒙古自治区重点文物保护单位。1987年，恰逢内蒙古自治区成立40周年，自治区政府对会址进行维修，并举办"兴安革命史实展览"对外开放。2006年5月25日，内蒙古自治政府成立大会会址被国务院公布为第六批全国重点文物保护单位，编号6-0913-5-040。按照相关要求，当地政府公布了旧址的保护范围和建设控制地带。2007年，五一大会旧址得到了全面维修并充实了展览内容，复原了会场全景。旧址的保护与日常管理职责由内蒙古民族解放纪念馆承担。

**天安门** 是中华人民共和国开国大典等中国近现代史上许多重大历史事件的发生地。天安门位于北京城的中轴线上，在原大清门之北，端门之南，为明清两代皇城之正门，是明清皇帝颁布诏令的场所，也是帝王出入之

天安门

要门。天安门东邻太庙（北京市劳动人民文化宫），西邻社稷坛（中山公园），北邻端门，南邻皇城外金水桥，与天安门广场隔长安街相望。

天安门设计者是江苏吴县人蒯祥，人称"蒯鲁班"。天安门始建于明永乐十五年（1417年），建成于永乐十八年（1420年）。原名承天门，以示皇帝"承天启运""受命于天"。初建时为一座黄瓦飞檐的三层楼式的五座木牌坊，牌坊正中高悬"承天之门"匾额。天顺元年（1457年）七月，承天门遭雷击被毁，成化元年（1465年）由工部尚书白圭主持重建，这次重建，奠定了后世天安门的形制。崇祯十七年（1644年），李自成率领农民起义军攻占北京城，承天门毁于战火。清顺治八年（1651年），清世祖福临下令大规模重建并更名为天安门，作为清皇城正门。天安门在康熙二十七年（1688年）进行过大规模的重修。民国38年（1949年）8月9～14日，第一届北平市各界代表会议一致决定：整修天安门和天安门广场。1949年10月1日，中华人民共和国开国大典在天安门举行，毛泽东主席在天安门城楼上庄严宣告中华人民共和国成立。天安门是北京诸多城门中最为壮丽的一座，它凝聚了古代工匠的智慧和创造，表现了劳动人民高超的建筑艺术。

天安门主体建筑分为上、下两层，上层是巍峨的大殿，下层是巨大的城台，外观整体造型威严庄重、气势宏伟，是中国古代城门中最杰出的代表作之一。城楼坐北朝南，大殿为重檐歇山式建筑，金黄琉璃瓦顶，四周屋檐缓缓上翘；底层四面环廊，基座长61.6米，宽32.5米，面积1920平方米；基座底部至正吻兽头顶

22.6米，四周雕刻有荷花宝瓶图案的汉白玉栏板，梯形板望柱上雕有莲花瓣头花饰。天安门大殿面阔九间，进深五间，取"九五"之数，象征皇帝的尊严。正面有36扇菱花纹饰门窗。城楼内所用木材大部分是楠木，殿内共有60根直径约为92厘米的红漆木柱。大殿地面在明清时由"金砖"铺墁而成，1970年换成混凝土仿古方砖。城台从底部到台顶高12.3米，上层长116米，宽38.76米，面积为4500平方米；下层长120米，宽40米，底面积4800平方米。城台的上部是用土城砖垒砌并用白灰膏、江米汁灌浆的实心城台。城台的上部是汉白玉须弥座台基，台基出地面高度为1.59米。城台东西两侧各有一条马道，其下部有5个券形门洞，门洞长均为40米，但高宽不一。五个门洞中，中间最大，高8.82米，宽5.25米，唯有皇帝可以进出。其余四个门洞依次往外缩小，对称于中央门洞两侧，紧靠中间门洞的两个门洞各宽4.43米，最外的两个门洞各宽3.83米。城楼前有外金水河，河上飞架7座汉白玉雕栏石桥，中间一座最宽阔的称御路桥，专为皇帝而设；御路桥两旁有宗室亲王过往的"王公桥"；王公桥左右的品级桥是供三品以上的官员行走；四品以下的官员和兵弁、夫役只能走架在太庙和社稷坛门前的公生桥。

举办开国大典以后，天安门广场拓宽，并在广场中央修建人民英雄纪念碑，后又陆续在广场的西侧修建人民大会堂，东侧修建中国革命博物馆和中国历史博物馆，南侧修建毛主席纪念堂。东西两侧筑起大型观礼台，供大型庆典贵宾观礼之用。

1952年，北京市第四届第一次各界人民

代表大会，决定较全面地修缮天安门城楼。这是自清康熙二十九年（1690年）近260年以来第一次大规模的修缮工程。1961年3月4日，天安门被国务院公布为第一批全国重点文物保护单位，编号1-0030-5-030。1966年4月，邢台地震发生后，北京市政府组织力量对城楼进行加固工程。1969年12月15日至1970年4月7日，国务院和北京市委决定将天安门城楼进行落架大修，以彻底解决天安门城楼几百年来积存下的种种问题和安全隐患，此次重修是中华人民共和国成立后整修天安门规模最大、较彻底的一次，增添了广播电视、新闻摄影等现代化设施。重修后的天安门通高34.7米，比以前高了83厘米。并在大殿东西两侧的平台上增加2座小耳房——电梯房，将东、西马道的古砖梯道，改成石条阶梯，共分四层台阶，每层17级共68级。1984年，北京市人民政府批转北京市规划局、北京市文物局《关于第一批划定六十项文物保护单位的保护范围及建设控制地带的报告》的通知，划定并公布旧皇城保护区及其以北地区的保护范围及控制地带，天安门也列入其内。1988年，天安门城楼对公众开放。1990年2月，北京市人民政府天安门地区管理委员会成立，负责天安门的保护和管理。1994年、1999年、2003年先后进行修缮、维修和天安门城台保护工程。2005年，建立天安门的全国重点文物保护单位记录档案。2009年为迎接中华人民共和国成立60周年，对天安门城楼梁柱、屋顶等部位重新油饰。2015年，为迎接在北京天安门广场举办的纪念抗日战争胜利70周年阅兵式，对天安门城楼进行重新粉刷。天安门城楼毛主席画像历经8次更换。

**鸭绿江断桥**　是中国抗美援朝时期及日本对华殖民统治时期的重要历史遗迹，位于辽宁省丹东市振兴区滨江中路。断桥东北67米是建于民国31年（1943年）的鸭绿江大桥（中朝友谊桥），西北100米是丹东火车站，西南是沿江开发区街市，东南隔鸭绿江与朝鲜新义州相望。

鸭绿江断桥前身是鸭绿江上修建的第一座铁路大桥，史称鸭绿江铁桥。清宣统元年（1909年）由日本殖民机构——朝鲜总督府铁道局设计并施工建设，宣统三年（1911年）落成。民国32年（1943年），日本人在此桥上游建成第二座铁路大桥（中朝友谊桥）以及鸭绿江上游水电站的建成，桥的开闭装置失去原有意义，此桥停止使用，改为公路桥。1950年6月25日，朝鲜内战爆发，战火烧到鸭绿江边。中共中央和毛泽东根据朝鲜劳动党和政府的请求，以及中国人民的意愿，做出"抗美援朝、保家卫国"的英明决策，组建中国人民志愿军赴朝参战。第一桥同江上其他各桥梁一起，承担军需物资供应和后方支援前线的艰巨运输任务，成为连接中朝两国的交通大动脉。11月8日9时，侵朝美军派出百余架B-29型轰炸机侵入新义州和鸭绿江大桥上空狂轰滥炸，致使

鸭绿江断桥全貌

鸭绿江断桥

第一桥被拦腰炸断，自朝方起8孔桥梁落入水中。11月14日，侵朝美军又派出军用轰炸机34架，对大桥再次轰炸，将第一桥朝方3座桥墩炸塌。自此，鸭绿江铁桥被毁为废桥，战后称为鸭绿江断桥。1992年，曾改名为"端桥"，1995年恢复原名。

鸭绿江断桥原桥全长944.2米，宽11米（中间路面宽5米，两侧人行步道各3米）。大桥钢梁结构为曲弦式，共12孔。自朝鲜江岸起1～6孔，每孔为60.96米；自中国江岸起1～6孔，每孔为91.44米；桥面结构为钢梁，上面铺设木板，桥墩为钢筋水泥浇注，外砌花岗岩石块。大桥以中方数第4孔4号圆墩为轴，设计为开闭式旋转钢梁。开闭梁驱动结构由两部分组成：一是设9个主动齿轮，驱动1个被动齿轮契合，使单连钢梁转动；二是钢梁两端各设一组机械伸缩定位组件——伸缩臂，在旋转启动前，先启动伸缩臂，把钢梁两端同桥体分离，然后启动主动轮，传动被动轮，使单连钢梁平行旋转90°。每转动一次需20分钟，大型船舶通过时，拉响汽笛，以示通过。开闭梁还原后，伸缩臂回位，将开闭梁定位锁紧，以保证上桥火车安全通过。抗美援朝战争后，鸭绿江断桥仍保留原建筑结构形式，存曲弦梁4孔，加桥台全长403.52米。"断桥"江心断面钢梁由于美国军用飞机轰炸变得扭曲、弯折，桥梁钢架上留有累累弹孔。

鸭绿江断桥是中国人民取得抗美援朝战争

鸭绿江断桥桥头碉堡

伟大胜利的历史见证，是近代史上帝国主义列强侵略瓜分中国的产物，是日本帝国主义蓄意侵略中国、掠夺东北资源的铁证，是鸭绿江上第一桥，是重要的爱国主义教育阵地。

1988年，丹东市人民政府印发《关于确定丹东市第三批市级文物保护单位的通知》和批转丹东市文化局、土地规划局的《关于鸭绿江断桥保护范围和建设控制地带的报告》，划定鸭绿江断桥的保护范围和建设控制地带。1993年，鸭绿江断桥修复开发为战争遗迹型旅游景点，对外开放。2015年4月1日，丹东断桥旅游有限公司成立，负责鸭绿江断桥的保护管理。2006年5月25日，鸭绿江断桥被国务院公布为第六批全国重点文物保护单位，编号6-0919-5-046。2015年，丹东市编制完成《全国重点文物保护单位鸭绿江断桥文物保护规划》。2015年，辽宁省丹东断桥旅游有限公司建立鸭绿江断桥的全国重点文物保护单位记录档案，由辽宁省文物局保管。

**唐山大地震遗址** 是20世纪十大自然灾害之一的唐山大地震震后留下的遗存，包括唐山机车车辆厂地震遗址、唐山十中俱乐部地震遗址、河北矿冶学院图书馆楼地震遗址等3处。

机车车辆厂地震遗址全貌

机车车辆厂地震遗址局部

唐山机车车辆厂地震遗址位于唐山市路南区南部，唐山十中俱乐部地震遗址位于唐山市路南区复兴路西侧原唐山十中院内，河北矿冶学院图书馆楼地震遗址位于唐山市路南区新华道南侧河北理工大学院内。

1976年7月28日3时42分53.8秒发生的唐山大地震，震中在河北省唐山市开平区越河乡，即北纬39°38′、东经118°11′，震级为7.8级，震中烈度11度，震源深度11千米。唐山大地震造成的危害：24.2万多人死亡，16.4万余人重伤；7200多个家庭全家震亡，上万家庭解体，4202人成为孤儿；97%的地面建筑、55%的生产设备毁坏；交通、供水、供电、通讯全部中断。23秒内，直接经济损失人民币30亿元，一座拥有百万人口的工业城市被夷为平地。震后的唐山面目全非，桥梁折断，烟囱倒塌，列车出轨，七零八落的混凝土梁柱东倒西歪，到处是残垣断壁。

唐山机车车辆厂地震遗址西与京沈铁路相邻，东、南、北均为原厂区，周边是原工业建筑及民居混杂区。遗址位于开平向斜南东翼，第四系埋深较大，约200米，古生界石炭、二迭系地层发育，开滦矿务局采煤经过此地，仅遗址下部地段未采。原机车车辆厂厂房，是该厂原铸钢车间的一部分，由原唐山铁道学院桥隧系设计，开滦矿务局土建公司施工，1959年后陆续建成使用。遗址为南北走向的三跨厂房，建筑面积9072平方米，分西、中、东三跨，是承担铸造生产工序的联合厂房。西跨长144米，宽24米，高12.45米；中跨长162米，宽18米，高20.22米；东跨长150米，宽18米，高15.61米。厂房地基为矿质黏土，杯形柱基，预制结构，重屋顶，片石墙基红砖墙。唐山大地震中，厂房位于宏观震中西部约2千米处，烈度为XI度。三跨厂房仅留有扭曲、倾斜的部分立柱，周边墙柱全部倒塌、顶架落地。是时有夜班工人20人，11人震亡，3人重伤，40余台套设备震毁。厂房南侧东边一砖砌烟囱，原高35米，震后仅存19.1米。三跨厂房保持震后原貌，保存状况整体完好。

唐山十中俱乐部地震遗址，周边为民居、仓库及商业用房混杂区，包括唐山大地震造成的道路、墙基、地下水管三处构造运动形址。地震发生后，在唐山"断裂束"两侧极震区地表发现有大量构造裂隙，一系列雁行状排列羽状裂隙构成一条长约8千米的构造带，方向为北东30°，最大水平位移2.3米，具有明显的"扭性"特征，对地表建、构筑物及树行造成垂直和水平方向的位移，线性地物如道路、墙基、地下水管道及树行表现十分明显。保护范围内房基、小路分别被两条相互平行，方向为北东50°的裂隙错断，水平位移1米，垂直位移0.5米；地下水管道被另一条北东40°的裂隙错开，水平位移1米，垂直位移0.3米。

河北矿冶学院图书馆楼于1976年7月建成，尚未使用即被震毁。原建筑面积4049平方米，分阅览室、书库两部分。阅览室长70米，宽20米，高13米（13米），共3层，层高4.5米。采用杯形柱基，下部为450毫米厚的七分之三灰土垫层，上部为1米厚柱基。墙基下部垫450毫米厚的七分之三灰土，上部砌筑毛石。楼房结构为预制柱，梁装配结构，5米跨预制空心板上铺细石，水磨石地面。书库长25米，宽12米，高9.3米，共4层，底层高2.55米，其余各层高2.25米。中间有12个独立杯型柱基，下部砌筑1.1米厚粗料石，上部为0.5米厚的钢筋混凝土柱基。边柱、墙基下部为450毫米厚3/7灰土垫层，垫层上部为宽2.2米，厚0.35米的钢筋混凝环带，上砌粗料石至地表。建筑结构采用现浇钢筋混凝土柱和无梁楼板，水磨石地面，围护墙用75号砖、25号砂浆砌

河北矿冶大学图书馆楼地震遗址

筑，外墙37厘米，内墙24厘米。图书馆楼地基为砂质黏土，预制装配结构，浇钢筋混凝土柱基、柱、无梁楼板、砖墙，柱、墙基基底标高均为地平负2.3米。唐山大地震中，楼体遭到严重破坏，阅览室西部倒塌，东部震裂但未倒，书库向北东方向位移约1米，底层震毁破碎，二至四层为一整体落于一层底板。

三处地震遗址均位于震中附近，最具代表性，真实地记录了地震对人类造成的极大灾难，已成为科学研究和科普教育基地。唐山机车车辆厂地震遗址是大型厂房车间遭受地震破坏典型范例，为建筑学、土木工程学、材料力学、地震地质学等学科教学科研提供实物素材，是体现地震破坏力最直接证据。唐山十中俱乐部地震遗址有三处地震地质构造运动形迹，为地质学、构造地质学、新构造学、地震地质学科研、教学及地震监测预报、地形变化观测提供了宝贵场所。该遗址作为地学教学现场，是中国地震局等单位专业人员培训基地。

中国地震局第一监测中心唐山台驻于此处。河北矿冶学院图书馆楼地震遗址为公用建筑震灾典例，可供建筑学、土木工程学、材料力学、地震地质学等诸多学科的教学、科研、考察，其破坏特点，为城市公用建筑抗震设防研究提供实例资料。

唐山大地震遗址管理、保护机构为1983年12月成立的唐山市地震局，隶属于唐山市人民政府。唐山大地震遗址均为露天保护。唐山市地震局按照"修旧如旧"原则，多次对遗址进行保护性维护。1993年7月和2001年2月，唐山机车车辆厂地震遗址、唐山十中俱乐部地震遗址、河北矿冶学院原图书楼先后被河北省人民政府核准公布为河北省重点文物保护单位。2006年5月，唐山大地震遗址被国务院公布为第六批全国重点文物保护单位，编号6-0903-5-030。2006年，划定唐山大地震遗址保护范围和建设控制地带。唐山大地震遗址记录档案由唐山市地震局建立并保管。

# 第二节　名人故旧居纪念地

**林则徐墓**　是主持虎门销烟的清朝政府钦差大臣林则徐的墓园，位于福建省福州市鼓楼区马鞍金狮山南麓福建省军区内。

林则徐（1785～1850年），福建侯官人，清代政治家、思想家和诗人。曾任湖广总督、陕甘总督和云贵总督，两次受命钦差大臣。林则徐积极主张禁烟。清道光十八年（1838年）12月31日，林则徐被道光皇帝任命为钦差大臣，前往广东禁烟。次年3月，林则徐受命到达广州，与两广总督邓廷桢、广东水师提督关天培等一起，在地方文武官员竭诚支持下，发动禁烟斗争。从6月3日起，在林则徐主持和监督下，在虎门海滩将收缴英、美等国商人鸦片约两万箱当众销毁，史称"虎门销烟"。同时，与关天培在虎门要塞积极布防，抵御英军入侵。后林则徐遭投降派诬陷，被道光帝革职。他提出"师夷之长技以制夷"的主张，主持并组织编译《华事夷言》《四洲志》等

林则徐墓

书籍，传播西方文化，促进西学东渐。他的遗著《林文忠公政书》《畿辅水利议》《滇轺纪程》等，是研究中国近代史的重要资料。

林则徐墓园最初系清道光六年（1826年）林则徐为其父母所营建。墓地以其父母的墓葬为主体。道光三十年（1850年），林则徐在往广东潮州途中病死，后归葬于此。林则徐之妻及其弟夫妇亦附葬于此。

林则徐墓园坐北向南偏东南57度，面对五凤山。平面呈如意形，宽13.2米，深24.8米。主体结构为三合土夯筑，封土隆起，形如覆釜。墓碑两侧墓柱亦为三合土质，上刻"百丈松楸驯鹿土，千秋圭节卧牛眠"。封土前两侧的墓屏镌刻"风清华表翔元鹤，云护佳城阖玉鱼"。墓前两侧雄踞一对三合土塑成狮子，雄戏球，雌携子。狮子后面两侧立一对青石碑，碑前有石栏杆围护，左为《御赐祭文》，右为《御赐碑文》，高2.6米，宽1.10米，为清咸丰元年（1851年）朝廷派官致祭时所立。墓坪正中立一堵三合土横屏，上刻"五凤来翔"，楷书，字高0.59米，宽0.46米。墓前有石阶和三合土夯筑踏道。

1963年，林则徐墓被福建省人民委员会公布为第一批省级文物保护单位。1961、1981年两次重修，1988年1月13日，林则徐墓被国务院公布为第三批全国重点文物保护单位，编号3-0002-5-002。1995年进行维修、周边绿化，编制了保护规划立项，委托福建省军区负责日常保护管理。1996年，福建省人民政府印发《福建省人民政府关于公布国家重点和省级文物保护单位（第二批）保护范围的通知》，划定林则徐墓保护范围。2016年11月8日，福建省文化厅、福建省住房和城乡建设厅公布了林则徐墓的建设控制地带。

**谭嗣同故居及墓祠**　是中国近代资产阶级启蒙思想家、政治改革家、爱国志士谭嗣同烈士的系列纪念地，包括分布在不同地点的故居与墓、祠三部分。谭嗣同故居位于湖南省浏阳市城区淮川街道北正南路101号，谭嗣同墓位于湖南省浏阳城郊荷花街道嗣同村（原牛石乡翟水村）石山组，谭嗣同祠位于湖南省浏阳城区淮川街道才常路89号。

谭嗣同（1865～1898年），字复生，号壮飞，湖南浏阳人。"戊戌六君子"之一。清光绪二十四年（1898年）7月应召入京，与林旭、杨锐、刘光第等参与新政，时号"军机四卿"，成为光绪帝推行变法的主要助手之一。在慈禧太后发动的"戊戌政变"中被捕，与康广仁、刘光第、林旭、杨锐、杨深秀等6人在北京菜市口英勇就义，年仅33岁。在狱壁留下"我自横刀向天笑，去留肝胆两昆仑"的著名诗句。

谭嗣同故居又称"大夫第"，始建于明朝末年。原为周姓祠宇，由谭嗣同祖父谭学琴买下，改造为庭院式民宅建筑。因谭嗣同父亲谭继洵官至湖北巡抚兼署湖广总督，故命其宅为"大夫第官邸"，简称"大夫第"。故居坐西南朝东北，砖木结构，封火墙，硬山顶，覆小青瓦，面阔五间、进深三间，以穿斗式为主、抬梁式为辅的木框架结构。原有左中右三路建筑，面积2000余平方米，遗存中路中厅、过亭、后厅等建筑，通高8米，大小房间24间，建筑面积762平方米，占地面积1200余平方米。

谭嗣同故居

谭嗣同殉难后，北京浏阳会馆老长班刘凤池父子于当晚将谭嗣同遗体扛回会馆，并置办棺木进行殡殓。清光绪二十六年（1900年），谭氏后裔几经周折将葬棺运回浏阳，权厝于县城郊外墓庐中，次年6月正式安葬。谭嗣同墓依清代四品官葬制而建，坐西北向东南（艮山坤向），占地面积136平方米。墓冢后立汉白玉墓碑3通，主碑阴刻"清故中宪大夫谭公复生府君之墓"，左碑镌"兼桃子传炜立"，右碑镌"光绪二十七年辛丑夏六月"等字样。墓围以16根花岗石柱间以青石板围成"Ω"形，冢前为扁卵石镶嵌拜台，两侧为神道，依次排列石马、石虎、石望柱各二，石望柱刻邑人宋渐元所撰挽联："亘古不磨片石苍茫立天地，一峦挺秀群山奔赴若波涛"。

民国2年（1913年），谭嗣同的老师，时任湖南民政司长的刘人熙呈报民国当局颁发褒扬令。浏阳县知事公署在浏阳城西择地一块，由谭氏族人筹款兴建谭烈士专祠，又称谭嗣同祠。祠宇坐北朝南，砖木结构，封火墙，硬山顶，覆小青瓦，面阔三间，由门厅、庭院、前厅、过亭、后厅等组成，建筑面积400平方米，占地面积535平方米，后厅安有祀奉谭嗣同烈士牌位的柜式神龛等。前厅悬挂康有为、唐才常等人撰题的木楹联和梁启超亲笔题写的"民国先觉"横匾等，成为后人缅怀谭嗣同的重要场所。

谭嗣同祠自修建后一直由谭氏家族负责保护修缮。中华人民共和国成立后，由浏阳县政府进行保护管理。"文革"期间，祠内木挽联、神龛等均遭损毁，梁启超所题"民国先觉"横匾幸存。因1958年当地兴修水利，谭嗣同墓墓前设施受到一定程度的破坏。1983年10月10日，湖南省人民政府印发《关于公布我省

梁启超题写的"民国先觉"匾额

省级文物保护单位的通知》，公布谭嗣同祠、谭嗣同墓为省级文物保护单位，并谭嗣同祠辟为谭嗣同纪念馆，对外开放。1996年1月4日，湖南省人民政府公布"谭嗣同故居——大夫第"为省级文物保护单位。同年11月20日，国务院公布谭嗣同故居为第四批全国重点文物保护单位，编号4-0207-5-009。1998年2月，房产部门将故居内的住户全部迁出，国家文物局拨款对故居进行大修，重建前栋建筑，并进行复原陈列，同年9月28日对外开放。2010年1月开始，谭嗣同故居及墓祠向社会公众免费开放。2013年3月5日，国务院将谭嗣同祠和墓公布为第七批全国重点文物保护单位，与谭嗣同故居合并，名称为"谭嗣同故居及墓祠"，编号7-1984-5-008。2014年，编制《谭嗣同故居及墓祠保护规划（修编）立项报告》和《谭嗣同故居及墓祠修缮工程立项》，均获国家文物局批准。湖南省人民政府分别于1983年10月10日、1993年4月8日和1996年1月4日印发通知，公布了谭嗣同墓、谭嗣同祠和谭嗣同故居的保护范围和建设控制地带。

**秋瑾故居**　为中国近代民主革命志士秋瑾少年时期生活及后来从事革命活动的地方，包括秋瑾故居和秋瑾烈士纪念碑两处。秋瑾故居位于浙江省绍兴市越城区塔山南麓和畅堂35号，坐北朝南，背山（塔山）临路（和畅堂）；秋瑾烈士纪念碑位于绍兴市区解放路轩亭口。

秋瑾（1875～1907年），初名闺瑾，乳名玉姑，字璇卿，号旦吾，改瑾，字竞雄。祖籍浙江山阴，出生于福建省云霄县城。中国近代民主革命家，妇女解放运动的先驱。清光绪三十三年（1907年）六月初五，因发

秋瑾故居大门

动反清起义被捕，15日凌晨，从容就义于绍兴轩亭口，年仅32岁。

秋瑾故居原系明代大学士朱赓别墅的一部分。清光绪十五年（1889年），秋瑾祖父秋嘉禾在福建做官返回故里后典入此屋，秋家由绍兴福船山迁此定居。少年时期的秋瑾在此读书习文，练拳舞剑。光绪十九年（1893年），秋瑾离家，随父入湘。光绪三十三年（1907年）初，秋瑾回绍兴从事革命活动，并受绍兴大通学堂创办人徐锡麟委托主持大通学堂工作。在故居联络、会见革命党人，共商起义大计，留下许多珍贵的文物和史迹。秋瑾遇难后，家人将此屋卖给他人。中华人民共和国建立初期，故居曾由绍兴市（地委）干部学校等单位使用。

秋瑾故居系清晚期建筑，整体保存基本完整，为典型的江南水乡民居宅院。秋瑾故居坐北朝南，占地面积1920平方米，建筑面积950平方米。建筑自南至北共五进，东侧有一侧厢，每进建筑之间为天井，因地势南低北高，自前至后各进建筑依次抬高。建筑为砖木结构硬山式，外观粉墙青瓦坡屋顶，色调朴素。第二进是秋瑾的卧室、客堂和餐室，卧室后壁内

秋瑾纪念碑

秋瑾故居和畅堂

有一暗室，是密藏文件和武器的地方。第五进后有一花园。

秋瑾烈士纪念碑由邑人王世裕等人于民国19年（1930年）发起建造的。经费由省、县政府核拨。邑人选择在当时的闹市区、秋瑾就义之地轩亭口建造纪念碑，在与其相对的卧龙山之巅建风雨亭。秋瑾烈士纪念碑呈方形，通高7.415米，分三层。台座边长3.165米，其上是须弥座，束腰有《秋先烈纪念碑记》，为蔡元培撰，于右任书。碑身正面题有"秋瑾烈士纪念碑"七字。碑帽下为栅形帽檐，盔顶。四角各置一圆柱，亦饰以盔顶。碑四周有围栏，角置西式望柱。

1957年，秋瑾故居第一、二进房屋由绍兴县文物管理委员会代管，7月辟为"秋瑾纪念室"对外开放。1964年12月，故居所有房屋

由绍兴县文物管理委员会接管。1984年3月，绍兴市文物管理处下设越城区文物保护所，负责秋瑾故居的日常管理。1988年1月13日，秋瑾故居被国务院公布为第三批全国重点文物保护单位，编号3-0017-5-017。1988年5月26日，浙江省人民政府印发《关于划定绍兴鲁迅故居等二十五处文物保护单位保护范围和建设控制地带的批复》文件，划定秋瑾故居保护范围和建设控制地带。1997年，在秋瑾就义90周年之际，在纪念碑东首辟秋瑾纪念广场，新建照壁上刻孙中山手书的"巾帼英雄"大字，塑有秋瑾汉白玉全身像。1999年6月，组建绍兴市文物管理局和绍兴市文化旅游投资发展有限公司，下属塔山景区负责管理秋瑾故居。2003年4月，组建绍兴市名人故居管理处，负责秋瑾故居等文保单位的管理工作。2006年5月25日，国务院公布秋瑾烈士纪念碑为第六批全国重点文物保护单位合并项目，归入第三批全国重点文物保护单位秋瑾故居。2003年2月，成立绍兴市文物考古研究所，负责秋瑾烈士纪念碑的保护管理工作。2007年3月，浙江省人民政府印发《关于划定湖州市钱山漾遗址等46处文物保护单位保护范围和建设控制地带的批复》，确定秋瑾烈士纪念碑的保护范围和建设控制地带。全国重点文物保护单位秋瑾故居和秋瑾烈士纪念碑档案记录工作，分别于2005年、2007年由绍兴市名人故居管理处和绍兴市文物考古研究所组织完成。

**辛亥秋保路死事纪念碑**　是一座纪念辛亥革命前四川保路运动以及在保路运动中牺牲烈士的建筑，位于四川省成都市青羊区人民公园西北角。

清宣统三年（1911年）四月，清政府宣布"铁路干线国有政策"，将川汉、粤汉铁路修筑权出卖给英法等帝国主义，激起湘、鄂、粤、川人民反对，保路风潮随之兴起，尤以四川最为激烈。6月17日，"四川保路同志会"成立，全川各地闻风响应，形成以成都为中枢的全川反帝爱国联合阵线。9月7日，四川总督赵尔丰以此为借口诱捕蒲殿俊、罗纶、张澜等保路斗争的领导人，下令屠杀手无寸铁的请愿者，制造了"成都血案"。血案发生次日，各地同志军揭竿而起，猛扑成都。保路风潮由同志会的文明争路演变成全川同志军的武装大起义。清政府急调6省官兵赴川镇压。10月10日，武汉革命党人趁武汉空虚，发动武昌

辛亥秋保路死事纪念碑

起义，拉开辛亥革命的帷幕。四川保路运动是辛亥革命时期最突出的历史事件之一，为武昌起义的爆发创造了条件，提供了机遇。孙中山对于四川保路运动曾言："没有四川保路同志的起义，武昌起义或者还要迟一年半载。"朱德称四川保路运动为"排山倒海人民力，引起中华革命先"。

民国元年（1912年）1月1日，四川人民为纪念保路运动及死难同胞，决定修建纪念碑。民国2年（1913年）4月，川路总公司负责修建纪念碑。纪念碑样式采用中国碑塔建筑的传统风格，仿照北京白云寺塔与山西凌云寺塔的形制，为砖石结构塔式建筑，平面呈方锥形。纪念碑坐东北朝西南，砖石结构，呈塔形，圆基座直径约9.8米，方碑碑身边长约4米，塔体总高31.85米，占地面积200平方米，由碑座、碑身、碑顶3部分组成。基座三层为石砌，碑身砖砌，黄色琉璃筒瓦盖顶，宝瓶尖，与4个小尖以铁链相连。

碑座（包括基脚、台基、碑座）全高约10米，从基脚经台基至碑座共六层，最下层（基脚）最宽约20米，呈圆柱形，属于"月台式"的平台，可以由基脚台阶上下。第一层有石阶10级，台前迎面雕嵌有"中华民国二年川路总公司建"汉白玉石。然后分左右两侧各14级石阶登上第二层，此两层为碑座的基础，成为纪念碑之砥柱中坚。最上四层（碑座）宽度又再小于台基，呈正方形，各层由下而上逐渐变小，最上层紧接碑身。碑座四周嵌有一组民族风格的灰沙浮雕，再现20世纪初原始铁路设施风貌，即塑有铁路轨道、火车头、信号灯、转辙器、自动联结器等图案。碑身为纪念碑主

体，高度约15米，呈方柱形，前后左右四面各镶嵌长条青色石板，上面分别用不同的字体书写"辛亥秋保路死事纪念碑"10个大字，每字1米见方，书写者均为著名书画家：北面为张夔阶（字学潮，清末贡生，工笔画家）的汉篆，东面为吴伯朅（字之瑛，清末成都尊经书院院长）的汉碑，南面为颜楷（清翰林编修，川汉铁路公司董事长）的魏碑，西面为赵熙（清翰林编修，文学家）的汉碑。字体各具特色，字字苍劲挺拔，为珍贵的书法杰作。碑顶高于碑身，建有尖塔，围以4座小塔，取五岳朝天的样式，碑顶上的瓦刻有二龙戏珠图案，装饰有云龙和蝙蝠，象征碑高耸入云霄，并寓有"祈祷"之意。碑顶高度约6米。

纪念碑在建筑造型上融合中国传统碑塔一体的建筑方式，同时吸收西方建筑的艺术特点，构图庄严，具有强烈的时代特征和中国特色，具有较高的建筑艺术价值。在纪念碑建筑工程上，限于当时建筑材料和技术，碑的稳定性很强，表面用砖石结构，实际是木桩排列做底，基础非常坚固。其次是碑身，四方砖柱屹立，嵌以石块，中空架以木料加固。纪念碑作为四川保路运动及死难同胞的纪念建筑，是中国旧民主主义革命的重要历史证物，对于加强爱国主义教育和四川近现代史研究具有重要的价值。

纪念碑竣工后，由少城公园管理。1950年，成立人民公园管理处，负责公园管理和纪念碑日常管理保护。民国22年（1933年）8月四川西部叠溪大地震和民国30年（1941年）7月27日日本侵略军飞机轰炸，纪念碑均受到不同程度损毁。1952年6月、1954年4月、1980年

先后三次进行维修。1961年7月13日，纪念碑被四川省人民委员会列为省级文物保护单位。1980年8月至1981年9月全面整修。1988年1月13日，辛亥秋保路死事纪念碑被国务院公布为第三批全国重点文物保护单位，编号3-0019-5-019。2004年，成都市人民公园在纪念碑中轴线末端维修银杏阁，并建成四川保路运动史事陈列馆，以四川保路运动史实为展示内容，同时呈现当时社会民俗生活与中国早期铁路史话。同年，青羊区文物管理所建立辛亥秋保路死事纪念碑的记录档案，并逐年补充。2014年，四川省人民政府印发《四川省人民政府关于公布四川省全国重点文物保护单位和省级文物保护单位范围的通知》，公布纪念碑的保护范围和建设控制地带。

**黄花岗七十二烈士墓** 是清宣统三年三月二十九日（1911年4月27日）在广州"三二九"起义中牺牲的革命志士的安葬地与纪念场所。烈士墓位于广东省广州市越秀区黄花岗街道永泰社区先烈中路79号黄花岗公园内，南临先烈中路，东及北面为太和岗路，西南有东山广场，西北有淘金家园。

清宣统三年（1911年）三月二十九日，孙中山领导的同盟会发动第十次武装起义——广州"三二九"起义。黄兴率领由160多名骨干组成的先锋队，一举攻下两广总督署，后遭清军多路合围反扑，激战一昼夜后失败。百余名革命党人遗骸被弃置在咨议局门前。两广总督衙门下令曝尸十日，胆敢收敛者以同党论处。尚未暴露身份的同盟会会员潘达微冒险挺身而出，以《平民日报》记者的公开身份，组织广州各善堂收敛烈士遗骸72具，埋于东郊红花岗（潘达微认为"红花"不及"黄花"一词雄浑优美，在介绍烈士安葬情

黄花岗七十二烈士墓全景

况的报道上，把红花岗易名为黄花岗，后称黄花岗），故这次起义又称"黄花岗起义"。民国元年（1912年），潘达微首倡公祭七十二烈士，孙中山亲自前往主祭，随即潘达微首倡营建黄花岗七十二烈士墓。鉴于"烈士墓茔，不封不树，无以壮观瞻"，拟就地"崇大其墓，俾资景仰"，由广东军政府在此修建墓园，孙中山亲自领衔主理，潘达微任协理。陵墓被称为"黄花岗七十二烈士墓"。至民国24年（1935年）基本建成。以后墓园还多次扩建。墓园收殓喻培伦、林觉民等有姓名、事迹可考的烈士86名。

黄花岗七十二烈士墓规模宏大，气魄轩昂，主要建筑集中在南北中轴线上，自南而北有牌坊、莲池、石拱桥、墓道、石步阶、墓冢，墓冢由碑亭、纪功坊组成。纪功坊后有《广州辛亥三月廿九革命记》碑。墓门仿凯旋门式牌坊，上嵌孙中山题写的"浩气长存"四个大字。入门是宽敞的墓道，长200米。门后有莲池、石拱桥，拾级而上，直达岗顶陵墓。孙中山亲自栽植4棵青松，仅存1棵。墓冢以花岗石砌成梯形，中央建碑亭，顶形状如悬钟，寓意争取自由的警钟。亭内立碑，碑文"七十二烈士之墓"。墓冢后有纪功坊，坊上由海外赤子敬献的72块青石叠砌成不朽崇山，高擎火炬的自由神石像矗立其巅。纪功坊后，有详记起义史绩的巨碑1通，正面为《广州辛亥三月廿九革命记》，记录"三二九"武装起义的经过及陵园营建过程；背面为烈士就义表，名单增补至86人。碑刻于民国23年（1934年）阴历三月廿九日，高3.92米，宽1.82米，是广州市现存最大的碑刻。

黄花岗七十二烈士墓墓碑

黄花岗七十二烈士墓是广州作为近代革命策源地的重要见证，是进行爱国主义教育的重要场所，具有深远的历史意义和珍贵的文物价值。

20世纪50年代，广州市政园林局成立黄花岗公园管理处，负责管理和保护黄花岗七十二烈士墓。1961年3月4日，黄花岗七十二烈士墓被国务院公布为第一批全国重点文物保护单位，编号1-0006-5-006。1990年，为纪念辛亥革命80周年，对墓园进行全面维修。1994年，广东省人民政府划定并公布黄花岗七十二烈士墓的保护范围和建设控制地带。黄花岗七十二烈士墓"四有"档案及相关资料由文物考古研究院建立及保管。2000年以来，整治烈士墓园区道路、周围环境；对主体文物建筑进行修缮；委托华南理工大学建筑学院编制"黄花岗七十二烈士墓保护规划"。2016年9月，黄花岗七十二烈士墓园入选"首批中国20世纪建筑遗产"名录。

**孙中山故居**　是资产阶级民主革命先驱孙中山出生和成长的地方，位于广东省中山市南蓢镇翠亨村。翠亨村南、北、西三面环山，东临珠江口；故居东南面是翠亨大道，西南面为辛亥革命纪念公园，北面不远处有中山城。

孙中山（1866～1925年），名文，字明德，号日新，后改号逸仙，广东省香山县（中山市）人。清光绪二十三年（1897年），孙中山在日本化名中山樵，后改名中山。光绪二十一年（1895年）在香港创立兴中会；光绪三十一年（1905年）在日本建立同盟会，提出民族、民权、民生的三民主义。清宣统三年（1911年）辛亥革命后，孙中山被推举为中华民国临时大总统。民国3年（1914年）在日本组织中华革命党，于民国8年（1919年）改组为中国国民党，并于民国10年（1921年）在广东就任中华民国非常大总统，实行联俄、联共、扶助农工三大政策，改组国民党，推动北伐战争。民国14年（1925年）3月12日病逝于北京。

孙中山故居，由孙中山长兄、旅居美国檀香山的孙眉出资，孙中山亲自主持设计修建，于清光绪十八年（1892年）建成。故居为一幢砖木结构、中西合璧的赭红色两层楼房，设有一道围墙环绕着庭院，坐东北向西南，占地面积500平方米，建筑面积340平方米。故居正门南侧有宋庆龄手书"孙中山故居"木匾。故居外表仿照西式建筑。楼房上下层各有7个装饰性拱门，屋檐正中饰有光环和飞鹰。楼房内部设计采用中国传统的建筑形式，中间为正厅，左右为耳房，四壁砖墙呈砖灰色勾出白色间

广东孙中山故居

线，窗户在正梁下对开。楼上为孙中山的书房和卧室，陈设有当年的卧具、书桌等遗物。居屋内前后左右均有门通向街外，左旋右转，均可回到原来的起步点。正门上挂一副对联"一椽得所，五桂安居"。故居庭院右边设有一口水井，水井的周围（约32平方米）是清同治五年十月六日（1866年11月12日）孙中山诞生时的旧房所在地。故居周围还有孙中山青少年时活动过的遗迹。

1956年，孙中山故居纪念馆成立，负责孙中山故居的管理和保护。1988年1月13日，孙中山故居被国务院公布为第三批全国重点文物保护单位，编号3-0011-5-011。2015年，中山市文化广电新闻出版局编制保护规划。同年，广东省人民政府划定孙中山故居的保护范围和建设控制地带。中山市文化广电新闻出版局编制和保管孙中山故居全国重点文物保护单位

孙中山故居厅堂

"四有"档案及相关资料，由孙中山故居纪念馆备份保管。

**黄兴故居** 是伟大的民主革命家黄兴青少年时期生活和学习的场所，位于湖南省长沙县黄兴镇黄兴新村下凉塘组。

黄兴（1874～1916年），原名轸，改名兴，字克强，湖南省长沙府善化人。中华民国开国元勋。辛亥革命时期，与孙中山并称"孙黄"，是中国同盟会最高领袖之一，被尊为"共和的缔造者之一"。

黄兴故居始建于清同治元年（1862年），同治十三年（1874年）后，形成以53间房屋为中心，占地面积约1.87万平方米的庭院。硬山顶、小青瓦、土坯木结构。前有水塘，后有花园，左有枫树林，右有紫竹园，一条长约1600米、宽约5米的护庄河环绕四周，是一处极富江南民居特色的泥砖青瓦平房。主体建筑坐西北朝东南，两进五开间，在平面布局上采用纵轴两侧基本对称、纵深多进的院落组合形式，主次脉络清晰：纵轴线上的主体建筑两进夹正房，功能以日常起居为主，包括堂屋、卧室、私塾等；纵轴线左右两侧配有东、西天井，围绕东、西天井，配有横堂屋、正房、轿厅、谷仓、厨房、客房等，室外走廊与八字槽门连接。根据气候特点和生活的需要，故居采用合院、天井、通廊等形式使内外空间既有联系又有分隔，构成开敞通透的布局。整个房屋采用土砖墙，小青瓦顶，为土砖墙体承重结构，局部结合木构，单檐悬山搁檩为主，双坡小青瓦屋面，局部屋顶出檐为柱枋承重形式。内外装修较为朴素，门、窗、梁等木构均以素面为主，局部采用褐、黑、墨绿等颜色，与白墙、

黄兴故居

灰瓦相映，色调雅素明净。窗户、门扇多伴有精美雕刻，其余木构件无特别艺术加工痕迹，显示出民间工艺的特点和朴实风格。

入院槽门向东偏，有"惠风和畅、化日舒长"对联，八字形风火山墙，故居正门有廖承志题书"黄兴故居"门额。门额上端彩绘文房四宝、梅兰竹菊吉祥图案，两端有楹联一副："蒙庆受福，长乐永康"。上下堂屋之间辟有天井，雨水通过屋顶内侧坡从四面流入天井，也称"四水归堂"。天井两旁各有一口水缸，常年盛满清水，用作消防。正厅前有6扇方格木门为屏，前栋屋脊正中塑福禄寿三星像。正堂屋为接待贵客和进行祭祀的重要地方，上方安放了一个雕花大神龛，神龛内供奉祖先牌位，堂屋两侧墙上分别悬挂黄兴题写的"笃实""无我"四字家训，堂屋内摆放的红木太师椅、罗汉椅、茶几均为黄兴用过的原物。慎学轩为黄兴书房。劝学斋为黄兴父亲所办私塾，内有教师休息室、教室及学生用餐室。

两边厢房堂屋门额分别书写"南轩"和"稼圃"。西厢房为黄兴四个姐姐的住房，大姐和四姐的房中安放有琴桌，二姐和三姐房中有手工纺纱机和织布机。东厢房为长工和佃户住的地方，后辟为黄兴生平事迹陈列室。旁边有厨房、酿酒作坊等，展示晚清时期的厨房用具和酿酒用具。牛碾房中按照当时的民间习惯，摆放麻石碾子、水车、风车、斗笠等农具。

清同治十三年九月十六日（1874年10月25日），黄兴在故居上进西边正房内诞生，并在此生活22年。17岁与廖淡如在上进东边正房内结婚。黄兴先后将故居连田产卖掉筹集革命活动经费，故居几易其主。

中华人民共和国成立后，当地政府将故居收回，分配给农民。经过历次运动后，故居原貌已严重损毁。1980年，中共长沙市委员会、中共长沙县委员会相关部门拨出专款将故居内的农民迁出，并组织大规模的修复。1981年7月15日，黄兴故居被湖南省人民政府公布为省级文物保护单位。1981年，成立黄兴故居纪念馆，负责故居管理，并对外开放。1988年1月13日，黄兴故居被国务院公布为第三批全国重点文物保护单位，编号3-0007-5-007。1993年4月8日，湖南省人民政府印发《关于公布我省全国重点文物保护单位、省级文物保护单位保护范围和建设控制地带的通知》，公布了黄兴故居的保护范围。2000年，国家文物局拨款修缮故居41间房屋。2008年和2011年，国家文物局两次拨款对故居进行消防、安防改造和保护性修缮。2010年9月，为纪念辛亥革命一百周年，中共湖南省委员会、省政府决定在黄兴故居后花园新建湖南辛亥革命人物纪念馆；2015年10月10日，纪念馆建成并正式对外开放。

**绍兴鲁迅故居** 是鲁迅的诞生地和童年、少年时期生活的场所。绍兴鲁迅故居位于浙江省绍兴市东昌坊口19号周家新台门内（鲁迅中路229号）；三味书屋位于鲁迅中路266号，在

绍兴鲁迅故居全景

故居的东南侧约200米处。

鲁迅（1881～1936年），浙江绍兴人。原名周樟寿，后改名周树人，字豫山，后改豫才，"鲁迅"是他民国7年（1918年）发表《狂人日记》时所用的笔名，也是影响最为广泛的笔名。中国现代文学家、思想家、革命家，新文化运动的重要参与者，中国现代文学的奠基人。毛泽东曾评价："鲁迅的方向，就是中华民族新文化的方向。"鲁迅一生在文学创作、文学批评、思想研究、文学史研究、翻译、美术理论引进、基础科学介绍和古籍校勘

鲁迅故居门景

鲁迅故居德寿堂

与研究等多个领域具有重大贡献，对于五四运动以后中国社会思想文化发展具有重大影响，蜚声世界文坛。

鲁迅故居为绍兴地区典型的台门民居宅院，系鲁迅八世祖周熊占于清嘉庆年间（1796～1820年）购地兴建。建成后，九世祖周宗翰（字佩兰）分居到此，为周家新台门的始祖。后周氏按族分房。鲁迅祖上分得新台门西首七楼七底和若干平房。清光绪七年八月初三（1881年9月25日），鲁迅诞生于这里，并在此度过童年、少年时期，直至光绪二十五年（1899年）出外求学。宣统二年至民国元年（1910～1912年），鲁迅回乡任教亦居于此。民国元年至民国8年（1912～1919年），鲁迅也曾几次回乡在此住过。清末民初，新台门周氏日趋衰落，部分族人开始变卖家产度日，至

民国7年（1918年），6个房族共议将整座新台门房屋及后园一并绝卖给东邻朱阆仙。民国9年（1920年），朱阆仙拆除大部分房屋，历时2年，造起亭台楼阁、假山鱼池。

绍兴鲁迅故居占地1154平方米，临街系石库门，头门与仪门之间系卷篷天棚，过台门斗为泥地小天井，过小天井为一统间平屋，三合土地面，为鲁迅家存放轿子及船上橹桨之用，以上建筑系1956年按原状修复。过门洞往左沿井北向为走廊，廊北开有一小门，进门为桂花明堂。故居原为两进，前面一进的三间平房已被拆除，后面一进是五间二层楼房。五间楼屋的北面是一石板天井，过石板天井即为二楼二底鲁迅故居，坐北朝南，前后有楼披，花格门窗，系鲁迅家后来主要起居之处。东首楼下用板壁分成前后间，前半间为客堂，俗称小

堂前，是会客、用餐之地。鲁迅在绍兴执教时常在这里写作、会客；后半间为鲁迅父母的房间。西首楼下前半间系鲁迅祖母蒋氏的卧室；第二间是鲁迅诞生的地方。楼上东面一间为朱安房间。清光绪三十二年四月（1906年6月），鲁迅奉母命从日本回家与朱安完婚，这间作为新房。楼后有一个天井和灶间及堆放杂物的三间平房。

百草园，原为周氏十几户人家共有的一个菜园。现总面积为4967.06平方米。百草园东邻沈姓园地，西靠梁氏园地，北临部分居民住宅。其中紧邻梁氏后园作为分界线的一道泥墙，至今保存完好。何首乌、覆盆子及其他野草长满整个泥墙根一带。矮墙南端墙脚下还嵌

三味书屋内景

埋着一块有"梁界"字样的石刻界桩。中华人民共和国成立后，园中种植了肥皂树、桑树、蔬菜等鲁迅笔下提到的植物。

三味书屋，清嘉庆年间由寿镜吾的祖父寿峰岚购置，后寿镜吾在此设馆收徒，鲁迅于清光绪十八至二十三年（1892～1897年）在此读书。鲁迅的散文《从百草园到三味书屋》描写的就是他童年在这里的生活。书屋坐东朝西，一排西向平屋，进门前三间，原系寿镜吾侄子寿孝天书房。第四间为鲁迅读书处——三味书屋，门口正中安两扇方格雕花落地门，左右前坎墙安放方格花窗，屋椽上铺设望砖，地砖墁地，周铺石条。书屋东西两缝采用抬梁式结构，屋顶使用卷棚顶。书屋两柱之间立有屏障，屏障上方悬挂"三味书屋"四字匾额，白底黑字。此匾原为"三馀书屋"，系清末书法家梁同书所写，后来，寿峰岚将其改为"三味书屋"。书屋正厅南墙有一圆洞门，里面有一间耳房，上悬小匾"谈余小憩"，这是寿镜吾会见客人或小憩之处。正厅后面有一亭子间，上悬"自怡"匾。亭壁上题有四言诗一首。亭前有一个小园，鲁迅在三味书屋读书时，常和同学们在课余时来小园嬉戏玩耍。

中华人民共和国成立后，故居经修缮于1953年成立绍兴鲁迅纪念馆，负责对鲁迅故居的管理和保护。1975年11月，国家文物事业管理局拨款维修鲁迅故居三味书屋。1988年1月13日，绍兴鲁迅故居被国务院公布为第三批全国重点文物保护单位，编号3-0008-5-008。同年5月26日，浙江省文化厅、浙江省城建厅印发浙江省人民政府批转的《关于划定绍兴鲁迅故居等二十五处文物保护范围和建设控制地带

的批复》文件，划定鲁迅故居保护范围和建设控制地带。1999年6月，绍兴市文化旅游投资发展有限公司成立，纪念馆由绍兴市文化局成建制划转。2005年，绍兴鲁迅纪念馆完成鲁迅故居全国重点文物保护单位档案记录工作。

**李济深故居**　是爱国民主人士李济深居住和从事革命活动的场所，位于广西壮族自治区梧州市龙圩区大坡镇料神村。

李济深（1885～1959年），字任潮，原名李济琛。祖籍江苏，出生于广西梧州。爱国民主人士、政治家和军事家，原国民党高级将领，中国国民党革命委员会主要创始人、领导人之一。民国38年（1949年）响应中国共产党号召，出席中国人民政治协商会议第一届全体会议。历任中华人民共和国中央人民政府副主席、全国人民代表大会常务委员会副委员长、中国人民政治协商会议全国委员会副主席。

李济深故居建于民国14年（1925年）。"文化大革命"期间拆毁一进及围墙、门楼、储谷楼、厨房、饭厅等构建物。1950年，李济深将故居与家乡所有田产一起捐给国家，曾先后作为大坡人民公社革委会、坡头大队粮仓、料神生产队粮仓、苍梧县五七干校、大坡初中、广西第八地质队驻地。

李济深故居为庄园式布局，坐北朝南，占地面积约3500平方米，四周有围墙，呈不规则的多边形。院落门楼向南开启，门楼上有原中国国民党革命委员会主席屈武题写的"李济

李济深故居全景

李济深故居大门

李济深官邸

深故居"几个大字，上部分成半圆形，内有灰雕，雕刻有梅花、石榴、莲花、古松、仙鹤、梅花鹿等图案。

　　故居主体建筑位于整个庄园的最北侧，坐东朝西，原是四进三院的四合院式建筑，东边最后一进已毁，现为三进二院结构的院落，建筑面积约2010平方米，有大小厅房53间，青砖砌墙，坡屋顶瓦面，建筑外立面则为西式建筑装饰风格。院落大门向南侧开设，大门上有胡耀邦题"李济深故居"的牌匾。故居一、二进为两层，第三进则是三层。院落内除厅堂和房室之外，还增设有炮楼、瓦面走道、射击孔等防御设施，一、二进瓦面砌有走道与炮楼相通，从三进顶层进入。一层有中堂、宗堂、杂物房、工具房、官家住房、卫兵宿舍等；二层有李济深住房，李济深夫人双秀清住房，李济深儿子李沛文、李沛瑶住房，以及李铁夫住房、机要室、议会室等。三进顶层设有发报室和《南报》编印室。一进庭院的中庭地面，是由青砖铺设的八卦阵图案。庭院四周厅房交错，层层有走廊相通，楼地板均由地砖铺设，二层四周回廊是西式铁艺护栏。故居建筑形式立足于中国传统的庄园式建筑，又吸收西方城

堡建筑的元素，是一座融合中西建筑风格于一体、具有鲜明时代特征的近现代建筑。

　　故居建成后，李济深曾在这里接待过许多国民党要员，保护过李铁夫、梁漱溟、千家驹等爱国民主人士。民国22年（1933年）和民国25年（1936年），李济深在这里组织筹建和召开"中华民族革命同盟"的重要会议。抗日战争时期，联络国共两党及文化界人士在这里商讨敌后抗日事宜。民国33年（1944年），李济深接受周恩来建议，回到家乡成立"南区抗日自治委员会"，同时联合广东蔡廷锴、张炎，推动谭启秀领导的三罗民众武装抗日力量，开展敌后抗日活动。民国36年（1947年），李济深从故居赴香港，组织"中国国民党革命委员会"。

　　1981年，李济深故居由苍梧县人民政府管理。1985年，苍梧县人民政府对故居主体建筑进行维修，修复原有围墙。1987年，李济深故居被苍梧县人民政府公布为县文物保护单位，并对外开放。1994年，李济深故居被广西壮族自治区人民政府公布为自治区文物保护单位。1996年11月20日，李济深故居被国务院公布为第四批全国重点文物保护单位，编号4-0224-5-026。2006年，苍梧县文物管理所完善了李

济深故居的全国重点文物保护单位记录档案，苍梧县划归梧州市后，记录档案拨交梧州市龙圩区文物管理所保管。同年，广西壮族自治区人民政府印发《关于公布经略台真武阁等113处文物保护单位保护范围和建设控制地带的通知》，公布李济深故居的保护范围和建设控制地带。2014年，李济深故居划归梧州市龙圩区文物管理所管理。

**蒋氏故居**　系蒋介石、蒋经国父子故居，是奉化市近现代重要史迹及富有江南世家府第特色的代表性建筑，位于浙江省奉化市溪口镇，包括丰镐房、小洋房、玉泰盐铺等3处建筑。丰镐房位于溪口镇武岭路77号，坐北朝南，临街而筑，南临剡溪，东面隔牌门路为蒋氏宗祠，西面隔经堂路有"玉泰盐铺"，北面有蒋姓族人纪念第二代远祖蒋宗霸的家祠"摩诃殿"；小洋房位于武岭路39号，潭墩山东首，临街而筑，坐北朝南；玉泰盐铺位于武岭路158号簟场弄口，坐北朝南，临街而筑，隔剡溪与美龄山庄相望。

蒋介石（1887～1975年），名中正，字介石，幼名瑞元、谱名周泰、学名志清。祖籍江苏宜兴，生于浙江奉化。是近代中国政治人物及军事家，历任黄埔军校校长、国民革命军总司令、国民政府主席、行政院院长、国民政府军事委员会委员长、中华民国特级上将、中国国民党总裁、第二次世界大战同盟国中国战区最高统帅、中华民国总统等职。蒋经国（1910～1988年），蒋介石长子，又名建丰，出生于浙江奉化。历任国民党台湾省党部主任委员，台湾国民党"国防部"总政治部主任，"国防部"副部长、部长，"行政院"副院长、院长等职。1978年5月20日，蒋经国就任台湾第六任"总统"。蒋介石、蒋经国父子是中国近现代史上著名的人物，对中国近现代的历史发展进程有重大影响。蒋氏故居是蒋氏父子祭祖、启蒙、庆典、居住和从事政治活动的地方，是研究蒋氏家世的重要物证。

丰镐房为蒋氏旧宅，按照奉化传统习惯，兄弟分居后，各自另立房名。清光绪二十二年（1896年）蒋介石与大哥蒋介卿分家，蒋介卿因过继给大伯斯生，承袭夏房；蒋介石继承周房，并为其两子经国、纬国起房名丰房、镐房（典出西周，文王建都丰邑，武王建都镐京），后合称丰镐房。丰镐房在祖传旧房基础上多次扩建，自民国21年（1932年）

丰镐房外景

丰镐房报本堂

蒋氏故居小洋房

开始，至民国24年（1935年）告竣。占地4800多平方米，建筑面积1850平方米，共有大小房间49间。整体布局为前厅后堂，两厢走廊，楼轩相接，廊庑回环，富有江南旧式世家府第特色。

小洋房原名"涵斋"，又称"剡溪小筑"，系蒋经国别墅，建于民国19年（1930年），坐北朝南，前临剡溪，后依武山，北有武岭门，西有文昌阁，风景优美，环境清幽。为砖混结构三开间西洋式二层楼房。占地面积240平方米，建筑面积269平方米。

玉泰盐铺原址是清同治年间蒋介石祖父蒋玉表开设玉泰盐铺所在地。为木结构建筑，坐北朝南，分前后两进，三间店面，后设作坊，楼上家居。通面阔16米，通进深31.7米，共占地716平方米，建筑面积600平方米。后传给蒋介石父亲蒋肃庵经营。清光绪十三年（1887年）阴历九月十五日，蒋介石出生在玉泰盐铺楼上东边房间里，按族宗排列属蒋氏第28世，"周"字辈，谱名"周泰"。清光绪十四年（1888年），盐铺失火被焚，后重建。民国10年（1921年）又遭火灾，再次重建。民国37年（1948年），房子遭白蚁严重蛀蚀，拆建为石库门院落。蒋介石亲书"玉泰盐铺原址"，勒石置西首墙脚。

1979年初，根据中共浙江省委关于修复溪口蒋介石一家的坟墓、房屋及雪窦山风景区的指示，于1980年2月成立修复溪口风景区办公室，国家拨款对丰镐房、玉泰盐铺、小洋房进行全面修复。1996年11月20日，蒋氏故居被国务院公布为第四批全国重点文物保护单位，编号4-0222-5-024。1996年8月25日，丰镐房因洪水浸泡、白蚁蛀蚀而大面积受损，1997年3月底完成维修。2001年，奉化市蒋氏故居文物保护管理所成立，隶属溪口管委会。2006年5月25日，溪口镇建筑群（蒋母墓、摩诃殿、蒋氏宗祠、武山庙、文昌阁遗址）被国务院公布为第六批全国重点文物保护单位合并项目，并入蒋氏故居。2006年5月17日，浙江省人民政府印发《关于划定慈溪市龙山虞氏旧宅建筑群等22处文物保护单位保护范围和建设控制地带的批复》，划定蒋氏故居的保护范围和建设控制地带。2007年，奉化市蒋氏故居文物保护管理所完成故居全国重点文物保护单位档案记录工作，蒋氏故居的保护管理工作由溪口旅游集团全面负责。

**南浔张氏旧宅建筑群** 是国民党元老张静江堂兄张钧衡的私家住宅，是清末江南一座中西合璧的大宅院。南浔张氏旧宅建筑群位于浙江省湖州市南浔镇南西街131～135号，东临南西街，面对南市河，北傍"刘贻德堂"，西依鹧鸪溪，南靠华家弄。

张钧衡（1871～1927年），字石铭，清光绪二十年（1894年）举人，浙江吴兴南浔镇人。张钧衡开办盐务、典当、酱园，经营码头和房地产，从事金融、证券等业务。他爱好金石、碑刻及藏书，是南浔四大藏书家之一以及西泠印社的发起人和赞助人之一。藏书达十余万卷，刻书有《适园丛书》《择是居丛书》《韫玉楼遗稿》。

张均衡的祖父张颂贤（1817～1892年），是清末南浔巨富"四象"之一，老宅本在南浔镇东大街，晚年购得南西街董说旧宅分予长孙张均衡居住，立堂名"懿德堂"。张均衡是张颂贤长子张宝庆的独子，早年丧父，继承家业。原董宅即今张宅门厅、春晖楼、韫玉楼、书厅（已圮）、船厅、前楼、后楼这部分，建于清光绪十八年（1892年）前。数年后张均衡嫌原董宅太小，又购得原董宅北侧新建的顾宅（顾家与张家同为清末南浔巨富"四象"之一，因经商重心移沪，该宅建后未居住），即后来张宅的门厅、懿德堂、内厅、择是居、花厅部分。顾家建筑高档华丽，建筑年代约为清光绪二十五至三十二年（1899～1906年）。张均衡在购得顾宅后，着手整合董宅和顾宅，在原董宅前建高院墙与顾宅正立面院墙拉直接

南浔张氏旧宅建筑群远景

通，于原门厅明间处设墙门，将原门厅从三开间向北扩至四开间带备弄，出备弄门，在院墙东南角增设"张懿德堂墙界"石，从外表看虽似两个相邻的大院落，但规格已趋一致，基本满足审美需要；同时在原董、顾两宅的间隔处添建佛堂（张均衡母亲信佛）、库房（张本人好收藏）及厨房等，并辟门建廊，增加横向通道，使内部达到贯通。通过整合使之适合一户居住之需，且充分满足了功能上的需要。清末民国初年，张均衡在原董宅后侧买下地皮，新建三幢仿西式楼房，即张宅的账房、舞厅和韫辉斋（其中韫辉斋为西式装修的中式建筑，而账房与舞厅则是带有传统建筑元素的西式建筑）。民国5年（1916年）前后，又向北、向西分别扩建芭蕉厅、茶室、管理用房及后园等，并翻新部分传统建筑的装修。

张氏旧宅坐西朝东，分为南、北、中三部分，前面数进为晚清中式建筑，南部、中部后进为西欧巴洛克式风格的建筑群。整个建筑群占地面积5135平方米，建筑面积6137平方米。各类建筑风格的房间达244间。根据单体建筑形成的时间及所在位置，整座宅院可分为三片：北片是原顾宅部分，南片是原董宅部分加上整合添建的部分，西片是张均衡后期建造部分。

北片以北墙门向西为主轴线，以其南侧为次轴线，按顺序依次为门厅、懿德堂、内厅、择是居、花厅。北片建筑为原顾宅部分，属一次设计建造，风格较为统一：中式传统建筑，砖木结构，坐西朝东，单檐硬山造，抬梁式，用小青瓦，阴阳合瓦，檐口安铁皮天沟落水，底层柱下设碌墩，室内为方砖地坪，天井用青

南浔张氏旧宅西式舞厅

石板铺地。南片以南墙门向西为主轴线，以其南侧为次轴线，以其北侧为辅房，按顺序依次为门厅、春晖楼、韫玉楼、书厅（遗址）、船厅、前楼、后楼、佛堂一、佛堂二、厨房、库房一、库房二。

南片建筑从风格上判断约分三次建造，先后顺序为次轴线、主轴线、附房，建筑特点是：中式传统建筑，砖木结构，坐西朝东，单檐硬山造，抬梁式，用小青瓦，阴阳合瓦，檐口安铁皮天沟落水，底层柱下设碌墩，室内为方砖铺地。

西片无轴线可言，按顺序依次为账房、舞厅、韫辉斋、芭蕉厅、茶室、管理用房、后园碑廊。西片建筑为主人扩建部分，中西合璧，

南浔张氏旧宅芭蕉厅

风格多样。从相互关系上来看，有可能分两次建造，即仿西式建筑在前，其他部分在后。除芭蕉厅坐西朝东外，其余均坐北朝南。各单体建筑的共同点是：单檐硬山造，用小青瓦，阴阳合瓦，檐口安铁皮天沟落水。

南浔张氏旧宅建筑群将中西建筑形制相互穿插、融会贯通，体现了清末西风东渐的时代特征。宅内各种房屋建筑风格类型俱全，基本包含了江南厅堂建筑的各类形式，且构筑极为讲究。砖、木、石雕极为丰富，分布在整个建筑群的梁、枋、雀替、牛腿、扶栏、挂落、门窗、石础、墙裙板、门楼、额枋和漏窗上，在构图和造型上融集了南北风格，工艺上采用浮雕、线雕、镂雕、透雕等手法，内容上大都为中国传统的戏文、花卉及文博图案。特别是宅第内的几座砖雕门楼，显示了当时高超的工艺水平。但中式建筑中的装修部分大量采用西欧的材料及工艺元素，如门框上的贝壳、椭圆形镶板、齿形饰线涡卷形柱头等，使中西艺术相融，文化内涵更深。保存有大量书法名家的手迹，在江南民宅中极为罕见。

中华人民共和国成立后，张氏旧宅建筑群由湖州市人民政府代管，1951年由九九医院使用。20世纪60年代初，张氏旧宅由浙江省军区后勤部接管。1968年，旧宅由浙江省军区后勤部借给上海茶叶进出口公司用作茶叶仓库。20世纪70年代初，旧宅由部队移交地方政府管理。1976年，旧宅由南浔镇革委会正式有偿移交上海茶叶进出口公司。1983年，由南浔房地产管理所向上海茶叶进出口公司有偿收回。

1989年，南浔张氏旧宅建筑群被湖州市人民政府公布为市文物保护单位。1996年，由南浔房地产管理所对旧宅原顾家部分建筑及后埭西欧建筑底层部分进行初步整修，并作为文物保护旅游景点对外开放。1997年，南浔张氏旧宅建筑群被浙江省人民政府公布为省级文物保护单位。1998年，浙江省人民政府印发《关于划定杭州六和塔等123处文物保护单位保护范围及建设控制地带的批复》，公布了南浔张氏旧宅建筑群的保护范围和建设控制地带。同年10月，张钧衡原收藏的碑刻被送至湖州市博物馆保管，后将其中87方碑刻送回张氏旧宅并整理、修复后，镶嵌在大宅后院的碑廊上展出。2001年6月25日，南浔张氏旧宅建筑群被国务院公布为第五批全国重点文物保护单位，编号5-0488-5-015。2004年，南浔镇房地产管理所建立了南浔张氏旧宅的全国重点文物保护单位记录档案。

**李大钊故居** 是马克思主义者、中国共产党的主要创始人之一李大钊诞生和幼年成长的居所，位于河北省乐亭县大黑坨村。

李大钊（1889-1927年），字守常，河北乐亭人。中国最早的马克思主义者和共产主义者。民国9年（1920年）3月，李大钊在北京先后发起组织马克思学说研究会，创建北京共产党早期组织，成为中国共产党的主要创始人之一，在中国共产党二大、三大、四大上均当选为中央委员。民国16年（1927年）4月6日，李大钊被奉系军阀张作霖逮捕，并于28日英勇就义，年仅38岁。

李大钊故居始建于清光绪七年（1881年），由李大钊祖父李如珍监造。这里是李大

李大钊故居远景

李大钊故居内景

钊出生和幼年学习成长的地方，也是他成婚安家、长期生活的地方。民国9年（1920年）以后，因工作原因，李大钊离开故居。李大钊牺牲后，李大钊的夫人赵纫兰带领子女回到故居生活。民国22年（1933年）赵纫兰去世，李大钊的次女李炎华继续在故居居住。故居西院长期由李大钊三祖父及其后代居住。

故居坐北朝南，呈长方形，南北长55.5米，东西宽18.2米，占地面积1010.1平方米。分为前院、中院、后院，三院一体，层次清晰，建筑格局合理，是一座具有典型冀东民居风格的一宅两院穿堂套院。前院有东厢房3间，为李大钊伯父李任元教私塾的学馆；中院有正房6间、东厢房3间。清光绪十五年九月二十五日（1889年10月29日），李大钊诞生于东厢房，东面3间正房是李大钊幼年时期和结婚以后长期居住地；后院有厢房和敞面棚子，厢房为李大钊童年时期的书房，棚子用来存储农具和杂物。故居西院3间正房是叔祖李如璧的房产，现为"李大钊与故乡"展室。李大钊故居不仅具有重要的纪念意义，同时为研究李大钊道德观和世界观的形成提供重要的科学依据。

1958年7月1日，成立李大钊故居纪念馆，负责故居的管理和保护。同年故居进行第一次大规模的修复工作，对外开放。1976年唐山大地震李大钊故居受到严重的破坏，1978年进行第二次维修。1982年，李大钊故居被河北省人民政府公布为省级文物保护单位。1988年1月13日，李大钊故居被国务院公布为第三批全国重点文物保护单位，编号3-0010-5-010。1997年8月16日，李大钊纪念馆落成，李大钊故居归李大钊纪念馆统一管理。2014年8月，国家文物局批复河北省文物局《关于李大钊故居保护规划立项的请示》，划定保护范围和建筑控制地带。

**韶山冲毛主席旧居**　是中华人民共和国主要缔造者毛泽东的诞生地与早年生活的居所。位于湖南省韶山市韶山乡韶山村土地冲上屋场。作为全国重点文物保护单位的内涵，除旧居外，还包括毛震公祠、毛氏宗祠、南岸、毛鉴公祠、滴水洞一号楼、故园一号楼（韶山宾馆一号楼）等。

毛泽东（1893年12月26日至1976年9月9日），字润之。湖南湘潭人。中国共产党、中国人民解放军、中华人民共和国的主要缔造者，中国共产党的第一代中央领导集体的核心，中国人民的领袖，伟大的马克思主义者，无产阶级革命家、战略家和理论家。他对马克思列宁主义的发展、军事理论的贡献以及对共产党的理论贡献，被称为毛泽东思想。

清光绪四年（1878年），毛泽东的曾祖父毛四端买下土地冲上屋场5间半茅草房，先由长子毛德臣居住。10年后，毛四端的两个儿子分家，次子毛翼臣分得上屋场这5间半房子，乃携毛泽东的父亲毛顺生、母亲文氏从东茅塘迁居于此。民国7年（1918年）前后，毛顺生将茅屋扩建为13间半瓦房。光绪十九年十一月十九日（1893年12月26日），毛泽东诞生在这里，并在此度过童年和少年时代。民国10年（1921年）春，毛泽东回到故乡教育亲人投身革命。民国14年（1925年），毛泽东回乡开展农民运动，多次在此召开秘密会议，并建立中共韶山支部。民国16年（1927年），毛泽东回韶山考察湖南农民运动，在这里居住、开会、调查。民国18年（1929年），旧居被国民党湘潭县政府没收，民国26年（1937年）退还。1959年，毛泽东回乡调查、省亲，曾回旧居察看，并在此与乡亲畅谈、合影。1983年，邓小平为旧居题写"毛泽东同志故居"门匾。

旧居占地面积566.39平方米，建筑面积472.92平方米，坐南朝北，呈"凹"字形，是一座土砖青瓦、土木结构的普通农舍，一明二次二梢间，左右辅以厢房，进深二间，后有天井、杂屋，为南方常见的农家住房形制。旧居东边13间小青瓦房为毛泽东家，西边5间茅草房为邻居家，堂屋居中，为两家共用。堂屋内设有神龛。堂屋两边为正房；从堂屋往东进入厨房，厨房东面是横屋，再往里进入毛泽东父母卧室。毛泽东父母卧室相邻的是毛泽东少年时代的住房，室内木楼上有一开口，韶山第一个中共党支部即建立在木楼上。从毛泽东卧室来到天井，东边是摆放劳动工具的杂物房、谷仓、牛栏、猪栏，南边和西边是毛泽东的兄弟毛泽覃、毛泽民卧室。旧居内进行复原陈列，陈列物品中原物有毛泽东卧室中的床、书桌和衣柜，毛泽东父母卧室中的床、衣柜、书桌、长睡椅和折衣凳，堂屋中的两张方桌、两条板凳和神龛，厨房中的大水缸和碗柜，农具室中的石磨、水车和大木耙等。

韶山毛泽东同志故居全貌

毛氏宗祠

毛泽东遗物馆

毛震公祠系韶山毛氏的一个支祠，为毛泽东家的祖祠，位于韶源村黄田坳下，坐南朝北，砖木结构。始建于清乾隆三十一年（1766年），后经多次扩建、维修。建筑面积977.37平方米，是湘潭县特别区第一乡农民协会会址。民国16年（1927年）初，毛泽东考察湖南农民运动，在此参加湘潭县特别区第一乡农民协会欢迎会，并发表演说，称赞农民运动好得很，"没有贫农便没有革命"。1959年6月25日，毛泽东回韶山时，曾入祠省视。毛氏宗祠位于韶山村长冲口，建成于清乾隆二十八年（1763年），背依十八罗汉山麓。坐东南朝西北，砖木结构，建筑面积682.1平方米。毛氏宗祠共三进，第一进为戏楼，第二进为中厅，第三进为享堂。毛氏宗祠是毛泽东回韶山开展农民运动所创办农民夜校中最早的一所。中厅为夜校教室，杨开慧曾在这里讲课。1968年全面修复，当年12月26日对外开放。南岸位于韶山村土地冲口，距毛泽东故居100米。建于清代，青砖青瓦，白色粉墙，建筑面积753.03平方米。原系邹姓祠堂公产，共有房屋9间，靠北一间楼房为私塾课堂。毛泽东少年时代曾在此读过私塾。毛鉴公祠位于韶山村长冲口，

系韶山毛氏的一个支祠。坐东朝西，砖木结构。清光绪十二年（1886年）兴建，建筑面积619.69平方米。民国16年（1927年）毛泽东考察湖南农民运动时，曾在此开展革命活动。1950年，韶山乡政府设于祠内；同年5月，毛岸英代表父亲回韶山看望乡亲，取下门板作床铺，宿于祠内，并在此向当地干部、群众调查清匪反霸、生产和农民生活等情况。滴水洞一号楼于1960～1962年兴建，砖木结构。背靠虎歇坪，面向龙头山，建筑形式与北京中南海毛泽东住宅结构相似，楼内设主房、副房、会议室、餐厅、娱乐室等。1966年6月18～28日，毛泽东回韶山时下榻于此。室内有他用过的床铺、办公桌、菊花石砚台和乒乓球台等。故园一号楼位于韶山市故园路16号韶山宾馆院内。1957年下半年动工修建，1958年竣工，为砖木结构平房，建筑面积550.5平方米，内有主房、副房、秘书房、会议室等。1959年6月25日，毛泽东回韶山时在此住过两晚。

1950年，韶山乡政府对旧居进行维修，1951年2月对外开放。1952年，对旧居进行中华人民共和国成立后的第一次全面维修，基本恢复旧居原貌。后又进行局部修缮。1961年3

月4日，韶山冲毛主席旧居被国务院公布为第一批全国重点文物保护单位，编号1-0004-5-004。自1964年起，周边陆续建设毛泽东同志纪念馆、毛泽东铜像广场等配套纪念场馆。1964年以来，旧居由韶山毛泽东同志纪念馆管理。1967年，进行第二次全面加固维修。1972年9月1日，湖南省革命委员会将毛泽东考察湖南农民运动旧址——毛震公祠、毛鉴公祠，韶山农民夜校旧址——毛氏宗祠，毛泽东少年时读私塾的地方——南岸，定为省级文物保护单位。1983年10月10日，湖南省人民政府发布通知，将毛震公祠、毛氏宗祠、南岸、毛鉴公祠包括在毛主席旧居内。1994年，韶山冲毛主席旧居"四有"档案编制完成。2002年5月19日，湖南省人民政府发布通知，将韶山宾馆一号楼、滴水洞一号楼公布为省级文物保护单位。2004年，对旧居进行封闭式维修。2006年

5月25日，国务院公布第六批全国重点文物保护单位时，将毛震公祠、毛氏宗祠、南岸、毛鉴公祠、滴水洞一号楼、故园一号楼（即韶山宾馆一号楼）作为增补点并入第一批全国重点文物保护单位韶山冲毛主席旧居。湖南省人民政府先后于1993年4月8日、2002年5月19日印发通知，公布韶山冲毛主席旧居及其增补点的保护范围和建设控制地带。

**朱德故居** 是中国共产党和中华人民共和国的主要领导者之一，中国人民解放军创建人之一朱德青少年时期生活之处。朱德故居位于四川省南充市仪陇县马鞍镇琳琅村11社朱家大湾，四周多山丘，东邻马鞍镇，南对虎啸潭，西傍琳琅山，北靠三星寨。

朱德（1886～1976年），字玉阶，原名朱代珍，曾用名朱建德。四川仪陇人。伟大的马克思主义者，无产阶级革命家、政治家和军事

朱德故居

家，中华人民共和国元帅。中华人民共和国成立后，先后任中央人民政府副主席、中国人民解放军总司令、中华人民共和国副主席、全国人大常委会委员长、中共中央副主席、中央军委副主席等职。

朱德故居为朱德曾祖父朱朝星约于清嘉庆二十五年（1820年）所建。清光绪二十年（1894年），朱德从李家湾跟随养父朱世连迁回此屋居住，直到离开家乡，在此居住14年。之后朱德的三叔和幺叔在此居住。

故居是一座明三暗五的三合院农舍，坐北朝南，建筑面积336平方米。整栋建筑分3部分：正面为堂屋、歇屋、厨房，均为原始土墙壁，青瓦房盖，黄土地板；东厢房为客房、蚕房、煮酒作坊，全部为土木穿斗结构建筑；西厢房是歇屋和猪、牛圈，猪、牛圈顶是茅草天盖。整个建筑为单檐悬山布瓦顶、土墙板壁混缀的典型民间用房，古朴雅致。堂屋西侧第一间是朱德祖父朱邦俊夫妇的卧室，楼上是朱德的卧室兼书房，里面转角处是厨房。厨房外隔壁是朱德养父朱世连夫妇的卧室。堂屋东侧第一间至第三间是朱德的三叔朱世和、四叔朱世禄夫妇的卧室，当时全家14口人聚居于此。

故居至今陈列着朱德少年读书时用过的条桌、桐油灯盏、蓝麻布文帐、装书的背篮、算盘、砚台等遗物。蚕房里存放着当年朱德家中的织布机、缫丝用的"东洋车"。朱德少年生活的遗迹、遗物随处可见：门前养鱼的四方田，院坝内的石碾、石磨，田坝上有朱德亲自栽植的嘉陵桑，东侧有他亲手掏挖的琳琅井，屋后竹林旁有他锻炼身体用来翻单杠的双柏树。

1973年11月28日，朱德故居由仪陇县革命委员会公布为文物保护单位。1979年，中共仪陇县委决定筹建朱德同志故居纪念馆，拨专款将故居征收，经整修恢复原貌。1980年7月7日，朱德故居被四川省人民政府公布为省级文物保护单位。1981年，对朱德故居进行原状复原陈列，恢复堂屋（及神龛）、祖父母卧室、养父母卧室、朱德卧室、厨房、蚕房、猪牛圈等；12月1日，在朱德诞辰95周年之际正式对外开放。1988年1月13日，朱德故居被国务院公布为第三批全国重点文物保护单位，编号3-0012-5-012。1998年7月，发掘出东厢房煮酒作坊，并复原修缮，对外开放。2006年5月25日，国务院公布第六批全国重点文物保护单位，将朱德诞生地、况场朱德旧居归入第三批全国重点文物保护单位朱德故居。同年，经国家文物局批准对朱德故居全面落架维修，历时4个月，按历史原貌全面复原陈列。以朱德纪念地为核心建成朱德故居纪念园。2007年，四川省人民政府发文，成立朱德故居管理局，负责朱德故居的管理和保护工作。故居建有完整的朱德故居全国重点文物保护单位"四有"档案。2014年，四川省人民政府印发文件公布朱德故居保护范围和建设控制地带。

**茅盾故居**　是中国革命文学家茅盾出生和度过童少年时代的地方，位于浙江省桐乡市乌镇中市观前街17号，今兴华路与观前街交叉口的东侧。

茅盾（1896～1981年），原名沈德鸿，字雁冰，浙江嘉兴桐乡人。中国现代作家、文学评论家、文化活动家以及社会活动家。中华人民共和国成立后，曾任文化部部长、中国作家协会主席、全国文联副主席、《人民文学》

茅盾故居外景

《译文》杂志主编、全国政协副主席等职。代表作有《子夜》《农村三部曲》（《春蚕》《秋收》《残冬》）和《林家铺子》等。

茅盾故居是幢面阔四间、前后两进、中隔狭长小天井的二层木构架清代普通民居，约建于19世纪中叶。建筑古朴雅致，粉墙灰瓦，

花格门窗形式多样，是典型江南水乡建筑。楼房分东、西两个单元，由两个房主分别建造，清光绪十一年（1885年）茅盾的祖父和二叔祖分两次买下。东面的单元先买，家人习惯称之为"老屋"；西面的单元后买，称之为"新屋"。光绪二十三年（1897年），茅盾曾祖父告老回乡前，茅盾祖父和二叔祖把新屋第二进楼上楼下共4间房子拆掉，重新修盖后，比新屋第一进靠街的房子高0.67米，楼上2间是统间。

茅盾故居坐北朝南，西邻九曲弄、修真观，南临观前街，北、东靠普通民居，系木结构的两层楼房。楼下临观前街是一式的木板排门，外面又装有一排半截的木矮门，为四开间，前后两进，楼上楼下共16间，中间隔着狭长的小天井，建筑面积444平方米。两个单元

茅盾故居客堂

外貌一样，结构相同，规模也相差不多。新屋与老屋之间仅有一墙之隔，楼上楼下都开了门互相连通，两个单元浑然一体。老屋第一进楼下东边的一间作为过道，大门就开在这里。后来茅盾曾祖父看到老屋的后边有块空地，面宽四间、进深一间，于是就在这空地上造了3间简单的平房，栽种一丛竹子、桃树、李树、松、柏、梧桐。民国23年（1934年），茅盾亲自设计草图，将3间平房翻建成日本民房风格的书斋，建筑面积104.92平方米。

1981年3月27日，茅盾在北京逝世。同年6月，桐乡县人民政府公布茅盾故居为县级文物保护单位。1982年2月，茅盾故居被浙江省人民政府公布为浙江省重点文物保护单位。1983年8月，桐乡县人民政府成立茅盾故居修复工作领导小组，1984年1月开工进行全面整修，1985年3月15日竣工验收。1984年8月，成立桐乡县茅盾故居管理所，作为茅盾故居的保护和管理单位。1988年1月13日，茅盾故居被国务院公布为第三批全国重点文物保护单位，编号3-0013-5-013。1994年8月31日，桐乡市茅盾故居管理所更名为桐乡市茅盾纪念馆。2005年，桐乡市茅盾纪念馆完成茅盾故居全国重点文物保护单位档案记录工作。1990年1月12日，浙江省人民政府印发《关于划定湖州铁佛寺等十三处省级文物保护单位的保护范围及建设控制地带的批复》，划定茅盾故居的保护范围和建设控制地带。

**周恩来故居**　是中国共产党和中华人民共和国主要领导人之一，中国人民解放军创建人之一周恩来出生并度过童年的居所。周恩来故居位于江苏省淮安市淮安区淮城镇驸马巷7号，在雄踞淮城中心的镇淮楼西北隅约300米处。

周恩来（1898～1976年），字翔宇，曾用

周恩来故居

名伍豪、少山、冠生等，江苏淮安人，籍贯浙江绍兴。伟大的无产阶级革命家、政治家、军事家和外交家。中华人民共和国成立后，先后任政务院和国务院总理、全国政协主席、中共中央副主席等职。

周恩来故居系清道光年间（1821～1850年）的建筑。周恩来的祖父周攀龙从浙江迁居淮安后（先任师爷，晚年升任知事）与其二哥周亥祥合买下位于驸马巷内两个宅院（东西相连）定居下来。光绪二十四年正月十三日（1898年3月5日），周恩来诞生在东宅院一间面南的房间里。周恩来在这里度过12个春秋，宣统二年（1910年）告别故乡，赴辽东求学。

周恩来故居由东西相连的两个普通的老式宅院组成，东宅院临驸马巷，西宅院临局巷，是曲折的三进院结构，占地1987.4平方米，共有大小房间32间。进入故居正门，首先是周恩来童年读书的地方。由"读书房"向西跨过一道腰门，是3间面南的正屋，这是周恩来父母的住房。东屋是周恩来诞生的房间，西屋是周恩来的父亲周劭纲的书房和休息室。由正屋天井向西，便进入一道南北走向的狭长的走廊，走廊南端西侧，是两间别具一格的亭子间，这是周恩来和他的嗣母及乳母的住所。在亭子间后面有一眼古老的水井，在井台东南角不远的厨房前，有一块不大的菜园。后院种植着童年周恩来喜爱的蜡梅、雪松和翠竹。故居西宅院原是周恩来二伯祖父的住房，大门南向，面朝局巷。故居门前，有一条凿于明代嘉靖年间的文渠，渠岸镶嵌着块石。整个建筑为青砖、灰瓦，古朴典雅，具有典型的苏北民居建筑风格。主体建筑的大部分门采用传统的槅扇，通

风透气，采光足。四梁四柱抗震能力强，青砖小瓦冬保温夏防暑。部分房屋内部装饰雕刻美观大方，工艺水平较高。

周恩来生前从不愿意别人宣传自己，对故居提出几条处理意见：不要让人参观；不准动员住在里边的居民搬家；房子坏了不准维修。1976年1月8日，周恩来逝世。1978年，经中共江苏省委批准，周恩来故居全面修复工作正式动工。在曾为周家维修过房屋的瓦工梁师傅后代的指点下，施工人员挖掘旧宅基与专家现场校正了有关数据。1978年底，周恩来故居恢复原貌。1979年3月，成立周恩来总理故居管理处，负责故居的保护和管理工作。1979年3月5日，经中共江苏省委、中共淮阴地委批准，周恩来故居正式对外开放。1982年3月，江苏省人民政府将故居公布为省级文物保护单位。1984年12月11日，邓小平为故居题写匾额"周恩来同志故居"。1988年1月13日，周恩来故居被国务院公布为第三批全国重点文物保护单位，编号3-0014-5-014。1992年，淮安市文物管理委员会，划定周恩来故居的保护范围和建设控制地带。1993年，周恩来总理故居管理处建立周恩来故居的全国重点文物保护单位记录档案。周恩来故居已辟为"周恩来纪念展览陈列室"。

**刘少奇故居**　是中国共产党和中华人民共和国的主要领导人之一刘少奇的诞生地和青少年时期的居所，位于湖南省长沙市宁乡市花明楼镇炭子冲村。

刘少奇（1898～1969年），谱名绍选，字渭璜，湖南宁乡人。伟大的马克思主义者，无产阶级革命家、政治家和理论家。中华人民共

刘少奇故居远景

和国成立后，历任全国人大常委会委员长、中华人民共和国主席、中共中央副主席。

刘少奇故居始建于清嘉庆年间（1796～1820年）。刘少奇曾祖父刘再洲在此定居时仅有3间茅草屋。同治十年（1871年），刘少奇的祖父刘德云进行过一次扩建。经刘少奇的父亲刘寿生、长兄刘墨钦几次扩建和改建，形成后来的规模。清光绪二十四年十月十一日（1898年11月24日），刘少奇诞生于此，并在此度过青少年时代。

故居坐东朝西，门临绿水，左右青山环绕（南有双狮岭，北有狮峪寺山），为土木结构的庭院式农舍，用茅草和青瓦覆顶。建筑面积共390平方米。其中南面为刘少奇家，北面为邻居家。刘少奇家的房屋包括正堂屋（与邻居家合用）、刘少奇父母亲卧室、刘少奇青少年时期卧室、刘少奇兄长卧室、客房、横堂屋

（客厅）、书房、烤火屋、厨房、碓屋、猪牛栏屋、农具间等，共计21间半。进大门正对的是正堂屋，正堂屋正中供有神龛。正堂屋往右即是刘少奇二哥刘云庭的卧室。在刘少奇青少年时期，二哥刘云庭曾给他以极大的思想启蒙。刘云庭卧室往右即为刘少奇卧室。刘少奇卧室东面为杂屋，西面为烤火屋，南面为酒屋。由酒屋向南可分别通往刘少奇父母卧室及刘少奇大哥刘墨钦卧室，其中东面为刘墨钦卧室，西面为刘少奇父母卧室。刘少奇父母卧室往西，即为横堂屋。横堂屋北面为天井，天井分别与烤火屋、刘少奇三哥刘作衡的卧室以及吃饭屋相连，由吃饭屋可分别通向厨房和碓屋。碓屋南面为农具屋，农具屋往东为刘少奇青少年时期的书房。

1959年，刘少奇旧居被湖南省人民委员会公布为第二批省级文物保护单位，并对外开

放。1961年5月3日，时任中华人民共和国主席兼国防委员会主席的刘少奇偕夫人王光美回到家乡炭子冲，在旧居住七天六夜，并在这里对当时的农村情况进行调查研究。由于公共食堂解散后社员住房拥挤，刘少奇将旧居房屋及用具分给社员。随后有6户居民住进故居，空余的房间仍然按照刘少奇家人在这里生活时的状貌陈列，并继续对观众开放。"文化大革命"期间，故居被迫关闭，并遭到部分破坏。1980年2月，中共十一届五中全会通过决议，为刘少奇平反。中共宁乡县委、县政府对故居进行全面修缮和复原，基本上恢复1961年刘少奇回乡调查在此居住时的原貌，并于同年3月5日重新对外开放。1988年1月13日，刘少奇故居被国务院公布为第三批全国重点文物保护单位，编号3-0015-5-015。同年，刘少奇同志纪念馆落成，于11月24日刘少奇诞辰90周年纪念日，由国家主席杨尚昆剪彩开馆。刘少奇故居按刘

少奇青少年时期各房屋的原陈设情况进行复原陈列。槽门上悬挂着1982年冬邓小平亲笔题写的"刘少奇同志故居"门匾，正堂屋大门上挂着"文化大革命"期间原花明楼公社炊事员冒着风险保存的"刘少奇同志旧居"门匾。1988年，编制完成刘少奇故居全国重点文物保护单位"四有"档案。1996年10月和2012年7～9月，国家文物局两次拨款进行故居本体维修。2013年，《刘少奇故居文物保护规划》编制完成并获国家文物局审批通过，2016年3月湖南省人民政府批准颁布实施。相关保护管理工作由刘少奇故居管理处负责。

**任弼时故居** 是中国共产党和中华人民共和国领导人之一任弼时青少年时代学习、生活的居所，位于湖南省汨罗市弼时镇弼时村。

任弼时（1904～1950年），原名任培国，湖南湘阴（属汨罗市）人。伟大的马克思主义者，无产阶级革命家、政治家、组织家，是以

任弼时故居远景

毛泽东同志为核心的中国共产党第一代领导集体的重要成员，与毛泽东、刘少奇、周恩来、朱德并称为党的五大书记。

故居又称任家新屋，为任弼时祖上所传，任氏家族居住。根据《毛塘任氏四修支谱》记载，任弼时故居始建于清乾隆四十五年（1780年），是清代江南典型的赣派乡间民居。占地面积3600平方米，由故居本体、前坪、水塘、土筑围墙构成，建筑面积1800平方米。故居坐东南朝西北，前临白沙河，后靠月形山，人文景观与自然景观圆融和谐，不仅有美学价值，也体现了"天人合一"的哲学思想。布局规整，蕴含中国传统礼制思想中的"崇中""尚方""辨内外"的理念。故居为砖木结构，青砖灰瓦冬瓜梁，弓形重叠马头墙，三间、三进、两偏屋的结构特点。横向门厅堂屋和两侧厢房三开间；纵向为上、中、下三进；左、右两侧分建有庭院和偏屋，走道、过亭、天井分布在整个建筑中，形成三行、四列相对称，独立而又相互贯通的整体格局。上进左侧7间房屋为任弼时一家居住，是任弼时出生地和青少年时期主要活动场所，也是任弼时妻子、被毛泽东称为"革命的贤妻良母"的陈琮英少时生活的地方。

故居建筑装饰艺术与工艺具有一定的观赏价值和研究价值。用材有石、木、土、砖等，并多采用木雕、石刻、彩绘等装饰，细部较为丰富。一些部件独具匠心，如旋转式栅栏门。

1958年，任弼时故居曾用于开办人民公社公共食堂。1959年1月24日，被湖南省人民委员会公布为第二批省级文物保护单位。1965～1969年，辟为弼时人民公社机关驻地；1970～1977年，设为人民公社兽医站和党校。1978年9月，成立任弼时同志故居纪念馆，并对外开放。1988年1月13日，任弼时故居被国务院公布为第三批全国重点文物保护单位，编号3-0016-5-016。2000年，兴建任弼时生平业绩陈列馆，于2004年4月正式对外开放。2003年，任弼时同志故居纪念馆更名为任弼时纪念馆。2005年5月，建立任弼时故居全国重点文物保护单位"四有"档案。2012年10月，国家文物局批准《任弼时故居保护规划》和《任弼时故居保护工程方案》。2014年1月，对故居进行了全面维修。

**邓小平故居**　是中国改革开放总设计师邓小平出生及童年和少年时期生活过的地方，位于四川省广安市广安区协兴镇牌坊村。牌坊村坐落在自然砂岩上，属平坝浅丘地貌，东临广（安）花（桥）公路，西为砚池田，南为放牛坪，北为清水塘，距广安市区约7千米。

邓小平（1904～1997年），原名邓先圣，后由启蒙老师改名为邓希贤。生于四川省广安县协兴乡牌坊村。伟大的马克思主义者，无产阶级革命家、政治家、军事家、外交家，中国共产党、中国人民解放军、中华人民共和国的主要领导人之一，中国社会主义改革开放和现代化建设的总设计师，邓小平理论的创立者。

邓小平故居，又称邓家老院子，是一座典型的农家三合院，建筑具有浓郁的川东民居特色。邓小平祖上三代人都居住在这里。清光绪三十年七月十二日（1904年8月22日），邓小平诞生于故居的北厢房东次间内，直到民国8年（1919年）离开广安赴重庆留法勤工俭学预备学校读书，在此生活15年。邓小平故居是邓小

邓小平故居外景

平的诞生地，是他青少年时期生活和学习的重要遗迹，具有较高的历史、艺术、科学价值。

邓小平故居始建于清代晚期，前后历经两次续建，形成后世规模。北厢房修建时间最早，由邓小平曾祖父邓心藻于清同治年间（1862～1874年）修建；正房位于东面，由邓小平祖父邓克达修建；南厢房由邓小平的父亲邓绍昌于民国9年（1920年）修建。建筑整体为坐东朝西，大小房屋共有17间，木结构平房，青瓦粉壁，古朴典雅，为三合院布局。东高西低，北、东、南房屋未在同一平面上。故居占地面积833.4平方米，建筑面积620平方米。房屋为单檐悬山式屋顶，小青瓦屋面，穿斗式梁架。室外置木装板墙，室内为竹编泥夹墙，房屋之间有门可以相连贯通。

北厢房共计6间（不包括东西两转角补间），面阔27.52米，进深6.6米。其中东转角间进深为7.7米，西侧转角屋进深为7.9米。前阶宽1.53米，高0.25米，后阶宽0.7米。用途分别为农具室、织布室、邓小平姐妹住房、横堂屋、邓小平住房、饭厅、厨房。北厢房后东端置有猪牛圈1间。正房面阔四间12.4米，进深五间8.32米，高5.35米，前檐高3.5米；南侧置补间1间，面阔4.3米，进深8.32米，高5.14米；前阶分置廊檐柱5根，阶宽2.2米，台基素面，高0.65米，置垂带式踏道5级；正房后阶宽0.8米，高0.25米。正房有邓小平祖父邓克达住过的房屋、接待客人的正堂屋、父母住房、兄弟住房和手工作坊等。转角的手工作坊曾经一分为二，一半是粉房，一半是酿酒作坊。粉房里放着石磨、接盆等，邓家用石磨磨粉加工挂面、粉条；酿酒作坊酿出的白酒，用来兑换粮食和出售。另外还有阁楼，是邓家的蚕房。南厢房面阔三间14.3米，进深5.8米，

邓小平接受私塾教育的翰林院子

高5.35米。其东次间与正房补间处置转角间，面阔8.32米，进深与南厢房相同；南房前阶置廊檐柱4根，阶宽2米，高0.3米，后阶宽0.9米，高0.25米。南厢房第一间为邓小平继母夏伯根的住房，依次为过道和客房。

房屋由邓小平的亲属居住至1951年。邓小平主政西南以后，全家迁移至重庆居住。按照邓小平的意见，老家的房产、地产和其他财产全部交由当地政府处理，分给14户乡亲。邓小平故居曾作过村民住房、公共食堂、文化站、幼儿园、生产队保管室等，经历"文化大革命"后完整地保存下来。1987年，设立广安县文物管理所，同年设立邓小平故居管理所负责故居的保护管理，搬迁居住在此的14户村民，对故居进行维修。1996年9月，四川省人民政府公布邓小平故居为第四批省级文物保护单位。2000年7月10日，广安市人民政府印发

《关于公布第一批市级文物保护单位保护范围的通知》，公布邓小平故居的保护范围和建设控制地带。2001年6月25日，邓小平故居被国务院公布为第五批全国重点文物保护单位，编号5-0508-5-035。同时设立邓小平故居保护区管理委员会，下辖邓小平故居管理所。2003年2月13日，正式启动邓小平故居正房的维修工程；3月31日，国家文物局批复《邓小平故居维修保护实施方案》。2004年2月，成立邓小平纪念馆，负责故居的日常保护管理工作；同年12月，更名邓小平故里管理局，下设邓小平故居陈列馆。原有故居展览改为复原陈列。2006年5月25日，国务院公布第六批全国重点文物保护单位时，将邓小平青少年时代活动旧址（北山小学堂和广安县立高等小学堂）作为合并项目归入第五批全国重点文物保护单位邓小平故居。编号6-0000-5-098，2008年8月15日，编制

邓小平故居"四有"档案，由邓小平故居陈列馆保管。2013年5月3日，国务院公布第七批全国重点文物保护单位时，将翰林院子（邓小平接受私塾教育的场所）和蚕房院子（邓小平家缫丝养蚕的作坊）作为合并项目归入邓小平故居，编号7-1985-5-009。2014年11～12月，邓小平故里管理局组织专业人员编制保护方案，并组织施工队伍对邓小平故居实施保护维修，同时对室内文物展品进行保养维护。

**乌兰夫故居** 是中华人民共和国民族工作开拓者之一乌兰夫出生、成长和早期从事革命活动时的居所，位于内蒙古自治区呼和浩特市土默特左旗察素齐镇塔布赛乡塔布赛村。

乌兰夫（1906～1988年），曾用名云泽、云时雨，化名陈云章。内蒙古土默特左旗塔布村人，蒙古族。上将军衔。曾任中华人民共和国副主席、全国人民代表大会常务委员会副委员长、中国人民政治协商会议全国委员会副主席、中共中央统战部部长等职。

清光绪三十二年十一月初八（1906年12月23日），乌兰夫在故居出生，在此度过童年和少年时代。民国8年（1919年），乌兰夫以优异成绩考入归绥（呼和浩特）土默特高等小学校继续求学。从此走出这座农家大院。民国12年（1923年），乌兰夫考入北平蒙藏学校，从此投身革命。民国14年（1925年），加入中国共产党，被派赴莫斯科中山大学学习。民国18年（1929年）乌兰夫从莫斯科归国，回到家乡参与组织、领导蒙古地方群众斗争，组建中共西蒙工委，积极开展恢复党组织，成立农民协会，培养革命干部等工作。民国30年（1941年），乌兰夫根据党组织安排，带着妻儿奔赴延安，从此离开故乡。

乌兰夫故居是一处具有浓厚的中国北方地区民俗特点的农家院落。修复后的故居占地面积1900平方米，建筑面积560平方米。南面开设大门，有正房10间，东、西、南房26间，房屋建筑采用木架结构，斜坡顶、土坯砌墙。

乌兰夫故居全景

正房全部为生活用房；西房左半部分为住房，其余为粮仓房、草房和马厩；东房右上方为碾磨房；南房为大门和大伙房。民国28年（1939年），乌兰夫故居大部分房屋被侵华日军烧毁，仅存正房3间。

1987年，内蒙古自治区文物部门对乌兰夫故居进行维修。1991年，内蒙古自治区人民政府公布乌兰夫故居为自治区重点文物保护单位，10月正式对外开放。在庭院中安放着乌兰夫半身铜像，设有乌兰夫故居陈列展室。2006年5月25日，乌兰夫故居被国务院公布为第六批全国重点文物保护单位，编号6-0909-5-036。

**张学良旧居**　是中华民国陆海军大元帅、奉系军阀首领张作霖及其长子爱国将领张学良的官邸和私宅，位于辽宁省沈阳市沈河区朝阳街帅府巷46号。

张学良（1901～2001年），字汉卿，祖籍辽宁海城，出生于辽宁省台安县九间乡鄂家村张家堡屯（旧称桑子林詹家窝铺）。张学良，张作霖的长子，人称少帅，中国近代爱国将领。民国17年（1928年），张作霖遇害后，张学良继任东三省保安总司令、东北政务委员会主席，主政东北。同年12月，通电全国，宣布东北易帜，挫败了日本妄图把东北从中国分裂出去的阴谋。民国25年（1936年）12月12日，张学良与杨虎城发动西安事变，敦促蒋介石进行抗战。

张学良旧居，又称张氏帅府、大帅府、少

修复后的大青楼

帅府。张学良主政东北所做的东北易帜、实行东北新建设，奠定东北工业基地，武装调停中原大战，再造祖国统一等许多业绩，都在这里决策和发生。张学良故居也是奉系军阀首领张作霖兴建的官邸和私宅。张作霖与奉系军阀的兴起、发展乃至消亡的许多大事件，特别是张作霖与孙中山结成反直同盟后的许多交往也都发生于此。张学良故居也是中国人民解放军海军创始人之一，被周恩来誉为"海军的好参谋长"张学思的出生地。

民国2年（1913年）底，张作霖买下时任奉天省内务司司长、原清政府官员荣厚的旧宅连同其西侧的江浙会馆，民国3年（1914年）秋天重新翻建，民国7年（1918年）5月8日举家搬入此宅。修建完工的建筑有中院三进四合院，东院小青楼、关帝庙等，帅府花园仍在建设当中。民国11年（1922年），大青楼完工，张作霖携部分家眷搬入大青楼。中院四合院改为东三省巡阅使署。民国17年（1928年），张学良主政东北后，拆除西院建筑，按照自己的喜好重新营建府邸。民国22年（1933年）秋天完成全部的工程建设。

民国30年（1931年）九一八事变之后，日本侵略军占领张学良旧居。伪奉天于芷山第一军管区司令部进驻张学良旧居，西院红楼群建成后搬到西院。中院、东院设立伪满国立中央图书馆和伪满中央博物馆奉天分馆（1936年3月30日成立）。民国34年（1945年）9月后，作为中国人民解放军冀热辽军区司令部和沈阳卫戍司令部。9月21日，中共中央东北局成立会议在张学良旧居召开。民国35年（1946年）2月26日，国民党军政部进驻张学良旧居，大

青楼被国民党沈阳市党部占用。伪满国立中央博物馆奉天分馆和伪满中央图书馆奉天分馆由国民党东北教育辅导委员会接收，改称沈阳博物馆、沈阳图书馆。民国37年（1948年）11月2日沈阳解放后，沈阳图书馆和档案馆合并到东北图书档案馆，仍使用旧居；边业银行和帅府办事处租给辽宁煤炭工业管理局使用。1957年，西院和中院归吉林省图书馆，东院归东北档案馆。

张学良旧居，整个建筑占地面积5.3万平方米，建筑面积3.5万平方米，是迄今东北地区保存最为完好的名人故居。旧居是由中院三进四合院，西院红楼群，东院大、小青楼和帅府花园以及院外建筑赵一荻故居、边业银行和帅府办事处组成的庞大建筑群。旧居建筑分期建造，整体秩序感很强，院内的东、中、西三路建筑皆以南北三路纵向排列，形成院落式布局。中路三进四合院，以南北中轴线对称布局，形成院落式结构。东路的大、小青楼和花园，也是以小青楼居前，假山居中，大青楼居后的顺序一线排列，前低后高，以大青楼统揽包括三进四合院在内整个区域。西路红楼群，则以突出原帅府的前水平线营造新的府宅前大门，按照"前政后寝"的中国传统建筑的空间布局，将西式洋楼按纵线排列，也是通过营造院落的形式与中路和东路协调起来。而帅府办事处、边业银行、赵一荻故居等院外建筑，分布在帅府的周围与帅府形成一个有机的整体。

中院三进四合院吸收奉天城清朝各王府建筑特点，并遵循张作霖家乡辽南的生活习俗而建，是中国传统的仿王府式的全封闭四合院建筑。一进院、二进院是办公场所，三进院落是

张氏帅府小青楼

张作霖及内眷的居住地，属于内宅。东院建筑群错落有致，房苑共生。有中国传统园林风格的假山、凉亭、喷水池、荷花池，有中西合璧的小青楼和沿袭民间习俗修建的关帝庙，还有巍峨壮观的西洋式建筑大青楼，是典型的以西式为主体并融入大量中国文化元素的中国式洋楼，亦即中华巴洛克式建筑，体现出较高的艺术品位，是沈阳近代建筑中的精品。整个建筑群体现中西文化相互交汇与融合。西院红楼群是张学良主政东北时期的重大建设项目。六栋西式洋楼按纵线排列，前三栋是办公楼，后三栋是住宅楼，体现"前政后寝"的建筑功能。整个建筑布局规整而活泼，设计手法成熟而高超。红砖清水外墙，局部以混凝土饰面，红白相间，屋面陡峭的坡顶上点缀突起的老虎窗，体现纯正的欧陆风格，体量配合与细部构图都十分精彩。

毗邻府外的院外建筑，风格各异。帅府办事处在帅府正南偏东的位置，是一处坐南朝北

的"回"形建筑群，青砖砌筑，建于民国9年（1920年），是张作霖接待客人和开展外交的场所。因其主楼内有一个豪华舞厅，亦称为"帅府舞厅"。边业银行位于帅府花园东侧，一直延伸到朝阳街，建于民国15年（1926年），是东北最大的银行之一。同年6月，张氏父子将边业银行总行由天津迁到奉天。边业银行面朝大街，前高后低。两处建筑均为罗马式建筑风格，但造型布局截然相异。赵一荻故居，又称赵四小姐楼，是民国18年（1929年）张学良夫人于凤至买下原奉天省省长王永江的房产，重新装修后交给赵一荻居住。赵一荻故居为东洋式建筑，是典型的日式建筑风格，四周围以赭石红的水泥围墙，形成一个封闭的院落。

旧居建筑，从完全"中式传统"的三进四合院，到"以中为主，辅以西式"小青楼，再到"以西为主，辅以中式"的大青楼，最后发展到"几乎完全西化"的帅府舞厅、边业银行和红楼群，非常鲜明、生动地反映出沈阳建筑

从中式—中西合璧式—西式的近代化过程。张学良旧居建筑群的装饰艺术形式多样，丰富多彩，反映张氏家族的习俗与民国时期的东北民俗文化，是研究中国建筑艺术与民间习俗的珍贵历史艺术资料。

1985年3月，沈阳市政府将张学良旧居公布为市级文物保护单位。1988年12月，张学良旧居被辽宁省政府公布为省级文物保护单位。同月，成立辽宁省近现代史博物馆暨张学良旧居陈列馆，2002年2月更名为辽宁近现代史博物馆暨张氏帅府博物馆，张学良旧居的中院一进院划归陈列馆使用。1989~1991年，开始维修一进院，拆除图书馆库房；收回小青楼、三进院、大青楼等，维修后对外开放。1993年，辽宁省人民政府印发《关于公布一百五十九处省级以上文物保护单位保护范围和建设控制地带的通知》，公布张学良旧居的保护范围和建设控制地带。1996年11月20日，张学良旧居被国务院公布为第四批全国重点文物保护单位，编号4-0221-5-023。1999年，沈阳市文史馆从赵四小姐楼搬出，此楼交给陈列馆使用。2001年11月，赵一荻故居正式对外开放，移交给沈阳市文化局管理。边业银行被收回辟为沈阳金融博物馆，于2006年12月1日作为张氏帅府博物馆的分馆对外开放。2001年，辽宁省文物考古研究所建立张氏帅府的全国重点文物保护单位记录档案，由张氏帅府博物馆保管。

**胡耀邦故居** 是无产阶级革命家、政治家，中国共产党和中华人民共和国的主要领导人之一胡耀邦出生和少年时期生活学习的居所，位于湖南省浏阳市中和镇苍坊村。

胡耀邦（1915~1989年），字国光，湖南浏阳人。民国19年（1930年）加入中国共产主义青年团，同年到湘赣革命根据地工作。民国22年（1933年）8月转为中国共产党党员。曾任中共中央委员会主席、中共中央委员会总书记。

胡耀邦故居

胡耀邦故居始建于清咸丰年间（1851～1861年），坐东北朝西南，东西对称，中轴线以西为胡耀邦家，以东为胡氏宗亲住房。总占地面积约450平方米，平面布局为"凹"字形，大小房屋共计19间，其中胡耀邦家9间，正厅为合用。东西面宽30.95米，南北进深18.98米。建筑为土木结构，悬山顶，盖小青瓦，墙体均为黄土、石灰、河沙配比的三合土夯筑而成。槽门坐北朝南，外墙呈"八"字形，木柱架盖青瓦。由槽门进入内地坪，东、西两面为照壁墙，墙头有彩绘和书法相间排列。正厅大门上方有2个门簪，门簪上方自右至左书"泮公享堂"四个楷体大字，大门两侧竖写一副对联"祥钟淮海，秀毓苏湖"，大门下方两侧有2个普通抱鼓石。正厅西侧为胡耀邦家客房。客房西侧为小厅，小厅被木板间墙和槅扇一分为二，北面为火房，南面为餐厅。正厅前有走廊，通往东西横厅。西横厅的东面为天井，从天井南侧的木梯可上到西厢房的晒楼；西横厅北侧有房屋3间，由南向北依次为胡耀邦父母居室（亦为胡耀邦出生的房间）、胡耀邦兄嫂居室、厨房。

1995年，长沙市和浏阳市人民政府对胡耀邦故居进行全面维修，当年12月1日竣工并对外开放。1996年，胡耀邦故居被湖南省人民政府公布为省级文物保护单位，同年3月湖南省人民政府拨款用于胡耀邦故居管理、接待室的建设，1997年8月竣工。2002年，浏阳市财政投资拆除故居周边现代建筑。2004年2月，动工兴建胡耀邦同志纪念馆，2006年11月投入使用。故居保护管理机构原为浏阳市文物管理处。2007年成立胡耀邦同志故居管理处，2016年更名为胡耀邦故里管理局，全面负责故居的保护管理工作。2013年3月5日，胡耀邦故居被国务院公布为第七批全国重点文物保护单位，编号7-1830-5-223。同年，《胡耀邦故居文物保护规划》获国家文物局批复。胡耀邦同志故居管理处完成胡耀邦故居的全国重点文物保护单位记录档案的建立。2015年，胡耀邦同志100周年诞辰之际，对故居再次修缮并对周边环境进行全面整治，对胡耀邦同志纪念馆进行提质改造和陈列改版。

**上海中山故居**　是中国近代伟大的民主革命先行者、中华民国和中国国民党的缔造者孙中山及夫人宋庆龄民国7～13年（1918～1924年）、宋庆龄民国14～26年（1925～1937年）在上海的住宅，位于上海市黄浦区香山路7号（孙、宋居住期间为法租界莫利爱路29号）。

民国7年（1918年），孙中山辞去中华民国军政府海陆军大元帅职务，经日本于6月26日抵达上海，入住法租界莫利爱路29号。民国14年（1925年）3月，孙中山在北京病逝，遗嘱将"书籍、住宅及衣物"赠予妻子宋庆龄"以为纪念"。宋庆龄在此居住至民国26年（1937年），此后前往香港、重庆坚持抗战。

故居建筑属20世纪初欧洲简约乡村式建筑，二层砖木结构，外墙覆有深褐色卵石贴面装饰。主楼内部由楼梯及走廊分为南北两部分，南部为主要房间，北部则为辅助用房。

一楼南部东侧为客厅。民国8年（1919年）五四运动爆发后，孙中山与夫人宋庆龄在客厅接见学生代表，向同学们表示坚定地做学生爱国运动的后盾。孙中山第一次会见中国共产党的代表也在此客厅，从而使他对中国革命问题的看法发生转变。民国13年（1924年）11月，孙中山携宋庆龄等北上共商国是时途经上海，19日在这里举行上海新闻记者招待会，演说国民会议为解决中国内乱之法。一楼南部西侧为餐厅。餐厅西南角的长桌上陈列着孙中山民国6年（1917年）9月10日就任中华民国军政府海陆军大元帅时佩戴的大元帅指挥刀，为孙中山发起护法运动、建立革命政府的代表性见证物。一楼北侧为厨房、配菜间、卫生间和两个小房间。二楼东侧为卧室，陈设简单朴素。近北门口是一张由两张单人床拼合成的大床。东窗下是宋庆龄为孙中山处理文件、回复信函时使用的边桌。壁炉边有一张卧榻，当年孙中山常在卧榻上小憩。南门边摆着一张靠背可调节的沙发椅。据宋庆龄回忆，孙中山常坐在这张椅子上写作、处理公务、回复信函。二楼西侧为书房，书房内四壁摆放着书柜。据统计，孙中山、宋庆龄在故居留下的藏书有5000余册，涉及中、英、日、俄等多种文字，涵盖政治、经济、军事、社会、法律、医学等诸多门类。书柜顶上摆满地图，有孙中山亲笔做过标记或者亲手绘制的地图。民国7年（1918年），孙中山、宋庆龄入住寓所后，孙中山总结经验，勾画蓝图，在这间书房内完成《孙文学说》《实业计划》等重要著作。民国11年（1922年），革命再次遭受挫折，孙中山在这里思索寻找新的道路，会见了李大钊、林伯渠等中国共产党人以及共产国际代表维金斯基、苏俄代表越飞，发表《孙文越飞宣言》，为第一次国共合作奠定坚实的基础。这间书房是孙中山办公所在地，孙中山在此指挥驱逐西南军阀，讨伐

上海中山故居远景

上海中山故居会客厅

陈炯明和重建革命政府。二楼北部西侧是小客厅，宋庆龄居住寓所期间，也曾作为亲友暂住的房间。小客厅东北角有一个玻璃壁橱。壁橱内展示孙中山亲自设计、穿过的一套中山装，和孙中山早年行医时使用的医疗器械。主楼东侧是二层的辅楼，当时楼下是车库，楼上是卫侍居所。楼前是一方草坪，民国11年（1922年）9月孙中山在此召开改进国民党第一次会议，讨论改组中国国民党等问题。这里也是孙中山、宋庆龄经常散步、锻炼的地方。

民国34年（1945年）12月底，宋庆龄回到上海，将故居移赠国民政府，作为孙中山的永久纪念地，由上海市政府监管。国民政府于民国37年（1948年）4月、11月两次对故居进行修缮。上海解放后，上海市人民政府接管中山故居，由上海市人民政府总务处直接管理，上海市军事管制委员会、上海市政府对故居进行修缮。1956年，上海市人民委员会机关事务管理局成立，接管故居事务。中山故居里的陈设为1956年宋庆龄亲自布置，客厅、餐厅、书房、卧室都保持孙中山居住时的原状。同年10月底到11月初，宋庆龄先后3次来到上海中山故居，整理相关文物，并选取部分孙中山的重

要文献和珍贵遗物，分别寄给北京和上海的孙中山诞辰90周年筹备委员会，供举办孙中山生平事迹展览之用。1959年，上海市人民政府公布上海中山故居为市级文物保护单位。1961年3月4日，上海中山故居被国务院公布为第一批全国重点文物保护单位，编号1-0009-5-009。1981年10月，成立上海孙中山、宋庆龄故居办公室对故居进行管理。1985年1月，上海孙中山故居、宋庆龄故居和陵园管理委员会成立，下设孙中山故居管理处（1993年12月更名为上海孙中山故居纪念馆）。1988年3月14日，上海中山故居正式对外开放。1999年3月29日，上海市人民政府印发《关于同意重新编制的上海市国家级和市级文物保护单位保护范围及建设控制地带》的批复，公布上海中山故居的保护范围和建设控制地带。故居档案原由上海市档案馆保存，现由上海孙中山故居纪念馆自行保管文物保护相关档案。2005年，上海孙中山故居纪念馆编制完成上海中山故居全国重点文物保护单位记录档案。上海市人民政府曾多次拨专款对故居进行维护和修缮。

**李宗仁故居（包括李宗仁官邸）** 是近现代爱国人士李宗仁出生并成长的居所，位于广西壮族自治区桂林市临桂区两江镇信果村，距离两江镇7千米。作为全国重点文物保护单位的李宗仁故居还包括李宗仁官邸。李宗仁官邸是李宗仁于民国时期在桂林居住并办理公务活动的场所，位于广西壮族自治区桂林市象山区文明路4号。

李宗仁（1891～1969年），广西桂林市临桂区人。是北伐战争中有着重要影响的一位人物，中国国民革命军陆军一级上将，中国国民

李宗仁故居大门

党"桂系"首领，曾任中华民国南京政府首任副总统、代总统。1965年7月偕夫人郭德洁由美国回到北京，受到毛泽东及其他中共领导人欢迎。1969年1月30日，李宗仁在北京逝世。

李宗仁故居建于清代末期民国初年，经3次扩建而成，系庄园式住宅。民国10年（1921年）进行第一期扩建工程，改建老宅安乐第，加建将军第；民国13年（1924年）4月建学馆，次年落成；民国15年（1926年）修建三进客厅，民国17年（1928年）落成。建成后一直为李母刘太夫人、原配夫人李秀文、兄李宗唐、弟李宗义、李宗尧、李宗藩等长住。李宗仁在此出生及度过少年时代，后李宗仁多次返故居省亲，在此接见大批国民党军政要人。民国29年（1940年）春，蒋介石携宋美龄在此拜会李母刘太夫人，并在故居大门口留影。李宗仁故居承载着李宗仁成长及其后来军政活动的历史，是桂林市区内保存较为完整的名人故居。

李宗仁故居范围北至306省道，东至故居一侧第一排建筑东侧外墙，南至故居一侧第一排建筑南侧外墙，西至马鞍山山脚距故居30米侧，占地面积约5060平方米，为庄园式布局，平面呈长方形。周围院墙用青砖包泥砖砌筑，俗称"金包铁"，墙高8.4米，厚0.45米。院门东南向，设有门楼，院墙上的直棂窗两侧堆塑花瓶，花瓶上再饰三叠线半圆拱，并在窗与窗之间设置一鱼饰水口。院内由安乐

李宗仁故居三进客厅

李宗仁官邸办公楼

第、将军第、学馆、三进客厅、阁楼等建筑组成，分前院和后院，用垣墙分割成7个院落，13个天井，各院落之间楼轩相接，廊庑回环，前、后、邻墙均以月门相通，整个大院共有房屋113间，从住宅、客房、学馆、作坊、厨房、粮仓、油库、防御体系到鱼塘、猪圈、牛栏等，一应俱全。有李母刘太夫人住房、李宗仁与原配夫人李秀文婚房、兄李宗唐等家人住房。单体建筑沿袭桂北民居的建筑格式，坐南朝北，均为木结构二层楼阁，木梯、木楼板，木板壁分隔、设木门、木格窗、悬山顶，小青瓦屋面。整个故居建筑共有花岗岩柱础杉木梁柱200余根。安乐第是两进三开间的二层木楼。将军第是两进四开间的二层木楼。两第都是桂北民居传统式样：进大门为天井，天井两侧为披厦，往里是堂屋，堂屋木板屏风上设有神龛（香火壁），堂屋后有背厅（又称二背

堂），堂屋两侧是厢房，每间厢房内隔成前后两间使用。厅堂开间都大于厢房开间，均不设楼层。学馆是五开间二层木楼，采取大开间构架、多门多窗、大天井的构建造式，占地面积约700平方米，宽敞透亮，是故居中建得比较好的房屋。三进客厅的面积约1400平方米，采取一式的等尺寸五开间，三进每一进明间为厅堂，左右各两座厢房，系桂北民宅的小青瓦、硬山顶、出檐的两层木结构楼房，有宽敞的走廊、回廊通道。前院和后院各砌炮楼1座，呈对角状，与东北向围墙上排列的枪眼，构成完整的防御体系，西南角炮楼已不存。后院占地面积约1500平方米，设有菜地、泉井、洗菜池、洗衣池、养鱼塘，鱼塘西侧是猪栏、牛舍、鸡棚，东北角是大厨房。

李宗仁官邸筹建于民国31年（1942年），由夫人郭德洁选址，请林乐义设计图纸，民国

32年（1943年）动工兴建，次年因桂林沦陷而停工。抗战胜利后，民国35年（1946年）开始续建。民国37年（1948年）4月竣工，正值李宗仁当选国民政府副总统之际。建设经费由当时广西省政府出资。民国37年（1948年）下半年到民国38年（1949年）11月，李宗仁返桂期间，在此居住和办公，《李代总统同居正、阎锡山、李文范三委员谈话记录》即在此拟定。1966年3月，从海外归来的李宗仁回到桂林，拟在官邸小住，因夫人郭德洁病危，陪护急飞北京抢救，再未返回。

李宗仁官邸的范围北至杉湖南畔路沿，东南面至杉湖西畔路沿，南至文明路北侧路沿，西至官邸一侧围墙，占地面积约4230平方米。官邸四周建有围墙，形成一个完整的庭院。庭院大门向西南，设有警卫室。院内由主楼、副官楼、附楼、南北平房、庭院等组成。布局以主楼为中心。主楼处于官邸中央，地势最高，为中西结合两层楼房，坐西朝东，砖木结构，面阔23.3米，进深21.3米，通高12米，建筑面积约818平方米。主楼地基是高1.5米的木板架空层。建筑内部以砖墙分隔，两层楼共有15间房。一楼设会议大厅（含壁炉）、书房、卫生间、客房、大阳台等；二楼设卧室（含半圆形阳台、壁炉）、会客室、客房、卫生间、露天大阳台等，二楼地板则依次采取木板、圆木隔空层、煤渣、混凝土的四层结构。副官楼高二层，共有8间房屋，底层铺设防潮红砖，二楼为木板层（无混凝土层），配建有小阳台。现已辟为陈列展厅。官邸大门系一座门楼，西南向，庑殿顶，盖小青瓦，大门两侧设耳房。警卫室在官邸大门右侧，为平房6间，歇山顶，

盖小青瓦，地面是防潮红砖。附楼为一栋砖木结构两层小楼，有房屋4间，附楼侧东南面是储藏室、厨房、大餐厅。

中华人民共和国成立后，李宗仁故居曾被临桂县粮管部门作为粮仓使用，李宗仁官邸先后由桂林警备区、公安局、园林局等部门使用。李宗仁故居、李宗仁官邸先后于1984年、1987年被桂林市人民政府公布为市文物保护单位。1988年11月，桂林市文物工作队完成故居第一期维护工程，布置简单的陈列展览，1989年正式对外开放。1991年，桂林市人民政府迁出使用李宗仁官邸的单位，按原貌对建筑物及其环境进行维修和整理；由中共桂林市委统战部牵头进行维修和布置陈列，正式对外开放。1994年，李宗仁故居及官邸被广西壮族自治区人民政府公布为自治区文物保护单位。1996年11月20日，李宗仁故居（包括李宗仁官邸）被国务院公布为第四批全国重点文物保护单位，编号4-0223-5-025。2006年，广西壮族自治区人民政府印发《广西壮族自治区人民政府关于公布经略台真武阁等113处文物保护单位保护范围和建设控制地带的通知》，划定并公布李宗仁故居的保护范围和建设控制地带。1998～2000年、2004年10月至2005年1月，国家文物局两次拨出经费对李宗仁故居学馆、三进客厅进行落架维修。2013年，设李宗仁文物陈列馆，利用故居和官邸原址进行陈列展览，全面复原故居家居陈设和官邸主楼李宗仁生活起居、办公政务的场景。2013年6月，国家文物局批准《李宗仁故居维修方案》并拨款完成安乐第、将军第、后院、门楼等抢救性修缮修复项目。李宗仁文物管理处（李宗仁文物陈列

馆）建立李宗仁故居（包括李宗仁官邸）的全国重点文物保护单位记录档案，由桂林市文化局、李宗仁文物管理处（李宗仁文物陈列馆）保管。

**雨花台烈士陵园**　是为纪念1927～1949年在雨花台牺牲的革命烈士而建的烈士陵园，也是中华人民共和国规模最大的纪念性陵园。位于江苏省南京市城南中华门外。雨花台东面有青龙山，距上元、麒麟门外约10千米，南面10千米处有牛首山、南唐二陵、郑和墓，北面有护城河（内秦淮）及著名的秦淮风光带。

民国16年（1927年）4月12日，蒋介石背叛革命，对共产党员和革命群众进行血腥大屠杀，许多革命志士被杀害于雨花台。这里成为国民党反动势力杀害共产党员和革命人士的刑场。在国民党政府统治的22年中，牺牲在这里的共产党人、工人、农民、革命知识分子及爱国人士达10万以上。其中有中国共产党杰出的领导人之一恽代英，中共中央政治局委员、东北抗日联军创始者罗登贤，中共中央委员邓中夏，坚贞不屈的女青年郭纲琳，韶山支部第一任支部书记毛福轩，以及其他爱国民主人士。烈士殉难地主要有3处：北殉难处，系第一次国内革命战争时期（1927～1937年）牺牲烈士较为集中的地方；东殉难处，系抗日战争和解放战争时期（1937～1949年）牺牲烈士较集中的地方；西殉难处，系掩埋烈士遗体最多的地方，烈士遗体一层层重叠着被掩埋。雨花台上的寸草片石都洒满了革命烈士的鲜血。

1949年，南京市人民政府决定在此兴建烈

雨花台烈士陵园

士陵园。1950年7月，南京市各界举行烈士纪念碑奠基仪式。同年10月，人民革命烈士陵园筹备委员会和办事处成立，确立先绿化、后建设的方针。历经60余年，以纪念碑、纪念馆、烈士群雕为中轴线的纪念主体建筑物及附属建筑相继竣工。

雨花台烈士陵园，占地113.7万平方米。烈士陵园区中轴线全长1500米，从南到北，恢宏、雄伟、庄严的雨花台纪念建筑群，依山就水，巧借自然，依次展开，错落有致。北大门门柱位于雨花台北大门入口处，高11.7米，象征着俄国十月革命的一声炮响，给中国革命带来胜利的曙光。雨花台烈士就义群雕位于北殉难处，由雕塑家刘开渠亲临指导，于1979年建成。群雕高10.3米，长14.2米，厚5.5米，由

179块花岗石拼装而成，重1300余吨。雨花台烈士纪念碑，高42.3米，寓意无数革命先烈经过英勇奋斗流血牺牲终于换来1949年4月23日的南京解放。碑名为邓小平题写。碑座前有一尊以"坚贞不屈"为主体的青铜雕塑，高5.5米，重5吨。碑身背面为江苏省和南京市政府立碑的碑文。纪念碑二层平台的东西两侧为碑廊，每侧有90块黑色大理石，全长达144米。上面镌刻着《共产党宣言》《马克思主义的三个来源和三个组成部分》《新民主主义论》等三篇马列和毛泽东经典著作，共47043个字，由全国36位书法家书写。纪念碑地下展厅1664平方米，有地下甬道可以乘电梯到碑顶处俯瞰南京全城的风貌。纪念池碧水盈盈，涤荡尘埃，纪念桥简洁宁静，庄严肃穆。南北两侧的

雨花台烈士陵园群雕

花岗岩照壁上分别用蒙、壮、维、藏、汉5种文字镌刻着《国际歌》和《国歌》。南面照壁两侧各有一座高5.5米，名为"缅怀"纪念雕塑，表达缅怀先烈、继承先烈遗志之主题。纪念池前方为跨越雨花湖的纪念桥，桥长103米，宽12米，桥面中间用花岗石砌成，旁边铺就鹅卵细石，桥面两侧为1米宽的卧式桥栏，凝重厚实，上面饰有24只花岗岩花圈，表达人们对先烈的崇敬之情。雨花台烈士纪念馆，是一座兼具传统民族风格和当今时代气息的建筑，建成于1986年，面积5900平方米，由邓小平题写馆名。忠魂亭位于雨花台纪念建筑群的最南端，包括亭主体、《忠魂亭》浮雕、《思源曲》水池、忠魂广场4个部分，亭高8.35米，宽5.8米，是雨花台烈士陵园区的终端标志工程，由中共南京市委组织部发动全市30万名共产党员捐资兴建，于1996年7月1日落成。知名烈士墓与涌泉广场位于雨花台主峰的东南方。1983年，雨花台烈士陵园将在雨花台和南京地区牺牲的17位烈士的遗骸，包括被北洋军阀杀害的张霁帆、曾任南京市委书记孙津川、《文萃》杂志事件中被活埋在雨花台的陈子涛和骆何民等，移葬建成知名烈士墓区。1999年，在墓区对面竹林中，修建涌泉广场，由圆形小广场、知名烈士墓道、平台、水池及花廊等部分组成。革命烈士西殉难处与北殉难处毗邻，位于雨花台中岗西侧，有两个大坑，烈士的遗体被一层一层重叠掩埋，故西殉难处又名"髅上髅"。1951年，在西殉难处立有刻有"革命烈士殉难处"的纪念性标志。东殉难处位于东干道东侧，怡苑斜对面。1950年，由南京市人民政府设立纪念性标志。1997年，雨花

台烈士陵园管理局在碑身后侧砌筑长达12米的弧形照壁，镶贴黑色磨光大理石。

1950年，雨花台烈士陵园管理处成立，负责陵园的保护管理工作；1996年6月更名为雨花台烈士陵园管理局。1956年，江苏省人民委员会将雨花台烈士陵园公布为省级文物保护单位。1983年，陵园建设委员会拟定陵园总体建设规划。1988年1月13日，雨花台烈士陵园由国务院公布为第三批全国重点文物保护单位，编号3-0026-5-026。同年，雨花台烈士纪念馆正式对外开放。1997年，雨花区文物管理委员会负责整理、建立雨花台烈士陵园全国重点文物保护单位档案。2002年，雨花台陵园文物部门对其进行修订、补充。2004年6月17日，江苏省第十届人民代表大会常务委员会第十次会议批准的《关于修改〈南京市雨花台风景名胜区管理条例〉的决定》，划定了雨花台风景名胜区的保护范围。

**中山陵** 是中国近代民主革命先行者、中华民国和中国国民党的缔造者孙中山的陵墓。中山陵位于江苏省南京市东郊紫金山中部茅山南坡，东起紫金山东麓，南接宁杭公路，西北止明古城墙太平门，北临宁栖公路。后并入的廖仲恺、何香凝墓、邓演达墓、谭延闿墓、国民革命军阵亡将士公墓均位于中山陵园内。

孙中山，名文，号逸仙，广东香山县（中山市）翠亨村人。民国14年（1925年）3月12日，在北京逝世，遵其遗愿归葬南京。陵墓工程筹建历时4年，于民国18年（1929年）建成。同年6月1日举行奉安大典，孙中山遗体从北京碧云寺迁葬于此。随后紫金山全部划为中山陵园。

中山陵由建筑师吕彦直设计，建筑平面呈警钟形，建筑以民族形式为主，兼容西方建筑精髓，以花岗石和钢混结构组成简朴浑厚坚固美观的建筑群。陵园总面积近3000万平方米，其中墓地面积约8.3万平方米。陵墓坐北朝南，墓室海拔158米，高出陵园入口处70米，入口处至主墓室平面距离700米，共分10段计392级石阶。自南向北，沿中轴线，依次为牌坊、墓道、陵门、碑亭、祭堂、墓室。

博爱坊四柱三门冲天式石牌坊，全部用福建花岗石砌筑，宽17米，高11米，中置"博爱"匾额，为孙中山手迹。牌坊前为宽阔的广场，牌坊后是长442米，宽40米钢混结构的甬道通向陵门。陵门面阔26.7米，进深8.87米，高16.5米。辟拱形门3座，全部由福建花岗石砌筑，庑殿顶上覆蓝色琉璃瓦，门额上"天下为公"四字为孙中山手迹。陵门前汉白玉石狮1对，陵门左右有半环形护壁与陵墓围墙相连，门前广场水泥地面，左右各有卫士室。墓道长483.3米，宽43.3米，分辟三道，中道宽12.06米，为水泥混凝土路面；中道与左右二道间的绿化带各宽10米，列植雪松、桧柏；东西边道两侧有银杏、枫香。碑亭面阔12.19米，高17.34米，全部用香港石砌筑，重檐庑殿顶，上覆蓝色琉璃瓦，中立巨碑，通高9米，宽5.34米，福建花岗岩质，正面镌谭延闿书"中国国民党葬总理孙先生于此／中华民国十八年六月一日"。碑亭后沿山势有石阶8段，上至大平台，甬道宽33米，长150米，平台中央有华表1对，高12.7米，两边各置1仿古铜鼎，高2.3米，口径2米，下有石座，高3.3米。第七层平台上有1对人造仿铜狮。祭堂面阔27.45米，进深22.55米，高26.21米，形制仿北京故宫崇楼形式，平面为方形，并将四角

中山陵

纪念堂讲台后墙的孙中山浮雕像与《总理遗嘱》

各建堡垒式房屋，突出体现西方古典石建筑形式的稳定与永恒性。钢混结构，重檐歇山顶，覆蓝色琉璃瓦。正面为3座拱形门。门额上分书"民族""民权""民生"，篆文阴刻。中门上另有孙中山手书"天地正气"匾额，阴刻鎏金。3门均镂空梅花纹空格紫铜双扉。堂顶作穹隆状，藻井以砌瓷国民党"青天白日满地红"国旗为图案。堂正中有孙中山全身石雕像，高5米，由雕塑家保罗阿林斯基在巴黎用意大利白石雕琢而成。石座四周刻孙中山革命事迹浮雕。祭堂四壁黑色大理石护壁上，阴刻孙中山手书《建国大纲》全文及蒋介石、胡汉民书《总理遗训》《总理遗嘱》及谭廷闿书《总理告诫党员演说词》。祭堂内部有青岛黑色大理石圆柱12根，4隐8现，各以白色

大理石柱础承载，柱枋均用镶花砌瓷装饰。墓室位于祭堂北侧，形如覆釜，直径18米，高11米，顶作穹隆状。共有3重门，刻有孙中山手书"浩气长存"横额及张静江书"孙中山先生之墓"7个字。墙外壁以香港石贴面，内壁为奶白色人造石，中为钢混结构。大理石铺地。室中央为大理石圹，圆形，直径13米，围以大理石栏杆高0.88米。圹中央设长方形墓穴，孙中山遗体以紫铜棺安葬在深5米的大理石圹之下，外用钢筋混凝土密封，上面是孙中山大理石卧像，系日本雕刻家高琪精刻而成。后有陵寝后花园。

园区内另建有音乐台、光华亭、流徽榭、行健亭、藏经楼、仰止亭、桂林石屋等附属建筑。1985年，将原在市中心新街口广场的孙中山铜像迁至藏经楼。铜鼎位于陵墓广场南。民国22年（1933年），由戴季陶与中山大学同学捐建。铜鼎重达万斤，高4.26米，腹径1.22米，鼎内藏六角形铜牌，刻戴母黄太夫人手书孝经全文。鼎由金陵兵工厂翻砂铸造，安置在石台上，台为八角形，台高2.74米，分3层，下、中、上层直径分别为14.63米，11.58米，3.65米。

廖仲恺、何香凝墓位于钟山风景区西峰

廖仲恺、何香凝墓

南麓，坐北朝南，东毗明孝陵，西接古城垣，面临燕雀湖，背依天堡城。廖仲恺墓建于民国24年（1935年），墓前有似阙形的望柱，并建有亭、阶、祭台等。1972年，廖仲恺夫人何香凝去世后归葬于此。平台中心的一座八角亭于1972年被拆除，其余建筑基本保持原貌、原样。邓演达墓位于南京麒麟门外小营岗。民国20年（1931年），邓演达被国民党反动派杀害于南京麒麟门外沙子岗，就地草葬。次年由其胞兄邓演存出面，由时任国民政府行政院副院长兼交通部部长陈铭枢出资具棺殡殓，移至遇害处不远的小营岗重新安葬立碑。1957年11月，由国务院拨款在现址为邓演达重建新墓。墓基平台约2300平方米，碑文"邓演达烈士墓"为何香凝题。1981年11月在邓演达烈士殉难50周年时，中国农工民主党中央在墓碑背面镌刻了烈士生平事迹。谭延闿墓位于紫金山南麓灵谷寺以东，由建筑设计家杨廷宝等人设计，于民国22年（1933年）建成。全部工程分为龙池、广场、祭堂、宝鼎、墓园五个部分。"文化大革命"中，谭墓被炸平，遗体被焚化。一些附属建筑物陆续遭到破坏。1981年，中山陵园管理局组织对谭延闿墓进行修复。国民革命军阵亡将士公墓位于中山陵园内的灵谷

国民革命军阵亡将士公墓纪念塔

邓演达墓

寺景区，建于民国17年（1928年）。纪念塔坐落在灵谷寺宝公塔原址上。灵谷寺的前身系六朝时期建立的开善寺，明代开国皇帝朱元璋将蒋山寺、竹园寺、宝公塔、三约碑等搬到开善寺，并将开善寺易名为灵谷寺，今依然可见保存较好的六朝、明代遗迹如无梁殿、志公殿、三绝碑、飞来剪、普济圣师志公真身道场等。国民政府对无梁殿进行维修，国民革命军阵亡将士祭堂设在无梁殿（1933年曾改名"正气堂"）内，殿中碑为阵亡将士灵位，左碑为蒋介石书"北伐军誓言词"，右碑为陈果夫书"中国国民党中央执行委员会祭文"。中碑为张静江书"国民革命烈士之灵位"，左刻"国民党党歌"，右刻"总理遗嘱"。

抗战时期，除中山陵墓外，陵园附属建

筑物大部分都遭受不同程度的损坏，有的毁于战火中。中华人民共和国成立后，陵园文化古迹，尤其是中山陵墓得到较好的保护，维持了原貌。1956年，中山陵被江苏省人民委员会公布为一级保护单位。1961年3月4日，中山陵被国务院公布为第一批全国重点文物保护单位，编号1-0019-5-019。1965年，中山陵园管理处组织专家、技术人员研究制定中山陵维修方案，并逐步加以实施。1966年，国家拨款对牌坊、陵门、碑亭等进行维修。1976年后，按照"恢复原状或保存现状"原则，对中山陵进行全面维修。1982年8月，南京市人民政府重申中山陵园管理范围，明确了地界。1986年，纪念孙中山诞生120周年，对灵堂、墓室、碑殿、藏经楼进行维修并充实部分景点。1993年，南京市人民政府印发《关于同意第一批划定的省市级文物保护单位保护范围和建设控制地带的批复》，划定廖仲恺、何香凝墓、邓演达墓、谭延闿墓、国民革命军阵亡将士公墓的保护范围和建设控制地带。1996年，制定中山陵园保护规划。1996年10月，中山陵园文物管理处建立中山陵的全国重点文物保护单位记录档案。2001年6月25日，国务院公布第五批全国重点文物保护单位时，将廖仲恺、何香凝墓、邓演达墓、谭延闿墓、国民革命军阵亡将士公墓作为合并项目归入中山陵。2015年，《中山陵文物保护规划》得到国家文物局批准立项。中山陵园文物管理处分别建立了中山陵全国重点文物单位记录档案综合卷和廖仲恺、何香凝墓、邓演达墓、谭延闿墓、国民革命军阵亡将士公墓各自的独立档案。2010年11月12日至2011年9月，中山陵陵寝曾免费向社会公众开放。

**中山纪念堂（含孙中山纪念碑）**　是广州人民和海外华侨为纪念孙中山集资兴建的一处纪念场所，位于广东省广州市越秀区广卫街道莲花井社区东风中路259号。

中山纪念堂所在地为民国10年（1921年）孙中山任非常大总统时的总统府原址，民国11年（1922年）陈炯明叛变时被炮火夷为平地。民国15年（1926年）1月，中国国民党第二次全国代表大会议决在此兴建纪念堂与纪念碑，以纪念孙中山。民国17年（1928年）由李济深组织筹建，次年1月动工，民国20年（1931年）11月建成。广州中山纪念堂是广州最具标志性的建筑物之一，又是广州市大型集会和演出的重要场所，见证了广州的许多历史大事。民国25年（1936年），广州市各界人士在此举行禁烟大游行；民国34年（1945年）9月，驻广州地区的日本侵略军投降签字仪式在这里举行。

中山纪念堂是一座八角形仿宫殿式建筑，外形庄严宏伟，具有浓厚的民族特色。前面立1956年重铸的高5米的孙中山铜像，南面为一座有三道屋宇式三孔大拱门，北面越秀山顶峰矗立孙中山纪念碑。中山纪念堂总体布局呈方形，平面略呈八角形，坐北朝南，建筑面积为8700平方米，加上东西附楼、后台休息室及地下化妆室，面积共达1.2万平方米。主体建筑为大礼堂，高49米，为广州近代建筑杰作。堂内有一个近似圆形的大会堂，直径71米，系钢筋混凝土结构的宫殿式建筑，上部是八角攒尖重檐歇山顶。红柱黄砖衬着宝蓝色琉璃瓦盖，梁柱周围装饰着民族风格的彩画图案，金碧辉煌。用4根大柱子（柱子位于四周的墙壁中），支撑着4个大跨度的钢桁架，像一把张开的雨伞，组成巨大的拱形屋顶。拱形屋顶托起8个主桁架，组成一个八角亭子。中山纪念堂的金顶呈椭圆形，直径最大处有4.075米，高3.79米。金顶表面全部使用黄金镶贴，共用金箔36166张，折合重量0.92千克。除金顶外，"天下为公"字匾、总理遗嘱、《建国大纲》、奠基石字体均用金箔镶贴。纪念堂内部结构异常坚固，全部用钢架和钢筋混凝土构成，大堂内空间极大，舞台前上、下两层有4729个席位，而其中无一柱遮挡，全由隐蔽在墙壁间的8根大柱支撑，堪称建筑艺术之杰作。堂内采光通透，装饰丹彩瑰丽，金碧辉煌，并有11个出入口，方便进出。讲台后墙镶嵌孙中山的浮雕头像和《总理遗嘱》刻石。大礼堂正门上方，挂有孙中山书"天下为公"四字横匾。堂外三面为宽阔石阶，正门石阶前有一座白色花岗石台基，基座上立着青铜色孙中山全身像，两旁植翠柏鲜花。像前广场开阔，绿草如茵，一对花岗岩雕成的云鹤华表，耸立其中，显得格外雄伟和庄严；四周红棉高屹，绿榕成荫，宁静又肃穆。广场前是圆拱门歇山顶蓝琉璃瓦门坊。

孙中山纪念碑于民国19年（1930年）落成，碑高37.3米，方尖形，用花岗石砌成，内分十三层，有盘梯可上，碑身正面镌刻"总理遗嘱"，矗立在越秀山顶峰。中山纪念堂前堂后碑合为一体，均为建筑师吕彦直设计。纪念堂主体建筑吸收了中国传统建筑的优秀元素，整体呈现恢宏壮美、金碧辉煌的特色。大礼堂富丽堂皇，显得庄严肃穆，是当时中国最大的

中山纪念堂与中山纪念碑

会堂建筑。

中华人民共和国成立前夕，孙中山纪念堂因年久失修，已严重损坏。广东省政府从20世纪50年代初开始至1988年曾7次拨出专款对各项设施进行修葺和完善。1963年对中山纪念堂进行大规模翻修，屋顶全部采用蓝色琉璃瓦。1962年，广东省人民委员会公布中山纪念堂（含孙中山纪念碑）为第一批省级文物保护单位。1994年，广东省人民政府公布中山纪念堂、纪念碑的保护范围和建设控制地带。1996年，成立广州市政园林局属下的广州市中山纪念堂管理处，负责中山纪念堂的管理工作。1998年，再次拨款对孙中山纪念堂进行一次全面的综合性大维修；并委托广州大学建筑设计研究院编制《中山纪念堂保护规划》。2001年6月25日，中山纪念堂被国务院公布为第五批全国重点文物保护单位，编号5-0500-5-027。广州市文物考古研究院负责编制和保管中山纪念堂全国重点文物保护单位档案。2006年11月11日，广州中山纪念堂陈列馆揭幕典礼暨纪念孙中山诞辰140周年大型图片展隆重开幕。

**平顶山惨案遗址** 是民国21年（1932年）9月16日侵华日军残杀抚顺平顶山村3000多无辜同胞的遗址，位于辽宁省抚顺市新抚区南昌路17号，距抚顺市中心3千米的平顶山东山脚下。东距南昌路5～15米，西距胜利矿1.5千米，西北距电铁车道100米，北距西露天矿600米。

平顶山是海拔140余米的一条南北走向的丘岗，土壤结构为风化岩，附近没有河流。遗址北侧约600米，东西分布着抚顺西露天矿矿坑，矿坑边建有参观台。

民国20年（1931年）九一八事变的第二

平顶山惨案遗址现场

天，日本侵略军占领抚顺，开始对抚顺进行残暴的法西斯统治和疯狂的资源掠夺。日军的侵略遭到抚顺人民的强烈反抗。民国21年（1932年）9月15日（阴历八月十五中秋节）午夜，活跃在抚顺、通化等地的辽宁民众自卫军李春润部第十一路军，在司令梁希夫的率领下，分四路进攻盘踞抚顺矿山的日军，其中一路从平顶山村方向向敌进攻，打死打伤敌伪军多人，捣毁许多矿山设施。9月16日，日军调集守备队、宪兵队和警察署的兵力，对当地村民进行疯狂的报复，将平顶山村团团包围，把全村及附近栗家沟、千金堡共3000余名手无寸铁的村民驱赶到平顶山下，进行集体大屠杀。无辜村民只有少数侥幸逃脱。日军将尸体浇上汽油焚烧，放炮崩山将全部尸体深埋在山下，同时烧毁全村800多间房屋，将平顶山村夷为平地，制造了震惊中外的"平顶山惨案"。民国21年（1932年）11月15日，《上海新闻报》以《抚顺村民被屠》《东边人民被屠杀三千余》为题，公开报道平顶山惨案消息。上海《申报》《大公报》也相继报道了屠杀消息和幸存者的控诉。民国21年（1932年）11月24日，在国际联盟会议上，中国代表向大会揭露了平顶山大屠杀的真相。民国35年（1946年），参与平顶山大屠杀的7名日本主犯被国民政府东北行辕审判战犯军事法庭判处死刑。

1970年，抚顺市人民政府对平顶山惨案遗址进行发掘、清理。仅从长80米、宽5米的区域内，清理出在惨案中被日军杀害的遇难同胞较完整的遗骨800多具，以及大量被烧焦的骨灰、骨渣和遇难者的遗物，并就地建立"平顶山殉难同胞遗骨馆"。1972年9月16日完工。

平顶山惨案遗址坐落在平顶山脚下，面积2137平方米，在长80米、宽5米的遗骨池内陈列着800多具遇难同胞的遗骨。遗址中发掘出较完整的800多具被害同胞的遗骸，是揭露日本侵华，屠杀平民的反人类罪行的铁证。

1951年4月5日清明节，抚顺市政府在平顶山召开公祭大会，决定修建"抚顺市平顶山殉难同胞纪念碑"，以缅怀殉难同胞，警示后人，勿忘国耻。1972年9月16日平顶山惨案发生40周年之际，平顶山殉难同胞遗骨馆落成，对外开放。1988年1月13日，平顶山惨案遗址被国务院公布为第三批全国重点文物保护单位，编号3-0034-5-034。1993年，辽宁省人民政府印发《关于公布一百五十九处省级以上文物保护单位保护范围和建设控制地带的通知》，划定并公布平顶山惨案遗址的保护范围和建设控制地带。平顶山惨案遗址作为抚顺平顶山惨案纪念馆的重要组成部分，对外免费开放。2004～2007年，抚顺市对平顶山惨案纪念馆进行大规模的改扩建，新建的纪念馆主要由平顶山惨案遗址馆、平顶山惨案史实陈列馆、殉难同胞纪念碑、幸存者证言碑苑、主题雕塑"毁灭"5部分组成，占地面积16.5万平方米，建筑面积近8000平方米，常设展览"抚顺平顶山惨案史实展"，集中展示平顶山惨案的史实，揭露日军惨无人道的罪行，以唤醒人民的忧患意识。每年9月16日（惨案发生日），纪念馆都会举行公祭活动，悼念平顶山惨案的遇难同胞；每年4月都要举办清明节"踏青扫墓、祭奠殉难同胞；勿忘国耻，珍惜幸福生活"等主题的教育活动。2005年11月28日，辽宁省文物考古研究所建立平顶山惨案遗址国保档案。

**南岳忠烈祠** 是抗日战争时期国民政府为纪念抗战阵亡将士而修建的大型烈士陵园，位于湖南省衡阳市南岳区南岳镇延寿村，衡山香炉峰下。

民国27年（1938年）11月25～27日，国民政府军事委员会在南岳召开军事会议，第三和第九战区司令长官、军长、师长等100余人出席，中共中央代表周恩来、叶剑英等也应邀参加。会议决定由中央拨款，第九战区、第六战区、湖南省政府出资并接受社会各界捐款，在南岳修建忠烈祠和烈士公墓，纪念阵亡将士英灵，安葬抗日阵亡将士的忠骸。工程由薛岳、陈诚主持。民国29年（1940年）动工，民国32年（1943年）7月7日举行落成典礼和首次公祭，宣布所有抗战阵亡将士一律奉准即日起入祀。《忠烈祠设立及保管办法》规定，每年7

忠烈祠牌坊

月7日举行公祭。民国36年（1947年）国民政府颁布《春秋二季致祭阵亡将士办法》，将祭祀改为春、秋二祭：每年3月29日为春祭，9月3日为秋祭。工程竣工后，成立"忠烈祠管理处"，委任南岳祝圣寺方丈空也法师为第一任经理。

南岳忠烈祠建筑格局保存完整，由祭祀

南岳忠烈祠

区和公墓区两部分组成。祭祀区前后纵深320米，左右宽约70米，占地面积2万余平方米，建筑面积882平方米。建筑风格中西合璧，中轴对称布局，空间层层递进。由下至上依次为牌坊、七七纪念碑、纪念堂、安亭战役纪念亭和享堂五大建筑。"文革"期间遭到破坏，所有文字题刻、匾额（除享堂匾外）均被铲平清除，文字题刻均为后期复原重刻。公墓区环绕祭祀区而建，其中集体公墓有54军、74军、16军53师、19师、60师、140师6座；个人墓葬有郑作民、孙明瑾、罗启疆、赵绍宗、章亮基、胡鹤云、廖龄奇、陈烈浩、陈炳炽、陈石经、杨幸之、彭士量、伍仲衡13座。1966年8月，烈士墓被捣毁挖掘殆尽。

南岳忠烈祠，祠、墓、园合一，兼纪念、祭祀、研究、展示功能为一体，是真实客观反映中国抗战史和世界反法西斯战争史的地标式建筑与遗址群落，是研究中国抗战史、中国近现代史、世界反法西斯战争史的重要实物材料。

1993年，南岳忠烈祠由湖南省人民政府列为省级文物保护单位，同年成立南岳忠烈祠管理所，负责南岳忠烈祠的保护和管理。1992年，进行烈士公墓的局部维修和迁移私人坟墓等工作。1994年1～7月、1995年1～8月，先后修复郑作民将军墓和74军烈士公墓。1996年11月20日，南岳忠烈祠被国务院公布为第四批全国重点文物保护单位，编号4-0239-5-041。2007年，《南岳忠烈祠保护规划》经国家文物局批准，湖南省人民政府公布实施。从2013年3月起，根据国家文物局《关于南岳忠烈祠修缮工程（第一期）——将士墓修缮工程方案的批复》，先后修复廖龄奇、罗启疆、陈烈浩、

陈炳炽、胡鹤云、孙明谨等个人墓和37军60师、140师集体墓葬。2014年，南岳忠烈祠被列入首批国家级抗战纪念设施、遗址名录。

**白求恩模范病室旧址**  是伟大的国际主义战士白求恩1938年（民国27年）6月期间工作的地方，旧址位于山西省忻州市五台县城东耿镇松岩口村南公路边的龙王庙内，距县城45千米。

诺尔曼·白求恩（1890～1939年），国际主义战士，加拿大共产党员，胸外科医师。中国抗日战争爆发后，白求恩受加拿大共产党和美国共产党的派遣，率领医疗队来到中国，支援中国人民的解放事业。民国27年（1938年）3月医疗队到达延安。不久，转赴晋察冀根据地工作，任军区卫生顾问。民国28年（1939年）11月12日，白求恩因抢救伤员感染中毒，在河北唐县以身殉职。12月21日，毛泽东亲笔写下《学习白求恩》一文（后收入《毛泽东选集》时改为《纪念白求恩》），称赞白求恩具有"毫不利己、专门利人的精神"，并号召全党同志学习白求恩，做"一个高尚的人，一个纯粹的人，一个有道德的人，一个脱离了低级趣味的人，一个有益于人民的人"。

白求恩病室为白求恩亲自设计、施工，将晋察冀军区后方医院驻地松岩口村村内一座龙王庙改建而成的有手术室、消毒室、医务室、洗涤室等设施的外科病室，对改善伤病人员救治条件，培养医务干部发挥了积极作用。白求恩殉职后，病室被晋察冀军区司令部命名为"白求恩模范病室"。民国29年（1940年），白求恩模范病室原建筑被日军焚毁。旧址为1974年恢复重建。

病室旧址为四合院式的布局，坐北向南，

白求恩模范病室旧址手术室、医务室、消毒室

病室长41米，宽28米，占地面积1148平方米。正房是手术室，左侧的耳房是医务室，右侧的耳房是消毒室。手术室对面有龙王庙戏台，是1938年9月5日医院建成时的典礼台。戏台右侧的一间小房子是洗涤室，其余房间均为病房。1940年日军实行"三光"政策，病室被付之一炬，仅残存老松树及门牌楼。病室旧址为1974年国家文物事业管理局拨专款按原样重新修复的。

1969年在白求恩模范病室旧址东侧，修建纪念白求恩陈列室，后改为白求恩纪念馆。纪念馆大院正中，耸立着6米多高的汉白玉题字塔，正面镌刻着毛泽东《纪念白求恩》全文，左侧刻有徐向前元帅的"学习白求恩同志的无产阶级的国际主义革命精神，为全世界人民的利益而斗争"的题词，右侧为聂荣臻元帅的"伟大的国际主义者白求恩同志永远是我们学习的榜样"的题词，背面是薄一波的"学习白求恩同志把革命精神和科学技术结合起来的光辉榜样"的题词。纪念馆入口处，有白求恩半身雕像，两侧是反映白求恩当年工作情景的图片及绘画作品，陈列框里有白求恩给中共中央毛泽东主席的工作汇报、信件和日记，以及当时用过的医疗器械等文物。

白求恩模范病室旧址的日常管理和安全保卫工作由白求恩纪念馆负责。1973年8月5日，五台县革命委员会上报《关于恢复松岩口白求恩模范医院旧址的请示》，启动该旧址的保护恢复工程。1974年9月5日，山西省革命委员会文化局批复《关于白求恩医院旧址复原修缮方案》，旧址修缮工作进入实施阶段。1982年2月23日，白求恩模范病室旧址由国务院公布为第二批全国重点文物保护单位，编号2-0007-

5-007。1993年3月1日，山西省人民政府印发《关于公布晋国遗址等十六处全国重点文物保护单位保护范围的通知》，公布白求恩模范病室旧址的保护范围和建设控制地带。1996年1月9日，忻州五台山书画院美术服务中心编制《关于整修五台山白求恩纪念馆和晋察冀模范医院旧址的方案》。

国殇墓园 是为纪念第二次世界大战期间中国远征军第二十集团军在攻克腾冲战役中阵亡将士的烈士陵园，是目前中国保存最完好的抗战时期烈士陵园。国殇墓园位于云南省腾冲市西南1千米处来凤山麓北面的小团坡，腾越镇天成社区太极小区2号，处于市区西南隅，南靠来凤山，大盈江从墓园北面向南流过。

腾冲战役是中国抗日战场转入全面战略反攻阶段所发起的缅北滇西战役的重要攻坚战之一。守军是日军步兵第148联队藏重康美所部及步兵第113联队等约7000人，攻击部队为由霍揆彰率领的中国远征军第20集团军约5万人。从民国33年（1944年）5月11日中国军队强渡怒江、打响腾冲战役，至9月14日攻克腾冲城，历时127天，所历大小战役40余次，毙敌6000余人。中国远征军共阵亡9168人，可见腾冲战役之艰苦与惨烈。

腾冲光复后，为纪念和安葬腾冲战役阵亡将士，由国民政府委员兼云贵监察使李根源倡议兴建陵园。在印度华侨的援助下，陵园于民国33年（1944年）底动工，次年7月7日落成。李根源根据《楚辞》中的"国殇"一篇，为之起名"国殇墓园"。墓园具有典型的中国祠祀建筑风格，平面整体布局严谨，对称而规矩，鸟瞰为钟形，寓意警钟长鸣。

墓园按中轴对称进行布局，墓园西南角的小团坡为全园最高处。以小团坡为起点，沿

腾冲县国殇墓园

阵亡将士冢

东北向轴线，依次建有烈士纪念塔、阵亡将士墓群、忠烈祠、墓园大门等建筑，占地面积53300平方米，建筑面积9826平方米。墓园大门为土木砖石结构牌楼式建筑，呈"八"字形，门额镶有李根源书"国殇墓园"4个大字。主体建筑忠烈祠坐落在甬道尽头的高台上，台前正中刻蒋中正题、李根源书"碧血千秋"4个大字。忠烈祠为重檐歇山顶木构回廊式建筑，面阔五间、进深五间，上檐下悬蒋中正题"河岳英灵"匾额；祠堂正门上悬国民党元老于右任手书"忠烈祠"匾额，祠堂中央高悬孙中山画像及"总理遗嘱"。两侧墙壁镶嵌抗日阵亡将士名录碑76方，刻有9000余名烈士的姓名。祠内外立柱悬挂国民党高级军政要员何应钦、卫立煌、孙科等人的题联、挽诗和悼词，祠前立有数通石碑，主要有蒋介石签署的保护国殇墓园的《国民政府军事委员会布告》

碑、霍揆彰记述腾冲战役经过的《忠烈祠》碑和《腾冲会战概要》碑、李根源的《告滇西父老书》碑等。忠烈祠的背后即为阵亡将士墓群分布的小团坡，坡顶立有高10米的纪念塔，外形为方形柱式尖顶，系用腾冲特有的火山岩雕砌而成，塔身正面镌刻着霍揆彰题"中国远征军第二十集团军克复腾冲阵亡将士纪念塔"，塔基正面刻有蒋中正题、李根源书"民族英雄"4个蓝色大字，其余三面为腾冲抗战纪要铭文。以塔为中心，辐射状地把坡体分为六等分，每个等分代表一个师，密布着墓碑。墓碑上书阵亡将士的姓名、籍贯、军衔和职务。整个烈士冢共立墓碑3346块，包括战死的援华美军人员。大门内西侧另有高1米的圆丘状"倭冢"，内埋日军148联队长等人尸骸2具。

国殇墓园落成之初，由民国腾冲县政府聘专人守护。中华人民共和国成立后，在"三反""五反"运动中，墓群及纪念塔遭受比较严重的破坏，大门及忠烈祠保存相对完好。20世纪80年代，小团坡南、西两面遭受小面积倾塌。1984年，腾冲县政府着手维修，恢复旧制，并公布国殇墓园为腾冲县文物保护单位，批准成立腾冲国殇墓园管理所。1987年，国殇墓园被云南省政府公布为云南省文物保护单位。1996年11月20日，国殇墓园被国务院公布为第四批全国重点文物保护单位，编号4-0246-5-0048。2004年，建大型浮雕墙及10组铜塑；为纪念滇西抗战中牺牲的美国盟军官兵，在忠烈祠东侧增建盟军纪念墓地。2013年，在国殇墓园东园区改扩建滇西抗战纪念馆，与国殇墓园统一管理。2005年，国殇墓园全国重点文物保护单位"四有"档案由腾冲县文物管理所建立并保存。

**陈嘉庚墓**　是华侨领袖和爱国实业家陈嘉庚的陵墓。陈嘉庚墓位于福建省厦门市集美区东南海边嘉庚公园内，四面环海，南面与厦门岛隔海相望，西北面为填海而成的堤坝，与集美陆地相连，距陈嘉庚的故乡集美大社400米。

陈嘉庚（1874～1961年），福建泉州府同安县集美社人。17岁随父下南洋谋生，经艰苦奋斗，成为驰名海内外的华侨大实业家。曾任中国人民政治协商会议全国委员会副主席、全国人民代表大会常务委员、中华全国归国华侨联合会主席等职。辛亥革命时期，陈嘉庚加入孙中山领导的同盟会，曾募款资助孙中山的革命活动。民国2年（1913年），陈嘉庚回家乡集美先后创办集美学校和厦门大学。抗日战争爆发后，陈嘉庚在新加坡创立"南洋华侨筹赈祖国难民总会"（简称"南侨总会"），动

陈嘉庚墓

员南洋1200万华侨捐款捐物，购买救国公债，选送机工回国，在滇缅公路上运输抗日物资，为祖国抗战做出巨大贡献。民国38年（1949年），应毛泽东主席邀请回国参加新政协筹备会。致力于祖国社会主义建设事业，为推动华侨爱国大团结、鼓励华侨支持祖国和家乡建设起到积极作用。被毛泽东誉为"华侨旗帜，民族光辉"。

1950年，陈嘉庚回到集美定居，选择在集美东南海滨一座龟形状小岛建园。岛上原有一妈祖庙，名曰"鳌头宫"，在抗战时期被日军飞机炸毁，陈嘉庚选择鳌宫废址建园，取名"鳌园"。1951年9月8日，正式动工兴建，陈嘉庚担任总设计师和总工程师。1956年，鳌园基本竣工。陈嘉庚选定在纪念碑前侧一天然礁石处，向南填海扩建成自己的陵园。1961年8月12日，陈嘉庚在北京病逝，中央人民政府在北京为其举行公葬。8月20日，遵照陈嘉庚遗愿，将其遗体运回厦门安葬于鳌园。

鳌园四面环海，西北角入口处系填海而成，与集美陆地相连。鳌园总占地面积9000平方米。整体由门廊、集美解放纪念碑、嘉庚墓和四周石雕围墙四大部分组成，后三部分平面呈"圖"字形。鳌园入口正前方15米有一命世亭，该亭面宽六柱五间，进深两柱一间，钢筋混凝土仿古结构，歇山顶，屋面以绿色琉璃瓦铺就。亭柱均为花岗岩石柱，石柱正背两面均镌刻对联。亭内原置放15尊20世纪50年代的国家领导人石雕像，故又称元帅亭。鳌园中央位置建有纪念碑，碑高28米，碑上刻有1952年5

陈嘉庚墓近景

陈嘉庚墓园石雕

月毛泽东亲笔题写的"集美解放纪念碑"7个大字。陈嘉庚墓为龟寿形，由13块六角形水磨青石镶成。墓碑为白色水磨花岗石。碑文为隶书贴金。墓圹形似马蹄，周边砌有青石，浮雕陈嘉庚生平事迹图多幅。墓前有长方形拜亭，后有一照壁石屏。陈嘉庚墓（鳌园）中汇集了20世纪闽南石雕精品，有浮雕、沉雕、圆雕、镂雕、线雕、影雕等，囊括所有石雕技法，雕刻工艺精湛，富有民族特色，具有较高的艺术价值。

鳌园自建成后一直由私立集美学校委员会管理，其前身是陈嘉庚创办的集美各校的管理机构——集美学校董事会。"文化大革命"期间，鳌园受到人为破坏。1973年，在国务院总理周恩来的亲自关怀下，集美学校委员会开始抢救保护鳌园文物。中央拨专款进行修缮，部分水泥雕基本修复，原建筑物基本恢复。1980年，鳌园正式对外开放。1982年3月11日，厦门市政府将鳌园公布为第二批市级文物保护单位，定名为"集美解放纪念碑"。1985年10月11日，福建省政府将鳌园公布为第二批省级文物保护单位，定名为"鳌园——陈嘉庚墓"。1988年1月13日，陈嘉庚墓被国务院公布为第

三批全国重点文物保护单位，编号3-0038-5-038。1988～1993年，先后对鳌园部分建筑基础进行加固，对鳌园门厅、拜亭、鳌亭、命世亭的屋面、纪念碑碑顶以及牌坊进行维修。1990～1991年，集美学校委员会按原内容和图案将水泥雕更换为青石雕及影雕作品。1996年9月2日，福建省人民政府印发《福建省人民政府关于公布国家重点和省级文物保护单位（第二批）保护范围的通知》，公布了陈嘉庚墓保护范围。2016年11月8日，福建省文化厅、福建省住房和城乡建设厅印发《关于公布省级以上文物保护单位建设控制地带的通知》，公布了陈嘉庚墓的建设控制地带。陈嘉庚墓全国重点文物保护单位记录档案已制作完成，由厦门市文化局保管。厦门市编制完成陈嘉庚墓保护规划文本。

**冯玉祥墓**　是国民党高级将领、爱国民主人士冯玉祥的墓地，位于山东省泰安市泰山南麓东科学山。墓地南临环山路，西南毗邻泰山游人中心，东、西、北三面环山。

冯玉祥（1882～1948年），原名基善，字焕章，原籍安徽巢县（巢湖市），生于直隶青县（河北沧州）。中国近代军事家，爱国将领。民国20年（1931年）九一八事变后，冯玉祥积极主张抗日，反对蒋介石消极抵抗政策，受到蒋介石排挤。民国21年（1932年）和民国24年（1935年）两次寓居泰山。在泰山期间，他修桥凿泉方便民众，创立武训小学，兴办教育，宣传抗日救国，为泰山做出很多贡献。民国22年（1933年），为纪念辛亥革命滦州起义牺牲的烈士，冯玉祥在泰山普照寺东北和南部分别建立辛亥革命滦州起义烈士纪念碑、辛

冯玉祥墓

亥滦州起义烈士祠等。民国24年（1935年）5月，冯玉祥在张家口组织民众抗日同盟军。抗日战争爆发后，先后被任命为第三、第六战区司令长官。抗战胜利后，因反对蒋介石内战、独裁政策，被迫于民国36年（1947年）9月赴美国考察。民国37年（1948年）1月1日，当选中国国民党革命委员会常务委员和政治委员会主席。同年9月，响应中共中央号召回国参加新政协筹备会，归国途中因轮船失火遇难。10月，冯玉祥夫人李德全携其骨灰，到达东北解放区。根据冯玉祥生前遗愿，中央人民政府于1952年在泰山南麓、东科学山山崖上建冯玉祥墓，1953年安葬骨灰于此。

冯玉祥墓，坐北朝南、依山凿石而建，平面呈"凹"字形，东西宽19.7米，南北长15.2米，面积299.44平方米；墓室通体花岗岩条石垒砌，立面呈"凸"字形，通高7.83米，东西两侧沿山势呈阶梯状向下跌落，正面中部嵌冯玉祥铜质浮雕头像，头像上方嵌郭沫若书"冯玉祥先生之墓"黑花岗岩横额，下方嵌冯玉祥自书《我》字诗，再下有石祭台。墓前设石阶四段共66阶，寓意冯玉祥弱冠从军、清末军旅、民国时期、抗日救国四个人生阶段和走过的66个春秋。石阶两侧种植柏树，前方为石坊和大众桥，石坊为泰山花岗岩质，单开间，面阔3.2米，通高4.21米。大众桥是冯玉祥寓居泰山时为方便民众过溪而捐资兴建，为单拱石桥，桥面宽2.8米，长45.6米，拱高4米，桥面两侧安装铁栏杆。紧邻冯玉祥墓东侧有其原配夫人刘德贞之墓，墓体为圆形，直径2.9米，通高2米，1953年其子女将其安葬于此。

1955年，泰安市文物保护管理所成立，负责冯玉祥墓的保护管理。几经变更，1985年起，冯玉祥墓由泰安市泰山风景名胜区管理委员会文物宗教局竹林寺文物管理区保护管理。1988年1月13日，冯玉祥墓被国务院公布为第三批全国重点文物保护单位，编号3-0039-5-039。2005年，在辛亥滦州起义烈士祠，开设冯玉祥泰山纪念馆，分类管理有关图书、资料及冯玉祥在泰山的事迹材料。2013年，山东省文物局印发《第四批省级文物保护单位及其他省级以上文物保护单位保护范围和建设控制地带》，公布冯玉祥墓的保护范围的建设控制地带。同年，泰山景区文物宗教局、竹林寺文物管理区建立冯玉祥墓全国重点文物保护单位的"四有"档案。

**鲁迅墓** 是1956年为安放中国现代文学奠基人鲁迅的灵柩而新建的墓地。鲁迅墓位于上海市鲁迅公园（四川北路2288号，原虹口公园）内，坐北朝南，绿化环绕，靠近虹口足球场。

鲁迅（1881～1936年），原名周樟寿，后改名周树人，字豫山，后改豫才，"鲁迅"是他民国7年（1918年）发表《狂人日记》时所用的笔名，也是影响最为广泛的笔名。浙江绍兴人。著名文学家、思想家，五四新文化运动的重要参与者，中国现代文学的奠基人。鲁迅在文学创作、文学批评、思想研究、文学史研究、翻译、美术理论引进、基础科学介绍和古籍校勘与研究等多个领域具有重大贡献，对于

鲁迅墓碑及墓室

五四运动以后的中国社会思想文化发展具有重大影响。

鲁迅墓原址位于上海西郊万国公墓。民国25年（1936年）10月19日，鲁迅在上海逝世，鲁迅遗体葬于公墓东侧F区，编号为406～413穴位，总面积为53.6平方米。墓地仅有一掬黄土，至第二年才树立一块水泥碑石。墓碑图样为鲁迅夫人许广平亲自设计。碑呈梯形，立于墓地中间偏后。碑高71.2厘米，背面平垂地面，正面稍向后倾。碑之上部嵌有宽25厘米，高38厘米的瓷质画像，系鲁迅于民国22年（1933年）为斯诺编译《活的中国》时所拍摄的照片。鲁迅之子周海婴手书"鲁迅先生之墓"。墓地四周植有大小柏树21棵。民国35年（1946年），周恩来和许广平在鲁迅墓地各种柏树1棵。民国26年（1937年）八一三淞沪抗战后，鲁迅墓地遭损坏。鲁迅生前日本好友内山完造（1885～1959）于民国28年（1939年）、民国33年（1944年）两次出资修葺。民国36年（1947年）9月，鲁迅墓进行改建。许广平以收回的鲁迅著作部分版税收入为改建经费，并亲自设计描绘墓园设计图。改建后的鲁迅墓，正方形，南面正中入口，迎面是4只供瞻仰者插花的鼓腹毛石花瓶（一大三小），后面是墓穴。一块野山式圆形头花岗石墓碑立于墓穴后面，碑高93.3厘米，碑身凿有多条斜向宽沟。碑面嵌有黑石板1块，上面镶有椭圆形瓷制鲁迅遗像，像下刻周建人书"鲁迅先生之墓一八八一年九月二十五日生于绍兴，一九三六年十月十九日卒于上海"的阴文贴金碑文。碑下有两层基座，均为野山式。墓地四周以毛石作围。围石间有毛石柱子10个。入口

鲁迅墓全景

处另有斩光石柱2个。沿围石遍植冬青。周恩来和许广平所种的两棵柏树移至入口左右。原重达1000多千克的鲁迅墓墓碑埋在墓穴右前方的深土中，1973年春由上海鲁迅纪念馆运回纪念馆保存。2007年6月6日，在鲁迅原葬地（原万国公墓，现宋庆龄陵园）举行鲁迅原葬地标志揭幕仪式。

新建鲁迅墓于1952年规划筹备，至1956年完工。1952年春，华东军政委员会文化部计划选择邻近鲁迅故居、鲁迅生前曾到过的虹口公园内新建鲁迅墓，并拟改虹口公园为鲁迅公园。经过4年规划筹备，1956年，鲁迅墓由上海西郊万国公墓迁墓至上海虹口公园（1988年改名为鲁迅公园）。墓正南向，由墓碑、墓穴、大平台、左右石柱花廊、鲁迅铜像、左右

墓道和周边绿化等组成，建筑面积1600平方米，用2000余块苏州金山花岗石筑成，除墓碑和地坪等用斩光花岗石外，墙身和石柱均为毛石。墓中间是一块长方形绿地，四周围植瓜子黄杨。绿地中央偏后，矗立着一座由雕塑家萧传玖创作的鲁迅坐像。塑像基座共三层，用4块福建泉州花岗石镶成，总高度为1.71米。基座上部的浮雕花饰图案，采用鲁迅亲自设计《坟》扉页的云彩部分。图案下刻阴文鲁迅生卒年月"1881～1936"。绿地两边是通道，外沿各植一排龙柏。经通道拾级而上，是一个可容纳四五百人的方形大平台。平台左右植有2棵鲁迅生前喜爱的广玉兰，平台两侧为石柱花廊，植有紫藤。廊下设有长条座椅。平台前是照壁式大墓碑，宽10.2米，高5.38米。墓碑中

央横排镌刻毛泽东题写的"鲁迅先生之墓"，阴文贴金。墓碑下方正中是安放鲁迅灵柩的墓室，上面用6块光洁的花岗石板密盖着。墓室左右各有1棵桧柏，为鲁迅夫人许广平和儿子周海婴所植。墓碑后面是屏风式土山，东西向，山上山下遍植松柏、香樟、四季花草等鲁迅生前喜爱的花木。还种有日本友人赠送的樱花、蜡梅、桂花树等。

鲁迅墓由上海鲁迅纪念馆管理。1950年，上海鲁迅纪念馆由华东军政委员会文化部着手筹备，同年7月批准建制；8月，政务院副秘书长许广平到沪指导上海鲁迅故居陈列复原；11月，政务院总理周恩来题写馆名。1951年1月，上海鲁迅纪念馆对公众开放。鲁迅新墓建成后，进行过大小20余次保护修整。上海鲁迅纪念馆制定了完善的安全保卫和检查规章。1957年，上海市文化局颁布《关于虹口公园鲁迅墓管理分工办法》，明确虹口公园（鲁迅公园）与鲁迅纪念馆的管理修缮责任。1961年3月4日，鲁迅墓被国务院公布为第一批全国重点文物保护单位，编号1-0031-5-031。1999年3月29日，上海市人民政府下发《关于同意重新编制的上海市国家级和市级文物保护单位保护范围及建设控制地带》的批复，划定公布鲁迅墓的保护范围和建设控制地带。2005年10月31日，上海鲁迅纪念馆建立由国家文物局监制的全国重点文物保护单位鲁迅墓记录档案。

**中苏友谊纪念塔** 简称中苏友谊塔，是为纪念中苏友谊而修建的纪念性建筑物，位于辽宁省大连市旅顺口区列宁街42号。

1949年10月3日，中国与苏联建立外交关系，苏联成为第一个与中华人民共和国建交的国家。1950年2月，中苏两国签订《中苏友好同盟互助条约》和有关规定，建立平等互助的

中苏友谊纪念塔

中苏友谊纪念塔局部图

新型同盟。为纪念中苏两国人民在长期的革命斗争中结下的深厚友谊，中国决定建立中苏友谊塔。1955年2月23日，在庆祝苏联红军建军37周年之际，中苏友谊塔奠基仪式在旅顺博物馆前广场上举行。以国务院副总理兼国防部长彭德怀为团长，宋庆龄、贺龙、郭沫若、聂荣臻为副团长的中华人民共和国慰问驻旅顺口地区苏军代表团，参加奠基典礼。国务院总理周恩来题写奠基碑碑文——"中苏友谊塔奠基"。中国人民保卫世界和平委员会主席郭沫若和苏联驻中国大使尤金分别在奠基典礼上讲话，共同祝愿中苏友谊塔在维护远东和世界和平事业中永远发挥着灯塔的作用。1955年10月，中苏友谊纪念塔正式破土动工，1956年10月11日落成。1957年2月14日，举行隆重落成典礼。

中苏友谊纪念塔的设计独具风格，两层塔基的月台栏杆为中国风格，而塔身的设计则表现出俄罗斯风格，精美的浮雕图像记录了中苏两国人民深厚的友谊，为进行革命传统教育和爱国主义教育提供了良好的场所。纪念塔总占地面积8000余平方米，高22.2米，由塔基、塔身和塔顶3部分组成。塔基用花岗岩砌筑，呈正方形，长、宽各22米，为双重月台，四面设有阶梯。塔身、塔额以及栏杆均以雪花石精雕而成。塔身矗立于方形基座上，基座四面刻有天安门和克里姆林宫、鞍钢炼钢高炉、旅顺口胜利塔以及中苏友谊农场的浮雕。塔身为十二边形。塔身下部雕有高1.2米的象征中苏友谊的群像，塔顶为雪花石雕刻的盛开的莲花，顶端镶嵌中苏友谊徽。塔身及基座的浮雕内容生动、形象，雕刻工艺精湛、细腻，形象地表现了中苏两国人民的亲密友谊，体现了当时中国建筑的艺术水平。中苏友谊塔四周植有四季常青的龙柏78株，雄伟壮观的中苏友谊塔与苍翠挺拔的龙柏相互辉映，象征着中苏两国人民的友谊万古长存。

1961年3月4日，中苏友谊纪念塔被国务院公布为第一批全国重点文物保护单位，编号1-0032-5-032。1978年10月19日至1979年5月3日，国家文物事业管理局批准拨款，旅顺交建局市政工程队施工，修补塔基，更换中苏友谊徽。1993年，辽宁省人民政府印发《关于公布一百五十九处省级以上文物保护单位保护范围和建设控制地带的通知》，划定了中苏友谊塔的保护范围和建设控制地带。2001年，建立了中苏友谊塔全国重点文物保护单位的记录档案。中苏友谊塔先后划归为旅顺口区文物管理办公室（1998年）、旅顺口区园林管理处（2006年3月）管理。2008年1月起，中苏友谊塔由旅顺博物馆统一管理。

**人民英雄纪念碑** 是中华人民共和国中央人民政府为纪念1840年至新中国成立前在人民革命斗争中牺牲的人民英雄而修建的纪念建筑物。人民英雄纪念碑位于天安门广场中央，在天安门南463米，正阳门北440米的南北中轴线上。

1949年9月30日，中国人民政治协商会议第一届全体会议决定，在天安门广场建立人民英雄纪念碑，纪念在人民解放战争和人民革命中牺牲的人民英雄。当天下午，出席中国人民政治协商会议的全体代表，在天安门前广场上举行纪念碑奠基典礼。中华人民共和国成立后，由北京市人民政府主持，北京市都市计划委员会（主任彭真，副主任梁思成）经办，向全国各建筑设计单位、大专院校建筑系等发出征选纪念碑设计方案的通知。到1951年共征集到纪念碑设计稿140余个。经都市计划委员会讨论，确定"高而挺拔"的原则，并组织

设计人员将这些方案归纳成8个。经中央审定后，将其中的3个做成模型，自1951年国庆节起摆放在天安门广场，征求全国人民的意见。在筹备和兴建过程中，集中了以梁思成、刘开渠等为代表的国内优秀的建筑家、史学家、雕刻家、艺术家和技术工人。人民英雄纪念碑于1952年8月1日开工，1958年4月22日建成，1958年5月1日国际劳动节时，举行人民英雄纪念碑揭幕仪式。

人民英雄纪念碑通高37.94米，用17000余块花岗岩和汉白玉砌成；碑基面积3100余平方米，由两层月台、两层须弥座、碑身和碑顶组成。底层月台呈海棠形，东西宽50.44米，南北长61.54米；二层月台为方形，四面设有

人民英雄纪念碑

台阶，精美的汉白玉栏杆环绕四周。月台上边的大须弥座束腰处四面镶嵌着10幅高2米，宽2～6.4米，总长40.68米的巨型汉白玉浮雕，共雕刻约180个人物形象。碑身东面第一幅是"虎门销烟"，第二幅是"金田起义"；碑身南面第三幅是"武昌起义"，第四幅是"五四运动"，第五幅是"五卅运动"；碑身西面第六幅是"南昌起义"，第七幅是"抗日游击战"；碑身北面第八幅是"支援前线"，第九幅是"胜利渡长江"，第十幅是"欢迎人民解放军"。浮雕生动而概括地记载了中国人民100余年来，特别是在中国共产党领导下28年来反帝反封建的伟大革命斗争史实。上层小须弥座四周镌刻牡丹、菊花、荷花、垂幔等组成的8个花环，以表对先烈的崇敬和永远怀念。小须弥座上的高大碑身共计32层，由413块花岗岩石垒砌而成。碑身正面朝着天安门，嵌约60吨重、14.7米长的碑心石1块，镌刻着毛泽东题写的"人民英雄永垂不朽"八个鎏金大字，背面碑心内容为毛泽东起草、周恩来用楷书题写的114个鎏金大字碑文。碑身东西两侧上方雕刻着由五角星、松柏和旗帜组成"光辉永照"的装饰花纹，碑顶是传统的盝顶式。人民英雄纪念碑是集体智慧的结晶，它不仅表彰人民英雄千古不朽的业绩，而且体现了中国独特的民族艺术风格，在中国建筑艺术的宝库中堪称精品。

1961年3月4日，人民英雄纪念碑被国务院公布为第一批全国重点文物保护单位，编号1-0033-5-033。1971年，人民英雄纪念碑北面原鎏金的"人民英雄永垂不朽"的题字被改成红色玻璃钢字，1980年国庆节前，北京市人民政府在对人民英雄纪念碑进行修缮时恢复原有鎏金字。1981年3月，增添人民英雄纪念碑夜景照明设施。1984年，北京市人民政府印发《关于第一批划定六十项文物保护单位的保护范围及建设控制地带的报告》，划定旧皇城保护区及其以北地区的保护范围及建设控制地带，人民英雄纪念碑也列入其中。1990年，北京市人民政府天安门地区管理委员会成立，统一管理天安门地区的治安和各项工作。1991年5月和2006年2月8日至7月，北京市人民政府两次对人民英雄纪念碑进行彻底修缮。2001年，专门成立文物保护处，负责人民英雄纪念碑的维修保护工作。2005年，天安门地区管理委员会建立人民英雄纪念碑的全国重点文物保护单位记录档案。

**郭沫若故居**　是郭沫若晚年居住、工作的场所，位于北京市西城区前海西街18号，在什刹海体校西侧，南与北海公园静心斋隔街相望。

郭沫若（1892～1978年），原名郭开贞，别号鼎堂，号尚武，笔名沫若，四川乐山人。中国现代文学家、历史学家和古文字学家，中华人民共和国科学文化事业的重要领导者，在中国学术、文化等诸多方面做出重大贡献。中

郭沫若故居大门

郭沫若故居外院

华人民共和国成立后，任中央人民政府委员、政务院副总理兼文化教育委员会主任、中国科学院院长、中国文学艺术界联合会主席等职。1954年起，被选为全国人民代表大会常务委员会副委员长。

郭沫若故居，原为清乾隆朝权臣和珅府外的花园。清嘉庆年间（1796～1820年），和珅被贬，花园遂废。同治年间（1862～1874年），花园成为恭亲王府的前院，是堆放草料及养马的马厩。民国年间，恭亲王后人将此处卖予天津达仁堂乐家药铺作宅院，修建起中西式结合的庭院。1950～1959年，此处曾是蒙古人民共和国驻华使馆所在地。使馆迁出后，这里分为东西两个院，东侧以中式的四合院式建筑为主，宋庆龄曾在此居住。1963年11月，郭沫若迁入这里居住、工作，直到1978年6月12日逝世，在这里度过他人生最后的15年。在此期间，郭沫若指导河北满城汉墓、山东银雀山汉墓、湖南长沙马王堆汉墓等重大考古发现和组织"无产阶级文化大革命期间文物出土展览"，推动《考古学报》《考古》《文物》复刊，主持编纂《中国史稿》《甲骨文合集》等。

郭沫若故居平面布局呈长方形，南北长，东西窄。故居大门坐西朝东，是一座中式广亮大门。面阔三间，进深五檩带后廊，硬山顶，过垄脊，筒瓦屋面。大门上方悬挂邓颖超题金字木匾一块，书"郭沫若故居"，门前设砖砌一字影壁1座。门内为故居前院，院内有两座小丘，种植着郭沫若生前喜爱的银杏、白皮松等乔木。东侧草坪上立有着郭沫若全身铜像1尊。故居北部为主体建筑所在，由两进院落组成。前院为办公区域，后院为生活居住区域，二院相对独立而又相互连接，构成一组功能完善的建筑群体。四合院辟为展览区。第一进院由正房、配房和垂花门等组成，四周有围墙环绕。垂花门位于第一进院最南面，是进出庭院的主要出入口。一殿一卷式，筒瓦屋面。门前青石垂带踏跺五踩，左右两侧各有铜钟1座。垂花门的两侧接围墙，墙心为方砖心做法，下碱为虎皮石墙。正房坐北朝南，面阔五间，进深九檩，硬山顶，过垄脊，灰色筒板瓦，前后廊，木构架绘有掐箍头彩画。正房是郭沫若生前办公、起居等用房。西三间是郭沫若接待宾客的客厅，正房的东次间是郭沫若写作和办公的地方，梢间是郭沫若的卧室。正房的左右各建有耳房1间，硬山顶过垄脊，灰筒瓦屋面，柱间带有雀替，木构架绘有箍头彩画。东、西厢房为硬山顶过垄脊，灰色筒板瓦，面阔三间、进深六檩，前出廊，木构架施以箍头彩画，柱间带雀替。两厢房分别作为第一、二展室使用。院内各建筑之间都有游廊相连，四檩卷棚顶檐柱间安装有倒挂楣子、坐凳楣子、雀替。第二进院以后罩房为主，形成一个相对独立的院落。后罩房坐北朝南，建在一个较高的虎皮石台基之上，硬山顶，面阔十一间，进深七檩，前后廊，合瓦屋面；木构架绘以箍头彩画；明间前带垂带踏跺五踩。北房的明间和两次间是郭沫若夫人于立群的写字间，写字间的西侧为其卧室，现已辟为展室。后罩房东西与第一进院正房相连接处均有平顶暖廊相连接。东跨院北房坐北朝南，面阔两间，进深五檩，硬山顶，过垄脊，合瓦屋面，前檐装修玻璃门窗。

整座故居的前后两院相对独立又相互连接，建筑布局完全符合中国传统建筑格局与营造方式，体现中国四合院建筑群体的典型特点。

郭沫若逝世后，郭沫若著作编辑出版委员会于1979年迁入故居，随后不久酝酿组成"郭沫若纪念馆筹备小组"。1982年2月，中共中央书记处决定把郭沫若这个晚年居住地定名为"郭沫若故居"。同年11月16日，在郭沫若诞辰90周年时，"郭沫若故居"举行定名揭幕仪式。1984年，北京市人民政府印发《关于第一批划定六十项文物保护单位的保护范围及建设控制地带的报告》，划定旧皇城保护区及其以北地区的保护范围及建设控制地带，郭沫若故居被规划在内。1988年1月13日，郭沫若故居被国务院公布为第三批全国重点文物保护单位，编号3-0040-5-040。同年，故居作为郭沫若纪念馆对外开放。1994年，郭沫若故居更名为郭沫若纪念馆，负责故居的保护管理，隶属于中国社会科学院。2005年，建立郭沫若故居的全国重点文物保护单位记录档案。

**北京宋庆龄故居**　是爱国主义、民主主义、国际主义、共产主义战士宋庆龄曾经生活和工作的地方，位于北京市西城区后海北沿46号，北靠鼓楼西大街，南依什刹海的后海，西临德胜门内大街，东依国家宗教局。

宋庆龄（1893～1981年），原籍广东省文昌县（后为海南省文昌市），生于上海，是20世纪举世闻名的伟大女性，中华人民共和国的主要领导人之一。民国2年（1913年）毕业于

宋庆龄故居大门

北京宋庆龄故居主楼

美国威斯理安女子学院。民国4年（1915年）在日本东京与孙中山结婚，追随孙中山从事革命事业。1949年当选中华人民共和国中央人民政府副主席。历任全国人民代表大会常务委员会副委员长、全国政协副主席、中华人民共和国副主席等职。1981年担任中华人民共和国名誉主席，并成为中国共产党正式党员。同年5月29日在京病逝。

宋庆龄故居为清醇亲王府（也称摄政王府）府邸的花园，又称西花园。故居是一座既保留原王府花园布局和风格，又融入西方别墅特点的中西合璧式宅院建筑。始建于清代早期，康熙年间（1662～1722年）为武英殿大学士明珠的宅第，乾隆年间（1736～1795年）为和珅别院。先后作为成亲王永瑆的王府、醇亲王奕𫍽的"北府"以及醇亲王载沣的王府花园，即摄政王府花园。中华人民共和国成立后，载沣将王府卖与国家。1963年4月，宋庆

龄迁居于此，直到1981年5月逝世，在此生活18年。

宋庆龄故居坐北朝南，占地2万余平方米，建筑面积约2800平方米，院内有土山3座，四面环水，另设长廊连接南北两组建筑。进入故居正门，左侧假山上有古亭1座，因形似一把打开的扇面而得名"箑亭"，前檐悬扇形匾额"箑亭"，为醇亲王奕𫍽亲题。"箑亭"北侧的长廊上建有"恩波亭"，亭为六角攒尖顶，是成亲王永瑆为感谢嘉庆帝准其引玉河水进园之皇恩而修建。沿"恩波亭"北侧游廊可达一片大草坪前，草坪东南角立一旗杆，为宋庆龄迁来此处后升国旗的地方；草坪北侧为故居的主要建筑所在。前厅是宋庆龄接待国内外客人的大客厅，檐下悬缪嘉玉书"濠梁乐趣"匾额，原为王府花园时的"益寿堂"（匾额在改建时遗失），后将原挂于戏台后面的"濠梁乐趣"匾移至此处。后厅

南楼"见远阁"与池塘

曰"畅襟斋",为原王府花园内的主要建筑（1938～1948年，载沣曾在此居住），是宋庆龄举行宴会，招待外国宾客、海外侨胞及国际友人的场所。建筑面阔五间，双卷勾连搭形式，前檐悬"畅襟斋"匾额，翁同龢书；后檐接二层小楼1座，在二层悬"五峰挺秀"匾额，为康熙御笔，是康熙时期明珠宅第旧物。东厢房曰"观花室"，檐下悬缪嘉玉手书匾额。西厢房曰"听鹂轩"，原为三券勾连搭式建筑，在改建宋庆龄寓所时将西侧两券去除，并移"听鹂轩"匾额至畅襟斋东耳房上，保留一卷与主楼巧妙结合，浑然一体。

主楼原址曾为一座四方古建庭院，后改建为中西合璧式建筑，地上二层，重檐歇山顶，筒瓦屋面，楼内西式装修，是宋庆龄生前主要的生活起居场所。仍保持原貌。一楼的小客厅、小餐厅，是宋庆龄接见和宴请国家领导人、各国政府首脑以及最亲密朋友的地方。小客厅里悬挂着宋庆龄选定的孙中山和毛泽东的照片，宋庆龄的固定座位设在孙中山像前的南侧。小餐厅里挂有周恩来的油画像。二楼有卧室兼办公室、起居室和书房。卧室里的家具简

朴整洁，办公桌上放着书籍、文件、花镜和钢笔。卧室的东侧是书房，有藏书1600余册、杂志1100余册，保持着宋庆龄生前工作居住时的原貌。室内的日历翻到1981年5月29日，挂钟的指针停在20点18分，显示宋庆龄逝世的时间，室内陈列着一架黑色的"施特劳斯"牌钢琴。主楼的西北有一处"鸽子房"。在主楼前的草坪上，有一株古老的国槐，树冠阔如巨伞，树荫近百平方米，主干围长3.6米。像一只展翅欲飞又回首留恋不舍的凤凰，被宋庆龄称为"凤凰树"。1992年，为纪念宋庆龄100周年诞辰，在故居的西山上兴建"瑰宝亭"，得名于周恩来对宋庆龄的赞誉——"国之瑰宝"。在"瑰宝亭"东南侧的南山西端上，另有3间转角房，平面呈"L"形，檐下悬"听雨屋"匾额，为载洵手书，原为王府主人休闲之所，与东侧"箑亭"相呼应，寓意"风调雨顺"。"听雨屋"东为二层"南楼"，一层悬吴作人书"见远阁"匾额，二层悬载洵书"南楼"匾额。建筑采用灰砖清水墙面，干摆做法，建筑一层由正门进入，二层则设游廊攀上。南楼前临南湖处另有"明开夜合树"2株，树龄300年左右。

1982年2月23日，北京宋庆龄故居被国务院公布为第二批全国重点文物保护单位，编号2-0009-5-009。1984年，北京市人民政府印发《关于第一批划定六十项文物保护单位的保护范围及建设控制地带的报告》，确定北京宋庆龄故居的保护范围。故居管理单位为北京宋庆龄故居管理中心，隶属中国宋庆龄基金会。故居自开放以来一直得到妥善保护，期间经过多次维修。2005年，北京市古代建筑研究所建立

北京宋庆龄故居的全国重点文物保护单位记录档案。

八宝山革命公墓 八宝山革命公墓，是中华人民共和国成立初期为纪念因中国革命而牺牲的烈士兴建的陵园，如今成为中国规格建制最高的园林式公墓。位于北京市石景山区石景山路9号，西长安街沿线北侧，八宝山南麓。

八宝山，因其盛产八种非金属矿物质而得名。史载，西汉循吏韩延寿世居于此，故称韩家山。元朝时期，在八宝山南修灵福寺，后又建福寿寺。明永乐年间（1403～1424年），司礼太监刚炳曾随帝征战，屡建功勋，死后永乐皇帝降旨在韩家山南麓为其建褒忠护国祠（又称刚炳祠，后为烈士骨灰堂院正殿）；后又在其东南建黑山会司礼太监刚公护国寺（后为骨灰堂西院）。

1949年12月，政务院总理周恩来提出为中国革命牺牲的烈士找一块安息之地。北京市副市长吴晗带队多方考察，定址在八宝山。1950年，北京市人民政府将刚炳祠、护国寺改扩建成为北京市革命公墓。1970年，遵照周恩来指示，定名为八宝山革命公墓。经过多年改扩建，八宝山革命公墓成为一座古木参天、花繁叶茂、环境优雅肃穆的园林式陵园。

八宝山革命公墓占地27000平方米（其中前院10500平方米，北山17000平方米），分为墓葬区、骨灰堂和办公区、花房四部分。八宝山建筑格局由中国著名建筑师林徽因设计，牌楼由梁思成、林徽因夫妇共同设计完成。大门前石狮昂然威武，松柏苍劲参天。向北的甬道平坦宽阔直通爱国主义教育基地的旗台，大路两侧是雕花石栏和绿植围挡。骨灰堂西侧是明朝古建筑，东侧是仿古建筑，均为青砖碧瓦雕梁画栋。西侧院落有明朝三座古建，南北排列，朱红墙壁琉璃碧瓦雄伟壮观。最北端的小院内有影壁墙一座，上有石刻，阳面为地藏菩萨，阴面为九莲菩萨，刻画精准栩栩如生。骨灰堂外的东北方向为一墓区，共有墓碑近2000

八宝山革命公墓大门

八宝山革命公墓烈士纪念园

座。墓区中轴线的最北端是任弼时广场，占地300平方米，是大型祭扫纪念活动的重要场所。任弼时墓东侧有瞿秋白、李维汉、陈云、姚依林等墓，西侧有张澜、薄一波等墓。骨灰堂外的西北方向为政德教育基地，院内有千年古树两株，六百年古建一座。东西两侧房间为政德教育展厅，陈列着革命文物、先烈遗物及传记图书。革命公墓还有北山的玉岑园和生态园。玉岑园为立体葬式，亭台楼阁均可安放骨灰；生态园平面葬式，一树一石均为墓地，花草相衬，枝叶相托，自然和谐，堪比园林。

墓葬区分为四个区。一墓区位于北京市殡葬管理处楼后边，其中任弼时墓两侧（即从上向下数第一层台）为国家正职待遇的领导干部骨灰撒放区，台下（第二层台）为国家副职（国家副主席、国务院副总理、全国人大常委会副委员长、全国政协副主席，最高人民法院院长、最高人民检察院检察长，通常称为

"四副两高"）待遇的党、政、军领导人骨灰撒放区，第三层台为部长级（大军区副职以上）干部骨灰墓地，再向下是地师级领导干部墓地，周边的小墓区也为地级干部骨灰墓。二墓区是从正门进入后，主路的左侧，又分两大部分，整个区中门有一条南北向较宽的路，直通西侧南门，路西是老墓区，安葬的主要是处级干部遗体，有部分是后修的局级骨灰墓，左侧是2009年修建并开始出租的骨灰墓。三墓区在进门主路的右侧，即东侧，是处级干部的遗体墓，个别是新修的局级骨灰墓。四墓区在墓园的东南角，到现在只有两个烈士遗体墓。1949～1965年，共有遗体墓穴537座。革命公墓1949年开始建时，第一批移葬的是王荷波等十八烈士墓，第一个单人墓是任弼时墓。

八宝山革命公墓安放的对象主要是已故党和国家领导人、民主党派领导人、爱国民主人士、著名科学家、文学艺术家、国际友人，革

八宝山革命公墓骨灰堂

命烈士、国内外知名人士及县团级以上的党、政、军各级领导干部的遗体和骨灰。1991年因安置资源日趋紧张，经北京市政府批准，革命公墓安葬范围调整为司局级以上干部，县团级干部可到万安、福田等公墓安置。据北京市殡葬管理处消息，北京市已开始重新规划设计八宝山革命公墓，计划将其建成中国首个国家公墓。

安葬在八宝山革命公墓的还有1935年牺牲在福建长汀的中国共产党早期领导人瞿秋白，著名民主人士、中国民主同盟主席张澜，辛亥革命老人、爱国华侨司徒美堂，老同盟会会员、词人柳亚子，1946年遇害的著名民主战士闻一多，著名画家徐悲鸿，京剧表演艺术家程砚秋，国际友人、记者安娜·路易斯·斯特朗，国际友人、美国作家史沫特莱女士等。

革命公墓骨灰撒放区是专门撒放已故党和国家领导人骨灰的区域，位于一墓区北侧，是一墓区的重要组成部分。1992年5月14日，中共中央政治局委员、国务院副总理、中华人民共和国元帅聂荣臻逝世，按其生前嘱托，遗体在八宝山火化，骨灰由其亲属捧撒在革命公墓骨灰堂东北方向的一棵桧柏树下。聂荣臻是第一位在革命公墓树葬的党和国家领导人。同年6月21日，全国政协主席、中共中央副主席、国家主席李先念因病去世，遗体在八宝山火化，骨灰撒在任弼时墓东侧的一棵油松树下。此后，把骨灰撒在革命公墓树下的还有陈云、姚依林、杨得志、秦基伟等。

"文革"期间，墓园遭到大规模破坏，1979年后开始修复工作。1984年5月24日，八宝山革命公墓被北京市政府公布为市级文物保护单位，1996年12月被北京市政府列为青少年爱国主义教育基地，2009年5月21日被中宣部列为第四批全国爱国主义教育示范基地。2014年4月25日被国务院增补为第七批全国重点文物保护单位，编号7-1991-5-330。

# 第三节　军政机构驻屯地点

云南陆军讲武堂旧址　是清末、民初培养陆军军官的教育机构所在地，位于云南省昆明市五华区翠湖西路22号。

云南陆军讲武堂创办于清宣统元年（1909年），是清王朝为建立新军在原云南陆军武备学堂、陆军小学堂的基础上创办的。学堂设步、骑、炮、工等4个科目，每期1～2年。宣统元年八月十五日（1909年9月28日），云南陆军讲武堂开学，高尔登为首任总办，李根源为监督。次年5月，李根源接任总办职务，随后聘请大批留日同盟会会员为教官，建立先进的军事教学体制，在军事教学中不断灌输民主革命精神和内容；同时，面向社会招生，使得大批高素质的知识青年进入学校。宣统元年至三年（1909～1911年），讲武堂招收甲、乙、丙三班（后改称第1、2、3期）学员。宣统二年（1910年）初，随营学堂200人并入丙班。同年5月又设附班，招收30人。讲武堂创办之初，共招收学生630名。民国元年（1912年）讲武堂改称为云南陆军讲武学校。民国元年至6年（1912～1917年），讲武堂师生策划并领导云南辛亥革命和护国战争，学校声誉日隆。据不完全统计，这一期间共办学16期（第4～19期），总计招收学员4400余多人，包括归国华侨和朝鲜、越南等国留学生。民国7年（1918年），在广东韶州创办韶州讲武堂。民

云南陆军讲武堂旧址全景

云南陆军讲武堂旧址

国11年（1922年），在讲武学校校址创办云南航空学校。民国17～24年（1928～1935年），在讲武学校校址开办3期教导团（第20～22期）。民国24年（1935年），蒋介石下令在讲武堂旧址开设中央陆军军官学校昆明分校，于8月正式开学。民国26年（1937年）改名为中央陆军军官学校第五分校（亦称黄埔五分校），民国34年（1945年）9月停办。

原云南陆军讲武堂规模较大，总占地面积约7万平方米。东临翠湖，西至钱局街，北靠仓园巷，南为洪化桥。开东、南两门，南部为外操场，北部为四合院主楼，其西有兵器库、礼堂，北为盥洗房、照壁等建筑，遗存东大门、主楼、礼堂、兵器库、盥洗房、照壁等建筑。

主楼为土木结构两层四合院走马转角楼，基本呈正方形，占地面积约1.44万平方米，东楼为学堂教职工办公区，面阔118.44米，进深9.76米；西楼为教室，面阔119.6米，进深9.7米；南北楼为学员宿舍，南楼面阔116.74米，进深6.66米；北楼面阔116.78米，进深6.64米。东、西、南、北4楼均高12米。南楼中间设一阅兵楼，为当时教官训练指挥或阅操训话之

所，面阔13.07米，高15米。东西楼南北端各设一券洞门。礼堂位于讲武堂西楼西侧，坐西朝东，为重檐单层砖木结构，面阔27米，宽23.81米，建筑面积882平方米。兵器库位于讲武堂西楼西侧，坐北朝南，为单层土木结构建筑，通面阔七间26.95米，通进深三间23.23米，高11.18米，建筑面积为628.05平方米。盥洗房位于讲武堂北楼北侧，坐北朝南，分为东、西两部分，是讲武堂教职工和学员洗漱地。

民国38年（1949年）昆明和平解放后，云南陆军讲武堂旧址成为中国人民解放军第二野战军四兵团军政大学所在地，20世纪50年代末，由部队移交云南省地方政府。云南陆军讲武堂，是中国建制较早的军事学校之一。朱德、叶剑英和朝鲜的崔雄、越南的武元甲等均曾在此校就读。该校在云南辛亥革命及护国运动中具有引领作用，是云南昆明近现代史上重要的纪念地之一。

1983年，云南陆军讲武堂旧址被云南省人民政府公布为省级文物保护单位。1988年1月13日，云南陆军讲武堂旧址被国务院公布为第三批全国重点文物保护单位，编号3-0018-5-

0018。1990年，成立云南陆军讲武堂文物保护管理所，负责云南陆军讲武堂旧址的保护、管理、利用。1997年，云南省人民政府印发《云南省人民政府转发省文化厅关于云南省国家级和省级文物保护单位保护范围和建设控制地带划定方案的通知》，划定云南陆军讲武堂旧址的保护范围和建设控制地带。2005年，云南陆军讲武堂文物保护管理所建立旧址的全国重点文物保护单位记录档案，并分年度进行续补工作。2009年，在云南陆军讲武堂文物保护管理所基础上成立云南陆军讲武堂历史博物馆，继续履行讲武堂旧址的保护、管理、利用、文物征集和展示等职责。

**武昌起义军政府旧址**　是清宣统三年（1911年）武昌起义爆发后革命党人建立的中国第一个资产阶级革命政府——中华民国军政府鄂军都督府所在地，被誉为"民国之门"。武昌起义军政府旧址位于湖北省武汉市武昌区武珞路1号。

旧址原为清宣统二年（1910年）建成的湖北咨议局，因其主体建筑红砖红瓦，故以"红楼"闻名。宣统三年（1911年）10月10日晚，武昌起义爆发。10月11日，革命党人在湖北谘议局成立中华民国军政府鄂军都督府，推举黎元洪为都督，宣告废除清宣统年号，代以黄帝纪元；并以都督黎元洪的名义通电全国，号召各省独立，推翻满清王朝，建立中华民国。在民国元年（1912年）南京临时政府成立前的近三个月内，鄂军都督府一度代行独立各省中央军政府的职权，颁布并实施了一系列革命政策和措施。中华民国成立后，旧址作为临时副总统兼鄂军都督黎元洪的办公场所。民国元年（1912年）4月，孙中山访鄂，在鄂军都督府会见革命党人，并在都督府会议厅发表演说。民国15年（1926年）10月，北伐的国民革命军攻克武昌，国民革命军总政治部和国民党湖北省党部同时进驻红楼。民国16年（1927年）3月，湖北省农民协会第一次全省代表大会在红楼召开，毛泽东被聘为大会名誉主席。民国38年（1949年）5月，红楼成为中共湖北省委办公所在地。

旧址主要由咨议局办公大楼、议员公所、东西配房、大门、院墙及门房组成，自成一规整的院落。占地面积约2万平方米，建筑面积

武昌起义军政府旧址大门

武昌起义军政府旧址主楼

约1.2万平方米。咨议局办公大楼是一座西式建筑风格的二层楼房，砖木结构，红砖红瓦，俗称"红楼"，是整个院落的主体和中心。"红楼"整体平面呈"山"字形，面阔74米，中部最大进深34米。"山"字形底边即楼房主体前部，东西走向，楼下7大开间，楼上12小开间，房前有外走廊，房后有内走廊，内走廊东西两端设换步楼梯通连楼下楼上。楼房中部南北走向依次为门厅和会议厅。门厅前有高耸的门廊和突出的回车道。"山"字形的两翼，为杂间平房，在建筑造型上起陪衬作用。"红楼"墙体以花岗石砌台基，特制红砖（砖上烧

孙中山铜像与红楼

刻有"谘议局"三字）砌筑面墙；廊前以砖砌列柱起券，承荷檐部，檐下饰飞头，檐上压以女儿墙；外墙面为一色清水墙，砖缝以白灰勾勒灯芯线，间饰附加假柱、柱斗和垂花、垂禾、束莲、半圆形莲花等图案；门窗为木制，涂饰朱漆；屋顶正中矗立教堂式望楼（原为穹隆顶式，武昌起义后毁于清军炮火，修复后为"圭"字形）。议员公所位于咨议局大楼后方，原为议员休息之处，是一座四合院式的二层灰色楼房，砖木结构，灰墙灰瓦，俗称"灰楼"（1938年部分毁于日军炮火，后修复为红瓦灰墙）。东西配房原为平房，后改为二层楼房，砖木结构，红墙红瓦，南北走向，分列谘议局大楼两侧。院墙为铁栅矮墙，大门为铁铸，大门两侧各有四坡尖顶门房1间。

1956年11月15日，武昌起义军政府旧址由湖北省人民委员会公布为第一批湖北省文物保护单位。1961年3月4日，武昌起义军政府旧址由国务院公布为第一批全国重点文物保护单位，编号1-0007-5-007。1981年10月，依托旧址成立辛亥革命武昌起义纪念馆，负责旧址的保护管理工作。宋庆龄为纪念馆题写馆名。纪

念馆对武昌起义军政府旧址进行保护，编有保护规划。2000年，湖北省人民政府办公厅印发《关于公布文物保护单位保护范围和建设控制地带的通知》，公布武昌起义军政府旧址保护范围和建设控制地带。辛亥革命武昌起义纪念馆于2004年制作完成武昌起义军政府旧址的全国重点文物保护单位记录档案，并负责保存。辛亥革命武昌起义纪念馆（2002～2011年挂牌"辛亥革命博物馆"），在旧址基础上复原军政府会堂、黎元洪起居室和会客室、军政府成立之初的各部及会议室，再现历史场景。

**孙中山临时大总统府及南京国民政府建筑遗存**　是中国历史上第一个共和制的国家政权中华民国临时政府的所在地，也是南京国民政府机构的办公地，位于江苏省南京市玄武区梅园街道梅园新村社区长江路292号。

明朝初年，该遗存所在曾是归德侯府和汉王府；清朝为江宁织造署、江南总督署、两江总督署。清咸丰三年（1853年），太平天国定都南京，改名天京，洪秀全在此兴建规模宏大的天朝宫殿。清军攻破南京后，焚毁宫殿建筑，于同治九年（1870年）复建两江总督署。民国元年（1912年）1月1日，孙中山在此处宣誓就任中华民国临时大总统，并组建中国历史上第一个共和制的国家政权——中华民国临时政府。同年4月，临时政府取消，这里成为黄兴主持的南京留守府；民国2年（1913年）"二次革命"中，这里成为讨袁军总司令部，黄兴任司令。民国2～16年（1913～1927年），这里先后成为江苏都督府、江苏督军署、江苏督办公署、副总统府、宣抚使署、五省联军总司令部、直鲁联军联合办事处等机

原国民政府总统府大门

孙中山临时大总统办公处

构。民国16年（1927年）9月，南京国民政府移驻此处办公。民国17年（1928年）10月，国民政府行政、立法、司法、监察、考试等五院成立，其中行政院以国民政府府东院（东花园）为办公处。直至民国26年（1937年）11月，这里一直是国民政府和行政院的办公处。国民政府西院（西花园）为参谋本部和主计处的办公地点。民国26年（1937年）12月南京沦陷后，这里先后成为日军第十六师团部和伪维新政府，以及汪伪政府的立法院、监察院和考试院；国府东院成为伪交通部、铁道部等机构；国府西院成为伪军事参议院。民国35年（1946年）5月，国民政府"还都"南京后，这里仍为国民政府所在地。东花园成为国民政府社会部、水利部、地政部和侨务委员会的办公地；西花园成为国民政府主计处、军令部、总统府军务局、首都卫戍总司令部的办公地。

民国37年（1948年）5月，蒋介石、李宗仁在行宪国大分别当选总统和副总统后，国民政府改称总统府。民国38年（1949年）4月23日，解放军占领总统府，揭开了中国历史新的一页。

国民政府建筑遗存占地5万平方米，建筑面积2.7万平方米。中轴线依次为照壁、门楼、两厢、大堂、二堂、暖阁、礼堂、办公室、子超楼，西部有西花园（煦园）、孙中山起居室等，东部有行政院旧址、马厩和东花园。遗存建筑格局与原建筑基本一致。

大门原址为太平天国天王府的真神荣光门，清同治三年（1864年）被清兵拆毁，重建木构大门、辕门。民国18年（1929年），国民政府拆除后建西式大门，二层钢混结构，南立面有8根罗马爱奥尼式柱，开3座拱形门。上部有巴洛克装饰的线脚。大堂处原有天王府的金龙殿，位于中轴线正中，为主体建筑，后被清兵焚毁，按前两江总督署大堂原貌重建，面阔五间32.2米。孙中山就任中华民国临时大总统的就职典礼在此举行。二堂是天王府内宫建筑，后为两江总督署二堂，面阔32米。民国时改建，加入部分西式结构，如西式拱形门廊等。礼堂原为两江总督署的西花厅。在二堂之西，民国时扩建，宅内圆柱西式装修，地面铺拼花地砖，用于开会和接见外宾。民国37年（1948年）5月，蒋介石就任总统的典礼在此举行。会客室为一幢西式平房，系民国6年（1917年）冯国璋任副总统时建。门前五级彩色磨石台阶，平房分东、西两大间，分别为会客室和休息室。政务局大楼为二层式楼房，建于20世纪20年代初。砖木结构，两层8间，有外廊，拱形落地窗。二楼上有一阁楼。初为民国政府文官处，后为总统府政务局。国民政府

国民政府办公楼（子超楼）

办公楼又称"子超楼"，因国民政府主席林森字子超而得名。民国24年（1935年）建成，主体两层、局部六层西式楼房，钢混结构，面阔33.33米，进深20米，南立面硕大玻璃钢窗。楼内有电梯，楼梯。台阶镶铜，橡木扶手。二层东南角大套房共3间，为主席（总统）办公室，因林森喜欢古董，办公室墙体布红木博古架。大套间对面小套间曾是副总统李宗仁办公处，三层正中大间为国务会议厅。

孙中山临时大总统办公室及起居室原是清宣统二年（1910年）两江总督张人骏建造的西式花厅，因在总督署西部，故称西花厅，西方折中主义建筑风格。孙中山曾在此召开第一次内阁会议，后曾作蒋介石办公室、国民政府参谋总部等。中间穿堂西面3间为大会议室，民国元年元旦，孙中山在此宣誓就职，又称宣誓厅。穿堂东边第3间办公室壁上挂有孙中山手书"奋斗"横幅。孙中山起居室在西花园东北，是1幢三开间二层中式小楼。楼下3间为卫士室，后改为孙中山眷属住房。楼上3间，西为盥洗室；中为餐室，壁上悬挂孙中山手书"博爱"条幅；东为卧室。办公室、起居室均已按原貌恢复，对外开放。

行政院位于子超楼东，北楼建于民国22年（1933年），为三层西式楼房，东西翼楼向南延伸。主楼建筑面积1950.12平方米，东西翼楼建筑面积分别为481.19平方米和412.68平方米。另有南楼建于民国23年（1934年），亦为西式两层楼房，建筑面积1240.82平方米。第一任行政院院长谭延闿曾在此办公，汪伪时期为汪精卫等占据。国民政府图书馆位于煦园北端，民国18年建成，西式三层楼房，砖木结

构，红瓦顶。南北均有半敞长廊式阳台，拱形门。初为国民政府军事委员会参谋本部办公楼；民国35年（1946年），做图书馆，并存总统府档案。

从两江总督衙署到太平天国天王府、从孙中山临时大总统府到国民政府、总统府，这里既留下了百年中国一幕幕政治风云变幻的画卷，也保存有国内较为珍贵的近代建筑群体，具有极高的历史研究价值。

1956年，孙中山临时大总统府及南京国民政府建筑遗存被江苏省人民委员会公布为省级文物保护单位。2013年3月5日，孙中山临时大总统府及南京国民政府建筑遗存被国务院公布为第七批全国重点文物保护单位，编号7-1701-5-100。在南京解放后的50年中，总统府一直作为政府机关的办公场所。20世纪80年代，江苏省人民政府与江苏省人大各机关陆续迁出，此处为江苏省政协办公地。1996年，江苏省人民政府办公厅印发《关于公布江苏省第一二三批全国重点和省级文物保护单位保护范围及建设控制地带的请示的通知》，公布了太平天国天王府遗址的保护范围和建设控制地

带，也包括孙中山临时大总统府及南京国民政府建筑遗存的保护范围和建设控制地带同太平天国天王府遗址。2000年11月，江苏省政协机关迁出，成立南京中国近代史遗址博物馆基建工程项目办公室与南京中国近代史博物馆筹备组；2001年3月1日，经过复原整治全面对外开放。同年5月，动工兴建南京中国近代史遗址博物馆；2003年3月，建成并对外开放。

**黄埔军校旧址**　是第一次国共合作期间孙中山创办的"中国国民党陆军军官学校"所在地，位于广东省广州市黄埔区长洲岛内。

民国13年（1924年）1月，国民党"一大"正式议决创办陆军军官学校，同年5月开学。学校因选址在广州附近的黄埔长洲岛上，故亦称黄埔军校。孙中山自任军校总理，委任蒋介石为校长，廖仲恺为党代表，先后聘请加伦等苏联军官为军事顾问。民国13年（1924年）11月，周恩来出任政治部主任。黄埔军校学习苏联红军经验，设立政治部和党代表制度，实施政治教育与军事教育并重、理论与实践相结合的教学方针。孙中山、蒋介石、廖仲恺、周恩来、叶剑英、聂荣臻、恽代英、萧楚女、熊雄

黄埔军校大门

东征阵亡烈士墓

等国共两党著名人士在此工作。共产党派徐向前、陈赓等一批共产党员在此学习。军校规模逐步扩大，开设了潮州、长沙、南宁、武汉分校。军校由政治、教育、训练、管理、医学和补给等六个部门组成。军校分步兵、炮兵、工兵、辎重兵、宪兵、政治等科。黄埔军校在长洲岛先后招生6期。学生来自全国26个省，并有朝鲜、越南、新加坡等国家的革命青年。民国15年（1926年），根据国民政府中央军事委员会决定，将原陆军军官学校扩大改组，于同年3月正式命名成立中央军事政治学校，民国16年（1927年）4月以后，军校的性质蜕变。次年3月，黄埔军校迁往南京，更名为中央陆军军官学校。民国18年（1929年）改名国民革命军黄埔军官学校，李济深在原校址仍以黄埔军校名义，为第八路军培养干部。民国19年（1930年）9月，蒋介石命令停办。

黄埔军校旧址现尚存孙总理纪念室（俗称中山故居）、孙总理纪念碑、俱乐部、游泳池、东征阵亡烈士墓、中正公园、济深公园、北伐纪念碑、大坡地炮台和白鹤岗炮台。军校本部于民国27年（1938年）被日军炸毁，1996年重建。黄埔军校的建筑有：校本部、孙总理

纪念室、学生俱乐部和济深公园等。坐南向北的校本部，前临珠江，上挂"陆军军官学校"横匾。黄埔军校校本部是一座"日"字形的二层砖木结构、三路四进、回廊相通的楼房。军校创办时在原陆军小学堂祠堂式大门前面增建欧陆式大门。孙总理纪念室，俗称"孙中山故居"，是一幢砖瓦混凝土混合结构两层楼房，建筑面积805平方米，1952年重修。原是清朝粤海关黄埔分关旧址，称为学海楼。孙中山曾在此小憩，孙中山逝世后，辟为孙总理纪念室。学生俱乐部位于孙中山故居西侧，为欧式红色建筑，礼堂讲台中央和两侧分别悬挂孙中山、廖仲恺、朱执信、史坚如等名人肖像及总理遗训、国民党党旗、中华民国国旗等。黄埔军校当年的"清党"便是在俱乐部举行。俱乐部西侧的两座游泳池原是小船坞改建，已维修复原，面积2070平方米，是军校师生集会和文化娱乐的地方，军校政治部领导的"血花剧社"设于此。济深公园，为纪念副校长李济深而建，尚存教思亭和北伐纪念碑。还有孙总理纪念碑、东征阵亡烈士墓等。在第一次国共合作期间，黄埔军校培养了大批军事政治干部，在中国近代史上写下了重要的篇章。

1962年，广东省人民委员会核定公布黄埔军校旧址为第一批省级文物保护单位。1988年1月13日，黄埔军校旧址被国务院公布为第三批全国重点文物保护单位，编号3-0021-5-021。1984年，成立黄埔军校旧址纪念馆，馆址设在总理纪念室，隶属广州市广东革命历史博物馆，负责旧址的保护和管理。1994年，广东省人民政府印发文件，划定并公布黄埔军校旧址保护范围和建设控制地带。1995年，广州市文

物考古研究所对黄埔军校旧址的校本部遗址进行考古发掘，发掘出校本部的地基，按照原来的尺寸、地基状况，重新做出复原设计。1996年，按照国家文物局批示的"原位置、原尺度、原面貌"的原则重建校本部，基本恢复了当年军校师生生活、学习的场所。但原有建筑环境改变较大，仅存2.6万平方米。2004年6月，黄埔军校旧址全国重点文物保护单位"四有"档案资料由广州市文物考古研究所编制和保管。

保定陆军军官学校旧址　是中国近代成立最早、规模最大的高等军事学府保定陆军军官学校的校址，位于河北省保定市区东北部东风东路585号。

保定陆军军官学校的前身，系清光绪二十八年（1902年）直隶总督兼北洋大臣袁世凯在保定创办的行营将弁学堂（北洋陆军将弁学堂）。清光绪二十九年（1903年）2月22日袁世凯上书清政府，提出开办小学堂、中学堂、大学堂层层递进系统的军事教育计划及试办章程，为救时之用，另设速成学堂1所，随后在保定城东北郊限期赶造。次年11月间竣工，共计盖造大小房屋573间，工料共折合白银22万两有余。在该校址依次开办北洋陆军速成武备学堂、陆军部陆军速成学堂、陆军部军官学堂、陆军预备大学堂，直至民国元年（1912年）10月开办陆军军官学校。民国12年（1923年），因军阀混战，军校停办。校址先后成为直、皖、奉、晋系军阀的兵营。民国22～26年（1933～1937年）6月，国民党利用保定陆军军官学校的校舍开办短期军训班。民国26年（1937年）9月24日，日本侵略军占领保定，占用校舍开办保定干部候补生队军训班。民国35年（1946年）10月至民国37年（1948年）7月，国民党保定驻军为抵抗解放军攻城，把校舍拆毁修筑工事，周围百姓又进行二次拆毁。中华人民共和国成立后，学校旧址先后用作河北省农场和保定畜牧场。

原保定陆军军官学校东西长2000余米，南北宽1000余米，占地200余万平方米。由校本部、分校、大操场、靶场四部分组成。建筑格局仿日本士官学校形式建成。校本部建筑工整对称，青砖灰瓦，小式硬山建筑。清光绪三十年十月（1904年11月）竣工。现建筑无存，仅存检阅台、南靶场和北靶场。

在保定陆军军官学校校址上，先后开办多所军事学校，保定陆军军官学校奠定了中国近

保定军校纪念馆远景

保定军校尚武堂

代正规化军事教育的基础，在中国近现代战争史和军事教育史上占有重要地位。学校共培养11000余名军事领导人才，成为将军者3000余名，有"将军的摇篮"之美誉。其中许多人如蒋介石、叶挺、邓演达、赵博生、董振堂、张治中、傅作义、李济深、陈诚、白崇禧、顾祝同等都是中国近现代史上的风云人物。

1991年，保定陆军军官学校旧址被保定市政府公布为保定市文物保护单位；1993年7月15日，被河北省人民政府公布为第三批省级文物保护单位。1993年，成立保定军校纪念馆，负责保定陆军军官学校旧址的保护管理。2002年5月，在原军校操场遗址上修建绿化广场——保定军校广场，修复检阅台。北靶场保留完整，由中国人民解放军驻保定部队使用；南靶场仅存一段。在广场西南角复原部分保定陆军军官学校建筑，作为纪念馆馆舍使用。2006年5月25日，保定陆军军官学校旧址被国务院公布为第六批全国重点文物保护单位，编号6-0897-5-024。2010年12月1日，河北省人民政府划定并公布了旧址的保护范围和建设控制地带。保定陆军军官学校旧址保护档案已建立，由保定军校纪念馆保存。

**布里留法工艺学校旧址** 是中国建立最早的一所留法预备学校的校址所在地，位于河北省高阳县西演镇布里村中心偏南部。

布里留法工艺学校，是由留法勤工俭学运动发起人之一、教育家李石曾和同盟会员段子均共同创办的留法勤工俭学预备学校，目的

高阳布里留法工艺学校大门

是为李石曾在法国创建的豆腐公司招募工人。民国6年（1917年）7月，李石曾向北洋政府教育部呈送公函，申请成立留法勤工俭学预备学校，北洋政府教育部同意申请并予以备案。学校第一期招收学员60余名，其中有后来的法国侨领王守义。同年8月，李石曾、段子均邀请梅兰芳等艺术家在北京江西会馆举行义演，并通过发行彩票，筹集资金，开始在布里村筹建留法工艺学校。李石曾亲自为学校设计建筑方案，蔡元培为学校题词"勤于做工，俭以求学"。民国7年（1918年），毛泽东赴北京、保定，联系学生入学事宜。同年10月10日，蔡和森、颜昌颐等湖南籍学生在布里求学。是年冬，向警予到布里留法工艺学校做社会调查并探望蔡和森。民国8年（1919年）除夕，蔡和森由布里返回北京，参加五四运动，并赴法留学。同年暑期，布里留法工艺学校招收第三批

学员40余人，其中南方班多为江西、湖南籍学生。民国9年（1920年），因法国经济凋敝，学生赴法留学发生困难，学校停办。布里留法工艺学校开办3年多，共培养留法学生200余人，为中国共产党和中华人民共和国培养了一大批栋梁之材，在勤工俭学运动和新文化运动中占有重要地位。

布里留法工艺学校校舍，坐北朝南，原有3排平房41间，占地6667平方米，现仅存两排平房，共26间，房屋全部为砖木结构。前排（含大门）共12间，为学校的实习工厂和伙房；后排5间为学生宿舍和办公室。

布里留法工艺学校旧址内，遗存建筑保存基本完好，并保留历史原貌。具有代表性的单体文物为蔡和森办公室和学校旧址大门。蔡和森办公室兼卧室位于学校旧址的后排东头，为20世纪初北方农村典型的农家房屋，朴实、实

布里留法工艺学校内景

用。学校旧址大门是一处北方农村不多见的富有哥特式风格和传统中国特色的中西合璧建筑物。李石曾、段子均在筹建布里留法工艺学校时，充分考虑学校建筑的风格和实际用途之间的关系，加之布里村当时在法华工的建议，学校大门修建为中西合璧式。大门上部为欧美哥特式建筑风格，富于"团块式"结构，一高耸的砖塔，顶部呈尖状，寓意进取和希望，下为两个半圆形的扇面式墙体，意为团结和互助；大门下方为中国传统的建筑式样，拱门、磨砖带有园林式建筑风格。大门中部为书法家张卓甫书写的校名"留法工艺学校"。

民国19年（1930年）以后，在布里留法工艺学校校址先后开办布里完小、布里简易师范等学校。中共党员李子寿、丁浩川、李子逊等在此成立中共高阳县第一个党支部，并筹办进步刊物《垦拓》，开展革命工作。抗日战争期间，学校被日军破坏。1950年，段子均（时为国务院参事，后任中央文史馆馆员）所办之昌实工厂工人捐款重修布里留法工艺学校，并一直作为布里中学、布里小学校舍。1982年，布里留法工艺学校被河北省人民政府公布为省级文物保护单位。1986年，高阳县文物保护管理所成立，负责布里留法工艺学校的保护和管理。2006年5月25日，布里留法工艺学校旧址被国务院公布为第六批全国重点文物保护单位，编号6-0899-5-026。2008年，对布里留法工艺学校旧址建筑进行维修。2010年12月后，旧址的保护管理由高阳县文化广电新闻出版局负责。旧址未对外开放。布里留法工艺学校旧址的保护档案由高阳县文物保护管理所保存。

**国民革命军东征军总指挥部、政治部旧址** 是国民革命军第二次东征进入汕头市时总指挥部与政治部驻地，位于广东省汕头市金平区大华街道联兴居委外马路207号。

民国14年（1925年）9月，粤系将领陈炯明利用革命军队回师广州镇压杨希闵、刘震寰叛乱的机会，以3万之众重新占领东江一带，并企图勾结盘踞在粤北的川军熊克武和粤南的邓本殷进攻广州。国民政府决定第二次东征，彻底消灭陈炯明军队，统一广东革命根据地。蒋介石任东征军总指挥，周恩来任东征军政治部总主任兼第一军党代表，何应钦、李济深、程潜分任三个纵队的队长。东征军自10月1日起陆续出发，经过激烈战斗，一举攻占惠州。三个纵队继续分路进击，11月初收复潮安和汕头，全部歼灭了陈炯明军在东江的主力。11月4日国民革命军进入汕头市，设总指挥部于"适宜楼"酒店的西楼，设政治部在东楼。总指挥蒋介石及苏联军事顾问加伦在西楼办公，政治部总主任周恩来在东楼办公。周恩来经常在这里接见工人、农民、青年代表以及各界人士，还在这里亲笔为《岭东民国日报》副刊题写"革命"刊头。

周恩来办公室

国民革命军东征军总指挥部、政治部旧址，原是英国人办的酒店，名曰"适宜楼"，后美国商人租用开办"戈宝抽纱行"。始建于民国13年（1924年），分为并排而立的东、西两座二层楼房，坐东北向西南，均为钢筋混凝土整体式梁板柱砖木混合结构，建筑样式为欧式的"小红楼"。楼高12米。两楼相距4米，每层面积355平方米，每栋通面阔五间23.7米，通进深三间（带外廊）14.84米，两座总建筑面积699.55平方米，占地面积1420平方米。东、西两楼的前廊，正面采用清水红缸砖白灰砌筑，属于典型的欧洲式建筑结构。一楼门廊的绿色欧式陶瓷花瓶栏杆，二楼阳台的铁艺栏杆与天面的白色水泥花瓶栏杆，既各具特色又相互呼应，两层楼房各有若干房间，对称设置，中间是天井。大门上方的拱圆形铁艺窗花、木制的门窗及百叶窗、二楼阳台的大片排窗等，古朴大气，表现出浓郁的欧式建筑风格。大院连接两座小楼前廊处，铺着粗麻石台阶，可顺台阶进入楼内。两座楼的内部结构也完全一样。层高大概4米余，室内明亮通畅。每层楼的四角各有1个房间，南北方向是会客厅，东西方向是楼梯间，由回廊连接，正中是天井。东西两条楼梯各不相同，西面是旋转型的木制楼梯，东面则是折尺形的石质楼梯。

民国35年（1946年），适宜楼由商人张延鉴购置并进行整修。1952年，由汕头市民航局接管后，成立中国民航股份有限公司。后汕头

国民革命军东征军总指挥部、政治部旧址

市委招待所、汕头市政协、汕头市人大等单位先后驻此。1988年，汕头市人民政府公布国民革命军东征军总指挥部、政治部旧址为市文物保护单位，并核定公布旧址的保护范围和建设控制地带。1995年，旧址正式移交文物部门管理，进行全面修缮、修复。1997年7月31日，在东楼创办的"东征历史陈列"正式对外开放。2002年7月，旧址被广东省人民政府公布为第四批省级文物保护单位。2013年3月5日，国民革命军东征军总指挥部、政治部旧址被国务院公布为第七批全国重点文物保护单位，编号7-1852-5-245。2013年5月，在东楼复原周恩来办公室。国民革命军东征军总指挥部、政治部旧址由汕头市东征军革命史迹陈列馆负责管理保护。2014年9月，建立旧址"四有"档案，由汕头市东征军革命史迹陈列馆负责管理。

**安源路矿工人俱乐部旧址**　是20世纪20年代中共领导安源工人运动的公开机关——安源路矿工人俱乐部的领导机构所在地，位于江西省萍乡市东南6千米处的安源镇境内。旧址分为罢工前和罢工后两处旧址：罢工前旧址位于安源镇牛角坡52号，毗邻安源广场北面；罢工后旧址坐落在安源镇牛形山东南坡山脚下、安源路矿工人运动纪念馆半边街广场。

民国10～19年（1921～1930年），中国共产党在安源领导了轰轰烈烈的路矿工人运动。民国10年（1921年），中国共产党成立后，安源成为中共中央和中共湘区委员会开展革命工作的重点地区之一。毛泽东、李立三、刘少奇、陈潭秋、蔡和森、恽代英、林育南、林育英等老一辈无产阶级革命家都曾在这里从事革命活动。民国11年（1922年）2月，成立中共在产业工人中最早的党组织中共安源支部；5月，成立安源路矿工人俱乐部；9月，安源路矿工人大罢工爆发，是全国第一次罢工高潮中的成功范例。在民国12年（1923年）二七惨案

安源路矿工人俱乐部旧址

后的全国工运低潮期间，安源工会巍然独存，是广东以外全国唯一公开存在的革命堡垒，安源也因此被誉为中国的"小莫斯科"。第一次大革命高潮中，安源工人是湖南和赣西农民运动的重要推动者和组织者，又是北伐战争的重要参与者；大革命失败后，毛泽东在此发动和领导了湘赣边界秋收起义，大批安源工人参加革命，在中国革命的第一次战略转变中发挥了重要作用。

安源路矿工人俱乐部旧址（罢工前）最初是湖北同乡会会址，后由俱乐部购买。民国11年（1922年）底，俱乐部搬迁后，改为工人补习学校第二校校址。旧址（罢工前）坐北朝南，为5栋四间砖木结构平房，房屋四周为围墙砌成的院落。安源路矿工人俱乐部旧址（罢工后，坐北朝南，为前后两栋砖木结构楼房，共有房屋14间，房屋前方有木栅栏围成的小院）。前栋为两层砖木结构楼房，最初是矿局职员合股经营的"协兴"洋货店，后由俱乐部租用、购买，作办公场所。设有刘少奇卧室、黄静源卧室、主任团办公室、纠察团办公室、庶务股办公室、会计股办公室等。后栋为工人讲演厅。安源路矿工人大罢工胜利后，由路矿工人捐款，按照莫斯科大剧院式样设计建造工人演讲厅，于民国12年（1923年）10月18日动工修建，次年5月1日竣工。演讲厅建筑面积1266平方米，整栋房屋基本保持原建格局和风貌。为重檐歇山顶四层砖木楼房，一楼正面筑有讲演台，二、三、四楼为通楼，外墙均为玻璃装潢，楼内每层四角的栏杆上雕刻有花果绿叶，可容纳1000余人，工人们经常在这集会，举行游艺、讲演等活动。安源路矿工人俱乐部是20世纪20年代安源工人革命活动的中心，也是中国工人阶级的第一所工会大厦。

安源路矿工人俱乐部旧址由安源路矿工人运动纪念馆负责管理和保护，编制有保护规划，定期维修，整治环境。1982年2月23日，安源路矿工人俱乐部旧址被国务院公布为第二批全国重点文物保护单位，编号2-0004-5-004。1992年，江西省人民政府印发文件，公布了安源路矿工人俱乐部旧址的保护范围和建设控制地带。1998年，安源路矿工人运动纪念馆建立了旧址"四有"档案，由纪念馆资料室保管。

**广州大元帅府旧址** 是孙中山两次建立革命政府的地方，位于广东省广州市海珠区滨江街道中海社区纺织路东沙街18号。

民国元年（1912年），孙中山就任中华民国临时大总统后，为彻底推翻封建帝制，实现国家统一，向临时参议院提出辞职，并推荐袁世凯继任。袁世凯当总统后，破坏民主共和，实行独裁专制，妄图称帝，遭到全国人民反对。袁世凯死后，政权落在北洋军阀手中。孙中山为捍卫民主共和，实现国家统一，三次在广州建立革命政府，其中两次在大元帅府。

广州大元帅府旧址为西洋式建筑群，始建于清光绪三十三年（1907年），由德国设计师设计，原为广东士敏土（水泥）厂的厂房，该厂是中国近代第二大水泥厂，产量仅次于天津开平水泥厂。民国6年（1917年）7月，孙中山到广州，建立中华民国军政府，任海陆军大元帅，开展护法运动。9月10日，孙中山征用广东士敏土厂作为大元帅府。此地北临珠江，支持孙中山的海军就驻泊于此，方便调动军队，还可以借助广州河南的李福林部队保卫帅府。因桂系军阀排挤，孙中山于民国7年（1918年）5月被迫辞去大元帅职，离穗赴沪。民国9年（1920年）11月，孙中山再次回广州，组织中华民国政府，民国10年（1921年）就任非常大总统。民国11年（1922年）6月，因陈炯明武装叛变，孙中山被迫离穗。民国12年（1923年）2月，西南将领驱逐叛军陈炯明后，孙中山被邀第三次返穗，在广州组织政府，任海陆军大元帅。4月3日，大元帅府迁往广东士敏土厂办公，作为孙中山进行民主革命的大本营，从改组国民党、制定和实施新三民主义、创办广东大学和黄埔军校，到东征、北伐等许多重大革命决策都是在大元帅府制定的。民国13年（1924年）11月12日，孙中山为谋求祖国统一，从大元帅府出发北上。民国14年（1925年）7月，国民政府成立，大元帅府宣告结束历史使命。其后至民国38年（1949年），被辟为国父文化教育馆两广分馆、国父纪念馆。

广州大元帅府旧址占地8279平方米，由南、北主体大楼，东、西广场及大门楼组成。南、北两楼分布在一条南北中轴线上，占地面积747平方米。广州大元帅府旧址保留有两幢具有中西合璧风格的三层楼房及石门额。用花岗岩复原门楼，高3.85米，宽0.94米，厚0.13米。门额上刻有"广东士敏土厂"及纪年款

广州大元帅府办公楼

广州大元帅府会议室

"光绪丁未冬月"（1907年12月）的字样。南北大楼以砖、木、石、钢、混凝土建成，属典型的三层卷拱外廊式建筑，混入部分如节竹式排水管、百叶门窗、花瓶式护栏等及岭南建筑风格。北楼平面呈长方形，面阔27.68米，进深23.9米，楼高13.53米，通高18.13米；南楼面宽39.92米，进深17.32米，楼高13.2米，通高16.56米。两楼原为四坡屋顶，现为双坡顶，为后期改建。铺地使用民国时期流行的彩色水泥花阶砖和白泥大阶砖，部分区域以回纹形阶砖围边。主体结构采用砖、木、钢混合结构，部分使用石材。建筑的特点是采用工字钢承受楼板荷载，屋顶采用木桁架支承屋面，反映出当时建筑技术的先进水平。

1983年8月，广州市人民政府公布大元帅府旧址为第二批广州市文物保护单位。1989年6月，大元帅府旧址被广东省人民政府公布为第三批广东省文物保护单位。1994年，广东省人民政府公布广州大元帅府旧址的保护范围和建设控制地带。1996年11月20日，广州大元帅府旧址被国务院公布为第四批全国重点文物保护单位，编号4-0232-5-034。1998年10月19

日，广州市人民政府接收大元帅府旧址，并筹建广州大元帅府旧址纪念馆。1999～2000年，开始北楼及南楼的整修。2001年7月，广州市大元帅府纪念馆举行"百年帅府"复原陈列展览，首次向社会开放。同年12月，举行"孙中山三次在广州建立政权"史料陈列展览，实现第二期开放。2006年5月1日，广州大元帅府纪念馆正式对外开放，并全面管理旧址。2016年起，实施旧址保养维护工程和陈列楼建设工程，编制完成《孙中山大元帅府旧址保护规划》。广州市文物考古研究院建立及保管广州大元帅府旧址"四有"档案及相关资料。

**世界佛学苑汉藏教理院旧址** 是民国时期四川开办的第一所高等佛学教育学府的所在地，是活跃在抗战时期并以重庆为中心展开宗教文化传播的一所重要教育机构遗址。旧址位于重庆市北碚区缙云寺，在北碚城北约9000米，缙云山景区（国家级自然风景保护区）狮子峰与聚云峰下，西临嘉陵江。

民国19年（1930年）秋，中国佛教学会会长、中国佛学会主席太虚法师（1889～1947年）倡议，得到四川军阀刘湘等人赞助，选址北碚缙云寺，筹建汉藏教理院。推选刘文辉为名誉院长，太虚为院长，何北衡为院护，共同

世界佛学苑汉藏教理院旧址全景

世界佛学苑汉藏教理院旧址

组成汉藏教理院董事会。经过两年的筹划，除该寺原有的大殿、房屋外，又扩建教室、图书室、阅览室、师生宿舍及食堂等建筑。民国21年（1932年）8月20日，汉藏教理院正式开学。学校以"澹宁明敏"为校训，以"沟通汉藏文化、联络汉藏感情、发扬教义、巩固边陲"为主旨，学制分专修科二年和普通科四年，课程以藏文、佛学为主，兼授历史、地理、法律、农业等学科。抗日战争爆发后，学院对学生进行救护、防护训练，组成僧侣救护队分赴各抗日前线，积极参与救护工作。汉藏教理院在抗日战争时期发展至鼎盛期。1950年汉藏教理院由西南军政委员会接管，至此停办。

世界佛学苑汉藏教理院旧址占地面积为2000平方米，涵盖缙云寺多处历史遗存，主要包括作为编译馆和教师宿舍的天子殿（双柏精舍）、大雄殿、天王殿、闻慧殿、太虚台等。

缙云寺，始建于南朝刘宋景平元年（423年），历代皇帝分别赐名"禅真宫""相思寺""崇胜寺""崇教寺"。明万历三十年（1602年）神宗皇帝改名为缙云寺。原寺庙几经损毁，遗存寺庙为清康熙二十二年（1683年）破空大师主持修建。大雄宝殿是缙云寺古建筑群内的重要核心建筑。抬梁式木结构，重檐歇山顶、小青瓦屋面，脊饰有龙、人物等造型。面阔五间24.3米，进深八架椽11米；一层檐口标高6.32米，屋顶正脊高13.03米，建筑最高处高15.70米。建筑占地面积455.31平方米。大雄宝殿殿前左侧为"敕赐崇教寺碑"，右侧为"重修崇教寺碑"。两碑均为黄砂石，且造型一致，碑高3.75米，宽1.3米，厚0.7米。碑上字迹严重风化。在其前两柱上有浮雕龙纹，与碑上方龙纹相呼应，下有云纹基座，上有石檐翘角。碑记外有亭式结构，高5.4米，宽2.4米，厚1.8米，为蓝色琉璃瓦庑殿顶。殿后立有石碑一通，上有"大清光绪十六年庚寅岁碑记"字，碑文基本清晰。天子殿（双柏精舍）坐南向北，四合院布局，分别为正殿、朝门以及院内两侧耳房，院内中间形成天井。主殿为一楼一底，其建筑主体均为穿斗式结构，硬山顶，小青瓦屋面，正房为两层，建筑总长28.11米，宽18.2米，占地面积491平方米，总建筑面积628平方米，两侧耳房为平房，均面阔五间18.48米。天王殿是缙云寺中轴线上的山门古建筑，抬梁式木结构，悬山顶，面阔五开间18.87米，进深8.55米；台基高1.5米，檐口标高3.44米，屋顶正脊高6.94米，建筑最高处高7.69米。殿前有二石狮，高1.5米，为1981年从石华寺运来安放于此。闻慧楼为近现代建筑，位于大雄宝殿后侧，平面呈矩形，二层砖木结构、歇山顶、小青瓦屋面，坐落在高4.06米的台基上，占地面积512.54平方米，建筑面积865.83平方米。楼体高两层，面阔26.61米，进深12.75米，二层檐口距台基表面高8.34米，屋脊距台基表面高13.24米。太虚台位于狮子峰顶，系民国27年（1938年）汉藏教理院师生为纪念汉藏教理院院长太虚大师五十寿辰而建，为方形石台，四方各有圆拱门。台正面刻有"太虚台"字样，顶部为平台，四周砌有栅栏，原台内嵌有"太虚台"碑，现已断裂损坏。

汉藏教理院办学近20年，誉为世界佛学苑四大分院之一，培养了大批佛教人才，成为推动中国近现代佛教革新运动中的一股重要力量。汉藏教理院在佛教教育模式上多有创新，促进了近现代佛教教育的发展。学院当年的学生已遍布世界各地，曾任中国佛教协会会长的赵朴初就毕业于汉藏教理院。

世界佛学苑汉藏教理院旧址由缙云寺佛教管理委员会管理保护，现作为缙云山旅游景点一部分对外开放。1996年，重庆市人民政府印发《关于公布郭沫若旧居等92处市级文物保护单位保护范围和保护管理办法的通知》，划定缙云寺（世界佛学苑汉藏教理院）的保护范围及建设控制地带。2000年，缙云寺（世界佛学苑汉藏教理院旧址组成部分）被重庆市政府公布为重庆市第一批市级文物保护单位。2013年3月5日，世界佛学苑汉藏教理院旧址被国务院公布为第七批全国重点文物保护单位，编号7-1867-5-260。2015年，汉藏教理院实施主体建筑保护修缮工程。旧址的保护单位公布文书和图文调查、记录档案已整理成专卷，与相关图书文献汇总、归档保存于北碚区文管所（博物馆）办公室。

**中华全国总工会旧址** 是中华全国总工会成立后第一个总部的所在地，位于广东省广州市越秀区珠光街道湛塘社区越秀南路89号。

民国14年（1925年）5月，在中国共产党领导下，由全国铁路总工会、中华海员总工会、汉冶萍总工会和广州工人代表联合在广州召开第二次全国劳动大会。大会决定成立中华全国总工会（简称"全总"），通过工会章程，选举林伟民、刘少奇、邓中夏等25人组成执行委员会，推选林伟民为委员长、刘少奇为副委员长、邓中夏为秘书长；下设秘书处、组织部、宣传部、宣传教育委员会等机构。次年林伟民患病，由刘少奇主持全总日常工作。全总成立后，成为大革命时期全国工人运动的领导中心，领导了反对帝国主义的上海五卅运动和省港大罢工，发展各地工会组织，推动全国工人运动，为支援国民政府统一广东革命根据地和北伐战争做出贡献。

中华全国总工会旧址原为惠州会馆，建于民国时期。旧址周边有围墙，中间为一圆拱形大门和雕花铁栏栅门扇，由大门进入是前院，主体建筑为一座两层带地下室的砖木混合结构西式洋房。坐西向东，面阔九间27.8米，进深七进21.5米，总高约11米，占地面积约600平

中华全国总工会旧址

方米，总建筑面积1746平方米。地下半层高约2.2米，清水红砖外墙，角位嵌花岗岩及花岗岩石脚，有拱形及圆形窗，门廊处有石台阶。这里曾为国民党第一个中央党部所在地，民国14年（1925年）8月，参加国民党中执委会议的国民党左派领袖、国民政府财政部长廖仲恺在门口被反动派刺杀殉难。9月底，国民党中央部由此处迁出。10月，全总从大德路的临时会所迁进这幢房子的二楼办公。各部门的办公室，都以木板间隔。会议室、宣传部、监察委员会居中，组织部、秘书处和刘少奇的办公室靠南，宣传教育委员会靠北，省港罢工后成立的香港总工会和《工人之路》编辑部也在此办公。一楼原为广州工代会办公处，现作为昔日工人代表会礼堂陈列，保持原貌，顶部以钢板加固。两侧有水泥木扶手楼梯通往二楼，二楼有花岗岩栏杆，楼顶山花上有鲜花浮雕装饰。

半地下室一层，曾为省港罢工工人使用。中央的大厅，是广州工人代表会的礼堂，当时许多会议在此召开。

民国15年（1926年）5月，第三次全国劳动大会和第二次广东省农民代表大会在广州举行，决定在此处前院左右两侧，分别树立廖仲恺先生纪念碑和工农运动死难烈士纪念碑，以纪念在此遭暗杀的廖仲恺及在工农运动中牺牲的烈士。民国16年（1927年）1月，全总北迁汉口，这里改为全总驻广州办事处，4月被封闭。中华全国总工会旧址承载了大革命时期轰轰烈烈的工人运动历史，具有重要的历史意义。

1958年，会址修缮复原，成立中华全国总工会旧址纪念馆，隶属广东革命历史博物馆，负责旧址的保护与管理。1962年7月，广东省人民委员会公布中华全国总工会旧址为第一批广东省文物保护单位。1988年1月13，中华全国总工会旧址被国务院公布为第三批全国重点文物保护单位，编号3-0022-5-022。1994年，广东省人民政府公布中华全国总工会旧址保护范围和建设控制地带。2001年和2003年，分别进行旧址抢险加固和火灾自动报警系统及安防系统工程。中华全国总工会旧址经复原旧貌，对外开放。中华全国总工会旧址"四有"档案，由广州市文物考古研究所编制和保管。

**武汉国民政府旧址**　是国共两党联合的革命政权暨中央政府所在地，位于湖北省武汉市江汉区中山大道708号。

武汉国民政府旧址原是爱国华侨简氏兄弟（卷烟大王简照南、简玉阶）投资兴建的南洋兄弟烟草有限公司办公楼，俗称南洋大楼。民国15年（1926年）10月，国民革命军占领武汉三镇，国民革命重心由珠江流域转移到长江流域。同年12月，已到武汉的国民党中央执行委员和国民政府委员成立临时联席会议，行使中央最高职权。民国16年（1927年）1月1日，武汉临时联席会议宣布国民政府在汉口的南洋兄弟烟草有限公司办公楼开始办公。同年2月21日，武汉临时联席会议举行最后一次会议，宣布联席会议即日起结束，中央党部和国民政府正式在此办公。

南洋大楼由美国伯克利的土木工程师设计，汉合顺营造厂施工。始建于民国6年（1917年），建成于民国10年（1921年）。旧址由主楼和附楼组成，采用钢筋混凝土结构，并设有电梯，为当时少见。主楼五层，占地面积885平方米，建筑面积4747平方米；附楼四层，占地面积300平方米，建筑面积2000平方米。楼顶建有回廊、圆顶、拱门、钟楼造型和阳台，富有欧式建筑风格，富丽典雅。建成后，第一层、第二层作为中国南洋兄弟烟草股份有限公司汉

武汉国民政府旧址

武汉国民政府旧址纪念馆内部

口分公司的办公及营业场所，其余楼层先后被北洋军阀的军需汇总总局占用，后来又租给资本家开设武汉规模最大的大华饭店。民国16年（1927年）1月1日至8月25日作为国民政府办公地。主楼一楼为国民革命军总政治部和《革命军日报》编辑部；二楼是卫兵室及其居室；三楼是武汉临时联席会议会议室、秘书处；四楼是劳工部、实业部、教育部；五楼是国民政府副官处、海外国民党中央执委会秘书处；附楼则为国民政府工作人员宿舍。

民国16年（1927年）3月10～17日，中国革命史上一次重要会议国民党二届三中会在南洋大楼三楼召开。国共两党的许多著名人物如毛泽东、董必武、宋庆龄、汪精卫、何香凝等相聚武汉南洋大楼。4月12日，蒋介石集团在上海发动四一二反革命政变，7月15日，汪精卫公开背叛革命。8月25日，武汉国民政府迁往南京，与南京国民政府合并，史称"宁汉合流"。南洋大楼仍归南洋烟草公司汉口分公司所有。抗日战争期间武汉沦陷，南洋大楼被日军占用，直至抗战胜利后收回。1949年5月武汉解放后，南洋烟草公司汉口分公司由武汉市人民政府接管，原在南洋大楼生产经营业务迁至硚口烟厂内合并办公，改名为武汉卷烟厂。

武汉国民政府旧址见证了国共两党的第一次合作，具有重要意义。同时又是欧式风格建筑，是研究中国近现代建筑的实物资料。

1983年，由武汉卷烟厂投资500万元，腾迁住户，全面维修，武汉市文物部门在三楼复原国民党二届三中全会会场、武汉临时联席会议会场及部分办公用房。1988年，成立武汉国民政府旧址管理所。1989年元旦，国民政府正式迁汉62周年纪念日，旧址对外开放。1992年12月26日，武汉国民政府旧址被湖北省人民政府公布为第三批湖北省文物保护单位。1996年11月20日，武汉国民政府旧址被国务院公布为第四批全国重点文物保护单位，编号4-0229-5-031。1997年更名为武汉国民政府旧址纪念馆。2000年7月29日，湖北省人民政府办公厅印发《湖北省人民政府办公厅关于公布文物保护单位保护范围和建设控制地带的通知》，划定并公布武汉国民政府旧址的保护范围和建设控制地带。2005年2月，武汉国民政府旧址纪念馆建立和保管武汉国民政府旧址的全国重点文物保护单位记录档案，并报国家文物局和湖北省文物局备案。

**广州农民运动讲习所旧址** 是第一次国共合作时期培养农民运动干部的学校校址，位于广东省广州市越秀区大塘街道德政北社区中山四路42号。

民国13年（1924年）1月召开的中国国民党第一次全国代表大会，标志着第一次国共合作的正式形成。国共合作的实现，促进了工人、农民、学生、妇女等革命群众运动的开展。经共产党人彭湃等提议，中国国民党中央执行委员会决定在广州创办"中国国民党农民运动讲习所"，培养农运骨干。从7月起，广州农民运动讲习所在共产党人彭湃、罗绮园、阮啸仙、谭植棠、毛泽东相继主持下，连续举办6届，为广东、广西、湖南、河南、山东、直隶、湖北、四川、陕西、江西等20个省培训数百名农运骨干，极大地促进了全国农民运动的开展，有力地支持了北伐战争。

广州农民运动讲习所，前五届分别在越秀南路原惠州会馆和中山三路东皋大道1号举办。民国15年（1926年）5～9月，第六届农讲所举办，所址迁至番禺学宫，由毛泽东任所长，负责所务工作，给学员授课，并主编《农

广州农民运动讲习所旧址棂星门

广州农民运动讲习所旧址课室

民问题丛刊》。

广州农民运动讲习所旧址番禺学宫，始建于明洪武三年（1370年），清乾隆十二年（1747年）重建，形成今天的格局。以中路为中轴线，呈南北走向。中路建筑，主要遗存有棂星门、泮池拱桥、大成门、大成殿、崇圣殿和尊经阁。左路尚存明伦堂、光霁堂；右路现仅存头门和部分石路。番禺学宫大成门左右两侧分别为广州农民运动讲习所的教育部、值星室、庶务部；东耳房为所长毛泽东的办公室兼卧室，西耳房作图书室。大成殿作课室，崇圣殿正间为膳堂，东间为军事训练部，前院的两庑和后院的两廊作学员宿舍，学习、工作、生活条件十分艰苦。光霁堂后墙上今还嵌有《番禺县新生印章章程碑记》等6方碑刻。主体建筑大成殿规模较大，面阔五间24.72米，进深14.22米，高12.62米，木质结构。

1953年，成立广州农民运动讲习所旧址纪念馆，负责旧址的管理和保护。1957年8月1日，广州农民运动讲习所旧址纪念馆正式对外开放，修复了当年的课室、膳堂、学员宿舍、教务部、值星室等。1961年3月4日，广州农民运动讲习所旧址被国务院公布为第一批全国重点文物保护单位，编号1-0007-5-007。1994年，广东省人民政府，公布广州农民运动讲习所旧址保护范围和建设控制地带；同年4月，对主体建筑进行全面维修。2002年10月、2003年8月，先后对农讲所旧址西门、东门进行维修。广州农民运动讲习所旧址"四有"档案资料由广州市文物考古研究院负责编制和保管。

**井冈山革命遗址** 是毛泽东、朱德等创建的井冈山革命根据地的历史遗迹群。遗址分别位于江西省井冈山市和永新县境内：井冈山市内的遗址共有22处，主要集中在茨坪、茅坪、大小五井及五大哨口等地；永新县境内的遗址共有9处，主要分布在永新县的三湾乡、龙源口乡和禾川镇。

民国16年（1927年）10月，毛泽东率领湘赣边界秋收起义部队到达井冈山，创建井冈山革命根据地。次年4月，朱德、陈毅率领南昌起义保留下来的部队和湘南农军陆续转移到井冈山地区，与毛泽东率领的工农革命军在宁冈县龙市会师。同年6月23日，龙源口大捷后，井冈山根据地达到全盛时期，范围扩大到宁冈、永新、莲花3个县，遂川北部，酃县东南部以及吉安、安福各一小部分地区，方圆275平方千米。井冈山革命根据地是第二次国内革命战争时期，毛泽东、朱德领导创建的第一个农村革命根据地，被誉为"革命摇篮"。

井冈山市境内的遗址，按所在地域主要包括：茨坪革命旧址群；黄洋界遗址群；大井毛泽东同志旧居、朱德和陈毅同志旧居，小井红四军医院旧址；茅坪革命旧址群；龙市镇红四军建军广场旧址，朱德、毛泽东会见旧址；古城会议、柏露会议旧址等。

茨坪革命旧址群。民国17年（1928年）7月以后，茨坪曾是井冈山革命根据地党、政、军的最高指挥中心所在地。旧址群主要包括茨坪毛泽东同志旧居、红四军军部旧址（含朱德同志旧居）、红四军军官教导队、新遂边陲特区公卖处、红四军军械处、中共湘赣边界特委旧址以及行洲村的行洲红军标语遗址等。茨坪毛泽东同志旧居原是一栋普通民房，坐东朝西，悬山式土木结构，一字排开，二层，正厅1个、房间4间，房间左右两侧各有1个小厅。面阔四间20.5米，进深二间19.2米，建筑面积687.6平方米。正厅外有水塘，左小厅外有凉亭。旧居正厅是中共井冈山前委办公室。正厅的右后间是毛泽东住房，已作复原陈列；右前间是警卫员住房；右小厅是饭厅。红四军军部旧址（含朱德同志旧居），坐西朝东，悬山式干打垒土木结构，一字排开，二层，堂屋1个、房间3间、厨房1处。堂屋面阔三间

井冈山茨坪毛泽东旧居

井冈山新遂边陲特区工农兵政府公卖处旧址

15.4米，进深二间6.3米，建筑面积114.04平方米。中间的厅堂是军委召开干部会议的场所，右间是朱德住房，左间是陈毅住房。民国18年（1929年）1月，红四军主力离开井冈山，红五军军部设在此屋内，军长彭德怀居住在朱德曾经住过的右屋，党代表滕代远住在陈毅曾经住过的左屋。红四军军官教导队旧址原是一栋民房，坐东朝西，悬山式砖木结构，二层，厅堂2个，房间8间。面阔二间15.6米，进深二间11.5米，建筑面积358.8平方米。1964年，井冈山管理局将旧址移交井冈山革命博物馆管理后，按原貌进行维修，作复原陈列。新遂边陲特区公卖处在红四军军官教导队旧址南20米处，原为一栋店房，坐东朝西，悬山式土木结构，二层，厅堂1个，房间3间，厨房1间。面阔二间20.5米，进深二间10.5米，建筑面积430.5平方米。店门外有半侧凉亭和1条石子路。厅堂是公卖处的中药店，厅堂左前间为公卖处的货铺，均作复原陈列。红四军军械处与红四军军官教导队旧址相连，西北面为红四军军部旧址，南面紧挨新遂边陲公卖处旧址。旧址原是一栋民房，悬山式土木结构，二层，共4直，厅堂2个，房间8间，面阔15.6米，进深

11.5米，建筑面积358.8平方米。右厅是军械处的工作室，已作复原陈列。民国17年（1928年）8月30日，黄洋界保卫战中使的那门迫击炮就是在这个军械处修理后抬上黄洋界参加战斗的。中共湘赣边界特委旧址是一栋二层的普通民房，坐西朝东，土木结构，建筑面积488平方米，正厅1个，横厅1个，房间17间。行洲红军标语在老街南头和南面山脚下的垄水段，临近通黄坳的小路，为井冈山上仅存的红军标语。遗址是两栋土木结构的民房。一栋坐西朝东，为悬山式砖木结构，两层，一字排开，面阔八间33米，进深12.6米，建筑面积为631.6平方米；一栋坐南朝北，悬山式砖木结构，两层，面阔七间36.3米，进深五间20.7米，建筑面积为1502.82平方米。民国17年（1928年）五六月间，红四军在此房屋墙壁上写有"实行马克思主义，实行共产主义"等30多幅标语。民国18年（1929年）2月，井冈山被敌人占领，当地村民曾用黄泥浆把红军标语糊起来。

黄洋界遗址群。黄洋界又称汪洋界，位于茨坪西北17千米处，海拔高度1343米。黄洋界哨口是井冈山根据地五大哨口之一。主要遗址有黄洋界哨口工事、黄洋界哨口营房、黄洋界哨口槲树等。黄洋界哨口是茅坪通往茨坪的要隘。黄洋界哨口工事共有3处，均处于茨坪西北角。一处在黄洋界通往茅坪小路的左边山头上，设立一个瞭望哨所，坑道为椭圆形，长3米，四周杂草树木丛生；一处在黄洋界通往源头村小路的右边山坡上，距营房约100米，坑道无存，岩石裸露；一处在黄洋界通往茅坪的小路旁，距营房约100米，坑道为条状，长18米，宽1米，深0.7米，四周长满松杉和一些

**井冈山黄洋界**

杂树。三个工事互为犄角,互相呼应,组成哨口。黄洋界哨口营房是红军驻防黄洋界哨口的军营,原是一家客栈,于民国12年(1923年)倒塌。民国17年(1928年)夏,红四军军委决定在原客栈基础上建造营房,8月营房竣工,红四军一个连的部队驻扎在营房周围,把守在黄洋界哨口上。黄洋界哨口营房旧址坐北朝南,为砖木结构,土黄色墙壁,杉皮盖的屋面,一栋二层。建筑面积268平方米,厅堂1个,房间9个。黄洋界哨口槲树距黄洋界红军

哨口2.5千米。毛泽东、朱德等根据地领导人和根据地军民一起挑粮上山,常常在这棵槲树下歇脚。

大小五井旧居旧址包括大井毛泽东同志旧居、朱德和陈毅同志旧居,小井红四军医院旧址。大井、小井是井冈山根据地内大小五井一带五个村庄中的两个村子,位于井冈山的腹地,距茨坪西北7千米。大井毛泽东同志旧居位于大井林场,名新屋下。旧居是一幢广式民房,距今300余年历史。原为邹姓旺公所建,后成为王佐的农民自卫军的营地。民国16年(1927年)10月24日,毛泽东率领秋收起义部队首次来到大井村时,驻扎在大井新屋下邹屋中的王佐,将这幢兵营腾让出来,给毛泽东和他率领的工农革命军做营房,毛泽东居住在此屋东边厢房内。房屋坐北朝南,为土木结构,白色墙壁,青瓦盖屋面,建筑面积1000多平方米,共11直,大小天井5个,正厅1个,私厅4个,房间44间。厅堂左三直后一间是毛泽东住

**井冈山大井毛泽东旧居**

房，厅堂右四直是彭德怀住房，均作复原陈列。正厅是红四军医务所。大井朱德和陈毅同志旧居位于大井村的中央叫田心里的地方，与毛泽东旧居相隔20米。旧居原为邹安仁家的祖居，是一幢坐北朝南、青瓦顶、黄土墙、砖木结构的广式民房。建筑面积697平方米，共4直，大小天井3个，正厅1个，房间20间。右边天井左前间和左边天井左边第二间，分别复原了朱德住房和陈毅住房。另有三间房间为红军战士住房。小井红四军医院旧址是民国17～18年（1928～1929年）红军的后方医院所在地，位于茨坪以北5千米处群山环抱的小井村。旧址是一栋坐西朝东，杉皮屋面、全榫木结构的楼房，面积为920平方米，上下两层共32间。房屋大厅的左边复原陈列药房、病房4间和炊事班战士住房1间；大厅右边复原陈列医疗室。医疗室对面是男看护房、王展程病房和3间病房。

茅坪革命旧址群位于井冈山黄洋界的北麓。井冈山斗争初期，这里曾是湘赣边界党、政、军最高领导机关所在地和革命斗争的指挥中心。红军的后方留守处、医院、被服厂等后勤机构设立在此，湘赣边界党的第一、第二次代表大会在这里召开，是革命旧址较为集中的地方。主要有位于茅坪村的湘赣边界前委和特委旧址（含红军医院）、湘赣边界党的"一大"会址、八角楼毛泽东同志旧居、士兵委员会旧址（含陈毅同志旧居）位于茅坪乡苍边村的湘赣边界工农兵政府旧址等。

湘赣边界前委和特委旧址（含红军医院）原为攀龙书院，为清道光年间（1821～1850年）由当地的客家民众集资兴建。民国16年

湘赣边界特委红四军军委永新县委联席会议会址

（1927年）10月，工农革命军在这里建立井冈山根据地的第一所医院，中共湘赣边界前敌委员会和次年5月成立的中共湘赣边界特委先后在书院的三楼办公。旧址坐西南朝东北，前后两进，中间辟天井、两廊；建筑均为土木结构，小青瓦屋面。第一进面阔五间，明次间为厅堂，两梢间为厢房，面阔17.44米，进深三间7.8米，前部为门廊。天井进深三间7.65米，两侧设廊道，廊上有走楼，廊两侧置廊房。第二进主体面阔五间14米，明次间为厅堂，两梢间为厢房；进深四间11.85米，前设廊道，廊道两端为登楼板梯。在主体西北侧，有一天井及附属房，面阔28.05米，占地面积806平方米。主体建筑第一进为十二檩前三步梁穿斗式梁架，封火山墙，硬山顶；第二进为十一檩前后双步梁用四柱穿斗式梁架，歇山顶。其余各处为人字木屋架。墙体为三合土版筑。屋面为圆檩之上顺钉扁椽，盖阴阳瓦，垒瓦屋脊。正面大门为实榻板大门，室内房门为攒边门；二进大门扇为五抹直棂镶玻格子门，横窗是什锦格窗。外窗为直棂窗，拼板窗扇。在主体的明间设有三个藻井，第一进前廊一个矩形藻井，厅堂一个斗八藻井，第二进三楼一

个斗八藻井,其余各处均置天花板。

湘赣边界党的"一大"会址,原为谢氏慎公祠。据传,建于清道光年间。民国17年(1928年)5月20~22日,毛泽东在茅坪村谢氏慎公祠内主持召开中共湘赣边界第一次代表大会,出席会议代表有60余名。会址坐东朝西,砖木结构,硬山顶砌封火墙,小青瓦屋面,穿斗式梁架,由前廊和厅堂组成,廊、厅天棚俱设藻井,通面阔8.78米,通进深13.54米,建筑面积为118.88平方米。八角楼毛泽东同志旧居原为当地村民谢池香家的住宅,始建于清道光四年(1824年)。民国16年(1927年)10月至民国18年(1929年)1月,毛泽东在这里居住和办公,因住房的天棚上有一个八角藻井,当地群众习惯称这栋房屋为八角楼。旧居坐东朝西,土木混合结构,悬山顶,小青瓦。平面布局可分为三部分,正面辟有3个大门。北侧楼下为朱德旧居及前委工作人员用房,楼上为毛泽东旧居,面阔11.44米,进深四间12.56米,后部两侧附耳房。中间及南侧两部分平面相近,面阔分别为6.97米,7.82米。整个旧居通面阔32.09米,通进深16.36米,占地面积525平方米。整个建筑全以墙体承重,楼楞,檩条均搁墙上,扁椽顺钉檩条上,盖阴阳瓦,垒瓦屋脊,土坯砖墙为主,实榻板大门,攒边房间门,直棂窗,拼板窗扇。士兵委员会旧址(含陈毅同志旧居)原为当地村民谢池香家的房屋,由谢池香的父亲谢梅谷在清末建造。民国17年(1928年)5月上旬,红四军士兵委员会成立,陈毅任主任,期间陈毅在这里办公和居住。旧址(含陈毅旧居)坐南朝北,土木混合结构,悬山顶,小青瓦

屋面。通面阔三间12.65米,通进深一间4.74米,占地面积60平方米。中间是厅堂,两侧为厢房。整栋建筑不用木柱,楼楞、挑梁、檩条搁于墙上。除正面墙体为青砖所砌,其余全为土坯砖墙。檩条之上顺钉扁椽,盖小青瓦。三合土地面。实榻大门,攒边房间门,直棂窗。湘赣边界工农兵政府旧址位于茅坪乡苍边村,坐北朝南,砖木结构,封火山墙,硬山顶,盖阴阳瓦屋面。主体建筑面阔三间12.8米,进深四间15.4米。明间为厅堂,次间为厢房。厅堂以木隔断墙分成前后两部分,前厅天棚置斗八藻井,后堂后檐墙处辟天井,天井两侧置板梯登二楼。主体建筑西侧设一附属房,以墙壁相隔,廊道及侧门相通,面阔一间3.95米,进深二间7.7米,正面另辟大门通室外。整个建筑均以墙体承重,楞木檩条直接搁在砖墙上,檩条之上顺钉扁椽,盖阴阳瓦,垒瓦屋脊。室内为灰土地面。实榻板大门,攒边拼板房间门,直棂窗,拼板窗扇。

红四军建军广场旧址,朱德、毛泽东同志会见旧址位于井冈山市龙市镇城北村委会。龙市镇是井冈山革命根据地的中心,是朱毛会师、红四军成立、红四军第二次党代会以及红四军军官教导队成立的所在地,距茅坪西14千米。红四军建军广场旧址位于龙江河东岸,原为龙江河东岸的一片沙洲,经多次维护整修已成为一个南北长201.6米,东西宽83米,面积16732.8平方米的广场。在中轴线上由南往北分为铜像平台和会场,中间置毛泽东和朱德握手铜像,旗杆平台竖19.28米高红四军军旗,会场北部修复了会台。朱德、毛泽东同志会见旧址(含红军教导队)原为龙江书院,始建成

于清道光二十年（1840年）。民国17年（1928年）4月下旬，朱德、陈毅率南昌起义余部和湘南暴动农军以及毛泽东率领的工农革命军两支部队的主要干部在书院的三楼文星阁，就会师后的问题进行会谈。在井冈山根据地的初创时期，湘赣边界前委在龙江书院创办工农革命军第一期军官教导队。

古城会议、柏露会议旧址。古城会议旧址位于古城镇古城村。旧址原为联奎书院，又名文昌宫，建成于清道光二十一年（1841年）。1927年10月3日，毛泽东率工农革命军经三湾改编后进驻宁冈古城。当晚起至10月5日，毛泽东在古城的联奎书院内主持召开了前敌委员会扩大会议。旧址为一建筑群，坐东南朝西北，砖木结构，穿斗式梁架，封火山墙，阴阳瓦屋面。整个建筑群面阔29.56米，进深54.09米，占地面积1598.90平方米。遗存主体建筑门厅、讲堂、文昌殿、前后连通的天井廊道，以及主体建筑西侧的书房睿明斋、心得斋和后部的三乐斋、尚义祠、贤劳祠等。东侧书房集义斋、深造斋，以及文昌殿与三乐斋之间的天井和过廊，原建筑已毁，仅存空地，用砖砌围墙进行保护。柏露会议会址原为一栋店铺，清光绪十年（1884年）建造。民国18年（1929年）1月4日，由中共湘赣边界前委召开的联席会议在此店铺举行。会址坐北朝南，砖木结构，悬山顶盖小青瓦，面阔七间25.2米，进深两间7.9米，占地面积199平方米。从西至东第一行、第二行为住房和店面，第三行至第七行前为大厅，后面为通房。大门设于第三行正面，为活动木板门，门外设有雨篷。整个建筑全为砖墙承重，人字木屋架。室内地面除第一

行、第二行铺地楞钉木地板外，其余全是三合土地面。直棂窗，拼板窗扇。

永新县境内的井冈山革命遗址包括三湾改编旧址群、龙源口大捷旧址群以及中共湘赣边界特委、红四军军委和永新县委联席会议会址。

三湾改编旧址群包括毛泽东同志旧居、中国工农革命军第一军第一师第一团团部旧址、士兵委员会旧址、枫树坪旧址。民国16年（1927年）9月29日，毛泽东率秋收起义部队转移途中到达永新县三湾村，前委决定对保留下来的不足千人的队伍进行改编。毛泽东同志旧居，原是三湾街上的协盛和杂货铺，始建于清朝。旧居坐西南朝东北，共两栋，相距2米，前店后作坊，均为二层砖木结构，硬山顶，小青瓦屋面，三叠式封火墙，三开间。两栋通进深23.7米，面阔11.4米，廊檐深2米，脊高6米，建筑占地面积270平方米。毛泽东在三湾时居住在前栋左厢房，并在到达三湾的当天晚上在中厅召开了前委扩大会议。中国工农革命军第一军第一师第一团团部旧址，原是钟家祠，建于清末民初。旧址坐南朝北，为二层穿斗式砖木结构，硬山顶，小青瓦屋面，三叠式封火墙，共一进四柱三开间。通进深

中国工农革命军第一军第一师第一团团部旧址

三湾毛泽东旧居

21.7米，面阔13.1米，廊檐深2米，屋脊均高8.1米，建筑占地面积284.27平方米。三湾改编后的团部设于此地，在楼下大厅办公和开会。秋收起义部队离开三湾后，钟家祠成为三湾地区的儿童团、暴动队、少年先锋队等革命群众组织的活动场所。士兵委员会旧址，原是三湾街上的一家杂货铺，始建于清代。旧址坐西南朝东北，为二层干打垒结构，硬山顶，小青瓦屋面，面阔三间11.7米，进深11.2米，脊高7.4米，建筑占地面积131.3平方米。三湾改编后成立的团士兵委员会就设在此处。改编期间，在此召开过军官会议。枫树坪旧址是三湾改编时部队集合地点，原为三湾村前的一片空地，面积约450平方米。有樟树1棵，枫树2棵，紧挨一起。樟树根深叶茂，树冠面积约150平方米，树下足以容纳数百人，是三湾改编旧址的标志性景观。树旁建有一须弥座式钢筋混凝土结构的三湾改编纪念碑。龙源口大捷旧址群包括龙源口桥和望月亭，是红四军与"会剿"井冈山根据地的国民党军进行龙源口战斗（又称七溪岭战斗）的战争遗迹。龙源口桥为一座横卧牛饮江上的弧形满肩式单孔石拱桥，建于清道光十七年（1837年），桥全长

25.4米，净跨14.2米，宽5米，拱矢高10米。桥体由青石板块砌成，桥面东端有14级台阶，西端有23级台阶，桥东西两端各筑有高2米，占地10平方米的桥台基。七溪岭战斗指挥所旧址——望月亭，建于清代，原为古驿道上供旅客临时休憩的亭子，半封闭式砖木结构，平面呈四边形，亭内顶棚为简易平梁架结构，面阔5.04米，进深6.62米，亭脊高4.6米，建筑占地面积33.4平方米。中共湘赣边界特委、红四军军委和永新县委联席会议会址，原名永新县商会，建于民国4年（1915年），坐北朝南，二层穿斗式砖木结构祠堂式建筑，小青瓦屋面，一进四柱三开间，中有一虎眼天井。会址面阔12.9米，通进深26米，建筑占地面积335.4平方米。民国17年（1928年）6月30日，毛泽东、朱德、陈毅等在该会址的二楼大厅召开中共湘赣边界特委、红四军军委和永新县委联席会议。

1961年3月4日，井冈山革命遗址被国务院公布为第一批全国重点文物保护单位，编号1-0017-5-017。1982年，经文化部批复，湘赣边界前委和特委旧址（含红军医院）、湘赣边界党的"一大"会址、湘赣边界工农兵政府旧址、八角楼毛泽东同志旧居、士兵委员会旧址（含陈毅同志旧居）、毛泽东、朱德同志会见旧址（含红军教导队）、古城会议会址为全国重点文物保护单位井冈山革命遗址的具体保护对象。2006年5月25日，国务院公布第六批全国重点文物保护单位时，将行洲红军标语遗址、大井朱德和陈毅同志旧居、小井红四军医院旧址以及七溪岭战斗指挥所旧址——望月亭、龙源口桥归入第一批全国重点文物保

护单位井冈山革命遗址。1992年和2010年，江西省人民政府先后两次印发《江西省人民政府关于公布全国重点文物保护单位保护范围和建设控制地带的通知》，公布、调整了保护范围和建设控制地带。2004年，经国家文物局批复，由井冈山革命博物馆负责对革命旧址群进行揭顶维修。2005年，完成国家茨坪毛泽东旧居及革命旧址群维修改造。2007年2月，实施柏露会议旧址的消防供水项目工程。井冈山市内的井冈山革命遗址分别由井冈山革命博物馆和井冈山会师纪念馆管理。其中茨坪旧址群的茨坪毛泽东同志旧居、红四军军部旧址（含朱德同志旧居）、红四军军官教导队、新遂边陲特区公卖处、红四军军械处、中共湘赣边界特委旧址、行洲红军标语遗址，黄洋界遗址群中的黄洋界哨口工事、黄洋界哨口营房、黄洋界哨口槲树，大井毛泽东同志旧居、朱德和陈毅同志旧居，小井红四军医院旧址共13处单位由井冈山革命博物馆管理。1991年7月，井冈山革命博物馆建立全国重点文物保护单位记录档案。2012年，重新建档，在原档案的基础上进行年度续补和充实、完善工作。茅坪革命旧址群中的湘赣边界前委和特委旧址（含红军医院）、湘赣边界党的"一大"会址、八角楼毛泽东同志旧居、士兵委员会旧址（含陈毅同志旧居）、湘赣边界工农兵政府旧址，龙市镇红四军建军广场旧址，朱德、毛泽东会见旧址，古城会议旧址、柏露会议旧址共9处单位由井冈山会师纪念馆管理，隶属井冈山革命博物馆领导。1993年，井冈山会师纪念馆建立所管理旧址的"四有"档案。2005年10月，分别建立三湾改编旧址群和中共湘赣边界特委、红四

军委和永新县委联席会议会址"四有"档案。2007年4月，建立七溪岭战斗指挥所旧址——望月亭、龙源口桥"四有"档案。以上档案均由永新县文物局分类保管。

**红安七里坪革命旧址**　是中国共产党创建的鄂豫皖革命根据地的政治、军事、经济、文化等机构所在地以及一些重要历史事件的发生地和革命烈士纪念地，位于湖北省红安县（原黄安县）北部，大别山南麓，鄂豫两省交界处。

民国16年（1927年）11月，中共黄（安）麻（城）特委于七里坪文昌宫会议后，贯彻执行中共中央八七会议精神，领导了黄麻起义，起义部队在七里坪集结誓师，经激战攻克黄安县城，成立黄安县农民革命政权，建立中国工农革命军鄂东军。民国18年（1929年）鄂豫根据地形成，七里坪成为鄂豫根据地的政治军事中心；民国19年（1930年）鄂豫皖革命根据地形成，七里坪被命名为"列宁市"，成为根据地的政治、军事、经济、文化中心。民国20年（1931年）11月，红军三大主力军之一的红四方面军在七里坪组成，徐向前任总指挥，陈昌浩任政治委员。

红安七里坪革命旧址由37处文物点构成，其中七里坪镇35处，上新集镇2处。

列宁市列宁小学旧址位于七里坪镇红坪大道188号。旧址坐西朝东，砖木结构，面阔5间，前后二进，两幢间有1个大天井和1个小天井、室内抬梁式木梁屋架，鼓皮槅扇墙、硬山顶，屋面小布瓦铺盖，总面积256平方米。旧址原为黄安县第二高等国民小学。民国19年（1930年）2月，改名为列宁小学。国共合作谈判处旧址位于七里坪镇红四路中段的镇政府

列宁小学旧址

旁。旧址坐北朝南，砖木结构，面阔三间，进深一进，单檐硬山顶，布瓦铺盖，面积75平方米，现为七里坪镇计划生育办公室办公用房。中共七里区委会旧址位于七里坪镇北端花园畈村桥头岗中部。旧址坐东朝西，砖木结构，面阔3间，深1进，单檐硬山顶，布瓦铺盖，面积132平方米。民国17～19年（1928～1930年），中共七里区委员会在此地办公。列宁市彭湃街遗迹原位于七里坪镇河西街居民方迎香住宅的山墙头上，后因城镇建设，将河西街北端居民住宅拆除建为一小广场，仅保留了该遗迹所在的墙体。"列宁市彭湃街"六字遗迹为正楷，规格15厘米×15厘米。七里坪革命烈士纪念碑位于七里坪镇光荣院内，由当地政府于1973年7月建造。坐东朝西，麻石装修，青砖砂浆砌成，碑高10米，宽2米，为长方形立柱，碑的正面和背面均镶汉白玉碑面，正面为董必武题写的"革命烈士永垂不朽！"背面镌刻着董必武为纪念黄麻起义35周年的题诗。

七里坪工会旧址位于长胜街5号。旧址原为潘氏祠堂，坐东朝西，砖木结构，面阔2间、深2进，中间有一四水归池的天井，室内抬梁式木梁屋架，间鼓皮槅扇，单檐硬山顶，布瓦铺盖，总面积182平方米。列宁市苏维埃合作饭堂旧址位于长胜街29号。旧址坐西朝

东，砖木结构，面阔两间，深一进，有一后院，单檐硬山顶，布瓦铺盖，总面积64平方米。鄂豫皖特区苏维埃银行旧址位于长胜街48号，原为"鼎泰祥"商号。旧址坐西朝东，砖木结构，面阔一间，深两进，屋后有一小院，单檐硬山顶，布瓦铺盖，总面积87.5平方米。民国19年（1930年）10月，鄂豫皖特区苏维埃银行在此成立。至今大门上仍留有"银行"二字的字迹。红军中西药局旧址位于长胜街49号。旧址原为郑位三家开办的大参祥药房。坐东朝西，面阔一间，深二进，两幢间有一天井，屋后有一小院，单檐硬山顶，屋面小青瓦铺盖，总面积152平方米。苏维埃政府接管后，在此成立红军中西药局。列宁市经济公社旧址位于七里坪镇长胜街52～53号。旧址坐西朝东，砖木结构，面阔两间，深一进，单檐硬

七里坪工会旧址

山顶，屋面小青瓦铺盖，面积55平方米。红四方面军总指挥部旧址位于长胜街中段。旧址坐东朝西，砖木结构，面阔五间，深两进，两进间天井、厢房相连，室内抬梁式木梁屋架，间鼓皮槅扇，封火山墙，硬山顶，布瓦铺盖，前檐墙为木门铺板，檐下饰燕子楼，总面积288平方米。张国焘、陈昌浩、徐向前等多次在此召开军事会议。徐向前、陈昌浩居于旧址的后厅。列宁市杨殷街旧址位于长胜街149号。"列宁市杨殷街"6字为楷书，书写于该户临街的墙体上，为郑位三当年亲笔题写。秦绍勤烈士就义处位于红安县长胜街北门门楼旁。1974年，红安县委、县革命委员会为纪念黄安县革命早期烈士秦绍勤，在烈士牺牲地修建纪念碑。

七里坪革命法庭旧址位于和平街64、65号。旧址原称南庙，始建于明末。旧址现存建筑坐西朝东、砖木结构，深两进，前进面阔三间，后进面阔四间。室内抬梁式木梁屋架，鼓皮槅扇墙、硬山顶，屋面小布瓦铺盖，脊上饰吻兽，总面积370平方米。2002年，经中国法学会组织专家及学者现场考察后，认定七里坪革命法庭是中国革命历史上现存最早的基层革命法庭。黄麻起义会议遗址位于和平街37号。旧址原为文昌宫，建于清朝，坐东朝西，琉璃瓦面，由灵宫殿、文昌殿、佛殿、钟鼓楼和2个天井组成。"文昌宫"后毁于战火。民国16年（1927年）11月3日，中共黄麻特委在文昌

红四方面军指挥总部旧址

七里坪革命法庭旧址

宫召开黄麻两县党团活动分子会议，成立黄麻起义行动指挥部。14日取得黄麻起义的胜利。这里又是中共鄂豫皖临时特委和临时军事委员会所在地。1980年，红安县政府在原址设立纪念标志一座。

南一门遗址位于七里坪镇河西街西端。民国19年（1930年）2月，鄂豫边特委和鄂豫边革命委员会将七里坪的小南门命名为南一门，以纪念革命烈士张南一。1991年，当地政府在原址建标志纪念碑。光浩门遗址位于红坪村河西街1号。民国19年（1930年）2月，中共鄂豫皖边特委和苏维埃政府决定将七里坪小北门命名为光浩门，纪念烈士吴光浩。门楼坐南朝北。石门上镌刻着"光浩门"三个大字。1991年，因道路改造和城镇建设，光浩门从桥头往南搬移10米。红四方面军诞生地纪念碑位于红坪村河西街。1979年10月，红安县委、县政府为纪念红四方面军诞生，修建纪念碑。碑高16米，

为立柱方形。碑的正面和背面镶嵌汉白玉，正面镌刻着原红四方面军总指挥徐向前元帅题写的"中国工农红军第四方面军诞生地"，背面镌刻着红安县委、县政府撰写的碑文。

红二十八军军部旧址位于盐店河村蔡家湾。旧址原为蔡氏宗祠，坐东朝西，砖木结构，面阔四间、深一进，室内抬梁式木屋架，单檐硬山顶，屋面小青瓦铺盖，面积121.5平方米。红军缝衣厂旧址位于盐店河村耿家洼。旧址坐东朝西，砖木结构，面阔三间，深两进，后幢室内有一匹抬梁式木架，单檐硬山顶，屋面小青瓦铺盖，总面积201.5平方米。现存后幢。红二十八军新兵营招兵处旧址位于盐店河村秦罗庄。旧址坐北朝南，砖木结构，面阔五间，深两进，室内抬梁式木屋架，单檐硬山顶，屋面小青瓦铺盖，面积380平方米。

鄂豫皖特（边）区苏维埃政府和鄂豫皖特区政治保卫局旧址位于七里坪镇东2.5千米处的八一村王锡九湾中部。坐北朝南，砖木结构，面阔三间，深两进，两进间有一小天井，室内抬梁式木梁屋架，单檐硬山顶，布瓦铺盖，大门开在前幢的南山墙上，总面积276平方米。民国19年（1930年）7月，鄂豫皖边特区苏维埃政府由河南光山县王家湾迁至此地，甘元景、郑位三、郑行瑞等特委及政府领导亦在此工作、居住。政治保卫局旧址坐北朝南，面阔五间，深一进，单檐硬山顶，布瓦铺盖，总面积107平方米。红军招募处旧址位于七里坪镇檀树岗红源街168号，檀树岗旧街中心。旧址坐北朝南，面阔三间，土坯砖墙，硬山顶，小青瓦铺盖，面积180平方米。民国19年（1930年）5月30日，中共鄂豫皖边特委于此

鄂豫皖特区苏维埃政府旧址

设立红军招募处。国民党黄安第三分党部旧址位于七里坪镇东北14千米檀树岗村来家河湾。旧址原为来氏祠堂，坐东北向西南，为四合院式，中间有天井，两边厢房，单檐硬山顶，小青瓦铺盖，占地总面积200平方米。存有后幢。清水塘会议遗址位于七里坪镇程维德村清水塘，处于檀树岗水库西南角一个小山丘上。已毁于战火。现遗址处建有纪念标志碑。鄂豫皖革命军事委员会旧址位于七里坪镇东北9千米处的戴世英村。原为戴氏家族祠堂，建于清乾隆元年（1736年）。坐北朝南，面阔三间，前后两幢，两殿之间有厢房、天井相连，前殿门楼上有武楼，室内抬梁式木屋架，屋面小青瓦铺盖，面积261.8平方米。彭杨军政学校旧址位于七里坪镇东北7千米处的杨李家村祠堂湾。旧址原为聂氏祠堂，坐西朝东，原有建

筑面阔五间，前后三幢，占地面积418.4平方米，前两幢毁于战火，形成一大院，现存后幢为砖木结构，室内抬梁式木梁屋架，单檐硬山顶，屋面小青瓦铺盖。学校进驻前，这里曾为红四军经理处驻地。中共鄂豫皖省委会旧址位于七里坪镇东北14.5千米处的熊家咀村姜家岗湾。旧址坐东北朝西南，砖木结构，面阔五间、深二进，单檐硬山顶，布瓦铺盖，占地面积199.8平方米。存有前幢3间，面积78.6平方米。九月暴动指挥部遗迹位于七里坪镇熊家咀村十丈山庙。旧址原为十丈山庙，面阔五间，深二进，后毁于战火，仅存建筑遗迹。中共黄（红）安中心县委旧址位于七里坪镇东9.5千米处的杨李家村程芳湾。旧址坐北朝南，原为面阔五间，前后两进四合院式平房，占地面积380平方米。民国21年（1932年）后，中共红安中心县委曾驻于此。旧址大部毁于战火，仅存长12米，高5米的铁尺方青砖前檐墙。毛咀屋红军兵工厂旧址位于七里坪镇罗畈村席家岗。旧址原为席氏宗祠，坐北朝南，砖木结构，面阔五间，深两进，两幢之间厢房、天井相连，室内抬梁式木屋架，风火山墙，悬山顶，屋面小青瓦铺盖，屋檐下有彩绘，面积353.5平方米。黄安县七里区防务会旧址位于七里坪镇曹门口村东岳府。旧址坐东北向西南，砖木结构，前后两重，有厅房15间，厢房21间，单檐硬山顶，布瓦铺盖，占地面积1457平方米。曹学楷、戴克敏、戴季英、郑位三等人在此办公。大部建筑毁于战火，仅存门楼和后重部分建筑。红二十五军军部和鄂东北道委会旧址位于七里坪镇许葛楼村闵家湾。原为闵氏宗祠，坐北朝南，砖木结构，面阔五间，前

后3幢，每幢间有厢房天井相连，室内抬梁式木屋架，封火山墙，单檐硬山顶，屋面小青瓦铺盖，总面积460平方米。现存前后2幢，中幢毁于战火。在旧址的前檐墙及东山墙上存留着红二十五军政治部写的标语，内容为"扩大游击战争""鄂豫皖苏区万岁""彻底消灭四次围剿"等，为行书体，用石灰书写；落款"红二十五军政治部宣"。标语部分字迹已风化褪色，较难辨认。中共鄂豫皖省委会和红二十五军军部旧址位于七里坪镇天台山风景区对天河村刘家湾，坐东朝西，砖木结构，面阔三间，深一进，单檐硬山顶，屋面小青瓦铺盖，屋前与前排民居后檐形成一小院落，建筑面积95.4平方米。民国22年（1933年）10月17日，鄂豫皖省委和红二十五军军部由紫云寨移驻于此，省委书记沈泽民曾住于此处。

黄柴畈会议旧址位于红安县上新集镇黄柴畈村村落中部巷道内，旧址坐东朝西，砖木结构，面阔三间，深一进，为一厅两厢，前有一天井，天井南侧山墙上开门与巷道联通，悬山顶，布瓦铺盖，内山墙为龙门架式木板墙，面积134平方米。红四方面军二十五军军部旧址位于上新集镇黄才畈村村落中部巷前部。旧址坐东朝西，砖木结构，面阔三间，深一进，为一厅2厢，前有一天井，天井南侧山墙上开门与外联通，布瓦铺盖，面积106平方米。10月上旬，红二十五军军部即驻扎于此地，军长蔡申熙亦居于此。

红安七里坪革命旧址对于中国近现代史的研究具有重要意义，同时也是进行革命传统教育和爱国主义教育的生动教材。

中华人民共和国成立后，红安七里坪革命

黄才畈会议旧址

旧址由七里坪镇政府兼管，1975年由红安县革命博物馆接管，同时成立文物保护工作小组。1981年12月30日，红安七里坪革命旧址被湖北省人民政府公布为第二批湖北省文物保护单位。1986年，红安县文物事业管理局成立，下设七里坪文管所。1988年1月13日，红安七里坪革命旧址被国务院公布为第三批全国重点文物保护单位，编号3-0024-5-024。1989年6月14日，正式成立七里坪文物管理所。2000年7月29日，湖北省人民政府办公厅印发《湖北省人民政府办公厅关于公布文物保护单位保护范围和建设控制地带的通知》，公布红安县七里坪革命旧址的保护范围和建设控制地带。2004年，红安县文物局编制并保管红安七里坪革命旧址的全国重点文物保护单位记录档案，并报国家文物局、湖北省文物局备案。

**武汉农民运动讲习所旧址**　是第一次国共合作时期国共两党共同创办的培养农民运动干部的学校校址，由农民运动讲习所旧址和毛泽东同志旧居组成，分别位于湖北省武汉市武昌区红巷13号和武昌都府堤41号。

民国15年（1926年）秋，北伐战争迅速扩展到长江流域，武汉成为全国革命的中心。同年11月，中共中央政治局通过了由毛泽东拟定的中共中央农委关于《目前农运计划》，该计划之一是决定在武汉开办农民运动讲习所。武汉农民运动讲习所面向全国招生800余名，民国16年（1927年）3月7日开始上课，4月4日举行开学典礼，至6月19日结束，授课地址为张之洞开办的北路高等小学堂旧址。由邓演达、毛泽东、陈克文担任常务委员组成学校最高领

导机构，毛泽东实际主持工作。大革命失败后，武汉农民运动讲习所许多师生参加了中国共产党领导的武装起义，为中华人民共和国的诞生和建设做出重要贡献。

农民运动讲习所旧址，原为北路高等小学堂校舍，建于清光绪三十年（1904年），宣统三年（1911年）后曾先后改名为甲种商业学校和高等商业学校。民国15年（1926年）11月高等商业学校并入武昌中山大学，同时从北路高等小学堂旧址搬走。旧址占地12850平方米，由4栋坐北朝南的房屋组成，其中由南向北第一、二、四栋为一层晚清学宫式风格建筑，第三栋为两层中西合璧式建筑，是张之洞创办的北路高等小学堂旧址。第一栋为农讲所总队部、常委办公室、教务处、庶务处、总务处、

武汉农民运动讲习所大教室

武汉农民运动讲习所宿舍楼

医务室等用房，第二栋为学生教室，第三栋为学生宿舍，第四栋为学生膳堂。建筑多沿用中国传统建筑元素，采用砖木结构及四坡屋顶样式，灰瓦青墙、朱柱红檐，整体风格古朴大气。大革命失败后，旧址一度为军队驻地，后一直为学校。

毛泽东同志旧居，是一栋普通民宅，距农讲所约300米。当年以农讲所名义租用，民国16年（1927年）上半年毛泽东在武昌从事革命活动时与家人在此居住，期间撰写了《湖南农民运动考察报告》。旧居坐东朝西，占地约4600平方米。面阔三间，三进三天井，小青瓦屋面，硬山墀头风火外墙，前后檐均为对开启实塌板门，属清末民居式砖木结构建筑物，正厅堂屋为露明造，其他房舍均装木质阁楼，建筑面积为433.09平方米。原房1956年因修武昌公园而拆除，现在的房屋系1967年按原貌重建，并复原了毛泽东和杨开慧、彭湃、蔡和森等所住房间。

1958年，中共湖北省委决定筹建旧址纪念馆。1963年，农民运动讲习所旧址纪念馆正式成立，并对外开放。1989年，武汉博物馆与武汉农民运动讲习所旧址纪念馆合署办公。1997

年，国家文物局、中宣部分别授予农民运动讲习所旧址纪念馆全国优秀爱国主义教育基地、全国百家爱国主义教育示范基地称号。农民运动讲习所旧址进行多次维修，其中1984年、1987年、2003年进行3次规模较大的维修。1984年对旧址第四栋进行前移落架大修；1987年8月至1988年5月，国家文物事业管理局拨专款维修旧址第一、二栋，复原滴水瓦头和进大门右侧门房，对房屋基础进行加固。2000年11月，武汉农民运动讲习所旧址纪念馆、毛泽东旧居纪念馆、中共五大会址纪念馆、陈潭秋烈士纪念馆和武昌起义门管理所合并，组建武汉市革命博物馆，办公地点在武汉农民运动讲习所旧址内，负责以上5处旧址的管理和保护。2003年，在纪念毛泽东110周年诞辰之际，对武汉农讲所旧址实施整体维修和环境整治。2001年6月25日，武汉农民运动讲习所旧址被国务院公布为第五批全国重点文物保护单位，编号5-0494-5-021。2004年12月，武汉农民运动讲习所纪念馆建立武汉农民运动讲习所旧址全国重点文物保护单位的记录档案，由武汉市革命博物馆保管。2015年5月5日，湖北省人民政府办公厅印发《湖北省人民政府办公厅关于公布文物保护单位保护范围和建设控制地带的通知》，公布武汉农民运动讲习所旧址的保护范围和建设控制地带。

**武汉中共中央机关旧址** 是大革命时期中共中央机关所在地，位于湖北省武汉市江岸区胜利街163～165号、191号（汉口原俄租界四民街61、62号）。

民国15年（1926年）9月起，中共中央从全国各地向武汉派遣干部，至民国16年（1927年）

武汉中共中央机关旧址

3月，大部分中央委员和候补中央委员已云集武汉。4月10日，中共中央总书记陈独秀与部分工作人员，从上海迁到武汉，将中共中央秘书厅设于汉口俄租界四民街61、62号。陈独秀到汉后，居住于此地。一楼为警卫和工作人员的居室，二楼的大房间布置为会议室，三楼为陈独秀、蔡和森、彭述之等领导人居室。这里成为中共中央政治局常委会开会和秘书厅办公的地方。陈独秀、蔡和森、瞿秋白、周恩来、毛泽东等数十位中共中央重要领导人在此居住或从事过重要革命活动。中共中央在武汉期间，领导了轰轰烈烈的反帝反封建斗争，召开了中共五大和八七会议，作出了发动南昌起义和秋收起义等一系列重大决策，实现了中国革命由大革命失败到土地革命战争兴起的历史性转变。武汉中共中央机关旧址在中共党史、中国革命史、中国近现代史上具有十分重要的地位。它是中国共产党早期艰苦奋斗历程的见证。

武汉中共中央机关旧址由两栋有独立出入口的三层里分式建筑组成，均坐西朝东。163～165号建筑临胜利街，由两个单元联立而成，为三层砖混结构，顶层上有阁楼，总高17米，占地面积246平方米，建筑面积842平方米。建筑平面由左右对称两个单元形成联体式，呈"凹"字形，东南至西北方向长，西南至东北方向短。两个单元入口分别位于东南面正立面两侧近山墙处，左右入口内各有一木质楼梯通往顶层阁楼，背立面凹处左右各有一混凝土楼梯依附于建筑外侧，通往楼上各层。191号建筑平行于163～165号建筑，为三层砖混结构，顶层上有阁楼，总高14.43米，占地面积109.13平方米，建筑面积361.8平方米。建筑平面呈狭长"凹"字形，东北至西南方向长，西北至东南方向短。主入口位于东北面的右侧立面凹处形成天井，两侧建筑第二、三层以钢筋混凝土楼梯链接，并形成错层结构。两栋建筑外立面均以清水砖墙为主，两侧面为尖顶式构建，屋面均为高低起伏的多坡顶屋面，平面为"凹"字形，覆机制红瓦，瓦背面有两种模制阳书，分别为"维新实业有限公司汉阳红砖瓦厂"和；门楣、窗台、挑梁等处有欧式古典风格的装饰，整体风格协调质朴；楼梯、阳台栏杆选用铁花装饰，颇具近代装饰风格。

1988年12月25日，武汉中共中央机关旧址被武汉市人民政府公布为武汉市文物保护单位。2008年3月27日，被湖北省人民政府公布为第五批湖北省文物保护单位。2013年3月5日，武汉中共中央机关旧址被国务院公布为第七批全国重点文物保护单位，编号7-1807-5-200。2014年1月，中共中央办公厅正式批准建立武汉中共中央机关旧址纪念馆。2014年10月，武汉市文化新闻出版广电局编制了武汉中共中央机关旧址的全国重点文物保护单位记录档案，由武汉市文化新闻出版广电局保管，并报国家文物局、湖北省文物局备案。2015年5月5日，湖北省人民政府办公厅印发《湖北省人民政府办公厅关于公布文物保护单位保护范围和建设控制地带的通知》，公布武汉中共中央机关旧址的保护范围和建设控制地带。

**中国工农红军第七军第八军军部旧址** 包括中国工农红军第七军军部机关及前委驻地和中国工农红军第八军军部机关及左江革命委员会驻地两处。其中，中国工农红军第七军军部旧址位于广西壮族自治区百色市右江区百城街道解放街39号粤东会馆，中国工农红军第八军军部旧址位于广西壮族自治区崇左市龙州县龙州镇新街19号。

第七军军部旧址原为百色市粤东会馆。始建于清康熙五十九年（1720年），系粤籍商人梁煜带头捐资兴建。会馆建成后一直是广东商人歇脚住宿、汇聚议事的商事活动场所。道光二十年（1840年）和同治十一年（1872年）进行过两次大规模的维修。民国18年（1929年）10月30日，经中共广东省委决定，建立中共广西前委（起义后改为红七军前委），邓小平任前委书记。12月11日，在百色镇东门广场召开工农兵群众大会，正式宣布起义，史称百色起义。会上成立中国工农红军第七军，军长张云逸，前委书记兼政治委员邓小平。百色起义创建了中国工农红军第七军，是中国共产党在广西少数民族地区实行工农武装割据的一次光辉实践，标志着右江革命进入新的阶段。百色起义前后，粤东会馆成为红七军党的领导机关和部队指挥部所在地。

第七军军部旧址是一座三路三进九座砖木结构的庭院式建筑。坐西朝东，中路以门楼、中、后座为主轴，间以天井、过道分隔，主轴南、北两侧隔青云巷为相对称的厢房和庑廊，建筑之间

中国工农红军第七军军部旧址粤东会馆门楼

中国工农红军第七军军部旧址中堂

以长廊相连，大小九座建筑纵横对称、主次分明。整体平面呈长方形，面阔26米，进深55米。门楼面阔、进深三间，清水墙，穿斗与抬梁混合木构架，硬山顶，盖小青瓦，脊饰高近2米，上层灰雕宝珠、双龙戏珠、鳌鱼、麒麟、博古等，下层为灰塑"江山稳固""琴棋书画""五伦全图""暗八仙"等图案。座前设檐廊，廊前置3级台阶，明间两开板门，大门两边设石砌包台。前后檐四石柱弓形额枋托立石狮。中座面阔、进深均三间，明间通透，两次间开几何方格格扇，后檐有拱门通庑廊。庑廊卷棚屋面，面阔、进深均一间。中座为悬山顶，后檐墙开门通南、北两侧青云巷道。民国18年（1929年）10月23日，邓小平在此主持召开会议，商讨和布置百色起义的准备工作。百色起义时期，邓小平在这里亲自起草和制定了许多重要的文件和政策。后座面阔、进深均为三间。设前廊，起轩，明间敞开，两次间均设几何方格槅扇。南、北厢房各四间，高两层。楼设木栏杆，人字山墙，各厢房间设小天井，形成9个独立小院。会馆内有碑刻10余方，多为自建馆以来历次修缮捐资芳名碑。屋脊上层为戏曲陶塑，下层为灰塑。后座为军部会堂兼饭堂。会馆南、北两侧的厢房，相互对称，共6间，每间厢房设上、下两层，二层阁楼设木栏杆，楼前有一小天井，独立成院。百色起义时期，一楼作为司令部所属各处的办公室，有参谋处、军医处、副官处、经理处等。二层阁楼为军首长住室。粤东会馆的庑廊，连接在厢房之间，左庑廊脊灰塑"金玉满堂"，右庑廊脊灰塑"七狮二鹿图"，为警卫连住室。

中国工农红军第八军军部旧址。民国19年（1930年）2月1日，李明瑞、俞作豫、何世昌等率领广西警备第五大队及左江各县农军在龙州举行武装起义，召开工农兵群众大会，宣布成立中国工农红军第八军和左江革命委员会，建立左江革命根据地。史称"龙州起义"。龙州起义是继百色起义后，中国共产党在广西领导的一次规模和影响较大的武装起义。龙州起义在广西少数民族地区所创建的红八军和左江革命根据地，与右江革命根据地连成一片，在中国革命史上具有重大意义。在龙州起义时期，红军第八军军部机关的办公场所在梁德祥别墅，左江地区苏维埃临时革命政权机构——左江革命委员会的办公地点在瑞丰祥钱庄。

中国工农红军第八军军部旧址由军部旧址和左江革命委员会旧址、红军井等组成，均在龙州"瑞丰祥钱庄"院内。瑞丰祥钱庄由龙州商人梁德祥创建，为庭院式布局，前为庭院，

中国工农红军第八军军部旧址

中为中式传统建筑，后为一幢法式别墅建筑，面积4922.5平方米。军部旧址，设在瑞丰祥钱庄后院的法式建筑内。修建于民国初期。原为梁德祥别墅，是中西混合式三层平顶楼房，坐西朝东，砖木结构，平面为方形，面阔10.8米，进深11.8米。其中设有邓小平办公室及住室、接待室、军部会议室、警卫人员住室等。这里是龙州起义前后党的领导机关、红八军军部所在地，被群众称为红军楼。邓小平先后两次到龙州领导和发动起义，在此居住、办公。楼前2颗柏树为邓小平亲手栽下，院内一口水井，因红军使用过，被当地群众称为红军井。左江革命委员会旧址，设在瑞丰祥钱庄中部的一座中式二层砖木结构楼房。修建于民国初，原为仿古建筑，几经改造变成砖木结构两层楼房。

1963年，广西壮族自治区人民委员会分别将中国工农红军第七军军部旧址和第八军部旧址公布为自治区文物保护单位。1988年1月13日，中国工农红军第七军第八军军部旧址被国务院公布为第三批全国重点文物保护单位，编号3-0028-5-028。

1961年5月，右江革命文物馆筹备委员会成立，负责保护和管理中国工农红军第七军军部旧址。1972年，红七军军部旧址辟为"右江革命文物馆"，旧址按照百色起义时期红七军军部的原貌陈列展出。1999年12月，百色起义纪念馆迁建于百色市迎龙山上，中国工农红军第七军军部旧址与新馆实行分离，旧址成为百色起义纪念馆辖百色起义旧址展示场馆，负责旧址的保护、管理、修缮、展示工作。2008年，成立百色起义革命旧址管理处，管辖点包括红七军军部旧址。2004年，国家文物局拨款

对第七军军部旧址进行全面维修，修复粤东会馆展厅，复原原貌陈列。2012年5月，国家文物局批准《中国工农红军第七军军部旧址粤东会馆维修工程设计方案》，工程于2014年11月开始，至2015年完工。

1978年，龙州县文物管理所成立，负责管理中国工农红军第八军军部旧址。1984年在旧址成立中国工农红军第八军革命纪念馆，利用军部旧址院内的旧人民银行营业楼一楼设立"红八军革命文物展览"展厅。1998年，广西壮族自治区人民政府正式批复公布中国工农红军第八军军部旧址的保护范围和建设控制地带。国家文物局于1994年、1998年、2001年先后3次拨款对第八军军部旧址、左江革命委员会旧址进行维修。广西壮族自治区文化厅于2004年5月和2009年拨款，对红八军军部旧址以及旧址展馆进行改造修复及环境整治。通过历次维修，红八军军部旧址的现存建筑得到有效的保护。2001年，在县城城东区新建红八军革命纪念馆，更名"龙州起义纪念馆"，于2004年8月19日，在邓小平百年诞辰纪念活动及龙州起义75周年纪念活动之际投入使用。中国工农红军第八军军部旧址与新馆分离，仍由龙州起义纪念馆管理。

中国工农红军第七军军部旧址和第八军军部旧址的全国重点文物保护单位记录档案分别由百色起义纪念馆和龙州起义纪念馆于2006年建立并保管。

**鄂豫皖革命根据地旧址** 是第二次国内革命战争时期鄂豫皖根据地党、政、军领导机关所在地，位于河南省新县县城的首府路和航空路。

鄂豫皖革命根据地是第二次国内革命战争时期中国共产党创建的主要革命根据地之一，由位于湖北、河南、安徽三省边界地区的鄂豫边、豫东南、皖西3块根据地组成。民国19年（1930年）2月25日，中共中央致信湖北、河南两省省委和安徽六安中心县委，决定将鄂、豫、皖三省毗邻的20余县划为鄂豫皖边特别区，建立中共鄂豫皖边特区委员会。3月20日，鄂豫皖边区党代表大会在箭厂河（后属河南新县）召开，成立以郭述申为书记的中共鄂豫皖边特委，并将红十一军改编为红一军。同年6月，鄂豫皖边区第一次工农兵代表大会在光山县王湾举行，大会宣布成立鄂豫皖边特区苏维埃政府。鄂豫皖边党政军的统一，标志着以大别山为中心的鄂豫皖革命根据地正式形成。民国20年（1931年）2月，红军攻克新集（后为新县县城），将其改为新集市，鄂豫皖苏区党、政、军的首脑机关相继迁至新集。新集成为鄂豫皖革命根据地的首府和政治、经济、军事、文化中心。至民国21年（1932年）9月9日，第四次反围剿失败，新集沦陷，鄂豫皖分局机关随红四方面军撤离。

鄂豫皖革命根据地旧址是一处由中共中央鄂豫皖分局和鄂豫皖省委、鄂豫皖军委及红四方面军总部、鄂豫皖省工农民主政府、鄂豫皖军委航空局、鄂豫皖省苏维埃政治保卫局、鄂豫皖苏维埃政府税务总局等旧址组成的鄂豫皖根据地党、政、军机关旧址群。

中共中央鄂豫皖分局、鄂豫皖省委旧址位于首府路27号，坐东向西，前后五排房屋，每排7间，加上其他用房15间，共有清末阁楼式砖木结构民居用房50间，总面积1980平方米。旧址原为新集大地主刘彝武的私宅。由于街道拓宽，"文化大革命"期间将原旧址的第一排房屋拆除，现原第二排房面按第一排式样恢复。第一排房屋南侧3间为成仿吾办公室兼住室，北侧3间为陈昌浩办公室兼住室；第二排南侧3间为沈泽民办公室兼住室，北侧3间为郭述申办公室兼住室。整个建筑结构紧凑，庭院对称，廊檐宽阔，宁静幽深。门楼式大门，上方悬挂原红四方面军总指挥兼第四军军长徐向前题写的"中共中央鄂豫皖分局旧址"匾额，顶部是花砖挑脊，两端有封火山墙，大门两侧有鼓形门枕石。从门楼进入，中间一条长廊把整个建筑分成南北两部分。迎面有一道木槅扇门，里边是长方形天井小院。长廊两边的房屋各自组成4个方形天井小院，院内地坪用条石铺砌，四周有廊檐围绕。

鄂豫皖军委及红四方面军总部旧址位于首府路27号，坐西朝东，原有砖木结构房屋7排共60余间，因战争、自然及人为因素部分房屋已损毁，遗存的前3排40间房屋保存完好，占地1600平方米。旧址系清末豫南民居式建筑风格。前后排房屋由长廊串通，每排之间有大小不同的天井小院，井然有序，古朴典雅。大门上方悬挂李德生题写的"红四方面军总部旧址"匾额。民国20年（1931年）5月，鄂豫皖军事委员会在新集成立，军委机关设在此旧址内。同年11月，中国工农红军第四方面军于黄安七里坪成立，总部设于军委机关内。第三排房屋北侧4间为张国焘、徐向前办公室兼住室。民国21年（1932年），第四次反"围剿"失利后，红四方面军主力离开根据地，旧址遭到毁坏。

鄂豫皖省工农民主政府旧址位于新县县城生产街56号，清末豫南民居式建筑风格。原旧址占地面积1400平方米，共有砖木结构房屋40间，仅遗存前排7间和第二、三排部分房屋，共18间，占地面积680平方米。大门位居

中共中央鄂豫皖分局旧址

前排正中。民国20年（1931年）7月，鄂豫皖边区第二次工农兵代表大会在新集召开，鄂豫皖省工农民主政府宣告成立。省政府主席高敬亭即在此办公。政府下设人民委员会、财经委员会、文化教育委员会、拥护红军委员会及秘书处、事务处、招待处、妇女部、收发科、交通科等单位。除财经委外，所有单位均在此办公。鄂豫皖军委航空局旧址位于新县城关第一中学校园内。旧址原为"普济寺"，为一前后两进院落，正房均三开间的四合院建筑。民国19年（1930年）2月，红军赤卫队缴获国民党军一架"容克"式高级教练机，俘虏驾驶员龙文光。次年夏，龙文光驾机飞抵鄂豫皖首府新集，飞机被命名为"列宁号"。军委随即成立鄂豫皖军委航空局，龙文光任局长，钱钧任政委。航空局办公地址设在"普济寺"内。"列宁号"首航飞往固始、潢川等地侦察敌情，空投革命标语、传单，远征武汉侦察敌情。在"列宁号"机翼下安装两个挂弹架，使教练机变成"轰炸机"。同年12月24日，"列宁号"配合红四方面军取得黄安战役的胜利，在中国革命史和空军建军史上写下光辉的一页。

鄂豫皖省苏维埃政治保卫局旧址位于新县城关首府路西。原有房屋60余间，坐西朝东。1999年由国家文物局拨款对旧址进行修复，按原貌复原首长住室、办公室及各委办用房。遗存为三排两进院，均系灰砖瓦房，共18间。前院为局长办公室及保卫人员住室，后院为审讯室。民国20年（1931年）7月，鄂豫皖省苏维埃政治保卫局成立，在打击反革命破坏活动、保卫苏区以及维护社会治安等方面做了大量工作。9月，张国焘利用政治保卫局，对鄂豫皖地区大批优秀党政军干部以莫须有的罪名进行"肃反"，使这些干部惨遭杀害，给根据地的党政军建设带来巨大损失。解放初至20世纪90年代，旧址内房屋均由居民居住。

鄂豫皖苏维埃政府税务总局旧址位于新县城关首府路，坐东朝西，有砖木结构的房屋两栋，每栋4间，加上偏房，共11间。鄂豫皖苏区税务总局于民国20年（1931年）7月在新集成立。2000年、2005年，由河南省国税局出资，对旧址进行全面维修和布展，2009年免费对外开放。

1963年6月20日，鄂豫皖革命根据地旧址由河南省人民委员会公布为第一批省级文物保护单位。1975年，新县文物管理委员会成立，1977年，旧址移交新县文物管理委员会管理，1979年进行全面维修，1981年进行陈列布展并对外开放，1982年河南省文物局拨款对旧址后三排房屋进行全面维修。2009年起免费对外开放。1988年1月13日，鄂豫皖革命根据地旧址被国务院公布为第三批全国重点文物保护单位，编号3-0032-5-032。1990年，鄂豫皖军委（红四方面军总部）旧址移交新县文物管理委员会。1995年9月，新县文物管理局建立并保管鄂豫皖革命根据地旧址"四有"档案。2004年，成立新县文物管理局，负责对鄂豫皖革命根据地旧址全面保护管理。同年8月19日，河南省建设厅、河南省文物管理局联合公布鄂豫皖革命根据地旧址的保护范围和建设控制地带。

**长汀革命旧址** 是第二次国内革命战争时期中共福建省委、省苏维埃政府等机构驻地，位于福建省龙岩市长汀县。

长汀是福建省苏区首府，中共福建省委、

省苏维埃政府、省军区、省总工会、团省委均设在长汀，是"红色闽都"，也是中央苏区的经济中心，被誉为"红色小上海"。长汀还是红军长征出发地之一。民国18年（1929年）初，毛泽东、朱德率中国工农红军第四军从井冈山转战到赣南、闽西；3月14日，红四军攻占长汀县城，成立长汀县革命委员会。至民国19年（1930年）下半年，创建中央革命根据地。长汀革命根据地是闽西革命根据地的一部分，也是后来中央革命根据地的重要组成部分。

长汀革命旧址包括：中共福建省委旧址、福建省苏维埃政府旧址、福建省职工联合会旧址、福音医院旧址、红四军司令部政治部旧址、长汀县革命委员会旧址等6处。

中共福建省委旧址（周恩来旧居），原为中华基督教堂，位于汀州镇水东街人民巷43号。建于民国初期，坐西向东，临汀江而建，由礼拜堂后楼及右侧附属房所组成，占地面积644.4平方米。抬梁式木构架，硬山顶。民国21年（1932年）2月，闽赣省委第二次党代会在此召开，中央局派代表任弼时出席，并做政治报告。会议宣布将闽粤赣省委改成福建省委，选举产生新的省委领导机构。同年4月初，毛泽东、周恩来等在这里召开攻打漳州的军事会议。毛泽东率东路军攻打漳州时，周恩来留此负责支前工作，住在后楼。福建省苏维埃政府旧址，原为汀州试院，位于汀州镇兆征路41号。坐北朝南，始建于宋代，明清时辟为汀州试院。旧址整体建筑为木结构，内有朱子祠、龙山书院等建筑。整座建筑由门楼、大堂、大厅、住房、后厅、两侧厢房、简舍等土木平房相互联结而成，占地11370平方米。

福建省苏维埃政府旧址之汀州试院

民国21年（1932年）3月18日，福建省第一次工农兵代表大会在此召开，正式成立福建省苏维埃政府，并在此办公。福建省职工联合会旧址，原为张家祠，位于汀州镇城水东街204号。张家祠坐西朝东，大门临街，由大门，正厅、天井，后楼和空坪所组成，穿斗抬梁式木构架，封火墙。占地577.6平方米。民国21年（1932年），福建省职工联合会设在这里。民国22年（1933年），中华全国总工会委员长刘少奇和副委员长陈云在此居住较长一段时间，刘少奇住在后厅阁楼上。多次在这里召开各种形式的工会座谈会。1992年维修复原。

福音医院旧址位于长汀县城关东后巷。是一处土木结构的平房建筑，包括福音医院和休养所，总占地2180平方米。福音医院分前后两院，共有大小房间30间，由礼拜堂、门诊部、药房、医生住房及病房组成。坐北朝南，单檐悬山顶，四周有围墙，整体布局依地势前低后高，占地1655平方米。福音医院于清光绪三十年（1904年）英国教会创办，光绪三十四年（1908年）落成，命名亚盛顿医院，民国14年（1925年）改名福音医院。傅连暲任院长，是中央苏区第一所为红军服务的医院。毛泽东等中央领导人曾在此疗养。休养所旧址是福音医院的附属建筑，位于汀州镇卧龙山下，距福音医院100余米。始建于民国17年（1928年），坐北朝南，是一座院落式一层楼房，砖木结构，占地面积534平方米。民国21年（1932年），毛泽东在福音医院治病期间居住于此，撰写《关心群众生活，注意工作方法》一文。红军长征后，休养所被炸毁。1966年按原貌恢复重建。

红四军司令部政治部旧址，称辛耕别墅，原系民国时期长汀商会会长卢泽林的别墅，位于汀州镇汀江巷11号，是一座典型的客家传统民居建筑。旧址坐北朝南，府第式砖木结构二层楼房，占地面积532平方米。由门楼、庭院、前厅、后厅、天井、厢房、小阁楼等组成。前厅前的天井左右有4间对称厢房，前厅与后厅左右各有2个房间。民国18年（1929年）3月14日，红四军司令部、政治部设在这里，毛泽东、朱德分别住在前厅左右房间。仍保留有毛泽东、朱德、陈毅等人的办公室和旧居。毛泽东在这里主持召开红四军前委扩大会议，确定开辟中央革命根据地的战略方针。

长汀县革命委员会旧址，原为云骧阁，位于汀州镇乌石巷80号。始建于南宋绍兴年间，坐西朝东，原名清阴阁、集景阁，依汀江而立，飞阁临空，宛如骏马腾飞，遂名"云骧阁"，为汀州八景之一"云骧风月"。清道光十八年（1838年）重建改为厅式两层楼房，占地852平方米。内有门坊、空坪、乌石小山。楼房一层中间是厅，厅左侧有房屋2间，右侧有3间；二层有回廊，中间是大厅，左右两侧各有2间，楼房为重檐歇山顶式。民国18年

红四军司令部政治部旧址之辛耕别墅

长汀县革命委员会旧址之云骧阁

（1929年）3月，红四军攻克长汀城后，在此召开长汀县各界代表会议，成立闽西第一个县级红色政权长汀县革命委员会。长汀县革命委员会设在云骧阁。

福建省苏维埃政府旧址，中华人民共和国成立后为长汀一中。1992年始，前部9000余平方米由长汀县博物馆管理使用，后部2000余平方米由长汀一中管理使用。福音医院旧址，1960年为汀州医院，1980年后由文物部门管理使用。休养所重建后由文物部门管理使用。1961年5月，福建省苏维埃政府旧址汀州试院被福建省人民委员会公布为福建省文物保护单位。红四军司令部政治部旧址，1974年由文物部门管理使用。长汀县革命委员会旧址，中华人民共和国成立后为县广播站，1974年修复后由长汀县方志办使用，后由文物部门管理使用。1985年，中共福建省委旧址的大礼堂及周恩来旧居分别由长汀基督教会和文物部门管理使用。1985年，长汀县革命委员会旧址、红四军司令部政治部旧址被福建省人民政府公布为第二批省级文物保护单位。1988年1月13日，长汀革命旧址被国务院公布为第三批全国重点文物保护单位，编号3-0029-5-029。福建省职

工联合会旧址，1992年后由文物部门管理使用。2016年11月8日，福建省文化厅、福建省住房和城乡建设厅印发《关于公布省级以上文物保护单位建设控制地带的通知》，公布了长汀革命旧址的建设控制地带。已建立长汀革命旧址全国重点文物保护单位记录档案，并由文物部门保管。

**右江工农民主政府旧址**　为1929年12月百色起义后创建的右江苏维埃政府所在地，位于广西壮族自治区百色市田东县平马镇古城社区南华路1号。

旧址原为经正书院，建于清光绪三年（1877年），是当时平马人捐资兴办的一所学堂，辛亥革命后改为经正学堂。民国18年（1929年）10月20日，中共中央代表邓小平与张云逸率领广西警备第四大队和教导总队到达恩隆（后田东），当天在平马镇正经学堂召开部队领导和中共右江工委负责人会议，部署部队的驻防及起义事宜。10月28日恩隆暴动取得胜利后，雷经天等在恩隆筹建苏维埃政府。12月11日，邓小平、张云逸等发动百色起义，成立中国工农红军第七军。同日上午，右江第一届工农兵代表大会在恩隆县平马镇经正学堂召开，出席大会的有百色等5个城镇工会和11个县农会及红七军士兵委员会的代表共80余人，大会决定建立右江苏维埃政府，选举雷经天、韦拔群、陈洪涛等13人为苏维埃政府委员，雷经天为苏维埃政府主席。右江苏维埃政府机关就设在经正学堂内。

旧址为庭院式布局，坐北朝南，三进两厢二天井，占地面积7336.25平方米，建筑面积1447.83平方米。沿中轴线由南到北依次为门

右江工农民主政府旧址

楼、前天井、正厅、中天井和后座，门楼、前天井和正厅两侧为东、西厢房。主体建筑皆为砖木结构，清水墙，穿斗式木构架，硬山顶，灰塑翘脊，盖小青瓦，门楼面阔三间13.78米，进深三间9.3米，有前檐廊，廊立石础木檐柱2根，明间双开木门。正厅面阔三间14.08米，进深五间14.6米，设前卷棚檐廊，前檐为9扇槅扇门，内为通厅。后座面阔34.37米，进深两间12.18米，内为通厅。东、西厢房位于前天井两侧，面阔十间39.88米，进深二间8.72米，有砖砌小路连接门楼、正座明间。

右江苏维埃政府是左右江革命根据地诞生的第一个工农民主政府，是中国共产党在广西少数民族地区创建人民民主政权的一次实践，实现中国共产党在右江革命根据地军政的统一领导，对于右江革命根据地的建设和发展都具有重大意义。

1963年，广西壮族自治区人民委员会将右江工农民主政府旧址公布为自治区文物保护单位，将旧址辟为右江革命纪念馆，拨款按原貌对旧址进行全面修缮。1977年8月17日，邓小平为旧址题名"右江工农民主政府旧址"。1978年8月，旧址正式对外开放，按原貌复原陈列展示，设"旧址原状陈列""右江革命根据地""邓小平在恩隆""田东县科学发展成就展厅"等4个基本陈列。1996年11月20日，右江工农民主政府旧址被国务院公布为第四批全国重点文物保护单位，编号4-0231-5-033。2000年，广西壮族自治区人民政府划定并公布右江工农民主政府旧址的保护范围和建设控制地带。右江革命纪念馆负责旧址的保护管理，并建立、保管旧址的"四有"档案。

湘鄂西革命根据地旧址 是第二次国内革命战争时期中共中央湘鄂西分局和中共湘鄂西省委驻地的纪念地，由洪湖市瞿家湾旧址群和监利县周老嘴旧址群组成。其中，瞿家湾旧址群是民国20～21年（1931～1932年）间湘鄂西根据地首府所在地，位于湖北省荆州市洪湖市西部的瞿家湾镇；监利县周老嘴旧址群曾作为湘鄂西革命根据地的红色首府，位于湖北省荆州市监利县周老嘴镇，东距洪湖25千米，西有荆河紧靠旧址群南面迂回东流。

湘鄂西革命根据地是第二次国内革命战争时期割据范围最大的三块红色根据地之一，主要由湘鄂边、洪湖根据地组成，后来还包括巴（东）兴（山）（秭）归和襄（阳）枣（阳）宜（城）根据地。民国17年（1928年）初，贺龙、周逸群到湘鄂西，领导土地革命，先后开辟湘鄂边和洪湖两个革命根据地。民国19年（1930年），红二军团成立，湘鄂边和洪湖两个根据地连成一片，发展成为湘鄂西革命根据地。

瞿家湾旧址群，自明弘治九年（1496年）就开始形成，已有500余年的历史。瞿家湾旧址群所在的老街东西长约700米，南北宽约3米，清朝末年即为闻名遐迩的瞿乡集寨，民国20～21年（1931～1932年）为湘鄂西根据地首府所在地。旧址群总体占地面积21万平方米，传统建筑规模1.8万平方米。遗存革命旧（遗）址39处，大部分集中于瞿家湾镇红军街（老街）和沿河路街道南北两边，其余散布在附近村湾。包括中共中央湘鄂西分局、中共湘鄂西省委员会、湘鄂西省苏维埃政府、中共湘

鄂西特委、湘鄂西苏维埃联县政府、洪湖独立团（新六军）、湘鄂西革命军事委员会、湘鄂西省委宣传部、湘鄂西省《红旗日报》社、少共（青年团）湘鄂西省委、湘鄂西省总工会、湘鄂西省妇女生活改善委员会、《工农日报》社、湘鄂西省委党校、湘鄂西省政治保卫局、司法部、湘鄂西省监狱、湘鄂西省文教委、俱乐部、湘鄂西省"逸群书店"、湘鄂西省合作社总管理局、药材仓库、湘鄂西省济难会、工农监察委员会、石印局、湘鄂西省干训班、教师速成班、湘鄂西省劳动部、红三军第一医院、疗养院、湘鄂西省委机关食堂、中国共产党湘鄂西省"四代会"、湘鄂西省农民银行、湘鄂西省列宁饭店、湘鄂西省列宁学校、瞿家湾乡苏维埃政府、瞿家湾乡消费合作社等重要旧址24处，湘鄂西省经济委员会、湘鄂西省被服厂、贺龙讲话阅兵台、贺龙接见瞿家湾乡赤卫军处、段德昌给赤卫军授枪处、新六军出征渡口、无线电台一址、无线电台二址、湘鄂西烈士集体殉难处、青龙垸革命烈士殉难处等重要遗址10处，湘鄂西苏区瞿家湾革命烈士纪念碑、万涛烈士纪念碑、孙德清烈士纪念碑、潘

瞿家湾旧址群

家辰烈士纪念碑、胡慎己烈士纪念碑等纪念建筑5处。旧址房屋多为清末民初民居建筑，穿斗式土木结构，单檐硬山顶、灰墙玄瓦、高垛翘脊、装饰精巧，具有典型的江汉平原水乡小镇特色。

第二次国内革命战争时期，周老嘴曾是贺龙、周逸群开创的湘鄂西革命根据地的红色首府，是湘鄂西省政治、经济、军事和文化的中心。湘鄂西省和红二军团的重要机关都设在此地，根据地许多重大事件和重要活动都发生在这里。

周老嘴旧址群总体建筑面积1.08万平方米，集中分布在周老嘴镇人民政府南面300米左右的古镇小街两旁和尖垸子一带，由48处旧址组成。包括湘鄂西省无线电台旧址、中国工农红军第六军军部旧址、湘鄂西省反帝大同盟旧址、段德昌同志旧居、湘鄂西省军械修造所旧址、湘鄂西省邮务总局、湘鄂西省印刷局旧址、湘鄂西省苏维埃政府旧址、中共湘鄂西省委员会旧址、湘鄂西省工农监察委员会旧址、湘鄂西省司法部旧址、湘鄂西省内务部旧址、中共湘鄂西省委组织部旧址、湘鄂西省妇女生

监利县周老嘴湘鄂西革命根据地旧址群

活改善委员会旧址、湘鄂西省俱乐部旧址、湘鄂西省政治保卫局旧址、湘鄂西省贫农团旧址、湘鄂西省总工会旧址、湘鄂西省劳动部旧址、湘鄂西省革命军事委员会警卫师旧址（贺龙、周逸群旧居）、中共湘鄂西省委宣传部旧址、中共湘鄂西中央分局旧址、湘鄂西省苏维埃政府机关报《工农日报》社旧址、湘鄂西省文化部旧址、湘鄂西省经济部旧址、湘鄂西省社会保险局旧址、湘鄂西省模范合作社旧址、湘鄂西省土地部旧址、湘鄂西省互济会旧址、湘鄂西省交通部旧址、共青团湘鄂西省委会旧址、湘鄂西省发行部旧址、湘鄂西省堤工委员会旧址、湘鄂西省革命军事委员会军医部旧址、湘鄂西省赤卫军总部旧址、中共湘鄂西省第四次党代表大会会址、湘鄂西省被服厂旧址、湘鄂西省红色商店旧址、中国工农红军第三军第九师师部旧址、中国工农红军第二军团前敌军事委员会旧址（邓中夏同志旧居）、中国工农红军第二军团总指挥部旧址、中国工农红军第二军军部旧址、湘鄂西省革命军事委员会经理部旧址、中国工农红军中央军事学校第二分校遗址、湘鄂西省第三次工农兵贫民代表大会遗址、中共湘鄂西省委党校——列宁学校（后改为逸群学校）遗址、湘鄂西省逸群书店遗址、湘鄂西省农民银行旧址。旧址房屋大都建于明、清两代和民国初年，均为前后多进的砖木结构民宅，前铺后室，进与进之间设天井和厢房，且均用木槅扇门和槅扇板相隔，屋面施盖小青瓦，山墙装饰各式墀头，建筑风格古朴典雅，独具江南特色。

自20世纪60年代，文物部门对瞿家湾旧址群进行多次维修。1965年10月，成立瞿家湾革

洪湖县湘鄂西苏维埃政府旧址

命纪念馆。1967年7月，因"文化大革命"闭馆，1977年5月恢复。1981年6月更名为洪湖革命历史博物馆瞿家湾分馆；2008年3月，更名为洪湖市湘鄂西革命根据地旧址纪念馆。20世纪80年代后，湖北省政府先后拨款征购中共中央湘鄂西分局、中共湘鄂西省委员会、湘鄂西省苏维埃政府、湘鄂西革命军事委员会、湘鄂西省《工农日报》社等5处重要旧址，并进行修缮。1987年秋，在洪湖县撤县建市的同时建立瞿家湾镇，加强对旧址群的保护管理工作。2007年，编制完成《洪湖瞿家湾湘鄂西革命根据地旧址总体保护规划》。2008年，对湘鄂西省委机关食堂旧址、湘鄂西苏区瞿家湾革命烈士纪念碑、湘鄂西烈士集体殉难处、湘鄂西省司法部旧址、湘鄂西省列宁饭店旧址进行维修。

1978年底，监利县人民政府将湘鄂西省革命军事委员会警卫师旧址（贺龙、周逸群旧居）产权从所属的县房产部门划拨给县文物部门，并建立周老嘴革命历史纪念馆，1979年正式对外开馆，负责旧址群的保护管理业务工作。1990年7月，落架维修中共湘鄂西中央分局旧址，修缮省总工会旧址、省委宣传部旧址、省政府旧址，省委旧址、四代会等9处旧址。1996年，重点修缮湘鄂西省军事委员会旧址，恢复第一进建筑。1998～1999年，监利县文化局组织专班先后对因洪灾受损的湘鄂西省社会保险局旧址，贺龙、周逸群旧居，段德昌旧居等20余处旧址进行抢救性维修和修复。2001～2002年，修缮红二军团总指挥部旧址。周老嘴革命历史纪念馆，常年对外开放。

1981年12月30日，洪湖县瞿家湾革命旧址和监利县周老嘴革命旧址被湖北省人民政府公布为第二批湖北省文物保护单位。1988年1月13日，湘鄂西革命根据地旧址被国务院公布为第三批全国重点文物保护单位，编号3-0030-5-030。2000年7月29日，湖北省政府办公厅印发《湖北省政府办公厅关于公布文物保护单位保护范围和建设控制地带的通知》，公布湘鄂西革命根据地旧址的保护范围和建设控制地带。瞿家湾旧址群的全国重点文物保护单位记录档案，于1990年由洪湖革命历史博物馆编制，2004年进行完善，现由洪湖革命历史博物馆保管，并报国家文物局、湖北省文物局备案。周老嘴旧址群的全国重点文物保护单位记录档案于2004年4月由监利县革命历史博物馆编制，由监利县革命历史博物馆保管，并报国家文物局和湖北省文物局备案。

**闽浙赣省委机关旧址**　是第二次国内革命战争时期中共闽浙赣省委重要机构所在地。旧址位于江西省横峰县境北部山区33千米的葛源镇枫林村、葛源村，地处葛源盆地，四面环山，群峰起伏，地势东北高、西南低。

民国16年（1927年）12月，方志敏、邵式平、黄道等领导赣东北弋阳、横峰地区的农民举行起义，创建赣东北革命根据地，领导组建中国工农红军第十军。民国19年（1930年）8月1日，成立赣东北革命委员会，方志敏为主席。民国20年（1931年）2月，赣东北特区党、政、军、群领导机关从弋阳县芳家墩迁至横峰县葛源。同年9月和11月，根据中共中央指示，成立赣东北省委、赣东北省苏维埃政府，方志敏任省委书记和政府主席。民国21年（1932年）11月，经中共中央批准，赣东北省易名为闽浙赣省，方志敏任省委书记，并于同年底迁驻此地。同年12月，中共中央将皖南特区划归闽浙赣省委领导，形成闽浙皖赣革命根据地。毛泽东高度评价闽浙皖赣革命根据地为"方志敏式"的根据地，获得"苏维埃模范省"的特殊荣誉，在中国革命史上占有重要地位。民国23年（1934年）11月，方志敏率领红军北上抗日先遣队，出击皖南遭遇失败。葛源失陷，闽浙赣省委机关撤离转移，旧址由3户群众居住。

闽浙赣省委机关旧址有重要遗存40余处，占地44350平方米，多数分布在葛源镇的枫林村、葛源村。主要包括中共闽浙赣省委、闽浙赣省苏维埃政府、闽浙赣军区司令部、中国工农红军学校第五分校、红军操场、列宁公园等旧址。

中共闽浙赣省委旧址位于枫林村，普通民宅，建于民国初年。坐西朝东，土木结构，穿斗式梁架，悬山顶，阴阳瓦屋面，四周筑有围墙，大门两边写有宣传口号："坚决执行党的进攻路线，彻底粉碎敌人五次围攻。"大门内有一个小院子，院内栽种有高大丰腴的芭蕉，后院为菜地。旧址房舍为"一"字形平房，有房屋24间。内设省委秘书处、组织部、宣传部、妇女部和白区工作部等机构。还有中央代表室。方志敏卧室兼办公室内，摆放着主人用过的四轮架子床，墙壁上糊着《工农报》《红色东北》报。闽浙赣省苏维埃政府旧址位于枫林村，占地880平方米，四周筑有围墙。大门为一座高大的八字形朝门，门内有一个小院子。房舍呈"工"字形，正房横摆，左右偏房竖设，建筑面积共664平方米。内设省苏维埃

闽浙赣省委机关旧址

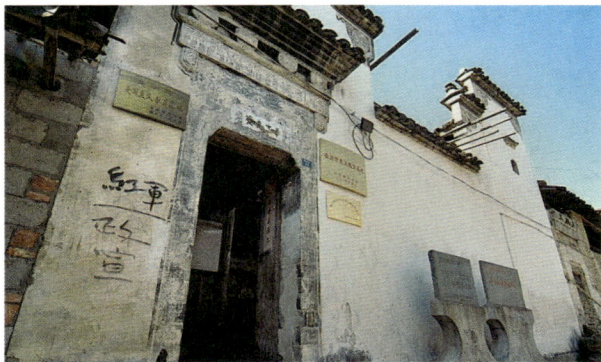

闽浙赣省委机关旧址

政府办公室、财政部银库等机关。闽浙赣省苏维埃政府于民国21年（1932年）底由葛源村迁址枫林村，民国23年（1934年）11月撤离。闽浙赣省军区司令部旧址位于枫林村，占地500平方米。房前有座简易朝门，分前后两幢，中间设天井，共12间。有司令室、政委室、军长室、参谋长室。中国工农红军学校第五分校旧址位于葛源村，占地1200平方米，原为杨氏宗祠，始建于明万历、泰昌年间。大门上首写有黑色正楷校名"中国工农红军学校第五分校"。大门前是一个操场，操场两边院墙上写有一米见方的大字标语："造成红军铁军骨干，争取革命战争胜利"。室内有门厅、厢房及两排对称的6个教室。中国工农红军学校第五分校，前身为信江军事政治学校。民国20年（1931年）由弋阳芳家墩迁往葛源镇，校名为彭杨军事政治学校。民国22年（1933年）初，改名为中国工农红军学校第五分校。军校自创办以来，培养了大批军事骨干人才。红五分校是中共较早创办的军校之一。1986年、1991年江西省文化厅拨款修复军校旧址。红军操场位于枫林村。红军操场又名红色广场，是红军操练和苏区军民群众集会的地方。操场西面的司令台，建于民国22年（1933年）初。民国23年（1934年）10月24日，方志敏站在司令台上，最后一次向群众告别，率师北上抗日。列宁公园旧址，位于葛源村葛溪河畔，占地6000平方米。民国20年（1931年）春，身为赣东北省苏维埃政府主席的方志敏亲自筹建了这座公园，并命名为"列宁公园"。

1959年11月30日，闽浙赣省委机关旧址被江西省人民委员会公布为重点文物保护单位。

1996年11月20日，闽浙赣省委机关旧址被国务院公布为第四批全国重点文物保护单位，编号4-235-5-037。1998年6月8日，江西省人民政府下发文件，公布了闽浙赣省委机关旧址的保护范围及建设控制地带。1990年江西省文化厅拨款将中共闽浙赣省委旧址收归国有，并于次年进行维修，陈列开放。闽浙赣省委机关旧址由横峰县博物馆、文物管理所，上饶（市）方志敏纪念馆·闽浙皖赣革命根据地旧址管理委员会共同负责保护和管理。国家文物局、财政部先后于1997年、1998年、2006年、2012年，拨款对多处旧址进行重点维修。维修采用传统工艺，坚持"修旧如旧"原则，保持旧址原有风貌。闽浙赣省委机关旧址的四有档案于1987年建立，2005年进行完善、补充，由横峰县博物馆、文物管理所档案资料室分类管理。

**瑞金革命遗址** 是第二次国内革命战争时期中国共产党创建的中央革命根据地的中心，也是中华苏维埃共和国临时中央政府所在地。遗址位于江西省东南部、武夷山西麓的瑞金市。

民国20年（1931年）9月，赣南、闽西根据地连成一片，形成以瑞金为中心，拥有21座县城，面积5万平方千米，人口250万的中央革命根据地。民国20年（1931年）11月7～20日，中华苏维埃第一次全国代表大会在江西瑞金叶坪村谢氏祠堂举行。中国第一个国家形态的工农民主专政的新型政权——中华苏维埃共和国临时中央政府从此诞生。瑞金改名"瑞京"，成为中华苏维埃共和国的红色首都。以瑞金为中心的中央苏区成为当时全国苏维埃运动的大本营和指挥中心。

瑞金革命遗址主要集中在叶坪、沙洲坝、

乌石垅、云石山等地。

叶坪革命旧址群位于瑞金市叶坪乡叶坪村，是中国第一个全国性红色政权——中华苏维埃共和国临时中央政府的诞生地，以及中共苏区中央局和临时中央政府机关（1931~1933年4月）在瑞金的第一个驻地，是全国保存完好的革命旧址群之一。叶坪革命旧址群拥有革命旧址和纪念建筑物23处，其中全国重点文物保护单位16处。纪念性建筑物均于民国22年（1933年）8月1日动工，次年1月31日建成，2月2日举行揭幕典礼。

博生堡是中华苏维埃共和国临时中央政府为褒扬烈士赵博生而修建的纪念建筑物，由钱壮飞设计。博生堡为正方形，外观碉堡形，系砖木结构，青砖砌墙，木质的楼梁楼板，楼板上铺青砖，再抹水泥砂浆，边长5.35米，高约7米，占地面积33.21平方米。堡的前后各开一门，未装门扉，正门首嵌着一块长方形

的石碑，上面横书阴刻朱德亲笔题字"博生堡"，堡顶为平顶，不出檐，平顶上用青砖砌有"凹"形齿墩墙高0.80米左右，右侧墙外倚墙用青砖建有一道0.90米宽的阶梯，可登堡顶。民国23年（1934年）10月主力红军长征后，该堡被国民党军拆毁，堡内的《纪念赵博生同志》碑刻被当地群众秘密保存下来。1955年重建时，中国人民解放军总政治部重新拟写了纪念赵博生烈士碑文，立于堡内。第一次全国苏维埃代表大会会址（含中华苏维埃共和国临时中央政府旧址）旧址是中华苏维埃共和国临时中央政府的诞生地和民国20年（1931年）11月至民国22年（1933年）4月的驻地。会址原为谢氏宗祠，始建于明代，坐东北朝西南，砖木结构，小青瓦，硬山顶，三合土地面，占地面积523.24平方米。公略亭是中华苏维埃共和国临时中央政府为纪念黄公略烈士而建造的纪念建筑。公略亭位于临时中央政府广场东北

瑞金叶坪博生堡

瑞金叶坪公略亭

角，坐北向南，占地面积12.19平方米。公略亭是一座等边三菱体状木亭，高5.2米。小青瓦顶，亭内青砖铺地，亭中央立三菱锥体的石碑，高约1.5米。对着亭门一面刻有"公略亭"三字。红军烈士纪念塔与红军检阅台遥遥相对，四周均为草坪、柏树、古樟。纪念塔坐东北面西南，通高15.36米，占地面积35.65平方米。由塔基和塔身两部分构成，塔基五角星形，红条石砌成，高2.36米，周围有5座九级阶梯直通塔基上方。每座阶梯的首级（地面）两旁竖有一对高0.83米的八角形石柱，塔基侧面嵌有阴刻青石碑，正面左侧为建塔标志碑，右起逆时针方向分别为毛泽东、朱德、周恩来、凯丰、邓发、项英、王稼蔷、张闻天、博古等中央党政军领导人的题词碑。塔身似子弹形，砖混结构，高13米，直径2.3米，上嵌无数小石子，正面嵌有七块方形石碑，分别刻"红军烈士纪念塔"金色大字，其中"烈"字碑是叶坪村群众保存下来的原物。红军烈士纪念塔正面的草坪上，用水泥铺成"踏着先烈血迹前进"8个大字。红军烈士纪念亭坐西南，面东北，占地面积34.81平方米。亭为五边形，砖木结构，亭高6.81米，青瓦五脊尖顶。红岩石亭座，高约0.6米。正面为双开木

质大门，上部饰方形花格，下部为木板。门首正中自右至左浮雕"红军烈士纪念亭"七个黑体字。门下是红石砌三级阶梯。其余各面墙均安装大小相同的花格窗户，窗户上首为半圆形，并雕有镰刀，斧头交叉图案。亭内天棚中央嵌有五角星。沿墙置木质长条板凳。中央放一张正五边形青石桌，石桌周围安放鼓形石凳5只，供观众歇息。亭内地面铺青砖。亭墙内外石灰粉刷，门窗、天棚、檐梁等木质部分全部朱红色油漆。红军无线电总队旧址是苏区红军无线电通讯组织的领导机构所在地。旧址原为谢氏民居，建于清光绪三十一年（1905年）。民国20年（1931年）9月到民国22年（1933年）3月，红军无线电总队在此办公。旧址坐西朝东偏南30°，土木结构，悬山顶，小青瓦屋面，面阔五间，二层楼，中间三间为旧址，两边房间为群众住房，占地面积132.86平方米。红色中华通讯社旧址原为民居，建于民国13年（1924年）。红色中华通讯社是土地革命战争时期，中国共产党在根据地创建的第一个通讯机关。旧址坐西朝东偏南30°，土木结构，悬山顶，小青瓦屋面，一横屋一洞水，横屋共3间，洞水有天井和楼梯，共两层，占地123.49平方米。中国共产党苏维埃区域中央局办公地，民国11年（1922年）动工兴建，历时两年建成。中央局委员毛泽东、朱德、周恩来、任弼时、王稼祥等在此办公和居住。旧址原坐西北朝东南，土木结构，二层楼房，悬山顶，青陶瓦，占地面积219.17平方米，是一幢典型的江南民居。分前后厅，中有天井，面阔三间，前后厅之间有过道，左右各有木质楼梯。楼上有回旋式走廊可通往各房间，走廊边

瑞金叶坪中共苏区中央局旧址

沿饰有花格栏杆，上雕"寿"字和"菱形"图案。内墙石灰粉刷，外墙泥黄色粉刷。中华苏维埃共和国国家银行旧址原为谢氏私宅，建于民国14年（1925年）前后。民国21年（1932年）2月1日，中华苏维埃共和国国家银行在此成立。旧址坐北朝南偏西30°，土木结构，悬山顶，小青瓦屋面，二厅一井，上、下进栋，左右厢房，占地面积211.01平方米。中华苏维埃共和国临时中央政府传令排旧址原为谢氏民房。旧址为二层楼房，坐北朝南偏西30°，土木结构悬山顶，小青瓦屋顶，面阔5间，占地面积110.12平方米。中华苏维埃共和国临时中央政府电话总机室旧址原为谢氏民居。临时中央政府电话总机室于民国20年（1931年）底在此设立，有"三十门至五十门"型号总机一台。民国22年（1933年）4月，临时中央政府电话总机室随中央机关迁往瑞金沙洲坝。旧址坐东南朝西北，土木结构，悬山顶，小青瓦屋面，面阔五间，右二和右三间为电话总机室旧址，其余房间为群众住房，占地面积193.09平方米。中华苏维埃共和国临时中央政府警卫营旧址原为谢氏墨太祠堂，建于民国5年（1916年）。旧址坐北朝南偏西30°，三合土木混合结构，悬山顶，小青瓦，面阔三间，占地面积358.18平方米。中华苏维埃共和国邮政局旧址原为谢氏宗祠，建于清乾隆三十一年（1766年）前后。民国20年（1931年）年底，中华苏维埃共和国邮政局在此成立。旧址坐北朝南偏西40°，土木结构，悬山顶，小青瓦屋面，二厅一井，上、下进栋，上进栋有7个房间，下进栋3个房间，占地407.41平方米。内设邮务科、审查科、总机室和递信班等办公室。中华苏维埃共和国中央出版局旧址原为正太厅下。旧址坐北朝南偏西30°，土木结构，悬山顶，小青瓦屋面，共二幢。一幢是普通祠厅，面宽四间；另一幢是位于旁边的横屋，共4间，占地235.65平方米。中华苏维埃共和国总金库旧址原为民居，建于清宣统二年（1910年）。民国22年（1933年）1月，中华苏维埃共和国总金库在此成立。旧址坐北朝南偏东30°，土木结构，悬山顶，小青瓦屋面，占地面积27.71平方米。

沙洲坝革命旧址群位于瑞金市城西5千米的沙洲坝镇境内。民国22年（1933年）1月，中共临时中央政治局、中国共产主义青年团中央局、中华全国总工会中央执行局等领导机关，从上海迁瑞金，驻扎在沙洲坝，直至次年7月。旧址群内有全国重点文物保护单位11处。

红井占地面积15平方米，井为圆形，井深6米，直径0.85米，底部铺设沙石，井壁为卵石，青砖井栏，三合土井台，井周是水泥地面，架设六边形方格木质栏杆。民国22年（1933年）9月，为解决当地群众吃水困难，毛泽东找人开挖，被当地村民称为"红井"。井东北面竖有一块青石碑，阴刻"吃水不忘挖井人，时刻想念毛主席。沙洲坝人民敬立"，字体为魏碑体，并涂刷赤金，石碑高约2.32米，宽0.72米。中华全国总工会苏区中央执行局（含全总苏区执行局）旧址位于沙洲坝镇金龙村枣子排村民小组，旧址原为杨氏私宅，建于清光绪年间（1875～1908年）。为旧式赣南民居，坐南向北，土木结构，小青瓦，悬山顶。无正厅，只有左中右后直屋和横屋，一端串通相连。有内通道，共计32间，占地面积

瑞金沙洲坝第二次全国苏维埃代表大会会址

805.43平方米。中华苏维埃共和国财政人民委员部旧址位于沙洲坝村，原为杨兆洛祠堂，建于清乾隆五十年（1785年）。旧址坐北朝南偏西10°，土木结构，悬山顶，小青瓦屋面，由一层楼改建为二层楼，占地1170.4平方米。中华苏维埃共和国国民经济人民委员部旧址位于沙洲坝村，原为杨氏祠堂，建于清光绪十九年（1893年）。民国22年（1933年）4月，中华苏维埃共和国国民经济人民委员部在此成立。坐北朝南偏西20°，土木结构，悬山顶，小青瓦，二厅一井，上、下进栋房共8间，左右厢房，两边并接洞水房，每边洞水房5间，占地面积823平方米。中华苏维埃共和国粮食人民委员部旧址位于沙洲坝村，旧址原为杨氏民居，名廉太屋，建于清光绪十九年（1893年）。旧址坐北朝南偏西18°，土木结构，悬山顶，小青瓦屋面，青砖地面。二厅一井，上下进栋8间房，二层楼，左右各有厢房，占地589.12平方米。内设陈潭秋卧室兼办公室及备荒科、仓库保管科、粮食调剂局等办公室。民国23年（1934年）2月，中华苏维埃共和国粮食人民委员部在此成立。中华苏维埃共和国临时中央政府大礼堂位于老茶亭村东北面的黄土岗，由钱壮飞设计，始建于民国22年（1933年）8月，次年1月落成，是具有苏维埃特色的大型集会场所。第二次全国苏维埃代表大会在此召开。大礼堂坐西北朝东南，如平放在地上的一顶红军八角帽。礼堂的前端部分是附属建筑，为帽檐，是一间低矮的大房间，供主席台工作用房。礼堂的主体建筑是八角楼，从地面到屋顶，分厅堂、楼座和屋顶三层，显得高大雄伟。礼堂正面，设有3道木质双合大门和2个

双合百叶窗。在中门门首上方镶嵌有中华苏维埃共和国国徽浮雕图案，下分两行横排繁体楷书"中华苏维埃共和国临时中央政府"文字，左右两侧为军旗浮雕。礼堂四周有14道门，供人们从不同的方向进出礼堂。每扇门旁设有百叶窗，楼上还设有17个百叶窗。整个礼堂占地面积达1500平方米。大礼堂内设固定的主席台，台高1米，长9.20米，面宽13米多。台的左右两边有小楼梯。台的右边角上设置一间休息室，室内向后台开一扇门，可直通后台工作用房（帽檐间）。主席台下设厅座。厅座后端设有一对宽阔的楼梯。楼上设楼座，楼座为回廊形，从各个座位上都可以望到主席台。厅座和楼座摆着数百张长条板凳，可供2千余人就座。整个礼堂，靠10根圆柱支撑。大礼堂后面约10米处的山坡上，开挖一个"四"字形的防空洞，可容纳上千人。中华苏维埃共和国审计人民委员部旧址原为杨氏廉大厅下，建于清光绪十六年（1890年）。民国23年（1934年）2月，中华苏维埃共和国审计人民委员会在此正式成立和办公。旧址坐北朝南偏东20°，土木结构，悬山顶，小青瓦屋面，二厅一井，上、下进栋四间房，左右各一厢房，上厅首有一屏风门，正门前有一庭院，院门为矮墙门，门首题"鸿禧云集"4个行草大字，占地面积515.93平方米。中华苏维埃共和国土地人民委员部旧址原为杨氏众厅，建于清光绪二十二年（1896年）。民国22年（1933年）4月中华苏维埃共和国土地人民委员部从叶坪搬迁此处办公。旧址坐北朝南偏东20°，土木结构，悬山顶，小青瓦屋面，二厅一井，上、下进栋，左右有洞水房10间，占地597.34平方米。中华苏

维埃共和国中央人民委员会旧址原为杨家财私祠，建于清光绪元年（1875年）。旧址坐西北朝东南，土木结构，小青瓦、悬山顶，面阔三间，二层楼房，占地面积223.53平方米。分上、下两厅，中间有天井，天井两旁的厢房用板隔成。内墙用石灰粉刷，外墙沙灰粉刷。左侧建有单坡顶两间。中华苏维埃共和国中央执行委员会旧址原为杨衍兰的私厅，称元太屋，又称为"花厅下"，建于清光绪二年（1876年）。是典型的客家民居，坐西北朝东南，土木结构，小青瓦、悬山顶，面阔三间，进深二间，二层楼房，分上、下两厅，中为天井，距后墙约一米处有活动屏风，屏风的两边各有小门1道，左右两侧厢房各有门1道，可通室外，房子的内墙为石灰粉刷，外墙则刷黄泥水，三合地面。占地面积219.78平方米。中央革命博物馆旧址位于沙洲坝村老茶厅，原为村民杨衍文祖父建于清光绪年间（1875～1908年），建筑坐北朝南偏西25°，土木结构，悬山顶，小青瓦屋面，共有7间房，占地面积269.59平方米。民国23年（1934年）1月，中华苏维埃第二次全国代表大会期间，中央革命博物馆在此房举办展览正式对外开放。

中革军委旧址群位于瑞金城西南乌石拢村，距城区约4千米。民国22年（1933年）5月至民国23年（1934年）7月，中革军委从叶坪迁驻此地，内设总参谋部、政治保卫局等机构。旧址群内全国重点文物保护单位有中央革命军事委员会旧址、中共中央政治局（含中共苏区中央局）旧址、中国共产主义青年团中央局（含少共苏区中央局）旧址、中国工农红军总政治部。乌石拢中华苏维埃共和国

中央革命军事委员会旧址原为破产地主杨会萱私宅，建于民国11年（1922年）。旧址为二层楼房，坐西北朝东面，土木结构，青砖铺地，悬山顶，由祠厅、楼房、草棚间组成，占地面积328.47平方米。平梁直穿，面阔三间，进深二间，分上、下两厅，前后正栋，左右厢房，厅中央有一天井，紧靠左侧外墙另建有两间单坡排水屋顶房。旧址左、右、后三面均用石砌围墙围住。中共中央政治局（含中共苏区中央局）旧址位于沙洲坝下肖村。旧址原为杨会蓬私宅，建于清光绪五年（1879年）。旧址坐东向西，砖木结构，青砖地面，二层楼房，分为上、下厅，前、后正栋，左右横屋。共有5个天井，18间（包括楼房共计32间）。旧址前有围墙，围墙内左右两侧各建有花圃1个，占地面积1127.96平方米。中国共产主义青年团中央局（含少共苏区中央局）旧址位于沙洲坝下肖村，原为杨氏祠厅，建于清乾隆年间（1736～1795年），是机关驻地。旧址坐东北向西南，土木结构，两层楼房，小青瓦，悬山顶。分上下厅，中间有一天井，由正厅、左巷廊和耳房等16间组成，内外墙石灰粉刷，占地面积616.21平方米。中国工农红军总政治部旧址原为杨氏私宅，始建于清咸丰年间（1851～1861年），清光绪年间（1875～1908年）重建。民国21年（1932年）1月中国工农红军总政治部在此成立。旧址原为土木结构，后改为砖木结构，坐北朝南，悬山顶，小青瓦屋面，二井一厅两横，面阔三间，占地611.8平方米。由正厅、左右巷廊及耳房共计14间，上、下两厅，左右厢房，前后进栋间，厅中央有一天井，上厅后墙中央有砖砌长方形"神

龛"，左右廊各有一天井。

其他革命遗址。红军大柏地战斗旧址包括红四军部署大柏地战斗干部会议旧址与红四军大柏地战斗战场遗址。红四军部署大柏地战斗干部会议旧址位于瑞金市城北30千米柏地乡大柏地村王家祠。王家祠形为"昌"字，俗称为半厅祠，建于清同治十一年（1872年），砖木结构，坐西朝东，硬山顶，二厅一井，占地578.9平方米。沿中轴线左右对称，上厅有一屏风，为木质描花橱，两侧各有一单开门，可直通两侧正间，正间为双开门，两边为横屋。上厅中央悬挂"堂灯"1盏，下厅顶棚有藻井，厅门为木质3排大门。红四军大柏地战斗战场遗址位于大柏地村前村，原为当地群众刘尔泮世居，坐落在村东南边，土木结构，坐南向北偏西20°，悬山顶，小青瓦屋面，占地31.5平方米。整栋房子共2间，左间正面有单开门和双开窗，背面无门；右间正面为双开门，背面一单开门，楼上有一木圆窗。东边墙楼下有一木质旧式双开窗，内墙有一壁橱。云石山中华苏维埃共和国中央政府旧址位于瑞金市城西部，距市区19千米的云石山乡。云石山村旧址是中华苏维埃共和国中央政府在瑞金的最后一个驻地，又是红一方面军主力和中央机关二万五千里长征的出发地。旧址原为云石山上的云山古寺，建于清嘉庆年间（1796～1820年）。坐东北面西南，三合土木结构，悬山顶，小青瓦，二层楼房，占地面积360.77平方米。旧址为"凹"字形，由正厅、巷廊、耳房组成。耳房之间、耳房与正厅之间可直通，正厅内无天井，左右廊房各有一天井。厅前有一小空坪，另有三合土围墙与左右耳房相连接，

形成一个小院落。庭院右侧开有木质双扇门，门首上方嵌有青石碑，刻有"云山古寺"4个填墨行书大字，门两旁书有"云山日影常如昼，古寺林深不老村"对联。

民国23年（1934年）10月，红军主力长征后，博生堡、公略亭、红军检阅台、红军烈士纪念塔、红军烈士纪念亭等纪念性建筑被国民党军拆毁，1955年按原貌复建。原使用的民宅，红军机关撤出后，归还群众使用。各旧址保存状况良好。后陆续收回国有管理。1956年，经江西省人民委员会批准，由江西省民政厅拨款，按原貌修复中华苏维埃共和国临时中央政府大礼堂，主席台和厅内各处按"全苏二大"会场布置进行复原陈列。1960年，瑞金革命遗址各旧址由瑞金县人民委员会公布为瑞金县文物保护单位。1961年3月4日，瑞金革命遗址被国务院公布为第一批全国重点文物保护单位，编号1-0020-5-020，具体包括博生堡、第一次全国苏维埃代表大会会址（中华苏维埃共和国临时中央政府旧址）、公略亭、红军检阅台、红军烈士纪念塔、红军烈士纪念亭、中国共产党苏维埃区域中央局、红井、中华全国总工会苏区中央执行局（含全总苏区执行局）旧址、中华苏维埃共和国临时中央政府大礼堂、中华苏维埃共和国中央人民委员会旧址、中华苏维埃共和国中央执行委员会旧址、乌石垅中华苏维埃共和国中央革命军事委员会旧址、中共中央政治局（含中共苏区中央局）旧址、中国共产主义青年团中央局（含少共苏区中央局）旧址等文物点。1992年，江西省人民政府印发文件，公布了第一批全国重点文物保护单位瑞金革命遗址的保护范围和建设控制地带。

2006年5月25日，国务院公布第六批全国重点文物保护单位时，将红军无线电总队旧址、红色中华通讯社旧址、中华苏维埃共和国国家银行旧址、中华苏维埃共和国临时中央政府传令排旧址、中华苏维埃共和国临时中央政府电话总机室旧址、中华苏维埃共和国临时中央政府警卫营旧址、中华苏维埃共和国邮政局旧址、中华苏维埃共和国中央出版局旧址、中华苏维埃共和国总金库旧址、中华苏维埃共和国财政人民委员部旧址、中华苏维埃共和国国民经济人民委员部旧址、中华苏维埃共和国粮食人民委员部旧址、中华苏维埃共和国审计人民委员部旧址、中华苏维埃共和国土地人民委员部旧址、中央革命博物馆旧址、中国工农红军总政治部旧址、红四军大柏地战斗旧址、云石山中华苏维埃共和国中央政府旧址作为合并项目归入第一批全国重点文物保护单位瑞金革命遗址中。2010年，江西省人民政府公布上述第六批全国重点文物保护单位合并项目各处旧址（除中华苏维埃共和国临时中央政府电话总机室旧址）的保护范围。瑞金革命遗址的保护管理机构是瑞金中央革命根据地纪念馆。日常保护、对外开放及安全保卫工作由各旧址管理处具体负责。瑞金中央革命根据地纪念馆建立了瑞金革命遗址的"四有"档案。1996年，国家文物局拨款对大礼堂、中华苏维埃共和国中央执行委员会旧址、中华苏维埃共和国中央人民委员会旧址、红军烈士纪念亭等旧址继续维修。2012年和2015年，国家文物局下拨国家重点文物保护专项资金对瑞金革命遗址各旧址进行全面维修。

**湘赣省委机关旧址** 是土地革命时期中共湘赣省委机关驻地，位于江西省永新县城——禾川镇的东南隅。

中共湘赣省委旧址

湘赣省委机关旧址由中共湘赣省委旧址和中国工农红军湘赣省军区总指挥部两处旧址组成。中共湘赣省委旧址位于江西省永新县城（禾川镇）民主街盛家坪路14号；中国工农红军湘赣省军区总指挥部旧址位于永新县任弼时中学（原永新中学）院内。两旧址相距约300米。

中共湘赣省委旧址原为萧氏宗祠。民国2年（1913年）由萧氏子弟集资建造，是永新县萧姓头面人物聚会的场所。民国20年（1931年）8月，王首道、甘泗淇等奉中共苏区中央局指示到达永新并开始组建中共湘赣省临时省委，10月正式成立中共湘赣省委，省委机关办公地点设在萧氏宗祠。省委书记王首道、组织部长甘泗淇、宣传部长林瑞笙及儿童局书记胡耀邦等省委领导在此居住一年零一个月。旧址坐北朝南，为两层穿斗式砖木结构，硬山顶，小青瓦屋面，五岳朝天式马头墙，共两进四柱三开间，两层共有房22间。旧址面阔16.6米，通进深47.4米，建筑占地面积786.84平方米。平面布局从前到后依次为门厅及左右厢房、前天井及左右侧房、中厅及左右厢房、后天井（虎眼天井，与前天井构成"品"字形）及左右侧廊、后厅及左右厢房。

中国工农红军湘赣省军区总指挥部旧址原为永新试院，后改称禾川考棚，清咸丰五年（1855年）毁于战争，同治元年（1862年）恢复重建，仍称试院，清末改称学堂。民国10年（1921年），在学堂基础上扩建并创立禾川中学。民国17年（1928年）6月23日，龙源口大捷后，红军第三次占领永新城。6月25日，毛泽东在这里召开红四军连以上干部、湘赣边界地方武装和党组织负责人会议。民国21～23年

（1932～1934年），湘赣省军区总指挥部及红军学校第四分校办公地设在这里。军区总指挥张启龙、政委甘泗淇、参谋长冯达飞、政治部主任于兆龙以及红四分校校长冯达飞、政委李芬在此办公并居住。任弼时在湘赣根据地任中共湘赣省委书记和省军区政委期间，偕夫人陈宗英在此居住。这里成为湘赣根据地的军事领导核心和作战指挥中心。旧址坐北朝南，为二层穿斗式砖木结构，硬山顶，小青瓦屋面，进深18.9米，面阔13.3米，建筑占地面积为251平方米。平面呈长方形，面阔三间，一楼明间进深两间，其中前间为正厅，左右次间进深各有五间；二楼为通透式的大厅。

湘赣省委机关旧址由永新县文物局负责日常保护管理。旧址作为湘赣革命纪念馆的一部分，对外开放。湘赣革命纪念馆制订了旧址保护规划，定期对旧址开展排查、维修工作。1959年11月，湘赣省委机关旧址被江西省人民委员会公布为江西省文物保护单位。1996年11月20日，湘赣省委机关旧址被国务院公布为第四批全国重点文物保护单位，编号4-0234-5-036。1998年，江西省人民政府印发《关于公布我省全国重点文物保护单位、省级文物保护单位控制地带的通知》，公布了湘赣省委机关旧址的保护范围和建设控制地带。2005年10月1日，已建立湘赣省委机关旧址全国重点保护单位"四有"档案，由永新县文物局保管。

**原国民政府旧址** 是国民政府建都南京期间营造，用于政府机关办公地的建筑群，是南京民国时期优秀建筑。旧址位于江苏省南京市市区，集中在中山北路、中山东路、湖南路及中山陵地区。

民国16～26年（1927～1937年），国民政府建都南京期间，南京兴起营造的高潮。民国17年（1928年）1月，国民政府成立"首都建设委员会"，蒋介石领衔首都建设委员会主席，孙科和孔祥熙分别担任工程建设组合经济建设组主任，下设国都设计技术专员办事处，聘请美国建筑师墨菲为顾问，古力治、穆勒、麦克考斯基参与，制定《首都计划》，并于次年底公布。墨菲（1877～1954年）在南京营造20余年，他"不是把美国的建筑风格与方法简单地传到中国，而是努力使传统的中国建筑适应现代需要"，设计了一批中西合璧式的建筑。杨廷宝、童寯、奚福泉等建筑师先后留洋归来，采用西方先进的建筑手段，设计了大量中国传统宫殿样式的作品。

原国民政府旧址包括原国民政府行政院旧址、原国民政府外交部旧址、原国民政府交通部旧址、原国民政府考试院旧址、原国民政府主席官邸旧址、原国民党中央党史史料院陈列馆、中央监察委员会旧址、临时政府参议院旧址、原国民政府最高法院旧址。

原国民政府行政院旧址位于南京市中山北路252号、254号。民国17年（1928年）由建筑师赵深、范文照设计，民国19年（1930年）竣工。民国26年（1937年）前，为国民政府铁道部所在地。民国34年（1945年），国民政府行政院迁入。国民政府行政院是国民政府五院（行政院、立法院、司法院、监察院和考试院）之一。旧址院内有办公楼，以北"工"字形两层楼为办公人员宿舍，再北有3幢两层小

原国民政府行政院旧址

楼，均为国民政府高级官员住房；北端有花园式别墅两幢，分别是行政院长和铁道部长官邸，孙科曾在此住过。占地7万平方米，建筑面积2.25万平方米。办公楼坐东朝西，为中国传统宫殿式建筑，钢混结构，主楼三层，两侧两层，另有一层地下室。重檐庑殿顶，琉璃瓦屋面，梁枋斗拱彩画。通面阔157米，通进深35米，建筑面积3604平方米。

原国民政府外交部旧址位于南京市中山北路32号，由上海华盖建筑事务所建筑师赵深、陈植、童寯3人设计，民国23年（1934年）6月建成。外交部主楼坐北朝南，为钢筋混凝土结构，平屋顶呈"T"形，采用中西合璧式手法，檐部为中式斗拱装饰，外墙用苏州花岗石勒脚，褐色泰山石贴面，镶以瓷砖檐板，形象协调美观；内部天花藻井，颇为典雅。

原国民政府交通部旧址位于南京市中山北路303号、305号。民国16年（1927年），交通部成立后在华侨路慈悲社一组平房内办公。民国21年（1932年），购得115485平方米土地，次年建成（一说1934年建成）321间的大厦。主楼建筑面积为18933平方米，中为四层楼，周围三层楼为附属楼，主楼与附属楼中有天井各一。一楼为舞厅（呈"凸"字形，直径约20

米），二楼之上为礼堂、会议厅。南楼的五分之一为中华邮政总局旧址。民国36年（1947年），民用航空局成立，在大厦东兴建西式3层楼1幢60间，活动平房三进6间，白铁房一进16间。

原国民政府考试院旧址位于南京市北京东路41号、43号。国民政府考试院是国民政府五院之一。旧址在明清时期，为文、武庙所在地，太平天国时部分建筑为战火所毁。民国20年（1931年），在废址上陆续建造明志楼、宁远楼、华林馆等建筑，占地10.35万平方米，建筑面积8277平方米。建筑按东、西两条平行的轴线排列。主楼为清宫殿式歇山顶，两层钢混仿木结构建筑。明志楼为考试院的主考场，建于民国22年（1933年）。仿明清宫殿式建筑，钢混结构，中部地上两层，地下一层；两侧地上一层半，地下半层。今为大礼堂和会议室。

原国民政府主席官邸旧址位于南京市中山门外小红山中山陵1号。民国20年（1931年）冬始建，原专供国民政府高级官员凭吊中山陵过境时休息之用。民国36～37年（1947～1948年），蒋介石和宋美龄常来此休息、住宿，故称总统官邸、美龄宫。官邸由建筑师陈品善设计，新金康号营造厂施工。占地8万平方米，

国民政府外交部旧址

原国民政府考试院旧址

主体建筑面积约2000平方米，仿清宫式钢筋混凝土建筑。官邸入口处建有一门卫用房，主体建筑立于后部圆形高台之上，为清官式建筑，歇山琉璃瓦顶，墙身外贴黄色面砖，长方形钢窗，条石基座，周围平台栏杆为石质，内部用木装修，做工精细，富有民族气韵。主体建筑近似"凸"字形，内部分三层，底层入口位于北面，前有门廊，用于接待、生活、服务用房；二层作起居与会客之用，可向南出门至室外平台，以供露天活动、观赏自然景色；顶层为居住部分，设有女客厅、四间大卧室及卫生间、小餐厅、厨房等。两建筑之间有一中轴步道。

原国民党中央党史史料陈列馆（又称国民党中央党史编纂委员会）旧址位于南京市中山东路311号，在南京中山门内，明故宫西侧。民国23年（1934年），由建筑学家杨廷宝设计。民国25年（1936年）初完工。主体建筑四层宫殿式钢混楼房，重檐歇山顶，整座建筑沥粉彩画，富丽堂皇。一楼东西为平台，大楼前有露天的"八"字形台阶。一楼24根暴露式和16根半嵌入式朱红色圆形立柱形成宽敞明亮的走廊。一楼是办公用房和档案库房，各办公室以回廊相连；回廊中间为档案储藏库，为半地下式库房，两库各约100平方米，内呈"回"

国民党中央党史史料陈列馆旧址

字阶梯形。二、三楼为宽敞的史料陈列大厅，顶层为阁楼。大楼的东南、西北、东北、西南四方各建有一座四面坡攒尖顶的警卫房，顶覆绿色琉璃瓦。后为中国第二历史档案馆馆舍。

原国民党中央监察委员会旧址位于南京市中山东路313号。旧址占地5.78万平方米，房屋12幢90间。大门为三间四柱式仿木构牌坊，钢混结构。主楼两层，为中国传统宫殿式，重檐歇山顶，顶覆绿色琉璃瓦，四周布有花园、警亭。整个平面布置与建筑形式均与中国国民党史料编纂委员会近似，因位其东面，故两处俗称东宫、西宫。

原国民政府临时政府参议院旧址位于南京市湖南路10号。清宣统元年（1909年），江苏省成立咨议局，同年购丁家桥土地，克期营构，由孙支厦仿法国文艺复兴建筑式样设计建造，次年基本完工。中华民国成立后，咨议局改为中华民国临时政府参议院。民国26~34年（1937~1945年），由汪伪政府占用；中华人民共和国成立后，一直由江苏省军区司令部使用。旧址大院占地面积6300平方米，由前后两进及东西厢房组成四合院，前进通面阔十间73.6米，中间入口有突出的门厅，孟莎式屋顶，中间耸起塔楼，前后有廊，四合院中央有大厅，奉安大典时孙中山灵柩曾停于厅内举行公祭。

国民政府最高法院旧址位于南京市中山北路101号。最高法院成立于民国17年（1928年）11月，初在汉中路一所教会学校旧址办公，民国21年（1932年）在此建新址。由东南建筑公司过养默设计施工，民国22年（1933年）建成。坐西朝东，主楼正视、俯视均为"山"字形钢混结构三层西式楼房1幢，寓意

国民政府最高法院旧址

执法如山。占地18923平方米，建筑面积9680平方米。楼内有法庭、议事庭等用房276间。楼前有立柱式喷水池，主楼正面原有大镜一面与喷水池相望，意执法清如水、明如镜。中华人民共和国成立后，该办公楼为南京市人民法院使用。20世纪50年代，房屋产权归江苏省人民政府，由江苏省商业局（后改名江苏省贸易厅）、江苏省财政局等单位使用。

原国民政府旧址极为系统全面地展示了中国传统建筑向现代建筑的演变，是中国古代建筑艺术向现代建筑艺术转换、创造民族建筑新风格的实物研究资料和重要历史见证，也是中国城市向现代都市前进的实物研究资料和重要历史见证，具有极高的历史价值和艺术价值。原国民政府旧址中有一部分作为办公楼，有一部分作为陈列馆对外开放。如宋美龄的卧室、蒋介石的书房、会客室、二人餐厅以及做礼拜的"凯歌堂"家具、设施等均保存完好，并对外展出。蒋介石的书房一直保留原有的风貌。

原国民政府旧址的保护管理机构分别为南京政治学院（原国民政府交通部及行政院旧址）、江苏省人大常务委员会（原国民政府外交部旧址）、南京市市级机关管理局（原国民政府考试院旧址）、江苏省军区司令部（原国民政府临时政府参议院旧址）、江苏省省级机关管理局（原国民政府最高法院旧址）、中山陵园管理局（原国民政府主席官邸旧址）、中国第二历史档案馆（原国民党中央党史史料陈列馆）、南京军区档案馆（原国民党中央监察委员会办公楼旧址）。原国民党中央党史史料陈列馆、原国民政府临时政府参议院、原国民政府主席官邸旧址、原国民政府外交部旧址、原国民政府行政院旧址先后于1991年、1992年被建设部、国家文物局评为近代优秀建筑。1992年3月，原国民政府旧址被南京市政府公布为市级文物保护单位。2001年6月25日，原国民政府旧址由国务院公布为第五批全国重点文物保护单位，编号5-0485-5-012。2004年，原国民政府旧址的保护范围和建设控制地带被划定。同年7月，南京市文物局建立原国民政府旧址的全国重点文物保护单位记录档案。

**红四方面军总指挥部旧址**　为川陕革命根据地的最高军事和政治机关所在地。作为全国重点文物保护单位，包括红四方面军总指挥部旧址、红四方面军总政治部旧址和川陕革命根据地红军烈士陵园三处内涵，总占地面积16165平方米，建筑面积1947平方米。红四方面军总指挥部旧址和总政治部旧址位于四川省巴中市通江县诺江镇，川陕革命根据地红军烈士陵园位于四川省巴中市通江县沙溪镇王坪村。

民国21年（1932年）12月25日，红四方面军解放通江县城，直到民国24年（1935年）春，通江县城文庙和学宫分别作为红四方面军及川陕苏区最高军事机关所在地和最高政治机

红四方面军总指挥部旧址

关所在地。徐向前、陈昌浩、王树声、曾中生等红军领导人在这里指挥红四方面军、川陕苏区地方武装和人民群众，粉碎敌人的"三路围攻"和"六路围剿"，进行仪南、营渠、宣达三次进攻战、陕南战役和强渡嘉陵江战役。创建了面积4.2万平方千米，辖22县1市、人口约600万的中华苏维埃共和国第二大苏区——川陕革命根据地。红军也由入川时的4个师1.5万余人发展到5个军8万余人，有力地策应了中央和其他革命根据地的斗争，为中国人民的解放事业积蓄了革命力量。

红四方面军总指挥部旧址原为通江文庙，始建于宋嘉祐七年（1062年），后被毁，明景泰年间在旧基重建，清咸丰四年（1854年）进行大规模修缮，改双重檐歇山式为单檐悬山式。整个建筑依山就势，呈梯形格局，逐次升高；造型凝重，结构谨严，雕梁画栋，具有很

高的艺术性和观赏性，是川东北保存较为完整的明清古建筑之一。遗存建筑为位于第二平台上的戟门（指挥部警卫室）、东庑（徐向前总指挥办公室）、西庑（指挥部机要室）和第三平台上的大成殿（指挥部作战室）4栋清代单体建筑，呈四合院布局，坐东北向西南，占地面积1675.8平方米，建筑面积877.96平方米。穿斗梁架结构，筒瓦屋面，悬山顶，板壁槅窗，槅扇对开门，设前廊和内回廊，青石地面。戟门面阔七间24.4米，进深一间4.8米，通高10.5米。大成殿面阔五间23.66米，进深二间7.7米，通高12.04米。东西庑均面阔五间14.5米，进深一间5.3米，通高7.19米。

红四方面军总政治部旧址原为通江学宫，清代建筑，呈"田"字形复式四合院布局，坐北向南，紧靠红四方面军总指挥部旧址左侧，房屋41间，占地面积1398.2平方米，建筑面积

红四方面军总政治部旧址

1069.45平方米。由前厅、中厅、正厅和左、中、右厢房组成，均为穿斗梁架结构，青瓦屋面，悬山顶，板壁槅窗，槅扇对开门。建筑依山就势，依次升高，分布在三级台地上，第一级台地分布前厅及厢房，第二级台地分布中厅及厢房，第三级台地分布正厅。前厅面阔十一间33米，进深一间6.2米，通高6米；中厅面阔九间30.2米，进深三间5.5米，通高6米；正厅面阔九间28.3米，进深一间5.3米，通高7.4米；左、中、右厢房均面阔两间6.8～7.3米，进深一间4～6.2米，通高4.5～5.4米。主任陈昌浩（兼）、副主任傅钟在此办公、召开会议等。

川陕革命根据地红军烈士陵园中红四方面军烈士墓为民国23年（1934年）2月为褒扬红军烈士而建。烈士墓面向西北，东南—西北

长227.68米，东北—西南宽57.5米，分布面积13091.6平方米。安葬了38名师团级以上的干部和3800余名因伤病而牺牲的红军战士。烈士墓碑位于墓地第五层平台，由总医院政治部主任张琴秋设计并题写碑名和绘制图案，罗吉祥等人錾刻，历时半年落成。下有一长方形台，台长6.9米，宽3米，台上立一纪念碑，为四角攒尖顶方碑，由碑帽、碑身、碑座组成，通高4.05米。碑身高2.08米，宽0.6米，碑正面中竖书阴刻"红四方面军英勇烈士之墓"，两侧刻联"为工农而牺牲，是革命的先驱"，横批"万世光荣"，横批上刻镰刀斧头图案。碑座为长方形须弥座，高1.12米，宽1.64米，正面镌刻镰刀斧头和五星图案。左右两侧各架设石质迫击炮1门，墓碑前1.5米处立一石供桌。

2011年10月，四川省委、省政府对川陕革命根据地红军烈士陵园进行改扩建，将原来的2.3万平方米陵园核心区扩展到23.3万平方米，把分散在通江县50处的17225名烈士散葬遗骨迁移至烈士陵园，整个陵园安葬英烈达25048名。2012年5月9日，川陕革命根据地红军烈士陵园正式开园。

从20世纪80年代开始，中央和地方政府拨专款对旧址进行维修，对大成殿、东西庑殿和戟门、前厅、中厅及左、中、右厢房进行全面维修及配套设施建设。1980年7月，红四方面军总指挥部旧址、红四方面军烈士墓被四川省人民政府公布为省级文物保护单位。1982年，红军入川五十周年之际，通江县人民政府利用红四方面军总指挥部、总政治部旧址设川陕革命根据地军史陈列馆。1984年5月，中共中央总书记胡耀邦题写馆名"川陕革命根据地军史陈列馆"。1985年，红四方面军烈士墓被四川省人民政府批准更名为王坪烈士陵园；2002年，被民政部批准更名为川陕革命根据地红军烈士陵园。1988年1月13日，红四方面军总指挥部旧址被国务院公布为第三批全国重点文物保护单位，编号3-0033-5-033。1989年，红四方面军烈士墓被国务院批准为全国重点烈士纪念建筑物保护单位。1989年1月，川陕革命根据地军史陈列馆更名为红四方面军总指挥部旧址陈列馆，1992年10月更名为红四方面军总指挥部旧址纪念馆，1993年2月中共中央总书记江泽民为纪念馆题写馆名。红四方面军总指挥部旧址文物保护规划编制、修缮工程、安防工程已获国家文物局立项。红四方面军总指挥部旧址已辟为红四方面军总指挥部旧址纪念馆和

川陕革命根据地红军烈士纪念馆，免费对公众开放。红四方面军总指挥部旧址管理和使用机构为通江县文物局和红四方面军总指挥部旧址纪念馆。川陕革命根据地红军烈士陵园管理机构为通江县文物局和川陕革命根据地红军烈士陵园管理局；使用单位为川陕革命根据地红军烈士纪念馆。2004年10月，建立科学记录档案，并逐年完善增补。2014年10月，四川省人民政府公布了红四方面军总指挥部旧址的保护范围和建设控制地带。

**伪满皇宫及日伪军政机构旧址** 由伪满皇宫旧址、日本殖民统治机构旧址、伪满军政机构旧址等三部分组成。旧址位于吉林省长春市，文物建筑本体共11处。伪满皇宫旧址是清朝末代皇帝溥仪充当伪满傀儡政权"执政"和"皇帝"时的宫廷，位于长春市宽城区光复北路5号。日本殖民统治机构旧址是日本军国主义殖民东北期间的重要殖民统治机构所在地，位于长春市中心城区新发广场西北侧和东北侧。伪满军政机构旧址共8处：伪满洲国国务院、经济部、交通部、军事部、司法部等旧址均位于新民大街两侧，对称排列；伪满洲国民生部旧址位于人民大街3623号；伪满洲国外交部旧址位于建设街1122号；伪满洲国综合法衙旧址位于自由大路108号。

伪满洲国成立于民国21年（1932年）3月1日，是日本侵占中国东北扶植的殖民傀儡政权，清朝逊帝爱新觉罗·溥仪出任"执政"，年号"大同"。民国23年（1934年）3月1日，伪满洲国实行帝制，溥仪出任皇帝，"执政府"更名为"帝宫"。伪满皇宫旧址总占地面积约13.7万平方米，核心区域占地4.6万平方

伪满皇宫航拍图

米，以中和门为界划分为外廷和内廷两部分。外廷主要建筑有勤民楼、怀远楼和嘉乐殿。勤民楼原为吉黑榷运局的办公楼，砖木结构两层方形圈楼，建筑面积1206平方米，建筑风格中西杂糅，既有中式传统的木质檐廊和老虎窗，也有欧式立柱和穹顶。楼廊中部设有天井，二层建有檐廊式平台。溥仪迁入后，取清朝祖训"敬天法祖，勤政爱民"之意更名为勤民楼。怀远楼于民国23年（1934年）竣工，西式建筑风格，建筑面积1483平方米，是溥仪祭祀祖先的场所，专为溥仪服务的宫内办事机构设于此。嘉乐殿建成于民国29年（1940年），西式建筑风格，是溥仪举行大型宴会的场所，取《诗经》中"以宴嘉宾"之意命名。内廷是溥仪及其眷属的日常生活区，主要建筑包括缉熙楼、同德殿、书画楼等。缉熙楼原是民国17年（1928年）由吉黑榷运局建筑设计科设计的

吉黑盐务稽核处办公楼，建筑面积1325.46平方米，是一座南北窄、东西宽的长方形两层砖木结构楼房，门窗拱券贴脸和廊柱具有典型西式建筑风格。缉熙楼是溥仪和伪皇后婉容的居住场所。溥仪迁入之后，取《诗经·大雅·文王》"穆穆文王，于缉熙敬止"句中"缉熙"二字命名，意为"敬仰光明"。同德殿建成于民国27年（1938年），由伪满宫廷营造科设计，日本清水组施工，从设计到竣工耗时3年。同德殿地下一层、地上两层，建筑面积3570平方米，平面呈不对称长方形，是伪满皇宫旧址建筑群落中唯一规格不对称的建筑。楼体为钢筋混凝土结构，外墙贴覆米黄色面砖，黄色琉璃瓦覆顶；屋顶采用中国传统的庑殿顶样式；屋面覆瓦所使用的瓦当和滴水被烧制成"弌德""弌心"字样，借此表达日本侵略者提出的所谓"日满一德一心"。同德殿一楼是

办公和娱乐的场所，设有广间、叩拜间、候见室、便见室、中国间、钢琴间、台球间、日本间和电影厅等房间；二楼最初设计为溥仪和婉容的寝宫，但溥仪从未真正入住过。同德殿东北处有一座平面为矩形的两层楼房，原收藏有溥仪从北京故宫盗运出的包括王羲之真迹、宋版书、清代皇帝墨迹在内的大量珍贵文物，故称书画楼，又因外墙涂抹灰白色水泥砂浆称为小白楼。内廷东部还曾修建有"御用游泳池""御用防空洞""建国神庙"和"天照大神"防空洞等建筑设施。"建国神庙"占地约3000平方米，建筑面积200平方米，由拜殿、祭祀殿、本殿等三部分构成。"建国神庙"供奉日本的天照大神，是日本帝国主义企图从精神上征服中国人民的铁证。民国34年（1945年）8月11日，溥仪出逃通化后，建国神庙被日本关东军焚毁，仅存石基遗迹。

日本殖民统治机构旧址包括侵华日军关东军司令部旧址和侵华日军关东宪兵队司令部旧址。民国21年（1932年）关东军司令部迁至长春。同年8月动工建设关东军司令部，民国23年（1934年）8月竣工。建筑采用当时日本国内流行的帝冠式风格，平面造型为"卅"字形，中部及两翼设置有塔楼，中部塔楼为日本传统城堡天守阁样式，重檐歇山式，檐部挑出尺度较大，屋面铺设黑色筒瓦与白色墙体、棕褐色面砖形成鲜明色彩对比。关东军司令部初期占地面积76500平方米，建筑整体地上三层，两翼局部四层，中间塔楼五层，并设有半地下室一层，总建筑面积达13424平方米，房间221余间，最高点距地面31.5米，为当时长春建筑面积最大、高度最高的建筑。日本关东军司令官官邸为关东军司令官及其眷属居住使用的官邸建筑，毗邻关东军司令部，为司令部的附属建筑，民国22年（1933年）动工，民国23年（1934年）7月竣工。建筑整体采用欧洲

伪满皇宫全景鸟瞰

城堡花园建筑风格，外墙采用棕褐色条纹面砖和灰白色砂岩石材贴覆，色彩搭配鲜明。建筑入口设置有大型松池，池内有石质喷泉水池。建筑地上两层，局部四层，地下一层，建筑面积13424平方米，占地面积曾达10万平方米，是当时长春规模最大的官邸建筑。一楼设有会客厅及台球室等接待及娱乐设施；二楼为司令官及其家属的居住区域。侵华日军关东宪兵队司令部旧址由关东军经理部设计，民国21年（1932年）动工，次年竣工，建成之初关东军司令部曾在此办公，民国24年（1935年）4月关东宪兵队司令部迁入。建筑采用近代西式对称构图模式，以女儿墙处的水平线脚作为主要装饰，立面简洁。棕黄色面砖与主入口处贴覆的浅白色石材形成明显色彩对比，加强建筑装饰性。

伪满军政机构旧址包括伪满洲国国务院旧址、伪满洲国军事部旧址、伪满洲国民生部旧址、伪满洲国经济部旧址、伪满洲国交通部旧址、伪满洲国综合法衙旧址、伪满洲国外交部旧址、伪满洲国司法部旧址，共8处。伪满洲国国务院旧址又称第四厅舍，民国23年（1934年）7月动工，民国25年（1936年）11月竣工，建筑面积19115平方米。建筑结构为地上四层、局部六层，地下一层，最高点48.8米。建筑设计吸收当时日本国内国会议事堂的构思，将中日传统建筑元素同欧美建筑形式结合起来。塔楼顶部采用重檐四角攒尖顶，瓦当色彩、宝顶细部构造及垂脊兽饰采用日式，屋顶及总体造型为中式风格。西侧正门入口门廊高三层，设置4根塔司干柱，两侧使用方柱收分。建筑整体使用深褐色面砖和屋面瓦，配以

浅色石材贴面。伪满洲国经济部旧址为原伪满经济部的办公场所，又称"第十厅舍"。建筑面积10245平方米，地上四层、局部五层，地下一层，民国26年（1937年）7月17日动工，民国28年（1939年）7月31日竣工。建筑立面采用矩形对称样式，深褐色面砖与灰白色石材形成较为明显的装饰色彩对比。伪满洲国交通部旧址又称"第八厅舍"，初期建筑面积8056平方米，地上三层、局部四层，地下一层，民国25年（1936年）8月动工，次年12月竣工。在当时曾被称为"新兴满洲式"建筑，平面采用矩形对称样式，外立面贴覆褐色面砖和灰白色石材，屋顶覆琉璃瓦，女儿墙的檐部设有小垛口，并使用石材压顶，两翼端部设垂花门样式窗套和阳台装饰。正门入口门廊处设有灯座，台阶两侧设有抱鼓石。伪满洲国军事部旧址为原伪满治安部和伪满军事部的办公楼，又称"第九厅舍"。初期建筑面积153764平方米，地上四层、局部五层，地下一层，民国25年（1936年）8月动工，民国27年（1938年）10月竣工。伪满洲国军事部旧址建筑平面为三角形，正门入口朝向道路转角处，整个建筑犹如一支箭头般指向东北方向。正门入口雨篷上部设置有大尺度望柱，局部女儿墙作出城墙垛口样式。伪满洲国综合法衙旧址为原伪新京高等法院、高等检察厅等伪满法院和检察厅机构的办公地点，又称"中央法衙"或"联合法院"，初期建筑面积14859平方米，地上三层、局部五层，地下一层，民国25年（1936年）6月竣工，被称为继伪满国务院办公楼之后又一"成功"的"满洲式"风格建筑力作。整体建筑采用曲线造型，中间高起部分采取弧

形实墙体结构，以加强整体稳重感，顶部塔楼采用四角攒尖顶造型。建筑入口门廊上开设大尺度玻璃采光顶，内部有4层高中庭，四周设回廊，中庭顶部开设玻璃采光顶。伪满洲国民生部旧址先后由伪满交通部、伪满民生部和伪满厚生部使用，又称"第五厅舍"，建于民国24年（1935年），采用与"第三厅舍"相似的建筑构造和装饰风格，建筑平面采用矩形对称模式，结构方面采用日本式平直屋顶构件，装饰方面体现出来明显的中国式风格的兽饰，在正门入口也使用中国样式的檐口、正吻和斗拱。伪满洲国司法部旧址又称"第六厅舍"，初期建筑面积5200平方米，地上三层、局部六层，地下一层，民国25年（1936年）竣工。采用日本式风格的造型，屋顶覆瓦使用日本建筑惯用的绿色琉璃瓦，是将日本建筑风格和元素直接移植到长春的一个较为典型的实例。伪满洲国外交部旧址曾为原伪满外交部、外务局的办公地。民国22年（1933年）动工，历时1年完工。为钢筋混凝土框架结构，地上两层，地下一层，建筑面积9700平方米。作为当时唯一由西方设计师主持设计的建筑，设计风格有别于其他军政建筑。建筑正背入口受西方建筑形式和构图的影响，同时采用六边形窗格、圆形月亮门等东方建筑构件。建筑造型复杂，在平面布局上以折线、方圆体量交接，使交通流线明确。平面设计上的灵活多变使建筑的前后两侧立面造型呈现出不同的视觉观感，正面如同一座欧洲古堡，后面却形如一艘正要扬帆远航的舰船。

民国34年（1945年）8月至民国37年（1948年）10月间，伪满皇宫及日伪军政机构旧址先后由苏联红军、国民党军队进驻使用。长春解放后，各旧址先后由多家单位进驻使用。1962年12月24日，吉林省伪满皇宫陈列馆成立；1984年正式对外开放。2000年9月，伪满皇宫陈列馆划归长春净月潭旅游经济开发区管理，成立长春伪满皇宫管理局。2001年2月28日，伪满皇宫陈列馆更名为伪满皇宫博物院。伪满皇宫保护修复工程从2001年启动，一期工程完成同德殿、怀远楼，东御花园及溥仪防空洞、天照大神防空洞、建国神庙遗址、游泳池等，并于2002年正式对外开放。2003年开始的二期复原工程主要包括禁卫军营房、西御花园、植秀轩、畅春轩复原工程及缉熙楼、勤民楼加固维修复原改陈工程，以及剩余周边单位和525户居民的搬迁工作。恢复伪满皇宫原貌，形成以伪满皇宫建筑为主体的"皇家"宫殿区、红色旅游区、绿色文化休闲区、旅游商务区等四大功能区。日伪军政机构旧址主体建筑结构未变，由各使用单位维护管理，并使用至今。日本关东军司令部旧址、日本关东宪兵队司令部旧址、伪满洲国国务院旧址、伪满洲国交通部旧址、伪满洲国经济部旧址、伪满洲国军事部旧址、伪满洲国民生部旧址、伪满洲国司法部旧址、伪满洲国外交部旧址、伪满洲国综合法衙旧址的管理机构分别为中共吉林省委员会、吉林省人民政府、吉林大学基础医学院、吉林大学公共卫生防疫学院、吉林大学中日联谊医院二部、吉林大学第一临床医院、吉林省石油化工设计研究院、吉林大学新民校部、太阳泛会所和解放军空军四六一医院。2013年3月5日，伪满皇宫及日伪军政机构旧址被国务院公布为第七批全国重点文物保护单位，编号7-1682-5-075。2014年，伪满皇宫及日伪军政机构旧址全国重点文物保护单位"四有"档案建立，由长春市文物保护研究所保管。同年，吉林省文化厅印发《关于划定第七批全国重点文物保护单位保护范围及建设控制地带范围的通知》，规定了伪满皇宫旧址的保护范围和建筑控制地带。2015年后，由国家文物局支持，对伪满皇宫及日伪军政机构的国务院、经济部、军事部、交通部、司法部、民生部旧址等文物本体进行大规模的保护修缮，截至2017年底工程基本告竣，通过国家、省、市主管部门验收。

**湘鄂川黔革命根据地旧址** 是第二次国内革命战争时期贺龙、任弼时、王震、萧克、关向应等率红二、六军团创建湘鄂川黔边革命根据地时的党、政、军等机关驻地的纪念地，包括张家界市永定区旧址和湘西土家族苗族自治州永顺县旧址和龙山县旧址。其中永定区旧址，位于张家界市永定区（原大庸县）解放路179号；永顺县旧址，位于湘西土家族苗族自治州永顺县城东北42千米的塔卧镇；龙山县旧址，位于湘西土家族苗族自治州龙山县新寨坪村和茨岩塘镇。

民国22年（1933年）11月，由于王明"左"倾冒险主义影响，湘鄂西革命根据地丧失。同年12月9日，中共湘鄂西中央分局提出创建"湘鄂川黔边新苏区"的口号。民国23年（1934年）11月24日，任弼时、贺龙、萧克、王震等率领红二、六军团解放大庸。根据中共中央指示，26日在城中天主教堂成立中共湘鄂川黔省委、省军区，12月1日成立省革命委员会。至此，以大庸为中心的湘鄂川黔革命根据地正式形成。12月10日，湘鄂川黔省委、省革命委员会、省军区机关转移到永顺县塔卧镇。民国24年（1935年）1月，国民党军围剿湘鄂川黔革命根据地。4月12日，湘鄂川黔省委机

永定区湘鄂川黔省革命委员会旧址及纪念馆远景

关撤离塔卧镇，迁往龙山县兴隆街。湘鄂川黔革命根据地从民国22年（1933年）冬提出创建湘鄂川黔边新苏区至民国25年（1936年）春红二、六军团长征离开根据地，历时3年。红二、六军团在反"围剿"斗争中不断发展壮大，成为策应中央红军长征的主要力量，在中国革命和战争史上写下壮丽辉煌的篇章。湘鄂川黔革命根据地旧址是见证这一历史时期的珍贵文物。

张家界市永定区旧址（原大庸县）包括湘鄂川黔省委、省军区和省革命委员会成立旧址，占地2800平方米，建筑面积1600平方米。旧址原为天主教堂，系西班牙神甫于民国7年（1918年）修建，共有礼堂一栋及其他房屋两栋23间，具有中西合璧的古典教堂特色。办公室旧址位于院子北面，含大门及倒座。大门及两侧倒座房一字排开，面朝正北，牌坊式大门面阔三间，明间饰以尖顶；倒座为砖木结构，人字屋架，除前廊露明外，其余均以砖墙围护；大门西侧3间，东侧4间，室内为三合土地面。湘鄂川黔省革命委员会曾在此设土地委员会、肃反委员会、政治部及警卫室等。领导人卧室旧址位于院子东面。面阔三间，庑殿顶，人字梁架，砖墙围护，木板壁隔断；室内为木质地板、木质天花板至廊步。自南向北一字排开3个房间，分别为任弼时、贺龙、萧克的卧室旧址。省委礼堂旧址位于院子西面。人字架砖木结构，前出廊，庑殿顶，砖墙围护，两端各辟券门。湘鄂川黔省委相关会议曾在此召开。

永顺县旧址有7处。中共湘鄂川黔省委、省军区旧址位于塔卧镇丁家院子。均为晚清建筑。省委旧址坐东朝西，四合院式布局，穿斗

永顺县湘鄂川黔革命根据地办公室旧址

式木结构。占地1103平方米，建筑面积679平方米。正房面阔四间，进深四间，南次间为萧克住房，隔壁间为贺龙住房；北次间为袁任远住房，夹间为文秘人员住房。南厢房面阔三间，进深三间，西次间为土家吊脚楼，设油印室。北厢房面阔三间，进深二间，东次间为任弼时住房，西次间为张子意住房。倒座面阔三间，进深二间，为省委会议室、警卫室。省军区旧址东与省委旧址相通，两者共一椭圆形围墙。坐北朝南，穿斗式木结构三合院，占地750平方米，建筑面积590平方米。正房面阔四间，进深四间，东次间为会议室，梢间为军参谋住房；西次间为王震住房。东厢房面阔三间，进深二间，左右次间为军参谋住房。西厢房面阔五间，进深二间，北次间为警卫班住房，北梢间为保管室；南次间为李信住房，梢间为李贞住房。省革命委员会旧址位于塔卧镇雷家老屋。穿斗式木结构四合院，坐南朝北，占地1296平方米，建筑面积710平方米。正房面阔五间，进深四间；倒座面阔五间，进深四间，次、梢间各置粮仓1个；西厢房面阔四间，进深两间；东厢房面阔四间，进深二间。湘鄂川黔省革命委员会曾在此设粮食

部、财政部、总务处。中国工农红军第四分校旧址位于塔卧镇雷家新屋。坐东朝西，四合院式布局，穿斗式木结构，周围砌封火墙，占地1600平方米，建筑面积756平方米。正房面阔五间，进深四间；南、北厢房均为面阔四间，进深二间；南厢房明、次两间为通间，用作教室；北厢房明间为陶汉章住房。大门及倒座面阔五间，进深四间，北次间为张平化住房。砖墙上有红军标语"提高战术素养，巩固思想一致"。省委党校旧址位于塔卧镇涂家大屋。三合院式布局，穿斗木结构，坐东朝西，占地595平方米，建筑面积370平方米。正房面阔三间，进深四间；北厢房面阔三间，进深三间；南厢房面阔五间，进深两间。湘鄂川黔省委党校设于此。无线电总台旧址位于塔卧镇，为晚清建筑，悬山穿斗式木结构，面阔12.55米，主屋进深5.4米，拖屋进深2.65米。兵工厂旧址位于塔卧镇涂家台。为清代建筑，坐西朝东，三合院式布局，悬山穿斗式木结构。正房面阔三间，进深三间；北厢房面阔三间，进深三间；南厢房面阔三间，进深二间。

龙山县旧址分为兴隆街旧址和茨岩塘旧址两处。兴隆街旧址位于新寨坪村蒋家大屋。

兴隆街湘鄂川黔省委机关旧址

系湘鄂川黔省委、省军区、省革命委员会驻地，始建于清末民初，坐东朝西，一正两横木结构建筑。南北面宽30.57米，东西进深15.71米，占地760平方米，建筑面积480平方米。南北两侧系典型的土家族吊脚楼，台基四周及屋檐铺长形青石。茨岩塘旧址位于茨岩塘镇，保存旧址三处。湘鄂川黔省委、省军区和省革命委员会旧址位于茨岩村龙家大屋，始建于清末民初，坐西北朝东南，土木结构，三合院式布局。木结构穿斗梁架，一正两横，占地1240平方米，建筑面积790平方米。建筑装修及室内布局为典型的湘西土家族民居形式。西侧为厢房，东侧为吊脚楼，四周有2米多高的围墙。湘鄂川黔省革命委员会总务处、肃反委员会、内务、民政、粮食、土地、供给等部曾设于此。兵工厂旧址位于甘露村姚家大屋，坐北朝南，木结构四合院，东西面阔64.54米，南北进深25.9米，占地3400平方米，建筑面积1700平方米。一正三横，东西厢房配有吊脚楼。内设红炉车间、翻砂车间、修枪车间、造手榴弹车间、木业车间、缝纫车间，壁板和墙壁上保留有红军标语"红军是工农劳苦群众自己的武装""白军是豪绅地主资产阶级的爪牙"等。红军医院旧址位于凉水村杨家大屋。为坐南朝北木结构建筑。东西面阔25.7米，南北进深12.45米，占地面积576平方米。一正两横，共18小间。正房设管理处，西厢房设病房，东厢房吊脚楼设医疗室。分门诊部、住院部、中草药加工几个部分。

1959年，湖南省人民委员会将永顺县旧址公布为第二批省级文物保护单位（1983年，湖南省人民政府重新将永顺县旧址公布为省级文物保护单位）。1975～1986年，省委党校旧址曾用作纪念馆。1986年，利用红四军分校旧址设立湘鄂川黔革命根据地纪念馆，负责永顺县旧址群的保护管理（2015年建成塔卧镇新馆）。1993年，永定区依托湘鄂川黔省委、省军区和省革命委员会成立旧址修建纪念馆。

1993年4月8日，湖南省人民政府公布永顺县旧址的保护范围和建设控制地带。1994年1月，成立湘鄂川黔苏区纪念馆（2001年更名为张家界市永定区湘鄂川黔革命根据地纪念馆）。1996年，湖南省人民政府印发《关于补充公布省级文物保护单位的通知》，公布永定区旧址和茨岩塘旧址为永顺县旧址的附属点。1996年1月4日，湖南省人民政府公布了张家界市永定区、龙山县茨岩塘旧址的保护范围和建设控制地带。2002年，湖南省人民政府公布兴隆街旧址为省级文物保护单位，同年公布其保护范围和建设控制地带。2005年10月1日，在龙家大屋成立龙山县湘鄂川黔革命根据地纪念馆，负责龙山旧址的日常维护管理。

2006年5月25日，湘鄂川黔革命根据地旧址被国务院公布为第六批全国重点文物保护单位，包括永定区、永顺县、龙山县三地旧址，编号6-1012-5-139。2006～2007年，国家文物局批准永定区、永顺县、龙山县三地编制的旧址保护工程方案。2007年，中宣部拨款对塔卧旧址进行抢救性维修。2011年6～11月，张家界市永定区实施辖区内旧址主体修缮工程。2011年5月至2013年3月，国家文物局拨付经费对茨岩塘省委、省军区、省革委会旧址、兵工厂旧址等实施文物本体修缮工程。2012年12月至2014年4月，国家文物局拨付经费对湘鄂川黔革命根据地省委党校旧址、省军区旧址、省委旧址、省革委会旧址进行全面维修。2016年，湖南省人民政府批准实施永顺县、龙山县两地旧址修缮工程方案。2016年、2017年，国家文物局分别拨付经费，对茨岩塘红军医院旧址、兴隆街旧址等进行全面修缮。

**南梁陕甘边区革命政府旧址**　是民国23～24年（1934～1935年）陕甘边区工农民主政府（又称"南梁政府"）机关驻地。旧址位于甘肃省庆阳市华池县林镇乡四合台村西梁自然村寨子湾。

陕甘边革命根据地是20世纪30年代初刘志丹、习仲勋等在西北地区创建的一块重要的革命根据地。主要发展经历了三个阶段：以寺村塬为中心的初期（1932年9月至1933年10月），以照金为中心的发展时期（1932年9月至1933年10月），以南梁为中心的鼎盛时期（1934年2月至1935年2月）。民国23年（1934年）2月25日，根据地最高临时政权机关陕甘边区革命委员会在林镇乡四合台村成立，标志着以南梁为中心的陕甘革命根据地初步形成。随着革命形势的发展，逐步建立以南梁为中心，东西约200千米，南北约350千米的战略区

陕甘边区革命政府旧址

南梁陕甘边区革命政府旧址

域。民国24年（1935年）2月，中共西北工作委员会和西北军事委员会成立，统一领导陕甘边和陕北革命根据地，统一指挥红二十六军、红二十七军及地方游击队。陕甘边和陕北两个根据地连成一片，成为第二次国内革命战争后期全国"硕果仅存"的革命根据地，为中共中央和长征红军提供了落脚点。

南梁陕甘边区革命政府旧址由革命政府旧址、军委旧址、革委会旧址、闫洼子会议旧址、42烈士殉难处、警卫连旧址、列宁小学旧址等7处遗址组成。原为当地民居，在民国21～24年（1932～1935年）为革命政府征用。

革命政府旧址、军委旧址、革委会旧址同在一处，位于四合台村寨子湾。革命政府旧

闫洼子会议旧址

址为民国23～24年（1934～1935年）陕甘边区工农民主政府各部门的办公地。有窑洞8孔，依崖体而建，黄土中挖筑，面阔2.6米，进深6米，拱顶高3米，占地总面积1890平方米。军委旧址为同期陕甘边区革命军事委员会的办公地。有土筑窑洞8孔，依崖体而建，系黄土中挖筑，面阔2.5米，进深6米，拱顶高2.5米，占地面积736平方米。革委会旧址为民国21～23年（1932～1934年）陕甘边区革命委员会的办公地，有土筑窑洞10孔，依崖体而建，系黄土中挖筑，面阔3米，进深4米，拱顶高3米，占地面积350平方米。闫洼子会议旧址位于荔园堡村。有土筑窑洞3孔，依崖体挖筑而建，面阔4米，进深8米，建筑面积96平方米。民国23年（1934年）中共陕甘边特委、红四十二师党委、游击队总指挥部的联席会议即闫洼子会议在此召开。这次会议是陕甘边根据地创建过程中的一次重要会议，确立了陕甘边、陕北两块根据地互相配合和协调作战的正确方针，为两支部队的联合、两块根据地的统一发展奠定基础。42烈士殉难处位于荔园堡村闫洼子组。有土坑墓1座，地表有封土，坟前立石碑。占地面积345平方米。民国23年

（1934年）5月，国民党军联合陇东民团联合围剿南梁根据地，杀害共产党员白杨珍等，将30余位党员干部活埋于荔园堡村闫洼子组，共有42人殉难，即骇人听闻的"闫洼子惨案"。警卫连旧址位于荔园堡村，占地面积175平方米。列宁小学旧址位于荔园堡村，有重新恢复的窑洞两孔及新修的大门。学校为边区第一所红色学校，民国23年（1934年）2月创建于林镇乡小河子沟四合台村王家院。

中华人民共和国成立后，多处旧址闲置，部分建筑被相关单位当作库房等使用。20世纪80年代后，当地政府陆续接管，先后由华池县财政局、文化局、旅游局、南梁红色景区建设管理局管理和使用。1981年，旧址被甘肃省人民政府公布为全省重点文物保护单位。1985年，中共甘肃省委、省政府决定在荔园堡筹建南梁革命纪念馆，1985年10月10日破土动工，1986年11月7日竣工，建成纪念碑、雕塑群、牌坊门，修复清音楼及展室。胡耀邦题写"革命烈士永垂不朽"碑铭，习仲勋题写"陕甘边区苏维埃政府旧址"匾额。2009年、2012年，先后维修政府旧址、军委旧址、革命委员会旧址、警卫连旧址。2013年3月5日，南梁陕甘边区革命政府旧址被国务院公布为第七批全国重点文物保护单位，编号7-1920-5-313。2014年9月，新馆正式对外开放。2013～2014年，庆阳市文物局建立南梁陕甘边区革命政府旧址记录档案，由南梁陕甘边区红色景区建设管理局档案室保管。2014年，甘肃省人民政府印发《甘肃省人民政府关于同意公布甘肃省第七批全国重点文物保护单位保护范围的批复》，公布该旧址的保护范围的建设控制地带。

**瓦窑堡革命旧址** 是1935年11月至1936年6月中共中央、中华苏维埃共和国中央政府和中央军委机关驻地，位于陕西省延安市子长县老城区。其中一处毛泽东旧居位于子长县中山

瓦窑堡革命旧址

街，中国人民抗日红军大学旧址位于米粮山，其余旧址旧居均位于二道街（下河滩）。

民国24年（1935年）11月7日至民国25年（1936年）6月23日，中共中央、中华苏维埃共和国中央政府和中央军委机关均驻扎在瓦窑堡。在此期间，中共中央召开瓦窑堡会议，正确地分析国内外形势，制定党的抗日民族统一战线的策略路线，为实现从土地革命战争向民族革命战争伟大战略转变奠定了牢固的基础。瓦窑堡时期是中国共产党历史上的一个非常重要的时期，瓦窑堡革命旧址对于中共党史、中国革命史研究有重要价值。由此，瓦窑堡被誉为"革命红都"。

瓦窑堡革命旧址包括瓦窑堡会议会址、西北革命军事委员会旧址、中国人民抗日红军大学旧址、毛泽东旧居（两处）、张闻天旧居、周恩来旧居，共5个院落，有34孔窑洞、2间瓦房，占地面积3982平方米，建筑面积1242.7平方米。

瓦窑堡会议会址、张闻天旧居，俗称田家院。始建于民国22年（1933年）。南北长18米，东西宽9米。西侧有一排5孔砖砌窑洞，坐西向东，每孔宽3米，进深8米，高4米。中间一孔为会议室，左起第二孔为张闻天旧居。窑洞台基高约60厘米，前有约2米宽的月台，面墙青砖砌筑，8匹砖叠涩出檐，其上有砖砌花格女儿墙。上部满间拱券窗为套"卍"字纹、斜几何纹、斜方格纹木棂；下部正中为双开老式木门；两侧置长方形木窗，为直棂腰三幔二方格纹样。会议室窑洞后部为一满间火炕，地上并列2张八仙桌和6条木质长凳。民国24年（1935年）冬，中央红军进驻瓦窑堡，11月7

日张闻天住进此院北起第一孔和第二孔窑洞。12月17～25日，中共中央在第三孔窑洞内召开了中共中央政治局会议（瓦窑堡会议）。出席和列席会议的有毛泽东、张闻天、周恩来、博古、李维汉、王稼祥、刘少奇、邓发、凯丰、张浩、邓颖超等。民国25年（1936年）6月21日，张闻天同毛泽东率中共中央离开此地前往保安。1966～1969年，陕西省政府拨出专款征购收回此院，1967年恢复原貌，并对外开放。

西北革命军事委员会旧址、周恩来旧居，原为瓦窑堡完全小学校校址。坐东向西，共12孔窑洞，占地面积1500平方米，中间用围墙隔为两院，有小门可通。左侧院内有5孔石窑，右侧院内有6孔砖窑。窑洞均宽5米，进深6米，高4.5米。院内西北侧有一横置的砖窑（俗称枕头窑），坐西向东，开一门两窗，面阔6米，进深5米，高4.5米。民国24年（1935年）12月13日至民国25年（1936年）6月2日，周恩来在此院南起第二孔和第三孔砖窑居住，西北革命军事委员会设在枕头窑，其余窑洞为总政治部、参谋部、供给部、兵站部、动员武装部、后方卫生部。聂洪钧、张云逸、王稼祥、杨尚昆、叶剑英等曾在此院居住。民国25年（1936年）6月21日，西北军委随中央机关撤离瓦窑堡后，为吴桂云、侯国亮两家居住。民国36年（1947年），作为瓦窑堡完小校舍。中华人民共和国成立后先后由子长县武装部、商业局、印刷厂使用。1992年，陕西省文物局拨专款收回。

中国人民抗日红军大学旧址，位于子长县城内米粮山南麓，俗称闫家院。院落南北长21米，东西宽10米，保留有一排5孔砖砌窑洞，

中国人民抗日红军大学旧址

窑洞面阔3米，进深8米，高4米，坐东向西。院落东北侧有古建筑关帝庙，当年曾辟为教室。民国24年（1935年）11月7日至民国25年（1936年）5月20日为陕北省政府办公地，民国25年（1936年）5月20日至6月21日为中国人民抗日红军军政大学校部。中华人民共和国成立后为子长县检察院使用。1995年陕西省文物局拨专款收回。

毛泽东中山街旧居位于县城内中山街，原为当地孙姓居民经营的骡马客栈中盛店，俗称孙家院。院落坐西向东，有两排共7孔窑洞及瓦房2间。前排有3孔窑洞，面墙青砖砌筑，8匹砖叠涩出檐。上部满间拱券窗为斜棂方格纹样，下部一门一窗，棂格为升字底和腰三幔二图案。后排4孔窑洞，窑前为砖砌月台，有踏步可登，面墙及门窗略同于前排窑洞，冰盘檐之上有十字纹花格女儿墙。窑洞均宽3米，进深8米，高3.8米。从民国24年（1935年）12月至民国25年（1936年）1月，毛泽东住在后院，南起第一孔窑洞为卧室和办公室，第二孔窑洞为会客室，两窑之间有过洞相通。在此期间毛泽东筹备并参加了瓦窑堡会议，安排部署红军东征。另外2孔窑洞为林伯渠居住。前院3

孔窑洞由工作人员居住。中央红军东征以后，仍由孙家居住。中华人民共和国成立后由子长县木器厂使用。1968年，陕西省相关部门拨专款征购收回。

毛泽东下河滩旧居位于县城内二道街下河滩院内，原为富农刘志方住宅。有砖窑5孔，坐西向东，均宽3米，进深8米，高4米。窑前有砖砌月台，宽3米，高0.8米，月台中段为砖砌踏步。窑洞面墙、门窗略同于中山街旧居。其中第二孔窑洞下筑有防空洞，深2米。民国25年（1936年）5～6月，毛泽东在此院北起第二孔和第三孔窑洞居住，在这里总结东征工作，安排部署红军西征。其余窑洞均为工作人员居住。中央机关撤离瓦窑堡后，刘志方之子刘随娃迁居于此。曾作为瓦窑堡完小使用，1968年，陕西省相关部门拨专款征购收回。

1993～1995年和2006～2008年，瓦窑堡5处革命旧址进行过几次大规模维修，均按历史面貌进行复原陈列，对观众免费开放。1988年1月13日，瓦窑堡革命旧址被国务院公布为第三批全国重点文物保护单位，编号3-0035-5-035。1992年4月20日，陕西省人民政府公布瓦窑堡革命旧址的保护范围。2005年，完成瓦窑堡革命旧址全国重点文物保护单位的记录档案，并报送陕西省、延安市文物局。

**八路军西安办事处旧址** 为红军、八路军设在西安的办事机构所在地，位于陕西省西安市新城区北新街东段七贤庄。

民国25年（1936年）初夏，红军驻东北军代表刘鼎用200块银圆租下七贤庄一号院，以德国共产党员、医学博士温奇·冯海伯牙科诊所为掩护，开办秘密交通站，为延安采购、转运医疗器械和通信器材。西安事变和平解决后，在七贤庄一号设立合法机构红军驻西安联络处。民国26年（1937年）2月6日，中共代表周恩来等从张学良公馆迁回七贤庄一号院。经与国民政府军事委员会西安行营主任顾祝同、十七路军总指挥杨虎城协商，红军联络处对外称国民革命军第十七路军第三十八教导队通讯训练班，由叶剑英主持工作，秘书长先后由李克农、李涛担任。同年9月，红军驻西安联络处改为国民革命军第八路军驻陕办事处，办公地点从一号院扩大到三、四、七号院，分别为统战科、经理科和招生委员会等机构。叶剑英、林伯渠和董必武先后为八路军驻陕办事处党代表，周恩来、朱德、刘少奇、彭德怀、叶剑英、邓小平、博古、吴玉章、李克农等曾在此工作、居住过，白求恩、柯棣华、巴苏三位大夫和美国进步作家史沫特莱也曾在此居住过。民国28年（1939年）9月，八路军驻陕

办事处改为八路军西安办事处，成为中共和八路军驻西安的正式办事机构。民国35年（1946年）9月，八路军西安办事处奉命撤回延安。国民革命军第八路军驻陕办事处是中国共产党和八路军在国民党管辖区设立的公开办事机构，是第二次国共合作的产物。八路军西安办事处是全国所有八路军、新四军办事处中成立最早、坚持时间最长的办事机构。

八路军西安办事处旧址由陕西省银行于民国23年（1934年）冬投资兴建，民国25年（1936年）春落成，取"竹林七贤"之典，冠名七贤庄。七贤庄为一处四合院建筑群，由10座外观相同、布局略异、砖木结构的"工"字形庭院组成，占地面积13600平方米，建筑布局合理、结构严谨、工艺精致，是20世纪30年代中国北方民居的优秀作品，为西安地区所保留不多的近代典型建筑群。整体坐北面南，由西向东依次排列，其中一、三、四、七号4座

八路军西安办事处旧址

院落为旧址的主要部分。一号院门楼上方成柏仁题写的落款为"古华樵叟"的门额"七贤庄"。院子由两个大小、结构相同的两进院落组成，南北长82米，东西宽17米，占地面积1300余平方米。主体建筑呈"工"字形，东西面阔五间、南北进深六间。屋内地面高出地表0.8米，下设地下室。建筑为砖木结构，北边是正房，两厢为陕西特色的单边盖厦子，均为硬山顶，土坯墙心，左右两边和下边砌青砖，俗谓"穿靴戴帽"。三、四、七号院的结构、体量、格局与一号院大同小异。一号院是办事处主要办公地点，内设接待室、会客室、办公室、党代表室、处长室、电台室、救亡室、机要室。周恩来、朱德、刘少奇等曾在院内居住。三、四号院为办事处下属统战科、经理科、招生委员会和工作人员居室，七号院为招待所。

1956年，西安市人民委员会在七贤庄一号院旧址筹建纪念馆。1959年，八路军西安办事处纪念馆成立，负责旧址的管理和保护工作。同时，复原一号院办公室和周恩来、朱德、刘少奇旧居原貌，设有基本陈列室和专题陈列室，对外开放。1984年，对一号院主要建筑进行大规模翻修，并加固、维修三、四号院内的部分建筑。1988年1月13日，八路军西安办事处旧址被国务院公布为第三批全国重点文物保护单位，编号3-0036-5-036。1992年4月20日，陕西省人民政府批转省文物事业管理局《关于划定省级以上重点文物保护单位保护范围的报告的通知》，公布八路军西安办事处旧址的保护范围。2005年，八路军西安办事处纪念馆完成八路军西安办事处旧址全国重点文物

保护单位记录档案，并报送陕西省文物局和西安市文物局。

**国民政府立法院、司法院及蒙藏委员会旧址** 是抗战时期国民政府西迁重庆后立法院、司法院、蒙藏委员会等机构的办公地，位于重庆市渝中区中山一路。

国民政府立法院、司法院及蒙藏委员会旧址，原为私立义林医院，由四川自贡人李义铭兄弟于民国24年（1935年）集资在观音岩荒地修建。民国26年（1937年）全面抗战爆发后，国民政府迁都重庆，国民政府立法院、司法院及蒙藏委员会、内政部等机构及重庆市卫戍警备司令部先后征用义林医院办公。立法院在渝期间确立并完善国防、政治、经济、司法四个法案体系。时任立法院院长孙科，在此期间主持起草了《五五宪章》。战时司法院下设机关有司法行政部（1943年改隶行政院）、最高法院、行政法院、公务员惩戒委员会，司法制度为三审制，即地方法院初级审判、高等法院二级审判、最高法院三级审判。迁渝后的立法院和司法院为推动全国人民抗战、建设抗战大后方的正常社会秩序起到重要作用。国民政府蒙藏委员会是国民政府主管蒙藏事务的最高机关，设立于民国18年（1929年），民国26年（1937年）11月29日由汉口迁往重庆办公。抗战胜利后，国民政府立法院、司法院、蒙藏委员会、内政部等机构随国民政府返回南京，该建筑为重庆市卫戍警备司令部征用至民国36年（1947年）归还义林医院。

国民政府立法院旧址坐北朝南，略偏东，中西式砖木结构，共9层。占地面积558.92平方米，建筑面积5030.28平方米，面阔35.6

国民政府立法院、司法院及蒙藏委员会旧址

米，进深18.41米，高32米。该大楼由方亭、主楼、两侧楼及附楼组成。方亭六层居中突出，顶部安有大钟一座。主楼五层，两侧楼及附楼四层。该建筑青砖瓦面四坡水构造形式，对称布置，典雅而庄重。攒尖及歇山屋顶颇具中国元素，属典型的中西合璧的折中主义风格，是重庆近代建筑从开埠时期的殖民风格向现代中国建筑过渡的代表作之一，对于研究20世纪重庆近代建筑的发展历史具有重要的参考价值。主体建筑基本保护完好。

重庆解放后，李义铭将私立义林医院捐赠给重庆市人民政府。1950年8月，重庆市卫生局将之改组为重庆市第二人民医院，1961年2月改组合并为重庆市外科医院（1999年更名为中山医院）。1992年，旧址由重庆市中区人民政府公布为区级文物保护单位。1996年，重庆市人民政府印发《关于公布郭沫若旧居等92处市级文物保护单位保护范围和保护管理办法的通知》，划定该旧址的保护范围和建设控制地带。1999年，由社会单位自筹资金对旧址进行大修，维修后内部结构完全改变，仅外观保持原貌。2009年，旧址由重庆市人民政府公布为第二批重庆市文物保护单位。2013年3月5日，

国民政府立法院、司法院及蒙藏委员会旧址被国务院公布为第七批全国重点文物保护单位，编号7-1869-5-262。国民政府立法院、司法院及蒙藏委员会旧址的"四有"档案保存在渝中区文物管理所。

**中共中央中原局旧址** 是抗日战争初期中共中央中原局和中共河南省委的机关驻地，位于河南省确山县城西3.2千米的竹沟镇延安街。

竹沟地处确山、桐柏、泌阳三县交界处的桐柏山腹地，三面环山，东面平坦开阔。镇东大沙河自北向南流过，构成竹沟镇天然屏障，越河面临南北交通干线平汉铁路，进可攻、退可守，战略位置十分优越。抗日战争初期，竹沟成为中国共产党在中原地区发展的重要阵地和战略支撑点，也是新四军二、四、五师的发祥地，为中国共产党及其领导的新四军培养了3000多名军政骨干，因此竹沟镇又有中原抗日圣地"小延安"之称。民国26年（1937年），鄂豫边红军开辟以竹沟镇为中心的革命根据地。翌年6月，中共河南省委由开封迁驻此地。11月，中共六届六中全会确立"巩固华北，发展华中"的战略方针，决定成立中共历史上第一个中原局，刘少奇、朱瑞、朱理治、

中共中央中原局旧址

彭雪枫、郑位三为中原局委员，刘少奇任书记，驻地设在竹沟镇，统一领导长江以北、陇海铁路以南的河南、湖北、安徽、江苏地区党的工作。民国28年（1939年）1月，刘少奇抵达竹沟，着手组建中原局机关，领导中原地区的抗战工作。中原局正确贯彻党的抗日民族统一战线政策；在竹沟镇建立了新兵队即党校、教导队和电讯、卫生、妇女、青年等训练班，为革命培养了大批干部；还创办了中原局印刷厂和《小消息》《拂晓报》等报纸。民国28年（1939年）11月11日拂晓，国民党顽固派纠集地方反动武装围攻竹沟镇，将未及撤离的新四军伤病员、家属及当地群众200余人杀害，制造了震惊中外的"竹沟惨案"。出于当时抗战形势的需要，中原局离开竹沟镇向东转移。

中共中央中原局旧址原为清末山西、陕西商人所建沿街店铺，由4所毗连的四合院式民居建筑组成。旧址坐北面南，是一个四合院，由12间房屋组成，临街是3间草屋，中间是大门和过道，院内北屋、东屋、西屋各3间，均为灰砖青瓦硬山式砖木结构建筑。其中有中共中央中原局办公室、刘少奇办公室及住室、接待室、警卫人员住室，院内有刘少奇亲手种植

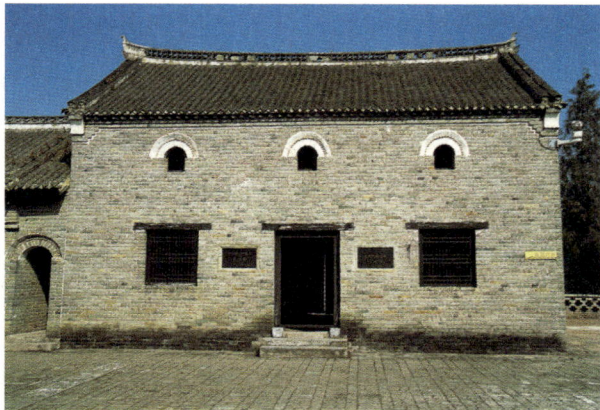

中共中央中原局组织部办公室旧址

的石榴树、郭述申住室等。竹沟镇另分布有新四军第八团留守处、军事教导队和鄂豫边军事会议（镇北会议）砖窑旧址等。

1957年8月，确山竹沟革命纪念馆筹备委员会成立。1958年，依托旧址建成确山竹沟革命纪念馆，周恩来题写馆名。1959年10月，纪念馆与竹沟革命烈士陵园合署办公。1963年，旧址由河南省人民委员会公布为第一批省文物保护单位。"文革"期间，旧址遭到严重破坏，保护机构不存。1975年8月，旧址房屋大部毁于特大洪水。1980年7月重新开馆，更名为确山竹沟革命纪念馆，负责竹沟镇旧址日常保护管理至今。1981年后，按旧址原貌修复重建。1988年1月13日，中共中央中原局旧址被国务院公布为第三批全国重点文物保护单位，编号3-0037-5-037。同年，建立中共中央中原局旧址"四有"档案，2005年进行完善、补充，由确山竹沟革命纪念馆档案室分类管理。2004年，河南省建设厅、河南省文物管理局公布旧址的保护范围和建设控制地带。

**新四军军部旧址** 是抗日战争时期新四军军部驻扎云岭期间（1938～1941年）的机关驻地，位于安徽省宣城市泾县云岭镇。

民国26年（1937年）10月，由散布于南方八省的红军游击队集中整编成国民革命军新编第四军，叶挺任军长，项英任副军长，张云逸为参谋长，周子昆为副参谋长，袁国平为政治部主任，邓子恢为政治部副主任。12月27日，新四军军部在湖北汉口成立。民国27年（1938年）1月移驻江西南昌，4月5日到达皖南岩寺镇。军部设有参谋处、秘书处、副官处、军需处、军医处、兵站处、军法处、后方留守处和

政治部。同年8月2日，叶挺等率新四军军部进驻泾县云岭地区，军部司令部及其下设机构设在以罗里村为中心的多个村庄里，至民国30年（1941年）皖南事变后，新四军军部撤离。新四军军部驻扎云岭近三年时间里，先后开创苏南、苏北、皖南、皖中、皖东、豫皖苏、皖东北、豫鄂边等敌后抗日游击根据地；先后召开了第一次党代表大会、第二次政治工作会议和第二次参谋会议；成立新四军江北指挥部和新四军江南指挥部。民国30年（1941年）1月20日，毛泽东起草的重建新四军军部的命令中，称赞新四军"抗战有功，驰名中外"，高度评价新四军在皖南三年的抗日战绩。

新四军军部旧址包括军部司令部、军部大会堂、军部政治部、中共中央东南局、战地服务团俱乐部、教导总队等16处旧址，总占地面积6万平方米，总建筑面积2万平方米，是全国保存最为完整的革命旧址群之一。军部旧址本体建筑体现了皖南民居、祠堂建筑高墙深院、粉墙黛瓦的地方特色，以及高超的石雕、砖雕、木雕的装饰艺术水平。司令部旧址所在的大夫第、种墨园，战地服务团旧址所在的"佑启人文"敞厅等，均是明清时期当地富豪乡绅的私宅，建筑规模宏大、庭院幽深、装饰精美，是当地传统民居的典型代表。军部司令部参谋处（种墨园）旧址位于云岭山脚下罗里村，原为地主庄园，内设参谋处、作战科，叶挺、张云逸、周子昆、赖传珠等在此居住和办公。音乐家任光、美国作家史沫特莱等也在曾在此居住、办公。民国28年（1939年）春，中共中央南方局书记周恩来到云岭新四军军部视察工作，下榻在种墨园。

军部大会堂（陈氏宗祠）旧址位于罗里村南1千米处，原为云岭陈氏祠堂，建于清康熙年间，道光、光绪年间重修，占地面积约6900平方米，为泾县最大祠堂之一。整个祠堂分为前、中、后三进，建筑宏伟、壮观。这里是新四军军部召开各种大型会议和进行文化娱乐活

新四军军部司令部旧址

新四军军部旧址（大夫第）

动的主要场所。周恩来曾在此给全军干部大会作《目前形势和新四军的任务》的重要报告。

军部政治部旧址位于罗里村以西2.5千米的汤村，为一座三间两厢双进套屋，两侧厢房为主任袁国平、副主任邓子恢、秘书长黄诚，及警卫人员的办公室及卧室。政治部下设机构均分布在汤村内。周恩来在云岭期间，在此为《抗敌报》题写报头。

中共中央东南局旧址，即张氏公屋，位于罗里村西4千米处的丁家山村。中共中央东南分局是抗日战争时期中共中央在东南地区的派出机关，受中共中央长江局领导。民国27年（1938年）11月，中共六届六中全会决定将东南分局改东南局。军部进驻云岭后，中共中央东南局设在丁家山村。曾山、陈丕显、李坚真等东南局领导人分别住在丁家山与白果树村内。

战地服务团俱乐部旧址位于紧靠云岭脚下的新村，距罗里村2千米。旧址原为陈氏新村尚文厅，一座五间两厢民间敞厅屋，建于

清光绪五年（1879年），总建筑面积414平方米。门前有"佑启人文"石质题额。民国27年（1938年）冬俱乐部设此，次年9月迁往六甲村。服务团团长朱克靖、副团长谢云晖、秘书长徐平羽曾在此居住。服务团下设的民运、宣传、演出三队，及绘画、戏剧、音乐、民运、宣传等小组，均分别住在新村。新四军政治部曾在此召开全军"二七"政工会议。周恩来曾在旧址门前与军部领导人合影。

教导总队旧址，即陈七斤宅院，位于云岭南侧中村董家村，建于清光绪年间，由5间两厢、两侧屋加门庭、内院和厨房杂院组成，坐北朝南，为南宽北窄的梯形平面，占地面积为450平方米，建筑面积240平方米。新四军教导总队，又称皖南抗大，原为民国27年（1938年）1月在南昌成立的教导队，10月进驻泾县中村董村，及中村河两岸的各大祠堂内。总队长周子昆、副总队长兼教育长冯达飞在北边正屋的东西房间内居住和办公。叶挺、项英和袁

新四军军部大会堂旧址

国平等领导经常在此作抗日形势和任务的报告。周恩来在此召开过干部会议。

军部修械所旧址位于罗里村南约1千米，原为云岭村陈氏家族关圣殿，建于明万历年间，明崇祯年间及清代屡有修葺，整个结构协调、精巧。军部修械所是泾县小河口兵工厂分支机构，属军部军械处领导，修理各种枪支，改造、重新制作缴获来的各种枪炮子弹。至今殿内保留有当年新四军标语多处。

叶挺桥位于罗里村口东首的枣树坝下。原来河上有群众用木头搭成的简易小桥，是南堡与罗里两村之间的必经要道，新四军进驻云岭以后，行人陡增。在叶挺提议下，军部副官处负责建造了一座长2米、宽2米的木质结构大桥，当地群众称之为军民桥，后称叶挺桥。

新四军抗日殉国烈士纪念墓、碑，位于云岭罗里村东首3千米的黄龙岗。皖南事变后，国民党对云岭人民进行血腥清洗和严格控制，不能公开祭扫新四军抗日牺牲烈士坟茔。外地客居异姓农民抗敌协会会员40余人，自发组成孤坟会，每年清明以挑孤坟为名对烈士坟茔进行护理，寄托哀思。在1951年土改运动中，土改工作队和孤坟会取"抗日阵亡烈士彪炳史册，永为人民纪念"的缩写与谐音，立名"王彪记"，分得几亩土地。孤坟会解散后，"王彪记"在黄龙岗修建一座"抗日战争殉国烈士墓"，并树立墓碑，公开进行隆重祭祀。

1961年3月4日，新四军军部旧址由国务院公布为第一批全国重点文物保护单位，编号1-0027-5-027。1962年，筹建新四军军部旧址纪念馆，负责旧址的管理工作。1963年7月，陈毅题写"新四军军部旧址纪念馆"馆名，1985年9月纪念馆对外开放。2004年，国家文物局拨款对司令部旧址进行维修。安徽省人民政府划定新四军军部旧址保护范围和建设控制地带。

**八路军重庆办事处旧址** 是抗日战争时期和解放战争初期以中共中央南方局为主的中共和八路军驻渝机构工作人员办公、生活的大型革命旧址群。旧址包括中共中央南方局暨八路军重庆办事处旧址、曾家岩50号（周公馆）、中共代表团驻地旧址、《新华日报》营业部旧址等4处。中共中央南方局暨八路军重庆办事处位于重庆市渝中区红岩村52号；曾家岩50号（周公馆）位于重庆市渝中区中山四路，距离红岩村52号直线距离约5.2千米；中共代表团驻地旧址位于重庆市渝中区中山三路151号，距离红岩村52号直线距离4.75千米，距离曾家岩50号直线距离1千米；《新华日报》营业部旧址位于重庆市渝中区民生路240号，旧址距离红岩村52号直线距离6.84千米。

中共中央南方局暨八路军重庆办事处旧址，原为爱国知识妇女饶国模创办的大有农场。从民国28年（1939年）起，中共中央南方局和八路军重庆办事处的相关机构与人员陆续搬入大有农场内办公、生活，并得到饶国模的全力支持。皖南事变后，周恩来在红岩村题写

"千古奇冤"诗句。毛泽东赴重庆同蒋介石国民政府和平谈判期间，亦驻于该处40余日，亲自指挥重庆谈判的斗争，使中国共产党在国民党统治的大后方大获人心。旧址内有八路军重庆办事处的大楼、厨房、托儿所、招待所、礼堂、南方局党员训练班、饶国模故居、国民参政会大楼、国民政府外事处、国民党宪兵楼、宋子文公馆、水井、防空洞、农场门坊等文物建筑，以及水坝、红岩公墓、饶国模墓、红岩樱花园、机枪阵地、黄桷树、"乐园"等附属文物。

八路军重庆办事处大楼是中共中央南方局、八路军办事处人员工作、生活的主要场所。建成于民国28年（1939年秋），位于大有农场西北坡上，坐西朝东，占地面积800平方米，建筑面积1186平方米。整幢楼房为土木结构，两楼一底，大小房屋54间，单檐歇山顶带16座老虎窗。招待所位于与办事处大楼隔沟相望的东北坡丛林之中。托儿所在办事处大楼西侧约四五十米远的山坡上。饶国模故居为跨进大有农场大门往岔路口的黄桷树上行，在距南方局和办事处大楼约四五十米。水井、防空洞位于农场西边山沟小溪旁。

曾家岩50号（周公馆），初为谌氏房产。民国27年（1938年），商人赵佩珊花3950元购买此楼。同年，国民政府立法委员陈长蘅租下此楼居住、办公。民国28年（1939年）初，邓颖超以国民政府军事委员会政治部副部长周恩来的名义，租下主楼的底层、三楼的全部及二楼的3间房屋。在此之前，一楼小天井的两间、二楼的其余部分已租给国民党中央抚恤委员会主任秘书刘瑶章（后曾任水利部副部

八路军驻重庆办事处旧址大楼

曾家岩 50 号周公馆

长）、国民党上层人士端木恺、重庆市市长贺耀祖的夫人倪斐君领导的战时妇女服务团办公。曾家岩50号对外称周公馆，实际上是中共中央南方局部分机构所在地，南方局军事组、文化组、妇女组、外事组和党派组均设于此，直到民国35年（1946年）4月底，南方局东迁南京。民国35年（1946年）5月初至民国36年（1947年）3月初，中共四川省委书记吴玉章率省委机关常驻于此，领导西南地区中共和《新华日报》的工作。曾家岩50号（周公馆）为砖木结构、两楼一底（局部一楼一底）、单檐悬山，颇具"别墅型"川东民居风格建筑，人字形梁架，小青瓦屋面，木制门窗，内墙白色涂料粉刷，外墙灰色涂料粉刷，有3座老虎窗。占地面积364平方米，建筑面积882平方米，房屋21间，面阔30.6米，进深19.8米，高11.7米。

中共代表团驻地旧址抗战时期为中国银行大楼。民国34年（1945年）12月16日，周恩来率领中国共产党出席政治协商会议的代表由延安飞抵重庆，该楼由国民政府调拨给中共代表团使用。民国35年（1946年）5～11月，中共代表团驻渝联络处及中共四川省委部分机关在此办公。中共代表团驻地旧址是中共代表团成员和随员的办公室兼卧室，位于中山三路151号，是一幢一楼一底的楼房，为中西合璧的砖木结构建筑。由三单元组成，坐西向东，面阔44.6米，进深10米，通高13米，加上附属建筑，共占地627平方米，建筑面积1241平方米。

《新华日报》营业部旧址位于重庆市渝

中区民生路240号（原208号），为四川聚兴诚银行于20世纪30年代修建。自民国29年（1940年）8月至民国35年（1946年）2月被国民党特务捣毁为止，《新华日报》营业部租用此楼作为营业部门市和办公用房。民国34年（1945年）9月，在周恩来陪同下，毛泽东来此视察工作并看望工作人员。旧址为砖木结构，人字形梁架，小青瓦屋面，木制门窗，平屋面有单檐悬山帽亭。内墙石灰水粉刷，外墙灰色涂料粉刷。占地面积587.52平方米，建筑面积480平方米，地面三层、地下一层，面阔11.68米，进深7.24~9.52米，通高约16.72米。

新华日报营业部

1958年5月1日，曾家岩50号与红岩村原八路军办事处旧址共同建成红岩革命纪念馆，对外开放。1961年3月4日，八路军重庆办事处旧址（包括红岩村52号和曾家岩50号两处革命旧址）被国务院公布为第一批全国重点文物保护单位，编号1-0028-5-028。《新华日报》营业部旧址1974年由红岩革命纪念馆收回，并复原作为旧址开放；1982年进行全面维修，内部结构改为钢筋建筑结构，1986年10月重新对外开放至今。20世纪80年代，曾家岩50号旧址曾进行过落架大修，砖木结构被改为砖结构。1996年10月30日，重庆市人民政府印发《重庆市人民政府关于公布郭沫若旧居等92处市级文物保护单位保护范围和保护管理办法的通知》，公布中共代表团驻地旧址、《新华日报》营业部旧址的保护范围。2001年4月2日，重庆市人民政府印发《重庆市人民政府关于同意红岩纪念公园规划方案的批复》和《重庆市人民政府关于同意红岩革命纪念馆二期工程（红岩广场）方案的批复》文件，公布八路军重庆办事处旧址的保护范围和建设控制地带。2001年6月25日，国务院公布第五批全国重点文物保护单位时，将中共代表团驻地旧址和《新华日报》营业部旧址归入八路军重庆办事处旧址。八路军重庆办事处旧址由重庆红岩联线文化发展管理中心负责管理保护。经国家文物局批准，重庆红岩联线文化发展管理中心先后组织实施中共代表团驻地旧址落架大修工程（2011~2012年）；《新华日报》营业部旧址修缮工程（2012年）；办事处大楼和曾家岩50号修缮工程（2014年）。已建立八路军重庆办事处旧址"四有"档案。

**延安革命遗址**　为民国26～36年（1937～1947年）中共中央所在地陕甘宁边区首府。延安革命旧址位于陕西省延安市城区及远郊，多数集中分布于延安城区延河之滨，西面最远的是枣园革命旧址，距离城区8千米；东边最远的是白求恩国际和平医院旧址，距离城区7.5千米；东南边最远的是南泥湾革命旧址，距城区60千米左右。

民国24年（1935年）10月19日，毛泽东率中国工农红军陕甘支队到达陕北吴起镇。中共中央机关于11月7日到达瓦窑堡，民国25年（1936年）6月21日迁往保安县城，民国26年（1937年）1月10日迁驻延安，13日毛泽东等中央领导进驻延安。此后直至民国36年（1947年），延安一直是中共中央所在地和陕甘宁边区首府，是中国革命的指导中心和总后方。民国36年（1947年）3月中旬，国民党军对陕甘宁边区发动重点进攻，中共中央撤离延安。次年4月22日，西北野战军取得宜川战役胜利，收复延安。延安革命遗址包括凤凰山旧址、杨家岭旧址、枣园旧址、王家坪旧址、南泥湾等革命旧址和陕甘宁边区政府旧址、陕甘宁边区参议会议礼堂旧址、中共六届六中全会旧址、清凉山新闻出版部门旧址、中共中央党校旧址、中共中央西北局旧址、陕甘宁边区银行旧址、白求恩国际和平医院旧址、岭山寺塔（延安宝塔）等共14处，内有中共中央机关旧址和毛泽东、朱德、周恩来、刘少奇、任弼时、彭德怀等中央领导人的旧居。

凤凰山革命旧址位于城内凤凰山东麓，原为吴家院，建于清末民初。民国26年（1937年）1月至民国27年（1938年）11月，为中共

延安凤凰山革命旧址

中央进驻延安后的机关驻地。凤凰山革命旧址包括毛泽东、朱德、周恩来旧居和中国工农红军总参谋部旧址、中共中央机要处旧址等，共有石窑洞12孔、瓦房55间和石凿防空洞1处。毛泽东旧居坐北向南，为一座三合小院。内院为3孔石窑洞，外院两厢有9间瓦房。《实践论》《矛盾论》《论持久战》等即撰于此。朱德与周恩来旧居坐北向南，为一座三合小院。中国工农红军总参谋部旧址和中共中央机要处旧址为两座毗连的四合小院，坐西面东，两个院落中间有过道可通，有3孔石窑洞和14间小瓦房。刘伯承、彭德怀、萧劲光、滕代远等在此办公居住。

杨家岭革命旧址位于城西北3千米的杨家岭村，三面环山，环境隐蔽。杨家岭本名杨家陵，为明代兵部尚书杨兆家族墓地所在地。民国27年（1938年）11月，中共中央机关陆续迁驻于此，又陆续凿造不少土窑洞和石窑洞。杨家岭革命旧址共有中央大礼堂和中央办公厅大楼各1座，由中央军委办公室副主任杨作材和张协和设计并负责施工修建，共有石窑洞18孔、石接口土窑洞19孔、瓦房23间，另有山坡土窑洞数十孔。毛泽东旧居建于山麓，为3孔石接口土窑洞独院，坐北向南，《中国

革命和中国共产党》《整顿党的作风》《反对党八股》《在延安文艺座谈会上的讲话》等撰于此。周恩来、朱德旧居建于山麓，刘少奇旧居建于大礼堂后面台地上。中央大礼堂建于沟内平地上，砖石结构，室内屋顶为大跨度穹庐式，共三层。民国34年（1945年）3月23日中国共产党第七次全国代表大会在此召开。中央办公厅旧址位于大礼堂后面，因平面布局状似飞机俗称飞机楼，为中央政治局会议室。延安文艺座谈会、中共六届七中全会等许多重要会议在此召开。中共中央组织部旧址、中共中央宣传部旧址位于杨家岭北侧半山上。民国36年（1947年）3月，中共中央有关机构撤离杨家岭。

枣园革命旧址位于城西北7.5千米的枣园村。始建于清末民初，曾为西北军旅长高双城私宅。民国32年（1943年）10月，中共中央书

枣园毛泽东旧居

记处及相关机关由杨家岭迁至枣园，并新筑部分建筑，有石窑洞37孔、瓦房76间、中央书记处小礼堂1座、苏式洋房4栋及凉亭1座，总占地面积54万平方米。毛泽东旧居位于山麓台地上，坐北面南，为一排5孔石窑洞的独院，院内建有八角攒尖顶木构凉亭1座。毛泽东《为人民服务》《愚公移山》《对日寇的最后一战》等撰于此。附近有朱德、周恩来、张闻天、刘少奇与彭德怀等领导人旧居。中央书记处小礼堂

杨家岭中央大礼堂旧址

位于梨园内，建成于民国32年（1943年），砖木结构，平面呈"凸"字形，兼做书记处会议室和俱乐部与餐厅。另有苏式小洋房等。

王家坪革命旧址位于延河西北川王家坪村，距延安城1.5千米，民国26年（1937年）1月中央军委暨八路军总司令部进驻这里。旧址由南、北两院组成，南院是政治部，北院是司令部，共有石窑洞22孔、瓦房53间、军委大礼堂1座和土窑洞数十孔及桃林公园。军委大礼堂位于大门内约100米处，建成于民国32年（1943年），由八路军三五九旅木工伍积禅负责设计、建造。土木石混合结构，跨度15米，进深28米，建筑面积420平方米。歇山顶，重檐四角起翘，室内由8根明柱支撑，可容纳500余人。毛泽东旧居位于南院，另有朱德、叶剑英、王稼祥、彭德怀等人旧居。民国36年

（1947年）3月，毛泽东、周恩来率部从这里撤离。

陕甘宁边区政府旧址位于城南关草场山东麓，建筑大多依山顺坡逐层修建，占地面积近4万平方米，建筑面积3130平方米。民国26年（1937年）9月20日，陕甘宁边区政府成立，政府驻地设于此。边区政府办公厅院位于旧址最底层台地之上，紧邻南大街，是由2排南北向的石窑洞和东西向的办公厅窑洞构成的一个方形院落，有石窑洞26孔。陕甘宁边区参议会礼堂旧址紧邻陕甘宁边区政府旧址，建成于民国30年（1941年）10月，砖木石混合结构，正门由5个券洞构成，内部可容纳1200余人。民国36年（1947年）被国民党军队破坏。正面门额上刊刻有1956年5月修复时谢觉哉题写的"延安大礼堂"5个大字。礼堂外观保持原

陕甘宁边区政府旧址

貌，内部剧场和舞台均进行改建，作为大型会议和影剧院使用。民国36年（1947年）3月，边区政府撤离。

中共六届六中全会（暨鲁迅艺术文学院）旧址位于宝塔区桥儿沟镇桥儿沟村入口处，距市区约4千米。旧址平面大体呈长方形，南北向，由七排共52孔石窑洞、15间瓦房、1座天主教堂及鲁艺广场组成，布局比较规整，占地面积1.3万平方米，建筑面积3037.55平方米。石窑洞于民国12~14年（1923~1935年）陆续建成，面墙和后背墙均有挑檐遗留，多用本地产砂石砌筑。半圆形满间木棂格窗户置于窑洞拱券部，其下为木棂方格窗。天主教堂始建于民国19年（1930年），民国23年（1934年）竣工，为砖石结构仿哥特式建筑。教堂内部为双曲拱通廊式省梁架结构，平面为一长方形大厅，为民国27年（1938年）9月29日至11月6日召开的中国共产党扩大的六届六中全会会场。鲁艺排练房旧址位于4号窑院东侧，砖木结构，人字形屋面，硬山顶，小青瓦苫顶扣脊，一门四窗，屋内为大通间。鲁艺总务处旧址位于4号窑院后面，砖木结构，人字形屋面，硬山顶，小青瓦苫顶扣脊，现为3门3窗，直棂方格窗，单开门。此处还有洗星海故居和忏悔屋1座。

鲁迅艺术文学院文学系旧址

清凉山新闻出版部门旧址位于延河东岸清凉山西麓和延河西北川10千米处的王皮湾，旧址为一独立院子，遗存窑洞23孔。是抗日战争和解放战争时期中央党报委员会、延安新华广播电台、新华通讯社、解放日报（新中华报）社、中央印刷厂、新华书店以及边区群众报等新闻出版单位所在地，是中国共产党新闻出版事业的发祥地。

中共中央党校旧址位于大砭沟小沟坪，现存校部旧址石窑洞11孔，大礼堂地基遗址1处和山上部分土窑洞，党校二部保留接石口土窑洞百余孔，三部接石口土窑洞15孔，四部、五部、六部保留部分土窑洞。民国28年（1939年）1月，中共中央党校迁至此地。中共中央党校是培养党的中高级干部的重要学校，为党的建设和干部培养工作积累了丰富的经验。

中共中央西北局旧址位于城南关花石崖砭，依据山坡自然地形分为上、下两个院落，共有石窑洞十余孔、土窑洞数十孔等。民国30年（1941年）5月，中共西北工作委员会与陕甘边区中央局合并，成立中共中央西北局，高岗任书记。驻地初设在张崖，次年9月迁至花石崖砭。陕甘宁边区银行旧址位于南关市场沟中段凤凰山南麓台地上，民国30年（1941年）

清凉山新华社旧址

延安宝塔

11月7日建成使用，为一幢两层楼房。陕甘宁边区银行是中国人民银行的前身之一，是目前全国唯一一座保存完好的革命根据地银行旧址。白求恩国际和平医院旧址位于东川5千米桥儿沟镇刘万家沟。民国32年（1943年）3月20日，由原驻地柳树店迁至该址，民国36年（1947年）初迁往华北解放区。现存手术室1座、病房及工作人员住宿石窑洞16孔、土窑洞数十孔。白求恩国际和平医院是陕甘宁边区规模最大、医疗水平最高的一所综合性医院，马海德、汉斯·米勒、爱德华、柯棣华等外国援华医生曾在此工作。

南泥湾革命旧址位于宝塔区南泥湾镇，始建于民国29年（1940年），包括阳湾毛泽东旧居、南泥湾垦区政府旧址、桃宝峪八路军炮兵学校和中共中央高干修养所4处。一二〇师三五九旅指战员们在短短3年中，将荒无人烟的南泥湾变成了陕北的好江南。三五九旅成为中共中央在大生产运动中树立的一面红旗，为粉碎国民党对陕甘宁边区的经济封锁作出了重大贡献。

岭山寺塔即延安宝塔，系明代八角九层楼阁式砖塔，位于宝塔区宝塔山顶（原嘉岭山顶）。塔旁有明崇祯元年（1628年）铁钟1口，20世纪三四十年代中共中央驻延安时，曾用于报时、报警。故宝塔亦为现代史上红色延安的象征，与延河大桥共同构成革命圣地延安的标志。

延安经历整风运动、大生产运动、中共七大等一系列影响和改变中国历史进程的重大事件，培育形成自力更生、艰苦奋斗、实事求是、全心全意为人民服务的延安精神，是中国共产党与中华民族的宝贵精神财富；延安孕育中华人民共和国的雏形，积累了丰富的执政经验。延安革命遗址是弥足珍贵的革命文化遗产。

抗日战争和解放战争时期，延安革命遗址曾遭受炮火的轰炸，多有受损。中华人民共和国成立后，从20世纪50年代起至90年代，延安革命遗址先后多次进行维修。1961年3月4日，延安革命遗址（包括凤凰山旧址、杨家岭旧址、枣园旧址、王家坪旧址、陕甘宁边区政府旧址、参议会礼堂6处）被国务院公布为第一批全国文物重点文物保护单位，编号1-0023-5-023。1992年4月20日，陕西省人民政府批转陕西省文物事业管理局《关于划定省级以上重点文物保护单位保护范围的报告的通知》，公布延安革命遗址保护范围。1996年11月20日，国务院公布第四批全国重点文物保护单位时，将中国共产党六届六中全会旧址和岭山寺塔（延安宝塔）作为合并项目归入延安革命遗址。2001年6月1日，陕西省第九届人民代表大会常务委员会第二十三次会议通过《延安革命遗址保护条例》。2006年5月25日，国务院公布第六批全国重点文物保护单位时，将南泥湾革命旧址、清凉山新闻出版部门旧址、中共中央党校旧址、陕甘宁边区银行旧址、中共中央西北局旧址作为合并项目归入延安革命遗址。

2006～2009年，由国家文物局下拨专项经费，以"一号工程"冠名的延安革命遗址保护维修工程大规模展开。2012年，延安市文物局委托陕西省文化遗产研究院编制完成《延安革命纪念地旧址总体保护规划》。2013年5月3日，国务院公布第七批全国重点文物保护单位时，将白求恩国际和平医院旧址作为合并项目归入延安革命遗址。除陕甘宁边区政府旧址由延安市政府机关使用管理，陕甘宁边区银行旧址（陕甘宁边区银行纪念馆）由中国人民银行延安中心支行管理，岭山寺塔（延安宝塔）由延安旅游集团公司管理使用外，其余11处旧址均由延安市文物局管理。2005～2013年，陆续完成14处旧址的全国重点文物保护单位记录档案，并上报陕西省、延安市两级文物局保存。

**晋察冀边区政府及军区司令部旧址**　是抗日战争时期中国共产党领导创建的第一个敌后抗日根据地——晋察冀根据地领导机构的所在地，位于河北省保定市阜平县境内。晋察冀边区政府旧址包括晋察冀边区政府成立处、晋察冀边区政府家北村旧址和花山村旧址3处：边区政府成立处位于阜平县阜平中学院内西北部高台上，晋察冀边区政府家北村旧址位于阜

晋察冀军区司令部旧址

晋察冀边区政府及军区司令部旧址内景

平县城南庄镇西北5千米处史家寨乡家北村东花果山上，花山村旧址位于城南庄镇西北5千米处史家寨乡花山村。军区司令部旧址包括晋察冀军区司令部旧址和冀晋军区司令部旧址两处：晋察冀军区司令部旧址位于阜平县城南庄村东的北山脚下，冀晋军区司令部旧址位于阜平县史家寨乡庙台村。

民国27年（1938年）1月10～15日，晋察冀边区军政民代表大会在阜平县阜平中学院内召开，出席代表140余人，选举产生华北敌后第一个区域性抗日民主政权——晋察冀边区临时行政委员会，聂荣臻、宋劭文、刘奠基、吕正操、胡仁奎、李杰庸、姜凝先、张苏、孙志远为委员，宋劭文、胡仁奎为正副主任。民国28年（1939年）11月，边区政府由顾家台迁到城南庄镇西北5千米处史家寨乡花山村。民国32年（1943年）3月，晋察冀军区、边区政府先遣部队和工作人员开始在史家寨乡的家北、庙台、东沟、雷堡等村建造窑洞。民国33年（1944年）春，晋察冀边区政府迁至此地，民国34年（1945年）12月迁往张家口。

晋察冀边区政府成立处建筑保存基本完整，但瓦顶破损严重漏水，墙体下沉开裂，外包砖墙酥碱严重，室内土坯墙与砖墙脱离，局部土坯剥落，梁、檩、椽、柱糟朽。晋察冀边区政府花山村旧址，三合院布局，坐西向东，建筑基本完整，但墙体酥碱严重，局部剥落，梁、檩、椽、柱糟朽，屋面崩裂漏水，北厢房明间檩条塌落，明次间屋面塌落。防空洞保存基本完整，洞内顶有崩裂。晋察冀边区政府家北村旧址，窑洞基本完整21个、局部塌陷13个、严重塌损47个，软砂石窑洞较完整，黄土质窑洞坍塌较严重。边区政府大礼堂现为农田，墙基不全。

晋察冀军区司令部（城南庄）旧址坐北朝南，有三排5栋23间土木石结构平顶房，占地面积1361.71平方米，建筑面积374.63平方米。包括毛泽东、周恩来、任弼时、聂荣臻、萧克、赵尔陆等领导同志及随行人员的办公室和住宅，室内摆放着他们用过的办公、生活用具。另有会议室、作战室、电话室、警卫室、伙房等。从后院东侧小门出去沿着条石砌成的台阶登上后山，有一个防空洞。当年，国民党空袭时，毛泽东等领导人曾在此防空洞内办公、躲避。院内的房柱上留有清晰的弹痕。民国37年（1948年）11月，解放战争进入战略反攻的主要时刻，毛泽东和周恩来、任弼时等在此居住、工作46天，召开有关土改和军事会议。毛泽东在此写下《1948年：土地改革工作和整党工作》《新解放区农村工作的策略问题》两篇主要著作。5月26日，中央领导由此迁往平山西柏坡。冀晋军区司令部旧址（庙台），为窑洞建筑，分布于庙台村西黄土岗和当中沟，窑洞依土崖营造，并由过山洞相通。

1982年，晋察冀边区政府及军区司令部

旧址由河北省人民政府公布为河北省重点文物保护单位。1986年6月1日，成立阜平县文物保护管理所，负责晋察冀边区政府及军区司令部旧址的保护管理。1991年12月，河北省人民政府公布旧址的保护范围和建设控制地带。1996年11月20日，晋察冀边区政府及军区司令部旧址被国务院公布为第四批全国重点文物保护单位，编号4-0238-5-040。2005年8月31日，成立晋察冀边区革命纪念馆，负责城南庄晋察冀军区司令部旧址的管理。已建立旧址"四有"档案，分别由阜平县文保所、晋察冀边区革命纪念馆保存。

南昌新四军军部旧址 是民国27年（1938年）1月6日至4月4日期间新四军军部驻扎地，是新四军历史上第一个正规军部的所在地，位于江西省南昌市西湖区友竹路7号。

民国26年（1937年）8月，国共合作。中共中央指示，南方各红军游击队与国民党地方当局进行谈判，相继达成停战以合作抗日的协议。同年9月28日，蒋介石任命叶挺为国民革命军陆军新编第四军（简称新四军）军长，编遣调用南方红军游击队。同年11月12日，经中共中央同意，叶挺开始在武汉正式组建新四军部。12月25日，新四军军部在汉口成立。民国27年（1938年）1月6日，新四军军部进驻南昌的张勋公馆，正式对外办公。新四军机构逐步健全充实，军部领导人相继被任命，部队编组和集中等项工作全面展开。中央军委新四军分会、中共中央东南分局和新四军军部在南昌直接指挥南方八省红军游击队改编并集中、开赴抗日前线，南昌一时成为抗战初期东南地区抗日救亡运动的中心，被誉为"南方延安"。同年4月4日，新四军军部在完成部队改编，并指挥调遣各部队开赴皖南集结的任务后，离开南昌，开赴抗日前线。中共中央东南分局和新四军驻赣办事处继续驻扎在张勋公馆坚持斗争，至民国28年（1939年）3月27日南昌沦陷前夕撤离。

南昌新四军军部旧址，原为北洋军阀张勋的公馆，建于民国4年（1915年），占地面积2350.3平方米，内有仿西洋式和中国古建筑相结合的两栋两层楼房和一栋平房。民国15年（1926年），江西省政府主席朱培德把此处作为自己的临时公馆。民国16年（1927年），该建筑为国民革命军第三军军长王钧的住宅。八一南昌起义时，这里是起义战斗地点之一。

南昌新四军军部旧址外景

南昌新四军军部旧址内景

军部主楼（7号楼）系二层砖木结构，法式建筑风格，兼糅中国建筑的特色。坐北朝南，占地面积592.6平方米，建筑面积1420平方米。四周有回廊围绕，廊孔呈拱形；楼的四角，均有一个六角亭，楼亭错列，别具一格。南面回廊16根立柱上的石雕造型匀称，狮子滚绣球、喜鹊衔梅等景物栩栩如生。镶嵌在16座拱形门上的古瓷版画是民国初年的佳作，人物、山水画等题材，充满着生活气息，极有艺术价值。旧址中每面窗扉上方均雕有精巧的砖雕画，一窗一景，窗扉如画框，不胜妙趣。主楼东南侧是一栋两层砖木结构的楼房（8号楼），坐东朝西，占地面积258平方米，建筑面积520平方米，建筑结构和风格均与主楼相似，曾为国民党捷报社社址。一楼自北向南房间依次为经理部、印刷厂、广告发行股；二楼自北向南房间依次为社长室、编辑部、总编室。主楼北面为一栋砖木结构的平房，坐北朝南，占地面积236.6平方米，屋前有走廊一排。自西向东依次为发报室、警卫排、战地服务团、警卫排、军部传达室房间。8号楼的西南、主楼的南面之间是一块水泥地操场，占地约200平方米，操场的西面和南面围墙下，分别有一片绿化带。操场中间有4棵广玉兰树。

1987年，江西省文化厅以及南昌市委、市政府拨专款，搬迁旧址内57家住户，按原貌恢复整修南昌新四军军部旧址。1988年1月6日，南昌新四军军部旧址陈列馆成立，并对外开放。2008年10月，南昌新四军军部旧址改扩建工程启动。2011年7月1日，陈列馆正式对外免费开放。2006年5月25日，南昌新四军军部旧址被国务院公布为第六批全国重点文物保护单位，编号6-0975-5-102。2010年2月3日，江西省人民政府印发《关于公布江西省第五第六批全国重点文物保护单位保护范围的通知》，公布南昌新四军军部旧址的保护范围和建设控制地带。2014年，建立旧址全国重点文物保护单位"四有"档案，由南昌新四军军部旧址陈列馆陈列保管科保管。

**八路军总司令部旧址** 是民国27年（1938年）10月至民国31年（1942年）5月，八路军总司令部和中共中央北方局先后驻扎的驻地，是华北各抗日根据地的指挥中心。旧址包括八路军总部王家峪旧址、八路军总部砖壁旧址、八路军总部北村旧址三处，均位于山西省长治市境内：王家峪旧址位于武乡县城东35千米的韩北乡王家峪村，砖壁旧址位于武乡县城东45千米的石门乡砖壁村，北村旧址位于潞城市西北25千米的店上镇北村。

民国27年（1938年）10月，在辗转56个村庄后，朱德、彭德怀等率八路军司、政、后勤机关进驻北村，这是八路军总部东征第一次长期驻扎的地方。从民国27年（1938年）10月25日至民国28年（1939年）7月8日，八路军总司令部和中共中央北方局在北村驻扎256天。北

八路军总司令部北村旧址

八路军总司令部砖壁旧址

八路军总司令部王家峪旧址正房

村旧址遗存6个院落，分别为总部、北方局、膳食科和警卫连、总部军法处、鲁艺驻地，楼房共175间，占地面积约4800平方米。其中总部在村中场地西北侧，为一民居四合院，占地1100平方米。七间北房是总司令部作战室，西房是朱德总司令住处，东房北间是彭德怀副总司令和夫人浦安修住处，东房南间是左权副总参谋长住处。村东建有革命烈士塔。

八路军总部砖壁旧址地处太行山腰，四周群山环绕，地势险要，素有"砖壁天险"之称。民国28年（1939年）7月，由朱德、彭德怀、左权等率领的八路军总部各机关从潞城北村经过黎城夏庄，进驻武乡县砖壁村。同年10月，八路军总部迁到王家峪村，部分留守砖壁村。民国29年（1940年）6月和民国31年（1942年）5月，八路军总部两次返迁进驻砖壁村。民国29年（1940年）7月，彭德怀、左权、刘伯承、邓小平、徐向前、聂荣臻、罗瑞卿、吕正操等在这里部署和指挥百团大战，沉重打击了日本侵略者。八路局总部设在村东五皇庙内及周围的佛爷庙、奶奶庙、李家祠堂一组建筑群中，坐北向南，占地1万平方米，具有北方传统建筑风格。旧址包括朱德、彭

德怀、左权旧居，参谋处、秘书处、会议室、北方局高干会会址，朱德推过的连心碾，彭德怀亲手栽植的将军榆，总部指战员挖掘的八路池、军民坝和总部球场等。

民国28年（1939年）10月，八路军总部迁到王家峪村。王家峪旧址地处洪水河南岸的峡谷中，山环水绕，峡谷幽深，林荫遮蔽。总部旧址由村北三所相连农家院落组成：中院为总司令部参谋处、秘书处、刘少奇路居处和朱德总司令、彭德怀副总司令、左权副总参谋长、警卫员等的住室；东院为刘伯承、邓小平、陈赓、陈锡联、李达等回总部开会时的住室；西院有参谋人员住室、总部马棚。

中华人民共和国成立后，在武乡县建立八路军总部旧址纪念馆，1964年对外开放。1961年3月4日，八路军总司令部王家峪和砖壁两处旧址被国务院公布为第一批全国重点文物保护单位，编号1-0026-5-026。1979～1980年，对砖壁旧址进行全面维修。1985年，总部旧址对外开放。1993年3月1日，山西省人民政府印发《关于公布晋国遗址等十六处全国重点文物保护单位保护范围的通知》，公布了八路军总部王家峪旧址、八路军总部砖壁旧址的保护范围

和建设控制地带。2006年5月25日，国务院公布为第六批全国重点文物保护单位时，将八路军总部北村旧址作为合并项目，归入第一批全国重点文物保护单位八路军总司令部旧址。2007年11月2日，山西省人民政府印发《关于公布太原市王家峰墓群等157处全国重点文物保护单位保护范围及建设控制地带的通知》，公布八路军总司令部北村旧址的保护范围和建设控制地带。2008年，建立八路军总部旧址王家峪纪念馆和八路军总部旧址百团大战纪念馆，隶属于武乡县文物管理处。2011年、2012年和2013年，国家文物局先后批准王家峪和砖壁旧址保护维修项目，北村旧址保护维修项目、北村旧址保护规划项目的立项。2015年，设立潞城市八路军总部北村纪念馆。八路军总司令部旧址的"四有"档案、相关保护管理文书档案、技术档案等资料保存于山西省古建筑保护研究所。

**晋绥边区政府及军区司令部旧址**　是抗日战争和解放战争时期晋绥边区行政公署和晋绥军区机关的所在地，位于山西省吕梁市兴县城西的蔡家崖村，北依元宝山，南临蔚汾河。

晋绥边区政府及军区司令部旧址，原为晋绥开明绅士牛友兰的宅院和花园，抗日战争时期牛友兰将其全部捐献给抗日民主政府。民国29年（1940年）2月，在旧址处成立晋西北行政公署，后改名为晋绥边区行政公署。民国31年（1942年），晋绥军区司令部一二〇师师部移驻此院，成立中共中央晋绥分局。蔡家崖成为晋绥边区政治、军事、文化中心，时人誉称"小延安"。晋绥边区党政军主要领导人贺龙、关向应、林枫、续范亭、周士弟、李井泉、牛荫冠等曾长期生活和战斗在这里。毛泽东、周恩来、朱德、刘少奇、任弼时等中央领导先后移居这里。著名的晋绥干部会议在旧址的晋绥军区礼堂召开。民国37年（1948年）3月25日，毛泽东东渡黄河，在蔡家崖发表了《在晋绥边区高级干部会议上的讲话》和《对晋绥日报编辑人员的谈话》，并亲笔为晋绥干部会议题写了中国共产党在新民主主义革命时

晋绥边区政府及军区司令部旧址远景

晋绥边区政府及军区司令部旧址领导人故居

期在土地改革中的总路线和总政策，对全国新老解放区的土改、整党工作，以及全国解放战争的胜利产生深远影响。

旧址坐北朝南，分东西一大一小两个相对独立又相互连通的院落，总占地面积4500平方米，建筑面积1180平方米。建筑物主要是石拱窑洞、砖包大门、起脊瓦房、盖瓦歇厦等，具有20世纪三四十年代晋西北地方民居特色。东院为四合式小院，原晋绥行署正副主任续范亭、牛荫冠长期居住和工作在这里。院子的正北面为3孔倚山建造的石窑洞，紧连东侧又建一孔。东西厢各有两孔石窑。正南原为普通瓦房数间，70年代改建为砖木展厅。院子的东南隅为砖砌大门。西院的正北面为倚山建造的6孔石窑洞，前带插廊。西北面石窑，为当时军区司令部增建的礼堂。院子的西南有瓦房八间，为警卫排住房。院子正中是"六柳亭"，

又名"六角亭"，由贺龙亲自设计，亲自栽树，由六棵柳树和石桌、石墩组成，因呈六角形状，故名。旧址旁续建有一个院子，为工作人员的办公场所。

晋绥边区政府及军区司令部旧址，是毛泽东、周恩来、刘少奇、朱德、任弼时和贺龙等领导人居住和战斗过的地方。作为全国几大主要敌后抗日根据地之一，晋绥边区为抗战胜利和全国解放做出了巨大的牺牲和不可磨灭的贡献，晋绥军民的斗争史是中国革命史的重要组成部分。

1952年，兴县人民政府公布旧址为军政机关纪念地，并责成专人看管。1962年，成立常设专职保护机构——晋绥边区政府旧址纪念馆，"文化大革命"期间改名为毛主席革命活动纪念馆。1979年，馆名改为晋绥边区革命纪念馆。1996年11月20日，晋绥边区政府及军区司令部旧址被国务院公布为第四批全国重点文

物保护单位,编号4-0241-5-043。2002年8月27日,山西省人民政府印发《关于公布太原晋阳古城遗址等102处全国重点文物保护单位保护范围的通知》,公布了晋绥边区政府及军区司令部旧址的保护范围和建设控制地带。2012年,国家文物局批准对晋绥边区政府及军区司令部旧址全面维修项目的立项。2013年,山西省文物局批准晋绥边区政府及军区司令部旧址的保护维修方案,国家文物局批准了山西省古建筑保护研究所编制的《晋绥边区政府旧址保护规划》。晋绥边区政府及军区司令部旧址的"四有"档案、相关保护管理文书档案、技术档案等资料保存于山西省古建筑保护研究所。2006年4月,纪念馆划归吕梁市文物旅游局直管。

**西柏坡中共中央旧址** 是解放战争时期中共中央、中央军委和中国人民解放军总部的办公地点,位于河北省平山县西柏坡村。西柏坡村坐落在太行山东麓滹沱河的北岸,南临岗南水库,北依层层峰峦。

西柏坡是毛泽东和中共中央进驻北平前,中国革命的最后一个农村指挥所。民国36年(1947年)5月,以刘少奇为书记的中央工作委员会(简称中央工委)到达西柏坡。民国37年(1948年)3月20日,中共中央作出同中央工委合并的决定。3月23日,毛泽东、周恩来、任弼时等率领中共中央机关由陕西吴堡县川口东渡黄河,向西柏坡转移。4月23日,周恩来、任弼时等率部分工作人员先期到达西柏坡,中共中央与中央工委胜利会合。5月1日,中共中央开始在西柏坡办公,中央前委、工委、后委即行撤销。5月26日,毛泽东到达西柏坡,西柏坡成为中国革命的领导中心。在这里,召开中国共产党全国土地会议,制定《中国土地法大纲》,在解放区掀起土改运动,为

西柏坡中共中央旧址远景

七届二中全会会议旧址

解放全中国奠定了广泛的群众基础；组织指挥了辽沈、淮海、平津三大战役；召开七届二中全会，制定革命胜利后的总路线和总方针，酝酿建国。毛泽东在七届二中全会上向全党提出"两个务必"的著名论述。民国38年（1949年）3月23日，中共中央、中央军委和中国人民解放军总部从西柏坡迁往北平。

中共中央旧址主要包括当时中央主要领导人的住室、办公场所和军委总部办公地等。旧址原为中央工委到达西柏坡后借用的当地13户民房，后又扩建了一些房屋，陆续围起一道土坯院墙，形成一个坐北朝南的自然院落，大门向南。房屋为青石砌基，土坯墙，木橼、檩条屋顶，具有典型的20世纪40年代北方农村建筑风格。院内建筑大致分前后两部分。前部自东向西依次为周恩来旧居、任弼时旧居、毛泽东旧居、中国人民解放军总部（中央军委作

战指挥室）和刘少奇旧居、董必武旧居等；后部东北角是朱德旧居，为3间窑洞式房屋。这里原是中央工委为迎接中共中央的到来为毛泽东新盖的住处。毛泽东坚持住进任弼时西邻一所普通的平房小院，把这所新窑洞让给朱德。前后两部分之间即小山包的西北方向，是九月会议会址、七届二中全会会址和中共中央接见国民党和平代表谈判旧址等。中央工委进驻初期，没有大院围墙。中共中央迁来之后，在毛泽东、刘少奇、周恩来、任弼时等几处院落的外面修了一道2米多高的土围墙，住房后面的山坡上挖有防空洞。1958年因修建岗南水库，旧址被淹没，原有建筑和西柏坡村迁到村北的山坡。复原建筑是当年西柏坡村东头的中央大院，按原布局、利用原房屋构件等复原修建，总占地面积16440平方米，建筑面积2600平方米。复建后的建筑基本保持了旧址的原貌。

1950年，中央老区访问团对西柏坡革命遗址和有关文物作出加强保护的指示，当地党委、政府随即进行革命文物的初步征集工作。1955年，河北省博物馆派专人到达西柏坡进行遗址和文物的维护、整理，并联合当地政府成立西柏坡纪念馆筹备处。1956年，西柏坡中共中央旧址被河北省人民委员会列为省级文物保护单位。1976年10月，新建西柏坡陈列展览馆。1982年2月23日，西柏坡中共中央旧址被国务院公布为第二批全国重点文物保护单位，编号2-0008-5-008。1991年，河北省政府公布了西柏坡中共中央旧址保护范围和建设控制地带。1992年后相继修建西柏坡丰碑林、西柏坡雕塑园、五大书记铜铸像、西柏坡纪念碑、西柏坡国家安全教育馆、西柏坡文物保护碑、西柏坡青少年文明园、西柏坡廉政教育馆等革命传统教育系列工程，丰富西柏坡纪念馆的教育内容。1996年11月7日，河北省文物局建立西柏坡中共中央旧址"四有"档案。西柏坡中共中央旧址由西柏坡纪念馆负责保存管理。2011年拨专项资金对旧址建筑的地面、房顶等进行修缮与维护，编制保护规划，定期进行维修，保持了旧址的原貌。

**青藏公路建设指挥部旧址**　是原青藏公路建设指挥部、青藏公路管理局办公地，"青藏公路之父"慕生忠将军曾经工作、生活的场所。旧址位于青海省海西蒙古族藏族自治州格尔木市西北角、格尔木市将军主题公园内。

西藏和平解放初期，人民解放军进藏部队在粮食、燃料等物资补给上遇到很大困难。能否缓解进藏部队的供给问题，关系到解放军能不能在西藏站稳脚跟。1953年8月，中共中央西北局负责组建中国人民解放军西藏运输总队，慕生忠（1910～1994年，陕西省吴堡县人）任总队政治委员，为青藏公路修筑探测路线。1954年5月9日，青藏公路筑路总队指挥部

青藏公路建设将军楼

成立，慕生忠任总指挥兼政治委员。1954年5月11日，青藏公路格尔木至拉萨段破土动工。由1200人组成的筑路大军在慕生忠的带领下，在被称为"地球第三极""生命禁区"的高寒地区，在极其艰苦的条件下，一步步把公路向前推进。同年12月25日，青藏公路全线贯通，结束了西藏不通公路的历史。青藏公路建设期间，指挥部设在格尔木市。1955年，国务院决定成立青藏公路管理局，负责管理青藏公路格尔木至拉萨段的养护和运输工作。慕生忠任党委书记兼局长，同年慕生忠被授予少将军衔。1956年10月，为方便将军办公和居住，在管理局家属区修建两栋两层砖瓦土木结构小楼，慕生忠从低矮简陋的土坯房搬进楼里办公。

旧址建成于1956年，由主楼（俗称将军楼）、副楼及旧址大门组成。主楼和副楼坐北朝南，东西并列，共同位于一平台上。主楼位于台地东部，略向北侧，占地面积为139.86平方米；副楼位于台地西部略向南侧，占地面积为193.78平方米。周围原有围墙和院墙大门，仅存大门。主楼为办公楼，二层小楼，是戈壁上方圆千里之内矗立起的第一座楼房，是早期格尔木市的标志性建筑。楼梯外设于主体西侧，一层为仿窑洞式建筑，主体东西面阔14.8米，不计外楼梯则为13.4米，南北进深为9.5米。底层平面为三开间，中、西两间皆为大办公室，东侧为套间。二层南侧为露天走道，走道宽1.55米。中、西两间为套间，形成小前厅与曲尺形状房间。二层东山墙开3个侧窗，以增强曲尺形大办公室的采光。主楼总高10.8米，南立面正中为大门，两侧开窄长条窗。大门上方有砖砌线脚构成的横额框，内有1978年

兰州军区政治部镌刻的"将军楼"三字。外部装修极简单，为清水砖墙，一通到地，无勒脚部分。外悬式木门窗，两坡屋顶。仅在二层南走道栏板上的砖空格成为立面装饰处理。

副楼为当时的生活用房，俗称飞机房。为不规则形状的砖木结构平房，外部为清水砖墙和外悬两坡顶瓦屋面的简单装饰。东西面阔18米，其中外凸部分阔13米，南北总进深18.25米。平面布置为内走廊式，主入口在东侧中部，便于与主楼的联系。"L"形的内走廊将分布于北、西、南侧的房间联成一体。有9个使用房间，包括客厅、书房、卧室、储藏间、伙房等，装修是简易朴实的青砖白灰墙、木门木窗，其中3个主要房间为木地板。副楼虽为平房，但由于形制的变化，特别是外凸房间的处理，使副楼外观富有变化。

大门位于将军楼东侧约30米，仅存两侧的长方体门柱，高3.88米，由主立柱和副立柱两部分组成。主立柱宽1.04米，厚0.7米，副立柱宽0.77米，厚0.52米。北侧主立柱上书"四海翻腾云水怒"，南侧主立柱上书"五洲震荡风雷激"。将军楼前有几棵粗大的白杨树，是慕生忠当年与战友们所栽，称"将军树"，如今已成为两人合抱的大树。

青藏公路建设指挥部旧址是国家开发西部和青藏公路建设的重要历史遗迹，是老一代创业者响应国家号召、艰苦奋斗、开发建设西部的实物见证。

1956年至2007年6月，旧址作为原青藏公路管理局办公场所，管理使用权归属青藏公路管理局驻格办事处。2007年7月，管理权划归格尔木市文化体育广播电视局管理，具体管理

工作由其下属单位格尔木市文博馆（成立于1999年）负责。2007年，旧址被格尔木市政府公布为首批市级文物保护单位。2008年，青藏公路建设指挥部旧址被青海省人民政府公布为第八批省级文物保护单位。2009年，格尔木市政府以旧址为核心，建设占地面积81943平方米的将军楼主题公园，兴建将军纪念馆，展厅常年实行免费开放。结合将军楼主题公园建设，对主、副楼室外及周边进行彻底改造，旧址建筑成为现代公园中的"核心景观"。同年10月，格尔木市文化体育广播电视局会同格尔木市建设局共同划定了青藏公路建设指挥部旧址保护范围和建设控制地带。经过2003年、2009年、2011年实施的修缮和维修，青藏公路建设指挥部旧址文物本体保存完好。2013年3月5日，青藏公路建设指挥部旧址被国务院公布为第七批全国重点文物保护单位，编号7-1926-5-319。旧址"四有"档案，保存在格尔木市文博馆。

**第一个核武器研制基地旧址**　是中华人民共和国建立的第一个核工业基地所在地，对外称"国营二二一厂""青海矿区"等，是一个集办公、研发、试验、生活等多功能设施为一体的旧址群。旧址位于青海省海北藏族自治州海晏县，旧址甲区在金银滩草原上，四周高山耸立，中间川原平阔。北靠祁连山，南临青海湖，东接西宁市，西邻柴达木盆地，距省会西宁市103千米，东距海晏县县城10千米；乙区在海晏县城。

1955年1月15日，毛泽东在中南海主持召开中共中央书记处扩大会议，作出建立和发展中国原子能事业的战略决策，中国开始了核工业建设和核武器研制的秘密历程。1957年下半年开始，以西藏军区副司令员、参谋长李觉为首的专家组踏勘了四川、甘肃、青海3省，进行基地选点，最后认为青海省海晏县较为合适。1958年5月31日，中共中央批准了选址报

核武器研制基地总指挥部

告。1958年12月，基地开工建设，至1964年6月完工。1964年10月16日，中国首次核试验爆炸成功。仅用7个月研制的核弹头试验成功。1967年6月17日，第一颗氢弹爆炸成功。据资料记载，中国前16次核试验爆炸的成品，均在此装配启运。基地还生产多种型号的核武器，装备人民解放军第二炮兵部队。在1984年国庆35周年庆典上，通过天安门广场的"东风三号"弹头为该基地研制的产品。1987年，国务院、中央军委作出撤销二二一厂的决定，基地完成特殊历史使命。经过无害化处理，1993年起，海北藏族自治州州委、州政府等机关相继迁入基地，1995年更名为西海镇。

基地占地面积570平方千米（建厂初期为1170平方千米），建筑面积56.4万平方米，其中厂房面积33.3万平方米，住宅及办公设施面积23.1万平方米。原分为甲、乙两区。甲区有18个县处级单位，简称"18甲区"，是核工

业研究、实验区，也是基地政治、科研、生产、文化中心。乙区在海晏县城，内有4个生活区。有铁路专用线38.9千米，与青藏铁路在海晏火车站接轨；专用公路78千米，与青藏、青新、湟嘉公路连接。基地旧址内公布有重点文物点21处。纪念碑（原子城纪念馆）、图书科技楼、总指挥部、档案馆、西宁驻二二一厂办事处、红旗图书馆、1～10号黄楼、41号筒子楼、42号筒子楼、西海影剧院、33号将军楼分布于西海镇内。四分厂、一分厂、上星站、二分厂、爆轰试验场（填埋坑、退役工程纪念碑）、四厂区（养殖场）、七分厂分布于西海镇西北方向；三分厂、加油站（油料基地）、六号哨所分布于西海镇东南方向。

西海镇内指挥、科研、办公、交通、安保、生活类建筑。33号将军楼为中国人民解放军副总参谋长张爱萍、基地总指挥李觉、核物理学家王淦昌、邓稼先、朱光亚、周光召等的

第一个核武器研制基地旧址上星站

核弹爆轰试验场旧址

居所。将军楼为钢筋混凝土三层建筑，从外观看和基地其他建筑相同，外径为55.8米×10.8米的02型住房，整栋楼有3个单元，22套住房，包括中单元6套、东西单元各8套。专家楼10栋（黄楼1～10号），科学家于敏、彭恒武、郭永怀、程开甲、陈能宽等科研人员居住过，外径尺寸与33号将军楼相同，全部为02型，属钢筋混凝土三层建筑，外观黄色。影剧院，建筑面积4500平方米，有1400个座位，20世纪60年代建筑水平堪称西北第一流。二二一厂总指挥所，又称厂办公大楼或矿办，当时最机密的部位。上星站，是当时第一颗原子弹启运上车的小车站。三顶帐篷遗址为第一批科研人员1958年到基地工作时驻扎所使用的。

旧址图书科技楼为海北州图书馆办公楼；科技档案馆为档案局办公楼；红旗图书馆为民政局办公楼；西宁驻二二一厂办事处为水务局办公楼；四厂区（养殖场）为旅游公司景点；加油站（油料基地）仍在使用。

中国第一个核武器研制基地纪念碑建成于1992年，耸立于基地东南角，碑高16.15米，象征1964年10月15日成功爆炸第一颗原子弹，正面为张爱萍将军题写的碑名"中国第一个核武器研制基地纪念碑"，后面有600字碑文，左右两侧是原子弹和氢弹爆炸时的烟云浮雕，碑顶为不锈钢圆球，象征着中国第一颗原子弹。

西海镇西北方向相关建筑。分布在基地周围的7个分厂（实为6个）：一分厂负责无线电系统控制和铀部件加工，简称弹头加工厂，由101、102、103、108等车间和研究轴组成。其中102车间主要从事金属贫化铀武器部件加工、组装等操作，车间为一长方体建筑物，长99米，宽49米，高13.7米，总建筑面积为4851平方米，由机加工区、组装工作区、辅助工作区、辅助设备区4个部分组成，为西部矿业股份有限公司唐湖电力分公司。二分厂负责火工和组装，简称总装厂，里面全部为半掩体生产车间。207、215均为全弹的装配和总装车间，并设有小火车站（上星站），为旅游公司景点。三分厂负责翻砂、锻造、热水处理工作及氧气厂，简称综合厂，为西海控股公司下属铝厂。四分厂负责供电、供热、供水，简称电厂，为海北州电厂。六分厂负责爆轰实验，简称靶场，是1966年进行原子弹全弹爆轰的实验场。根据各种试验的目的不同，建有规模不同的试验场地。1964～1987年进行过数十次爆轰试验（核武器的冷试验）和数十枚穿甲弹的穿透力和威力试验。后为海北州旅游局下属的原子城蜡像馆和旅游公司景点。七分厂负责核物理和放射性化学实验，简称理化实验厂，曾是化学放射和物理研究场所。1964年建成，1968年退役，处于闲置状态。

填埋坑和建设工程纪念碑，代表核设施处理成就，后为海北州旅游公司景点。

1995年，旧址移交海北州政府，这个昔日神秘的"禁地"逐步成为公众参观游览的旅游区。旧址整体以线性和环形道路相结合，315国道贯穿其中，结合现有铁路系统进行展示。原子城纪念馆的综合展览，以及分设在基地指挥部、爆轰试验场等处的现场展览，以爱国主义教育为主题，真实反映中国核事业发展中神秘而又辉煌的历史以及"两弹"研制过程，成为激发爱国热情、弘扬民族精神、提升品德修养的重要阵地和课堂。

2001年6月25日，第一个核武器研制基地旧址被国务院公布为第五批全国重点文物保护单位，编号5-0512-5-039。旧址的保护管理工作由海北州文物管理局负责。2004年，青海省文物管理局组织编制旧址"四有"档案，分别由中国文化遗产研究院（代国家文物局）、青海省文物管理局和海北州文物局保管。2007年，国家文物局批复《中国第一个核武器研制基地旧址保护规划》，初步划定21处重点文物保护单位的文物保护范围和建设控制地带。2010年，《海北藏族自治州中国第一个核武器研制基地旧址保护管理条例》，经青海省第十一届人民代表大会常务委员会第十四次会议批准公布，自2010年7月1日起施行。这是青海省境内第一个文物保护单位专项保护的法规性文件。

# 第四节  近代工商业遗存

**杨树浦水厂**  是近代以来建厂最早的现代化水厂，曾是远东第一大水厂。杨树浦水厂位于上海市杨浦区杨树浦路830号，厂区北临杨树浦路，南临黄浦江，东靠怀德路，西临许昌路。

杨树浦水厂原名英商上海自来水公司，清光绪九年（1883年）8月1日建成并正式向外供水。宣统三年（1911年），水厂净水设备增加沉淀池和慢滤池，水厂占地扩至14万平方米。20世纪30年代末，日供水能力达40万立方米，水厂占地扩大至25.7万平方米，为远东第一大水厂。民国30年（1941年）12月，太平洋战争爆发，日军进占租界，水厂被日军接管，由日伪华中水电公司经营，水厂平均日供水量从太平洋战争前的24.46万立方米降至17.43万立方米。抗日战争胜利后，上海市政府接收水厂，民国34年（1945年）9月产业发还英商经营。1952年，杨树浦水厂由人民政府征用，企业转为全民所有制。1984年，水厂原有蒸汽锅炉、蒸汽机已全部被淘汰。1987年7月，黄浦江上游源水输入水厂，水厂北部原慢滤池场地先后辟建其他生产设施和职工住宅，水厂占地相应缩小。1990年，最高日供水量为148万立方米，约占上海供水总量的四分之一左右。

杨树浦水厂位于杨浦区西南部，占地面积约为15万平方米，文物保护建筑共有9处，分别为：1号车间及中央控制室，警卫室及大门，上海自来水展示馆，礼堂（原锅炉房）及3、2、4号车间，甲、乙组滤池及其水箱房，次步唧机室（含平衡塔）及配电室，初唧（第5）配电室，小化验（水质检验中心），丙组滤池。总建筑面积11478.7平方米，规模庞大，保护、保存情况良好。杨树浦水厂建筑风格为英国古典城堡式建筑，除滤池等为钢筋混凝土材料外，主要为砖混结构，轻型屋面，承重墙以青砖砌

杨树浦水厂远景

杨树浦水厂建筑

筑，嵌以红砖腰线，压顶采用砖砌雉堞形式，门、窗等开孔处有尖拱、马蹄拱等形式，楣部粉白色水泥凸线，早期建筑墙角做砖砌抗震柱，后期墙角做砖砌隅石。强烈的色彩对比和装饰性元素在立面上有韵律地重复应用，成为杨树浦水厂建筑群的独特风格，是上海仅有的建在企业内的近代优秀历史建筑。1号车间中间厂房建筑上年代标志较早，上标"1882"（清光绪八年），下标"1927"（民国16年）；水质检验中心墙上年代标志是"1900"（清光绪二十六年），年代标志也较早。

杨树浦水厂具有市政供水方面的巨大功能。其大部分建筑保护完好，较全面、真实地反映当时工业建筑的规划和建造水平，建筑风格独特，在工厂建筑中较为少见，具有历史、艺术和科学价值。

1989年9月25日，杨树浦水厂由上海市人民政府公布为上海市文物保护单位。同年，按照《中华人民共和国文物保护法》和《上海市优秀近代建筑保护管理办法》的规定，划定了保护范围和建设控制地带，1998年12月，对原定的保护范围和建设控制地带进行调查核对并做调整。1999年3月29日，上海市人民政府印发《关于同意重新编制的上海市国家级和市级文物保护单位保护范围及建设控制地带》的批复，确定了杨树浦水厂的保护范围、建设控制地带及建设项目控制。2001年起，依照原貌，杨树浦水厂有计划地对杨树浦水厂老建筑按修旧如旧的原则进行修缮，并改建厂内的新建筑，使之在风格上与老建筑统一。2003年，为

杨树浦水厂大礼堂、烟囱修复后

纪念上海城市供水120周年，杨树浦水厂在厂区开设上海自来水展示馆，并于年底开馆。2013年5月3日，杨树浦水厂被国务院公布为第七批全国重点文物保护单位，编号7-1694-5-087。杨树浦水厂的全国重点文物保护单位记录档案已建立，由杨树浦水厂和上海市文物局保管。

**福建船政建筑**　是中国近代造船工业的先驱、中国近代海军的摇篮——福建船政的文物遗存，位于福建省福州市马尾区马尾镇东南侧中岐、罗星山下闽江边，与长乐市隔岸相望。

福建船政是中国洋务运动时期引进西方先进设备和技术创办的规模最大的造船军工企业。清同治五年（1866年）六月初三，闽浙总督左宗棠奏请清政府批准在马尾创办船厂，聘

福建船政钟楼

请法国人日意格等筹建。10月，清廷设置总理船政事务衙门，沈葆桢为首任船政大臣。十一月十七日（12月23日），船政基建工程正式动工。清同治七年（1868年）1月，船政初具规模，占地40多万平方米，雇佣3000余工人，拥有3个船台，13个车间。即动工建造中国第一艘千吨级轮船。以此为开端，至清光绪三十三年（1907年），共制造各式兵商轮船40艘，合计4700多吨位，占这一时期中国造船总量的70%。还组建了福建水师，在保卫国家海防及抗击日本侵犯台湾的军事斗争中发挥过重要作用。清同治十三年（1874年），沈葆桢曾带领福建船政建造的舰船和船政学堂培养的海军将士组建的福建船政水师官兵巡台抚台，在台湾的发展史上留下不可磨灭的一页。与船政同时创办的船政学堂，培养了严复、魏瀚、詹天佑、萨镇冰、邓世昌等近代中国思想家、外交家、工程师和海军将领。民国15年（1926年），福州船政局改称海军马尾造船所。抗日战争爆发后，工厂部分设备及人员迁往南平峡阳。船政原址多次遭日机轰炸，又遭日本侵略军两次入侵洗劫破坏，损失惨重。战后，国民党海军部力图恢复生产，未果。民国38年（1949年），国民党军队败退之际，将造船所内大部分设备搬迁至台湾。

福建船政建筑，遗存有轮机厂、绘事院、官厅池、钟楼、一号船坞。始建于清同治五年（1866年），同治七年（1868年）大部分建筑落成。轮机厂、绘事院、官厅池、钟楼位于马尾镇中岐闽江边福建省马尾造船股份有限公司厂区内；一号船坞位于马尾镇罗星山下闽江边；其他附属文物均零星分布于马尾旧镇，原

福建船政遗址周边地区。

轮机厂建于清同治六年（1867年），占地3000平方米。厂内配置车、刨、削、钻、钳等各种机床200余台，专任制造船用蒸汽机及其他大小机器。厂房为砖、木、铁结构，墙体用青石红砖砌就，外形设计极具法兰西风格。周围均为大型落地窗，所用木料为泰国、缅甸进口的高级柚木，柱子及柱子上的行车轨道，均为纯生铁铸造，仍在使用。二战期间被炸毁一个车间，现平面呈"L"形，外墙上残留日本侵略军轰炸的累累弹痕。绘事院位于轮机厂旁，同治六年（1867年）建，是专门绘制船舶设计图纸的机构所在地。1986年开辟为马尾造船厂厂史陈列馆。2000年，福建省人民政府组织修复，未安装水闸。衙门官厅池，又叫放生池，位于原船政衙门遗址前，同治五年（1866年）与船政衙门同时建成。池呈长方形，条石构筑，占地520平方米，用花岗岩砌造而成，四周有石柱环绕，既美化环境，也有防火功能。损坏较严重。钟楼为法国式建筑，始建于民国15年（1926年），次年完工。民国28年（1939年）日军侵华期间钟楼顶部受损。1984年修缮时未安装时钟。一号船坞，坐西北朝东南，长128米，深9.3米，用花岗石砌成，可容纳8000吨级轮船入坞修理，是当时世界上第二大石砌船坞。坞口水闸已无存。

福建船政建筑是典型的近代西式建筑作品，体现了19世纪以来中西建筑的交流特点，对研究中国近代工业发展史、海军建设史、科技发展史和近代教育等具有重要的史料价值。

福建船政轮机厂

民国38年（1949年）9月，中国人民解放军福州军事管制委员会接收造船所。1954年马尾成立水兵师造船一厂，修理船艇。1958年，在福建船政旧址上组建马尾造船厂。1986年12月20日，为纪念福建船政创办120周年，马尾造船厂将原绘事院辟为马尾造船厂厂史陈列馆，占地面积500多平方米。1988年9月，福建船政建筑一号船坞、钟楼、轮机厂、绘事院分别由福州市马尾区人民政府公布为第一批马尾区级文物保护单位。1991年，合并为"福建船政建筑群"，被福建省人民政府公布为第三批省级文物保护单位。2001年6月25日，福建船政建筑（含一号船坞、钟楼、轮机厂、绘事院、官厅池），被国务院公布为第五批全国重点文物保护单位，编号5-0491-5-018。同年7月，福州市马尾区文物管理委员会办公室委托福建省马尾造船股份有限公司管理位于该厂辖区内的轮机厂、绘事院、钟楼、官厅池，委托福州马江海战纪念馆管理船政一号船坞。2016年4月20日，福建省人民政府印发《关于公布全国重点文物保护单位（第四至七批）保护范围的通知》，公布了福建船政建筑的保护范围。11月8日，福建省文化厅、福建省住房和城乡建设厅联合印发《福建省文化厅、福建省住房和城乡建设厅关于公布省级以上文物保护单位建设控制地带的通知》，公布了福建船政建筑的建设控制地带。福建船政建筑已建立全国重点文物保护单位记录档案，由马尾区文物管理委员会保管。

**汉冶萍煤铁厂矿旧址**　是中国近代最大的钢铁煤联营企业的旧址，也是中国保存最早的钢铁工业遗址，见证了中国近代工业的发展进程。旧址位于湖北省黄石市黄石港区延安路1号和西塞山区临江街道冶钢社区黄石大道316号。

清光绪十六年（1890年），湖广总督张之洞创建汉阳铁厂。光绪三十四年（1908年），洋务派代表人物盛宣怀（1844～1916年）奏请清政府批准合并汉阳铁厂、大冶铁矿、萍乡煤矿，成立汉冶萍煤铁厂矿有限公司（简称汉冶萍公司），由官督商办转为完全商办。宣统元年（1909年）汉冶萍公司在上海召开第一届股东大会，推举盛宣怀为总理。到辛亥革命前夕，公司员工7000余人，年产钢近7万吨、铁矿50万吨、煤60万吨，占清政府全年钢产量90%以上。1911年开始亏损，日债趁机侵入，至民国19年（1930年）汉冶萍公司逐渐为日本钢铁垄断资本控制，汉阳和大冶的炼钢、炼铁炉先后关闭，公司沦为替日资开采矿石的机器。民国22～27年（1933～1938年），国民政府将汉冶萍公司汉阳铁厂、大冶厂矿及六河沟公司扬子铁厂的重要冶炼设备运至重庆，另立新厂，为重庆钢铁集团前身。民国27年（1938年）10月，日军侵占大冶地区后，设立"日本制铁株式会社大冶矿业所"（简称日铁）。"日铁"在将江边的矿石抢运回日本的同时，恢复开采矿山与扩充原大冶钢铁厂设施。在石灰窑江边，"日铁"扩充和修建装卸码头，安装日卸矿5000吨的卸矿机2座，改建3座火车站，修复石灰窑至铁山一线的铁路。"日铁"把大冶钢铁厂改称为大冶新厂，把"大冶矿业所"本部设在大冶新厂内。利用原有一部分设施，设立野战邮便局、电站交换所、发电所、变电所等机构。在发电所安装3000千瓦发电机2座；修复与扩充原有的自来水、氧气制造、

汉冶萍煤铁厂矿冶炼铁炉

制冰设备，新建医院、演艺馆、游泳池、酿造厂、学校、家属住宅、职员住宅和"苦力"宿舍等设施，使整个大冶钢铁厂成为大冶矿业所的修配工厂和生活基地。民国36年（1947年）4月，国民政府资源委员会和经济部共同组织汉冶萍公司资产清理委员会。次年2月16日，公司总经理盛恩颐将汉冶萍公司移交给清理委员会。

汉冶萍公司历时58年，先后经历了官办、官督商办、商办三个时期，几乎经历中国近代资本主义发展的全部历程，堪称中国近代钢铁工业发展的缩影，同时也是日本帝国主义疯狂掠夺中国资源的历史见证。汉冶萍煤铁厂矿旧址，包括三个保护区14处文物点，主要有冶炼铁炉、高炉栈桥、日欧式建筑群、瞭望塔、水塔、张之洞塑像、汉冶萍界碑、卸矿机、天主教堂（又称小红楼）。

冶炼铁炉是中国遗存最早的近代工业中钢铁冶炼遗址，于民国8年（1919年）12月8日动工兴建，民国10年（1921年）5月1日，化铁炉身建成；6月1日，汉冶萍公司在大冶钢铁厂设置开炉筹备处，筹备开炉炼铁事宜；7月24日，储备化铁炉生产用水1500吨水塔在抽水试压时崩塌，致使开炉日期后推。民国11年（1922年）6月24日，1号化铁炉正式举火开炼，26日晨出铁；7月5日，因炉盖失灵，下部铁水凝固而停炼，仅出铁千余吨。民国12年（1923年）4月4日，2号化铁炉举火开炼，于5日晨出铁152吨。从此，大冶钢铁厂进入生产时期。民国13年（1924年）底，2号化铁炉终因焦炭供应不济而停炉，仅生产了一年零八个月，共出铁20万吨。日欧式建筑群位于冶钢集团厂区西总门外行政区主干道南北两侧，是厂方为保证当时工程技术及管理人员办公和生活起居，于民国6年（1917年）以后相继动工兴建并竣工。日式建筑遗存4栋，"大"字号楼是厂部的高级管理及工程技术人员使用的宿舍楼，位于行政区主干道北侧西栋（1～4号楼），保存状况完好，每栋两层，占地面积

汉冶萍煤铁厂矿旧址瞭望塔

汉冶萍界碑全景

192平方米。欧式建筑仅存公事房1栋，是当时大冶铁厂厂部办公楼，为典型欧式建筑，占地面积240平方米，共三层，保存完好。瞭望塔旧址位于冶钢集团公安处后侧江堤上，约建于民国7年（1918年）。瞭望塔平面呈等边六角形，全高约13米，塔身高约11.1米，最大直径2.6米。塔分两层：上层为敞开式，下层在六个不同方位设12个椭圆形瞭望孔，塔门朝东，旋转楼梯上下。瞭望塔用23.2厘米×10.8厘米×6厘米的带有"铁锤钢钳"交叉标识的红砖和米灰色砖（无标识）错缝平砌。整个建筑坚固结实、美观，为欧式建筑风格，保存良好。张之洞塑像为民国3年（1914年）汉冶萍煤铁厂矿公司董事长盛宣怀为纪念汉冶萍公司创办人张之洞所建。民国37年（1948年）元月，张之洞塑像由汉阳迁至华中钢铁有限公司（原大冶铁厂）。1986年，按原状恢复建造。汉冶萍界碑高70厘米，25厘米见方，青石制作，石碑四面分刻有"汉、冶、萍、界"4个字。卸矿机位于黄石市港务局11号码头，由两排贮矿仓和皮带运输机两大部分组成。两排共有8个矿仓，每个矿仓有45个60厘米×50厘米的卸矿口。矿仓上部铺设铁轨，以供火车运矿、卸矿。卸矿口下，架设皮带运输机，通过卸矿口直接将铁矿装船。大冶铁矿投产后，专门修筑大冶铁矿至石灰窑36千米长的铁路，配合该铁路又先后修建老汉码头、东矿码头（又称日矿码头）、新汉码头，其中以东矿码头设备设施最好，通过能力最大。民国27年（1938年）秋，日军占领石灰窑、大冶以后，利用东矿码头的设施，建造机械化程度更高的卸矿专用设备——卸矿机。卸矿机于民国28年（1939年）开始挖基打桩，民国29年（1940年）开始安装，民国30年（1941年）5月竣工投产，卸矿能力每小时500吨，其码头泊位可停靠7500吨级海轮。民国27～34年（1938～1945年），日本主要通过这个码头及卸矿机设备掠夺走矿石近600万吨。小红楼位于黄石港区，约建于清光绪六年（1880年），为英国人在黄石修建的天主教堂，砖木结构，欧式风格，存有一幢主楼和一幢附属设施。1958年9月15日，毛泽东视察黄石时，曾在此接见黄石市委领导。

2002年5月和11月，汉冶萍煤铁厂矿旧址先后被黄石市人民政府和湖北省人民政府公布为黄石市文物保护单位和第四批湖北省文物保护单位。2006年5月25日，汉冶萍煤铁厂矿旧址被国务院公布为第六批全国重点文物保护单位，编号6-0996-5-123。2012～2013年，黄石市文物局多次申请中央财政经费，组织专业人员对汉冶萍煤铁厂矿旧址（小红楼）进行大规模修缮。2014年，黄石市文物局编制了汉冶萍煤铁厂矿旧址的全国重点文物保护单位记录档案，分别由湖北新冶钢集团、黄石市博物馆、黄石港口集团保管。2015年5月5日，湖北省人民政府办公厅印发《湖北省人民政府办公厅关于公布文物保护单位保护范围和建设控制地带的通知》，公布汉冶萍煤铁厂矿旧址的保护范围和建设控制地带。

**大栅栏商业建筑** 是北京近现代重要的综合性商业建筑遗存，包括瑞蚨祥旧址门面、谦祥益旧址门面、祥义号旧址门面、劝业场旧址等，分别位于北京市西城区前门外大栅栏地区廊房头条、珠宝市、大栅栏胡同，属清末民初北京外城最富庶繁华的地段。

明清两朝，入夜实行宵禁，在街头巷尾胡同两边多设木栅栏，宵禁时栅栏关闭，禁止行人通行，大栅栏由此得名。大栅栏地区包括廊房头条至四条、粮食店街和煤市街，在清朝时形成热闹的商业区，清光绪二十六年（1900年）毁于火灾，次年重建。新建的大栅栏除个别老字号门面还保留传统形式之外，大都采用现代砖木结构，立面模仿圆明园西洋楼的巴洛克式，同时吸收了中国传统装饰手法。

瑞蚨祥旧址门面位于大栅栏街5号。瑞蚨祥创始人孟鸿升，山东省济南府章丘县旧军镇人，以经营土布开始，字号为万蚨祥。第二代

瑞蚨祥

传人孟洛川（1851～1939年）进京经商，到清末民初，瑞蚨祥已成为北京最大的绸布店，拥有东鸿记茶庄、瑞蚨祥总店（也称东号）、鸿记皮货店、西鸿记茶庄、西鸿记绸布庙（也称西号）等五个字号，均位于大栅栏街内。清光绪二十六年（1900年），瑞蚨祥毁于八国联军的洗劫，不久重建开业。从七七事变北京沦陷起，瑞蚨祥开始走下坡路。1954年，瑞蚨祥参加公私合营，得到空前发展。"文化大革命"开始后，瑞蚨祥的匾额被换成"荣昌"字号；"文化大革命"结束后，"瑞蚨祥绸布店"的老牌匾重新挂出。瑞蚨祥旧址遗存建筑为清宣统二年（1910年）建成。门面坐北朝南，砖木结构，地上二层，占地面积599平方米。南立面为西洋古典折中式大门，两边用中西合璧柱式装饰，双柱头间置汉白玉匾"瑞蚨祥"字

号，柱头上作石栏杆女墙装饰，檐口上作松鹤延年砖雕。大门两边为弧形八字影壁造型，墙内有精美的牡丹、荷花图案砖雕。楼内有一天井，上罩铁艺大棚，大棚檐下楣子用铁艺组成烦琐的巴洛克图案。天井贯通一、二层，使整体环境宽敞豁亮。天花板作二龙戏珠装饰，花砖地面，木质楼梯、栏杆，一、二层间带牡丹、寿字图案的挂檐板。建筑保存完好，仍为瑞蚨祥绸布店使用。

谦祥益旧址门面位于珠宝市5号，建于清朝末年，原为谦祥益的分号益和祥，1953年合并，改称谦祥益。谦祥益在北京建店于清道光二十年（1840年）以前，具体年代不详，店址设在北京前门外东月墙。谦祥益创建后，先后于前门外鲜鱼口、珠宝市和钟鼓楼建谦祥益南

号、益和祥和谦祥益北号，并以北京谦祥益为总店在全国开设分号。前门外东月墙谦祥益老号毁于八国联军战火，清宣统元年（1909年）于前门外廊房头条重建。清末民初，谦祥益发展到鼎盛时期。20世纪初至40年代，因战争等原因谦祥益经营受创。受计划经济制约、现代工业的冲击，谦祥益南、北号均已无房产和字号。公私合营时迁至益和祥的谦祥益总店，其房产、名号几经变更。直到2000年，重新恢复为谦祥益老字号。谦祥益旧址门面坐西朝东，地上二层，砖木结构。立面三间，大门处用两层西洋柱式门廊装饰，每层柱头处作醒目的多层檐口装饰，大门两边一层为爱奥尼柱头托一拱券窗，外罩铁艺栅栏。券窗上用大理石雕刻商业广告，左为"绸缎纱罗"，右为"洋货布

大栅栏谦祥益门面

匹"。二层前出平台上带铁艺栏杆。方壁柱，柱头带盾徽砖雕。檐口作瓶座栏杆式样。旧址保存完好，仍由谦祥益绸布店使用。

祥义号绸布店旧址位于大栅栏街1号。清光绪年间，据传由内宫太监小德张出资经营。光绪二十七年（1901年）在大栅栏瑞蚨祥东侧新建店铺。祥义号旧址，为二层砖木结构建筑，下碱作须弥座，花草纹；清水山墙凸出，仿西洋式墙线分3部分，中部砖雕精美，顶部有宝瓶图案，墙头两面有"祥义号绸缎店"字样砖雕。面阔五间，中间为大门，大门入口处有一两层高的西洋巴洛克风格的铁艺大棚，以繁缛的铁花装饰；立面为6根镂空铁柱，柱头铁艺花瓶。大门两柱间为铁艺山花，图案以花饰卷草为主，大门为铁艺花饰卷草装饰。大门

大栅栏祥义号绸缎店门面

上部有铁艺招牌，为三层"回"字框内有装饰花草图案，中心为长菱形大理石匾心，从左向右书繁体"祥义号绸缎店"，四周装饰铁艺花草。匾额上为出挑檐口。旧址保存完好，由宜城厚商场使用。

劝业场旧址位于廊房头条17号，始建于清光绪三十一年（1905年），为清政府的商部创建，名为京师劝工陈列所，是清政府效法外国而设立的陈列和推销商品的百货商场。民国初年，京师劝工陈列所两次发生火灾，建筑损毁严重。重建以后，改名劝业场，规定私人可租地设摊，但只准卖国货。民国11年（1922年），劝业场划归同德银号，营业受挫。民国16年（1927年），劝业场遭火灾仅剩建筑框架。劝业场旧址于民国12年（1923年）重建，是近代北京第一幢大型综合性商业建筑。建筑布局坐北朝南，地上三层、地下一层，为钢筋混凝土结构。平面布局在纵向分成三个大厅作为商业区，三个大厅由南向北依次是长方形厅、圆形厅和长八角厅，商业店铺围绕大厅布置，大厅为天井形式，直通建筑顶部，二、三层作周围廊设计，形成高大的共享空间，屋顶设有玻璃天窗为营业大厅采光。建筑沿廊房头条主立面为折中主义手法，立面外观四层，面阔五间，水刷石装饰。一层做成大块石效果，用块石方壁柱分割间数，壁柱为须弥座基础，当心间为大门，门外设门廊，门廊用爱奥尼柱承托，门头上有厚实的女儿墙和雕塑，大门两侧设大橱窗作为商业使用。二层设通长走廊，走廊为低矮花瓶栏杆，二层窗均为拱券窗，券顶带拱心石，两侧尽间拱券窗上有三角山花装饰。三层为方窗，窗套伸出墙外，下由西洋

牛腿承托，窗间设柱，柱上承托出挑窗楣。在二、三层两侧尽间每间作一组爱奥尼柱式，柱从二层通长三层檐部，柱头做出挑檐口和断块弧形山花。三层当心三间檐头做出挑线脚檐口，檐口上设三角山花，山花中镶匾额"劝业场"三字。四层为带纵向凹槽并列两个方壁柱分割房间，每间为狭长方窗，用柱子纵向分割，四层顶为厚重的女儿墙。劝业场北立面临西河沿大街，面阔三间，外观立面三层，一层为水刷石做成大块石基础效果，当心间为门廊，门廊由爱奥尼柱式支撑，柱头上置厚重的女儿墙，女儿墙上置断块曲线山花。二层做通长花瓶栏杆外廊。二、三层为爱奥尼通长柱外廊，檐口为出挑线脚檐头，顶为瓶座栏杆女儿墙。柱廊内二层三间均为方窗，当心间西洋牛腿承托三角山花出挑窗楣，两侧为曲线门楣。三层为方窗，当心间带出挑阳台。劝业场旧址保存完好，先后由新新时装店、新新时装公司使用。

大栅栏近代商业建筑的总体建筑形式反映西方近代折中主义风格，并隐含中国传统建筑形式的某些元素，体现了中西合璧的建筑潮流。大栅栏近代商业建筑的装修装饰技术高超。祥义号旧址门面的铁花造型之精美在北京近代商业建筑中独一无二；瑞蚨祥绸布店中的天井也为北京近代商业建筑所首创；劝业场、谦祥益旧址门面的砖雕精美，题材多为中国传统图案，体现市民阶层文化潮流，具有很高的艺术价值。大栅栏近代商业建筑历史悠久，其中瑞蚨祥、谦祥益等均为北京百年老字号，劝业场等建筑也有近百年的历史，见证了大栅栏商业区昔日的繁华。

1995年，大栅栏近代商业建筑由北京市人民政府公布为北京市文物保护单位。2004年，北京市人民政府发文公布大栅栏近代商业建筑群的保护范围和建设控制地带。2006年5月25日，大栅栏近代商业建筑被国务院公布为第六批全国重点文物保护单位，编号6-0883-5-010。2008年，由北京市古代建筑研究所编制建立大栅栏近代商业建筑的全国重点文物保护单位记录档案。2011～2014年，对劝业场旧址进行修缮复原工程，作为大栅栏地区重要文化中心对外开放。

**青岛啤酒厂早期建筑**　是中国近代啤酒工业发展的重要遗存，也是青岛工业开创时期的见证，是德国青年派建筑风格的代表作。青岛啤酒厂早期建筑位于山东省青岛市市北区登州路56号。

清光绪二十九年六月二十三日（1903年8月15日），香港盎格鲁—日耳曼啤酒公司的德国商人与英国商人（以德国人为主）合资在青岛岳鹤兵营旁（登州路56号）创建日耳曼啤酒公司青岛股份公司（青岛啤酒厂的前身），成为德国在中国兴建的第一家啤酒厂。民国5年（1916年）9月，日本国东京都的大日本麦酒株式会社买下青岛啤酒厂，更名为大日本麦酒株式会社青岛工厂，曾在厂院内设"忽布园"试种啤酒花，生产设备也有所增加。民国34年（1945年）抗日战争胜利，工厂被国民政府派员接管，更名为青岛啤酒公司。民国36年（1947年）6月14日，齐鲁企业股份有限公司将工厂购买，定名为青岛啤酒厂。民国38年（1949年）6月2日青岛解放后，工厂由青岛市人民政府接管，名称定为国营青岛啤酒厂。

青岛啤酒厂早期建筑建于清光绪二十九年（1903年），为德国三段式建筑，属德国青年派建筑风格。采用普坡屋顶形式，外部以清水砖墙面为主，局部略外突，山墙呈曲线状，门窗的顶部有小拱券装饰，墙面上保留砖的材料质感。在建筑装饰、装修元素中如内墙及外墙装饰中具有青年风格派的特点。建筑共有两幢楼房，分别为综合办公楼和酿造生产车间。综合办公楼位于大门西侧，分为A楼和B楼。A楼为砖石木结构的二层楼房，建筑面积150平方米，高11米，檐高4米；花岗岩墙基，红砖清水墙，人字屋架，红瓦斜坡屋面；窗户以红砖起拱；室内长条木板地、门窗、楼梯扶手等木构件均有简单雕饰。B楼亦为砖石木结构，三层楼房，建筑面积765平方米；红花岗岩墙基，红砖清水墙立面，人字屋架，斜坡屋顶；里面以红砖仿造各种木结构；窗为拱形，西南角为敞廊挑台，以花岗岩槌形柱支撑，柱头饰有蝶形铁花；室内木质地板及楼梯，扶手柱头雕刻

华丽。酿造生产车间位于大门东侧，亦为红色建筑，混合结构的六层楼房，建筑面积3134平方米；花岗岩墙基，红砖清水墙，人字屋架，红瓦斜坡屋面，顶层为设备间，钢筋混凝土梁及楼板；窗户以红砖起拱；室内长条木板地、门窗、楼梯扶手等木构件均有简单雕饰。1986年，西侧综合办公楼改做青岛啤酒厂幼儿园。2000年后一部分改做博物馆和书画珍藏馆。2002年开始，青岛啤酒股份有限公司投资将老式德国厂房进行保护性修葺。2003年8月，在青岛啤酒厂早期建筑的基础上设立青岛啤酒博物馆，以青岛啤酒的百年历程及工艺流程为主线，陈列大量具有较高文物价值的展品。

青岛啤酒厂历经德国占领时期、日本占据时期、中国政府接手扩建时期和保护修缮利用时期四个重要阶段。经过百年的变迁，两幢红色德式建筑原貌保存下来，东面红色厂房是青岛市至今保存最完整的德国工业建筑。青岛啤酒厂早期建筑是中国近现代工业发展的重要物

青岛啤酒厂厂内景

1903 年啤酒发酵桶

证，对于研究中国近现代建筑技术的演变有着重要作用。酿酒车间内大量采用的钢构件、螺栓和铁质窗、金属配件等都是零部件标准化生产的，体现了当时建筑科学和材料科学的发展水平，对于研究中国近现代工业建筑技术的演变具有重要意义。

2004年，青岛市文物局建立了青岛啤酒厂早期建筑记录档案。2006年5月25日，青岛啤酒厂早期建筑被国务院公布为第六批全国重点文物保护单位，编号6-0977-5-104。青岛啤酒博物馆负责建筑、文物、古树的管理和保护工作。2013年12月27日，山东省文物局印发《关于公布第四批省级文物保护单位保护范围和建设控制地带并调整公布其他省级以上文物保护单位保护范围和建设控制地带的通知》，公布青岛啤酒厂早期建筑的保护范围和建设控制地带。

**延一井旧址**　延一井为中国陆上第一口油井，被誉为中国石油工业之母。延一井旧址位于陕西省延长县城西石油希望小学院内。

延长县发现利用石油始于汉代。《汉书·地理志》："高奴有洧水，可燃。"宋代沈括《梦溪笔谈》载："鄜延境内有石油。旧说高奴县出脂水即此也。"此为首次命名石油的记载。延长石油开发的最早记载，见于《元一统志》："延长县南迎河有凿开石油一井，其油可燃，兼治六畜疥癣，岁纳壹百壹十斤。"清末，外国人以游历传教为名，多为探矿，延长石油遂引起西方人士注意。

清光绪二十九年（1903年），德国人汉纳根及德商世昌洋行串通大荔人于彦彪、延长县贡生刘德馨、郑明德、宋金声、郑肯堂等，私订合同，企图开采延长石油，"后被布政使樊增祥察知，力加斥责。巡抚升允以事上奏，据理与德人争，结果收回官有"。光绪三十年（1904年）十月，陕西巡抚曹鸿勋复奏请试办延长石油矿，"得旨允准"，拨地方官银8.1万两，作为开办资本，并委派候补知县洪寅为延长石油厂总办。光绪三十一年（1905年），洪寅携原油到汉口，请日本人阿部正治郎和稻

延长县中国陆上第一口油井（延一井旧址）

井幸吉检测油质，结果显示成分颇佳。聘请阿部到陕试办。阿部推荐左藤弥市郎为技师，并介绍木工、铁工、掘井工等6人，订立合同，赴延开办，一切机器即由左藤开单订购。光绪三十三年（1907年）正月，第一批机器和日本技工到达延长。三月安装机器，阴历四月二十五日（6月5日）开钻打井。五月，清政府正式任命洪寅为延长县令兼石油厂提调。八月初三日（9月10日）钻到井深81米处完井，命名为"延一井"。初日产量1000～1500千克，10年后仍保持1250千克。同年九月二十日（1907年10月26日），在延一井旁建成炼油房，同时安装日本产卧式炼油釜1座，为延长石油官厂，当月炼油344千克。民国23年（1934年），油井停产。期间延一井总产原油2550吨。

延一井旧址由一口单体油井遗存和复原的抽油设施构成。地下为已经封闭的延一井，初始深度81米。地表展示台面为清末进口的日本产钻机和吊油联合装置的复制品，由蒸汽锅炉、蒸汽机、钻井架、卷扬机和钻采设备五部分组成，总长度约9米。其中，锅炉为圆筒状，横置于1米高的台基之上，长3米，直径1.4米，其上有烟筒、水位观察、气压表等装置。钻采设施高2.48米，井架高10.2米，设备的钢铁质框架部分均为仿木质复旧成。正前方为国务委员康世恩题词碑，长6米，高1米，碑阳为康世恩题"中国陆上第一口油井"，碑阴为"延一井旧址保护性维修碑记"。

延一井是中国陆上第一口油井。它的诞生催化了延长石油官厂的建立，标志着中国大陆近代石油工业的正式起步。在此基础上发展壮大的延长油厂（矿），为中国的石油采炼工业积蓄了丰富的经验，培养了一大批石油专业技术力量。延一井的钻采，推动铜官（川）至延长公路的修筑，改善陕北闭塞的交通条件，促进了地方经济的发展。

民国24年（1935年）延长县解放，延长石油官厂收归公有，更名为延长石油厂，连同延一井归属陕甘宁边区政府建设厅管理。延长石油成为陕甘宁边区政府主要经济支柱之一，并有力地支援了抗日战争和解放战争。民国33年（1944年），毛泽东为延长石油厂厂长陈振夏题词"埋头苦干"。中华人民共和国成立后，延长油矿抽出一大批石油专业技术人员奔赴大庆、克拉玛依油田，支援新油田建设，延长油矿又被誉为中国石油工业的母亲矿。1950年，军工五厂更名为延长油矿，延一井属之。1978年，延长油矿把延一井加深到118米，初日产原油2900千克。1985年8月，延一井再加深到152米处压裂后，日产原油3000千克。1996年11月20日，延一井旧址被国务院公布为第四批全国重点文物保护单位，编号4-0250-5-051。1997年，为保护延一井旧址，油井停产，交延长县文物管理办公室管理。同年，延一井被国务院命名为"中华之最"。2004年，国家文物局批准延一井旧址保护维修方案。2005年夏，延一井旧址保护工程竣工，恢复原貌，对外开放。

**石龙坝水电站** 是中国第一座水力发电站，位于云南省昆明市西山区海口街道青鱼社区中国华电集团公司云南石龙坝发电厂内。

清光绪三十四年（1908年），法国以滇越铁路通车用电为由，提出欲于滇池出口螳螂川修筑电站，清朝政府以利权所在为由，未予允许，而策谋自行创办，责令劝业道造计划，无奈官银不足。清宣统元年（1909年），云南劝业道道台刘岑舫与云南商会总理王筱斋商议，以官管商办形式建设电站，定名为商办耀龙电灯股份有限公司。与德商礼和洋行订购西门子公司240千瓦机组2台。宣统二年七月二十一日（1910年8月25日）电站正式兴工，由商办耀龙电灯股份有限公司总经理左益轩和德国水机工程师毛士地亚、电气工程师麦华德主持开河建厂。相继建成拦河石坝1道、闸墩17座、闸门16孔、引水渠1条、机房座、四合办公院、23千伏输电线路1条、降压站1座。民国元年（1912年）5月28日，耀龙电灯公司石龙坝发电厂正式发电送往昆明，此为中国水力发电之始。民国12年（1923年）又招新股，扩建河道，建筑二厂房，置276千瓦发电机组2台，于民国15年（1926年）3月7日年投产发电。云南清末经济特科状元袁嘉谷为二厂房建

石龙坝水电站第三发电机房（1943年）

成题诗："石龙地，彩云天；璨霓电，忆万年。"民国20年（1931年）又向德国西门子公司购得720千瓦机组1台，增置于一厂房；民国22年（1933年）工程竣工后，公司改名为昆明耀龙电灯股份有限公司。民国25年（1936年）拆除原有2台240千瓦旧机组，一厂房再装720千瓦机组1台，历时两年竣工，一厂房和二厂房的装机容量分别为1440千瓦和1000千瓦。石龙坝水电站在抗战前已成为中国最大的水力发

石龙坝水电站办公楼（1910年）

石龙坝水电站西门子发电机

电站。民国31年（1942年），电力不足，石龙坝水电站扩建三厂房，由于交通中断，经费不足，只能将一厂房拆除的2台240千瓦旧机组修复重置于三厂房，次年投产发电。到1949年，石龙坝水电站总装机容量为2920千瓦。

石龙坝水电站是以滇池为天然调节水库，自螳螂川上游拦河，利用该段较集中的落差形成水头的坝式水电站。螳螂川系金沙江支流，是滇池的唯一泄水通道，坡陡流急，从滚龙坝到石龙坝一段，集中落差30余米。水电站一厂房利用落差15米，为河段总落差的一半，二厂房和三厂房引用一厂房尾水，再利用落差15米。石龙坝水电站遗存文物本体建筑有：发电厂房4座、西门子发电机1台、拦河坝2座、水渠2条、办公院建筑群等。

石龙坝水电站占地面积约14.2万平方米。发电厂房4座分别是清宣统二年（1910年）兴建的一厂房、民国20年（1931年）兴建的二厂房、民国31年（1942年）兴建的三厂房和1950年兴建的四厂房。同年的西门子发电机一台为清宣统二年（1910年）安装，仍在发电。拦河坝2座：平地哨拦河坝全长55米，闸门孔16孔；滚龙坝拦河坝，全长25米，闸门孔3孔。

水渠2条：引水渠全长约1478米，宽6～10米；尾水渠，全长约1720米，宽6～8米。

办公院建筑群由9个建筑单体组成。原机修车间，建筑面积约50平方米，留存有发电机及输电用过的历史老配件。石龙坝水电站始建时的"永垂不朽""用实核明""功建名垂"三块石碑。电站始建至今的重要相关史料、图纸、仪器、更换的发电机组所用配件等。

民国28～30年（1939～1941年），日本侵略军先后四次轰炸石龙坝，遗有一颗哑弹和飞来池遗迹。抗战期间，石龙坝发电厂工人坚守岗位，至少保证一台机组正常运行，以提供万钟街配电所发空袭警报等电源。1950年7月，耀龙电力公司与昆湖电厂合并，成立云南省电力工业管理局，统一管理云南全省电力工业。1987年12月10日，电站被昆明市人民政府公布为第二批市级文物保护单位。1993年11月16日，石龙坝水电站被云南省人民政府公布为第四批省级文物保护单位。2003年，云南省人民政府公布石龙坝水电站的保护范围和建设控制地带。2006年5月25日，石龙坝水电站被国务院公布为第六批全国重点文物保护单位，编号6-1055-5-182。2008年12月12日，石龙坝水电站被昆明市文化局辟为水电博物馆。2009～2014年，投资对水电站四合院建筑群进行修缮。石龙坝水电站建有"四有"档案。

**华新水泥厂旧址** 是中国年代最早、保存规模最大最完整的水泥工业遗存，位于湖北省黄石市黄石港区145号。

华新水泥厂是中国近代最早开办的三家水泥厂之一，原名大冶湖北水泥厂。由于其生产的"宝塔牌"水泥质量优良，先后荣获南洋劝业会头等金、银奖牌各1枚及美国巴拿马赛会一等奖。华新水泥厂前身为湖北水泥厂，为清光绪三十三年（1907年）由清政府湖广总督张之洞出示招商，福建清华实业公司总经理程祖福上书应招，并获清光绪帝朱批"依议钦此"而建，宣统元年四月十三日（1909年5月2日）建成投产。民国3年（1914年），河北唐山启新洋灰公司获得经营管理权，更名为华记湖北水泥厂，同年10月被启新洋灰公司正式兼并。民国27年（1938年）7月，国民政府将工厂迁于湖南辰溪，民国28年（1939年）1月开始建设，同年12月建成投产，更名华中水泥厂。同年5月，华中水泥厂联合中国、交通、新华等银行合资创立昆明水泥厂。民国32年（1943年）5月，昆明水泥厂和华中水泥厂在重庆召开股东联席会议，成立华新水泥股份有限公司，公司设在昆明。民国34年（1945年）10月公司由昆明迁至汉口。民国35年（1946年）9月28日，在黄石枫叶山兴建华新水泥股份有限公司大冶水泥厂。民国38年（1949年）初，第一台湿法水泥窑建成投产后，大冶水泥厂技术装备水平和生产规模能力，均堪称"远东第一"。1950年，华新水泥股份有限公司和大冶水泥厂合并。1953年9月8日，经中央重工业部批准，华新水泥公司改称公私合营华新水泥厂。1966年9月9日，华新水泥厂更名为东风水泥厂。1970年1月2日，恢复华新水泥厂厂名。2005年5月，作为华新水泥股份有限公司黄石分公司老厂区的华新水泥厂陆续停产。2007年7月，华新水泥厂老厂区全部关停。

华新水泥厂旧址全景鸟瞰

1-3号窑局部

厂房及生产设备

华新水泥厂旧址占地面积约20万平方米。保存有湿法水泥窑3台、贝式四嘴装包机2台、高耙机、低耙机等生产设施及生产线、运输线、厂房和管理用房等配套设施，其主要设备均为民国35年（1946年）从美国进口，由美国爱丽斯公司生产。

1号、2号湿法水泥窑直径3.5米，145米，是一种钢制圆胴，胴体内部砌耐火材料，胴体倾斜，窑头低，窑尾高，与地面成4°的夹角。回转窑是煅烧设备，煤粉在其中燃烧产生热量；又是给热设备，物料吸收热量进行烧结；还是运输设备，物料顺着斜坡在回转窑旋转过程中从进料端输送到出料端，在输送过程中依次完成干燥、煅烧、冷却的过程，形成熟料。水泥窑台时产量25吨，日产熟料1800吨，平均标号为650号，马力为400HP，墩座14座（1个窑7座）。3号窑即华新窑，窑型规格与1号、2号窑基本相同，但墩座改为6座，设备性能通过国产化已多有改进，由兰州石油化工厂制造。1975年9月20日破土动工，1977年7月1日投产，一次试车成功，增加年生产水泥能力23万吨。装包车间旧址内有包装设备，其中贝式四嘴装包机2台。马力为25HP（英制马力，

共合18.3925千瓦），台时能力60～70吨。1975年，进行技术改造，加大出灰叶轮，扩大出灰嘴，使台时装包能力提高。磨房旧址现有高耙机、低耙机等配套设备。高耙机、低耙机是生料球磨机（2.74米×3.96米）的配套设备，为浮选与输送设备。过滤水池为圆形，直径约52.5米，用钢筋混凝土制成。

2013年5月3日，华新水泥厂旧址被国务院公布为第七批全国重点文物保护单位，编号7-1812-5-205。2014年，黄石市文物局编制了华新水泥厂旧址的全国重点文物保护单位记录档案，由黄石市文物局（湖北水泥遗址博物馆）保管。2015年5月5日，湖北省人民政府办公厅印发《湖北省人民政府办公厅关于公布文物保护单位保护范围和建设控制地带的通知》，公布了华新水泥厂旧址的保护范围和建设控制地带。

**国民政府财政部印刷局旧址** 是中国近代第一家官办印钞企业所在地，前身是始建于1908年的清度支部印刷局。旧址位于北京市西城区白纸坊街23号。

清光绪三十一年底至三十二年初（1906年1月），清廷派户部郎中萨阴图、主事曾习

经，赴日本考察币制印刷事宜。光绪三十三年（1907年），清政府批准筹建度支部印刷局，设于北京南城白纸坊。同年冬，度支部派陈锦涛、蔡世澄赴美调查印刷局建筑规模，办理购置机器，聘请技师事宜。第二年，度支部决定印刷局完全仿照华盛顿国立印刷局式样建造，委托美国米拉奔公司设计制图，发包给日商华胜公司承建，机器设备的购置则由美国老旗昌洋行承揽。光绪三十四年五月三日（1908年6月1日），度支部印刷局正式动工建设。宣统二年二月（1910年3月），将邮传部印制邮票事宜归并入度支部印刷局办理，增设活版课工房。6月，主工房大楼建筑开工，同时兴建3座西式公寓楼，为员司、外国技师及家属居所。中华民国成立后改称财政部印刷局。民国3年（1914年）秋，主工房大楼竣工，随之机务课工房、水塔房、钟楼、门卫室、3所西式公寓楼等建筑相继竣工。各种机器设备，如石印机、胶印机、电动和手搬凹印机、万能雕印机等安装完毕。生产纳入正轨，营业开始兴旺。至民国4年（1915年），有员工1800余人，大小机器设备370余台。印钞用油墨从配料到化验制成，均由中国技师独立操作，质量可与外国货媲美。印刷品十分精美，雕刻钢凹版印

三座楼（专家楼）全景

刷钞票、印花税票等乃为中国独家技术，锌版及铜版印制工艺亦居中国其他印刷局之上，成为全国印刷业屈指可数的大型企业。民国17年（1928年）后，国都南迁，财政部印刷局处于半停业状态。民国24年（1935年），日本侵略军调兵入关，财政部印刷局一度停业，后被日伪侵占，印制伪中国联合准备银行钞票。日本无条件投降后，国民党政府派中央印制厂总管理处接收印刷局，改称中央印制厂北平厂。民国35年（1946年）和民国37年（1948年），南京国民政府前后两次欲关闭北平厂，拆卸机器，遣散员工。北平和平解放后，中央印制厂北平厂由解放军北平军管会接管。现由中国人民银行所属的北京印钞公司使用。

大清银行兑换券上的摄政王载沣半身像，由美国技师海趣雕刻钢凹原版制作，此为中国采用钢凹版印制的第一套钞票。民国元年（1912年）由格兰特雕刻设计光复纪念邮票、共和纪念邮票开印，此为中国自行印制的第一套纪念邮票。民国3年（1914年）6～7月，以毕辰年、阎锡麟、吴锦棠、李浦四位技术人员雕刻的中国第一套钢凹版钞票"殖边银行兑换券"诞生，标志着中国技工独立掌握了钢板雕刻凹印技术，具有划时代意义。

财政部印刷局旧址遗存建筑有二门及钟楼、主工房大楼、三栋西式公寓楼和水塔。总体呈"L"形布局，其中二门及钟楼、主工房大楼、水塔位于该厂中部，呈前后分布，前为二门及钟楼，中为主工房大楼，最后为水塔。三栋西式公寓位于中部建筑东北侧，一字平行分布。

二门及钟楼位于主工房大楼和厂门之间，

二门钟楼

坐南朝北，是装饰性的建筑。设计者是华胜建筑公司设计部。该建筑平面为"一"形，东西长57.37米，为一排平顶房，在平房中部辟为门道，门道两侧设门房和警卫室，门道上方设二层楼，楼四角用砖砌出隅石效果，二层檐部做丰富线脚装饰，顶部作低矮栏杆。二层顶部平台上置二层四面钟楼，四面嵌有直径85厘米的西式圆钟表盘。钟楼屋面为十字半圆拱顶，上置高1米的宝顶座旗杆。二号门及钟楼北立面为正立面，门道上部（女儿墙高度）嵌有楷体阴刻"财政部印刷局"匾额。南立面门道上部为高2.6米的山花，上作类似"布币"造型的抹灰图案。该建筑砖石混合结构，墙体为灰砖砌筑，勾白灰半圆凹缝清水做法，局部用石材，墙体砌筑材料不是砂浆或水泥，而是白灰黏土，说明当时水泥较为贵重。

主工房大楼位于中卫门南侧，坐南朝北，地上四层、地下一层，钢筋水泥框架结构，顶为三角桁架，平面"工"字形，纵向排列19间，横向排列7间，因为是厂房建筑，因此房间高大。原一至二层为生产工房，三层为版库、设计室和办公机关，四层为检封车间，五层为杂废品库房。宣统二年至民国3年（1910～1914年）建造，建筑面积12220平方

米。灰砖清水墙面造型简洁。在半地下部分用水刷石做出大块石砌筑效果用于表现建筑基础，在半层和一层檐部用花岗石砌出突出的腰檐，立面用砖壁柱纵向划分。其地上半间每层各开双窗，大楼入口位于二层，前出宽大台阶，并作重点装饰。大门采用砖砌出壁柱承托花岗岩檐部，在花岗岩上嵌楷体阴刻"财政部印刷局"字样；同时在大门外侧壁柱的基座上各镶嵌有一块花岗岩刻字。大楼入口处原有一爱奥尼式门柱门廊，已拆除。大楼屋顶为四坡顶带天窗，其出檐用木材做出西洋牛腿承托出挑。主工房大楼仍做办公之用，外墙经风雨侵蚀，木质窗框变形，砖体略有风化。

主楼南侧之大水塔建于宣统三年（1911

水塔全景

年），芝加哥铁工厂建造。水塔高约45米，钢支架结构，底部以大块混凝土做基础。在其底部镶嵌有一铁牌。水塔高位储水罐直径近7米，储水量达100多立方米，水塔下有水井4口，经抽水机向水塔输水，供生产使用。塔下水泵房于民国3年（1914年）建成，砖木结构，平券门窗，面积89平方米。二门及钟楼东侧，并列3组美国乡村别墅式小楼，楼房均为二层坡屋顶，灰砖清水墙，平面由多个方形组合，屋顶错落。小楼入口处有宽大的外廊，作西洋古典柱式装饰，原为高级技师住宅。

民国财政部印刷局旧址建筑群为近代折中主义风格，造型优美，风格独特，做工精巧，具有重要的历史价值、人文价值。

1998年初，由清华大学建筑学院教授张复合主持钟楼翻建工程，再现了这座标志性建筑的历史风貌。翻建后的钟楼建筑面积514.32米，钟楼及旗杆总高12.69米。原有旗杆作为装饰得以保存，不再做升旗之用。纪时钟按照

原来的罗马表盘样式重新定制，由机械式改为电子钟。考虑到造价因素，钟楼地下室基础部分采用普通红砖。地上部分用仿旧新砖，与钟楼原建筑用砖尺寸一致。工程于1998年10月告竣，钟楼重现昔日风采，成为北京印钞公司一道独特风景。

2001年，北京市人民政府将民国财政部印刷局旧址公布为市级文物保护单位，包括主工房大楼、二号门及钟楼，三座西式公寓及水塔。2004年，北京市人民政府公布国民政府财政部印刷局旧址保护范围及建设控制地带。2006年5月25日，民国财政部印刷局旧址被国务院公布为第六批全国重点文物保护单位，编号6-0882-5-009。2007年，建立民国财政支部印刷局旧址"四有"档案。2007年5～8月，恢复印钞公司原大门原貌。北京印钞公司负责国民政府财政部印刷局旧址的保护与管理工作。

**大庆第一口油井** 标志着大庆油田的发现，是中华人民共和国石油工业崛起的重要里

松基三井远景

程碑。大庆第一口油井位于黑龙江省大庆市大同区高台子镇西南6千米处的高台子屯和小西屯之间，东距双山屯4千米，西距小朱家围堤子1千米，南距何家大寓屯4千米。

大庆油田的勘探工作始于1955年。1955年1月，松辽盆地在燃料工业部石油管理局召开的第六次石油勘探会议上被列为主要含油田远景区之一。1957年3月，石油部派出地质队对松辽盆地及周围地区进行地质调查和综合研究。1958年夏，石油部组建松辽石油勘探局，对松辽盆地进行重磁力详查，开展深井钻探。1958年7月，先后在黑龙江省安达县任民镇和吉林省境内登楼库开钻的松基一井、松基二井，均没有发现油气。

大庆第一口油井（松基三井）井位位于大同镇高台子。1958年9月3日，经石油部和地质部的地质技术人员论证，决定在"大同镇高台子电法隆起"布井。1959年4月11日，松基三井正式开钻，从井深1050米开始连续取心。在相当白垩系姚家组地层层位，井深1112.20～1115.42米、1124.50～1127.15米、1130.00～1131.10米、1151.00～1155.05米、1166.00～1169.15米及1171.00～1171.50米等井段见到油浸、含油粉砂岩和细砂岩共长3.15米，油斑粉砂岩和泥制粉砂岩共长1.91米。取出的油砂呈棕黄色，含油饱满，具有较浓的油味。同年9月6日，松基三井开始试油。9月26

松基三井近景

日，松基三井喷出工业价值油流，日产原油9～12吨。时值中华人民共和国成立10周年大庆之际，便把大同改为大庆，大庆油田宣告诞生。在井旁以砖和水泥修建松基三井完钻喷油纪念碑。1987年后大庆第一口油井（松基三井）停产后，只在井口上安装老式采油树，老式采油树上有6个阀门，材质为铁质，共分4层排列，第一层为1个、第二层2个、第三层1个、第四层2个。1989年重修松基三井纪念地。它设在一个高0.9米的平台上，东边是松基三井所用的大罗马型采油树，两横一竖3根3寸管上有6个节门，绿色的管，红色的节门手轮。西边是一个用30吨重不规则六面体开然花岗岩建造的松基三井纪念碑，寓意在大庆油田发现30周年时所建。碑形似卧虎，正面向东，象征中国石油工业如东方红日蓬勃向上。碑体正面阴刻国务委员康世恩题写"大庆油田发现井——松基三井"，背面阴刻松基三井打井过程的碑文，两侧阴刻油砂体示意图及庆祝的灯笼和井口喷发的油花。碑体坐落在两层浆砌花岗岩条石碑座上，上层碑座北高南低，下层碑座平面近似椭圆形。下层碑座正面和背面各镶一块大理石碑，碑上刻有为发现大庆油田做出卓越贡献的地球科学工作者的名字。纪念碑北约3米处是土油池，土油池北15米处是大庆第一口油井（松基三井）井位。

大庆油田是中国最大的油田，也是世界上为数不多的特大型砂岩油田之一。大庆第一口油井的发现，使中国摘掉了石油工业落后的帽子，结束了贫油国的历史。从1960年开始，展开大庆石油会战，建成具有世界先进水平的大油田。这口油井是大庆石油会战的历史见证，也是中华人民共和国石油工业成就及大庆精神、铁人精神的主要象征。

1986年12月17日，黑龙江省人民政府公布大庆第一口油井（松基三井）为省级文物保护单位。1989年9月26日，大庆市委、市政府和大庆石油管理局为纪念大庆油田发现30周年，修建大庆第一口油井——松基三井纪念碑。1988年12月15日，大庆市人民政府印发《关于省级文物保护范围的通知》，划定公布了大庆第一口油井（松基三井）的保护范围。2001年6月25日，大庆第一口油井被国务院公布为第五批全国重点文物保护单位，编号5-0481-5-008。2001年起，大庆第一口油井由大庆市大同区文物管理所和大庆油田责任有限总公司采油五厂五矿共同管理。2004年12月20日，由黑龙江省大庆市文物管理站建立大庆第一口油井"四有"档案。

# 第五节 代表性建筑

**开平碉楼** 是广东开平侨乡集防卫与居住于一体的多层塔楼式建筑群，是功能与风格均十分特殊的近现代代表性建筑。开平碉楼绝大部分分布在广东省江门市开平市乡村。南、北、西部多丘陵，东部和中部多小丘、平原，潭江穿过开平中部，与支流构成河网交错的地貌，两岸是冲积平原，地势低洼。属全国重点文物保护单位的35座碉楼主要分布在自力村、马降龙村、锦江里村和三门里村。

建于明嘉靖年间（1522~1566年）的三门里迎龙楼是开平遗存最早的碉楼，代表了开平碉楼的早期形态。鸦片战争（1840年）之前，是开平碉楼的初期发展阶段。19世纪末到20世纪30年代成为开平碉楼发展的兴盛期。20世纪初，开平侨乡掀起建设中西合璧式建筑高潮，出现大量的多层塔楼式碉楼与传统村落相结合的范例。第二次世界大战爆发后，随着侨汇的减少直至最后中断，侨乡建设基本停顿，开平碉楼的建设进入衰落期。至现代，绝大多数碉楼逐渐被闲置，一些砖楼、石楼甚至因建房取材而被拆除。

迎龙楼是开平遗存始建时间最早的碉楼，建于明嘉靖年间，位于赤坎镇三门里。建筑坐西北朝东南，楼高三层，平面三间，砖石砌筑，外墙墙体厚达一米，每间一个窗户，窗门洞狭小，楼四角设落地式塔楼，塔楼二三层开射击孔，屋顶为中式两坡顶。作为早期碉楼，迎龙楼以防御性为主，外观墙体不加任何装饰，坚固厚重。

瑞石楼特征鲜明，位于蚬岗镇锦江里，建造于民国12~14年（1923~1925年），在开平所见碉楼中特征突出、规模宏大，造型华美，有"开平第一楼"之称。建筑坐西北朝东南，总高九层，面阔、进深各三间，每间有一宽大窗户，大门为西洋式拱券门，从第六层建造了周围外廊，外廊为西洋柱式拱券装饰，外廊四角设角亭，角亭设拱券屋顶。瑞石楼楼顶为西洋八角亭，亭顶为西洋拱券顶，楼顶正面做西洋巴洛克山花装饰。瑞石楼兼防御与美观于一体，是开平碉楼中的典型之作。

马降龙村有13座造型别致、保存完好的碉楼，建于20世纪二三十年代，多为2~7层建筑物。建筑形式有中国硬山顶式，英、德古堡式

瑞石楼全景

和欧美别墅式等不同模式。墙体结构分为泥木结构、砖木结构、混凝土钢筋结构等。门窗钢板厚实，十分坚固。碉楼有私楼和众楼之分，由华侨、港澳同胞或乡民独资兴建的属私楼，集资建造的是众楼。马降龙碉楼在保护当地村民的生命财产安全方面发挥了积极的作用。据记载，1963年、1965年、1968年开平发生三次大水灾，洪水漫过民居屋顶，村民登上碉楼得以避难。

开平碉楼大量兴建是在20世纪二三十年代，为用于避洪涝、御盗贼，侨胞们强烈的思乡情结造就了这时期碉楼建设的高峰期。开平遗存碉楼1833幢，分布在全市15个镇（街道）。从功能上区分，有家族住所的居楼、村

人集资兴建的众楼、用于打更放哨的更楼三种。从建筑结构与材料上区分，大致有石楼、三合土楼、砖楼、钢筋混凝土楼四种。开平碉楼有一个共同的特点，就是门窗窄小、铁门钢窗、墙身厚实、墙体上设有枪眼。有的碉楼在顶层四角建有突出楼体的"燕子窝"，从"燕子窝"的枪眼居高临下便可以对碉楼四周形成上下左右全方位的控制。碉楼顶层多设有瞭望台，配备枪械、发电机、警报器、探照灯及石块、铜锣等防卫装置。开平碉楼的上部造型，分为柱廊式、平台式、退台式、悬挑式、城堡式和混合式等。开平碉楼的下部形式都大致相同，只有大小、高低的区别。大的碉楼，每层相当于三开间，或更大；小碉楼，每层只相当

马降龙永安村天禄楼

方氏灯楼近景

于半开间。最高的碉楼是赤坎乡的南楼，高达七层；而矮的碉楼只有三层。碉楼顶部的装饰艺术，由分布于世界各地的华侨吸取各自侨居国的建筑风格，结合中国建筑传统而设计建造，各具特色。有中国古代建筑的硬山顶式、悬山顶式，中西合璧的园林式、别墅式、古罗马式、中东式、美国式、英国式、德国堡垒式、教堂式等十余种。碉楼最大的特点是按照自己的意愿选取不同的建筑式样结合在一起，自成一体，既有古希腊、罗马的风格，又有哥特式、伊斯兰式、巴洛克式的建筑要素。这些不同风格、不同流派、不同宗教的建筑元素在开平碉楼中和谐共处，反映了侨乡文化的超前性和创新性，在中国乡村建筑史上堪称奇迹，开平也因而被称为近代建筑博物馆。

开平碉楼为多层建筑，远远高于一般的民居，便于居高临下地防御。开平碉楼的墙体比普通的民居厚实坚固，不怕匪盗凿墙或火攻，窗户比民居开口小，都有铁栅和窗扇，外设铁板窗门。碉楼上部的四角，一般都建有突出悬挑的全封闭或半封闭的角堡（俗称"燕子窝"），角堡内开设了向前和向下的射击孔，可以居高临下地还击进村之敌。同时，碉楼各层墙上开设有射击孔，增加楼内居民的攻击点，纵横数十千米连绵不断。

开平碉楼这一集防卫与居住为一体的中西合璧式多层塔楼式建筑是广东开平侨乡民间建筑的一大特色，是中西建筑文化在中国乡村结合的典范，是中国华侨文化与乡村社会转型的独特见证，代表了中国民居的一个特殊类型，也是地域性历史文化在建筑上的反映。

1983年、1994年，开平人民政府先后两次将部分碉楼公布为县（市）级文物保护单位，并拨出专款对碉楼进行维修。2000年11月，开平市人民政府公布所有登记在册的碉楼为市级文物保护单位，同时成立开平碉楼与村落保护管理办公室，下辖自力村村落与方氏灯楼管理处、锦江里村落管理处、马降龙村落群管理处，负责管理各村落内部事务。迎龙楼和三门里村两地碉楼，由所在村村委会管理保护与使用。2001年6月25日，开平碉楼（35座）被国务院公布为第五批全国重点文物保护单位，编号5-0502-5-029。开平市人民政府随即制定颁布《开平市碉楼保护管理规定》，对开平碉楼的保护范围和建设控制地带做出原则性规定。8月，在开平市塘口镇立园建立碉楼博物馆。2004年9月，开平市人民政府编制开平碉楼全国重点文物保护单位记录档案，由开平市文物局负责管理和保管，所有记录档案由开平碉楼与村落保护管理办公室备份保管。2006年2月10日，开平市人民政府印发《开平市碉楼与村落保护管理规定》；2007年7月24日，广东省人民政府修订并发布《广东省开平碉楼保护管理规定》。

**坎尔井地下水利工程**　是新疆吐鲁番地区高温干旱条件下发展起来的一种古老而又独特的地下水利工程，是人类利用自然、改造自然的一大创举。坎尔井地下水利工程位于新疆维吾尔自治区吐鲁番市亚尔乡。

坎尔井被称为吐鲁番的"生命线"和"绿色线"，是吐鲁番地区各族劳动人民在同干旱长期斗争中，根据当地自然条件发展的一种灌溉法。坎尔井是一种新疆独特地下水道工程，即在地表下开挖引水渠道，把地下潜流逐渐引

坎尔井暗渠沿坡地向村庄延伸

出地面，由竖井、暗渠、明渠和小型蓄水池四个部分组成。亚尔乡坎尔井工程部分在清代开凿，一直发挥着灌溉作用。到1957年，坎尔井数量达到最高峰，有1237道；年径流量1966年达到最大的6.999亿立方米。随后，坎尔井的数量及流量逐年减少。2003年，原有596道坎尔井的吐鲁番市已有240道断流。

米衣木阿吉坎尔井是其中最具代表性的一处，位于吐鲁番市亚尔乡亚尔村，是维吾尔人米衣木·阿吉开掘而成的，故由此得名，距今已有200年的历史。全长3千米，最深处为70～80米，日水量可灌溉耕地60亩，是吐鲁番地区水量较大的一条坎尔井，水源为天山山脉的雪水融化，通过地下渗透而形成。

已知最古老的坎尔井是吐尔坎儿孜，位于吐鲁番市恰特卡勒乡庄子村，全长3.5千米，日水量可浇20亩地，1520年建成。

古今中外学者对坎尔井历史、起源、规模、建设技术等方面进行研究与探讨。其中坎尔井起源学术界争论不一，清光绪年间（1875～1908年）的陶葆廉认为《汉书·西域传》所言破羌将军辛武贤遣人所穿卑鞮侯井是井渠法在西域的具体运用；美国人文地理学家亨廷顿、法国探险家伯希和相继认为新疆坎尔井自古代波斯传入；王国维特作《西域井渠考》坚持和进一步阐发陶葆廉的观点；新疆水利厅坎尔井研究小组经过长期研究认为，新疆的坎尔井是2600年前，新疆各族劳动人民为了发展生产，在与干旱斗争的过程中，根据高温少雨蒸发量大的气候条件和盆地地形的特点，在挖阴沟、掏泉等开发利用地下水和生产实践中不断总结提高逐步创造出来的。

1991年8月16日，中国新疆坎尔井研究会成立，会址设在吐鲁番市亚尔乡原坎尔井施工队队部，同时筹划建立坎尔井乐园，于同年正式对外开放。坎尔井乐园内的坎尔井陈列馆，是当地传统水利灌溉设施的专题陈列馆。2006年5月25日，坎尔井地下水利工程被国务院公布为第六批全国重点文物保护单位，编

坎儿井明渠

坎儿井暗渠

号6-1077-5-204。2006年9月29日，新疆维吾尔自治区第十届人民代表大会常务委员会第二十六次会议通过《新疆维吾尔自治区坎儿井保护条例》，自2006年12月1日起施行。2009年7月22日，新疆维吾尔自治区人民政府印发《关于公布新疆维吾尔自治区全国重点文物保护单位保护范围、建设控制地带的通知》，公布坎儿井地下水利工程保护范围和建设控制地带。同年，吐鲁番地区文物局坎儿井办公室成立，专职负责坎儿井的日常保护和管理工作。2010年11月，建立坎儿井地下水利工程全国重点文物保护单位记录档案，存放在吐鲁番市文物局。

**南甸宣抚司署** 是晚清至民国时期云南世袭南甸傣族土司刀龚氏日常办公和生活起居的场所，位于云南省德宏州梁河县遮岛镇南甸路103号。

世袭南甸土司刀龚氏，其先祖为当地傣族土著部落首领。明正统九年（1444年），因"三征麓川"之役有功，升南甸州为宣抚司，封三十五世土知州刀乐印为宣抚使，并颁发南甸宣抚使司铜印一枚。同年迁司署于团山（梁河县九保乡九保村西北）。清乾隆三十一年（1766年），应袭任土司的刀三锡尚幼，为防

缅兵蹿入蹂躏，又苦于应付往来官军，共议后迁司署于永安（后为梁河县遮岛镇东南县职业高中校址）。清咸丰元年（1851年），南甸境内人民反抗土司苛政，焚毁永安司署，第五十七世土司刀守忠迁司署于田心（后为梁河县遮岛镇）。南甸宣抚司世袭为官29代，历时552年（1398～1950年）。

司署遗存总占地面积10625平方米，建筑面积7780平方米。始建于清咸丰元年（1851年），历经三代土司不断扩建和修缮，最后落成于民国24年（1935年），历时84年。建筑群由四个主院落，按照封建衙门等级分为一堂（公堂：日常刑民案件审理）、二堂（会客厅：接待上官、贵宾）、三堂（议事厅：与其他土司或司署属官商议政务，也用于审理一般案件）、四堂（正堂：为土司及其眷属居住处），一进四院，逐堂升高。10个旁院落，周边另有7拐24间耳房、花园、佛堂、戏楼、小姐楼、佣人住房、厨房、粮库、马房、军械库、监狱等建筑，共计149间。各院大堂均为五开间的抬梁式木结构屋架，单檐歇山屋顶、筒瓦屋面，脊部为琉璃瓦镶嵌成80厘米高的各种鸟兽团花扣，脊的两端饰翘起的龙首鱼身形鸱吻。第四院大堂通面阔23米，进深12米，檐

南甸宣抚司署大门

南甸宣抚司署第一院

南甸宣抚司署第三院

南甸宣抚司署第四院

高4.5米。每幢正殿30棵木柱，柱径42厘米，柱础为石狮、宝装莲式或鼓镜式。大堂左右两边各有三开间的厢楼，设有走廊，楼上的走廊饰有从英国进口的花鸟图案铁铸围栏。第一、二院厢楼为重檐屋顶，第三、四院厢楼为单檐屋顶，脊的两端用砖瓦砌成"大元宝"头；面阔12米，进深9.4米，檐高4米；每幢厢楼20棵木柱，用材硕大。大殿和厢楼前后设走廊，两侧修月拱小门，小院中设照壁图画点缀。大殿和厢楼、小院串通，可谓"层层院井八方通，幢幢署阁殿中殿"。梁枋、门窗木构件则精雕细刻，遍施描金、彩绘。每院布局均为"凹"字形，于正殿走廊折角处延伸出厢楼或厢房。整个司署雄伟壮丽、功能齐备。

　　南甸宣抚司署是中国少数民族土司文化的宝贵遗产，是研究云南少数民族史、地方史、傣族土司制度以及滇西民族建筑艺术的珍贵实物资料。

　　中华人民共和国成立后，南甸宣抚司署作为梁河县县委、县政府办公地点，得以完整的保存。1987年12月21日，南甸宣抚司署被云南省人民政府公布为第三批云南省级文物保护单位。1989年，梁河县人民政府迁出南甸宣抚司署，并移交产权给梁河县文物管理所。梁河县文物管理所迁入南甸宣抚司署进行保护管理工作。1993年由梁河县人民政府划定南甸宣抚司署文物保护范围和建控地带。1996年11月20日，南甸宣抚司署被国务院公布为第四批全国重点文物保护单位，编号4-0214-5-16。全国重点文物保护单位记录档案《南甸宣抚司署保护档案》由德宏州文物管理所保存。

　　**广州沙面建筑群**　是中国近代历史上在广东沙面租界形成的西式为主的建筑群，一处近代代表性建筑群，位于广东省广州市荔湾区沙面。

　　广州市珠江白鹅潭畔的沙面岛，是一个四面环水的小岛屿。清道光年间（1821～1850年）这里设有炮台，留有第一、二次鸦片战争

*广州沙面教堂*

时期抗外御侮的历史遗迹。清咸丰九年（1859年），英、法国侵略者阴谋在广州建立侵略基地，看中了沙面面对白鹅潭进可攻、退可逃的有利地形。由英国出面交涉，强迫清政府在沙面北面用人工挖一条宽40米、长1200余米的小涌（沙基涌），与陆地分开，使沙面成为一个小岛。同时，在沙基涌北面开辟道路，定名沙基，俗称鬼基（六二三路），并建东、西二桥来往沙面。又迫令清政府拆除沙面沿岸各炮台，修筑堤岸，作为他们居住、经商之地。工程耗费白银20余万两，全部由清政府拨款开支。咸丰十一年七月廿九日（1861年9月3日），英、法两国强迫清政府签订《沙面租借条约》。19世纪末，岛内各建筑设施已基本建成。住户是各国领事馆、银行、洋行的人员以及海关外籍人员、传教士等。岛内以沙面一街为界，西为英租界，占全岛五分之四；东为法租界，占五分之一。全岛以道路网分隔为12个区。共有十余个国家在沙面设立领事馆，9家外国银行、40余家洋行在沙面经营，粤海关会所、广州俱乐部等在沙面相继成立。

沙面建筑群包括有领事馆、兵营、教堂、银行、邮局、电报局、商行、酒店、酒吧、冰

广州沙面西桥外观

厂、发电厂和住宅，以及俱乐部、网球场、公园、游泳池和码头、东桥、西桥等。沙面建筑群保存基本完好，有150多座欧洲风格建筑，其中有42座特色突出的新巴洛克式、仿哥特式、券廊式、新古典式及中西合璧风格建筑，是广州最具异国情调的欧洲建筑群体。岛内环境幽雅，规划有序，桥梁码头设施完备，街道纵横，绿树成荫，花草连片。沙面大街2～6号的楼房，俗称红楼，原是海关洋员华员俱乐部，高三层，红砖砌筑，南面和北面建有尖顶阁楼，仿19世纪英国浪漫主义建筑风格；有法国特色的弧形阳台，具有浓郁的法国乡村寨堡风格。沙面大街14号是露德天主教圣母堂，其建筑尖顶、尖拱状门窗，具有典型的仿哥特式风格。沙面大街54号汇丰银行，为四层楼房，折中主义式建筑。其立面具古典主义风格，以粗大石块砌筑底层，以古典柱式控制立面构图，南面和西面分别有门进出，二楼外墙砌有通柱至三层顶；在西南楼上建有穹隆顶亭子。沙面大街48号旗昌洋行，高三层，钢筋混凝土结构，外墙刷水洗石米；立面四周为简洁的连续拱券券廊，具维多利亚建筑风格，是券廊式建筑的代表。

沙面是广州重要商埠，历经百年，见证了广州近代史的变迁，留下孙中山、周恩来等人的足迹。沙面已成为中国近代史与租界史的缩影，沙面岛上欧陆风情建筑形成了独特的露天建筑"博物馆"。

民国14年（1925年）6月省港大罢工期间，英、法、葡等帝国主义军队开炮向沙面街道示威游行队伍轰击，制造"沙基惨案"，又叫"六二三惨案"。1963年曾在沙面出土两门

第一次鸦片战争时期的广州城防炮，这是广州人民抵抗帝国主义侵略的见证。

沙面建筑群以原貌保存其建筑风格，各类建筑则由各机关、团体、酒店、商户或住户等，在广州市、荔湾区文物主管部门的指导下进行保护和使用。1990年，沙面建筑群被建设部、国家文物局、中国建筑学会公布为全国近代优秀建筑单位。1996年11月20日，广州沙面建筑群被国务院公布为第四批全国重点文物保护单位，编号4-0209-5-011。沙面建筑群，由广州市荔湾区人民政府办公室负责管理和保护。2000年，国家文物局批准实施的广州市文化局编制的《广州沙面建筑群保护规划》，明确了沙面岛保护范围和建设控制地带。沙面建筑群全国重点文物保护单位记录档案，由广州市文物考古研究院负责编制和保管。

**天津利顺德饭店旧址**　是近代天津最早的豪华饭店，也是近代重要的政治和商业活动中心，位于天津市和平区解放北路199号。

清同治二年（1863年）由英国圣道堂牧师约翰·殷森德购地4000平方米，建成货栈饭店，人称"泥屋"，为砖木结构瓦棱铁顶英式平房。同治五年（1866年），天津怡和、高林洋行买办梁炎卿与天津海关税务司德璀林、英国人殷森德集资，将货栈饭店扩建成一座带有欧洲乡土气息、三层砖木结构、平坡屋顶的古典露明式豪华楼房，占地3200平方米，建筑面积扩至6200平方米。饭店英文名称"ASTOR HOTEL"，俗称"总督饭店"。民国13年（1924年），在老楼北侧增建欧洲风格的楼房。民国18年（1929年），拆除北侧的部分主楼，建起约2500平方米的四层砖混结构的大

天津利顺德饭店旧址

天津利顺德饭店旧址内景

楼。民国32年（1943年）3月，改名亚细亚饭店，抗战胜利国民政府接管后恢复原名。

利顺德饭店主楼三层，沿街布置，西临维多利亚花园，东靠海河，环境优美，具有西欧田园建筑风貌。突出于主楼之外的半地下室，形成整个建筑物的基座和首层的凉台；二层和三层均有通长外廊，砖砌檐口饰以多种线脚；主楼转角部位有古城堡式的瞭望塔楼。立面造型轻快、活泼。各层为内廊式布局，主入口在泰安道一侧。首层设门厅、餐厅、备餐室、厨房、台球室、卫生间等，有单间客房5间；二层和三层各有公寓2套、单间客房17套，每套公寓均有卧室、客厅、图书室、餐厅、备餐室、厨房、卫生间和凉台，单间客房中少数房间带独用卫生间，其余为公用卫生间。半地下室为水泵、锅炉、动力设备、冷库、贮藏以及服务人员用房。楼内设三座楼梯，以及三个外跨式安全疏散楼梯。塔楼内设小楼梯，直至五层。

民国18年（1929年）饭店北侧建起四层砖混结构的大楼，使饭店整个平面为"E"形。在"E"形的凹处扩建430平方米的舞厅和150平方米的餐厅；原楼内部也进行改造，增设大厅、服务台、酒吧等。扩建大楼新增客房40套，各带独用卫生间，安装电梯1部。改造后，室内装饰更加华丽。舞厅内为条木地板，顶棚有石膏花饰，有圆券窗，窗间墙用中国山水壁画和西洋矩形及椭圆形镜框相间装饰，窗券口以上和坎墙部位等大面积墙面均饰以垂花、壁龛、波浪花纹等雕饰。饭店的主入口改在解放北路一侧，尾部因方便行人和交通，采用双跑扇形退缩式台阶，上设半圆形雨棚，增设转门。

近代以来许多名人，如孙中山、黄兴、宋教仁、溥仪、袁世凯、段祺瑞、蔡锷、梁启超、张学良等都曾在此下榻。美国前总统胡佛亦曾住过这里。《中国丹麦条约》《中国荷兰条约》曾先后在此签署。该店至今保存有孙中山用过的银质烟碟、溥仪用过的餐具、张学良听过的留声机、文艺复兴式的雕花古典沙发、"奥迪斯"（OTIS）早期电梯等文物。是英租界遗存早期建筑之一，也是中国近代首家外商开办的大饭店。

1952年5月，饭店移交天津市人民政府管理，更名"天津大饭店"。1984年，恢复利顺德大饭店（ASTOR HOTEL）名称。由天津旅游总公司、香港哥罗洋行有限公司合资经营。1987年，再次增建七层楼房，总建筑面积增至2.2万平方米。天津市和平区文物管理所负责文物保护管理工作。天津市利顺德大饭店负责日常使用管理工作。1996年11月20日，天津市利顺德饭店旧址被国务院公布为第四批全国重点文物保护单位，编号4-0199-5-001。2015年，天津市人民政府印发《天津市人民政府关于天津市境内国家级、市级文物保护单位保护区划的批复》，公布了利顺德饭店的保护范围和建设控制地带。已编制天津市利顺德饭店旧址全国重点文物保护单位记录档案，并随时补充更新，分别保管于天津市文物管理中心、天津市和平区文物管理所。

**鼓浪屿近代建筑群** 是19世纪中叶到20世纪中叶鼓浪屿国际社区发展中形成的近现代代表性建筑，位于福建省厦门市思明区九龙江出海口厦门湾的鼓浪屿岛，东北临厦门岛，其西侧与海沧嵩屿隔海相望，南向稍远是龙海的海澄。

厦门湾位于台湾海峡西岸的中段，是东亚和东南亚地区海上交通要冲，是17世纪以后中国大陆对东南亚海上商贸圈与对东亚（主要是日本）海上商贸圈的交会点。鼓浪屿扼住九龙江的出海口，是17世纪以来厦门港的出海航道，地理位置十分重要。鼓浪屿的形成与发展，在早期闽南本土居民建设的零星传统聚落基础上，先后经历外来文化传播影响和多元文化融合两个发展阶段。第一个阶段，始于19世纪中叶，陆续上岛居住的外国传教士、领事外交人员、商人等，在此建设西式的建筑与近代化的学校、医院、俱乐部等社区公共设施，以及道路、墓地等基础设施。第二个阶段，以清光绪二十九年（1903年）《厦门鼓浪屿公共地界章程》生效为起始，至民国30年（1941年）太平洋战争爆发、时局动荡、居民纷纷迁出而结束。鼓浪屿以独特的地理位置、宽松的政治氛围、多元

鼓浪屿

的文化环境与高质量的生活品质，吸引大批外国人、华侨、台胞和闽南本土居民到此定居，创造了包括厦门装饰风格建筑等颇具地方特色的新风尚，建立了一系列近代化的文教、医疗、基础设施、体育、休闲娱乐场所和金融设施，其社区功能和服务得到进一步完善。

鼓浪屿近代建筑群占地面积1.88平方千米，由20处近代建筑共同构成，包括：会审公堂旧址等工部局时期的社区公共管理机构遗存一处2栋，体现中外政治、商贸、文化交流的各国领馆、中外商贸金融机构等驻岛机构遗存五处7栋，如日本领事馆——日本警察署及宿舍旧址、美国领事馆旧址、厦门海关理船厅公所旧址、厦门海关副税务司公馆旧址、厦门海关验税员公寓旧址等；综合反映当时鼓浪屿社区服务近代化水平及多元文化交流的各类宗教、文教、医疗、文化娱乐等公共建筑遗存七处9栋如天主堂、三一堂、救世医院——护士学校旧址、博爱医院旧址、毓德女学校旧址、安献堂、万国俱乐部旧址；反映不同时代不同文化影响的住宅建筑及其庭园遗存六处10栋和一处园林，如汇丰银行公馆旧址、西林——瞰青别墅、黄荣远堂、海天堂构、八卦楼、菽庄花园、亦足山庄等。它们使鼓浪屿成为历史城镇类遗产中独特而突出的珍贵范例。

美国领事馆旧址坐落于三明路26号，与厦门岛最繁华的鹭江道隔海相望。清道光二十四年（1844年），美国政府在鼓浪屿田尾球埔旁设立了"交通邮政办事处"，并代行领事之职。同治四年（1865年），该办事处升格为领事馆，随后迁至三和路（三明路26号）。民国19年（1930年），领事馆重建此馆。该领事馆

丛西朝东，砖混结构，地上二层，地下一层，占地面积约6300平方米，建筑面积1020平方米。建筑以红、白两色为主色调，南面和东面分别设置两个出入口，并以白色科林斯式大廊柱来强调建筑的主立面；四面山墙设三角形为屋顶装饰，屋面铺灰色机平瓦，系典型的美国折中主义式建筑。

日本领事馆旧址坐落于鹿礁路24、26、28号，包括领事馆及警察本部三座建筑。清同治十三年（1874年）在大和俱乐部内筹建领事馆；光绪二十四年（1898年），在鹿礁路建成领事馆舍；民国17年（1928年），在馆舍右侧增建两幢楼房作为警察本部，内设刑讯室和监狱。日本领事馆旧址坐北朝南，建筑面积2930平方米，地上二层，地下一层；砖木结构，平面呈前廊式布局，拱券宽廊，为仿英国维多利亚式别墅建筑。墙体勒脚下为花岗岩石墙，勒脚上为清水红砖墙。屋顶为双坡顶，廊顶为平顶，屋面铺红色机平瓦。日本领事馆警察本部共两幢，分别为警察署、警察宿舍，均为砖混结构，红色清水砖墙，厚墙长窗，简洁厚重，系20世纪典型的日式建筑。

汇丰银行公馆旧址坐落于鼓新路57号。清同治十二年（1873年），英国香港上海汇丰银行在厦门开设分行，为厦门最早的近代银行。民国9年（1920年）前后，在笔架山东北端山崖顶建此建筑作为银行的行长住所。该建筑由英国建筑师设计，系典型的欧式别墅建筑。砖石结构，占地384.6平方米，地上一层，半地下一层。平面三面设廊，共三个出入口。地基以钢筋打入岩基，勒脚下为花岗岩条石砌墙，勒脚上为砖墙抹灰粉白。廊柱为希腊科林斯柱

式，柱座为花岗岩，柱身为红砖砌成，柱头雕饰花瓣。屋面为多面坡顶，铺设灰色机平瓦。

天主堂坐落于鹿礁路34号。清道光二十二年（1842年），西班牙天主教会到厦门传教，初在鼓浪屿田尾租民房设礼拜堂，后迁入鹿礁路西班牙领事馆内。民国6年（1917年），主教马守仁在鼓浪屿西班牙领事馆旁兴建了鼓浪屿天主堂，并将主教署迁至鼓浪屿。时厦门天主教教区管辖范围包括闽南、闽西及闽中25个县。该建筑为典型的哥特式建筑，西班牙建筑师设计。教堂坐西北朝东南，建筑面积232平方米，砖石木结构，平面布局前为方形，中部长方形，后部半圆形。前部为钟楼，共三层，一层为入口，二层为歌经楼，三层为钟塔。中、后部单层，中为礼拜大厅，后为祭台。大厅内两排列柱纵分，柱间设多面联拱尖顶天花。外墙为砖石结构外抹灰粉白，装饰有哥特式小尖塔及玫瑰花窗。

三一堂坐落于安海路69号。鸦片战争后，英美基督教传教士即到厦门传教，并建有专供外国人使用的小型礼拜堂。民国23～25年（1934～1936年），英国长老会派下的厦门港礼拜堂、美国归正教会派下的新街礼拜堂和竹树脚礼拜堂三个堂会教堂营建"三一堂"，既

鼓浪屿天主堂

寓意三个教堂联合兴建之意，又寓意圣父、圣子、圣灵三位一体的教义。教堂坐西朝东，建筑面积886平方米，平面布局呈"十"字形，外观严谨对称；以红白两色为主色调，勒脚下为花岗岩条石砌墙，勒脚上为清水红砖墙；四面山墙装饰四个三角形山花。教堂共两层，一层为半地下室，二层为礼拜大厅。屋顶为三角形钢梁屋架，屋顶正中建八角形钟塔。钟塔平面呈八角形，穹隆顶，顶上置十字架，塔内有始建时购置的铜钟一口。屋顶为双坡顶，面铺红色机平瓦。东、南、北三面共设三个出入口，门楣上镌刻楷书"三一堂"。

安献楼坐落于鸡山路18号。清光绪三十二年至宣统二年（1906～1910年）美国基督教安息日会在厦门办学传教。民国23年（1934年），安礼逊在鸡山顶兴建一座楼房，即安献楼。民国27年（1938年），美华男、女两校合并，迁入安献楼内。该楼坐北朝南，为花岗岩条石建成的全石构建筑，共三层，建筑面积1005.6平方米，平面为封闭式内廊布局，建筑沿中轴左右对称，中心部位入口处以四根圆柱、三角形山花和台阶为装饰。屋顶为平顶式，四周设高1米的石砌女儿墙。该建筑受欧洲新建筑的影响，注重功能和结构，立面处理简洁、明快。

八卦楼坐落于笔架山西北坡，鼓新路43号，原系私人别墅，建于清光绪三十三年（1907年），楼主林鹤寿为台湾富绅板桥林氏三房。现为厦门市博物馆。八卦楼坐南朝北，建筑面积为4623平方米。平面布局为四面外廊加十字内廊。地上三层，半地下一层，地下室部分为花岗岩条石砌筑，四角耳房为清水红砖墙，其余为砖墙抹灰粉白。建筑四面外廊均设

鼓浪屿黄荣远堂

有数根巨大圆形廊柱。二楼顶部分为平顶，四周砌高约1米的女儿墙。三楼为多坡顶，屋面铺红色机平瓦。中心部位为高达10米的穹隆顶观景台。东、西、南、北四面均设入口。该楼系鼓浪屿的标志性建筑之一。

西林·瞰青别墅坐落于永春路72、73号，兴建于民国7～16年（1918～1927年），为欧式建筑。亦足山庄坐落于笔山路9号，位于笔架山半山腰上，建于民国8年（1919年），寓意就此已足，系典型的欧式别墅，庭院式布局。菽庄花园坐落于鼓浪屿岛的南面海滨，由闽台富绅林尔嘉建于民国初年，有"藏海"和"补山"两大景区，中国传统园林风格。

鼓浪屿近代建筑群主要形成于19世纪中叶到20世纪中叶，作为华洋共管的国际社区，鼓浪屿独特的历史进程和富有活力的文化形态既凸显了与世界多元文化的广泛交流，也是对近代化和现代人居理念的全面实践，同时也显示了闽南移民文化开拓性、包容性和本土性的充分伸张，是人类文明交流进程中独特而杰出的成果。

1988年，鼓浪屿被认定为国家级风景名胜区。2006年5月25日，鼓浪屿近代建筑群被国务院公布为第六批全国重点文物保护单位，编号6-0963-5-090。具体包括美国领事馆旧址、日本领事馆旧址、汇丰银行公馆旧址、天主堂、三一堂、安献堂、八卦楼、西林·瞰青别墅、亦足山庄、菽庄花园等九处11幢建筑和1处园林。2013年5月3日，国务院公布第七批全国重点文物保护单位时，又将会审公堂旧址、厦门海关理船厅公所旧址、厦门海关副税务司公馆旧址、厦门海关验税员公寓旧址、救世医院——护士学校旧址、博爱医院旧址、毓德女学校旧址、万国俱乐部旧址、黄荣远堂、海天堂构等十处18幢近代建筑归入全国重点文物保护单位鼓浪屿近代建筑群。厦门市人大常委会制定《厦门经济特区鼓浪屿文化遗产地保护条例》《厦门经济特区鼓浪屿历史风貌建筑保护条例》《厦门市鼓浪屿风景名胜区管理办法》等地方性法规进行保护管理。鼓浪屿现行修订的规划有《鼓浪屿文化遗产保护管理规划（2014～2030年）》《鼓浪屿—万石山风景名胜区总体规划（修编）（2014年）》《鼓浪屿控制性详细规划（2010～2025年）》《鼓浪屿历史风貌建筑保护规划（2000年）》和《全国重点文物保护单位鼓浪屿近代建筑保护规划（2010～2025年）》等系列法规文件，加强对历史建筑的规划保护。2016年，福建省人民政府公布鼓浪屿近代建筑群保护范围；同年11月，福建省文化厅、省住房和城乡建设厅印发《关于公布省级以上文物保护单位建设控制地带的通知》，重新划定鼓浪屿全岛作为鼓浪屿近代建筑群的建设控制地带。2017年7月8日，鼓浪屿近代建筑群作为重要遗址点，以"鼓浪屿：历史国际社区"项目，列入世界遗产名录。

广州圣心大教堂　是中国最大的一座哥特式石构教堂，又是东南亚最大的石结构天主教建筑。圣心大教堂位于广东省广州市越秀区人民街道靖海门社区一德路旧部前56号。

清咸丰十年十二月十日（1861年1月25日），法国政府依据不平等的《天津条约》，强迫清政府将战争中被摧毁的原两广总督部堂衙门4万平方米租给其兴建教堂。教堂由主教稽明章负责筹建，吸收巴黎圣母院建筑精华进行设计。所用花岗岩石材采凿于新安县牛头角

及长湾两地（九龙）。广州圣心大教堂于同治二年（1863年）七月十三日正式动工，十一月二十八日圣心瞻礼日举行奠基典礼，故命名圣心大教堂，光绪十四年（1888年）竣工，历时25年，耗资40万金法郎。广州圣心大教堂用花岗岩石砌筑，局部用青砖，因而称为"石室"。东西面宽35米，南北进深78.69米。南立面正面为双塔楼，高58.5米，分三层，第三层为钟楼，一对尖塔为空心的八角形锥体，用石块砌成，为哥特式教堂建筑风格。其下是三层楼房，内是尖形肋骨高枢的拱形穹隆。大钟楼装有4具从法国运来的大铜钟；西边钟楼的西、南、北三个塔面安装有罗马字钟面的时钟，东边钟楼内悬挂着以圣母玛利亚命名的铜钟组；中部为大门，内部为"十"字形尖券拱顶，两边用侧高窗。以两排纵向束柱把空间分为中厅和侧廊，采用尖形肋骨十字

广州圣心大教堂外景

拱顶，东西两侧的外墙建有飞拱和飞扶壁，凌空斜撑。整座建筑的尖形拱窗、玫瑰窗、女儿墙及室内装饰精细，束柱的柱头以变形的麦穗作装饰，束柱柱础并在一起表示坚如磐石；出水口为中国传统风格的石狮式样。正面是典型的左右三段式和上下三段式格局，基座是三座尖拱门，中央大门最大，左右门对称，这三座门及东西两侧的横门均为层层叠叠的尖券门，具有很强的透视效果。门楣上有精致的石雕图案，中间是硕大的玫瑰花窗，两侧对称的窗子和三楼的两扇窗为合掌式，与大门一样为暗红色，装饰尖券，上、下两部分之间刻有排列有序的栏杆。建筑里也融入中国元素，整座教堂的建造全部采用中国的土办法糯米桐油代替水泥，既防水又牢固；穹顶石块从中凿双孔用铁枝穿起来；教堂楼顶的出水口改成中国狮子造型；地板将原设计的石块改成广东大阶砖，

广州圣心大教堂内景

防湿性更好；门上刻上广式木雕。民国24年（1935年），将塔内铁梯和屋面改为钢筋混凝土。教堂的东面和北面有附属建筑医院、神学院、学校等。

广州圣心大教堂是我国最大的一座哥特式石构教堂，东南亚最大的石结构天主教建筑，与巴黎圣母院、威斯敏斯特教堂、科隆大教堂并称四大全石结构哥特式教堂，具有重要的历史、艺术和文物价值。

1962年7月，广州圣心大教堂被广东省人民委员会公布为第一批广东省文物保护单位。1981年4月，成立广州市天主教协会下属的石室天主堂管理处，负责广州圣心大教堂的保护和管理。20世纪80年代，对石室进行较大规模的修缮。1994年，广东省人民政府公布广州圣心大教堂保护范围和建设控制地带。1996年11月20日，广州圣心大教堂被国务院公布为第四批全国重点文物保护单位，编号4-0215-5-017。2004～2006年，对广州圣心大教堂实施原状维修工程。广州圣心大教堂作为广州市天主教的主要活动场所，供教徒礼拜聚会。2015年，委托广州大学建筑设计研究院编制圣心大教堂保护规划。广州市文物考古研究院编制和保管广州圣心大教堂全国重点文物保护单位记录档案。

**镇江英国领事馆旧址**　是英国在中国沿海沿江较早设立领事馆的所在地，系欧洲古典建筑的变形，也称"东印度式"建筑，是一组由五幢房子组成的建筑群。旧址位于江苏省镇江市润州区金山街道银山门社区伯先路85号。

第二次鸦片战争后，镇江被辟为通商口岸，英国侵略者在镇江设立租界，并于清同治

镇江英国领事馆1、2号楼外观

镇江英国领事馆5号楼

三年（1864年）在云台山麓建立领事馆。光绪十五年（1889年），以英国巡捕殴打小贩为导火线，镇江人民焚毁领事馆。同年，清政府赔偿银子4万两，照原样重建领事馆，于次年竣工。民国16年（1927年）初，北伐战争胜利进展，收回租界呼声日高，英国驻北平公使给镇江英领事馆一道"暂时撤退"的训令，英领事怀雅特与镇江商团武装的陆小波接洽暂交租界事宜。民国19年（1930年）10月，以英国总领事波朗特名义，将镇江前领事置地产连同房屋售与民国江苏省民政厅厅长赵启騄主办的民间机构怀德党（赵启騄，后曾任全国政协委员），结束了英帝在镇江享有的特权。

领事馆初建时，有主楼和附属房各1幢，共有西式楼房、厨房、门房、马房和其他生活用房计37间，占地面积约1.14万平方米。整体建筑分筑于三个不同层次的台基之上，依山而建，西高东低，面宽各层不同。主楼为领事馆办公地，主体二层、局部三层，以方石为基，青砖砌筑，夹以红砖，白色灯草灰勾缝墙，铁皮瓦楞屋面，三面走廊，楼上、下均设有弧形券门，内部地板，门窗采用洋松木制作，壁间设有壁炉。附属房在主楼西侧，为一幢平房，北半面局部为二层，建筑形制与主楼相同。建筑依山而建，居高临下，遥相呼应，形成掎角之势，东、南、北三面视野开阔，近可俯瞰整个城区，远可眺望南郊，广阔长江和焦山、北固山的雄奇美景。

镇江英国领事馆建筑，属租界所流行的券廊式建筑物，即在建筑物周边作拱券回廊，一般为一、二层乃至三层的砖木混合结构。这种建筑形式曾流行于19世纪后半期，是欧洲古典主义、折中主义建筑形式的变种。该建筑形式实为适应当地炎热气候和殖民主义者的享乐需要而慢慢演变形成的，在中国近代建筑史上被称为"殖民地式"。

1962年12月10日，镇江博物馆迁至镇江英国领事馆旧址。1965年春，赵启騄之女赵德如将其父购买这所房子的英国政府的契约交给博物馆，并捐献3300余件珍贵的古籍图书、碑帖和地图。1982年3月，镇江英国领事馆旧址由江苏省人民政府公布为省级文物保护单位。1983年，原领事馆正、副领事官邸划归镇江博物馆所有。1985年1月1日，镇江市房地产管理处将正、副领事官邸房屋产权移交博物馆。1985年11月至1986年9月，原英国领事正、副官邸房屋进行维修。1989年底，南京军区后勤第十六分部同意移交原英国领事主楼东麓一幢二层楼房给博物馆。1993年7月8日，镇江市房地产管理局发给博物馆五幢楼房的房屋所有权证。1996年11月20日，镇江英国领事馆旧址被国务院公布为第四批全国重点文物保护单位，编号4-0216-5-018。范围还包括英国领事馆南侧仅一墙之隔的美国领事馆旧址和传教士2幢住宅以及云台山下昔时租界行政机构的工部局及其所属的巡捕房，总计为6幢建筑。镇江市政府公布了英国领事馆旧址的保护范围和建设控制地带。

**浙东沿海灯塔（花鸟灯塔）**　清朝末年海关海物科在舟山群岛北端长江口航线上设立的特大型灯塔，是中国东南沿海航线上的重要标志之一，是维护中国海洋权益和宣示主权的重要标志。浙东沿海灯塔由位于宁波镇海口的七里屿灯塔，舟山嵊泗列岛海域的花鸟灯塔、白

花鸟灯塔远景

节山灯塔、半洋礁灯塔、洛伽山灯塔、小龟山灯塔、东亭山灯塔、鱼腥脑岛灯塔、太平山灯塔、唐脑山灯塔、下三星灯塔、大菜花山灯塔以及象山海域的北渔山灯塔、东门灯塔等11座灯塔组成。分布在浙江省舟山市普陀区、定海区、嵊泗县、岱山县及宁波市镇海区、象山县。

清末以来，中国东南沿海航运日益发达，海基点灯塔的建设逐步开展，浙东沿海灯塔大部分为该时期所建，官修民建并存。清同治四年（1865年），浙海关税务司与宁绍道台于协同建七里屿灯塔；同治九年（1870年），海关海务科筹设建成花鸟灯塔；同治十一年（1872年），海关海务科筹设建成腥脑岛灯塔。光绪九年（1883年），关海务科筹设建成白节山灯塔和小龟山灯塔；光绪十六年（1890年），

花鸟灯塔近景

半洋灯塔

海关海务科筹设洛伽山灯塔；光绪二十一年（1895年），上海海关税务司海务科建北渔山灯塔，为当时海关所辖灯塔中之最高者；光绪三十年（1904年），半洋礁灯塔建成；光绪三十二年（1906年），商人杨希栋在大鹏岛裂表咀山上建成太平山灯塔；光绪三十三年（1907年），东亭山灯塔建成。民国4年（1915年），象山东门岛任筱和、任筱孚兄弟（称二难先生）筹资买下东门门头山，并出资建造东门灯塔；民国8年（1919年），任氏兄弟与延昌纪子庚集资仿北渔山灯塔形制重建灯塔。

灯塔一般均由基座、塔身、灯笼等三部分组成。基座多为成形石砌筑，平面呈圆形；塔身或由定形石块垒砌，或混凝土浇筑，或生铁浇铸，呈接近于圆柱形的圆台体，或呈接近于正N棱柱的正N棱台，内置螺旋形阶梯，迂回至塔身顶部的平台，平台外围圆环形带铁栏杆的回廊，上置灯笼。灯笼分为笼身与笼顶两部分。笼身分上、下两部分，下部为铁质笼壁，平面呈圆形，或正多边形（以六边形或八边形为主）；上部设玻璃窗，平面呈正多边形（以六边形或八边形为主）。笼身内部中央基座上置灯器设备，灯器多为四等镜机，闪白光，周

洛迦山灯塔

一圈，采用2000瓦卤素灯，灯光射程为24海里，每15秒闪光一次。灯塔南侧建无线电指向标发射天线铁塔2座，发射功率5000瓦，射程为200海里。在发电机房旁边安装电子雾号，用于雾天发声，听程38海里，60秒发5声。花鸟灯塔的附属建筑办公用房和老机房大体上还保留清同治年间初建时的建筑风格，带有明显的西洋风格。

浙东沿海灯塔的使用管理机构为宁波航标处和温州航标处，隶属于交通运输部东海航海保障中心。灯塔所属地方政府文物部门协同参与列入文保单位各处灯塔的保护管理工作。浙东沿海灯塔保存状况基本良好，均正常发挥作用，仅七里屿灯塔于1998年迁建于小七里屿，花鸟灯塔于2003年实施过较大规模的修缮活动。1998年，浙江省人民政府印发《关于划定杭州六和塔等123处文物保护单位保护范围及建设控制地带的批复》，公布花鸟灯塔的保护范围和建设控制地带。2001年6月25日，花鸟灯塔被公布为第五批全国重点文物保护单位，编号5-0518-5-041。2013年3月5日，国务院在公布第七批全国重点文物保护单位时，把浙江沿海灯塔中建造时代较早、构造具一定代表性的10座灯塔与第五批全国重点文物保护单位"花鸟灯塔"合并，并更名为"浙东沿海灯塔"。2014年，宁波市文物保护管理所完成浙东沿海灯塔全国重点文物保护单位档案记录。

期3秒，射程10～20海里，由太阳能电池板供电；并安装有雷达应答器等。笼顶多为铁质，呈穹顶状，顶正中心设风向标与避雷针等。与灯塔相配套的还有雾灯座，座身多呈白色圆柱形，边设钢梯，顶立雾灯，以供能见度低时指示航向之用。另在灯塔周边建有附属设施与守塔人员的生活用房，以及发电房、蓄水池等。

花鸟灯塔是浙东沿海灯塔中较为著名的一座，其构造形式具有一定的代表性。由灯塔和周围的发电房、机房、办公房、仓库、宿舍、码头、围墙等附属建筑组成，占地面积2.2万平方米。灯塔分布在东北部，宿舍、办公房、发电房分布在西部和南部，码头位于最西边，处于围墙之外，其与灯塔有一公路相连。灯塔呈圆柱形，由塔基、塔身、塔刹三部分组成，通高16.50米，外表颜色上黑下白，用砖石和铁板砌筑。塔基为须弥座，用块石砌筑，塔身共分四层，第一、二层用砖砌筑，第三层用铁板铸成，第四层高3.37米，直径3.95米。东、西、北三面设铁条玻璃窗，南面设铁板。内设置四面圆形头等镜机牛眼透镜，每面透镜用八圈三菱形水晶玻璃拼装，直径为1.84米；在头等镜机上安装自动旋转机，四面透镜为60秒转

**余荫山房** 是清末中国岭南园林的代表性建筑群，位于广东省广州市番禺区南村镇罗边村北大街。

余荫山房是清道光年间（1821～1850年）举人邬彬为纪念其祖父邬余荫而建的私家花

园，始建于清同治六年（1867年），同治十年（1871年）建成。邬彬，字燕天，号燕山，曾捐粟在京任职4年，官至刑部主事，任七品员外郎。后辞职回乡，晚年常与省内名士在园中雅集。

余荫山房整体建筑坐北向南，以小巧玲珑著称，为近代粤中四大名园之一。园中建筑没有中轴线，自由散点布局，以石拱风雨廊桥为界，分东西两区。东有玲珑水榭、卧瓟庐、杨柳楼台、孔雀亭和来薰亭；西有深柳堂、临池别馆。园内遍植四季花木，具有典雅的岭南园林特色。余荫园门旁悬挂点题对联"余地三弓红雨足，荫天一角绿云深"。园门前右边植夹墙竹，颇具特色。深柳堂位于园内临池北岸，歇山顶式，面阔12.55米，进深9.55米，是园中主题建筑，是装饰艺术精华所在。堂前

深柳堂内景

两壁满洲窗古色古香，侧厢32幅桃木扇格画橱，碧纱橱的几扇紫檀屏风，皆为木雕珍品；堂内顶部中央有雕蟠龙、蝠鼠藻井。明间设"松鹤延年"落地罩，正中悬"深柳堂"木刻匾，西次间设"葡萄香狸"落地罩。两侧有4幅双面木刻条屏，阴刻有刘墉、陈恭尹、翁方

石拱风雨廊

八角亭

纲等书法。临池别馆与深柳堂隔莲池相望，有抱厅廊，槛墙套满洲窗，中设槅扇。玲珑水榭在风雨廊桥东畔，环水围绕，东面及西北面均设门，有桥连岸。水榭平面呈八角形，称八角亭，卷棚歇山顶，宽、深均为8.5米。亭内有4条金柱，檐柱间置槅扇窗，后金柱间饰"百鸟归巢"花罩；亭内悬"玲珑水榭"匾。善言邬公祠与余荫山房紧贴相通，是邬家的祖祠。余荫山房南面紧邻着一座稍小的瑜园。瑜园是一住宅式庭院，建于民国11年（1922年），是园主人的第四代孙邬仲瑜所造。底层有船厅，厅外有一小型方池；第二层有玻璃厅，可俯视山房庭院景色。瑜园归属余荫山房。

余荫山房既吸收苏杭庭院建筑艺术风格，又有着典型的岭南园林特色，整座园林布局灵巧精致，以"藏而不露"和"缩龙成寸"的手法，在有限的空间里分别建筑了深柳堂、临池别馆、玲珑水榭、来薰亭、孔雀亭和风雨廊桥等，浓缩园林的主要设施和景致，使有限的空间注入了幽深广阔的无限佳景。

1984年，成立余荫山房管理处，负责余荫山房的管理和保护。1989年6月，广东省人民政府公布余荫山房为第三批省级文物保护单位。1990年，余荫山房由建设部、国家文物局、中国建筑学会公布为全国近代优秀建筑单位。1994年，广东省人民政府公布余荫山房保护范围和建设控制地带。2001年6月25日，余荫山房被国务院公布为第五批全国重点文物保护单位，编号5-0501-5-028。2013年，编制完成余荫山房文物保护规划。广州市文物考古研究院负责编制和保管余荫山房全国重点文物保护单位记录档案资料。

**北海近代建筑** 是清末至民国年间广西北海开埠后列强建造的西洋式建筑群，是中国近现代重要代表性建筑。建筑位于广西壮族自治区北海市海城区、涠洲岛。建筑集中分布于两个区域，北海市中心的解放路、中山路、北部湾路一带，分布范围约55万平方米；北海市涠洲岛盛塘村和城仔村，分布范围约8.3万平方米。

清光绪二年（1876年），中英《烟台条约》签订后，北海被列为对外通商口岸。先后有英国、法国、奥匈帝国、德国、意大利、葡萄牙、美国和比利时等8个国家在北海设立领事馆和商务机构，兴建领事馆、教堂、医院、海关、洋行、女修院、育婴堂、学校等建筑，建筑风格主要是罗马外廊式和哥特式。有17处28座建筑保存至今，分别为北海关大楼旧址、英国领事馆旧址、双孖楼旧址、法国领事馆旧址、德国领事馆旧址、德国森宝洋行旧址、贞德女子学校旧址、普仁医院旧址、涠洲盛塘天主堂旧址、涠洲城仔教堂旧址、北海天主堂旧址、女修道院旧址、主教府楼旧址、德国信义会教会楼旧址、会吏长楼旧址、大清邮政北海分局旧址以及合浦图书馆旧址。

北海关大楼旧址位于海城区海关路6号北海海关大院内。清光绪三年（1877年）英国人在北海设海关收关税，称北海关。先租用民房办公和住宿，后先后兴建办公楼、验货厂、监察长楼、税务司公馆、海关洋员住宅楼及俱乐部等建筑。仅存建于清光绪九年（1883年）的办公楼（北海关大楼旧址）。北海关大楼旧址为一座砖木结构的方形三层西式外廊楼房。

英国领事馆旧址是北海第一个外国领事馆旧址，原位于海城区解放路北延线中部，1999年为配合城市道路建设，往东北方向整体平移55.8米至海城区北京路1号北海市第一中学校园内。清光绪三年四月（1877年5月），英国在北海设立领事馆，原先租用海滩民房办公。光绪八年（1882年），英国领事馆第二任领事阿林格花费80英镑购买北海镇外的1.4万平方米土地，兴建领事馆。领事馆由英国建筑师F.J马歇尔及河顿有限公司设计和建造，光绪十年（1884年）启动，次年建成并使用。仅存办公楼以及宿舍楼（双孖楼旧址）。办公楼为一座砖木结构的长方形两层西式外廊平顶楼房。

双孖楼旧址为两座单层西式外廊建筑，砖混结构瓦屋顶。因其造型相同，似孪生兄弟，故称双孖楼。两楼相距32米，分别建于清光绪十二年

北海关大楼旧址

英国领事馆旧址

（1886年）和十三年（1887年），是英国领事馆的宿舍楼，属于英国领事馆的附属建筑。

法国领事馆旧址位于海城区北部湾中路32号北海市迎宾馆内，于清光绪十六年（1890年）建成，并圈围起来作为法租界，各建筑物之间用围墙分隔。旧址坐北向南，砖混结构，单层西式外廊建筑，平面呈"凹"字形。1973年，北海饭店（现为北海市迎宾馆）在旧址原建筑的基础上加建一层。

德国领事馆旧址位于海城区北部湾中路6号南珠宾馆大院。清光绪十二年（1886年），德国在北海市设立领事馆。光绪二十九年（1903年），德国领事官员法时敏进驻北海，兼顾海南海口领事业务，办公地点借用北海关税务司公馆。光绪三十一年（1905年）领事馆建成。德国领事馆旧址存有办公楼，坐北向南，砖混结构，长方形，两层西式外廊建筑。建筑正面前有方形抱厦，东、西两边有弧形台阶，四周均有联拱外廊，西式变异多立克式砖柱，宝瓶栏杆。

德国森宝洋行旧址位于海城区解放路19号市文化大院内。森宝洋行为德国籍犹太商人森宝在北海创办的商务机构，是当时北海最大的外国商务机构之一。洋行在北海曾先后建有洋楼及仓库数处。清光绪十七年（1891年）森宝洋行办公楼新址落成。德国森宝洋行遗存办公大楼，坐南向北，砖混结构。由主楼及附屋组成，两层四周均设联拱外廊，底层拱间置宝瓶式栏杆，二层设槛墙式栏杆。室内房间呈"田"字形布局，中以过道分隔。四面坡顶，盖小青瓦。

德国信义会教会楼旧址位于海城区中街街道中山东路213号。信义会原称长老会。清光绪二十八年（1902年）德国传教士巴顾德主持修建教会楼作为德国传教士的居住和办公场所。民国11年（1922年）改为北海中华粤南信义会，由中国人管理。教会南面附设一间中德小学，后易名为信义小学，北面原有一间基督教堂，是长老会在北海和合浦的总堂（已毁）。德国信义会教会楼旧址坐南向北，砖混结构，长方形，西式一层外廊建筑，建筑四面设砖砌联拱外廊。

钦廉区会吏长楼旧址位于海城区和平路83号北海市人民医院住院部的东北角，由英国基督教会建于清光绪三十一年（1905年），是神职人员会吏长居住及办公场所。旧址坐北向

法国领事馆旧址

德国领事馆旧址

北海天主堂旧址内景

至北海。主教府楼未建成之前，北海教区主教办公室设在原英国领事馆的圣德修道院，民国24年（1935年）新址主教府楼落成，迁至新楼办公。旧址坐北向南，砖混结构，平面呈长方形。原为两层西式外廊楼房，卷篷廊顶，四面坡屋顶，盖小青瓦。

女修院旧址位于海城区和平路83号市人民医院内，建于民国14年（1925年）。女修院旧址遗存2座中西混合式建筑，皆砖混结构，硬山顶，盖小青瓦。一座为主楼，坐北向南，为长方形二层楼房，底层前、后有西式联拱外廊；二层南面设走廊，砖砌廊墙，开方窗。另一座为单层小礼拜堂。

普仁医院旧址是北海第一所西医院，位于海城区和平路83号北海市人民医院内。普仁医院由英国安立间教会传教士柯达于清光绪十二年（1886年）创办，次年开业，内设有门诊部、候诊室、手术室、病房等。旧址仅存医生楼和八角楼两座建筑，皆砖木结构。八角楼为中西合璧八边形三层楼建筑，是中国传统建筑风水学与西方现代建筑理念结合的产物。八角楼边长2.75米，高13.2米，地垄高2米，底层

南，砖混结构，为（长方形）二层西式外廊建筑，硬山顶。

北海天主堂旧址位于海城区解放里下村2号。清光绪七年（1881年），法国天主教教会在今中山东路百货大楼后设立教堂。民国7年（1918年）由法籍颜神父在今天主堂旧址修建一座新教堂。教堂祭台间的正上方悬挂路德圣母浮雕像，故信徒们称之为路德圣母堂。旧址由教堂与神父楼组成，建筑面积约300平方米。教堂为哥特式风格建筑，坐西朝东，由钟楼、祈祷厅、祭台间三部分组成，门窗为拱形。钟楼已毁，神父楼在教堂南面约30米，坐南朝北，为两层西式联拱外廊建筑。

主教府楼旧址（北海天主教区旧址）位于海城区公园路1号大院内。主教府最初设在涠洲岛，后改设在广州湾（湛江），两年后迁

普仁医院旧址

北、南两面开门，其余面及二层隔面开方窗，三层各面开拱窗，置直棂式栏杆，屋顶原为攒尖顶，后改为天台，周砌直棂式女儿墙。底层原为教堂，第二层为医生办公楼，第三层为医生宿舍。医生楼为一座二层的呈"凵"字形的三面西式联拱外廊建筑，坐北朝南，上、下二层四周为联拱外廊，上层拱间砌槛墙式栏杆。建筑内部房间以南北向走道分隔，东面1间，西面东西并列2间；四面坡顶，底层有地垄；建筑后侧外置三角形山花廊门。

贞德女子学校旧址是英国基督教会开办的英国女义学和贞德女子学校旧址，位于海城区和平路83号市人民医院住院部东北角。贞德女子学校建于清光绪三十一年（1905年），是北海最早的小学，专授女童班。民国15年（1926年）后，为英国教会圣公小学的校舍。民国19年（1930年），女子学校更名为贞德女校，以纪念曾经在此就读的钟竹筠、沈卓清两位烈士。旧址是一座长方形两层西式外廊楼房，坐东朝西，砖混结构。建筑前檐为联拱外廊，二层廊拱间设砖砌槛墙式栏杆，墙开拱形或长方形窗。室内并列房2间，硬山顶，盖小青瓦。

贞德女子学校旧址

大清邮政北海分局旧址位于海城区中山东路204号。清光绪九年（1883年）建海关办公大楼，附设海关寄信局。光绪二十三年（1897年），海关寄信局被转为大清邮政北海邮政分局。旧址是一座单层的仿西式外廊式建筑，主体建筑为20世纪30年代重修。坐北朝南，砖木结构。平面呈长方形，建筑设前、后廊，前有台阶、西式三联拱外廊，中为拱门，两侧拱有砖砌透雕十字护栏。室内设内走廊，房间对称布置于两侧，窗门多为拱式，四面坡顶，屋面盖红板瓦，墙体石灰砂浆勾垄。

合浦图书馆旧址位于北海市海城区解放路17号北海市第一中学校园内。民国15年（1926年）夏，爱国将领陈铭枢捐资兴建合浦县立第一中学图书馆，次年落成并投入使用。旧址为"凸"字形，西式两层外廊式楼房，坐东向西，砖混结构。面阔七间、进深五间。廊柱两侧有仿罗马式科林斯的柱头，四坡瓦屋顶，各层均有回廊。旧址正面前设抱厦，抱厦四面敞开，东面为拱形大门，南、北两侧有石台阶上下，抱厦顶上设阳台。一、二层四周为西式联拱回廊，宝瓶式栏杆，在一层两侧回廊设木楼梯上二楼。内部不设分隔。四面坡顶，盖红板瓦。正面仿科林斯柱到顶，顶周设椭圆镂孔花窗式女儿墙。圆弧形山花。山花下方壁面有陈铭枢题"图书馆"三字。

涠洲盛塘天主堂旧址位于海城区涠洲镇盛塘行政村城仔村。教堂修建于清同治八年（1869年），历时10年建成，包括教堂、钟楼、神父楼、女修院、育婴堂和宿舍等建筑，建筑面积约2000平方米，是雷廉地区最早的天主教堂，属法国远东传教会广州天主教区管辖。旧址由教堂、神父楼、女修院、孤儿院及附属用房5座建筑组成，以围墙圈围。建筑均砖木结构。天主堂坐西向东，为二层哥特式建筑。教堂平面大致呈长方形，分为钟楼、礼拜堂、祭台间三部分。钟楼位于教堂前，砖木结构，料石砌柱，墙体为珊瑚石砌筑或珊瑚石黏土混合材料夯筑。钟楼正立面呈梯形，外高三层、内四层共21米，面阔三间、进深一间，明间高四层、次间高二层。底层开三拱门，门上方塑有"天主堂"三字；二层正面开圆窗，中饰十字架；三层开拱窗。楼内旋转壁梯很有特色。神父楼与东面教堂后角相连，砖木结构，高二层，三面联拱外廊，四面坡顶。修女院在神父楼东面，仅存一层，坐北朝南，面呈长方形，有前、后廊，两面坡顶。孤儿院在修女院的西边，坐西朝东，平面略呈长方形。修女院的南侧和孤儿院的东侧有相互贯通的联拱前廊。

涠洲城仔教堂旧址位于海城区涠洲镇盛塘行政村城仔村，修建于清光绪九年（1883年），为法国李神父修建。教堂由圣母堂、神父楼、女修院、院墙等组成。圣母堂为哥特式小教堂，局部受到罗马风格的影响，由钟楼、厅堂、祭台间三部分组成。平面呈方形。钟楼共三层，第一层立面为拱门，罗马柱通顶；第二层立面为饰有十字架的玫瑰窗，下方雕有"圣母堂"三字；第三层立面四侧各设一拱窗。圣母堂的内部主体是一个长方形的大厅堂，由两排柱子纵分为中厅及两边侧廊三部分。中厅宽且高，侧廊窄而矮，以三联拱与中国传统山墙搁檩的结构方式支撑宽敞的空间，中厅沿教堂东西向有6个进间，每个进间由三联拱组成的间隔分割空间。厅堂东面为教堂的

涠洲盛塘天主堂旧址

祭台间，由祭台和祭衣间两部分组成。神父楼与圣母堂东北角相连，为两层西式外廊建筑，裹垄瓦四面坡屋顶。修女院位于圣母堂的西南角，坐南面北，砖木结构，平面呈方形。

北海近代建筑是国内保存较为完整的近代建筑群，囊括了19世纪中期至20世纪初期帝国主义列强在北海设立的外交、商务、医疗、教育、宗教和通讯等机构，是目前国内发现建筑种类较多、保存较为完整、使用功能多样的近代建筑群，是研究中国近代外交及沿海地区经济、文化、教育、宗教等方面的实物资料。

中华人民共和国成立以来，北海近代建筑得到有效的保护和修缮，基本保持原有风貌。1989年2月，北海市人民政府设立北海市文物管理所，隶属于北海市文化局，专门负责北海市文物（包括近代建筑）的保护管理工作。1993年，除大清邮政北海分局旧址（1999年公布），其余16处旧址建筑被北海市人民政府公布为北海市文物保护单位。1994年，除法国领事馆旧址、贞德女子学校旧址和大清邮政北海分局旧址外的其余14处建筑由广西壮族自治区人民政府公布为自治区文物保护单位。2001年6月25日，除大清邮政北海分局旧址和合浦图书馆旧址外的其余15处旧址建筑由国务院公布为第五批全国重点文物保护单位，统一定名为北海近代建筑，编号5-0504-5-031。2003年1月2日，广西壮族自治区人民政府发布通知，公布英国领事馆旧址、北海关大楼旧址等15处北海近代建筑的保护范围和建设控制地带。2006年5月25日，国务院公布第六批全国重点文物保护单位时，把大清邮政北海分局旧址和合浦图书馆旧址归入第五批全国重点文物保护

单位北海近代建筑。广西壮族自治区人民政府先后于2004年12月10日及2006年12月，公布大清邮政北海分局旧址和合浦图书馆旧址的保护范围和建设控制地带。2011年北海市文物局成立，负责对北海近代建筑监督和管理。北海近代建筑的"四有"工作在逐年完善。北海市文物管理所于2004年建立《北海近代建筑全国重点文物保护单位记录档案（标准卷）》，由北海市文物局保存。

**烟台福建会馆**　是清末福建船帮集资修建的一座供奉海神娘娘的封闭式古典寺院建筑，具有典型闽南风格。会馆位于山东省烟台市芝罘区毓岚街2号。

福建会馆为福建船帮、商贾为海运安全和扩大贸易影响筹资建立，作为议事和供奉海神的场所。会馆于清光绪十年（1884年）起建，光绪三十二年（1906年）竣工。建筑构件在闽地设计并由泉州的工匠、艺人进行木石雕刻、彩绘，船运到烟台组装。工程浩大、制作技艺繁难。

福建会馆是北方罕见的具有闽南风格的古建筑群。时为三进庭院，有大门、山门、大殿、后殿及山门以南的东西廊庑和山门以北的东廊庑。福建会馆坐南面北，两进庭院。占地面积3500余平方米，建筑面积1340平方米。大门、戏楼、山门、大殿自北向南沿中轴线对称排列，配以东西廊庑，布局井然。

山门为牌楼式建筑，串斗结构。柱顶檩，枋代梁，避免屋顶大体量的用料，减少了屋顶的重量，具有轻巧感。门楣以上用木，以下用石，不怕日晒、雨淋又隔潮。戏楼为四柱亭台式建筑，上、下檐之间不用斗拱，采用小式大

烟台福建会馆山门

木结构，缩小上、下檐的距离，减少屋顶高度，增加了稳定性。同时利用檐下枋与大门南檐墙相拴接，进一步提高稳定程度。大殿是宫殿式建筑，类似金厢斗底槽结构框架，符合大殿荷载大、跨度大的要求，同时增加殿内的幽深感。东西廊庑为举架式结构，出檐深，在院内形成东西相对的两条长廊，对山门、大殿起

到烘云托月的作用。

整个福建会馆以精美的雕刻著称，雕饰彩绘追繁写实。梁枋、斗拱、雀替、云墩、垂柱等均经雕作。可谓有石皆刻，无木不雕，无雕刻不精巧。在大殿的围脊上运用"剪粘"工艺。花卉、人物、鸟兽形象生动逼真，风格轻灵活泼，色彩艳丽夺目。大殿内神龛两旁陈列的仪仗，镶嵌装饰精美，造型威严大方，是殿堂陈列仪仗中的上品。

1956年，福建会馆被移交给烟台市人民政府并辟为文化馆。同年，拓宽南大街时拆除后殿和部分东西廊庑，遂成两进庭院。1958年，烟台市博物馆成立，负责烟台福建会馆的保护管理工作，以此为馆址至2011年。1980～1981年，福建会馆进行过一次大规模维修。1987年6月，烟台福建会馆被烟台市人民政府公布为

福建会馆

市级文物保护单位。1992年6月，烟台福建会馆被山东省人民政府公布为省级文物保护单位，保护范围和建设控制地带由烟台市城乡建设委员会公布。1996年11月20日，烟台福建会馆被国务院公布为第四批全国重点文物保护单位，编号4-0205-5-0007。2003年9月，烟台市政府投资拆迁会馆周围的民房、办公楼，建成烟台福建会馆广场。2006年，烟台福建会馆的全国重点文物保护单位记录档案由烟台市博物馆建立。2011年，维修山门、戏楼及两厢廊庑。2012年，国家文物局批复烟台福建会馆文物保护规划。2014年，完成烟台福建会馆大殿维修。

**东交民巷使馆建筑群** 是一个集使馆、教堂、银行、官邸、俱乐部为一体的欧式风格街区。建筑群位于北京天安门广场东侧的东交民巷地区，东起崇文门内大街，西至天安门广场东侧，南至前门东大街，北至东长安街。

东交民巷原名江米巷，元代初年形成，地处元大都城南城外，时为出售南方来的粮米的地方，因北方称南方的糯米为江米而得名。明朝以来，东交民巷成为朝廷对外交往的活动中心，明朝礼部和鸿胪寺设在东交民巷，外国使节和各民族代表亦居于此。清咸丰十一年（1861年）初，英使与恭亲王奕䜣议定每年以白银千两，租用梁公府（淳亲王府）成为英国使馆，此后法国、俄国、美国、比利时、西班牙、意大利、日本、荷兰、德国等西方列强纷纷在东交民巷一带设立使馆。清光绪二十六年（1900年），使馆区内建筑被义和团大部烧毁，仅留清光绪十八年（1892年）建造的日本公使馆。光绪二十七年（1901年），八国联军同清政府签订的《辛丑条约》规定在北京城内建立使馆，东交民巷使馆区成为北京的城中之城。使馆区重新规划扩建，新建大量建筑，到民国元年（1912年）形成一处全新的欧式街区，除各国使馆建筑外，有兵营、医院、银行、饭店、俱乐部、教堂，以及交外国人办的清海关总税务司和邮政总局。建筑形式主要为20世纪初欧美流行的折中主义风格，还有哥特式（圣米厄尔教堂）、中欧式（德华银行、比利时大使馆）和新艺术运动式（意大利大使馆、荷兰使馆大门）风格。大部分是西洋古典折中式和中国广东十三行建筑风格形成的每栋建筑出一个宽大拱券外廊的"殖民地式"。这些建筑结构完全脱离中国传统建筑的木柱承重、抬梁架和榫卯结构，使用外墙承重和三脚架、铁皮坡顶，但保留中国传统的材料和工艺，如手工砖、月白灰清水墙，有些屋顶用中国传统的筒瓦。

奥匈使馆旧址位于台基厂头条3号，是清末、民国时期奥匈帝国在北京设立的使馆旧址，存有大门及主楼建筑。大门面阔三间，基座之上以塔司干圆柱承托檐口及三角山花，檐部饰以三垅板；中间为大门，两侧实墙开券窗；门楼两侧为弧形环抱侧墙，形成门前开阔

奥匈使馆主楼

空间。主楼坐北朝南，东西面阔约52米，南北进深约23米，整体为法国古典式风格。主楼建筑为西洋古典式，地上两层，立面作两层外廊，檐上用三角山花突出重点，两边围廊，主楼虽然尚存，但内外装修均有较大改动。院内遗存有一个以四只雕花鼓形石座托起的欧式石凳。院内园林屡经改变，尚维持较好的状态。

比利时使馆旧址位于崇文门西大街9号，是清末至民国时期比利时驻华使馆所在地。比利时使馆大门原在西北侧，后因台基厂大街扩路而被拆除，南大门为原状仿建。比利时使馆旧址遗存五栋建筑属欧美折中主义风格。办公楼坐北朝南，地上三层、地下一层，砖石结构。南立面当中三间外凸，强调中央主入口的突出地位。屋顶用砖砌出五个阶梯式山墙和雉堞组成的山花，为中世纪后尼德兰地区的建筑传统，特点是山墙临街、山花相连，里面为楼阁，并以哥特式小尖塔作装饰，形成华丽复杂的轮廓。外墙用暖色清水砖砌筑，并以石材做门窗套及墙角隅石，以示其本国建筑风格。入口门廊宽大，采用塔斯干式壁柱装饰，两侧坡道可供车直抵门前。主楼前是一座大水池，水池四周为大片绿地。四栋官邸楼在主楼前作东

西对称布置，为乡村别墅式两层建筑。旧址园林保持较好，除新增几栋建筑外，大体保持原有风貌。

英国使馆旧址位于东长安街14号，是帝国主义在京建立的第一个使馆，是在原淳亲王府旧址的建筑基础上，向西、北、南扩建而成。原使馆建筑除淳亲王府旧址外，仅存东大门、武官楼等少数建筑。武官楼位于使馆西北部，为西方古典折中式风格，东西长74.8米，南北宽13.8米。建筑坐北朝南，地上两层，砖木结构。立面中央部分与两端凸出体将立面分为五部分，并都冠以高大山墙，形成主次轴线。南面两层皆是连续拱廊，拱券立于石制爱奥尼短柱上，底层砖柱承托半圆拱，柱间连花瓶式栏杆。外立面为灰砖清水墙，用红砖在拱券等处作装饰，一些细部采用中式卷草花纹。使馆大门东临正义路，为灰砖砌筑的三间凯旋门式建筑。门上部为半圆形拱券雕饰，顶部为中央凸起的女儿墙，墙面用砖砌水平线脚装饰，左右两侧原辟有拱券窗已封堵。该使馆原有格局改动较大，部分古树、山石尚存。

东方汇理银行旧址位于东交民巷34号，坐南朝北，由英国通和洋行设计、施工建造。银

比利时使馆主楼

英国使馆旧址

行大楼于民国6年（1917年）竣工，由通和洋行的建筑师G.McGrva设计。旧址形制为欧洲近代折中主义风格，建筑地上三层、地下一层，砖石结构。其地下一层，顶部高出地表3米，贴地开有明窗，实是半地下设施。地上一层以五座花岗石拱券窗作基座，门窗作下门上窗式，中置梯形坡顶雨遮。楼体外墙四角则以花岗石砌筑。地上二、三两层做整体处理，顶部挑檐，中央三间各以两根爱奥尼式壁柱作顶天立地式支撑。东西外侧两间则以砖墙承重，并用花岗石窗套和女儿墙加强立面装饰。主入口位于北面和西面，南有通往地下室的出入口，东面二层有天桥式通廊与东侧配楼相连。整座大楼沿北面主入口作对称布局。

法国使馆旧址位于东交民巷15号，在原宗室贵族景崇的纯公府基础上改建而成，是继英国使馆后，西方列强建立的第二座驻华使馆。遗存一座主楼四座配楼的格局。法国使馆旧址原主楼于1976年改建为柬埔寨国家元首西哈努克亲王府邸，仅存大门、四栋配楼和中央喷水池。使馆大门用砖做出壁柱和拱券，其外形体现法国凯旋门式样，两侧有弧形八字墙拱卫。门前一对石狮，疑为纯公府原物或由别处移

法国使馆大门

来。四栋配楼对称排列于使馆东西两侧，为法国乡村别墅式建筑风格。木结构两层带一层地下室，有木外廊，也有砖作连续券廊。外立面及建筑风格保持原有风貌，内部已重新装修。院内的原有园林保护较好，原汉白玉喷泉水池尚存。

花旗银行旧址位于东交民巷36号，坐南朝北，始建于民国3年（1914年）。银行大楼建筑地上三层，地下一层，砖石结构，内部设有电梯。建筑正立面三层由水平檐线划分为两部分。地上两层前置四根粗壮挺拔、顶天立地的爱奥尼式花岗石廊柱，与最外侧的两道纵向花岗岩山墙，将正立面分隔成五开间。底层中间置砖砌拱券门，两侧四间置拱券窗。第二层五间，每间置一拱券窗。地上二、三层之间是一道凸出的砖石仿木结构的出檐，颇似中式木椽头式样。顶层五窗均为平直的长方形。其上以叠涩砖砌出顶檐，正中饰有一圆形的花旗银行徽帜。整个楼体是典型的近代古典主义银行建筑风格。现外立面尚保留原有风格，内部已做大改动。

日本公使馆旧址位于东交民巷21、23号，是东交民巷使馆建筑群中少有的19世纪晚期建筑。公使馆由日本近代著名建筑学家片山东熊担任设计和工程监督，于清光绪十一年（1885年）5月动工，次年8月建成。日本公使馆建筑由办公区和其后面的宿舍区两部分组成，建筑均为砖墙承重的木屋架平房。本馆建筑一栋，坐北朝南，平面呈"匚"形院落，建筑面积582.4平方米。南立面为七开间，中间大门两边做连续拱券式外廊，体现东南亚流行的"殖民地式"风格。门头装饰三角山花，立面多饰

以精美的中式传统砖雕图案，院内东侧为走廊，西房、北房为中式民宅样式。本馆建筑北侧为宿舍区，有排房11间，拱券式门窗，墙体以石灰、泥土混合灰浆砌筑，建筑面积117.7平方米。在公使馆西南侧另有坡顶红砖官邸住宅楼五栋。日本公使馆是东交民巷使馆区内遗存最早的使馆建筑，也是了解北京地区近代建筑发展过程的重要代表。

日本大使馆旧址位于东城区正义路2号，为清光绪二十七年（1901年）重新划分使馆区后，日本大使馆的新址所在。原为清肃亲王府旧址。光绪三十三年（1907年）于院内北部新建一座西式两层主楼，由日本近代建筑师真水英夫设计建造。民国4年（1915年），袁世凯在此草签卖国条约"二十一条"。大使馆遗存原建筑2栋，主楼为地上两层（局部三层）、地下一层，欧洲古典式建筑风格，砖木结构，立面不对称，用券廊和柱廊结合，大门两边用粗大壁柱装饰，二层为阳台窗，窗上为四角攒尖顶，做工精细，比例严格。日本使馆旧址大门西临正义路，为两层三间门楼，居中为拱券大门，立面用砖作简洁线脚和拱券图案，两侧有弧形八字墙拱卫。院内部分保留了肃王府花园的山石、古树、围墙等。

意大利使馆旧址位于台基厂大街1号，是清末民国时期意大利驻中国的使馆所在地。遗存原办公楼、教堂、官邸等几处建筑。办公楼采用"新艺术式"风格，坐南朝北，地上两层、地下一层，东西面阔37米，南北进深27米。立面为砖石结构，北侧大门作三间拱形门廊，顶上做出挑檐口，上带女儿墙，二层中央三开间与门廊作整体处理，墙面饰以科林斯壁柱，3个窗套上置弧形三角山花。屋顶女儿墙处做成镂空栏杆。楼内地面、楼梯、墙裙等为大理石质。各个房间均为连列厅式，可全部贯通，各厅室设置壁炉，装修富丽堂皇。办公楼北侧坐西朝东的两栋二层小楼为教堂和官邸楼。教堂四坡顶砖木结构，门窗、柱式均为西洋风格。使馆大门内北侧官邸楼平面呈"U"字形，地上两层，砖木结构，坐北朝南。灰砖清水墙，一、二层间有卷草纹腰线装饰。使馆内还存有圆明园的一对铜狮和部分石雕小品。

正金银行旧址位于东城区正义路4号，建于清宣统二年（1910年），是日本帝国主义对中国进行经济侵略的重要机构。银行大楼由日本建筑师妻木赖黄设计建造。建筑位于街道转

日本大使馆旧址大门

意大利使馆主楼

角处，平面呈曲尺形，西部较长，南部较短。大楼地上两层、地下一层，砖石结构，转角处做成弧形三层塔楼，铁皮穹顶，上置旗杆，穹顶底部辟有老虎窗。整栋建筑坚固豪华，花岗岩台基、壁柱、壁龛、窗套及隅石等做工精细，尺度比例严谨，兼具19世纪欧洲古典折中主义和荷兰古典主义风格，是近代银行建筑的优秀作品。

法国兵营位于台基厂三条3号，是清末民国时期法国殖民者在京的驻兵之地。兵营面积约23000多平方米，总体按对称式布局。遗存2座士兵宿舍和西南军官楼。兵营建筑坐北朝南，东西相距约10米，砖木结构。地上三层，灰砖墙，面阔14间约52米，进深约12米。立面一层为拱券方壁柱装饰并用砖砌出橼头和檐口装饰，二、三层砌出横向线脚，四坡顶中式合瓦屋面。整个建筑造型简洁朴素，仿"殖民地式"建筑风格，楼梯间位于东西两侧。院内建筑于1999年原址翻建。

国际俱乐部位于台基厂大街8号，是清末民国时期专供东交民巷使馆区洋人们休闲、娱乐、社交的场所，又名"西绅总会"或"万国俱乐部"。国际俱乐部由德国建筑师罗克格（Curt Rothkegel）设计，民国元年（1912年）建成。院落坐东朝西，主楼建筑风格为巴洛克式，砖木结构，地上以水平腰线划分为两层，局部三层，顶带老虎窗。底层大门为较宽大的拱券，有地下室，室内门窗及地板、楼梯保存较好。院内设有室外网球场和泳池，20世纪70年代已改建成室内游泳馆。

东交民巷使馆建筑群作为北京近代建筑发展史上的实物遗存，各国风格迥异、各具特色的近代建筑，其数量之大、质量之优、类型之多，为全国其他城市所罕见，具有较高的艺术价值，是北京近代建筑样式发展到"洋风"阶段的开端之作，体现西方近代折中主义风格。东交民巷使馆建筑群还是近代史上帝国主义利用不平等条约侵略中国的实物遗存，是人们进行爱国主义教育的重要基地。

1995年，东交民巷使馆区被北京市人民政府公布为北京市文物保护单位。2001年6月25日，东交民巷使馆建筑群被国务院公布为第五批全国重点文物保护单位，编号5-0474-5-001。2004年，北京市人民政府公布东交民巷使馆区文物保护单位的保护范围及建设控制地带。2005年，北京市古代建筑研究所建立了东交民巷使馆区全国重点文物保护单位记录档案。东交民巷使馆区日常的保护管理工作由使用单位和北京市文物局负责。

**大智门火车站** 是中国少数尚存的早期火车站之一，位于武汉市江岸区京汉街与车站路交叉口北20米。

清光绪二十一年五月（1895年7月），清政府委任张之洞为湖广总督，主持芦汉铁路南段的修建。清光绪三十二年（1906年）卢汉铁路全线贯通，后又接通卢沟桥至北京一段，总长共1200千米，改称京汉铁路。大智门火车站作为京汉铁路南端第一大站，于光绪二十二年（1896）年破土动工，光绪二十九年（1903年）建成，是京汉铁路上最重要的枢纽站之一，也是当时最壮观、最现代化的火车站之一。宣统三年（1911年），武昌起义爆发，大智门火车站部分建筑在战火中损毁。民国6年（1917年），大智门火车站改建完成。民国38

大智门火车站

年（1949年）8月，武汉解放后，将距大智门南2千米的循礼门车站与之合并，并将站名改为汉口站。

大智门火车站为法式建筑，坐西朝东，钢筋混凝土结构，建筑面积1022平方米，平面布置为中部突出、两翼内收，略呈横"亚"字形；立面、中部和两端突出，呈"山"字形；为强调主要部位中部立体效果，其四角各修筑有高20米的塔堡，堡顶为铁铸，呈流线方锥形。屋顶正中部举高，为四坡红瓦屋面；两边为平顶，两端为覆盆式铁瓦屋面。屋面均不出檐，檐周修有栏杆式女儿墙，靠落水管下水。窗户均采用玻璃窗，底层为券拱式，上层为长方形。主出入口系由并列的三洞六扇门组成，设于大楼正中。其上方以双层拱跨的巨大采光

窗将塔楼连成整体。拱券采光窗上建有券柱式牌楼。室内正中为一层候车大厅，空间高10米，水磨石地坪，两端为两层，楼下用作售票，楼上用作办公。建筑的细部装饰亦比较讲究，室内采用方形立柱，以爱奥尼式涡纹装饰柱头；室外檐口和窗楣以多道层层递进的线条进行装饰，塔堡檐下饰以撑拱；望柱柱头或塑以立体几何形，或装饰上圆下方的小件。整栋建筑方中有圆，直中有折，凹凸与平顺相间，使平面和立面达到了对称中有变化、庄重中显活泼的艺术效果。

大智门火车站是近代铁路交通运输业的代表性遗存，在中国铁路发展史上具有里程碑意义。大智门火车站也是保留至今的为数不多的重要的市政工程遗产，见证了武汉近代化发展

历程。

1991年10月1日，新汉口火车站建成后，大智门火车站停止使用。1992年12月16日，大智门火车站被湖北省人民政府公布为第三批湖北省文物保护单位。2001年6月25日，大智门火车站被国务院公布为第五批全国重点文物保护单位，编号5-0495-5-022。大智门火车站保护管理由隶属于武汉地铁集团有限公司的武汉市轨道交通建设公司负责（1996年前由武汉铁路分局汉口站负责）。2003年，根据国家文物局批复，对大智门火车站进行维修。大智门火车站全国重点文物保护单位记录档案已建立，并报国家文物局和湖北省文物局备案。2015年5月5日，湖北省人民政府办公厅印发《湖北省人民政府办公厅关于公布文物保护单位保护范围和建设控制地带的通知》，公布了大智门火车站的保护范围和建设控制地带。

**青岛德国建筑** 是清光绪二十三年至民国3年（1897～1914年）德国占领青岛期间建设的殖民统治体系建筑。包括德国总督府旧址、德国总督楼旧址、德国警察署旧址、胶州帝国法院旧址、欧人监狱旧址、俾斯麦兵营旧址、伊尔蒂斯兵营旧址、青岛山炮台遗址、游内山灯塔、小青岛灯塔、胶海关旧址、观象台办公楼、德国领事馆旧址、德华银行旧址、山东路矿公司旧址、德华高等学堂旧址、基督教堂、天主教堂、海滨旅馆旧址、德国第二海军营部大楼旧址、青岛国际俱乐部旧址、路德公寓旧址、侯爵饭店旧址、医药商店旧址、水师饭店旧址等共25处。主要分布在山东省青岛市市南区、市北区。

清光绪二十三年（1897年）德国占领青岛后，开始对青岛进行规划建设。光绪二十五年九月初八（1899年10月12日），德皇威廉二世正式命名"胶州保护地的新市区"为"青岛"。光绪二十六年（1900年）正式推出几经调整的由德国人设计的胶州青岛区的总体规划。建筑活动全面展开，市政工程亦同步进行。根据总体规划，在青岛湾北侧、观海山南侧，依山傍海处布置为行政中心和欧人居住区。在此区域内，除天后宫和总兵衙门，不准建造华式房屋，建筑形式应以德意志民族传统形式为主调。从德占初期至清宣统二年（1910年），是早期青岛市区建筑风格形成和城市建设规模速度较快的时期，建成许多重要的德式建筑物，其中代表作品有总督府、总督官邸、警察署、俾斯麦兵营、总督学校、德华高等学堂、德华银行、野战医院、基督教堂，以及美、英、俄领事馆、水师饭店、吉利银行等行政、商业和金融性建筑。同时还出现许多花园别墅。清宣统二年（1910年）后，随着市区人口规模的扩大，德国重新制定胶澳青岛区的总体规划，城市的投入主要集中在各类单体建筑物的修造，如胶海关、帝国法院等。同时德国建筑也开始深入到华人居住区。至民国3年（1914年）德国一战失败后退出青岛。

德国总督楼旧址，民间称提督楼，是德占时期德国胶澳总督的官邸，也是近代中国最具代表性的一幢德国风格建筑。位于青岛市信号山南麓的龙山路26号。清光绪三十一年六月（1905年7月）开工，光绪三十三年六月（1907年7月）竣工。两任总督奥斯卡·冯·特鲁伯和麦尔·瓦尔戴克曾在此居住。曾先后为日本历任驻青守备军司令的住

青岛德国总督府旧址

处、胶澳商埠督总办官邸、国民党历任青岛市长官邸、青岛最高级别的接待设施——迎宾馆、日占时期的国际俱乐部。1957年夏，中共中央主席毛泽东曾在此下榻并召开中央政治局委员会议。总督楼旧址总占地面积5.5万平方米，主楼面积为4083平方米，高度30米，砖、石、钢、木混合结构。其中钢材出自德国克虏伯公司，砖瓦来自德国捷成洋行在青岛的窑厂，石头为优质的崂山花岗岩。建筑外墙厚达60余厘米，以黄色为基调，局部以花岗岩石料作装饰。主入口所在的西立面檐口上饰有诺曼龙龙头雕像，淡绿色、淡灰色花岗岩在山墙上组成光芒四射的太阳纹饰、石料凿成的锚链和帆结纹饰、山墙顶部由花岗岩组成放射状山花。楼顶为米红色筒瓦、蓝色鱼鳞瓦、绿色牛舌瓦铺设。建筑共分为地下室、一层、二层、阁楼层四层。地下室室内地面与室外基本等

高，与地上各楼层的区别在于层高相对较低，室内净高2.6～2.8米。从西立面的小门进入，经过小门厅，是总督专用的台球室和酒吧，右侧有隐蔽的楼梯可通往一层大厅。从北立面的小门进入为楼梯间，设置了整座大楼的辅助通道，与上面的各楼层相通。北边的房间分别为配膳室、厨房、食物储藏室、餐具室和小餐厅。西北角为银器室，存放来自欧洲的名贵银制餐具。南边为亚麻布室，东边设有两间职员住房，向南经过走廊是浴室。中部是一个四周围以走廊的大开间，北部用以储存罐头，南侧为酒窖，两者中间以高大的木架隔开。南端原设有花岗石楼梯，由此上达一层的平台，建筑落成后不久改到东侧，扩大了平台之下房间的面积，用以储煤，往里为锅炉房和集中供热室。从西立面的主入口进入一层后为中央大厅，跨越两层楼，层高9米。北侧为举行重要

宴请和舞会音乐会的大餐厅，层高6.3米；南侧房间为总督书房兼办公室、毛泽东居住过门前有开阔平台的吸烟室兼休息室、小餐厅兼小会客厅、曾召开过政治局会议的大会客厅（金色大厅）；东侧是顶部为钢架结构的花房。二层主要房间都在建筑南侧，包括总督夫妇卧室、总督子女的卧室、儿童游艺室、母婴室、总督衣帽间和西北角的女管家房。阁楼层为佣人房。

德国警察署旧址位于湖北路29号，建于清光绪三十年（1904年）。平面呈"L"形，正门南向，立面不规则，东南角有一钟表塔楼，塔顶为德国钢盔式，总高约30米。花岗岩砌基，清水砖勾缝，嵌门窗套，屋面变化丰富。欧人监狱旧址位于常州路25号，建于光绪二十六年（1900年）。三段式德国古堡建筑，占地面积6309平方米。大块花岗岩砌墙基，上部为红色清水墙体，圆锥形铜皮尖塔顶。俾斯麦兵营旧址位于鱼山路5号中国海洋大学院内，建于光绪二十六年（1900年）。兵营由4座营房和1座礼堂组成，营房建筑分前后两排，与礼堂建筑共同围合成一矩形广场。兵营建筑采用工字型平面布局形式，结构为砖

青岛德国警察署旧址

混式，有地下室和阁楼，花岗岩墙基，折坡屋面，正立面窗户很大，多为拱形，山墙上有矛与盾标志，具有巴洛克式风格。礼堂建筑则有浓重的高直式风格。俾斯麦兵营是德国建筑在青岛的典型作品之一。伊尔蒂斯兵营旧址位于香港西路2号，建于光绪二十五至二十七年（1899～1901年）。占地面积65932平方米，有兵舍、官舍各2栋、平房20栋，总建筑面积约6000平方米。砖石木结构，为德国军官上尉米勒设计。主建筑为兵舍，坐北朝南，地上两层、地下一层，中轴线式布局，中部和两翼凸出。花岗石砌基，清水勾缝粉饰，大斜坡屋顶，属南欧式建筑风格。青岛山炮台遗址位于兴安支路1号，建于光绪二十五年（1899年），由南、北炮台和德军"青岛要塞"地下中心指挥部组成，为德占时期九座永久性炮台之最重要者。指挥部建筑面积2000余平方米，大部分呈三层立体结构，局部五层，共有50余个厅室，通道及房间为砖砌水泥抹面。顶部水泥浇筑，装有铸铁旋转瞭望塔。内设两个蓄水池，可保证2000余名官兵3个月的作战生活用水。建筑布局分为作战指挥、生活卫生、后勤保障三个功能区域。炮台为德军使用劈山、浇注、回填式施工方法建成，设有防潮、防水隔离带。小青岛灯塔位于青岛湾内小青岛上，建于光绪二十六年（1900年），总高18米。整个灯塔形状为底宽上收的宝塔状，有基座，登6级石阶至一层，塔门北向，花岗石嵌券门。基座及二层均为八角形，花岗条石砌筑。塔内有30级石质螺旋楼梯。

德华银行旧址位于广西路14号，建于清光绪二十五至二十七年（1899～1901年）。建筑

德华高等学堂旧址

采用19世纪意大利文艺复兴式建筑风格德国三段式建筑，砖木结构。占地8306.71平方米，建筑面积562平方米。地上两层并设有半地下室，屋顶为青黑色、留有很小圆形老虎窗的蒙纱顶。西面和南面设两层通风的券柱式外廊。山东路矿公司旧址位于广西路14号，建于清光绪二十五至二十八年（1899～1902年）。德国三段式建筑，占地面积约594平方米，砖石木结构楼房，高约14米。地上两层，有阁楼，地下一层。灰岩石砌基并呈条状镶砌墙体和墙角，折坡屋面，东西墙面中有高直屋檐，下为露木装饰。海滨旅馆建于清光绪三十年（1904年），钢筋水泥结构。建筑面积4940.55平方米，地上三层、地下一层，共有大小房间30余间。花岗岩砌基，清水墙面，敞廊露柱，造型独特。室内木板地、木楼梯、半圆形大门，门上刻花，房间高大宽敞，采光通风极佳。建筑属欧洲中世纪"田园式"公共建筑格调，是青岛海滨较为突出的一座建筑精品。医药商店旧址位于广西路33号，建于光绪三十一年（1905年），是青岛市最早的商业建筑之一。巴洛克风格，共4层，包括一层地下室和阁楼，建筑面积约1960平方米。立面以清水红砖墙为主体，运用拱券柱石，镶石砖花饰。屋顶为蒙纱顶配有拱形老虎窗，檐口用花岗石装饰。基督教堂位于江苏路15号，建于光绪三十四年至宣统二年（1908～1910年）。德国建筑师罗克格设计，砖石结构，德国古堡式建筑，建筑面积1167.18平方米。由钟楼和教堂两部分组成，钟楼立面有大块蘑菇石砌墙体，上有半圆拱形花岗岩窗框，陡斜的红瓦屋顶和绿色尖顶钟楼。钟楼高39.16米，上有巨型钟表。18米高的大厅两侧分上下两层，内部装饰精美典雅。

德华高等学堂旧址位于朝城路4号，建于清光绪二十七年至民国元年（1901～1912年）。占地约4万平方米，主楼两层，有地下室、阁楼。砖石结构，花岗岩石基，楼顶为四坡斜顶。正门西向面海，楼体以正门为中央两侧对称。观象台办公楼旧址位于市南区观象山顶，建于清宣统二年至民国元年（1910～1912年），是德占时期的重要功能性建筑之一。整幢大楼以花岗岩剁斧石砌外墙，德国古堡式建筑，地上三层、地下一层，牛舌瓦屋面。另有花岗岩砌塔楼，呈凹形城堞式，高度为21.6米。胶澳海关旧址位于新疆路16号，建于民国2～3年（1913～1914年）。建筑面积约2824平方米。砖木结构，主体连阁楼、地下室共4层。主入口开在纵侧面东南向，正门由26级石阶引梯至一层。蘑菇石砌基至一层，水刷石墙面，屋面由大折坡和四坡斜屋顶组成。建筑平面俯视如同军舰形。天主教堂位于浙江路15号，建于民国21年（1932年），旧称圣弥爱尔教堂。由德国设计师毕娄哈设计，钢筋混凝土结构，占地11480平方米，建筑面积1877.48平方米。教堂主体两翼，各耸一座尖塔，塔高56米，顶端各立有一4.5米高的巨型十字架，塔内悬有大钟4口，堂高18米，檐高8.8米，墙基1.1米，可容千人礼拜。建筑平面呈"十"字形，坐北向南，气势庄严宏伟。青岛国际俱乐部旧址位于中山路1号，建于宣统二年（1910年），为德国青年派风格俱乐部建筑，德国三段式建筑。建筑面积1891平方米，砖石木结构。地上两层、地下一层，有阁楼。平面呈不规则形。花岗粗石砌基，折坡屋面，有气窗，主立面南向作折角处理，建筑造型典雅美观。

青岛德国建筑基本保持着德国占领青岛时期的建筑格局和原有的历史风貌，其平面布局、立面设计呈现出明显的德意志民族风格特征，反映了近代德国在中国经营殖民城市的历史史实，体现了当时世界建筑现代化的潮流及发展过程，也是中国近代建筑的经典之作。它体现了19世纪末20世纪初较为先进的城市规划理念和现代城市建设经验，反映了青岛向现代化城市转变的过程和状况，对青岛、全国乃至东亚近现代城市和建筑的发展建设都具有重要影响。

1949年后，青岛德国建筑的文物本体大多数作为行政办公等公共建筑使用，大部分建筑延续了德租时期原有或者相近的使用功能。青岛市结合旧城改造，使德国建筑得到很好的保护和利用。其中青岛德国总督楼旧址、欧人监狱旧址、青岛山炮台遗址、基督教堂、天主教堂、医药商店旧址、胶海关旧址、海滨旅馆旧址、游内山灯塔、水师饭店旧址等10处德国建筑已经或即将对外开放。1996年11月20日，德国总督府旧址、德国总督楼旧址以青岛德国建筑名称，被国务院公布为第四批全国重点文物保护单位，编号4-0206-5-008。2006年5月25日，国务院公布第六批国家重点文物保护单位时，将德国警察署旧址、俾斯麦兵营、观象台办公楼等23处建筑归入青岛德国建筑。编号6-1175-5-095。青岛德国建筑由各使用单位和青岛市文物局负责管理，25处单体建筑均有专人或专门机构管理，均建立有全国重点文物保护单位记录档案。2013年12月27日，山东省文物局印发《关于公布第四批省级文物保护单位保护范围和建设控制地带并调整公布其他省级以上文物保护单位保护范围和建设控制地带的通知》，公布了青岛德国建筑的保护范围和建设控制地带。青岛德国建筑保护规划已编制完成。

**中东铁路建筑群** 为清光绪二十四年（1898年）开始由俄国在中国东北地区修筑和经营的铁路时期沿线的俄国风格建筑。遗存分布在内蒙古自治区、黑龙江省、吉林省、辽宁省。内蒙古段中东铁路建筑群位于内蒙古自治区呼伦贝尔市满洲里市、牙克石市博克图镇和扎兰屯市；黑龙江段中东铁路建筑群主要分布在齐齐哈尔、大庆、哈尔滨、海林市、绥芬河市；吉林段中东铁路建筑群主要在吉林省四平市境内；辽宁段中东铁路建筑群主要分布于辽宁省沈阳市和平区，以及大连市。

中东铁路是清光绪二十四年（1898年）由俄国始修，原称东清铁路或东省铁路。干线由满洲里经哈尔滨到绥芬河，全长1480余千米；支线由哈尔滨经长春到大连，称南满铁路，全长940余千米。清光绪二十九年五月（1903年7月），中东铁路全线通车并开始正式营业。日俄战争（1904年）后，沙俄把南满铁路长春至大连段转让给日本。民国9年（1920年）起东清铁路始称中国东方铁路，简称中东铁路或中东路，长春以北段由中苏共同经营。民国24年（1935年）3月，苏联把中苏共同经营的长春以北段作价卖给日本。民国34年（1945年）8月，中东铁路改称中国长春铁路，由中苏共管。1952年12月31日，中东铁路完全由中国收回。

中东铁路建筑群（内蒙古段）俄式建筑和构筑物沿中东铁路的满洲里市、牙克石市博克图镇、扎兰屯市集中修建。满洲里俄式建筑群大部分建于清光绪二十九年至宣统元年（1903～1909年）。有哥特式建筑1处，俄式建筑群35处（单体），木刻楞建筑，有立体彩色雕塑之称，建筑材料为石材、木材两大类。木刻楞基础为大块石料，中间是圆木叠摞，房屋、门檐、窗檐运用木雕和彩绘工艺。室内为木质天棚和地板。石头砌筑的房屋，多不用色，用水泥勾缝；砖木结构建筑多用白、黄粉刷外墙，楼梯、台阶铺设花岗岩石条。室内天棚、地板、地下室一应俱全。取暖为俄式圆形壁炉。中东铁路博克图段工业建筑群建于清代，由兴安岭铁路隧道、兴安岭螺旋展线、隧道坐标点石碑、百年机车库、蒸汽机车水塔、百年段长办公室六部分组成。兴安岭铁路隧道全长3078米，兴安岭螺旋展线全长6625米，两处工业建筑均有钢筋水泥浇筑的防御工事碉堡；隧道坐标点石碑石质结构，呈阶梯状，距兴安岭铁路隧道17千米；百年机车库，整体建筑呈扇形；蒸汽机车水塔呈壶状；百年段长办公室为俄罗斯建筑风格，保存完好。扎兰屯市中东铁路建筑群，大部分建于清光绪二十九年至宣统元年（1903～1909年），由石砌建筑、砖木建筑等不同形式的38处单体建筑组成。主要分布在车站站前第一道街、第二道街、第三道街。

中东铁路建筑群（黑龙江段）海林市建筑群由圣母进堂教堂、横道河子机车库、铁路治安所驻地、铁路大白楼、俄式木屋和中东铁路海林站旧址组成。圣母进堂教堂位于横道河镇老街社区邮电路火车站东200米东山台地上。建于清光绪二十八年（1902年），为俄罗斯传统井干式木结构，条石基础，采用对称式设计。平面呈"十"字形，正面方向为东偏南35°，占地面积614平方米。两坡房顶，东西侧修筑2个小型帐篷顶塔楼，最高端是典型的宗教符号圆葱头，中间为透明的天井，四面为山花墙面，墙体以整齐的圆木水平叠加，交叉之处圆木互相咬合，窗型高大，门楣、窗楣的图案精美。教堂中间主厅用作宗教活动，两侧房间则用作学生教室，教堂与教室通过圣像壁与"十"字形平面的祭坛隔开，是小型建筑中教堂与学校相合的经典之作。横道河子机车库

中东铁路建筑群横道河子机车库

中东铁路建筑群大白楼

建于清光绪二十九年（1903年），面积2160平方米，设计科学，布局合理。建筑平面为扇形，其外墙大部分采用清水砖墙砌筑，门立柱用两道花岗岩石加固和装饰。在檐下利用砖砌层层出挑的锯齿状线脚。机车库弧形排列，每道门为三角形山花拱门顶，15个拱门连接弧形排列，机车库西30米有机车转盘1处，用于火车头自由转换方向。铁路大白楼建于清光绪二十九年（1903年），砖木结构，集合式多户住宅。正面方向为北偏西9°，两层，建有地下室。东西长39.5米，南北宽10米，建筑面积395平方米。立面横向对称式、立面两段式设计，四坡屋顶，东西两侧各设老虎窗，清水砖墙，两个主入口采用贯通式扶壁柱突出于墙面，墙面及拐角处利用砖块砌筑成凹凸花饰和隅石。正面砌筑露天式阳台，窗上砌有窗楣，2个单元，一梯4户，共16户；每户各有一室内储藏间，公共部分为水磨石地面。俄罗斯传统的铁皮屋顶、米黄色墙面、白色花装饰。铁路治安所驻地建于清光绪三十年（1904年），砖木结构，正面方向为东偏北18°。双层建筑，南、东、西三面开门，东西长21.2米，南北宽21.61米，建筑面积916平方米。建筑四坡顶，铁皮屋面，上开换气孔。毛石基础，清水砖墙，窗高而窄，砌有窗楣和垂带，上层窗下砌有装饰图案，正面两处入口有木制铁皮雨搭，米黄色墙面加白色花饰。俄式木屋为一排四栋俄式木制建筑，建于清光绪二十九年（1903年），一排4栋，正面方向为南偏西30°，南开门，每栋建筑东西长20米，南北宽9.75米，高6米，占地面积195平方米，4栋总占地面积780平方米。建筑两坡顶，铁皮屋面，毛石基础，墙体用木板制作，内填充石灰木屑保温，特别注重檐口挑出的山花，门窗洞周边镶木质彩色饰件，是俄罗斯民族特征突出的木质结构田园式住宅。海林站旧址建于清光绪二十九年（1903年），砖石结构，正面方向为北，南、北开门。东西面宽44.039米，南北进深11.039米，占地面积486平方米。立面采用横向五段式设计，两坡屋顶，门窗四周及墙角以砖砌筑，其他部分为虎皮石墙，正面砌筑2个山花墙面，墙面及墙角以凹凸不平的隅石来丰富建筑效果。

中东铁路建筑群（吉林段）包括公主岭俄式建筑群、中东铁路南满支线四平机车修理库等，分别位于公主岭市铁北街道吉林省农业科学院畜牧分院院内以及四平市铁西区北沟街道办事处北体育委、北河路与哈大铁路交会处。公主岭俄式建筑群形成于中东铁路建设初期，随着公主岭火车站建设而逐渐形成。公主岭俄式建筑群由10栋建筑组成，占地面积16万平方米，建筑面积1.1万平方米。按由南向北、自东向西排列分别编号为GEGF1～GEGF10。GEGF1整体呈长方形，为小屋顶悬山式建筑，砖石混筑，窗台至地面的墙面为虎皮石块垒砌而成，上部为红砖砌筑，周身墙体四面出垛，屋顶铺设黑色铁皮瓦，开设有三角形天窗增加屋内的采光和通风。GEGF2整体呈"L"形，为大屋顶歇山式建筑，砖石混筑，两层，屋顶处设有天窗，屋顶铺设黑色铁皮瓦。GEGF3东向，以正面一门为中轴呈左右对称，建筑风格和建筑材料跟GEGF2完全一致。GEGF4整体呈"L"形，为大屋顶歇山式建筑，砖石混筑，主体建筑东南向，两层，屋顶铺设黑色铁皮瓦。GEGF5整体呈"Π"形，中轴对称，大屋顶歇山式建筑，屋顶铺设黑色铁皮瓦。GEGF6整体呈长方形，为大屋顶歇山式建筑，两层，屋顶铺设有黑色铁皮瓦。GEGF7位于环岛中央，与院内主路处在同一中轴线上，整体建筑呈正方形，清水墙面，墙面采用艳丽的玫瑰红色，屋顶中部起方形两层，西南侧为一方形烟囱。GEGF8整体呈长方形，为小屋顶歇山式建筑，砖石混筑，东北—西南向，屋顶铺设黑色铁皮瓦。GEGF9又称石头房，整体呈长方形，单层，南北向，平面规整，形体简洁，"人"字形木房架，坡屋顶，铁皮房盖，为沙俄时期典型建筑之一，应为当时沙俄守护公主岭机关车库的兵营。GEGF10整体呈"L"形，由主体建筑及北侧东向侧室构成，推测应为机关车库的检修车间，主体建筑呈长方形，建筑采用屋架与砖墙混合承重结构，中央布置三排木柱，形成木屋架、木柱和墙体综合承重的结构形式，屋架为拱券结构，三跨拱紧密相连。中东铁路南满支线四平机车修理库修建于民国14年（1925年）11月，为日本南满洲铁道株式会社所建。民国15年（1926年）10月25日，公主岭机关车库及全部机械设备移至这里，在此成立机务段。机车修理库由机车修理库及附属建筑机车整备作业线、转盘等组成，占地面积2万平方米，主体建筑面积6000平方米。机车修理库库房呈扇形，由主楼、车间组成，钢混混凝土结构，红砖砌筑，屋顶由铅皮铺设。主楼位于整个建筑的南端，为三层"凸"字形结构，高约10米，正门

朝南。主楼北部连接的机车修理车间为扇形结构，正立面总弧长达80米，背立面总弧长达120米，建筑总进深达38米。车间通高8米，由12个相同的单元组成，每个单元两室，能同时容纳24台机车，车间两端开门，一楼顶部按扇形等距排开，设有35个排烟口，间距5米，每处排烟口建有高约6米的烟囱。车间西北侧等距分布12扇门，分别与12组（每组2条）呈放射状分布的铁轨相接。库内有洗修线、架修线和转盘，库外有机车整备作业线等。调动机车头的轴心大转盘位于扇形圆心位置，转盘直径约为30米，大转盘与机车库之间以14条放射状铁轨连接大转盘转动，机车头即可在其上掉转车头，出入车库。机车修理库为近代折中主义建筑模式，是当时中东铁路及支线沿线建筑规格较高、规模较大的机车修理厂房。

中东铁路建筑群（辽宁段）包括奉天驿

中东铁路南满支线四平机车修理库正门

中东铁路南满支线四平机车修理库

及周边建筑、南满铁道株式会社、大山寮旧址、东省铁路公司护路事务所旧址、达鲁尼市政厅长官官邸旧址。奉天驿旧址即今沈阳站，由日本为经营南满铁路而修建，主体部分于清宣统二年（1910年）建成并使用，时为东北最大的火车站，最早被称为奉天停车场，后以"驿"命名。奉天驿为满铁工务课建筑系太田毅、吉田宗太郎设计，仿照东京站的立面样式设计修建，占地面积5万平方米，建筑面积1.8万平方米。奉天驿为两层高红砖建筑，砖混合钢混结构，前面为放射形通向市内街道，后面为站台及铁路干线，以主楼连接两侧附楼，西侧为站台，站舍一层为候车室，二层为旅馆即早期的大和宾馆。至今有中央候车室、军人候车室、行李房、售票处等。中央候车室建于民国18年（1929年），建筑面积为7740平方米，钢混结构，铁皮屋顶，高两层，地下一层，二楼正中设有时钟1架。居中建穹隆顶，周围辟小圆窗，候车室内设有母婴候车室、软席候车室、第三候车室和贵宾室。奉天驿周边同期建筑保存有悦来栈旧址和共同事务所、贷事务所奉天铁路公安段旧址。悦来栈旧址是日式天井式建筑，主体六层，各侧面三层，内侧天井设有外走廊，外罩面红色。共同事务所、贷事务所奉天铁路公安段旧址现为沈阳饭店，总体建筑为"八"字形砖混结构，整体三层，屋顶为起脊铁瓦，西北侧屋顶为欧式小塔楼，西侧楼顶有4个三角形女儿墙，南侧建主通道拱形门。奉天铁路事务所旧址现为铁道饭店，为三层砖混欧式建筑，起脊铁皮顶，从一楼到三楼通体建有方体立柱，西南角为五层角楼，北侧中间建有三层圆顶楼，外墙为红色水泥罩面。奉天驿及广场周围建筑是日俄战争以后满铁附属地内的重要建筑，是沈阳外来红砖建筑的典型代表。南满铁道株式会社旧址分满铁铁道总局局舍旧址、满铁铁道总局本馆旧址两部分，初为南满铁道株式会社所有。满铁铁道总局局舍旧址位于和平区太原北街2号，始建于民国23年（1934年），由满铁铁道总局工务处的狩谷忠磨设计，于民国25年（1936年）完工。建筑宽为140米长为70米，占地面积27800平方米，建筑面积16993平方米。办公楼为框架式钢混结构，地下一层、地上五层、中间部位为六层。建筑立面比例按三段式处理。建筑平面呈"山"字形，东西向。主入口门厅为中心呈对称平面布置。正厅前设有双重门厅，外厅东西设有坡道，中间设台阶，内厅中间的门是"十"字形转门。雨篷出挑尺度很大，上设置阳台。在雨篷边沿设短墙，形成门廊。主入口门厅内设有一处三跑疏散楼梯和两部电梯。在两翼各有1个次入口，次入口门厅内各设有1部三跑疏散楼梯。在两翼尽端，一、二、三、四层靠近疏散楼梯分别设有2个大会议室，其余各办公用房和附属用房均布置在走廊两侧。一、二、三、四层的平面布局基本相同。五层只有主体部分，主楼梯两侧分别是两个多功能大空间。只有主楼梯升至六层。后期在主入口的后面加建1栋"T"形坡屋顶建筑。入口大厅走马廊等细部运用中国传统的花棂格子，落地的白色列柱与有收束的檐部以及用混凝土做出的带有鸱尾的小屋顶。屋顶的出檐两端略有起翘，两翼之女墙均做成勾栏形式，以营造现代与传统兼备的氛围。满铁铁道总局本馆旧址位于和平区太原北街4号，由满洲铁道总局工务局设计。建筑为框架砖混结构，主楼高六层，附楼五层，共计有房间390余间，占地面积2.2万平方米，建筑面积1.9万平方米，四周有院墙。建筑整体上为现代式设计，局部添加一些中国或东洋元素。属于兴亚式风格建筑。在立面方面，在入口门廊及屋檐上有起翘的出檐及屋顶，女儿墙做成勾栏式。入口凸起高五层的白色壁柱列与淡褐色面砖形成对比。窗间墙有传统纹样装饰。建筑平面以主入口中轴对称式，正厅前设有双重门厅，外厅东西设有坡道。平面布局上主要房间布置在朝阳面、正南、东南或西南，开设稍大面积的玻璃窗。资料室、卫生间等布置在北侧或东、西侧，为减少热损失，开设面积较小的窗。

旅顺火车站旧址是沙俄于20世纪初修建的东三省南满铁路最南端的周（水子）旅（顺）支线的终点站，位于旅顺口区得胜街道光辉社区井冈街8号，始建于清光绪二十六年（1900年）10月。站舍为俄罗斯风格的木制平房建筑，占地面积约406平方米，由候车室、乘务室、站台长廊和厕所组成，候车室正中为俄罗斯风格铁皮鱼鳞瓦塔楼。大山寮旧址曾是日本统治时期铁路职工宿舍，位于西岗区站北街道上海路78号。建筑占地面积约850平方米，砖混结构，建筑平面呈"Y"形，主体四层，正门开在二楼，有三个拱形券门，下有宽阔的台阶；上有一圈矩形勾连纹饰带，上部拱形高起，原有山花和其他墙面装饰已被破坏，坡屋顶前后各有两个老虎窗，屋顶已换成灰瓦。建筑内外结构基本保持原状。东省铁路公司护路事务所旧址原为东省铁路公司建的护路事务所办公场所，位于西岗区胜利桥北胜利街33号，建于光绪二十八年（1902年），由德国专家设计，建筑面积2169平方米。砖混结构，地上二层、局部三层。平面呈"U"形，主入口设置有雨棚，雨棚上设置阳台，增加室内外空间融合。整个建筑立面采用黄色涂料及白色突出线条相结合，屋面采用绿色铁皮瓦，是一座近代欧式建筑。达鲁尼市政厅长官官邸旧址坐落在西岗区团结街1号，建于光绪二十六年（1900年），光绪二十八年（1902年）竣工，建筑面积2500平方米，砖混结构，属于近代俄罗斯建筑风格。建筑主体两层，东门处局部三层，地下一层。沙俄统治时期为沙俄"达鲁尼"市政厅官邸。日俄战结束后，日本将它作为新成立的满铁总裁公馆，至民国34年（1945年）9月30日先后有17任总裁居住于此。

中东铁路建筑群是能真实展现19世纪初中国铁路运营及管理的形象遗存和重要工业遗产，是沙俄帝国主义对中国进行侵略扩张的实物证据，是研究中国东北铁路发生、发展及运营、管理等科学技术史以及研究沙俄侵华史的珍贵实物史料。中东铁路沿线历史建筑具有很高的历史、文化、建筑、美学、民俗、民族的研究价值，是俄罗斯民族文化遗产的重要组成部分。通过对中东铁路沿线历史建筑保护管理，为研究中国东北近现代对外交往、对外经济贸易、对外文化交流等，都提供了充分的依据。

中东铁路建筑群由所在省市使用单位和文物管理部门负责保护管理。中东铁路建筑群（内蒙古段）由满洲里市文物局、牙克石市文物管理所、扎兰屯市文物管理所管理。利用遗址群中老建筑先后建设呼伦贝尔市中东铁路博物馆、扎兰屯市历史博物馆、伪兴安东省历史陈列馆等。中东铁路建筑群（黑龙江段）海林市建筑群圣母进堂教堂建立中东铁路博物馆，归海林市文化局管理；其他建筑归哈尔滨铁路局管理和保护。中东铁路建筑群（吉林段）公主岭俄式建筑群由公主岭市文化广播新闻出版局与吉林省农业科学院畜牧分院联合管理；中东铁路南满支线四平机车修理库自2018年1月1日起归属四平市铁西区文物管理所管理。中东铁路建筑群（辽宁段）旅顺火车站旧址使用权为旅顺火车站，2003年，建立保护小组。2006年5月25日，中东铁路建筑群被国务院公布为第六批全国重点文物保护单位，编号6-0922-

5-049。包含中东铁路机车库旧址、伪满警备队驻地旧址、横道河子中东铁路大白楼、横道河子中东铁路木屋旧址、中东铁路海林站旧址、"圣母进堂教堂"（俗称"喇嘛台"）共6处旧址。2013年5月3日，内蒙古自治区呼伦贝尔中东铁路沿线历史建筑、满洲里中东铁路俄式建筑群、扎兰屯中东铁路近现代建筑群、扎兰屯吊桥，辽宁省沈阳市和平区奉天驿旧址及广场周围建筑、南满铁道株式会社旧址（一）、南满铁道株式会社旧址（二）、大连市旅顺火车站旧址、东省铁路公司护路事务所旧址、大山寨旧址、达鲁尼市政厅长官官邸旧址，吉林省公主岭俄式建筑群及四平段机车修理库旧址，黑龙江省香坊火车站旧址、一面坡中东铁路建筑群、滨洲线松花江铁路大桥、昂昂溪中东铁路建筑群、绥芬河中东铁路建筑群、霁虹桥，由国务院公布为第七批全国重点文物保护单位合并项目，归入第六批全国重点文物保护单位中东铁路建筑群。

中东铁路建筑群（内蒙古）保护范围建设和控制地带分别于2006年、2008年、2009年，由内蒙古满洲里、牙克石、扎兰屯市市人民政府先后公布。2006年，黑龙江省海林市人民政府公布中东铁路建筑群海林市建筑群保护范围及建设控制地带。2013年，辽宁省大连市人民政府公布旅顺火车站旧址的保护范围和建设控制地带。2014年，吉林省文化厅划定公主岭俄式建筑群、中东铁路南满支线四平机车修理库保护范围和建设控制地带。同年，沈阳市人民政府公布南满铁道株式会社旧址、悦来栈旧址、共同事务所、贷事务所奉天铁路公安段旧址，奉天铁路事务所旧址的保护范围和建筑控制地带。

奉天驿、大山寮旧址、东省铁路护路事务所旧址、达鲁尼市政厅长官官邸的保护范围和建设控制地带已划定并已上报，等待公布。

中东铁路建筑群（内蒙古段）全国重点文物保护单位记录档案存放在满洲里市文物局、牙克石市文物管理所、扎兰屯市文物管理所和内蒙古自治区文物保护中心。2006年，大连市考古研究所组织编制东省铁路护路事务所旧址文物档案；2015年，辽宁省文物局组织完善。2014年，四平市文物管理委员会办公室和公主岭市文物管理所建立了全国重点文物保护单位中东铁路建筑群（中东铁路南满支线四平机车修理库、公主岭俄式建筑群）记录档案。2015年，沈阳市文物局建立达鲁尼市政厅长官官邸旧址、大山寮旧址全国重点文物保护单位记录档案，完善中东铁路建筑群旅顺火车站全国重点文物保护单位记录档案，由大连市文物局保管；建立南满铁道株式会社旧址的全国重点文物保护单位记录档案，由沈阳市文物局保管。

**硇洲灯塔** 是世界稀有的水晶磨镜和水银转盘组成灯具的航标灯塔，位于广东省湛江市麻章区硇洲镇孟岗村上岭自然村马鞍山顶。灯塔坐落在硇洲岛东南角，距码头约8千米。东面有环岛公路，对面即为海洋；南面有西村，不远亦有环岛公路；西面有小公路可通灯塔；北面则为S288公路。

硇洲灯塔于清光绪二十五年（1899年）由法国人设计，硇洲岛工匠招广裕主持施工建造，至光绪二十九年（1903年）历时4年竣工。灯塔建成后，主要作为法国军舰和沿海商船进出广州湾、湛江内陆的航标灯塔。民国34年（1945年）与广州湾租界同时收归由中国管

理至今。

硇洲灯塔通高20.96米，由塔座、塔身、灯座三部分组成。塔座和塔身用花岗石构筑，砌缝灰浆用"红毛泥"、珊瑚壳灰拌蜂蜜制成。塔内为螺旋式步阶，盘旋66级到达灯座平台。灯具由163条（抗日战争时期已缺1条）弧形三棱水晶镜片和凸透镜组成，灯座内盛水银2.5吨作灯具旋转润滑剂，转速5秒周期。原用70磅重锤钟表式发条牵引灯具旋转，1984年改用电动转速箱，并改用1000瓦钠灯代替原来的五头嘴热铁器发光。灯光通过三棱水晶镜片从不同位置和各个角度互相折射，由凸透镜聚成强烈光束，射程26海里。光弧方位360°。1989年采用灌浆法加固塔顶。灯座室的外围建有瞭望台。

硇洲灯塔是采用中西技术结合的近代建

硇洲灯塔

筑，被誉为水晶灯塔，属于湛江航标处硇洲差分台，与伦敦灯塔、好望角灯塔并称为世界三大灯塔，又是世界上遗存两个水晶磨镜灯塔之一，结构合理、工艺细致、灯具科学、外形美观、牢固厚重，既指引船只航向，又是近百年广州湾——湛江市的历史见证物之一。

1991年，硇洲灯塔被建设部、国家文物局和中国建筑学会公布为全国近代优秀建筑。1994年，广东省人民政府公布硇洲灯塔保护范围和建设控制地带。1996年11月20日，硇洲灯塔被国务院公布为第四批全国重点文物保护单位，编号4-0218-5-020。2000年起，广东海事局湛江航标处负责管理和保护硇洲灯塔。湛江市文化广电新闻出版局建立并保管硇洲灯塔全国重点文物保护单位记录档案。

**大连俄国建筑** 是俄国始建用于市政厅作为办公场所的近代重要代表性建筑，是大连的地标性建筑，也是大连开埠建市的原点。大连俄国建筑位于辽宁省大连市西岗区站北街道团结社区胜利桥北烟台街，东面正对俄罗斯风情一条街。

清光绪二十四年（1898年），沙皇俄国强占旅顺大连，在远东成立一个俄属租借地"达鲁尼"市，修建这个市政厅。该建筑由波兰建筑师斯克里莫夫斯基设计。日俄战争时俄军曾放火烧毁市政厅，后日本统治者将其修复。清光绪三十二年（1906年）至20世纪三四十年代，先后作为大连民政署、南满铁路公司总社、满铁大连医院外科病房、满蒙物资参考馆、满蒙资源馆，并在原建筑两翼增建馆舍。

大连俄国建筑

1950年，改名为东北资源馆。1959年，定名大连自然博物馆。

大连俄国建筑始建于清光绪二十六年（1900年），建筑面积4889平方米。建筑体量较大，砖混结构，地上两层、地下一层（部分有错层设计）。建筑平面考虑到周边交通情况以及周围的景观情况，采用折线形式。造型规整平稳，比例严谨，中心突出，具有欧洲文艺复兴式建筑特有的魅力。采用红砖、绿瓦、尖顶装饰，主体建筑色彩鲜明。内部装修很考究，地角线、藻井、楼梯等处理得精致美观，有些装饰材料当时是从欧洲采购来的。内部空间设计合理，采用中廊的形式组织室内活动，走廊两侧布置房间。

大连俄国建筑是近代帝国主义列强在中国施行殖民政策的实物史证，对研究大连地区近代殖民史和近代风格典型建筑有重要的价值。

1996年11月20日，大连俄国建筑被国务院公布为第四批全国重点文物保护单位，编号4-0201-5-003。2000年，辽宁省人民政府印发《关于公布第五批省级文物保护单位保护范围和建设控制地带的通知》，公布了大连俄国建筑的保护范围和建设控制地带。2006年，大连市文物考古研究所编制了大连俄国建筑全国重点文物保护单位记录档案，由大连市文物局保管。2015年，辽宁省文物局组织完成档案资料的完善。大连俄国建筑现由大连市自然博物馆管理使用，行政隶属于大连市科技局。

**西泠印社** 是清光绪三十年（1904年）创建的研究印学、书画的民间艺术团体，有"天下第一名社"之誉。社址位于浙江省杭州市西湖区孤山路31号西湖景区孤山，南至白堤，西

"西泠印社"铭

近西泠桥，北邻后孤山路（里西湖）。

清光绪三十年（1904年），浙派篆刻家丁辅之、王福庵、叶为铭、吴隐等四人立志印学，于孤山南麓西泠桥畔"买山立社"，先后建造了仰贤亭等九处园林建筑，"人以印集、社以地名"，取名西泠印社。民国2年（1913年）建社十周年纪念大会，推近代艺术大师吴昌硕为首任社长，李叔同、黄宾虹、马一浮、丰子恺、吴湖帆、商承祚等均为西泠印社社员，杨守敬、盛宣怀、康有为等为赞助社员。民国16年（1927年），故宫博物院院长、金石考古学家马衡继任社长。1957年，成立西泠印社筹备委员会，张宗祥为主任，潘天寿、陈伯衡为副社长，诸乐三、沙孟海等4人为委员。1963年，召开建社六十周年纪念大会，印社社员云集杭州，大会通过了新的《西泠印社章程》，选举产生了近20人组成的首届理事会，选举张宗祥为第三任社长，潘天寿、傅抱石、王个簃等五人为副社长，并恢复了雅集活动，研究印学，商量社务，观赏藏品，组织创作，举办展览，编辑出版物。1978年，国家批准西泠印社为出版单位。1979年召开建社七十五周年纪念大会，推选沙孟海为西泠印社社长，赵

西泠印社柏堂及竹阁

朴初为名誉社长，王个簃、方介堪、启功、诸乐三、钱君陶、程十发等为副社长。1993年，国家文物局批复同意印社筹建中国印学博物馆；召开建社九十周年纪念大会，选举第五届理事会，全国政协副主席赵朴初当选为第五任社长，启功、方去疾、程十发、郭仲选等9人为副社长。1999年，中国印学博物馆建成对外开放。2002年10月，西泠印社六届五次理事会

在杭州召开，会议选举启功为西泠印社第六任社长，增补王玉明、陈振濂为副社长。2011年12月13日，西泠印社第八届理事会第六次会议推选饶宗颐为西泠印社第七任社长，刘江当选为西泠印社执行社长。

西泠印社依山而建，由上、中、下三部分组成，占地面积5758平方米，内有各类建筑23处、泉池4眼、石塔1座、经幢1处、造像4尊。分山前柏堂组团、前山山川雨露图书室——凉堂组团、山顶观乐楼——华严经塔组团和后山还朴精庐——鉴亭组团。印社建筑虽然没有传统的纵横格局，但亭台楼阁皆因山势高低而错落有致，一层叠一层，井然有序，摩崖题刻随处可见，堪称江南园林之佳作，有"湖山最佳处"之誉。仰贤亭为明代故迹，但年久为墟。遗存建筑为清光绪三十一年（1905年）印社初创时期所建，呈封闭式建筑小品，粉墙黛瓦，

西泠印社柏堂

古朴雅致。竹阁相传为唐代诗人白居易命人所筑。遗存建筑为清光绪二年（1876年）重建。位置在莲池左侧，柏堂右前方。竹阁的建筑不甚规则，是一座坐北朝南、面阔三间、进深三间的清式建筑。印社内还有一座华严经塔，位于山顶平面正中，是印社地形制高点，这座玲珑精巧的石塔是杭州唯一一座密檐式塔，是西泠印社的标志性建筑。此塔由社友中的一位和尚于1924年筹建。塔高20余米，塔平面为八角形，共11级。每级中间雕有飞檐，檐角悬挂铃铛，石座边缘刻着十八罗汉像，底层刻有《华严经》经文。

民国38年（1949年）5月，杭州解放，西泠印社由杭州市军管会接管，所藏文物和房舍等分别交给浙江省文物管理委员会和市园管局管理。1951年，西泠印社的土地、房屋、园林划归杭州市园林管理部门管理，此后多次进行

西泠印社华严经塔

维修。1956年，成立西泠印社筹备委员会。1959年，浙江省文化局将西泠印社下放到杭州市，归杭州市文化局领导，成立西泠印社办公室（2002年撤销，组建西泠印社社务委员会），全面负责西泠印社社址管理和营业部日常事务。1961年，西泠印社被浙江省人民委员会公布为第一批浙江省文物保护单位。1981年，再次被浙江省政府公布为浙江省文物保护单位。1982年2月至1983年10月，由上海同济大学古建筑系设计，特邀古建筑专家、印社社员陈从周指导，大修印社南门入口处东庑廊、凉堂、四照阁、还朴精庐、遁庵。复建石交亭，翻建观乐楼，重挖1951年填没的柏堂前莲泉，整修柏堂、竹阁、仰贤亭、山川雨露图书室、曲廊、宝印山房、题襟馆、鹤庐、鉴亭、三老石室、大门围墙、后山步道、小盘谷步道等。1986年7~11月，整修柏堂、竹阁、曲廊、宝印山房等处。此后有过数次维修。2001年6月25号，西泠印社被国务院公布为第五批全国重点文物保护单位，编号5-0486-5-013。2003年7~11月，印社百年大庆前夕，由浙江省古建筑设计研究院主持设计，对柏堂、四照阁、凉堂、题襟馆、观乐楼、石交亭、剔藓亭、鸿雪径等建筑物、构筑物进行维修，部分恢复被改动的构筑物，使原有建筑物得到保养维修。西泠印社常年对游人开放，部分建筑物原状陈列入柏堂、汉三老石室、各组连廊陈列碑刻等；部分开辟为陈列室及印学厅，部分辟为印材厅，是西泠印社展示印学文化、印社历史和金石文物的重要窗口。西泠印社下设中国印学博物馆，1999年9月26日对外开放。1998年，浙江省人民政府印发《关于划定杭州六和

塔等123处文物保护单位保护范围及建设控制地带的批复》，公布了西泠印社保护范围和建筑控制地带。西泠印社社务委员会组织完成西泠印社国家重点文物保护单位记录档案，按规定分别报送浙江省文物局、国家文物局保存、备案。

**南开学校旧址**　是中国近代教育家严修等创办的私立中学所在地，位于天津市南开区四马路22号，北临天津旧城西南角，南临天津南开医院、东接翔宇公园，西连南开公园。

南开学校前身私立中学堂，创办人为教育家严修（1860～1929年）、张伯苓（1876～1951年）。清光绪三十年（1904年），张伯苓东渡日本考察教育，8月回国后协助严修创办敬业学堂；10月17日正式成立中学，初名私立中学堂，随后改名私立敬业中学堂，光绪三十一年（1905年）改称私立第一中学堂。光绪三十二年（1906年），学生日众，校舍狭小，由天津众乡绅出资，在天津旧城西南建新校舍，因地处南开，更名为私立南开中学堂。民国元年（1912年）4月，改校名为私立南开学校。中华人民共和国成立后改为公立中学。

南开学校旧址占地面积约3.3万平方米。主要建筑有东楼、北楼、中楼、南楼、礼堂等，均为砖木式砖混结构，二至四层不等。造型庄重雄伟，建筑具有中西合璧特色。东楼建于清光绪三十二年（1906年），由王益孙、严修、徐世昌、毛宝君、卢靖、严子均及郑菊如等捐建，位于南开学校旧址东北角，为当时南开学校的中心建筑，设有校长张伯苓的办公室。建筑东西向，两层砖木结构，建筑风格为西欧古典造型与中国传统风格相结合。平面呈倒"品"字形，前带有柱形门廊，并配以多种精美的西洋装饰。中央为开放式两柱券式门厅，首层为教职员办公用房，二层为教室。联拱券窗，窗楣上方嵌刻"天津南开学校"六字。近年为纪念张伯苓改称伯苓楼。北楼建于民国2年（1913年），两层砖木结构，坡屋顶，清水墙。建筑首层开方窗，二层为连续拱

南开学校伯苓楼

周恩来同志在校期间宿舍

券窗，拱券门洞突出入口，造型别致。建筑形体简单，但细部处理繁缛。西斋宿舍始建于民国3年（1914年）10月，共4排带走廊，每排10间寝室。周恩来在南开就读时曾在此住宿。瑞廷礼堂建于民国23年（1934年），砖木结构，外檐清水砖墙饰面。

南开学校历史悠久、学风优良、英才辈出，培育出近现代政治家、科学家、文艺家及各类英才50余人，如周恩来、曹禺、周汝昌、邹家华、温家宝等人。

1962年新建含英楼，1976年因地震损坏，1977年天津市政府拨款按原貌重建。周恩来在南开学校读书时（1913～1917年）的东教学楼1978～1998年曾辟为周恩来同志青年时代在津革命活动纪念馆，叶剑英题写馆名。1996年11月20日，南开学校旧址被公布为第四批全国重点文物保护单位，编号4-0200-5-002。1997年新建翔宇楼。2002年，按原貌大修范孙楼、瑞廷礼堂；2004年，按原样大修西斋平房和园内长廊。南开学校旧址由南开区文物保护管理所负责文物保护管理工作，由天津市南开中学管理使用，天津市人民政府公布了保护范围和建设控制地带。

**协和医学院旧址** 是一处民国时期折中主义的砖木结构医院建筑群，属于近现代代表性建筑。旧址位于北京市东城区东单三条9号，与帅府园、校尉胡同相接，紧邻王府井、东单商业街。

协和医院又称罗氏驻华医院，建于清光绪三十年至民国14年（1904～1925年），是北京最早设立、规模最大的医学院校。光绪二十七年（1901年），英国伦敦医学会派遣柯龄来华与英美教会团体在北京筹办"协和医学堂"，光绪三十年（1904年），购地兴建校舍。民国4年（1915年），洛克菲勒基金会购得协和医学院全部校产以及东单三条原豫王府房产，于民国6年（1917年）在王府的基础上兴建协和医学院。兴建工程分两期分别建成A～N楼、O～P楼，共16栋建筑，包括礼堂、教学楼、病房、宿舍、仓库等。民国10年（1921年），北京协和医院正式接收病人。抗战时期，此处曾作为日本陆军医院使用。民国34年（1945年）从日军手中收复产权，民国36年（1947年）恢复招生。"文化大革命"时期，协和医学院停办，至1979年复校并使用至今。

协和医学院建筑群呈十字轴线对称分布，包括协和医学院教学区和附属医院区两部分。

协和医学院大门

东部为教学区，自成一条南北轴线，主楼坐北朝南，与两栋配楼构成三合院，南面隔东单三条正对礼堂。共有楼房16栋，A～N楼为中国传统风格，O楼和P楼为西洋风格。因医院的功能需要，大部分楼房用封闭的走廊连接，南门、西门各组合成三合院空间。整组建筑群由外国人设计，运用西方先进的建筑材料并融入中国传统建筑风格，较典型地反映了20世纪初到20年代北京折中主义和传统复兴式建筑的特征。教学区楼房4栋（A～D楼）。A楼为礼堂，位于东单三条胡同路南，面阔三间，平面呈"工"字形，仿中国传统宫殿式建筑，重檐庑殿顶，绿琉璃瓦。B、C、D楼位于东单三条胡同路北，外观大致相似，庑殿顶，绿琉璃瓦，其中C楼面阔十一间，地上三层、地下一层；B、D楼面阔九间，地上两层、地下一层。临

街南门三间，门前石狮子1对，为原豫王府遗物。主楼地上三层、地下一层，仿中国传统宫殿造型，绿琉璃瓦庑殿顶，旋子彩画，正立面十一间排列，每间为一方窗。中央大门处作一间五檩歇山门廊，台基上作汉白玉栏杆，一层作中式屋檐装饰，灰砖干摆及丝缝墙面。两栋配楼建筑形制同主楼，纵向九间排列，地上二层、地下一层，绿琉璃瓦庑殿顶，一层屋檐及门廊造型同主楼，台基上有汉白玉栏杆。主楼南侧正对大门，是协和医学院南大门，立面3间，中间一间为门道，两边为值房。大门为中国传统宫殿式造型，中间一间顶为歇山式，两边为庑殿式，大门外侧两边放置的卧狮为清豫王府遗物。大门南侧隔东单三条正对的礼堂，为重檐庑殿顶的传统宫殿式建筑。

沿教学区南北轴线向北为医院区，由西

协和医学院北区主楼

协和医学院南区主楼

向和南向两组三合院组成，形成相对独立的一组建筑。其中南向三合院主楼地上三层半、地下一层，纵向排列十一间，庑殿顶绿琉璃瓦，旋子彩画。一层加中式屋檐，配楼纵向九间，形式同主楼，在配楼南端又延伸出一个附楼。各楼间有封闭走廊连接。医院的另一组三合院入口向西，自成一条东西轴线，由三座大楼围合而成，院内设汉白玉通道栏杆，主楼坐东朝西，地上三层、地下一层，纵向九间，一层中间为大门，大门前做一间中式传统歇山门廊，一、二层间加琉璃腰檐一道。配楼纵向七间，地上两层、地下一层，建筑形式同主楼。民国14年（1925年）在医院区北部又加建西洋形式的建筑2栋。附属医院区楼房12栋（E～N楼、O楼、P楼），除O楼、P楼为西洋风格外，其余建筑均为中国传统风格，庑殿顶，绿琉璃瓦，局

部采用中国传统装修和彩画装饰。G、J、H楼位于C楼南北轴线北部，地上两层、地下一层。K、L、F楼位于J楼西侧，K楼面阔9间，地上三层、地下一层；L、F楼面阔七间，地上两层、地下一层。E楼与F楼南侧相接。J楼东侧为I楼和N楼（北边原有M楼），其中I楼地上三层、地下一层。O楼、P楼位于整组建筑最北部，O楼面阔十一间，平券方窗，西洋线脚装饰；P楼形制同O楼，两者之间有连廊相互衔接。

协和医学院及附属医院旧址建筑群规模宏大，历史悠久，是中国最大一组用传统建筑形式满足新功能、新结构的建筑群组。协和医学院及附属医院旧址建筑群虽然是外国人设计，但是满足了中国传统的审美心态，用传统建筑形式同西方先进的建筑材料和功能有机结合起来，并以此为模式在北京及全国建设了一批中

西合璧的宫殿式建筑。

协和医院建筑群保存完好，仍为协和医学院及其附属医院（北京协和医院）使用。1984年，协和医学院旧址被公布为北京市文物保护单位。1987年，北京市人民政府划定公布了协和医学院保护范围及建设控制地带。2006年5月25日，协和医学院旧址被国务院公布为第六批全国重点文物保护单位，编号为6-0884-5-011。2008年，对医学院4栋建筑进行修缮。北京市古代建筑研究所于2009年编制完成协和医学院全国重点文物保护单位记录档案。日常保护管理由北京协和医学院负责。

**京张铁路南口段至八达岭段** 是京张铁路的重要区段，属于近现代代表性建筑，位于北京市昌平区南口至延庆区八达岭，长约15千米。

京张铁路是由爱国工程师詹天佑主持修建。清光绪三十一年八月六日（1905年9月4日），京张铁路正式开工修建，詹天佑亲率工程队勘测定线，由于清政府拨款有限，时间紧迫，詹天佑选定铁路路线由西直门经沙河、南口、居庸关、八达岭、怀来、鸡鸣驿、宣化至张家口。全程分为三段：第一段丰台至南口段，光绪三十二年八月十三日（1906年9月30日）全部通车。第二段南口至青龙桥关沟段，长1644米，建有4条隧道，采用"人"字形铁路，工程艰巨，光绪三十四年七月（1908年9月）完成。南口至八达岭段，所处地势险峻、坡度很大，是当年京张铁路修建最困难的一段。关沟段穿越军都山，最大坡度为33‰，曲线半径182.5米，有居庸关、五桂头、石佛寺、八达岭等4条隧道。最长的八达岭隧道达1092米，采用南北两头同时向隧道中间点凿进的同时，采用竖井方法挖掘，中部开凿2个直井，分别可以向相反方向开凿，增加工作面，依靠人力建成了中国筑路历史上的第一条长大隧道。京张铁路最为人所知的工程是为克服

京张铁路"人"字形铁路

青龙桥车站

南口和八达岭的高度差而修建的青龙桥车站"人"字形铁路。第三段工程从关沟至张家口，修建有用7根34.5米长的钢梁架设而成的京张铁路上最长的一座桥——怀来大桥，并在下花园到鸡鸣驿矿区岔道一段在山上开一条6丈（20米）宽的通道，山下垫高6华里（3千米）长的河床。京张铁路从正式开工，到清宣统元年六月二十六日（1909年8月11日）建成，同年八月十九日（10月2日）通车，共历时4年整。

南口至八达岭段是百年京张铁路保留较完整的一段，在20千米的距离中，分布着南口、东园、居庸关、三堡、青龙桥五座老车站。划定全国重点文物保护单位的有青龙桥火车站、"人"字形铁路、詹天佑铜像及墓、青龙桥车站职工宿舍和监工处、南口火车站、南口机车车辆厂厂房及设备。

京张铁路青龙桥火车站始建于清光绪三十一年（1905年），是京张铁路的重要组成部分，保存完好。车站平面呈矩形，面阔五间，四坡简易顶，顶部中央作老虎窗。青龙桥火车站西为职工宿舍和监工处。"人"字形铁路是为克服南口和八达岭段高度差而修建的一段线路，位于青龙桥火车站的北部，仍在使用中。詹天佑铜像位于延庆区京张铁路的青龙桥车站。詹天佑于清咸丰十一年（1861年）生于广东省南海县，同治十一年（1872年），考取公费赴美留学。光绪七年（1881年）六月，毕业于美国耶鲁大学霍菲尔德理工学院土木工程系，同年八月回国。他先后任福州船政学堂和广州水陆师学堂教员。光绪十四年（1888年）任天津铁路公司工程师。光绪三十一至三十五年（1905～1909年）主持修建京张铁路，为中国第一代铁路工程专家。民国8年（1919年）4月24日在汉口仁济医院病逝，享年59岁。同年在青龙桥车站立有一座詹天佑全身站立铜像。

詹天佑铜像

詹天佑墓

詹天佑墓在八达岭长城下京张铁路关沟段青龙桥车站的詹天佑纪念馆内，为民国15年（1926年）詹天佑夫人谭菊珍逝世后的合葬墓。1982年5月20日，铁道部、北京铁路局和中国铁道学会将詹天佑及其夫人墓迁往居庸关下詹天佑铜像后新墓中。墓用花岗岩砌成，墓前刻"詹天佑先生之墓"七个隶书大字。墓形为半球形汉白玉墓，墓后有宽2.6米，高1.4米的卧碑，

为花岗岩镶边的黑色大理石，上刻詹天佑生平事迹。南口火车站站房和南口机车车辆厂位于北京市昌平区，建于光绪三十二年（1906年）。南口火车站站房建筑平面呈矩形，面阔七间，清水砖墙，四坡简易顶，女儿墙装饰，正立面明间突出。南口机车车辆厂位于南口火车站附近，遗存当时的厂房建筑及相关设备。老厂房平面呈矩形，勾连搭形式，坡屋顶，内部三角桁架结构。

京张铁路是中国首条由中国人自主修建并运营的干线铁路，在中国铁路建设史上占有重要地位。京张铁路历史悠久、保存完整，至今仍具有通行能力。铁路沿线遗留的站房、铁轨、机车房、职工宿舍等是中国早期的重要工业文物遗存，其中的"人"字形铁路更是体现了中国人的智慧，至今仍有不可替代性，对于中国的铁路史研究具有重要意义。

京张铁路南口段至八达岭段文物保护单位的保护和管理由北京市铁路局负责。1984年，詹天佑铜像及墓被北京市政府公布为北京市文物保护单位。1987年，北京市人民政府公布了第二批划定文物保护单位的保护范围及建设控制地带的说明，确定了詹天佑墓及铜像的保护范围及建设控制地带。2013年5月3日，京张铁路南口段至八达岭段被国务院公布为第七批全国重点文物保护单位，编号7-1610-5-003。

**徐家汇天主堂** 又称圣依纳爵堂，是上海市一座典型的哥特式建筑，曾被誉为"中国教堂之巨擘""上海第一建筑"。徐家汇天主堂位于上海市徐汇区蒲西路158号。

徐家汇是上海天主教发源地之一。清道光二十八年（1848年），驻华第一任耶稣会会

长南格禄在徐家汇创立神学院，于咸丰元年（1851年）建造完成一座正规的教堂"圣依纳爵堂"。教堂由西班牙传教士范廷佐设计，法国神父罗礼思任建筑师，是一幢罗马式天主教堂，即徐家汇老教堂。可容200余人，是中国近代史上最早的西洋式教堂之一。光绪十二年（1886年），法国耶稣会传教士开始募款筹集资金，准备在旧教堂的南侧，即今蒲西路158号另建新堂。光绪三十年（1904年），道达洋行的英国建筑师道达尔开始设计新堂，法商上海建筑公司承担该项目。光绪三十二年（1906年）破土动工，历时4年，于宣统二年九月二十日（1910年10月22日）落成。新堂规模为东亚之冠，在汇丰银行大楼建成之前被誉为"上海第一建筑"。新堂建成后，旧堂改为徐汇中学小堂。20世纪20年代初，总主教刚恒毅受教宗庇护十一世的委托，以首任宗座驻华代表的身份到中国指导教会的发展。民国13年（1924年）5月，刚恒毅在上海召开中国天主教史上的第一次全国性主教会议，大会的开幕式、闭幕式以及追思已亡传教士的隆重仪式均在徐家汇天主教堂举行。民国17年（1928年），在天主堂主楼西北侧加建辅楼，称为"更衣所"，作为神父休息更衣住所。

徐家汇天主堂为典型的哥特式建筑，占地面积为6700平方米，建筑面积为2670平方米，坐西朝东。分为主楼、辅楼两部分。主楼平面呈拉丁字母"X"字形，面阔28米，进深79米，十字两翼宽44米。正立面为竖三段布置，大厅内凹，尖拱大门，上面红砖墙面砌两道横向影作连续尖拱券窗，中间为玫瑰花窗，阶梯式山墙立十字架。堂内有64根用金山石精

刻叠成的楹柱。中厅和侧廊的天花均为木筋加灰泥粉饰而成的四分尖券肋骨拱顶，拱顶下有木质束柱支撑。中厅两侧墙面由三层构成，一层是由束柱和尖券构成的连续券廊，二层是连续尖券构成的廊栏，三层为尖券高侧窗。正立面朝东，外墙用红砖清水，墙基用青石。在装饰重点部位如玫瑰花窗、塑像等，其华盖和基座、两侧女儿墙的吐水兽、入口等处局部采用石材。堂中有19个祭台，其中大祭台1座、小祭台18座。大祭台在堂后中央，有耶稣、圣母像，雕刻精美，色彩鲜明。地坪铺方砖，中间一条通道则铺花瓷砖。整个教堂内部上一层是一个回廊，除去美感效果，兼具吸尘和吸声功能。教堂内有原来中间的大祭台是民国8年

徐家汇天主堂外景

徐家汇天主堂大厅

（1919年）复活节从巴黎运来，其制作被认为有着较高的艺术价值。大堂脊高18米，钟楼全高约60米，尖顶31米。堂内可容纳2500人同时做弥撒。辅楼设有连廊与主楼相通。辅楼平面呈"L"形，东西向总宽约22.8米，南北向总长约24.5米。

徐家汇天主堂是一座气势恢宏、雕刻精美、色彩鲜明的哥特式建筑，是上海地区保存较好的优秀的西洋形式建筑。徐家汇天主堂在中国天主教历史上有重要地位，见证了天主教文化本地化探索的过程，是上海对外文化交流的重要场所。

1962年9月7日，徐家汇天主堂被上海市人民委员会公布为上海市文物保护单位。"文化大革命"期间，教堂遭到破坏毁损。1978年11月后，徐家汇天主堂归还教区，由天主教上海教区管理。徐家汇天主教堂进行过多次修缮。1982年，修复钟楼与尖顶十字架。1989年9月25日，徐家汇天主堂被上海市人民政府重新公布为上海市文物保护单位。1999年3月29日，上海市人民政府下发《关于同意重新编制的上海市国家级和市级文物保护单位保护范围及建设控制地带》的批复，确定徐家汇天主堂的保护范围、建设控制地带及建设项目控制。2008年10月至2009年4月，天主教上海教区委托上海市房地产科学研究所对徐家汇天主堂进行全面勘察，为上海轨道交通11号地铁的设计和施工提供依据，以确保文物建筑安全。2013年5月3日，徐家汇天主堂被国务院公布为第七批全国重点文物保护单位，编号7-1697-5-090。已建立徐家汇天主堂的全国重点文物保护单位"四有"档案。

**清陆军部和海军部旧址** 是清朝末期设立陆军部和海军部的办公地点，也是中华民国早期国家重要行政机构的办公处，位于北京市东城区张自忠路3号（原名铁狮子胡同，民国时改为张自忠路）。

清陆军部和海军部旧址前身原为清乾隆年间的和亲王府与贝勒斐苏府，东西相邻。和亲王府的前身是贝子允禟（康熙第九子）的府第，允禟于清雍正四年（1726年）被幽禁致死。雍正十一年（1733年），府第成为雍正第五子弘昼的和亲王府，由弘昼的后人居住。贝勒斐苏府原为清初恭亲王常颖（顺治第五子）的府第，斐苏为其曾孙。至清道光年间（1821～1850年），为其后人镇国公承熙所有，故又称承公府。光绪三十二年（1906

年），清政府宣布"预备立宪"，变更官署，原兵部与练兵处合并为陆军部，拆除承公府和亲王府后，兴建东西两组洋式砖木结构的建筑群，西部为陆军部衙署，东部为陆军贵胄学堂。建筑群由陆军部军需司建造科工程师沈琪主持设计，中国营造厂施工建造，共耗白银三十二万八千余两。宣统二年（1910年）12月，海军部成立，将贵胄学堂改为海军部办公楼。两部共用一座大门，为传统五开间悬山式衙署正门，正对陆军部主楼。

中华民国成立以后，袁世凯曾把总统府设于西院（陆军部），国务院设于东院（海军部）。民国元年（1912年）8月，袁世凯在总统府主楼大厅里以国家元首的待遇隆重接待经天津到达北京的孙中山。民国期间，这里

海军部南楼

先后作为民国陆军部办公楼、民国海军部办公楼，靳云鹏任国务总理兼陆军总长时期的总理府，段祺瑞的中华民国执政府。民国15年（1926年）3月12日，中国近代史上震惊中外的"三一八惨案"发生于此。段祺瑞执政府倒台后执政府由冯玉祥接管。后先后作为北平卫戍区司令部、29军驻北平军部及冀察政务委员会使用。民国26年（1937年），日本侵略军侵占华北，这里成为以冈村宁次为首的日本华北驻屯军总司令部，东院是日本特务机关兴亚院，大门前建岗楼，街两端封闭，禁止行人通行，主楼北最后一栋灰楼地下室为牢房。民国34年（1945年）抗日战争胜利后，这里由国民党第十一战区司令长官孙连仲接管，改为十一战区长官司令部。北平解放前夕，北平警备司

令陈继承在这里设司令部。

陆军部主楼为两层西洋古典形式，砖木结构，三角桁架，铁皮屋顶，建筑坐北朝南，正中突起一城堡形四层钟楼，用砖砌西洋柱式和拱券形成四周外廊，入口处搭仿铁罩棚。灰砖清水墙面，券柱上布满砖雕，题材为中式传统花纹。建筑层高达5.7米，体量高大，跨度达11.5米，三角桁架，铁皮屋顶，檐口为雉堞形女儿墙。主楼后有东西配楼和后楼，装饰简洁，外廊用白灰板壁与拱券组合。陆军部主楼向北有2座配楼和1栋后楼，形成了一个四面围合的建筑群落，建筑形式仍随主楼。海军部为二层灰砖清水墙砌筑，砖木结构，三角桁架，铁皮屋顶。建筑主楼为西洋古典形式，南立面用巴洛克山花构图装饰，砖砌拱券外廊。主楼

陆军部主楼

向北的侧楼和后楼连为四合布局,内院一面为通长木外廊。

清陆军部、海军部旧址是中国近代历史发展的重要实物遗存,这组建筑是中国最早出现的西方建筑形式之一,反映了清末统治者承认西方先进的生产和生活方式,是清末对外开放的实物遗存。陆军部和海军部南楼的建筑装饰带有巴洛克风格,反映了社会政治、经济和生活的变化。砖结构建筑是中国古代建筑进化到近代建筑的标志。而陆军部和海军部建筑是用砖结构技术的代表作品。

中华人民共和国成立后,清陆军部和海军部成为中国人民大学校舍。1978年,人民大学复校后,主楼由清史研究所使用。1980年,中共中央联络部将海军部院内的研究所并入中国社会科学院。1984年5月,旧址以段祺瑞执政府名称被公布为北京市文物保护单位。同年11月21日,北京市人民政府划定公布清陆军部和海军部旧址保护范围及建设控制地带。2006年5月25日,更名清陆军部和海军部旧址,被国务院公布为全国重点文物保护单位,编号6-0875-5-002。2007年,由北京市古代建筑研究所制作完成清陆军部、海军部旧址全国重点文物保护单位记录档案。陆军部遗址保护管理工作由中国人民大学负责,海军部遗址由中国社会科学院世界历史研究所负责。

**清农事试验场旧址** 是清朝末年为推广农业设立的试验场所,为北京动物园的前身。旧址位于北京市西城区西直门外大街137号。东临北京展览馆,西临首都体育馆,南沿至西直门外大街,北至气象路。

清农事试验场旧址坐北朝南,原南北向

清农事试验场(北京动物园)大门

窄,东西向长,平面呈矩形。20世纪50~60年代因国家工程需要,将东、西各一部分划出,建北京展览馆和首都体育馆。北京市政府将北面的部分土地作为补偿。现状总体仍呈东西向长,东部的南北向宽于西部。

清末农事试验场旧址原为清康亲王赐园,乾隆年间(1736~1795年)收为御园,后为乐善园(三贝子花园)。光绪三十二年(1906年),商部奏准将乐善园及附近的广善寺、慧安寺划为农事试验场,整修原有古建筑及河湖山石,又由八旗武场迁来一所阅武厅,名"豳风堂"。同年,清政府派出考察西方政体的大臣端方奏请:"各国导民善法,拟请次第举办,曰图书馆,曰博物馆,曰万牲园,曰公园。"清王朝为表达推行宪政的决心,决定在清末农事试验场旧址内建万牲园,即动物园。农事试验场东面为动物园,西面为植物园。清末农事试验场旧址遗存历史建筑有大门及西式办公主楼和配楼、畅观楼、鬯春堂、北门四组建筑和部分虎皮石围墙。豳风堂原为近代三角桁架铁皮屋顶和一个大栅组成,是个餐饮茶座场所,20世纪90年代拆改,现为水泥砖木仿古建筑。

邑春堂

大门，坐北朝南，灰砖清水墙面。面阔三间，每间一拱券大门，中间高大，两侧较矮。大门框部分两侧方壁柱，柱头出线角檐头，柱头承托砖砌拱券，拱券中心置拱心石，两侧大门造型一致。大门南侧置4根独立圆形爱奥尼壁柱，壁柱下设中式须弥座，柱头上方做出挑檐头。三间大门上方为巴洛克曲线山花，山花上立旗杆。整组建筑立面用砖雕布满云朵曲线花饰，山花部位有龙狮造型，装饰为较典型的巴洛克艺术风格。大门北侧为水泥拱券门道。农事试验场北门坐南朝北，灰砖砌筑，面阔三间，4根方柱划分间数。中间为大门，两侧较窄，仅作门图案，没有通道。大门框为方壁柱，柱头出檐，承托砖拱券，券中心设拱心石。拱券上方为双层线脚檐头，檐头上为巴洛克曲线三角山花。两侧门形式同主大门。大门

4个柱顶作四角攒尖柱帽。整座大门形式较南门简洁。南门向北同一轴线为一西式两层办公楼。办公楼为折中主义形式，面阔七间带周围廊，每间门和窗上带有厚重的拱券窗楣和拱心石，周围廊为西洋栏杆和挂檐板，顶为三角桁架，坡铁皮顶。东西两侧配楼功能为门道，两层砖木结构，面阔三间，砖砌方壁柱带横凹槽线脚直达屋顶，柱头作火焰珠。该楼前后带外廊，一层当心间为门道，砖砌外廊拱券带拱心石；二层形式同一层，屋顶当心间作山花，两侧作曲线。东西两侧配楼形式一致。主楼与配楼有走廊连接。畅观楼曾为慈禧行宫，坐北朝南，砖木结构三角桁架，坡铁皮顶，南立面大门作重点装饰，大门一层为门廊，爱奥尼柱式承托。二层外廊封闭，用矮花瓶栏杆和拱券窗装饰。二层檐部砖做出挑檐头，檐头上为三角

山花。山花上布满火焰珠。畅观楼四周有爱奥尼柱式外廊，东西两侧置八角楼，用拱券窗，出挑檐头装饰，顶为铁皮八角屋顶，上托火焰珠。畅观楼大门南侧有两个西洋造型铜狮，四周环绕湖水，现保存完好，为动物园园史展陈使用。豳春堂位于畅观楼南侧，为传统中式建筑，歇山三卷勾连搭形式，正面七间，进深五间，周围带廊，灰筒瓦，檐下饰苏式彩画。装修为什锦窗，保存完好。

清农事试验场旧址附设的动物园是中国历史上最早饲养展出野生动物的场所。场内其他各类试验及展示，对广泛普及科学知识起到重要的推进作用，也是展示文明城市的重要标志。清农事试验场旧址中的畅观楼，是唯一仅存完好的清末时期的西式行宫，具有极重要的文物价值。

1955年4月1日，经北京市人民委员会批准，定名北京动物园。1984年5月，北京市人民政府、北京市文物事业管理局核准将动物园正门、畅观楼、豳春堂、豳风堂四处定为北京市文物保护单位。1987年，北京市人民政府划定公布了"乐善园建筑遗存"保护范围和建设控制地带。2006年5月25日，改名为清农事试验场旧址，被国务院公布为第六批全国重点文物保护单位，编号6-0877-5-004。2007年，由北京动物园建立了清农事试验场旧址全国重点文物保护单位记录档案。清农事试验场旧址由北京动物园管理处负责日常管理。

**天一总局旧址** 是中国近现代历史上规模最大、分局分布最广、经营时间最长的早期民间侨批局。旧址位于福建省漳州市龙海市角美镇流传村，地处角美镇中南部地区，九龙江入

天一总局外景

海口北江北岸。与厦门市接壤，面对台湾；距厦门岛15千米。

天一总局，又称天一信局，全称为"郭有品天一汇兑银信局"，是龙海市角美镇流传村旅菲华侨郭有品在清光绪六年（1880年）创办的，主要经营东南亚信汇、票汇、电汇和邮政业务，经营时间为光绪六年至民国17年

天一总局旧址

天一总局旧址内景

（1880～1928年）。天一总局由创办民间侨批馆开始，后扩展为信局，尔后又发展为总局，最终成为中国早期侨批汇兑银信局，在闽南侨批史乃至中国邮政史、金融史上都占有重要地位，在海外有着广泛影响。

天一总局所有办公、营业、居住的建筑面积达11600余平方米。旧址遗存有主楼、宛南楼和陶园园林等。主楼始建于清宣统三年（1911年），历时10年，民国10年（1921年）建成。大楼为西式两层楼房，分前、后两座，每座面阔九间25米，进深十间28米。坐北向南，是具有典型欧式装饰风格的中式四合院结构。其楼墙外表、走廊门额为西洋式装饰风格；楼内为四合院式的建筑结构，设前、后二进，中有天井，木梁架屋顶，板瓦屋面，歇山顶，总面积1400平方米。北楼与宛南楼之间有钢筋混凝土天桥连接。宛南楼始建于清光绪三十二年（1906年），宣统三年（1911年）建成，是天一总局早期居住、办公合二为一的建筑。宛南楼坐南朝北，方向与北楼截然相反，建筑分为前后两部分，前半部分为传统红砖大厝，后半部分为两层西洋式建筑，洋楼外表面灰塑装饰。其南侧后门为西洋式风格，大门上写"宛南楼"。陶园由一座两层西洋式建筑及一座花园组成，占地面积3000余平方米。建筑北侧有外廊，砖木结构，表面为灰塑。园内有职工住宿楼、休闲花园、半月池、假山、凉亭、百果园、陶园楼等配套建筑物。

天一总局建筑引进西欧洋式建筑理念和装饰风格，体现出天一总局历史上独有的经历与特色。天一总局的经营与创办、建筑物的风格特征，以及郭有品作为侨商的尊老敬贤、助人为乐的美德，体现出天一总局丰富的内涵，对研究中国邮政史、金融史、华侨史具有重要意义。

1992年10月11日，龙海县人民政府印发《龙海县人民政府关于公布第三批县级文物保护单位的通知》，公布天一总局旧址为县级文物保护单位。2005年5月11日，福建省人民政府印发《福建省人民政府关于公布第六批省级文物保护单位及其保护范围的通知》，公布天一总局旧址为省级文物保护单位。2006年5月25日，天一总局旧址被国务院公布为第六批全国重点文物保护单位，编号6-0965-5-092。2010年9月，龙海市文体局组织编制《天一总局旧址文物保护规划》，获国家文物局批准。

2016年4月20日，福建省人民政府印发《福建省人民政府关于公布全国重点文物保护单位（第四至七批）保护范围的通知》，公布天一总局旧址的保护范围。同年11月8日，福建省文化厅、福建省住房和城乡建设厅联合印发《福建省文化厅、福建省住房和城乡建设厅关于公布省级以上文物保护单位建设控制地带的通知》，公布天一总局旧址的建设控制地带。

马迭尔宾馆 是20世纪中国东北地区欧洲新艺术运动风格的代表性建筑，是中国共产党领导的多党合作和政治协商制度建立的重要历史见证。马迭尔宾馆位于黑龙江省哈尔滨市道里区中央大街89号。北距松花江约800米，西临中央大街，南临西八道街，北临西七道街。

马迭尔宾馆始建于清光绪三十二年（1906年），由俄籍犹太人约瑟·凯斯普聘请欧洲建

马迭尔宾馆

筑师设计建造。当时有客房、西餐厅、影院、西式冷饮厅、舞厅、咖啡厅等服务项目，主要接待军阀、买办、商贸大亨、官僚卖办等上层人物。室内装修华贵高雅，温馨舒适，并以西方餐饮文化引领潮流。宾馆始建初期命名为MODERN（马迭尔），意为时髦、现代、摩登之意。马迭尔宾馆曾经接待过许多重要人士。国际联盟调查团团长李顿和美国记者埃德加·斯诺等先后在此下榻。民国35年（1946年）哈尔滨解放后，马迭尔宾馆被改为中共中央东北局招待处，后归哈尔滨市政府管辖。民国37年（1948年），民主人士如宋庆龄、郭沫若等人前往北平参加新政治协商会议前在哈尔滨停留，均下榻马迭尔宾馆，并于11月25日在此同中国共产党达成《新政协筹备会诸问题》协议。

马迭尔宾馆建筑为砖木结构，地下一层、地上三层，带有明显的新艺术运动风格。平面呈凹形，立面为三层，部分带有四层孟莎式阁楼。建筑的立面主要通过窗、阳台、女儿墙及穹顶等元素体现出来，反映出较强的"新艺术"特征。底层为基座，墙面仿重块石，大尺度落地窗。二、三层用通高壁柱，三层用半圆额窗。檐部女儿墙与阳台栏杆较集中地运用了新艺术运动的曲线和装饰。马迭尔宾馆出挑的阳台兼作入口的雨篷，下面有两大两小共计4块托石，大托石呈向内收卷的涡状，上覆线脚丰富的平石板；小托石呈柔美的半抛物线形，小托石的两侧各有一铸铁的花饰，如缠绕的丝蔓。女儿墙以砖砌体为主，采用柔软、灵活的各种"新艺术"曲线造型，或呈陡急的落水曲线，或呈圆润的椭圆形涡卷曲线，或层层叠起，或飞流直下，极具气势与动感，整个建筑仿佛具有生命力一般，飘然欲飞。

马迭尔宾馆平面功能比较复杂，且以首层平面最为复杂。首层平面正中是主入口及入口前厅、会客厅，以此为中心组织起其他空间。会客厅北侧通过一个过厅与餐厅相连，餐厅又与一个100余平方米的舞厅相通，再往北是狭长的冷饮厅；会客厅的东侧通过一个主楼梯厅与一剧场相连，剧场近200平方米，并带有一个10米进深的舞台；建筑的南翼为较大的南餐厅，沿西八道街一翼为几个小餐厅及其他辅助用房；建筑二、三层则以客房为主，有的客房带有室外阳台。建筑的三个沿街立面中，以中央大街立面为主要立面，正中为主入口，主入口的北侧及南侧转角处各有一个次要入口。

"文化大革命"时期，马迭尔宾馆曾改名哈尔滨旅社、市政府第二招待所、哈尔滨宾馆。1987年1月1日，恢复"马迭尔宾馆"原名。

2007年9月30日，马迭尔宾馆被哈尔滨市人民政府公布为第三批市级文物保护单位，同时公布了保护范围和建设控制地带。2009年8月24日，马迭尔宾馆被黑龙江省人民政府公布为省级文物保护单位。2013年5月3日，马迭尔宾馆被国务院公布为第七批全国重点文物保护单位，编号7-1687-5-080。马迭尔宾馆的保护机构是成立于1978年10月的哈尔滨市文物管理站，隶属于哈尔滨市文化和新闻出版局。2014年11月20日，哈尔滨市文物管理站建立马迭尔宾馆全国重点文物保护单位记录档案。

**上海外滩建筑群**　是近代上海开埠以来在黄浦江滨外滩形成的建筑群，是上海历史文化和美学价值最高的近代建筑群体，被誉为"万国建筑博览会"。上海外滩建筑群位于上海市黄浦区和虹口区东部、黄浦江西岸延安东路至外白渡桥滨江地带。

上海外滩建筑群整体规模共27栋建筑,沿中山东二路依次自北向南分布于道路西侧。建筑年代为20世纪初至30年代,多为洋行、银行等金融、贸易、办公类建筑,代表着当时世界建筑设计和施工技术的一流水平。外滩建筑群年代跨度30余年,风格多样,从建筑外观形象和建筑结构类型上大致分为三个时期。第一时期建筑形式采用欧洲古典式、文艺复兴式或券柱式,以二层、三层的砖石结构为主;第二时期的建筑类型表现出多元倾向,欧洲新古典主义和中国传统建筑风格并行,出现钢筋混凝土和五层以上的建筑结构;第三时期欧美现代主义风格的"国际式"建筑传入,逐渐取代简化的仿古典主义和与商业化社会融合的巴洛克建筑风格,十几层到二十几层的高层建筑逐渐崛

起。被列为全国重点文物保护单位的代表性建筑11栋,分别为亚细亚大楼、上海总会大楼、汇丰银行大楼、江海关大楼、汇中饭后大楼、沙逊大厦、中国银行大楼、怡和洋行大楼、东方汇理银行大楼、百老汇大厦、俄国领事馆。

亚细亚大楼位于中山东一路1号,民国4年(1915年)建成。大楼竣工后被命名为麦克皮恩大楼,后产权转让给亚细亚火油公司,遂易名为亚细亚大楼。建筑立面采用横三段、竖三段处理,底部两层为基座,采用花岗石饰面,中部三至五层立面采用罗马石拱券装饰,立面上部六、七层有贯通的爱奥尼并立双柱式柱廊,与底层具有巴洛克风格,支承弧形断檐山花门罩的爱奥尼双柱相呼应,使整个立面显得下部凝重而上部较为轻巧。第六层窗用三角形断檐山墙的窗罩,东、南立面完全相同。建筑风格为古典主义和巴洛克式的折中主义风格。

上海外滩建筑群全景

上海总会大楼位于中山东一路2号，又称英国总会，也称上海俱乐部。清宣统二年十二月六日（1911年1月6日）落成。整个建筑以大门入口为主轴线，建筑两侧对称，立面为英国新古典主义风格，三段式构图，比例匀称，外墙除柱和勒脚用石料外，其余均为水刷石；入口玻璃雨罩为后加，对建筑外貌有一定的遮挡；立面中段三、四层运用古典主义建筑语言，由六根贯通的爱奥尼式巨柱组成列柱柱廊，形成立面构图的中心；窗楣楣构带有巴洛克风格特征，装饰图案多为山花浮雕；屋顶南、北两端的塔楼为巴洛克建筑风格。上海总会大楼是上海最早的钢筋混凝土结构建筑之一，是20世纪初上海近代建筑的里程碑之一。

汇丰银行大楼位于中山东一路10～12号，落成于民国13年（1924年）4月22日。太平洋战争爆发后，日军接管汇丰银行，日本横滨正金银行一度占据该楼，民国34年（1945年）日本投降后，大楼归还汇丰银行。民国38年（1949年）后，汇丰银行在华的分支机构停业。1955年4月至1995年7月1日，为上海市人民政府办公地。1996年12月，浦东发展银行取得汇丰银行大楼的使用权，按照修旧如旧的原则将建筑修复。汇丰银行大楼建筑平面呈长方形，六层（含夹层），中部八层。建筑立面正中是贯通二至四层的仿罗马科林斯巨柱式，中间4根成双排列。大门入口处三扇青铜大门和两旁的铜狮子由英国专门铸造。营业大厅尺度宏大，有双层玻璃圆弧拱顶和爱奥尼式的大理石柱廊，两端有四根8米高的爱奥尼式柱，采用整段意大

汇丰银行大楼

利大理石雕琢而成。整个立面处理是严谨的新古典主义手法，汇丰银行大楼整体为钢框架结构，砖墙填充，外墙用花岗石贴面。石材雕琢精细，门窗口外露的墙面转角、线脚及挑檐等均采用整块的石材、米色的石料贴面。底层八角形门厅高10余米，穹顶直径为15米，穹顶和其下的鼓座覆盖彩色马赛克镶嵌画总面积近200平方米，下方有8扇圆拱形门洞，拱肩上镶嵌16幅古希腊神像，门洞上方的鼓座用马赛克镶嵌8幅图案，极具艺术价值，穹顶中央的马赛克镶嵌壁画表现的是太阳神阿波罗，外圈为象征汇丰银行的8头金狮和12星座。

江海关大楼位于中山东一路13号，于民国16年（1927年）12月19日建成。新楼由九层主楼和五层（局部七层）辅楼组成。建筑正面入口为希腊神庙式，门廊的四根多立克柱子和铜铸的古典主义大门；东部九层主楼面向外滩，其立面一、二层用粗犷的花岗石墙面作为基座，上部饰光面花岗石，建筑的横三段和竖三段、檐壁上的希腊式三陇板装饰以及严格对称的处理手法均为古典主义风格，底层大厅装饰呈简洁的希腊文艺复兴式，顶部有八角形藻井，其八面各饰有一幅彩色马赛克镶嵌的帆影海事图案；西部五层辅楼，其外墙一、二层同主楼，三、四层饰褐色面砖，入口的两层高拱形门洞和拱心石的处理，也为古典主义风格。

汇中饭店大楼位于中山东一路19号。是上海遗存建筑最早的饭店之一，历史悠久。清光绪三十二年（1906年），汇中饭店翻建新楼，为六层混合结构。饭店为英国文艺复兴时期风格建筑，当时被誉为上海第一摩天大楼。外墙底层以花岗石贴面，上部各层饰白色面砖，楼

汇中饭店大楼

层间和最上两层窗间墙均用红色清水砖镶砌，部分窗口上部配有三角形或弧形楣饰。屋顶失火后已被改变简化。1998年，修复东西屋顶两端巴洛克风格的塔亭；进门采用柚木旋转门，大厅内包括柱身、宽敞的木制楼梯、扶手栏杆、护墙等木雕装饰，均为文艺复兴风格。

沙逊大厦位于中山东一路20号。民国15年（1926年）11月开工，民国18年（1929年）9月5日建成。钢框架结构。建筑平面呈"A"字形，东部塔楼为13层，其余为10层（均含夹层），局部有半地下室。1956年，沙逊大厦经整修后对外开放，改名为和平饭店。沙逊大厦是上海装饰艺术派风格建筑代表作。建筑外墙采用花岗石饰面，以竖向线条作为装饰主体，通过建筑线条显示简洁明朗的特点；建筑重点处理面向黄浦江的20米高的墨绿色方锥体屋顶，其表面覆盖瓦楞紫铜皮，这是外滩唯一使用金字塔式屋顶的建筑。在檐部及基座使用抽

沙逊大厦

中国银行大楼

象几何形装饰母题，在各入口处使用反映业主身份的沙逊家族猎狗族徽作为装饰中心，室内走廊、楼梯间、宴会厅、大厅照明器具具有装饰艺术派的装饰纹样，尤其是一层旅馆大堂，其装饰母题与室外造型内外呼应，大理石地面与墙面拼花图案、铁制栏杆、扶手、灯具的几何形装饰；九层维多利亚风格的和平厅和中国风格的龙凤厅金碧辉煌、色彩富丽，是当年上海各大饭店中最具特色的宴会厅。沙逊大厦一建成就成为外滩的标志性建筑。

中国银行大楼位于中山东一路23号。民国26年（1937年）3月9日桩基完工，至民国33年（1944年）7月全面竣工。抗战胜利后，银行大楼由国民政府中央银行接管使用，民国35年（1946年）元旦归还中国银行。中国银行大楼是近代摩天楼式的钢框架结构高层建筑。外墙用平整的金山石饰面，顶部为巨大而平缓的四方攒尖顶，上面盖中国传统的蓝色琉璃瓦，檐部用巨型石质斗拱装饰，并有大量具有中国特征的局部装饰如柱帽、藻井、栏杆、镂空花格窗、紫铜大门，营业大厅有大理石饰面的柱列和营业柜台，顶部为拱形玻璃天棚。中国银行大楼是外滩唯一的具有中国传统建筑装饰的高层建筑，也是外滩20世纪30年代唯一一座由中国建筑师参与主体设计和装饰设计的建筑。

怡和洋行大楼位于中山东一路27号。建造于民国9年（1920年），钢筋混凝土结构，原建造5层，民国28年（1939年）加建1层，1983年再加建1层，但在后退道路数米处实际上增加2层，故层数应为8层。大楼正门为包铜大门，底层内部采用大理石装饰，楼上走廊铺设马赛克地面，写字间均铺设细木地板。大楼立

怡和洋行大楼

面为古典式三段处理，下部一、二层采用粗糙大石块贴面作为基座，半圆罗马拱形门券、统长钢窗；中部三至五层采用花岗石贴面，其中间由变形的科林斯巨柱式贯通整个三层；上部为屋顶檐口和2米高的女儿墙。

东方汇理银行大楼位于中山东一路29号，又称"汇理银行"大楼，为上海少见的法国古典主义和巴洛克风格相结合的建筑。民国元年（1912年）开工，民国3年（1914年）竣工。大楼建筑占地面积为730平方米，建筑面积为2190平方米，三层，自地面至平屋面女儿墙栏杆顶的高度约为19.3米。砖木钢砼混合结构。大楼建筑立面正门为主轴线，两边对称，作为基座的底层几乎占立面高度的五分之二，用苏州花岗石贴面，强调水平线分隔，主入口开间略大于其他4个开间，并在出入口处加强视觉处理，用2根抛光青岛花岗石塔斯干式柱子支撑额坊、檐壁和半圆形的拱壁，拱塔做成壁龛式，以衬托坐落在额坊上的巴洛克风格特有的波浪卷涡状山花，曲线流畅，比例匀称，是上海近代建筑中巴洛克建筑装饰的精品，立面正中有2根贯通二、三层的爱奥尼柱式抛光青岛花岗石圆柱，窗户中间和两侧装饰了多根塔司干式方形和圆形壁柱，有强烈的装饰作用；主立面中的第二层窗运用帕拉蒂奥组合，并按巴洛克风格，作凸出墙面的处理；二层窗楣、阳台和顶部檐口处理均带有法国情调的巴洛克风格；外墙用工整的石块贴面并勾勒水平线条，显得匀称、典雅。一层营业大厅入口内外两侧饰有精美的巴洛克断檐山花柚木门套，大厅内有爱奥尼式大理石柱廊和玻璃拱顶。室内木装修精致，窗套和壁炉线条花饰工整。

百老汇大厦位于北苏州路20号，是民国期间前上海仅次于国际饭店的最高建筑，坐落在上海外白渡桥北堍苏州河畔。民国19年（1930年）7月开始筹建，次年9月破土动工，民国24年（1935年）5月竣工。因大厦地处百老汇路西端，故名"百老汇大厦"。1951年5月1日命名为"上海大厦"，成为上海市接待国宾、政府机关工作人员和侨胞的宾馆之一。1984年，划归锦江集团后对大堂进行改造，并将南侧裙

百老汇大厦

房餐厅加建1层。百老汇大厦建筑平面呈"X"形，四翼房间朝向较好，建筑雄伟挺拔，锅炉间设在地下。立面风格以装饰艺术派风格为主，采用几何立方体组合，十一层起开始逐步收缩，中部最高，各层屋顶的女儿墙处饰以几何形连续装饰图案；外墙底层用暗红色花岗石贴面砖，上层均饰咖啡色泰山面砖，墙面处理简洁，仅在窗间墙部位的面砖砌法上略作特别处理；内部装饰较简洁。

俄罗斯驻上海总领事馆位于黄浦路20号，是上海早期领事馆建筑中至今保存最好的建筑，原为德国领事馆与外白渡桥间的礼查公园。民国3年（1914年）始建，民国5年（1916年）10月建成。建筑为假四层，混合结构，设有半地下室，一层为办公室和会议室，二层为领事和副领事住房，三层为总领事和副领事住房，半地下室和假四层为厨房、餐厅、储藏室和工作人员住房。建筑位于黄浦江与苏州河交汇处，在东、西两端设有大阳台，可眺望江河景色。室内装修采用柚木、大理石等一流建材。建筑立面为德国文艺复兴风格与巴洛克装饰细部相结合的折中主义风格。立面底部为仿石块饰面基座，屋顶为孟莎式四坡两折坡顶，开德国式弧形天窗，天窗和山墙均用巴洛克弧线装饰，顶端设八角形穹顶瞭望塔。

1996年11月20日，上海外滩建筑群被国务院公布为第四批全国重点文物保护单位，编号4-0220-5-022。上海市文物局保存有上海外滩建筑群的全国重点文物保护单位"四有"档案。1999年3月29日，上海市人民政府印发《关于同意重新编制的上海市国家级和市级文物保护单位保护范围及建设控制地带》的批复，公布了外滩建筑群保护范围和建设控制地带。上海外滩建筑群由使用单位和上海市文物局负责保护管理工作。

**青岛八大关近代建筑** 是20世纪上半叶在青岛形成的度假别墅群，位于山东省青岛市市南区南部，西起汇泉角，东至太平角，背靠太平山，拥有300余栋风格各异的单体建筑。

青岛城市的兴起始于19世纪末20世纪初德国人的殖民期间。20世纪初，德国人的建设开始进入八大关区域。民国3年（1914年），日本占领青岛，延续德国人的建设，陆续在八大关区域规划住宅区。民国17年（1928年），南京国民政府开始管理青岛，将青岛设为特别市，八大关区域设为"特别规定地"，至20世纪30年代末，开辟10条以重要关隘命名的道路；至20世纪40年代，建成一个由300余栋欧陆风情建筑构成的别墅区。

八大关近代建筑素有"万国建筑博览会"的美誉。街区内共有文物保护建筑236栋。建筑风格有文艺复兴式、巴洛克式、古典式、装饰艺术派、现代派等。哥特式尖顶、巴洛克建筑的不对称、清水墙面、拜占庭式山花、折中式立面构图，同时檐部的不规则几何形、北欧

八大关近代建筑全景

函谷关 30 号别墅

英国总领事馆地旧址

大斜坡式屋顶、外露的贴壁木骨架、各种形式的老虎窗以及欧洲古典时期的多立克、爱奥尼、科林斯柱式等均有采用。青岛本地的花岗石、鹅卵石也应用于建筑中。建筑式样和不同材料的合理运用，使建筑群斑斓多彩、相映生辉。建筑内部设有客厅、卧室、锅炉房、壁炉和旋转式木扶梯。庭院内遍植花木，设有曲径、回廊、石桌石凳，环境温馨。许多主要建筑周围还配有附属建筑。

八大关近代建筑多为独立庭院式别墅，主要建筑可分为平房、2～3层建筑、4～6层建筑及7层以上建筑四类，其中以2～3层建筑居多。一般采用自由式布局，形式活泼、造型精巧，建筑密度一般在20%以下，建筑布局以南北向为主设置，追求观海效果。建筑形式多采用建筑物与绿地庭院相结合，建筑门前和主入口多设在临海和阳光充足的南侧，以获得良好的采光、通风和开阔的视野，显示了很高的人文景观和自然生态环境有机结合的建筑艺术水平。

青岛八大关典型的建筑有，建于1933年的山海关路1号别墅，属于文艺复兴后期的古典主义风格，为八大关区域少见的建筑式样；建于1931年的莱阳路3号别墅是简约的折中主义风格作品；函谷关路30号别墅（建于1936年）；居庸关路11号别墅（建于1935年）；正阳关路21号别墅（建于1935年）均属于西班牙式住宅风格；太平角一路1号（建于1930年）和荣城路19号（建于1931年）的两栋别墅一层石砌墙面，采用都铎式的四圆心平券门窗洞口样式，二层山墙结合坡顶取半木构样式，系模仿英式风格；黄海路18号花石楼（建于1931年）属于中世纪古堡风格。1930年以后，青岛八大关建筑出现了现代派的建筑风格，这些现代派的建筑风格都是平屋顶带女儿墙，如1934年建设的嘉峪关路5号别墅，正阳关路10号别墅（建于1934年），京山路10号比利时驻香港领事在青岛的别墅（建于1937年），抛弃了外加装饰采用了光洁墙面，以体块和窗洞比例来取得效果。这些现代风格建筑，在青岛八大关建筑里很是显眼。1914年以后，日本侨民大量涌入青岛，形成了日本人居住的花园洋房，代表建筑有太平路23号高桥住宅（建于1929年）；福山路8号陶善欣住宅（建于1930年）。

青岛八大关近代建筑的出现与清末民初激荡的社会背景紧密相关，与中国近代史上许多著名人物和著名事件相连，作为特定历史时期社会生活的物质载体，反映近代中国被西方殖民的历史，见证了青岛地区的近代变迁。青岛八大关近代建筑是近代中国少有的按照西方城市规划理论建设发展的城市别墅社区，其建筑、园林及街道体系，体现了中国近代城市规划的设计思想与艺术审美。八大关近代建筑规划布局合理，建筑造型美观，形式设计多样且多为专业设计，建筑结构设计考究，代表中国近代建筑业的营建水平。

1992年，山东省人民政府公布青岛八大关建筑群为第二批山东省文物保护单位。2001年6月25日，青岛八大关近代建筑被国务院公布为第五批全国重点文物保护单位，编号5-0492-5-019。青岛市人民政府公布保护范围和建设控制地带。2004年，青岛市文物局建立了青岛八大关近代建筑全国重点文物保护单位记录档案。2011年，编制完成《青岛八大关近代建筑文物保护规划》，并经国家文物局批复实施。2011年后，经国家文物局立项，先后修

复黄海路16、18号，山海关路13号，香港西路10号，居庸关路10号，荣成路23、36号，韶关路24号，正阳关路21号，居庸关路9、11号等11处单体建筑。青岛市主持完成八大关近代建筑普查，制订有《八大关历史文化保护区环境综合整治规划》《青岛八大关近代建筑保护管理办法》及《八大关近代建筑保护规划》。八大关近代建筑的保护管理工作由青岛市文物局负责。

**纳楼长官司署**　为彝族纳楼茶甸长官司副长官普氏的衙门之一，是全国保存较为完整的土司衙署建筑之一，位于云南省建水县坡头乡回新村最高点，雄踞红河北岸。民舍环司署而建，周边山势陡峻。

普氏于明洪武十五年（1382年）被朝廷授予"纳楼茶甸副长官"职后，日趋强盛，辖地日广，成为明、清两代云南的三大彝族土司之一。清光绪年间（1875～1908年），云贵总督将纳楼土司的辖地一分为四，由其四个儿子承袭，都冠以"纳楼司署"之名。四子普隆于清光绪三十三年（1907年）在回新村重建衙署。

遗存建筑建于清光绪末年（1908年），为三进四合大院，占地2800平方米，建筑面积2951平方米，计有房舍71间。主体建筑高两层，中轴

纳楼长官司署大门

纳楼长官司署正厅

线上按照壁、操场、大门、前厅、正厅、后厅布局，层层递进，步步高入，厢房、耳房、书房左右对称，四周有砖砌，土砌护墙两道，四角建有碉堡，高二至三层，天井20个。大多为木结构牌楼式建筑，四柱三间，正中悬挂"纳楼司署"匾额。门前照壁高大，独具特色。前院为办公楼房，正厅为公署议事场所，三间，木结构单檐歇山顶，室内宽敞明亮，顶饰天花落井，土司宝座雕刻精美。后院楼房为家属住宅。院内四廊环绕，环境清幽。司署四周有石砌及土砌围墙两道，四角设碉楼。遗存建筑保存完整，规模较大，具有鲜明地方特色，完整反映中国古代土司的社会、政治、经济、军事、文化、司法、赋税等制度，有着极高的历史、科学、艺术价值。

1989年，建水县文物管理所成立，负责纳楼长官司署的保护管理。1995年，建水县文物管理所编制纳楼长官司署"四有"档案，共1卷，存于建水县文物管理所。1996年11月20日，纳楼长官司署被国务院公布为第四批全国重点文物保护单位，编号4-0213-5-0015。

**茨中教堂** 为法国天主教堂，也是法国葡萄酒技术传入中国的早期见证。教堂位于云南省迪庆藏族自治州德钦县燕门乡茨中村。

燕门乡地处横断山脉澜沧江深箐陡谷中，江峡窄小，是燕子南来北往的门户，南北交通的关隘，故称"燕门"。居住着藏、汉、纳西、傈僳4个民族，其中藏族人口占86%。鸦片战争以后，国外教会加紧对中国的渗透。清咸丰十一年（1861年），法国传教士余斯德旺、蒲白多禄率6名四川籍教徒从四川巴塘迁到茨中村，并于同治六年（1867年）在茨中村建起迪庆境内的第一座天主教堂。光绪三十一年（1905年）"维西教案"发生，茨中教堂被毁。宣统元年（1909年），教会获得巨额赔款，遂重建教堂，于民国10年（1921年）茨中教堂建成，并成为"云南铎区"主教座堂。茨

2659

茨中教堂侧面

茨中教堂内景

中教堂由教堂、大门、前院、后院、地窖、传教士墓、葡萄园、花园等部分组成，整个建筑布局以主教堂为中心配套组合，占地约6600平方米，总建筑面积为1386平方米。

主教堂坐西向东，砖石结构，由西方拱券式建筑与中国亭阁、屋檐组合而成，形成独特的建筑风格。其通面阔13.8米，通进深31.2

茨中教堂正面

米。三面有踏步7台，高1.30米；门廊由条石砌成，长6米，宽3米；门廊接钟楼，钟楼通高达20米，为三层楼房加一中式亭阁组成，上部为中式四角攒尖顶亭阁建筑，下部为方形塔楼，装饰上兼有哥特式教堂特色；钟楼接礼堂，礼堂内有石柱2列6根，上架拱形石梁，屋顶为中式重檐顶，屋面铺棕色土制琉璃瓦，四壁和天花板绘藏、汉、白等民族风格图案，门窗为西式，门楣和窗楣的装饰具藏式建筑的特点。前院三栋厢房为白族三坊一照壁式样，两层土木结构，为传教士宿舍。后院建筑在"文化大革命"中被毁。前院东面为葡萄园，面积1300多平方米，种植有清光绪十年（1884年）从法国引进的葡萄品种"玫瑰蜜"。

茨中教堂是多元文化交流共存的载体，保留有中国最早种植的法国葡萄和葡萄酒酿制技术，是西方建筑风格与中国汉、藏、白等民族建筑风格巧妙结合的典范。

1950年德钦解放后，外国传教士全部被驱逐出境，茨中教堂由政府接管，为当地教民使用，后天主教活动停止，教堂作为茨中小学校舍。1984年，德钦县人民政府将茨中教堂归还信教群众使用。1987年12月21日，茨中教堂被云南省人民政府公布为第三批省级文物保护单位。1997年，云南省人民政府印发文件，公布茨中教堂保护范围及建设控制地带的划定。2006年5月25日，茨中教堂被国务院公布为第六批全国重点文物保护单位，编号6-1054-5-181。2012年2月，《茨中教堂抢救维修工程项目可行性研究报告》获得国家文物局审核通过，2013年开始对礼堂及钟楼、大门、过厅、南北厢房、围墙、院落、坟墓等进行全面修缮。

金陵大学旧址　是原金陵大学所在地，是中国近代建筑史上有代表意义的优秀建筑群，位于江苏省南京市鼓楼区湖南路街道南秀村社区汉口路22号，鼓楼西南侧。

金陵大学是美国基督教会在南京设立的一所高等学校，肇始于清光绪十四年（1888年）创办的汇文书院，清宣统二年正月（1910年2月）与宏育书院合并成立金陵大学。同时用教会募集的资金，购得鼓楼西南坡134万平方米土地营建新校舍，由美国芝加哥帕金斯建筑事务所负责规划设计。至民国4年（1915年）科学馆（后称理学院，东大楼）率先竣工；民国8年（1919年）文学院（亦称行政院，北大楼）落成，与鼓楼比峙，是当时南京最高大的建筑之一；民国14年（1925年），建农林馆（西大楼）；民国24年（1935年），国民政府拨款建图书馆，翌年建成。抗战时期，金陵大学西迁成都，此地一度为沦陷区南京中央大学所占用（1942年8月至1945年10月）。中华人民共和国成立后，金陵大学由政府接办改为公立，1952年院系调整时合并于南京大学。

金陵大学北楼

金陵大学旧址建筑有北大楼、东大楼、西大楼、大礼堂、小礼堂、校史博物馆和学生宿舍等10余幢建筑。金陵大学校园的设计采用以中国传统建筑式样为本，贯彻中西合璧、传统风格为主的指导思想。主要建筑沿一条南北主轴线布置，建筑形式体现中国北方官式建筑的特征，总体布局自北向南，北大楼和图书馆处在同一轴线上遥相呼应，东大楼与西大楼位于北大楼两侧，风格一致，布置取自中国汉唐以来的传统特色。除东大楼于1959年因火灾损毁在原基础上重建、老图书馆南侧于1984年与新图书馆书库相接通外，其余建筑及绿地均保持原貌，唯北侧新建20层高的南京消防大楼，损害原有的环境风貌。

北大楼在校园中轴线的最北端，是金陵大学的主楼，建筑面积3479平方米。民国6年（1917年）动工，民国8年（1919年）全部竣工（大楼西南侧墙根外有"1919"字样刻石1块）。北大楼是学校的主楼，位于主轴线的北端，体量组合方式为西式，总体布局中的几何规则式绿地、广场与美国大学校园相类似。建筑单体全部采用歇山顶，灰筒瓦屋面，造型严谨对称，外观用青砖墙面，建筑进深较大，窗

金陵大学西楼全景

金陵大学大礼堂全景

小，显得稳重、封闭。建筑细部也有浓重的中国传统装饰，如斗拱、砖雕等等。民国19年（1930年）改文科为文学院，北大楼随之称为文学院。1990年，北大楼成为南京大学校部机关的主要办公用房。东大楼是主体建筑中最先竣工的大楼，在北大楼的东南侧，始建于民国2年（1913年），民国4年（1915年）落成，当时名为科学馆，建筑面积3905平方米。建筑平面为长方形，内廊式布局。东大楼由南京大学地理系使用。西大楼在北大楼的西南侧，建筑面积3604平方米。民国19年（1930年），金陵大学农林科改称农学院，西大楼随之称为农学院。西大楼为数学系办公和教学、科研用房。图书馆在北大楼的正南方，即南京大学老图书馆，是金陵大学主体建筑群中落成最晚的。东北大楼在东大楼的南面，建于民国24年（1935年）。建筑面积1726.4平方米，混合结构，高四层，卷棚式屋顶，筒瓦屋面，外墙用烟灰色黏土砖砌筑，大楼入口处有栈道直通二楼。李白堂在西大楼的南面，后为南京大学大礼堂，民国7年（1918年）竣工。学生宿舍在南京大学北园内，后为外语学院办公、教学楼。共有甲乙楼、丙丁楼、戊巳楼和辛壬楼4幢。

金陵大学汇文书院钟楼

除上述建筑外，另有一根旗杆。民国24年（1935年）8月，为与仅一墙之隔日本驻华公使馆耀武扬威的太阳旗相抗，在金陵大学30多位爱国学生发出倡议下，钢管式旗杆在学校礼拜堂南侧落成，旗杆高40余米，高高飘扬的国旗超出北大楼3米多，也超出与之毗邻的太阳旗。1964年，旗杆迁移至学校大操场南侧。该旗杆保存完好，已成为南京人民反帝爱国的重要见证物。

汇文书院与宏育书院合并为金陵大学堂后，原汇文书院的中学堂改称为金陵大学附属中学，简称金大附中、金陵中学。金大附中等建筑以钟楼为中心，大多建于19世纪末，钟楼原为汇文书院教师、学生报时用，是金陵中学历史最悠久、最有代表性的建筑。建筑主体始建时为三层，后因失火改为二层，原二层部分改为阁楼，设有老虎窗，将原两折式屋顶改为四坡屋顶。钟楼是南京最早的"洋楼"，是比较地道和典型的美国殖民期风格建筑。

金陵大学旧址10余幢优秀建筑，体现建设者力图把西方文化融合于中国建筑之中的意图。这种中西合璧、中式为主的建筑，反映了基督教在中国传播时受到中国传统文化的影

响，最终采用两种文化相融合、折中的方式。金陵大学旧址建筑群具有一定的文化价值和历史意义。

金陵大学旧址保护和管理由南京大学负责。南京大学在保护的基础上进行多次维修。1959年，为迎接国庆十周年对北大楼、西大楼、老图书馆进行局部的维修和油漆；同年7月，对因火灾而焚毁的东大楼在原基础上进行修复，工程由南京工学院设计，至9月底基本完成。1985年，对所有金陵大学建筑进行全面的维护保养；1990年，学校修缮科对北大楼进行全面修缮。1990年2月，分别对北、东、西大楼及老图书馆进行了调查。1991年，金陵大学旧址被国家建设部、国家文物局评为近代优秀建筑。1992年，金陵大学旧址被南京市人民政府列为南京市文物保护单位。2006年5月25日，金陵大学旧址由国务院公布为第六批全国重点文物保护单位，编号6-0933-5-060。南京市政府公布了金陵大学旧址的保护范围和建设控制地带。

**清华大学早期建筑** 是清末和民国时期清华学堂及国立清华大学的相关建筑，位于北京市海淀区双清路30号清华大学西门以里，环河而建，南近清华路，东临学堂路。

清华大学校园原址为清康熙年间（1662～1722年）所建御园，称为熙春园。道光年间（1821～1850年），熙春园分为东部熙春园，西部近春园两部分；咸丰年间（1851～1861年）东部改名为清华园。宣统元年（1909年），清政府用美国退还的部分庚子赔款，筹建游美肄业馆（留美预备学校）。宣统三年（1911年），游美肄业馆迁入清华园，改名

清华大学二校门

清华学堂；民国元年（1912年）10月，更名为清华学校。次年春，与清华园毗连的近春园遗址及其周边被并入校园，共45.33万平方米。校园修缮原有的工字厅建筑群，新建校门（二校门）、一院大楼（清华学堂大楼西半部）、二院、三院、同方部、北院、校医院及一些附属用房。民国3年（1914年），美国建筑师墨菲与丹纳为清华制定第一个校园规划，将校园一分为二，东部仍为留美预备学校，西部以近春园遗址为中心规划四年制综合大学，校门选在近春园南侧。在校园东部，一院大楼向东扩建，新建大礼堂、科学馆、图书馆与体育馆。这4栋建筑均由墨菲设计，由清华1910年游美生庄俊配合设计并监造，在建筑艺术和技术上属当时最高水平，被誉为清华当年的"四大建筑"，与稍早建成的清华学堂、同方部等组成清华初期校园的主要建筑群。还建成工艺馆

（土木馆）、在工字厅前建成校长住宅甲、乙、丙3座，及丁所——诚志学校（为当时的附属中、小学）。民国19年（1930年），由中国建筑师、1921级校友杨廷宝主持完成第二期校园规划，建成生物学馆、气象台、明斋，扩建图书馆和体育馆。民国21年（1932年）成立工学院后，在校园东南角相继修建机械工程馆、水力实验馆、电机工程馆、化学馆等。西校门、学生宿舍、善斋、静斋、新斋、平斋及北大饭厅陆续建成。

清华大学早期建筑，建于清康乾年间、民国初至抗日战争前（1911～1936年），主要集中在现清华大学校园西北部的老教学区内，以大礼堂为中心分散布置。主要建筑有古代建筑工字厅、古月堂和近代建筑二校门、清华学堂、大礼堂、图书馆、科学馆、体育馆、生物学馆、气象台、同方部、西校门、电机工程

馆、化学馆、机械工程馆、土木工程馆、水力实验馆、明斋、静斋、新斋、善斋、平斋等。民国19年（1930年）建造的校园建筑中，机械、土木、水利各馆因靠近清华学堂，为色调一致采用青砖墙面，其余多数为红砖清水墙。这批建筑形式均采用美国近代折中式校园风格，砖混结构，外形对称，清水砖墙面用砖砌出线角。有仿哥特式竖线角，也有仿文艺复兴式的券门窗和柱式，在建筑基座，门窗和檐口用石料和水刷石做些古典柱式和线角花饰。

二校门即清华最早的学校大门，清宣统元年至三年（1909～1911年）建成。为仿文艺复兴券柱式大门，坐北朝南，立面三开间，灰砖清水墙。明间高大，内侧为壁柱托拱券门、拱心石，涂白色涂料，上部正额"清华园"三字由清末军机大臣那桐题书，左右各有两根白色水泥多立克柱擎托门梁。檐口挑出作多重线脚处理，上为女墙，正中竖旗杆。次间券门低矮，仿块石线脚装饰，上部作巴洛克由线与明间相连。"文化大革命"初期，拆除二校门，1991年重建。

西校门为民国22年（1933年）扩建西院住宅时所建学校新大门——清华西门。西校门坐东朝西，砖木结构，墙体为浅色水刷石表面仿块石砌筑效果，立面三开间，两旁为方柱，柱间仿雀替装饰，明间高大，上置旗杆。次间较矮，供行人出入。建筑面积153平方米，门前有1对石狮。

清华学堂（旧称一院）在大礼堂草坪的东南方，为一栋德国古典风格的二层楼房，砖木结构，青砖红瓦，坡顶陡起，平面呈"U"形，总建筑面积为4650平方米。西部建于清宣统元年

清华学堂

清华大学大礼堂

（1909年），为高等科学生的教室；东部建于民国5年（1916年），曾是高等科毕业班（四年级）的学生宿舍，是建校初期兴建首批校舍的主体建筑，历史上也称"高等科"或"一院大楼"。出入口位于西南抹角处，一层为券门、方窗，二层为阳台，开两券窗，由两根白色多立克柱支撑，上方正额书"清华学堂"四字为清末军机大臣那桐所题。其上接西方古典式檐口，屋顶开半圆天窗，正中竖旗杆。

大礼堂由公顺记承建，坐落在校园西区的中心地带，建筑面积1848平方米，坐北朝南，是一座罗马式与希腊式的混合建筑，高27.6米，穹隆顶，屋面使用铜材，红砖墙。平面呈短"十"字形，立面呈三角形，正立面前出方形门廊三开间，4根汉白玉爱奥尼柱式，粗可二人合抱，高近7米；每间开黄铜券门，雕饰西方古典花纹，二层开方窗；古典欧式檐口挑出，底部作连珠纹及横向线脚装饰。山面开三

排共15扇钢窗。背立面接出二层方形砖楼，纵向分为三开间，明间开五扇券窗，顶部为突出圆券，次间每层开一扇方窗，侧面每层开两扇方窗。基础为花岗岩块石砌筑。室内有宽大的舞台、乐池，观众席有座位1487个，后部为上下两层。

同方部位于清华学堂北侧，建筑为砖木结构，古典折中式平房，建筑面积686平方米。灰砖清水墙，坡屋顶。正立面开在西侧山面，用清水砖砌出壁柱效果分为三开间。明间为门，门额上书"同方部"三个墨字，最上部开圆窗，次间开方窗。基础为虎皮石砌筑。

科学馆位于大礼堂西南方，坐西朝东，总面积3550平方米，高17.6米，三层红砖楼，坡屋顶铺石板瓦、钢窗。券门为黄铜材料，门额上镌有"科学"和"SCIENCE BUILDING"，初期全馆只是学校理科课程的实验场所，馆内开辟有设备齐全的大小教室，声光热力电全套的

物理实验设备，以及测量、生物、化学实验设备，楼下设有巨型风机，可使全楼空气流畅。民国15年（1926年）物理系设于此。到民国19年（1930年），科学馆建成普通物理、热学、电学、光学和近代物理5个独立的实验室，还有制造仪器设备的金木工厂。"文化大革命"期间科学馆遭到严重破坏，后经修复，基本保持原状。

图书馆（旧馆）全馆为砖混结构，分中、东、西三部分，中部占地面积700平方米；西部占地840平方米，东部占地840平方米，又有新旧书库占地810平方米，合计占地3194平方米。全馆第一、二、三、四层楼及新旧三层书库之建筑总面积为7940平方米。图书馆东部建筑面积2114平方米，设计采用20世纪初美国校园常用风格：红砖墙，重点部位用石材，青紫石板瓦，有拱窗、牛腿等处理。中西部及东后部书库，建筑面积5826平方米多，平面布置成"L"形，中央三层楼的连接处安排了入口门厅、办公室和小阅览室。馆内设施先进、装潢美观。东部建筑地面或用软木或用花岗岩，原

清华大学图书馆

有三层书库用玻璃砖地板；阅览室出纳处两旁墙壁，及中部建筑之廊道内地面与墙壁，均采用意大利大理石贴面。藏书库中部分二、三层楼面用透光玻璃砖铺砌，为当时国内少有。大门正额上"图书馆"三字为于右任手书。馆内正厅壁上端嵌清华老校训"自强不息、厚德载物"八个雄劲大字和施滉烈士纪念壁碑。

体育馆位于西大操场西侧，坐东朝西。前馆为混合结构，建筑面积2170平方米，由墨菲设计，泰来洋行施工。外表采用西方古典形式，红砖墙，坡屋顶铺石板瓦，开天窗。正立

清华大学体育馆

面分为三部分，主楼前有18根多立克柱式的花岗石柱廊，其上带平台，围以短栏杆作女墙效果；后为三间高大的仿三角山墙式墙面，每间各开半圆形券窗；两侧配楼略低于主楼，各开5扇方窗，明间为出入口。后馆建于民国20年（1931年），建筑面积2708平方米。初建时，前馆称为"罗斯福纪念馆"，馆外柱廊内还曾嵌有罗斯福（Theodore Roosevele，1858～1919，美国总统）的头像和纪念碑文。前馆建成后馆内铺席纹木地板，有篮球场、手球场、80码悬空跑道及各种运动器材，以及暖气、热气干燥设备等，是当时国内最先进的健身房。

土木馆位于清华学堂西南侧，坐南朝北。建成于民国11年（1922年），两层灰砖楼，框架结构，属美国近代折中式建筑风格，比例端庄，立面三段式划分，建筑面积2183平方米。内设木工、锻工、金工等简单机械设备，原为留美预备学校学生进行工艺实习的场所。土木工程系建立后在原馆的基础上扩建，增建二层楼的两翼部分。

生物馆位于校园西北部，坐北朝南，近春园遗址之北，北校河之南，建筑面积4220平方米。20世纪30年代初，生物馆与气象台、图书馆（扩建部分）、新宿舍（明斋）一起被称为园内的又一"四大建筑"。馆内设有普通生物学、植物分类学、植物形体学、植物生理学、植物解剖学、组织与胚胎学、动物生理学等实验室以及动植物标本室、植物培养室等。内部采用中廊式小空间，北入口大台阶直接上二层。外形采用西洋古典建筑比例和构图。气象台位于生物馆西北侧的山丘上，为安置测风

仪器和观察气象，修建此台。气象台为八角形塔式建筑，五层高约24米，建筑面积365平方米，钢筋混凝土平板基础，用9米长松桩80根，砖墙承重。明斋位于西大操场北端（最早称"四院"），建于民国19年（1930年），是改办大学以后建造的第一幢学生宿舍。建筑坐北朝南，平面呈"⌣"形，混合结构，三层红砖楼，建筑面积4417平方米。正立面面阔十一间。静斋位于原近春园与清华园交界线上，与甲所一丘之隔，时为女生宿舍，附有专用食堂，总面积2109平方米。为三层红砖楼，砖混结构，坐西朝东，平面呈"⊥"形。

化学馆在体育馆西北侧，建筑面积5722平方米。四层楼房混合结构，高18.3米。机械馆位于二校门东侧路北，总面积2223平方米，框架结构，利用清水砖墙面砌出线，门额由国民党元老吴敬恒篆题，附属建筑有发电厂、锅炉房、旧航空馆、飞机实验室和机械实习工厂。水利馆位于清华学堂南侧，坐南朝北。初建为二层，总面积1928平方米，系仿照德国大学类似实验室建造，时被称"中国第一水工实验所"，室内有地下水库1座，可储水10000立方

清华大学化学馆

英尺，能做各种模型试验。水利馆现为水利工程系水力学和土力学两个实验室所在地。三楼为1952年加盖，为普通教室。馆额为水利学家李协（仪祉）手迹。

工字厅位于科学馆西侧，坐北朝南，原名工字殿，初建于清乾隆二十七年（1762年），是原清华园的主体建筑。因其前、后两大殿中间以短廊相接，俯视恰似"工"字，故得名。工字厅院内原共有房屋100余间，总建筑面积2638平方米，院内曲廊缦折，勾连成一座座独立的小套院，形成这组建筑的主要特色。建筑为二进院落，带东西跨院。大门为硬山过垄脊，灰筒瓦滴水檐。面阔三间，进深二间。苏式彩画，红色圆柱，柱间带雀替，丝缝灰砖墙，砖石基础，前后伸出垂带礓磋，门外有石狮一对。院内四周环廊，方砖墁地，正房为过厅，歇山过垄脊，灰筒瓦滴水檐，面阔五间，进深六檩，后出廊，卡箍头彩画。明间为过道，上带步步锦倒挂楣子，两边各开6扇四抹槅扇门，3扇横批窗，灯笼锦装修。次间、梢间、尽间均开4扇槅扇窗，灯笼锦装修，下碱坎墙，砖石基础。厢房为硬山过垄脊，灰筒瓦滴水檐。面阔五间，前出廊。明间为四抹槅扇门4扇，次间、梢间上身为4扇槅扇窗，灯笼锦装修，下碱干摆坎墙，砖石台基，前出垂带二级踏跺。二进院正房为工字殿，殿前有石狮1对，四周为抄手游廊。前殿为歇山过垄脊，灰筒瓦滴水檐，苏式彩画，面阔七间，前出廊。明间为五抹槅扇门4扇，裙板雕饰如意云纹图案，次间、梢间、尽间均为槅扇窗3扇，灯笼锦装修。下碱干摆坎墙，砖石台基，前出垂带二踏跺。前、后殿明间连接以短廊4间，卡箍头彩画。后殿为硬山过垄脊，灰筒瓦滴水檐，卡箍头彩画，面阔七间，次、梢、尽间均开3扇槅扇窗。后出抱厦5间，一变而为清华园胜景水木清华区的正廊，正额"水木清华"四字，庄美挺秀，正中红柱上悬有清末礼部侍郎殷兆镛撰联："槛外山光历春夏秋冬万千变幻都非凡境；窗中云影任东西南北去来澹荡洵是仙居"。明间开五抹槅扇门4扇，次间、梢间开3间槅扇窗，灯笼锦装修，下碱干摆坎墙。前接临水月台。民国13年（1924年），印度大诗人泰戈尔访华时在此下榻。

清华大学早期建筑是中国近代建筑的优秀作品之一，反映西方近代学校建筑在中国的演变过程，建筑风格具有典型价值，艺术水平较高，集中了中国第一代建筑师比较优秀的建筑作品，在建筑史上具有重要地位。

清华大学早期建筑均得到较好保护，修缮坚持原材料、原风格，仍作为主要教学设施使用。1990年，清华大学早期建筑由北京市政府公布为北京市文物保护单位。1992年，北京市人民政府公布清华大学早期建筑的保护范围和建设控制地带。2001年6月25日，清华大学早期建筑被国务院公布为第五批全国重点文物保护单位，编号5-0476-5-003。2005年，由北京市古代建筑研究所建立清华大学早期建筑全国重点文物保护单位记录档案。

**鸡街火车站**　是个旧至碧色寨铁路上最早建设的火车站之一，为中西合璧的仿法式建筑，位于云南省红河哈尼族彝族自治州个旧市鸡街镇红旗路南端。

清光绪二十九年（1903年），法国根据《中法会订滇越铁路章程》的不平等条约，攫

鸡街火车站站台及站房

取滇越铁路的修筑权和通车管理权。宣统二年（1910年），云南昆明至越南河内的滇越铁路（轨距1米）建成通车后，个旧厂商集资和云南省政府合资于民国2年（1913年）成立个碧铁路股份公司，筹备修建个（个旧）碧（碧色寨）寸轨铁路（轨距0.6米），在碧色寨与滇越铁路接轨。民国4年（1915年）个碧铁路开工建设，民国10年（1921年）全长73千米的个碧铁路建成通车。之后续修鸡街至建水、石屏段全长107千米的寸轨铁路，于民国25年（1936年）建成通车。

鸡街火车站始建于民国4年（1915年），民国10年（1921年）建成投入使用，与个碧铁路同时开工，同时投入运营。车站东西长约1250米，南北宽约150米，占地面积18.8万平方米，建筑面积约3000平方米。主要建筑为中式双坡屋顶和法式砖石建筑结合而成的中西合璧式建筑，由站房、候车室、行车房、储运室、机修房、行车道等组成。

站房坐南朝北，为两层砖石木结构中西合璧式建筑。通面阔18.04米，通进深12.82米，通高11.4米，建筑面积462.55平方米。硬山顶，人字梁架，屋面为青灰筒板瓦铺就，石砌墙体，楼墙四大角以细琢皮石柱加固，门旋、窗旋以细琢皮石镶立边凸旋，一层高3.82米，二层高4.38米，各用砖墙砌隔成面积不等的7间房。东西两面墙上镶嵌有"鸡街车站"四个字，站房保存现状基本良好。行车房坐北朝南，为砖石木结构单层建筑。通面阔13.19米，通进深5.13米，通高3.95米，建筑面积67.66平方米。中式双坡屋顶，人字梁架，屋面为青灰筒板瓦铺就，石砌墙体，墙体四大角以细琢皮石柱加固。室内用砖墙分隔为大小面积不等的房间3间，保存状况较差。机修车间南北向，为砖石木结构单层建筑。通面阔23.5米，通进深11.14米，通高8.35米，建筑面积

261.79平方米。中式双坡屋顶，人字梁架，屋面为红平板瓦铺就，石砌墙体，墙体四大角以细琢皮石柱加固。东面开宽3.18米，高4.8米的大门两扇。南北各开7扇窗，窗旋以细琢皮石镶砌主边凸旋，保存状况较差。值班室坐北朝南，为石木结构单层建筑。通面阔10米，通进深6.83米，通高4.15米，建筑面积68.3米。中式双坡屋顶，人字梁架，屋面为青灰筒板瓦铺就，石砌墙体，保存状况较差。靠近站房北边的站台为寸轨铁路站台，长150米，宽6米，条石铺就；在米轨和寸轨之间的站台为混凝土浇灌而成，长200米，宽5米。铁道有站房北部东西向并排的4股寸轨铁道，及往北东西向并排的5股米轨铁道，保存良好。

鸡街火车站为个（个旧）碧（碧色寨）石（石屏）寸轨铁路的枢纽中心站，东可达蒙自，南抵个旧，西至建水、石屏，北可到开远、昆明，其所处的鸡街盆地交通发达，是滇南地区的交通枢纽。鸡街火车站是研究中国铁路交通史的重要实物资料，见证了锡都个旧锡业发展的历史，是中国近代民族实业家对抗帝国主义经济侵略的实物见证，是近现代重要史迹和中国重要的工业遗产之一。

1955年，鸡街火车站与个碧石铁路一起被收归国有，由昆明铁路局管理使用。1969年，国家投资将蒙自经鸡街至石屏、宝秀段的寸轨改造成米轨铁路，1970年10月1日建成通车。寸轨铁路只保留鸡街至个旧段全长34千米，鸡街火车站成为寸轨和米轨铁路的转运站和人员换乘，货物换装地。1991年寸轨铁路全面停止运营，结束了个碧石寸轨铁路的运营历史。蒙自经鸡街至建水、石屏的米轨铁路以及鸡街火车站仍在使用。2014年，鸡街火车站米轨铁路停止运营，整个鸡街火车站全部进入封闭式管理。

2003年12月18日，鸡街火车站被云南省人民政府公布为第六批省级文物保护单位。2004年，个旧市人民政府公布了鸡街火车站的保护范围和建设控制地带。2006年11月20日，鸡街火车站被国务院公布为第六批全国重点文物保护单位，编号6-1057-5-184。2007年5月26日，个旧市文化体育局成立鸡街火车站安全保护小组，负责鸡街火车站的管理和保护。

**哈尔滨颐园街一号欧式建筑**  是欧式仿古建筑移植到中国的杰作，位于黑龙江省哈尔滨市南岗区荣市街道办事处颐园社区颐园街1号。

哈尔滨颐园街一号欧式建筑始建于民国8年（1919年），民国11年（1922年）建成。原为白俄后裔波兰籍林业木材商葛瓦利斯基（1890～1942年）的私人住宅。葛瓦利斯基在19世纪末20世纪初到中国经营木材，是东北地区较大的木材商人。建筑的设计师是意大利人贝伦纳缇。他以15世纪欧洲文艺复兴时期的希腊、罗马古典建筑为范本，将新颖的设计理念融入传统的古典建筑艺术，从中更新及再创

颐园街一号

颐园街一号

造，设计了这座占地3000平方米的庭院式建筑，整座建筑造价极其昂贵。

建筑分主楼、副楼，建筑占地面积658平方米，建筑面积1943平方米，共有42个房间。主楼4层（包括半地下室和屋顶阁楼层）。中央部分为通高到顶的凸出体，辅以通高的科林斯巨型壁柱，上部采用孟莎式屋顶，阁楼老虎窗突破檐口山花，并与檐上文艺复兴特色的花瓶栏杆相连围成女儿墙。主楼建筑结构以砖木结构为主。竖向承重结构为红砖墙，外墙厚多为750毫米。屋盖结构体系为木结构，上铺木板，覆盖铁皮防水层。屋面铺设防潮和保温材料，上压炉渣防火。室内主楼楼梯和大厅共享空间平台，均为木结构。建筑外墙面为混水墙面，上部分水刷石，台基部分采用剁斧仿石做法。整座建筑外观上、中、下三段突出，左右不对称，错落有致，比例协调，色调庄重。主楼正立面中部突出，作垂直划分，强调中部竖线条，凸起部分科林斯式壁柱。花房外部采用爱奥尼柱式，突出这部分的曲线，强调了柔和气氛。连廊部分采用多立克柱式，简洁明了。副楼在主楼北侧，平面为长方形，地上两层，

地下一层。主楼和副楼的地下室之间有一条地下甬道相通，两层之间有一条阳台相连，阳台之下则形成通向主入口和后院的门洞。

哈尔滨颐园街一号欧式建筑几易其主，先后作为葛瓦利斯基的私人住宅、满铁领事公馆（实为日本关东军特务机关）、苏军司令部、人民解放军第四野战军指挥部等。1975年11月26日，由黑龙江省文物管理委员会直接管理。1986年，哈尔滨颐园街一号欧式建筑被黑龙江省政府批准为省级文物保护单位和哈尔滨市一类保护建筑。1993年10月12日，哈尔滨市人民政府批复《关于划定哈尔滨市十处省级文物保护单位保护范围的请示》，公布其保护范围。1996年11月20日，哈尔滨颐园街一号欧式建筑被国务院公布为第四批全国重点文物保护单位，编号4-0225-5-027。1999年、2000年进行两期修缮。2005年10月20日，建立哈尔滨颐园街一号欧式建筑全国重点文物保护单位记录档案。

**大邑刘氏庄园** 是国内目前规模最大的中西合璧式的近代地主庄园建筑群，位于四川省大邑县安仁镇。

大邑县安仁镇是大军阀刘湘、刘文辉的出生地。在20世纪20年代的军阀混战中，居住在安仁镇的刘氏家族，由商从政从军，成为四川重要的政治、军事力量，一度控制川康两省的

刘氏庄园正门（刘文彩公馆）

大地主、大军阀。

庄园建筑群始建于清末，历经几次大规模的兴建和扩建，至民国末年形成遗存规模。由近代四川大官僚地主刘文彩及其兄弟陆续修建的5座公馆和刘氏家族的1处祖居构成，占地总面积达7万余平方米，建筑面积2.1万余平方米，房屋共545间。

刘文彩公馆俗称老公馆，位于南部建筑群，始建于20世纪20年代后期，民国20年（1931年）初具规模，经十余年的扩建和改建终成。公馆为不规则的封闭式和多院落组成的近代公馆建筑，正门东北朝向，基本格局沿东西轴线横向扩张，向南延伸发展，占地面积12306平方米，建筑面积6571平方米，共有天井27个、各类房屋205间。内宅院大厅东面为管家居住的倒座房；西面是家庭成员居住和主要活动的地方，由前院、后罩院、桂香厅、书房、花园、后罩房等组成，坐西朝东。前院是一个二进院落的四合院，大厅左右设有中西会客室，南北厢房分别为寿堂和主人、子女住房等，西面设祖堂，后院南北为住房、贮藏室、西面设佛堂；桂香厅是一个敞开式花园庭院，设在前院的南面，平行于主人居住的院落；桂香厅后为书房院；书房院之后为后罩院，设有雇工住房、厨房、红仓、鸦片库房等。各庭院

有天井自成院落，又以宽檐廊道相通。

刘文辉公馆俗称新公馆，位于北部建筑群，刘文彩公馆北面，相距约300米。公馆于民国27年（1938年）兴建，民国31年（1942年）建成，占地面积24822平方米，建筑面积19649平方米。公馆坐西向东，由南北两个独立的三进院落组成。公馆分南北各两道正门，南大门有哥特式风格，门匾分别题写有汉文"进德修业"和藏文"佛法永存"，南二门上题有"延庆"二字；北大门为巴洛克柱式，门匾用汉文和藏文分别题写"履中蹈和"以及藏文"权力集中点的王宫"，北二门题有"集福"二字。两院落面积相等，建筑布局基本一致，东西中轴线分别贯穿前厅、正堂、中堂与后堂，其余房屋如住房、客房等建在轴线南北两侧。南北大门与前厅之间以一个大型花园作为过渡，花园中各设置一个网球场，前庭两侧的"日门"和"月门"，为用水刷石抹面的西式门；北庭院的第二、三进院落还修建有望月楼、家庭戏台等中西建筑。南北两院的前厅、正堂、中堂采用抬梁式，装饰传统的天穹罩、落地罩等，住房墙群、隔板有砖石的和木板的，门窗有普通的和雕花的，多数窗户为小格彩色玻璃等等，多种装饰样式，其图案繁多，工艺精湛且具有浓厚的传统风格。整个建筑为

刘氏庄园全景

庄园文物珍品馆大门（刘文成公馆）

砖木结构，以木结构为主，多采用硬山顶、封火山墙、小青瓦屋面。

刘文渊公馆位于南部建筑群，紧邻刘文彩公馆的西南面。始建于清末民初，总占地面积1905.98平方米，建筑面积432.25平方米，坐西朝东。墙垣式大门向东开在庭院的东北角，门前安放一对狮子，门厅北面隔断墙上装饰桃和佛手图案，象征福寿双全。公馆布局基本按照四合院形式，二门做拦截改移处理，设在大门南侧的大厅中，以阻隔视线，维护私密。公馆以主人居住的内院为中心，正房前设有明亮宽阔的大厅，开中门于其上，中门为一道雕花屏门，左右设有侧门，中门后紧接一个很小的正方形天井，是为房屋采光而设计。堂屋在天井后，堂屋两侧为主人居住的卧室、书房等，正房后跨一长方形天井为后罩房。中心内院与南北厢房之间以长方形天井相间隔，用抄手游廊相连接，形成环抱之势。大厅之前设倒座房，是主人会客休闲之处。公馆为砖木结构，以木构架为主，主体建筑为木板墙裙和高架地板，窗户有小格见方，也有上窗镂空的几何图案，屋顶为悬山式和硬山顶，屋面是小青瓦。

刘文昭公馆位于南部建筑群，与刘文成公馆南北相邻，建于20世纪30年代，占地面积2805平方米，建筑面积2701平方米，大门东北向，内庭院坐西朝东，为三进院落，有房屋52间。大门为拱券立柱牌坊式，门匾"门兰霭瑞"，装饰牡丹等动植物图案，门厅悬挂"朝廷高中"，大门庭院东南面为一栋两层木结构楼房，有楼台亭阁设计的风格。二门上题有"嘉祥备致"的门匾。内宅院坐西朝东，二进院东西两头为门厅，中间为天井设置花台，南北为住房，二、三院之间原为木质照壁隔断，左右开侧门，三进院中间为天井设置鱼池，南北为厢房，西为后院，三进院落之间均由回廊相连。公馆建筑为砖木结构，有穿斗式也用抬梁式构架。

刘文成公馆位于南部建筑群，大门与南边刘文彩的大门相邻，修建于20世纪30年代，占地面积2467平方米，建筑面积1715平方米，坐西朝东，后被辟为刘氏庄园文物珍品馆。公馆沿东西轴线延伸布局，为四进院落，有房屋43间。大门为牌坊西式建筑，尖顶门冠，门匾"横烟绿映"，装饰传统吉祥避邪图案。主要建筑为单檐悬山式和硬山顶封火墙，小青瓦屋面，房屋为砖木结构，以木为主。公馆布局和建筑恪守川西民居风格。

刘氏祖居始建于清道光年间（1821～1850年），历经几次较大的改扩建，至20世纪二三十年代形成遗存规模。祖居占地面积约1300平方米，建筑面积480余平方米，房屋20余间。

1958年10月，大邑地主庄园陈列馆正式成立。1980年7月，大邑地主庄园被列为四川省文物保护单位。1996年11月20日，大邑刘氏庄园被国务院公布为第四批全国重点文物保护单位，编号4-0212-5-014。1997年4月更名为大邑刘氏庄园，隶属大邑县政府。1996年，大邑刘氏庄园博物馆建立大邑刘氏庄园的全国重点文物保护单位"四有"档案。2014年，根据四川省人民政府《关于公布四川省全国重点文物保护单位和省级文物保护单位保护范围的通知》，公布了大邑刘氏庄园的保护范围和建设控制地带。大邑刘氏庄园日常保护管理工作由大邑刘氏庄园博物馆负责。

**集美学村和厦门大学早期建筑** 是集美学村和厦门大学内由爱国华侨陈嘉庚设计并投资建造的校园建筑群，坐落于福建省厦门市集美区东南海滨厦门大学校园内西校门体育场旁、芙蓉湖边、上弦场旁。

陈嘉庚（1874～1961年）是20世纪社会公益事业家、华侨领袖。集美学村和厦门大学的校园建筑体现了设计者陈嘉庚建筑思想的发展和建筑形式的演变。民国2～5年（1913～1916年）的早期阶段，校舍的建筑图纸完全从新加坡带回，建筑形式基本承袭南洋殖民地及西方古典主义的建筑形式，建筑立面为多层拱券外廊及西式立柱，屋顶为西式直坡屋顶，屋檐多采用线脚装饰，墙面为色彩淡雅的灰泥抹面。民国5～16年（1916～1927年）的扩大发展阶段，在校园规划中更注重利用环境突出建筑的气势、重视组团布局；建筑形式除部分延续早期的殖民地样式外，出现中式屋顶与西式屋身相结合的中西结合式，表达本民族的内涵。1950～1960年的嘉庚风格建筑最后定型阶段，校舍规划及布局更加重视组团的半围合感，形成建筑与自然的对立、统一。中式（闽南式）

的大屋顶与西洋式屋身组合的建筑形式成为嘉庚风格建筑的基本特征。

集美学村和厦门大学早期建筑主要集中于集美学村和厦门大学内。建筑分别建于20世纪20年代、50年代及60年代，多为砖木、石木及砖混结构。从建筑形式上可分为仿西方古典主义及殖民地的建筑形式和西洋拱券外廊式屋身、中式歇山顶的中西结合式。在楼群总体布局上，采用主体突出、对称布局的形式，楼群平面布局或为简洁"一"字式或为半合围式或为半月形排列。在建筑装饰上，山墙及屋檐下多采用闽南传统的灰塑山花及木雕垂花装饰，在柱头及门楣、窗楣上多采用西式线脚和雕花装饰。整个建筑群庄重雄伟、气势宏大，完整地反映出陈嘉庚近半个世纪校园建筑活动的发展和演变过程，是研究中国近现代建筑发展史重要的实物资料。

集美学村建筑分为南薰楼群、尚忠楼群、允恭楼群、养正楼、科学馆和南侨楼群。南薰楼群共4幢，沿海而建，主体建筑为南薰楼和道南楼。道南楼坐北朝南，由9座连体建筑"一"字排列，砖石木混合结构。中部主楼高七层，两翼分别为五层和六层共四组建筑相间排列。四座5层建筑设前置外廊。条形块石基础，承重墙为块石和红砖混合砌筑。楼面视承重分别采用竹筋混凝土板和钢筋现浇混凝土板。屋架为木屋架，中部主楼为燕尾脊重檐歇山顶，两翼为燕尾脊单檐歇山顶。屋顶采用红、绿瓦相间铺设，9个大屋面中5个以绿色琉璃瓦铺设，屋檐下置大斗拱；其余4个屋面铺红色机平瓦。道南楼是中西结合的嘉庚风格建筑精品。黎明楼坐北朝南，依地形而建，

南薰楼群远景

局部六层，其余四或五层，砖石木混合结构。平面呈前廊式布局，四、五层为拱券廊。花岗岩条石基础，主楼承重墙为红色清水砖砌筑，花岗岩石作装饰镶砌。角楼承重墙为花岗岩条石砌筑，红色清水砖作装饰镶砌。楼面视承重分别采用竹筋混凝土板和钢筋混凝土板。屋架为木屋架，屋面中部为燕尾脊单檐歇山顶，上铺绿色琉璃瓦，屋檐下有大斗拱装饰。两翼为双坡顶，上铺红色机平瓦。南薰楼坐北朝南，主楼为十六层，两翼附楼五层（局部六层），花岗岩与混凝土结构，总体造型为西洋塔式建筑，类似西欧19世纪的巴洛克式建筑；平面呈"个"字形，两翼设前廊。主楼是集美学村最高的建筑，花岗岩条石基础，承重墙为花岗岩石砌筑，红色清水砖作装饰镶砌；设穹隆顶钟亭，角楼设重檐攒尖亭，两翼为歇山顶；屋架为钢筋混凝土结构，上铺绿色琉璃瓦及少量红

色机平瓦。延平楼坐北朝南，门楼四层，两翼三层。砖石木结构，局部为钢筋混凝土结构。建筑外墙以条石为基础，红色清水砖墙承重，花岗岩块石作装饰镶砌。楼面除二、三层中部外廊为现浇钢筋混凝土楼面外，其余均为木板楼面。屋顶为双翘脊歇山顶，脊尾呈燕尾式。屋面铺绿色琉璃瓦。角柱作出砖入石砌作。拱券、栏杆及窗套均为西式装饰。

尚忠楼群呈半合围式，尚忠楼居中，敦书楼和诵诗楼分立左右两侧。尚忠楼坐北朝南，主体三层、中部门楼为四层。平面呈前廊式布局，廊呈拱券式，建筑外墙以红色清水砖为主、花岗岩作装饰镶砌，内部为砖木结构。屋顶部分以双坡顶为主，外廊则为平顶，屋面铺红色机平瓦。门楼、山花、拱券、栏杆及窗套装为西式装饰。敦书楼坐西朝东，中部门楼及南翼为三层、北翼为二层，砖木结构。前廊式

布局，两翼为拱券廊，门楼一、二层为圆拱和尖拱相结合的券廊，三层为中式传统柱廊。门楼屋顶为双翘脊重檐歇山顶，脊尾呈燕尾式，屋面铺绿色琉璃瓦。两翼为双坡顶，外廊则为平顶。屋面铺红色机平瓦。门楼屋檐及山墙有闽南传统的飞檐、木雕垂花及灰雕泥塑装饰，柱头、拱券及栏杆则为西式装饰。诵诗楼坐东朝西，共三层，平面呈前廊式布局，廊呈拱券式，建筑外墙以红色清水砖为主、花岗岩作装饰镶砌，内部为砖木结构。屋顶为西式双坡顶，屋面铺红色机平瓦。山花、拱券、栏杆及窗套均为西式装饰。

允恭楼群建于一山岗上，沿山势基本呈"一"字形排列，面朝学校体育场。即温楼坐东北朝西南，共两层，平面呈前廊式布局，廊呈拱券式，建筑外墙以红色清水砖为主、花岗岩作装饰镶砌，内部为砖木结构。屋顶部分以双坡顶为主，外廊则为平顶，屋面铺红色机平瓦。山花、拱券及窗套均为西式装饰。允恭

楼坐西朝东，砖石结构，共四层。平面呈外廊式布局。一至三楼中部为半圆外凸式廊，由6根罗马柱承托。一、二楼为拱券廊，三、四楼廊为方形开口。屋顶为平顶，红砖铺面。外墙以粉白色抹灰、雕花装饰。柱头、窗楣及栏杆为重点装饰部位，呈巴洛克式。崇俭楼坐西朝东，系双角楼砖木结构楼房，共三层。平面呈外廊式布局，门楼、角楼及三层长廊为圆拱券廊。屋顶为三翘脊硬山顶，脊尾呈燕尾式，屋面铺绿色琉璃瓦，角楼为平顶。主体以红色清水砖墙承重、花岗岩作装饰镶砌。角楼以粉白色为主色调。角楼、门楼、柱式、栏杆均为西式装饰。克让楼坐西朝东，共三层，平面呈外廊式布局，拱券廊式长廊，东面设六角形过廊。外墙为砖石砌筑，内部为砖木结构。双坡西式屋顶，屋面铺红色机平瓦。山墙、栏杆为西式装饰，角柱作出砖入石状。

养正楼坐北朝南，砖石结构，系西班牙式建筑。平面为后廊式布局，后廊中部呈半圆外

尚忠楼

允恭楼

凸状。主体建筑为二层、中部塔楼为四层。屋顶主体为双坡顶，塔楼为多坡顶，屋面均铺红色机平瓦。角楼为红色穹隆顶。外墙花岗岩条石为基础，红色清水砖墙承重，塔楼、角楼、门廊、墙柱及屋檐脚线等装饰为黄、白两色。科学馆坐北朝南，砖木结构。门楼及角楼为四层，其余为三层。平面呈前后廊式，一楼为拱券廊，二楼廊为方形开口、中间装饰哥特式圆柱，三楼设前后阳台。屋顶为西式双坡顶，屋面铺红色机平瓦。外墙以粉白色为主色调。门楼及两端山墙装饰丰富。柱头、屋檐及山花为重点装饰部位，呈巴洛克式。南侨楼群共四幢建筑，均坐北朝南，依地形而建，基本呈"一"字形。大部分为四层，局部五层，砖石木混合结构。外墙以花岗岩条石为承重墙，清水红砖作镶砌装饰。平面呈前廊式，长廊为圆拱券廊。屋顶为西式双坡顶，屋面铺红色机平瓦。山花采用齿轮、麦穗、五角星等新式图案，窗套装饰细腻，角柱作出砖入石状装饰。

厦门大学建筑由群贤楼群、芙蓉楼群、建南楼群组成。群贤楼群由映雪、集美、群贤、同安、囊萤五座楼组成，均坐北朝南，石木结构，平面布局呈"一"字形。映雪楼和囊萤楼为三层建筑，平面呈内廊式布局。墙体为花岗岩条石砌筑，楼面为木结构上铺红色地砖。双坡西式屋顶，屋面铺红色机平瓦。山墙开尖拱形窗，三楼设前廊，8根西式圆柱承托屋檐。两楼的三楼中亭亭楣上分别镌有陈嘉庚和陈敬贤手题的"映雪""囊萤"二字。集美楼和同安楼为两层建筑，墙体为花岗岩条石砌筑，楼面为木结构上铺红色地砖。平面呈前廊式布局，一楼为拱形廊，二楼廊为方形开口，中间装饰西式圆柱。屋顶为双翘脊悬山顶，脊尾呈燕尾式。屋面铺红色机平瓦。群贤楼平面呈

"T"字形，前廊式布局，墙体为花岗岩条石砌筑，楼面为木结构上铺红色地砖。中部主体为三层、两翼为二层，一楼为拱形廊，二楼廊为方形开口、中间装饰西式圆柱。中部屋顶为双翘脊重檐歇山顶，两翼为双翘脊悬山顶，脊尾呈燕尾式。屋面铺红色机平瓦。山墙及屋檐下有闽南传统的灰雕泥塑及木雕垂花装饰。各楼之间以木廊相连。

芙蓉楼群由芙蓉一、二、三、四号楼和博学楼组成，基本呈半环状布局。芙蓉一、二、三、四号楼平面呈前廊式，一、四号楼为三层建筑，二、三号楼主体三层、局部四层。砖石木结构。芙蓉一、二、三号楼墙体以红色清水砖砌筑、花岗岩作装饰镶砌，楼面为木结构上铺红色地砖。芙蓉一号楼屋顶主体为硬山顶，角楼为歇山顶。芙蓉二、芙蓉三号楼门楼及角楼屋顶为歇山顶，两翼为硬山顶。脊尾呈燕尾式，屋面均铺绿色琉璃瓦。角柱作"出砖入石"状装饰。拱券、栏杆及窗套均为西式装饰。芙蓉楼四墙体以花岗岩条石砌筑、红色清水砖作装饰镶砌，楼面为木结构上铺红色地砖。屋面为双坡西式屋顶，上铺红色机平瓦。拱券、栏杆及窗套均为西式装饰。博学楼高三层，平面呈内廊式布局。墙体为花岗岩条石砌筑，楼面为木结构上铺红色地砖。屋面双坡西式屋顶，上铺红色机平瓦。

建南楼群建在一山岗上。楼群由成义楼、南安楼、建南大礼堂、南光楼、成智楼五座楼组成，沿山势呈半月形围合排列，南临上弦体育场，故又称上弦楼群。成义楼、南安楼、南光楼、成智楼均为三层建筑，平面呈内廊式布局。石木结构，墙体为花岗岩条石砌筑，楼面为木结构上铺红色地砖。双坡西式屋顶，屋面铺红色机平瓦。山墙开拱形窗。角柱作"出砖入石"状装饰。建南大礼堂前部为门楼，后部为礼堂主体，石木结构。门楼共四层，屋顶为双翘脊重檐歇山顶，脊尾呈燕尾式，屋面铺绿色琉璃瓦。山墙及屋檐下作闽南传统的灰雕泥塑及木雕垂花装饰。一层入口门厅矗立着4根西式廊柱，廊后为花岗岩砌筑的三开间厅堂，套嵌精雕细凿的辉绿岩"门贴脸"，厅堂设3道紫红色对开大门。礼堂为单层，屋顶为西式双坡顶，屋面铺红色机平瓦。建南楼建筑群系嘉庚风格建筑的精品和代表作。

2005年，集美学村和厦门大学早期建筑由福建省人民政府公布为第六批省级文物保护单位。2006年5月25日，集美学村和厦门大学早期建筑被国务院公布为第六批全国重点文物保护单位，编号6-0966-5-093。2016年4月20日，福建省人民政府印发《福建省人民政府关于公布全国重点文物保护单位（第四至七批）保护范围的通知》，公布集美学村和厦门大学早期建筑的保护范围。2016年11月8日，福建省文化厅、福建省住房和城乡建设厅联合印发《福建省文化厅、福建省住房和城乡建设厅关于公布省级以上文物保护单位建设控制地带的通知》，公布集美学村和厦门大学早期建筑的建设控制地带。已经建立集美学村和厦门大学早期建筑全国重点保护文物单位记录档案，由厦门市文物部门保管。

**未名湖燕园建筑** 是以未名湖为中心的近代著名学府——原燕京大学的重要建筑，属近现代代表性建筑。未名湖燕园建筑位于北京市海淀区北京大学校园北部。

燕京大学成立于民国9年（1920年），由美国耶稣教美以美会创办的三所教会学校——通州协和大学（1889年）、北京汇文大学校（1888年）和华北协和女子大学（1889年）合并而成。民国10年（1921年）以明代名园"勺园"（清代"淑春园"）故址为中心建校舍，后又扩大到清代的"朗润园""镜春园""蔚秀园"，民国15年（1926年）建成，并正式迁校成立燕京大学。燕京大学校园通称"燕园"，1952年燕京大学并入北京大学，燕园建筑作为北京大学校园一部分使用至今。建筑群以未名湖为中心，四周多组三合院独立布置，建筑形式仿清代官式建筑，与自然地貌结合紧密，并辅以圆明园遗物点缀，为近代仿古建筑的代表性作品。

燕园建筑由美国建筑师墨菲做规划和建筑设计，中国建筑师吕彦直参加过设计工作。主要建筑有西校门、办公楼、外文楼、民主楼、俄文楼、化学南北楼、姊妹楼（南北阁）、临湖轩、岛亭、多景亭、图书馆、体育馆（一馆、二馆）、一至四号院、水塔、体斋、健斋和德、才、均、备四斋的男女生宿舍，由近代美国乡村别墅式组成的东大地、南大地教授住宅等。除东大地、南大地教授住宅外，全部为清代官式建筑风格。建筑物大分散、小集中布置方式。每一个建筑组群又形成轴线对称的集中院落。每组群院落分散布置在旧日园林未名湖水面和山丘周围。燕园建筑主轴线为东西向，主体院落坐东朝西，西面为大门、办公楼和教学区，后部为体育场馆，北为学生宿舍，在未名湖畔山上布置校长住所"临湖轩"。各组群多为三合院式，总体疏朗，局部尺度适宜，与自然地形地貌结合紧凑自然。建筑物多为两至三层，尺度选择得当，造型庄重又不失亲切感。主要建筑物造型符合中国古建筑三段式划分比例，二层楼建筑用高大的块石台基和

燕京大学西校门

大举架屋顶烘托，不失中国传统建筑尺度和视觉习惯。建筑物多用灰筒瓦、红柱身、石造台基、浅黄墙面（后改刷白色），檐下有斗拱、梁枋造型装饰，施以彩画。内部为砖混结构，近代教学功能，为教学服务的水、电设备均为当时较先进的工艺和材料，至今仍能使用。次要建筑如一院至四院则取民居园林形式。未名湖畔一座高耸的水塔处理为八角密檐式塔，成为湖畔一景。未名湖燕园建筑是近代时期中国古典风格运用较好的建筑作品之一。

西校门位于颐和园路东侧，由燕京大学校友于民国15年（1926年）集资修建，故称校友门。西校门曾为燕京大学的正门，坐东朝西，为古典三开朱漆宫门建筑。面阔五间，进深五檩，单檐歇山过垄脊，灰筒瓦屋面。双层檐椽，檐下施以单昂五踩斗拱，旋子彩画。檐柱为红漆圆柱，柱间带雀替。门两侧连接有虎皮石围墙。

办公楼坐落在西校门正东侧，建于民国15年（1926年），原名"施德楼"，是燕京大学早期主体建筑之一。办公楼坐东朝西，砖混结构，两层，歇山式加庑殿的屋顶。建筑体量高大，由主楼和两边耳楼三部分组成。中间主楼仿清宫殿式建筑东西立面用6个粗大红柱将立面分为五开间，每间开4扇仿清窗；立面横向四段式划分，屋顶为单檐歇山，灰筒瓦，九脊十兽，七小兽；檐下施双昂五踩蓝绿色斗拱，旋子彩画；屋身为红柱白墙，柱间带雀替，窗户为步步锦装修；一、二层间有堆塑青色云纹图案，明间伸出抱厦，有三交六椀五抹福扇门两扇；基础为花岗岩块石砌筑，再下为单层花岗岩须弥座。两边的耳楼形制与主楼基本一致，与主楼屋顶相交，仅屋顶比主楼略低，改为庑殿顶，五小兽，檐下为一斗三升拱；民主楼位于办公楼正北方，坐西朝东，两层，砖混结构，整体为仿清宫殿式建筑。东西立面用8

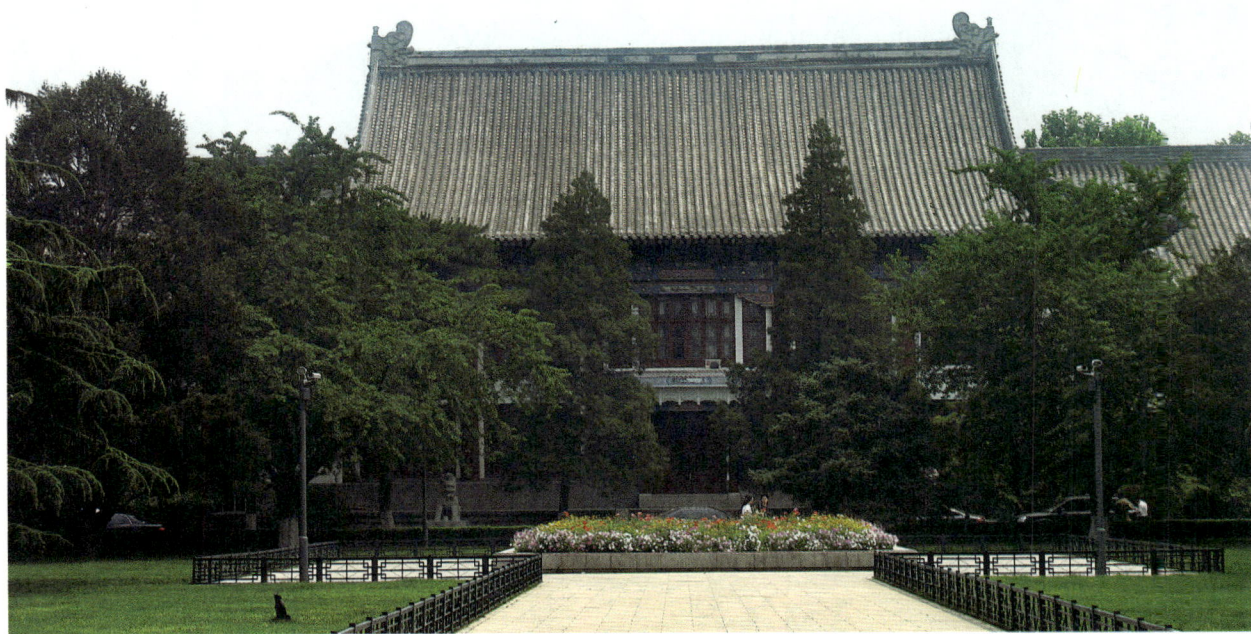

办公楼

根粗大的红柱将立面分成七开间，每间置仿清窗。屋顶为单檐歇山，灰筒瓦，九脊十兽五小兽，檐下饰旋子彩画。屋身为红柱、红窗、白墙面。每间开四扇窗，步步锦装修。外文楼位于办公楼西北侧，化学北楼北面，坐北朝南，砖混结构，仿宫殿式二层建筑。南北立面用10根粗大的红柱将立面分为九开间。屋顶为单檐庑殿顶，灰筒瓦，五脊六兽九小兽，檐下施双昂五踩蓝绿斗拱，旋子彩画。化学北楼位于外文楼正南方，与外文楼、办公楼一起构成了北京大学主轴线上的一组三合院式格局。该楼坐南朝北，砖混结构，两层，面阔九间，进深三间，仿宫殿式建筑。屋顶为单檐庑殿顶，灰筒瓦，五脊六兽九小兽。檐下施重昂五踩蓝绿斗拱，旋子彩画。图书馆位于化学南、北楼之间东侧，三者又构成一组三合院式建筑。图书馆建筑坐东朝西，砖混结构，三层。面阔七间，

进深三间，前出廊，仿宫殿式建筑。屋顶为单檐歇山顶，灰筒瓦，九脊十兽七小兽，檐下饰旋子彩画。俄文楼位于南北阁东面，李大钊塑像背后。坐东朝西，砖混结构，两层仿宫殿式建筑。东西立面用10根粗大的红柱将屋面分为九开间，每间置仿清窗，灯笼锦装修。屋顶为单檐歇山顶，灰筒瓦、滴水檐，九脊十兽七小兽。檐下施双昂五踩蓝绿斗拱，旋子彩画。

北京大学第一体育馆坐落在未名湖东岸，坐东朝西，砖混结构，整体为仿宫殿式建筑。建筑由三部分组成，中间部分地上一层、地下一层。地上一层为篮球馆，地下一层为健身房。东西立面用6根粗大的红柱将屋面分为五开间。立面横向三段式划分，屋顶为单檐庑殿顶，灰筒瓦，滴水檐，五脊六兽七小兽。檐下施一昂一翘五踩蓝绿斗拱，旋子彩画。基础为花岗岩块石砌筑。两边的耳楼形式与主楼一

第二体育馆

未名湖与博雅塔

致，地上三层、地下一层，仅屋顶比主楼略矮，仍为庑殿顶，并与主楼屋顶相交，出入口在主楼东西两侧，并配以石制仿清柱头栏杆，山面平行排列四扇窗，用墙体的出进变化分为三开间。北京大学第二体育馆坐落在六院（原女生宿舍）间广场之南，与草坪两侧的六院构成了一个"品"字形的三合式建筑布局。该馆坐南朝北，砖混结构，两层仿宫殿式建筑。面阔九间，进深三间。立面横向三段式划分。屋顶为单檐庑殿顶，灰筒瓦，滴水檐，五脊六兽五小兽。双层檐椽，旋子彩画。屋身为红柱、白墙。每间置三扇仿清窗，一层明间辟有券门。基础为花岗岩块石砌筑。山面三开间，每间开三窗，明间为出入口，前接月台，并配以石制仿清柱头栏杆。

六院（女生宿舍）在俄文楼和南北阁之南，东西两侧各有三座中国传统式的小型庭院，是燕大时期的女生宿舍。6个小院落对称朝内分布在以第二体育馆为主轴的长方形草地两侧。每一小院为二层小楼围成的三合院，向草地一边各有灰筒瓦，过垄脊，红色小门楼一座，由石砌虎皮矮墙连成一体。六院整体为三合式建筑，砖木结构。南北两侧为厢房，用方形砖柱将立面分为十一间。硬山顶，灰筒瓦，滴水檐，五脊六兽。屋身为灰砖砌筑，每间开三扇仿清窗。山面二层下部开两券窗，上开一圆窗，呈"品"字形分布。正房五间，硬山顶，灰筒瓦，滴水檐，五脊六兽。四斋（男生宿舍）坐落在未名湖北岸，由西向东依次为德、才、均、备四斋，在建筑外观上分，德斋与才斋是一组，均斋与备斋是一组，每组的两个斋之间有一栋坐北朝南的仿明清式宫殿建筑，与两斋一并形成"品"字形结构。四斋均为砖混结构，单檐歇山顶，灰筒瓦，滴水檐，五脊六兽五小兽，旋子彩画。屋身用10根粗大的红柱将白墙面分为九开间。每间3扇仿清窗，一层明间为五抹槅扇门两扇，步步锦装修。前出垂带踏跺三级。基础为花岗岩块石砌筑。山面五间，红柱白墙，柱间带雀替，每间开一窗。南侧山面前出廊，二层带红漆护栏，一层明间为出入口。北侧山面有走廊与中间部分的宫殿式建筑相连。建筑坐北朝南，砖混结构。单檐庑殿顶，灰筒瓦，滴水檐，五脊六兽七小兽。檐下施双昂五踩蓝绿斗拱，旋子彩画。屋身用6根红柱将立面分为五开间，基础为花岗岩块石砌筑。山面三开间，明间开一窗。体斋、健斋坐落在德才均备四斋的东面，体斋为砖混结构，坐西朝东，重檐四角攒尖顶，圆形宝顶，灰筒瓦，滴水檐，四垂兽，上层檐五小兽，下层檐三小兽，旋子彩画。屋身三开间，白墙红圆柱，东、西立面明间开二门，次间开三扇仿清窗，南北立面每间开3扇仿清窗，一层四周前出廊。基础为花岗岩块石砌筑。健斋亦为砖混结构，坐北朝南，三层。中间部分九开间，硬山顶，灰筒瓦，滴水檐，五脊六兽一小兽，旋子彩画；屋身为红柱白墙，每间开三扇仿清窗，套方装修，二、三层间堆塑黑色花纹；一层为花岗岩块石砌筑，每间开两窗。两旁耳楼为过垄脊硬山顶，各二间。内侧二层为门，可顺阶而上。

岛亭位于体斋南面的湖心岛上，砖木结构，八角攒尖顶，灰筒瓦，滴水檐，圆宝顶，

五小兽。双层檐椽，苏式彩画，柱间带雀替。双层柱围，西、南面各开四抹槅扇门，两侧各开四扇窗，灯笼锦装修。团鹤天花，柱间带坐凳楣子。门前接垂带六级踏跺，虎皮石基础。校景亭位于赛克勒考古与艺术博物馆东北侧的红湖岛上，原名翼然亭，是清代鸣鹤园仅存的一个建筑。民国15年（1926年），燕京大学对亭进行整理，亭内彩绘燕园校景10余幅，遂名校景亭。校景亭坐南朝北，砖混结构，为重檐四角攒尖顶方亭。方形宝顶，灰筒瓦，滴水檐，檐角饰花盘子，梁架上施苏式彩画，绘燕园校景。南阁、北阁位于北大档案馆东南方、俄文楼西面，建于民国13年（1924年），分别叫甘德阁和麦风阁。南北阁的造型、体量、色彩完全一样，南北相依而立，方正中不乏清秀，玲珑中兼带雍容，好似亲情依依的孪生姊妹，又称姊妹楼。二阁均为重檐四角攒尖顶方亭、砖混结构。灰色圆形宝顶，黄筒瓦，滴水檐，四垂兽七小兽。水塔位于未名湖东岸，第一体育馆南侧。为美国人博氏捐资兴建，故称博雅塔。民国13年（1924年），燕大将校园的供水设备安装在这座水塔中，塔高37米，砖混结构。水塔仿通州燃灯塔样式，为13级八角密檐式塔。基座为砖砌双层须弥座，其上三层仰莲瓣承托塔身，塔身为钢筋水泥结构，中空、有螺旋梯直通塔顶，塔身做仿砖木结构处理，四方开券门，两旁开方窗，双层檐椽，檐下施双翘五踩斗拱，翼角上饰三小兽。塔顶为八角攒尖顶，筒瓦滴水檐，圆形宝顶，构成燕园湖光塔影的著名景观。校园内还保留有一些明清旧园的遗物，包括从圆明园搬来的石舫、石桥、石屏和大水法的海浪石雕等；主楼前的两

座石雕华表是圆明园安佑宫遗物。

未名湖燕园建筑至今保存完好，仍为教学和科研服务。1990年，未名湖燕园建筑被北京市人民政府公布为第四批北京市文物保护单位。1992年，北京市人民政府公布未名湖燕园建筑的保护范围及建设控制地带。2001年6月25日，未名湖燕园建筑被国务院公布为第五批全国重点文物保护单位，编号5-0475-5-002。2005年，北京市古代建筑研究所建立了未名湖燕园建筑的全国重点文物保护单位记录档案。

上海邮政总局 是中国近代以来保存完整的并仍在使用的建筑最早、规模最大的邮政业标志性建筑，位于上海市虹口区北苏州路276号。

清光绪二十三年正月初一日（1897年2月2日），江海关拨驷达局（poster）改组为上海大清邮政局，工作用房设在海关大楼后院。光绪二十五年正月初六日（1899年2月15日），上海大清邮政局改称上海邮政总局。光绪三十三年八月（1907年9月），上海邮政总局租赁北京路（北京东路）9号怡和洋行建造的新厦办公。民国6年（1917年），因业务发展租用场地将不敷使用，决定新建上海邮政大楼。上海邮政大楼于民国13年（1924年）11月竣工，成为上海邮政办公营业的邮件进出口处理中心。

上海邮政总局主体建筑为民国13年（1924年）落成的上海邮政大楼，占地6500平方米，总建筑面积为25294平方米，建筑高度51.16米。大楼由英国建筑师思九生、史滨生设计，华商余洪记营造厂承建。大楼外观为英国古典式建筑，平面为"U"形，糅合了古罗马巨柱

上海邮政大楼（现代）

式建筑与17世纪意大利巴洛克式建筑的风格。大楼为钢筋混凝土结构，地上四层、地下一层。大楼基座采用花岗石筑砌，北苏州路与四川路转角处的两面为贯通三层的科林斯式立柱，墙面为细粒水刷石粉面，临天潼路一面则为机制红砖墙。四楼顶东南转角处建一钟楼，上面有塔楼，为17世纪意大利巴洛克式。钟楼高13米，两旁各有火炬台1座。塔楼高17米，呈四角形，有古希腊爱奥尼式双柱，顶上还有8.2米的旗杆。钟楼两旁基座上铸有两组艺术雕像。其中一组雕塑的中间为希腊神话中的信使之神，左右为爱神，象征邮政是上帝的信使，为人间沟通情感；另一组为男女三人各持早期的火车头、轮船和电缆模型。

上海邮政大楼是上海邮政史的实物遗存，它的建造和使用为上海邮政事业的发展创造了良好的物质条件。上海邮政大楼的建筑风格融合古罗马风格和意大利巴洛克风格，为欧洲折中主义建筑代表作，具有一定的历史、艺术和科研价值。

1957年上海市邮电管理局成立后，翌年迁入大楼办公，上海邮政局隶属于邮电管理局仍在楼内办公。1965年，上海市邮电管理局对大楼进行大修。1985年和1987年，邮件重件处理和邮件轻件处理部门先后从大楼迁出。1994年，为纪念大楼落成70周年，对"文化大革命"中拆除的中楼雕像进行原样恢复。1999年1月1日，新组建的上海市邮政局机关迁入大楼办公，邮政大楼再一次成为上海邮政运营的指挥中心。2000年，国际邮件处理部门从大楼迁往新址。2003～2004年再次进行大规模修缮，拆除1960年以来因邮政通信业务发展需要而搭

建的阁楼等附加建筑，对房屋进行加固修缮，迁出邮件内部处理部门，恢复营业场所"远东第一大厅"等原有建筑风貌，使大楼建筑的维修保护、文物收藏、对外展示融为一体。同时在大楼内建设上海邮政博物馆，于2006年1月1日正式向社会开放。博物馆总展陈面积为8000余平方米，主展厅的面积为1500多平方米。上海邮政总局于1989年被上海市人民政府公布为上海市文物保护单位。1996年11月20日，上海邮政总局被国务院公布为第四批全国重点文物保护单位，编号4-0226-5-028。1999年3月29日，上海市人民政府下发《关于同意重新编制后上海市国家级和市级文物保护单位保护范围及建设控制地带》的批复，划定公布了上海邮政总局的保护范围和建设控制地带。

**圣索菲亚教堂旧址**　一座具有百年历史的东正教教堂，也是中国遗存最精美的拜占庭风格的教堂建筑，位于黑龙江省哈尔滨市道里区透笼街88号。

圣索菲亚教堂的建造起源于中东铁路的修建。清光绪二十二年（1896年），清政府代表李鸿章与沙皇俄国签订《中俄密约》，俄国政府获取修建中东铁路的特权。次年6月，中东铁路正式开工修建，大批俄罗斯工程技术人员和军队涌入哈尔滨市。光绪二十三年十二月（1898年1月），第一个东正教神父亚历山大·茹拉夫斯基乘护路军车到达满洲，于同年6月进入哈尔滨；8月在香坊区霍尔瓦特（中东铁路第一任督办）庄园附近的一个席棚里设立铁路辖区内的第一座东正教堂，教堂被命名为圣·尼古拉教堂。东正教正式传入哈尔滨。至20世纪30年代，哈尔滨曾建有各类东正教堂约

25座之多。圣索菲亚教堂是其中规模最大、建筑艺术水平最高、建造时间最长的一座教堂。

圣索菲亚教堂的前身为沙皇俄国东西伯利亚第四兵师的随军教堂。该师团撤离后，师长库克夫斯基将其捐赠给哈尔滨的俄罗斯东正教徒。后陆续有扩建，至民国11年（1922年），哈尔滨大主教区的东正教信徒人数已达30万人，圣索菲亚教堂原规模已不能满足需要。民国12年（1923年）9月27日，由俄罗斯建筑师科亚西科夫重新设计的圣索菲亚教堂在现址举行第二次重建奠基典礼。圣索菲亚教堂于民国21年（1932年）11月25日落成，成为哈尔滨乃至远东地区规模最大的教堂，成为众多东正教徒神往的圣地。

圣索菲亚教堂为拜占庭风格，砖木结构。通高53.35米，建筑面积721平方米，最多可容纳2000人从事宗教活动。教堂主体全部为清水红砖结构，以大小套叠的砖砌拱券为构图母题。建筑平面为独特的拉丁数字"X"字形，东西长约50米，南北宽约26米，正门朝西。正门顶部为帐篷顶式的钟楼。中间是"洋葱头"形式的主穹隆，高约36米，剖面最大直径10米，形成巨大而丰富的室内空间，构成教堂的画龙点睛之笔。主穹隆统率着四个大小不同的帐篷冠小洋葱头穹顶。内部四层，每层有楼梯相连。前、后、左、右共计四个出入门，左门、右门为重大节日期间专供举办宗教活动时使用；后门则是全体神职人员的公共门。正门顶部钟楼有一大、六小共计7座钟。最大的钟重1800千克，最大直径1.425米，临近钟耳和钟的底部以规则花边装饰。钟的中部为4个圣像，以8个规则菱形花布间隔，底部花边上的

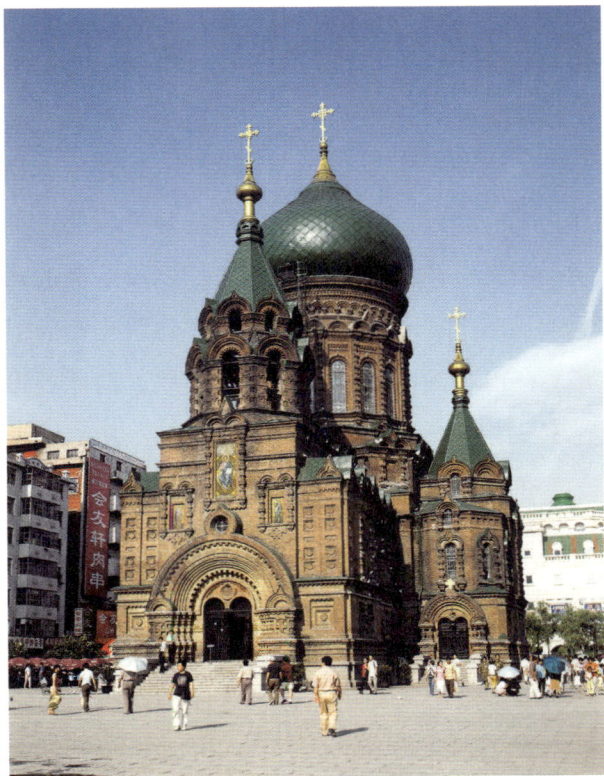

圣索菲亚教堂外景

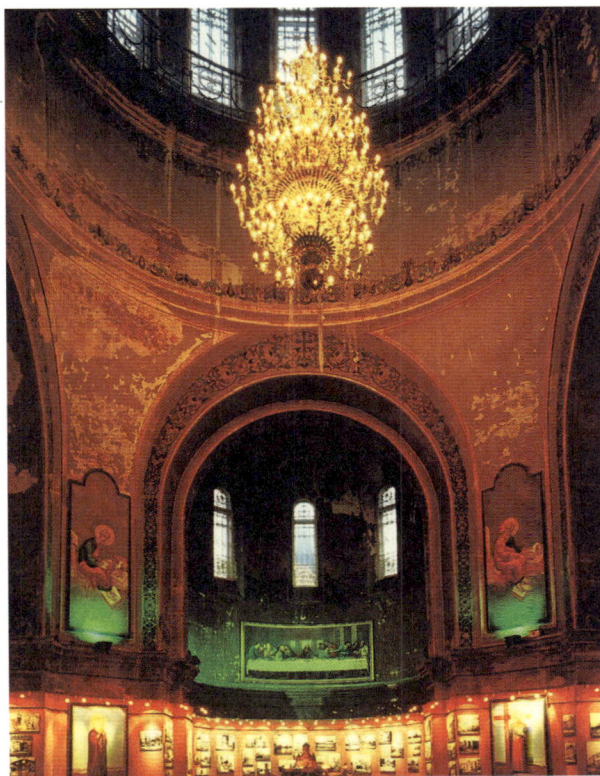

圣索菲亚教堂内景

古俄文注明铸造年代。最小的钟也有几十千克，每座钟是用响铜制作的。圣索菲亚教堂主穹顶、4个"帐篷顶"及后屋顶共有6个十字架，十字架的主干仍是东正教十字架形式。但在主十字架上又加装几处横竖杆，使十字架在横杆、竖杆的局部又形成数个小十字架，使十字架整体造型更加饱满，线条更加柔和。十字架通过类似"洋葱头"状球体与主穹顶相连，与帐篷面或屋顶相连接时，球体下方过渡为圆柱体，再加装莲花座。十字架通体为金黄色，与翠绿色的穹顶、"帐篷顶"互相映衬，使整个教堂愈发显得雄伟恢宏，高贵典雅。

教堂下设修道院、神学院、印刷厂等，也有为东正教徒举办婚礼、受洗仪式的活动场所，更有经教廷批准设立的教务委员会。这是当时东北亚地区唯一一个教务委员会。

圣索菲亚教堂对研究东正教在哈尔滨的发展历史、沙俄入侵中国东北地区的历史和拜占庭风格建筑艺术具有重要的史料价值。

"文化大革命"期间，教堂及其环境遭到严重破坏。主穹隆顶端的大十字架被砸掉，钟楼的大钟被卸走，附属建筑遭到破坏，教堂的顶棚、屋盖、室内墙皮、地板等均受到不同程度的损坏。教堂一度成为哈尔滨话剧院的练功房，后长期被用作商场仓库。

1986年，哈尔滨市政府将圣索菲亚教堂公布为哈尔滨市近现代市级Ⅰ类保护建筑。1996年11月20日，圣索菲亚教堂被国务院公布为第四批全国重点文物保护单位，编号4-0227-5-029。1997年，哈尔滨市人民政府对教堂进行综合整治，并公布了圣索菲亚教堂保护范围和建设控制地带。1998年1月，哈尔滨市人民政府将圣索菲亚教堂辟建成哈尔滨市建筑艺术馆，由哈尔滨市城乡建设委员会负责圣索菲亚教堂保护工作。"十一五"期间（2006～2010年），对圣索菲亚教堂实施维修。2015年10月，黑龙江省哈尔滨市建筑艺术馆、黑龙江省哈尔滨市文物管理站建立圣索菲亚教堂全国重点文物保护单位记录档案。

**马勒住宅** 是一幢极具北欧风情又含有中国元素的近代花园别墅。马勒住宅位于上海市静安区陕西南路30号。

马勒住宅为埃里克·马勒的花园别墅。埃里克·马勒系英国籍瑞典人，其父尼尔斯·马勒出生于瑞典，于清同治元年（1862年）到上海。至民国30年（1941年），马勒家族在上海经营航运业、造船业等。马勒住宅所在地原为开平大班住宅，马勒家族入住后，于民国16年（1927年）开始大规模改扩建，由埃里克·马勒的长子小埃里克·马勒和次子林赛·马勒进行建筑设计，并由兄弟二人主持多年持续不断的改扩建和室内装修工程。这次改扩建废弃原有建筑的北门，使原北门门厅成为大厅的一部分；增建东北角、东南角的大厅以及东侧的画室以及东门和东门厅；拓宽原有建筑南侧的前廊，在前廊南侧增建南门和南门厅，门厅外设置宽大的平台；在西南角增建办公室和枪械室，在西侧增设后门、储藏室、玻璃顶花房等其他服务用房；将原有建筑的北墙西段向北移，在原北门厅的西侧设置衣帽间，衣帽间的西侧新辟北门和北门厅。同时，增建车库和相关的服务用房，与主体建筑之间围合成一个小花园。工程于民国24年（1935年）完工。次年，修建北欧风情的花房和中国元素的围墙。

抗日战争爆发上海沦陷后，住宅被日本人占据，成为军人俱乐部。民国38年（1949年）上海解放后，成为共青团上海市委所在地。2001年，由上海衡山集团收购，建成衡山马勒别墅饭店，保留了原建筑的风格。

马勒住宅占地面积5000余平方米，其中草坪面积近2000平方米，有6幢砖木结构建筑，共有大小房间106间，总建筑面积近3000平方米，其中主楼面积2000余平方米。主楼居住层为三层，顶部矗立着高低不一、造型优美、装饰精细的2个四坡屋顶，东侧的坡屋顶高近20米，上面设有圆顶凸窗，尖顶和凸窗上部均有雕饰物；西侧的坡屋顶高约25米，屋顶陡直。为典型的斯堪的纳维亚建筑风格。主楼南侧为住宅的正立面。3个双坡屋顶和4个尖顶凸窗连同东西2座四坡屋顶交织在一起，其形状宛如一座华丽的小宫殿。中间双坡顶的木构件清晰外露，构件间抹白灰缝条。主楼墙面凸凹多变，棱角起翘。别墅门口蹲着一对石狮子，使北欧风格的建筑增添了中国元素。主楼与其他几幢楼房相接相连，底层有门可通，但必须跨过桥形楼梯。楼梯是全楼的一大特色，转角楼梯很多，忽上忽下，楼梯的扶手、栏杆均有木雕花纹，平添空间的迷离感。主楼的外墙用泰山砖镶嵌；尖顶嵌着有色玻璃；主楼的室内过道、走廊等处都装有护墙板，到处都雕着美丽精致的图案，室内穹顶上装有彩色玻璃。南部有较大花园，花园四周用彩色花砖铺地，中央是一块大草坪，路径树荫里散布着石鼓、石狗以及大小不一的岩石，还有雕着狮子头的花盆托盘。草坪四周种植着龙柏、雪松等树木。草坪中央屹立着一匹和真马同样大小的青铜宝马

马勒住宅

马勒住宅餐厅

雕塑。园中设有赏花房，房内原装有暖气设备，室内雕花精美绝伦，地上铺有彩色瓷砖。

马勒住宅建筑外观流光溢彩，内部构造迂回曲折，宛如童话世界里的城堡。其风格雅致而独特，融汇了中西方建筑文化，建筑体现北欧风情，内外皆兼具中国传统风格。

1949年后，马勒住宅由共青团上海市委管理；2001年起，由衡山集团管理。1989年，马勒住宅由上海市人民政府公布为上海市文物保护单位。1999年3月29日，上海市人民政府

印发《关于同意重新编制的上海市国家级和市级文物保护单位保护范围及建设控制地带》的批复，确定马勒住宅的保护范围、建设控制地带及建设项目控制。2006年11月20日，马勒住宅由国务院公布为第六批全国重点文物保护单位，编号6-0926-5-053。

**国立紫金山天文台旧址** 是中国自行设计建造的第一座现代化天文台，位于江苏省南京市玄武区孝陵卫街道孝陵社区紫金山第三峰。

紫金山天文台原名国立中央研究院天文研究所，1950年更名中国科学院紫金山天文台。紫金山天文台筹建于民国18年（1929年），民国23年（1934年）9月1日建成。首任所长是天文学家高鲁，第二任所长是中国近代天文学的开拓者、天体物理学家余青松。紫金山天文台为余青松亲自勘测、设计、主持施工。

天文台的整体建筑按轴线对称布置，中轴大台阶经民族形式牌楼直达庞大圆顶观象台。各级平台均设民族形式栏杆，建筑外墙采用就地开采的毛石砌筑，与环境浑然一体，庄重朴

国立紫金山天文台旧址全景

国立紫金山天文台旧址天文仪器

实。主要建筑计有：大台（大赤道仪室和办公室）、小午仪室、小赤道仪室、太阳分光仪室、变星仪室、大小宿舍等。

所谓大台又称台本部，是紫金山天文台最早的建筑之一，系建筑师杨廷宝设计，民国29年（1931年）建造。包括行政办公用房和大赤道仪室两部分。建筑基本上是按轴线对称布置，设计时利用地形高差，在底层两侧和二层中部北侧均有出入口与室外相通，底层与二层间只有楼梯相连。底层为一般办公用房，二层为馆长室、会议室、档案室等。东边为大赤道仪室，有着巨大的银色圆顶，圆顶系由工程师依据瑞士工厂活窗、活顶图样设计，直径8米。小子午仪室，是专为放置子午仪所建，子午仪室的活顶、活窗由上海远大铁工厂根据瑞士制子午仪工厂附来的图纸制造。下层有地下室，内安设电气主钟二具，这是因为天文钟和子午仪关系最密切，放在一起最是相宜。地下室用木屑填实四周，温度终年不变。小赤道仪室，为银白色拱形圆顶建筑，圆顶直径5.5米，屋顶可以旋转。旧址中四座主要观测建筑的奠基碑文分别为蔡元培、汪精卫、戴季陶、

于右任所题，象征着正门的传统式牌坊上的"天文台"横额为国民政府主席林森所题。

天文台内有珍贵的仪器数十件。大仪器有：600厘米径的回光赤道仪、200厘米径的折光镜赤道仪、135厘米径的超人差目记子午仪。赤道仪是向德国蔡司公司订制，比镜在国内堪称巨擘，在远东各天文仪中也占重要地位；子午仪是瑞士所制。天文台还保存有包括浑仪、简仪、圭表、天体仪、地平经纬仪在内的极为珍贵的古天文仪器。

1982年，以国务院136号文件正式批准钟山风景区为国家重点风景区的范围为主要依据，划定国立紫金山天文台旧址的保护范围和建设控制地带。1991年，国立紫金山天文台旧址被建设部、国家文物局评为近代优秀建筑。1996年11月20日，国立紫金山天文台旧址被国务院公布为第四批全国重点文物保护单位，编号4-0247-5-049。

**武汉大学早期建筑** 为中国现代中西合璧式的宫殿式建筑群，被誉为近现代中国大学校园建筑的佳作与典范，位于湖北省武汉市珞珈山街道八一路299号。校园坐落于东湖之畔珞珈山麓，校园内山形起伏，环境优美。

清光绪十九年十月二十二日（1893年11月29日），湖广总督张之洞向光绪帝上奏《设立自强学堂片》。这座新式高等专门学堂位于武昌市三佛阁大朝街口。光绪二十八年九月（1902年10月），自强学堂迁往武昌东厂口，改名方言学堂。宣统三年（1911年）辛亥革命前夕至民国元年（1912年），方言学堂办学中断。民国2年（1913年），北洋政府教育部决定利用原方言学堂的校舍、图书、师资，改建

国立武昌高等师范学校，先后改名国立武昌师范大学、国立武昌大学。民国15年（1926年），国立武昌大学与国立武昌商科大学、湖北省立医科大学、湖北省立法科大学、湖北省立文科大学、私立武昌中华大学等合并为国立武昌中山大学（又称国立第二中山大学）。民国17年（1928年），南京国民政府以原国立武昌中山大学为基础，改建国立武汉大学，下设文、法、理、工四个学院。同年成立武大新校舍建筑设备委员会，任命李四光为委员长。

国立武汉大学校园总体规划和建筑均采用美国建筑师凯尔斯的设计，由汉协盛、袁瑞泰、永茂隆等营造厂及上海六合公司施工，于民国19年（1930年）3月正式开工，至民国24年（1935）校园整体建设完成。武汉大学的设计充分融入中国传统建筑思想，中西元素相互渗透，独具特色，对地形的利用也十分巧妙。武大规划主要建筑包括文、法、理、工、农五个学院大楼和图书馆、体育馆、学生宿舍、教师宿舍、学生餐厅及俱乐部、实验室、工厂、校门牌楼等。校园占地约213.33万平方米，共30项工程68栋建筑。

学生斋舍建造于民国20年（1931年），建筑面积13773平方米，四层砖混结构。建筑充分利用地形起伏变化，为宿舍争取了良好的日照。设计师将入口拱门上部升起一层，作为塔楼，起到引导作用。斋舍可容纳1000人，单间尺寸3.3米×4.5米，使用面积13平方米。学生斋舍有四个单元16个出入口，分别以《千字文》开篇"天地元黄，宇宙洪荒，日月盈昃，辰宿列张"十六字排序命名。理学院建造于民国20年（1931年），建筑面积10770平方米，五层钢筋混凝土结构。建筑屋顶为穹隆顶，两侧分别为物理楼和化学楼，主要是实验教室、实验室和教学办公用房，三部分以廊联系构成整体。工学院建造于民国25年（1936年），建

武汉大学院部主楼

学生斋舍

工学院

筑面积8140平方米，四层钢筋混凝土框架结构。建筑有通道直接进入底层展厅。通过数十级台阶进入主入口，建筑作内环回廊布置，中庭较高。群房为办公用房，主楼为教学用房。建筑主楼采用二层重檐四坡玻璃屋顶，方形平面，为传统中国形制。体院馆建造于民国25年（1936年），建筑面积2748平方米，四层钢筋混凝土框架三拱钢架结构。主要建筑材料采用钢筋混凝土梁、柱，屋顶则采用三绞拱钢架结构。屋顶为三重檐歇山，上铺设绿色琉璃瓦。

既体现出现代新型的建筑技术的高超，又保持和发扬了中国传统建筑的特色。体育馆侧墙为框架结构，山墙取巴洛克式，为典型的中西合璧式建筑。六一纪念亭位于珞珈山、狮子山之间的学府路东侧，宋卿体育馆南面，第四教学楼门前，六角飞檐，碧瓦熠熠，6根朱红圆柱支撑，都蕴含六月之意，亭四周植有冬青和绿草。亭高约7米，上部攒尖顶为木质结构，下部红圆柱用水泥筑成。亭中立有一块石制纪念碑，碑身高1.46米，宽约0.58米。图书馆位

武汉大学图书馆

宋卿体育馆

于狮子山顶，顶部塔楼是个八角垂檐、单檐双歇山式，上立七环宝鼎。屋顶上有采暖烟囱，南屋角立有粗大的隅石，北屋角立有小塔，其间护栏以左右的勾栏和中央的双龙吻背，造成"围脊"的效果。两副楼屋脊与大阅览室相连，叫"歇山连脊"。在大门上方镶有老子的全身镂空铁画像。正面五楹（间）、中间三楹（间）为大阅览室，两边副楼，后两角处各有一书库楼。文、法学院位于图书馆的左右两翼，两院相对矗立，是一对姊妹楼，平面为方形四合院，立面有4层，庑殿式屋顶。半山庐位于珞珈山腰西北，高达7米，由两个阳台将三栋二层楼房连缀而成，中间一楼伸出一个装饰性屋檐为入口，8个飞檐毫无雕饰讲究，整栋楼用色简拙，皆青砖墨瓦。18栋教工住宅群位于珞珈山腰东南，建筑风格整体采用英式乡间别墅风格，但每一栋建筑都自有其特点。周恩来旧居与郭沫若旧居即在其中（分别为一区

19栋27号、12栋20号）。周恩来旧居是一栋标准英式田园别墅，红瓦青砖，地基开阔，庭前屋后被参天大树环绕，通往山下的是几条石阶小径。别墅由2个哥特式风格的拱形门栋分开，楼栋之间有一精致花园。武汉大学早期建筑是中国近代大学建筑的佳作和典范，具有较高的历史价值、艺术价值和科学价值。

中华人民共和国成立后，国立武汉大学更名为武汉大学。2001年6月25日，武汉大学早期建筑被国务院公布为第五批全国重点文物保护单位，编号5-0497-5-024。2004年，武汉大学设立武汉大学早期建筑保护管理委员会，委员会下设办公室，配备专职人员若干人，负责武汉大学早期建筑的日常管理工作。2005年7月，武汉大学早期建筑保护管理委员会建立了武汉大学早期建筑的全国重点文物保护单位记录档案，并报国家文物局、湖北省文物局备案。2015年5月5日，湖北省人民政府办公厅印发《湖北

省人民政府办公厅关于公布文物保护单位保护范围和建设控制地带的通知》，公布了武汉大学早期建筑的保护范围和建设控制地带。

钱塘江大桥 是中国自行设计、建造的第一座铁路、公路两用桥，地处浙江省杭州市西南方向，六和塔北侧，白塔岭以西。北岸引桥公路位于虎跑路和复兴路始端，背靠月轮山东侧的头龙头山虎跑路、复兴路始端汇合处。杭富路东向西从最北的第一孔板梁下通过，西向东从第二孔拱梁下通过，之江路从正桥第一孔钢梁底下穿越。南岸公路接06省道（现为滨江区江南大道），东西向的闻涛路从第十六孔钢梁下穿越。铁路面为沪昆绕行线（中心距为K8千米+219米），桥北端距杭州火车站（城站）约7千米。

钱塘江大桥于民国23年（1934年）11月11日举行开工典礼，次年1月正式动工兴建，民国26年（1937年）9月26日建成铁路先行通车，同年11月17日公路通车。茅以升任钱塘江桥工程处处长，罗英任总工程师。

钱塘江大桥下层为单行铁路，上层为双线公路，由正桥和南、北引桥三部分组成。大桥全长1453米，正桥长1072米，由16孔钢梁组成，每孔长67米，重260吨（26万千克）。上部采用简支华伦式钢桁梁，桁高10.7米，主桁中距6.1米，铁路净空高6.7米，宽4.9米，除风撑及公路承载杆件外，钢梁均用铬钢合金钢制造。全桥公路和人行道采用混凝土现场浇筑，全长1453米，公路面宽6.1米，两侧人行道各宽1.52米。公路面承载为H-15级。路面厚约18厘米，钢筋部分由国外进口，部分国产，水泥全部国产，施工时采用现场木板固定定型，以整组钢梁长度为标准，一次性浇筑。南北岸公路两侧各有两个对称的桥头堡，墙上撰有碑文，每个桥头堡各有2扇1.9米×0.9米的铁门，设计时此处装有升降机供人员上下进出。2001年，杭州市政府对大桥进行修理，在上、下游一侧各镌刻有《钱塘江说略》和《钱塘江大桥维修工程说略》铭文。

民国26年（1937年）12月23日，为阻止日军南侵，国民党军将钱塘江大桥自行炸毁。被炸后的钱塘江大桥第十孔、十二孔、十三孔

钱塘江大桥全景

钱塘江大桥桥墩

朝萧山方向一端的钢梁坠入江中，第十四孔、十五孔钢梁全部落水，第十三号、十四号桥墩毁损严重，第十四号桥墩只剩下沉箱以上6米残墩，其他全部被毁。打桩机械设备沉于江底。民国29～34年（1940～1945年），日本人利用坠江的钢梁，铺设木撑架设木线桥，通行汽车，并修复开通火车。期间遭到抗日武装力量和国民党别动队忠义救国军对五号、六号桥墩的爆炸破坏，墩身受损严重。日本人采用向空心的桥墩内浇灌混凝土，墩身外用钢轨打箍的方法来进行加固。直到民国34年（1945年）4月25日勉强恢复行车。抗战胜利后，民国35年（1946年）9月，桥工处开始对大桥进行修复，次年3月公路通车，恢复大桥双层路面的作用，火车限速每小时10千米，汽车为15千米，规定火车汽车不能同时通行。民国36年（1947年）3月，成立钱塘江桥管理所，实行对过往车辆征收过桥费。由桥工处委托上海中国桥梁公司上海分公司负责办理后续修理工作，因经费原因只修复两节套箱。民国38年（1949年）杭州解放前夕，国民党企图炸毁钱塘江大桥。经多方工作，负责炸桥的工兵营于5月3日按照"炸桥时不要炸要害处"，对桥面做轻微破坏。经抢修，次日解放军一部就从大桥上通过向南挺进。公路面5日通车，铁路面于6日抢通。1953年9月，恢复大型列车通行。2000年，大桥作为城市桥梁整修后，车行道由6.10米宽加至6.50米，人行道由1.52米加至1.72米。

1952年，上海铁路局杭州工务段成立，下设钱塘江大桥车间（2007年，改为钱塘江桥隧车间），负责对下层的铁路桥全桥铁路面的维修保养；上层公路由杭州市路桥集团有限公司桥隧养护公司养护。1963年，钱塘江大桥由浙江省人民委员会公布为第五批省级文物保护单位。2006年5月25日，钱塘江大桥由国务院公布为第六批全国重点文物保护单位，编号6-0950-5-077。2014年，浙江省人民政府印发文件《浙江省人民政府关于划定郊坛下和老虎洞窑址等75处文物保护单位保护范围和建设控制地带的批复》，批准钱塘江大桥保护范围和建设控制地带的划定。钱塘江大桥全国重点文物保护单位记录档案由上海铁路局杭州工务段建立，存于浙江省文物考古研究所。

**重庆市人民大礼堂** 是邓小平、刘伯承、贺龙等在西南军政委员会及中共中央西南局主政时期主持修建的大型公共建筑，是中华人民共和国成立初期兴建的重庆"六大建筑"之一。大礼堂位于重庆市渝中区大溪沟街道学田湾人民路173号，地处马鞍山麓，地势东南高西北低。

1949年11月1日，刘伯承、邓小平、贺龙率领中国人民解放军第二野战军及第一、四野战军部分兵团发动解放西南的战役，27日解放重庆。12月初，第二野战军领导机关进驻重庆，着手筹建西南军政委员会机构。次年7月，西南军政委员会正式成立，西南行政区的首府设在重庆，重庆成为大西南的政治、经济文化中心。当时，重庆缺少供人民群众集会、活动的公共场所。1950年3月，刘伯承、邓小平、贺龙集体决定修建一座能容纳数千人集会的大礼堂和一个附设招待所。贺龙提出外观设计要将北京天坛、南京中山陵和广州中山纪念堂的特点"三合一"，成为远东第一。刘伯承、邓小平都同意这个设想。经广泛征求意见，在建筑工程师们设计的五个方案中选中张家德设计的方案，经邓小平和贺龙研究、审定，1951年9月，以"西南军政委员会大会堂"建设立项动工，1954年1月建成竣工。因西南军政委员会已改称行政委员会，大会堂正式以"西南行政委员会大礼堂"定名，贺龙亲自题书。1956年，西南大区撤销后更名为"重庆市人民大礼堂"。

大礼堂由中心礼堂及两翼三楼一底的南北配楼，以及人民广场前的牌楼组成，建筑面积

重庆市人民大礼堂侧面

重庆市人民大礼堂牌楼

18500平方米。建筑外观采用民族式大屋顶，仿明、清时代宫殿建筑，以中心礼堂为中轴线对称，主体参照北京天坛及天安门形式。是一个多种结构（砖、木、混凝土、钢）结合的建筑，也是当时国内最大的单体仿古建筑。中心礼堂及步云楼总建筑面积约8000平方米，空间高度65米，大厅净空高55米，主体结构是直径46.33米的半球形穹顶钢结构，上部支承36榀木屋架、三重檐琉璃瓦屋面和大金顶，仿自北京天坛祈年殿屋顶形式，下部坐落在钢筋混凝土钢架和多层悬挑平台上。大礼堂正门8根朱红巨柱，巍然耸立。七樘紫铜垂花门一列摆开，宫灯高悬，雄伟气派。南北楼为钢筋混凝土框架结构，共四层楼，原使用性质是招待所客房。

重庆市人民大礼堂是刘伯承、邓小平、贺龙等老一辈革命家主政西南时主持修建的"六大建筑"之一，对研究建国初期社会主义建设历史、西南大区历史、重庆城市建设历史有着重要价值。从建筑史来看，重庆市人民大礼堂是中国传统民族形式建筑与西方建筑的大跨度空间结构巧妙结合的杰作，是中华人民共和国成立以来第一座具有独特建筑风格的华丽民族建筑，是重庆市的标志性建筑之一。因其杰出的建筑艺术，荣获"詹天佑工程奖""鲁班工程奖"。

作为重庆市的地标性建筑，重庆市人民大礼堂1959、1962、1978年进行过多次维修。1997年9月起，重庆市市级机关事务管理局（重庆市接待办）负责重庆大礼堂日常管理工作。1997年2～5月、1997年9月10日至1998年1月19日、1998年5月20日至9月、2006年8月～2007年5月先后进行了四期大礼堂维修改造工程，其中2006年8月～2007年5月的维修工程是大礼堂建成以来最大规模的一次。2009年9月，重庆市人民大礼堂被公布为第二批重庆市文物保护单位。2013年5月3日，重庆市人民大礼堂被国务院公布为第七批全国重点文物保护单位，编号7-1885-5-278。已建立重庆市人民大礼堂的全国重点文物保护单位记录档案，存于渝中区文管所；大礼堂的维修档案由大礼堂管理处保管。

# 第六章　世界文化遗产

## （含世界文化和自然混合遗产）

世界遗产是由联合国教科文组织世界遗产委员会根据1972年《世界遗产公约》的要求，列入《世界遗产名录》的遗产地，具有罕见的、超越国家界限的、对全人类的现在和未来均具有普遍的重要意义，即"突出普遍价值"。自1977年起，联合国教科文组织世界遗产委员会每年召开会议，评审公布新的世界遗产。截至2017年第41届世界遗产委员会会议结束，全世界共列有1073处世界遗产，其中世界文化遗产832处，世界自然遗产206处，世界文化和自然混合遗产35处；属于跨国世界遗产37处。

1985年，中国加入《世界遗产公约》。1987年，中国拥有第1批共6处世界遗产，分别是长城、明清故宫（北京故宫）[①]、莫高窟、秦始皇陵、周口店北京人遗址和泰山。截至2017年，中国共拥有52处世界遗产，数量位居世界第二，包括世界文化遗产36处，世界自然遗产12处，世界文化和自然混合遗产4处；其中属于跨国世界文化遗产1处。

中国的世界文化遗产分布在除上海、海南、香港和台湾外的所有省（自治区、直辖市）和特别行政区。世界文化遗产分布数量最多的为北京市，共7处；其次是河南省，共6处；再次是山西、辽宁和河北省，分别为4处。

中国的世界文化遗产有的是巨型遗产。例如，长城横亘北京市、天津市、河北省、山西省、内蒙古自治区、辽宁省、吉林省、黑龙江省、山东省、河南省、陕西省、甘肃省、青海省、宁夏回族自治区和新疆维吾尔自治区等15个省（自治区和直辖市）[②]；大运河纵贯北京、天津、河北、山东、河南、安徽、江苏、浙江8个省和直辖市；"丝绸之路：长安—天山廊道路网（中国段）"由河南、陕西、甘肃三省和新疆维吾尔自治区的22处遗产地组成；明清皇家陵寝分布在北京、河北、辽宁、江苏和湖北五个省、直辖市。元上都遗产区面积达25131.27万平方米，而缓冲区则达150721.96万平方米。中国的世界文化遗产类型繁多，包括从世界上体量最大的历史文化遗产——长城、世界上最长的运河——大运河、拥有世界最大的地下军阵陪葬坑且是中国规模最大的帝王单体陵寝——秦始皇陵、世界上最大的木构

---

[①] 2004年，沈阳故宫作为明清故宫的扩展项目列入《世界遗产名录》，遗产名称相应改为"明清故宫（北京故宫、沈阳故宫）"。详见词条"明清故宫（北京故宫、沈阳故宫）"。

[②] 列入《世界遗产名录》的虽为山海关、八达岭和嘉峪关三段，但世界遗产委员会和中国均将长城整体作为世界遗产进行保护。

宫殿建筑群——明清故宫中的北京故宫、世界上规模最大且保存最完整的皇家祭坛——天坛、世界上保存最完整的皇家陵寝——明清皇家陵寝、世界上海拔最高的宫殿群和园林——布达拉宫古建筑群。承德避暑山庄及周边寺庙和北京颐和园是东方皇家园林的杰出代表，而苏州古典园林代表东方园林中私家花园的最高成就。周口店北京人遗址是远古时期亚洲大陆人类社会的一个罕见的历史证据，也阐明人类进化的进程。殷墟和元上都遗址向世界展示了中国古代文字、宫殿和城市规划的成就。儒释道三教遗产包括最有代表性的建筑群——孔庙、孔府和孔林，五台山，乐山大佛和峨眉山，武当山古建筑群和青城山。登封"天地之中"则反映中国以"中"为尊的思想来源。都江堰反映中国古代科技遗产的辉煌，而莫高窟、龙门石窟、云冈石窟和大足石刻等则是中国古代石刻和石窟寺艺术创作的代表作。土司遗址反映中国古代地方自治的统治智慧，而福建土楼则是客家移民因地制宜创造的居住与防御系统。平遥古城、丽江古城和皖南古村落西递、宏村，是中国历史城市和村镇的代表。澳门历史城区、开平碉楼与村落和鼓浪屿国际历史社区，反映中外交流的情况。高句丽王城、王陵和贵族墓葬，是中国北方古代政权的

遗存。庐山作为中国第一个以文化景观列入《世界遗产名录》的遗产地，展示优美的自然景观与人文景观的结合，见证历史上众多重大事件。杭州西湖文化景观是中国自然山水与文化结合的典范。红河哈尼梯田文化景观是非物质遗产的产物，为全世界树立人与自然和谐相处的榜样。左江花山岩画文化景观，是最早、也是东南亚保存最好、规模最大的岩画文化景观。"丝绸之路：长安—天山廊道的路网"是中国第一个与其他国家联合申报的世界文化遗产，是丝绸之路的起始段，彰显中国在古代政治、经济和军事交流方面的杰出贡献。泰山、黄山、武夷山与乐山大佛和峨眉山景区为中国的世界文化与自然双遗产，不仅具有突出的文化价值，而且还保存了众多的自然景观，是生物多样性的保护地。

截至2017年年底，《中国世界文化遗产预备名单》中共有60处，其中文化遗产27处、自然遗产17处、文化和自然混合遗产16处。[1]

附：世界遗产标准共有以下10条[2]：

1. 是人类天才创造力的杰作；

2. 在一段时期内或世界某一文化区域内人类价值观的重要交流的证据，对建筑、技术、古迹艺术、城镇规划或景

---

[1] 按照《实施世界遗产公约操作指南》规定，《预备名录》是缔约国认为其境内符合申报世界遗产条件的遗产的详细目录，缔约国应在《预备名录》中列出该国未来几年内要申报的，认为具有潜在的突出的普遍价值的文化和／或自然遗产的详细信息。遗产地在进入《预备名录》一年后才具有申遗资格。

[2] 2005年之前，世界遗产标准分为文化遗产1～6条和自然遗产1～4条两个系列；标准的表述也在不断变化。2005年，世界遗产委员会决定将2个系列合并为一个系列，统一称为世界遗产标准1～10条，其中前6条为文化遗产标准，后4条为自然遗产标准；标准的表述也基本确定。这一标准的排序和表述方式一直沿用至今。同时，为避免混乱，世界遗产中心网站也将2005年之前各遗产的列入标准按照新的系列进行了更新。本节中，世界遗产标准统一使用2005年以后的排序和表述方式，以保持与世界遗产中心网站一致。

观设计的发展产生重大影响；

3. 能为延续至今或业已消逝的文明或文化传统提供独特的或至少是特殊的见证；

4. 是一种建筑、建筑或技术整体或景观的杰出范例，展现人类历史上一个或几个重要阶段；

5. 是传统人类居住地、土地使用或海洋开发的杰出范例，代表一种或几种文化或人类与环境的相互作用，特别是当它面临不可逆变化的影响而变得脆弱；

6. 与具有突出的普遍意义的事件、活传统、观点、信仰、艺术或文学作品有直接或有形的联系（委员会认为本标准最好与其他标准一起使用）；

7. 绝妙的自然现象或具有罕见自然美和美学价值的地区；

8. 是地球演化史中重要阶段的突出例证，包括生命记载和地貌演变中的重要地质过程或显著的地质或地貌特征；

9. 突出代表了陆地、淡水、海岸和海洋生态系统及动植物群落演变、发展的生态和生理过程；

10. 是生物多样性原址保护的最重要的自然栖息地，包括从科学和保护角度看，具有突出的普遍价值的濒危物种栖息地。

符合第1～6条标准的世界遗产称为世界文化遗产，符合第7～10条标准的世界遗产称为世界自然遗产。同时符合世界文化和自然遗产标准的遗产地称为世界文化和自然混合遗产。如果一处遗产地分布在两个或两个以上国家领土，则称为跨国世界遗产。世界遗产委员会每年召开一次会议，审议批准世界遗产的申报项目。

# 第一节 世界文化遗产

**长城** 英文名the Great Wall。长城是世界上最长的人工防御体系，分布在北京、天津、河北、山西、内蒙古、辽宁、吉林、黑龙江、山东、河南、陕西、甘肃、青海、宁夏、新疆15个省（自治区、直辖市）404个县（市、区）。各类长城资源遗存总数43721处（座/段），其中墙体10051段，壕堑/界壕1764段，单体建筑29510座，关、堡2211座，其他遗存185处。墙壕遗存总长度21196.18千米。长城的年代跨度由春秋战国至明代。

列入世界文化遗产的遗存，由位于河北的山海关、北京的八达岭以及甘肃的嘉峪关三个点段构成。

山海关，又称榆关、渝关，位于河北省秦皇岛市东北15千米处，历为兵家必争之地。战国、秦、汉时期系临海要地。北齐天保四年（553年）北齐曾在此筑城。隋开皇八年（588年），筑榆关，原址在抚宁县榆关镇。位于关城西南4千米石河镇古城村五花城遗址传为唐李世民征辽东时所筑，为屯粮之所。明洪武十四年（1381年）春，朱元璋派大将军徐达发燕山等卫屯兵5100人修永平、界岭等32关；行至渝水一带，见此地枕山襟海，地势险要，于是建关设卫，史称山海关。山海关关城于明洪武十五年（1382年）建成。明万历十一年（1583年），时任山海路参将王守道请修山海关东

山海关关城

山海关九门口长城

罗城；万历十二年（1584年），兵部主事王邦俊、永平兵备副使成逊完成占地24万平方米的东罗城的修建。明崇祯元年（1628年），时任右佥都御史杨嗣昌巡抚永平、山海关诸处在山海关关城南北两侧各1.5千米处建南北翼城，又名南北新城，又距关城南十里，南海老龙头北建宁海城。传明末山海关总兵吴三桂在关城以东1千米欢喜岭上建威远城。山海关历经成化、嘉靖、万历、天启、崇祯等六朝修筑，历时263年时间，建成占地约230万平方米，具有"七城连环，万里长城一线穿"气势的军事防御系统，有效地扼制蒙古鞑靼、瓦剌诸部以及东北女真族的不断扰边。直至明崇祯十七年（1644年）四月，发生历史上著名的甲申山海关大战，奠定清朝268年的江山。有清一代，长城防御功能消失，山海关由明代军防重镇转变为沟通东北与华北地区贸易往来的商业化城市。抗日战争、解放战争期间，仍为军事要地。

山海关长城，南起老龙头，东到九门口（辽宁境），全长26千米。沿线分布十座关隘，由南向北依次为南海口关、南水关、山海关（关城）、北水关、旱门关、角山关、三道关、滥水关、寺儿峪关、一片石关（辽宁九门口）。其军事布防重点主要集中在平原地带，由关城、东西罗城、南北翼城、威远城、宁海城组成，宏观上构成"七城连环，主体两翼，左辅右弼，二城为哨，一线逶迤"的军事防御格局。据《临榆县志》记载，山海关关城设东西南北四座券门，上建城楼，依次为"东门镇东楼、西门迎恩楼、南门望洋楼、北门威远楼"。城中心建有钟鼓楼，在城东门上建有服远楼、城东南隅城台上建有靖边楼（奎光楼）、东罗城北隅建有临闾楼、东罗城南隅建有牧营楼、牧营楼南建有新楼，在城东北隅建有威远堂。建筑形式和建筑结构是因地制宜，就地取材，主要由五种结构形式组成：土筑砖包墙、砖石墙、块石墙、毛石墙，还有一种是利用自然山崖、陡峭石壁为墙的山险墙，个别地段有极少量的条石墙。其附属构筑物关城、罗城、堡城、墙台、敌台、烽燧等，均采用外包砖石结构。关城占地面积达126万平方米，平面呈不规则梯形，西南和西北转角处呈弧形，东南角处呈锐角，略为突出。整个关城，平面北高南低，形成缓坡。东墙为长城主线，长1378米。平原地段平均高10米，厚9米，墙体底部以条石砌筑，其上外包条砖，中间亚黏土或三合土夯实，城墙顶部用条砖、方砖铺面；内侧砌筑女儿墙，安放吐水嘴；外侧砌筑垛口墙，垛口下设置射孔。因平原长城所处位置系向山区长城过渡，地势由南向北逐步升高，其外侧挑挖护城河，宽10～20米，深2米左右。山区长城则依地势修筑，就地取材，城墙厚1.8～4.2米，高2.5～5.1米。入海石城——老龙头高三丈有余，砌石垒，入海七丈。经专家考证，原址确有块石堆积，长约50米，宽约10米，石上有凿孔，并有铸铁痕迹。铭文城砖系山海关长城沿线重要代表性文物，主要集中在东罗城，有的不但有确切纪年，还有制作机构，如"万历十二年真定营造"等。

八达岭，属明代昌平镇。北魏修造"畿上塞围"长城，西起黄河，东至上谷军都山（八达岭）。八达岭关城建于明弘治十八年（1505年）。为了加强防御，嘉靖十八年（1539年），重修八达岭关城东门（居庸外镇）。嘉靖三十年（1551年），在八达岭西北三里建兵营，名岔道城，作为八达岭的前哨阵地。明隆庆二年（1568年），抗倭名将戚继光对长城重新修筑，八达岭是修筑的重点。万历十年（1582年），重修关城西门（北门锁钥）。八达岭长城先后经过80年修建，成为城关相连、墩堡相望、重城护卫、烽火报警的防御体系。有清一代，长城失去军事防御作用。

八达岭地势居高临下，形势险要，为居庸关的门户，北京的屏障。八达岭关城墩台下部用十余层花岗岩条石垒砌，上部砌大城砖，城高7.5米，厚4米，呈东窄西宽的梯形，面积约5000平方米。关城有东、西两座关门，两门间相距64米。两门均为砖石结构，条石基础，砖券洞，券洞上为平台，台上四周砌垛墙，并于南、北垛墙上各开一豁口，有登城马道可以下到城中。城门洞上，古时安装有巨大的双扇木门，门面铆钉嵌铁皮，门内安装有杠顶柱和锁闩。八达岭长城的墙体宽大、结实、坚固，墙顶宽为5.8米，有的地段墙顶可容五马并骑或十人并行，是万里长城中最雄伟壮观的地段。关城西门南北两侧连接着高低不一、曲折连绵的长城，全部为砖石结构，建造十分坚固。城墙的高低、厚薄和敌台的大小位置以及形状等等，体现"因地制宜"的长城修建原则。城墙一般建在山脊稍偏外侧部位，使墙外侧较高、内侧略低，以加强墙身的防御能力。城墙依山而筑，高低不一，用石条砌筑，最长的石条达3.1米，重1.5～1.7吨，合缝处灌以灰浆。墙芯用泥土、石块夯实于墙体内。城墙平均高约7.8米，墙基宽约6.5米，顶宽5.8米。遇到山冈陡峭处，墙较低，有的仅3～5米；地势平缓处则墙较高，可达10米以上。墙身随山岭起伏，遇陡峭之处，城墙顶上就用砖砌出踏步，修筑成梯形，称作梯道，八达岭长城上的梯道长达千米。城墙内侧设置宇墙，外侧设置垛口，宇墙高1米余，垛口高约2米。垛口上部留有方孔为瞭望孔，用以瞭望敌人动向；垛口下部有一洞为射洞，用以射击敌人。城墙顶部铺砌三四层砖，墙面上有排水沟和吐水嘴，将雨水引出墙外，避免雨水侵蚀冲刷墙基。吐水嘴是约1米长的石槽，伸出墙体以外，间隔不远就设一个。墙身里侧，每隔不远就设一个券门，券门是圆拱形小门，高约1.8米，宽约0.8

米，券门内有砖或石梯通到墙顶上，供守城士兵上下。为了加强防御，在城墙上每隔三五十米或一二百米建有一个墙台或敌台。八达岭城墙经关城向南北两峰展开，在南北两峰上各有四座敌台，南北遥相呼应。两峰相对高度较大，山势陡峭。关城到南峰顶上的第四楼，城墙长约685.8米，高度上升约127米，最险要处位于南峰第三台至第四台之间的一段，坡度约为70度，几乎是直上直下。从关城到北峰第四

八达岭长城

台，城墙长约767.5米，高度上升约155米，比南峰稍平缓。有关记载长城修建情况的石刻碑保存在八达岭长城景区的有一块，树立在水关长城关口左侧；另外八达岭关城的石刻有三块：一为"居庸外镇"门额题刻；一为"北门锁钥"门额题刻；一为位于"居庸外镇"东北的"天险"摩崖石刻。

嘉峪关，属明代甘肃镇，位于甘肃省嘉峪关市河西走廊西段嘉峪山西麓的嘉峪塬上。明洪武五年（1372年），征西将军冯胜始筑土城。弘治八年（1495年），肃州兵备道副使李端澄建关楼，正德元年（1506年）又监修东西二楼及官厅、夷厂、仓库等建筑。从洪武五年至嘉靖十七年，嘉峪关仅是一座孤城，关城南北无防

御工程。嘉靖十八年（1539年）后至万历元年（1573年），经历30余年修筑成为以关城为中心，周边相连接的完整防御体系。清乾隆之后，新疆重新归入清朝版图，嘉峪关失去军事防御和边关隘口作用，但作为清兵驻地继续使用。清同治十二年（1873年），左宗棠曾重修嘉峪关关城。清末民初，变成税卡，设监督一人，总理税务。此后，军队和地方官员及家眷、部分百姓纷纷搬进关城居住。到民国，外城广场形成小集镇，街道两旁建有房舍二万余间，车马店、杂货铺遍布，寺院庙宇香火旺盛。关城原有嘉峪公馆、警卫营房、巡检衙门、嘉峪驿、瓮城值更房、南闸门楼、演武厅、嘉峪西关坊、嘉峪东关坊、魁星楼、同善堂等建筑。到1949年时建筑大多被毁不存，仅存明代主要建筑群和长城、墩台等遗址。

　　嘉峪关关城，面积3.3万多平方米，由外城、内城、罗城、瓮城及城楼附属建筑等组成。内城周长640米，东城墙长156米，西城墙长164米，南北城墙各长160米，面积约2.5万

嘉峪关关城近景

平方米。城墙高9米，上建垛墙。内城有东、西二门，名光化、柔远，其上均建有三层三檐歇山顶式城楼。城墙四角建角楼，南北墙正中建敌楼。内城中轴线北侧有清代游击将军府一座，是嘉峪关历任游击将军办公之处。内城西有罗城，呈"凸"字形，长191.3米，通高10.5米。青砖包砌，高与内城相同。罗城中间凸出部分开券门，为关城正门，门额题"嘉峪关"三字，门上建关楼。城南、北两角筑角楼。内城南、北和东侧外围均筑外城，西与罗城相连，南、北与内城平行并形成夹道，供车

嘉峪关长城

雁门关长城

马通行。外城高3.8米，周长1100米，东北角上建闸门，上建一层三间式闸楼。外城四周有壕沟。关城内外还有官井、营房及文昌阁、关帝庙、戏楼等附属建筑。关城南、北两侧均筑有长城。关城与附近的长城、城台、城壕、烽隧等构成严密的军事防御体系。

在战国时期，齐、楚、燕、赵、魏、秦、中山等国都在边境修建了长城。公元前3世纪中国统一之后，秦始皇将燕、赵、秦三国的北方长城连接起来，长度超过5000千米。此后直到17世纪，历代都有修建。其中以明代修建最为著名，形成后世万里长城规模。长城反映中国古代农耕文明和游牧文明的相互碰撞与交流，是古代中原帝国远大政治战略思想以及强大的军事、国防力量的重要物证，是中国古代军事建筑建造技术和建筑艺术水平的杰出范例，在中国历史上有着保护国家和民族安全的象征意义。长城长达2000年的建造史展示军事防御技术的持续发展和对政治背景变化的适应性。长城不仅保护平原地区免遭北方民族攻击，也保护中原文化不受外族习俗的改变。长城分布于辽阔的大地上，是建筑融入景观的完美范例。不同地域的民俗和文化由于长城的修建和戍边

带到长城沿线，并且与游牧民族进行交流和传播。长城还是中国古代文学中的重要题材，成为保家卫国的精神象征。

1987年12月11日，在法国巴黎召开的第11届世界遗产委员会会议认为，长城符合第一、二、三、四和六条世界文化遗产的标准，将其列入《世界遗产名录》，遗产编号438。遗产区面积2151.55万平方米，缓冲区面积4800.8万平方米，总面积6952.35万平方米。1961年3月4日，国务院公布万里长城——八达岭、万里长城——山海关和万里长城——嘉峪关为第一批全国重点文物保护单位，编号分别为1-0101-3-054、1-0102-3-055和1-0103-3-056。

**明清故宫（北京故宫、沈阳故宫）** 英文名Imperial Palaces of the Ming and Qing Dynasties in Beijing and Shenyang，由位于北京的紫禁城即北京故宫和位于辽宁沈阳的

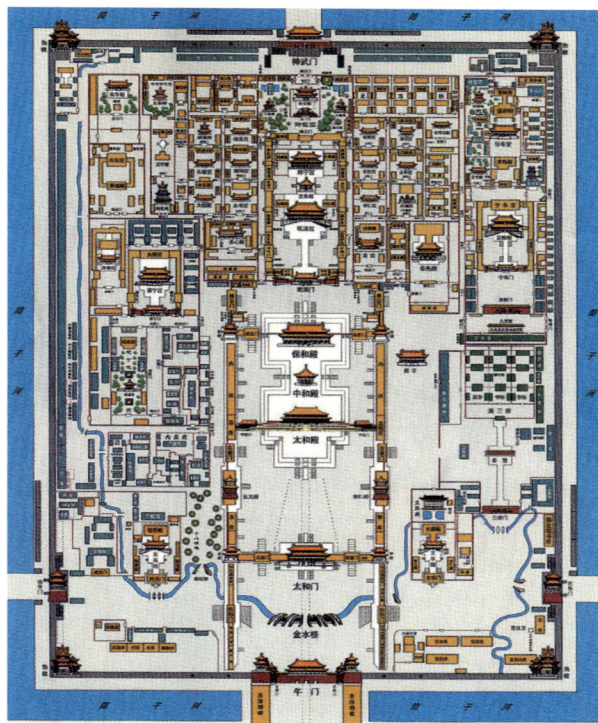

紫禁城平面示意图

紫禁城（北向南）

沈阳故宫组成。明清故宫代表中国传统官式建筑的最高成就，见证了15～20世纪中国宫廷文化和中国古代艺术的主要发展历程。

北京故宫，初称皇城，明末改称紫禁城。明永乐四年（1406年），在元大内基址上筹建宫城：以宫城东、西城垣与元大内的东、西城垣对齐，整体南移约800米，规模基本保持相当，增挖筒子河以围护之。工程历时15年，至永乐十八年（1420年）建成。其后作为明朝政令中心使用至崇祯十七年（1644年），历时238年。清代宫城沿用明紫禁城，作为清朝政令中心使用至民国元年（1912年），历时268年。紫禁城于明清两朝皇家使用期间，空间功能格局基本保持不变，建、构筑物等历经修葺、改建和增建等活动。

北京故宫紫禁城占地72万多平方米，共有宫殿9000多间，沿南北向中轴线排列，并向两旁展开，左右对称。紫禁城由3400米长的紫红色宫墙围合，四面正中各辟一门，南、北门分别为午门和神武门，东西门分别称东华门、西华门；宫墙四角各矗立一座风格独特、造型秀丽的角楼；宫墙外环绕着宽52米的护城河，与

故宫（南向北）

高大的宫墙、角楼构成一个恢宏壮阔的整体。

故宫的宫殿分前、后两大部分，前为外朝，后为内廷，建筑风格迥然不同。外朝是皇帝举行重大典礼、与群臣商议国政的场所。午门是外朝的开端，位于皇宫轴线最南端，即十二时辰子午线的午刻位置，故称午门，在皇宫四门中最为雄伟宏大。午门始建于永乐十八年（1420年）。建筑平面呈"凹"字形，基础部分为大城砖垒砌的12米城台，城墙当中辟有三座正门，两侧折角处各有东西掖门一座，形成"明三暗五"的效果。门前御道左右设有嘉量、日晷，城台北侧有马道可通上下。城台正中，建有面阔九间、重檐庑殿顶的高大门楼。城楼东西转角处各有重檐攒尖顶方亭一座，为钟鼓楼。方亭南侧有十三间廊庑向南伸出，连接南端面阔三间、重檐攒尖顶的方形翼楼，形如鸿雁展翅，俗称雁翅楼。因五座城楼崇伟环抱，又称为五凤楼，亦有比附南方朱雀的含义。

午门是由秦汉时代的宫阙形式演变而来，建筑高大宏敞，特别突出皇家气派，很多重要的礼制活动，都在午门广场进行，如颁朔、献俘、庭杖、宣诏等。典礼之时钟鼓齐鸣，香烟缭绕，云旗飞扬，极其隆重威严。

故宫三大殿分别为太和殿、中和殿、保和殿，由南向北排列，是外朝的核心部分。三座大殿分别建在一个平面呈"土"字形的三层汉白玉须弥座高台之上，取"戊己土"居中之意。南侧的太和殿是最重要的一座，俗称金銮殿，建筑面积2377平方米，是帝王举行大典、接受百官朝贺的场所。太和殿采用中国古建筑中最高等级的形制和陈设，重檐庑殿顶，黄筒瓦，金龙和玺彩绘。建筑面阔九间（另带东西夹室各一间），进深五间，以应君王的"九五之尊"。太和殿正脊的十三拼鸱吻体量之大（高3.4米，重4.3吨），四角飞檐走兽数量之多（十全脊兽），均为全国之最。中和殿是皇帝举行朝贺庆典前休憩场所。中和殿采用方亭式做法，进深、面阔均为三间，四周带回廊，黄筒瓦四角攒尖，圆形鎏金宝顶。殿身四面不砌围墙，满设门窗，合《礼记》中所说的明堂之制。保和殿是皇帝由寝宫进入外朝的更衣之所。面阔九间，进深五间，黄琉璃筒瓦重檐歇山顶，空间节奏有所变化，规模形制仅次于太和殿。建筑上沿袭宋元时期的"减柱造"方

太和殿

太和殿内龙座

乾清宫内景

法，略去殿内前檐六根金柱，使得殿内空间更为明朗。

内廷后三宫是帝后妃嫔的生活起居场所，包括乾清宫、交泰殿、坤宁宫及其附属建筑。明初时，因内廷属阴，故只建了乾清宫和坤宁宫两座。至嘉靖年间，取天地交泰之意，增建交泰殿，形成后三宫格局。内廷正门为乾清门，面阔五间，进深三间，黄筒瓦单檐歇山顶，坐落在1.7米高的须弥座台基之上，中间有云龙御道，两侧为一封书式八字影壁。后三宫的建筑与前朝三大殿形制相似，但规模略小，南北长220米，东西宽120米。乾清宫是皇帝的寝宫，等级最高，重檐庑殿顶，檐角置9个走兽，金龙和玺彩画。交泰殿是明代中后期添建，建筑式样仿前朝中和殿，面阔三间，进深三间，四面辟门。交泰殿是皇后接受朝贺的场所。按阴阳学说，六气之阴为金，因此，交泰殿建筑装饰大量用金，如鎏金宝顶、龙凤和玺金漆彩画、金扉金锁窗等，显得格外富丽堂皇。坤宁宫是明代皇后的寝宫，是内廷的正宫，建筑规格居六宫之首，故建筑采用重檐歇

山顶，金凤和玺彩画。清代以后按满族习俗，将坤宁宫改建为萨满祭祀的主要场所。乾清宫代表阳，坤宁宫代表阴，两者并立，以表示阴阳调和、天地和谐之意。

内廷的东、西六宫是分布在紫禁城中轴线两侧共12座妃嫔的寝宫。东六宫包括景仁宫、承乾宫、钟粹宫、延禧宫、永和宫和景阳宫；西六宫包括永寿宫、翊坤宫、储秀宫、太极宫、长春宫和咸福宫。每座宫殿居住一位或多位妃嫔。明代初建之时，12座宫殿形制略同，均为一座独立式三合院，约50米见方，前后两进，每进由一正、两厢及耳房组合而成。前院用于礼仪接待，后院用于生活起居。正殿多为面阔五间的单檐硬山建筑，上覆黄琉璃瓦，檐下施以单翘单昂五踩斗拱，龙凤和玺彩画。大门开在南墙正中，门内设影壁，院内凿有水井，前后院间设有卡墙、角门，后院两侧还设有值房，为随侍宫女、太监居住。清代，东、西六宫形制有所变化。如景阳宫改建庑殿顶正殿，钟粹宫添建游廊垂花门，延禧宫失火后建造西洋水景厌胜等。而其中规模最大的，要数嘉庆年间对

西六宫的改造。主要是将长春宫与太极宫、储秀宫和翊坤宫分别合并为一座大型四进三合院落，从而使东、西六宫形式不对称。

内廷另有三座花园，即宁寿宫和养心殿西侧的宁寿宫花园、慈宁宫前的慈宁宫花园、中轴线最北端的御花园。故宫御花园是紫禁城内最具特色的园林形式，位于紫禁城中轴线最北端，坤宁宫之后。御花园采用集锦式造景。建筑虽多但不呆板，中央以钦安殿为核心。在其左右对称排列着近二十座亭台楼阁，疏密有度，玲珑别致。其中以万春亭和千秋亭、浮碧亭和澄瑞亭最具特色。两组亭子东西对称，浮碧和澄瑞两个方亭跨于河上，南面伸出抱厦；万春和千秋两亭上圆下方，四面出厦，形成多角平面，造型纤巧，体现天圆地方、四时变化的传统观念。园中布置有各种奇石佳木，藤萝、古柏，皆是数百年植物，各种花卉树木将御苑装点得情趣盎然。园中有各色山石盆景，奇形怪状，如绛雪轩前的木化石盆景，木形石

质，峥嵘嶙峋，尤其珍贵。园中甬路用彩色石子精心铺砌，组成900余幅图案，包括戏剧、景物、花卉、交通工具、神话传说等多种题材，精妙无穷。

可移动文物以清宫旧藏为主体，包括中国古代艺术精品、明清宫廷历史文物以及明清宫殿建筑构件遗存与相关档案等3大类，总数计186万余件／套。依据管理现状分为25大类，包含绘画、法书、碑帖、铜器、金银器、漆器、珐琅器、玉石器、雕塑、陶瓷、织绣、雕刻工艺、其他工艺、文具、生活用具、钟表仪器、珍宝、宗教文物、武备仪仗、帝后玺册、铭刻、外国文物、古籍文献、古建藏品、其他文物类等。

沈阳故宫。后金天命十年（1625年，明天启五年），清太祖迁都沈阳后于城内中心区域建造宫殿，至清崇德二年（1637年）竣工。此期建造的是沈阳故宫的东路建筑和中路的东朝房、西朝房、东奏乐亭、西奏乐亭、牌楼、

沈阳故宫

大清门、崇政殿、左翊门、右翊门、凤凰楼、清宁宫、关睢宫、麟趾宫、衍庆宫、永福宫、东配宫、西配宫等建筑。清乾隆十一至十三年（1746～1748年），增修扩建行宫建筑，并对部分早期附属建筑进行增修和改建，形成沈阳故宫中路的飞龙阁、翔凤阁、东七间楼、西七间楼、日华楼、霞绮楼、师善斋、协中斋和东所（颐和殿、介祉宫、敬典阁）、西所（迪光殿、保极宫、继思斋、崇谟阁）等建筑格局。乾隆四十六至四十八年（1781～1783年），又增建盛京太庙、嘉荫堂、文溯阁等建筑，即清沈阳故宫中路的盛京太庙单元和西路诸宫殿，进一步增强使用功能并扩大建筑规模，使沈阳故宫成为包括东、中、西三路100多座建筑的宫殿群。

沈阳故宫，共有古建筑114座，可划分为东、中、西三路。东路南北长190米，东西宽75米，有古建筑14座，是举行重要典礼活动的场所。大政殿是主体建筑，位于本区域北侧正中。殿前两侧各有方亭五座，东侧由北向南依次为右翼王亭、镶黄旗亭、正白旗亭、镶白旗亭、正蓝旗亭；西侧由北向南依次为左翼王亭、正黄旗

大政殿

亭、正红旗亭、镶红旗亭、镶蓝旗亭。殿亭南侧另建有供举行典礼时演奏乐曲的东、西奏乐亭各一座。大政殿后为銮驾库十一间。

中路清代称大内宫阙，包括清定都沈阳时期的宫殿和迁都北京后的行宫建筑、盛京太庙等，共50余座建筑。南北长280米，东西宽125米，按建筑年代和使用功能分为五个部分：第一部分为清入关前的宫殿，以本区域南北中轴线为中心，由南至北依次为东、西朝房各五间，东、西奏乐亭各一座，文德坊（东）一座，武功坊（西）一座，大清门五间，门北侧正面为崇政殿五间，殿左、右翊门各三间。殿北为帝后寝宫区域高台，长、宽均为70米，院墙高2.4米。其南侧正中为凤凰楼三层九间，楼北为清宁宫五间，清宁宫前东侧为关睢宫、衍庆宫各五间；前西侧为麟趾宫、永福宫各五间，清宁宫后东、西两侧配宫各三间。高台北侧有碾房、磨房等附属建筑。第二部分为贮存皇宫物品的楼阁，位于崇政殿前后两侧，始建于清天聪元年至崇德二年（1627～1637年），乾隆十一至十三年（1746～1748年）重修，包括位于崇政殿前东、西两侧的飞龙阁、翔凤阁各二层十间，东七间楼、西七间楼各二层十四间，位于崇政殿后两侧的日华楼、霞绮楼各二层六间，师善斋、协中斋各五间。第三部分为东所，是清迁都北京后行宫中的皇太后居住之处，位于崇政殿至清宁宫诸宫殿东侧，南北长105米，东西宽25米，围墙高2.7米，建于清乾隆十一至十三年（1746～1748年）。由南至北依次为琉璃瓦顶宫门一座、垂花门一座、颐和殿三间、介祉宫五间、敬典阁二层六间。第四部分为西所，是清迁都北京后皇帝东巡时的帝

崇政殿

后行宫，位于崇政殿至清宁宫诸建筑之西，南北长110米，东西宽25米，围墙高2.7米，始建于清乾隆十一至十三年（1746～1748年），由南至北依次为琉璃宫门一座，东、西值房各三间，垂花门一座，东配殿三间，迪光殿三间，东、西抄手游廊各一座，保极宫五间，直廊一座，继思斋九间，崇谟阁二层六间，七间房七间。第五部分为盛京太庙，位于大清门东侧距地面近两米的高台上，是建于沈阳故宫内的清代皇帝宗庙，乾隆四十六年（1781年）建成，庙院南北长40米，东西宽32米，院墙高2.2米，建筑由南至北依次为太庙门一座三间，东、西角门各一座，东、西耳房各二间，东、西配殿各三间，正殿三间。

西路南北长137米，东西宽55米，有古建筑15座，功能包括两个部分。第一部分为嘉荫堂及戏台，位于西路南半部，是皇帝东巡驻跸盛京行宫时举办小规模宴会和赏戏之处，南北长37米，东西宽40米，由南至北依次为扮戏房五间，戏台一座，东、西直廊各十三间，嘉荫堂五间。第二部分为文溯阁区，位于西路北半部，是收藏《四库全书》和皇帝读书之处，南北长80米，东西宽55米，由南至北依次为宫门三间，文溯阁三层十八间，阁东侧有碑亭一座，阁后仰熙斋七间，东西配房各三间，九间殿九间。

明清故宫作为中国15～20世纪明、清两代帝王沿用逾500年的皇家住所和国家政权中心，是中国古代宫城发展的最高典范，见证中国封建社会后期以及礼制文化和宫廷文化的发展，是中国封建社会后期文明和文化的代表。在建筑群体布局、空间序列设计上，传承和凝练了轴线布局、中心对称、前朝后寝等中国古代城市规划和宫城建设传统特征，成为中国古代建筑制度的典范。其宫殿建筑技术与艺术反映中国古代官式建筑的最高成就。宫内的宗教建筑汲取丰富的民族文化特色，反映14世纪之后满、汉、蒙、藏等民族在建筑艺术上的融汇与交流。明清故宫展现清代上溯到早期的明代和元代中央王朝皇家建制的宏大规模，以及满族的传统文化。同时，明清故宫所拥有的上百万件的珍贵皇家藏品、皇家生活用具以及大量古代工程技术的文字、图纸、烫样等档案载体，是明清两朝中国文明成就的反映。

1987年12月11日，在法国巴黎召开的第11届世界遗产委员会会议认为，明清故宫（北京故宫）符合第三、四条世界文化遗产的标准，将其列入《世界遗产名录》，遗产编号439。2004年7月1日，在中国苏州召开的第28届世界遗产委员会会议同意将沈阳故宫作为明清故宫的扩展项目列入《世界遗产名录》，遗产编号改为439bis，将遗产名称改为北京和沈阳的明清故宫，世界文化遗产标准增加了第一、二条。遗产区面积12.96万平方米，缓冲区面积153.1万平方米，总面积166.06万平方米。1961年3月4日，国务院公布故宫和沈阳故宫为第一批全国重点文物保护单位，编号分别是1-0100-3-053和1-0112-3-065。

**莫高窟** 英文名Mogao Caves，俗称千佛洞，是世界上所存规模最宏大、延续时间最长、内容最丰富、保存最完整的佛教石窟群，位于甘肃省敦煌市东南25千米鸣沙山东麓的断崖上。

敦煌莫高窟于前秦建元二年（366年）开凿。据698年的唐碑记载，366年，乐僔和尚"行止此山，忽见金光，状有千佛"，在此开凿第一个洞窟，次有法良禅师"又于傅师龛侧"，开第二个洞窟。莫高窟营建由此二僧开端，此后连续不断营建达一千年之久，历经北凉、北魏、西魏、北周、隋、唐、五代、宋、西夏，到14世纪的元代以后停止建窟。

莫高窟保存有735个洞窟，其中492个有壁画，壁画面积45000多平方米，2400多身彩绘泥塑、唐宋木构窟檐5座，26座文物建筑以及由藏经洞出土自东晋至北宋初期的写本、绢画等5万多件文物。

敦煌莫高窟远景

莫高窟九层楼

莫高窟石窟建筑形制分为禅窟、中心塔柱窟、殿堂窟、佛坛窟和大像窟（涅槃窟）。禅窟受印度毗诃罗窟影响，洞窟正壁开龛塑像，左右两侧壁各开两个或四个仅能容身的斗室，供佛教修行者坐禅修行。中心塔柱窟来源于印度支提窟，在洞窟中间凿出连地接顶的中国方形楼阁式塔形，塔柱四面开龛塑像，象征佛塔，供修行者入窟绕塔观像与礼佛。殿堂窟平面方形，覆斗顶，正壁开龛塑像，其余壁面和窟顶都绘壁画。覆斗顶形式受中国传统王公贵族房屋中斗帐设施的影响，在魏晋时的墓葬中已流行。此类洞窟为修行者礼佛或讲述佛法的场所。佛坛窟形式与中原寺庙佛殿，乃至世俗宫室殿堂格局相类似，洞窟主室中央凿出方形佛坛，彩塑群像高踞于佛坛之上，信徒可围绕佛坛右旋环通礼佛观像。大像窟因窟中巨大的佛像而得名，正壁造石胎泥塑大像，佛座后凿出供信徒巡礼用的马蹄形通道，前壁上部和中部开数个大型明窗以供采光之用，窟外建多层木构窟檐。

莫高窟彩塑主要题材为佛像、菩萨像、佛弟子像、天王像、力士像等，置于洞窟的主要位置，是供奉的主体。莫高窟彩塑在5世纪下半叶以中原汉晋艺术为基础，融合印度犍陀

第 61 窟西壁五台山图

罗、马图拉佛教艺术风格，造型雄健厚重，面相丰圆，神情宁静。6世纪上半叶的彩塑，盛行南朝"秀骨清像"艺术风格，人物面相方瘦，身躯扁平，出现佛教艺术中国本土化的特征。6世纪末至10世纪初，隋唐时期的彩塑艺术，特别是唐代彩塑艺术臻于成熟与完美，融合中外雕刻艺术的优点，形成具有中国本土特色的佛教造像，彩塑的特点是比例准确、造型健美、神态逼真、个性鲜明、色彩华丽。

莫高窟壁画主要题材为尊像画、释迦牟尼故事画、经变画、佛教史迹画、中国传统神仙画、供养人画和装饰图案画。尊像画有佛、菩萨、弟子、天王、力士及轻歌曼舞的伎乐飞天等佛教众神之像。释迦牟尼故事画表现佛教创始人释迦牟尼生平传奇的佛传故事画，包括释迦牟尼前生为救度众生而忍辱、施舍、牺牲

等种种善行的本生故事，以及释迦牟尼成佛后说法教化的因缘故事。传统神仙画为佛教传入中国后，为融入中国传统文化之中，在佛教为主题的石窟中，吸收并描绘中国古代传说中的神仙形象，如东王公、西王母、伏羲、女娲、风神、雷神、电神、雨神等。经变画是将佛经中故事譬喻演绘成图，是隋唐时期中国艺术家首创的佛教艺术，敦煌石窟有经变30余种，如"阿弥陀经变""弥勒经变""东方药师变"法华经变等等。经变画将中国传统的人物画、建筑画、山水画等不同画种结合在一起，创造宏伟壮丽、气象万千的理想佛国世界。中国经变画的创造，是对世界佛教艺术发展的重大贡献。佛教史迹画描绘佛教历史上的一些传说或故事以及佛教圣地，为传播佛教、吸引信徒发挥了重要作用。供养人画像是指为祈福禳灾而

第112窟南壁舞乐图

出资开窟造像的功德主及其眷属的礼佛画像。供养人身份复杂，主要有世家大族、文武官僚、商人、僧官、僧尼、工匠、牧人、行客、侍从、奴婢和善男信女等等。装饰图案画用于装饰洞窟建筑、佛龛、彩塑和分隔不同题材壁画的图案纹样。莫高窟六朝到唐代壁画，是中国绘画艺术从发展走向辉煌的重要阶段的壁画。如西魏大统年间（535～551年）的"秀骨清像、褒衣博带"、举止潇洒的菩萨形象，是东晋顾恺之、陆探微一派的风格。又如8世纪建造的第103窟绘画的维摩诘，以遒劲挺拔而又富于变化的线描，并略施淡彩，表现出维摩诘衣服飘举、善于雄辩的精神风貌，为吴道子一派"吴带当风"的特色。8世纪初所建第217窟南壁描绘的山水风景，是青绿山水画的代表作，画面描绘重叠耸峙的群山山峦、蜿蜒曲折的河流，点缀艳丽青翠的花木，穿行于崇山峻岭间的取宝人，呈现春意盎然的山水景色，为

后人了解唐代李思训一派创造的青绿山水画的原貌提供真实的依据。莫高窟壁画反映古代敦煌地区农业生产的全过程：既有一牛拉犁也有二牛拉犁（二牛抬杠）耕地，妇女持装籽种的篮子播种，头戴笠帽、手持镰刀的农夫收割成熟的庄稼；男子抡连枷打场；农夫以木叉、木锨，农妇用簸箕、扬篮扬场等。唐代壁画所绘曲辕犁印证历史文献的记载，证明中国曲辕犁的使用不晚于9世纪。敦煌作为中西交通的枢纽，在壁画上留下宝贵的交通工具的形象史料。有以牛、马、骆驼等畜力牵引的车辆，牛车有通幰牛车、偏幰牛车、敞棚牛车；肩舆，即人荷而行的轿，壁画中肩舆形制多样，舆身有亭式、屋殿式等。

莫高窟保存的文献中佛教典籍和文献占90％以上，此外，还有数百件中国道教经典、外来的景教、祆教、摩尼教等宗教文献。藏经洞保存的珍贵历史、地理资料包括《史记》

第 285 窟窟室内景

第 428 窟窟室内景

《汉书》《三国志》以及地志《沙州都督府图经》《贞元十道录》等，具有重要的文献价值。敦煌壁画中大量供养人画像及文字题记，结合藏经洞相关文献，为研究敦煌历史保存珍贵的资料。敦煌文献有不少官方和私人的文书，是了解古代社会的第一手资料。敦煌文学包括传统的文学作品，如《诗经》《文选》等，包括引人瞩目的通俗文学作品，有变文、讲经文、词文、因缘、话本、诗话等。如《大目犍连变文》，是通过说唱的方式演绎佛弟子目犍连通过虔诚修行救出在地狱受苦的母亲的佛教故事。藏经洞文书中有相当数量的古代非汉文写本，如粟特文、古藏文、回鹘文、梵文、于阗文、突厥文、希伯来文等文书，是敦煌与西域诸国和民族交往的证据。莫高窟壁画表现许多古代经济生活的场景。据藏经洞文献记载，称"匠"者共有20余种。将壁画与藏经洞文献结合研究，可反映出古代敦煌地区农牧业有农耕、捕鱼、饲养家畜、狩猎；手工业有锻铁、酿酒、制陶、纺线、皮匠、制鞋、画匠、伎匠、塑匠、纸匠、木匠、石匠、打窟人、金银匠、弓匠、踏碓师；商业有屠房、肉坊、酒肆、旅店、金银行、木行、弓行等。敦煌文献中保存有天文学、医药学、印刷术等方面的科技史料。藏经洞所出《全天星图》绘制于唐代，是当时北半球所能看到并被古代天文学家著录过的《全天星象》，共有1348颗星，利用类似圆筒投影法绘制，其画法比麦卡托（1512～1594年）发明的圆筒投影法早600多年。在敦煌文献中保存隋唐医药典籍70多种，包括医经诊法、医药医方、针灸药物，具有无可替代的重要补佚、校勘价值。其中《灸

第45窟彩塑菩萨像

法图》《新集备急灸图》等灸疗、针灸专著极为珍贵。《灸法图》有人体正面或背面图，人体图上点记穴位，两侧标明穴位名称，记述病症名称，主治穴位及灸疗壮数。食疗本草，主要记述可供食用又可疗病的瓜果蔬菜类药物20多种，记述药性、功效及禁忌，每药项下附有若干单验方。中国发明的古代印刷术经历雕版印刷术和活字印刷术两个发展阶段。敦煌发现的10世纪木刻雕版《金刚般若波罗蜜经》印刷品，为世界上所存最早的雕版印刷品之一；12世纪末的西夏文活字版《诸密咒要语》文献，以及被伯希和劫往法国、奥登堡劫往俄国的1152枚回鹘文木活字，是活字印刷的实物证据。

莫高窟是世界上所存规模最宏大、延续时间最长、内容最丰富、保存最完整的佛教石窟群，其壁画、彩塑及藏经洞出土的文献和艺术品，记录中古时期敦煌、河西走廊和西域的历史，及当时的道教、佛教、摩尼教、祆教、景教等五种宗教信仰，保存丰富生动的中外艺

术形象，展示中古时期广阔的经济、文化、科技等社会生活场景，反映1000多年间艺术的流传及演变。敦煌莫高窟具有丰富性、多元性、世界性的特点，有中原汉族文化，有鲜卑、吐蕃、回鹘、羌、蒙古、吐谷浑等各民族的文化，有中亚粟特、南亚印度、西亚波斯、伊斯兰文化，有欧洲希腊罗马文化。藏经洞发现后，大量的古代文献及莫高窟石窟艺术引起国内外学者的重视，逐渐形成以敦煌藏经洞文献、敦煌石窟艺术、西北出土古代简牍和敦煌史地为研究对象的国际"显学"——敦煌学，研究内容从经、史、子、集扩展到石窟考古与石窟艺术、历史地理、民族宗教、社会生活、中外文化交流以及敦煌石窟保护等诸多领域。敦煌莫高窟在1000年的创作过程中，吸收融汇丝绸之路上中西各国多民族艺术风格，创造自成体系的敦煌艺术，代表4～14世纪中国美术的重要成就，为中国古代绘画和雕塑艺术的发展做出重要贡献，是千年的壁画博物馆和彩塑博物馆，是一部中世纪的绘画史和雕塑史。

1987年12月11日，在法国巴黎召开的第11届世界遗产委员会会议认为，莫高窟符合全部六条世界文化遗产的标准，将其列入《世界遗产名录》，遗产编号440，遗产区面积23392万平方米，缓冲区面积106276万平方米，总面积129668万平方米。1961年3月4日，国务院公布莫高窟为第一批全国重点文物保护单位，编号1-0035-4-002。

**秦始皇陵及兵马俑坑** 英文名Mausoleum of the First Qin Emperor，位于陕西省西安市临潼区以东5千米处的骊山北麓，陵园总面积56.25平方千米。秦始皇陵是中国第一个皇帝嬴政（前259～前210年）的陵墓，是中国已知规模最为宏大的帝王陵墓之一。

根据《史记·秦始皇本纪》"始皇初即位，穿治骊山，及并天下，天下徒送诣七十余万人，穿三泉，下铜而致椁，宫观百官奇器珍怪徙藏满之。令匠作机弩矢，有所穿近者辄射之。以水银为百川江河大海，机相灌输，上具天文，下具地理"的记载，秦始皇自公元前246年即秦王位后就开始为自己建造陵墓。全国统一后，营建工程得以大规模进行。为修陵

秦始皇陵远景

墓所征调的役夫、刑徒最多时达70余万人，前后历时38年，公元前210年，秦始皇病逝于河北沙丘，归葬于此，陵园工程尚未完竣。

秦始皇陵封土呈覆斗形，南北长350米，东西宽345米，周长1390米，高76米。陵园以封土为中心，周围环绕内外两重城垣。内城垣周长3870米，东、西、南面各有一门，北面设两门；外城垣周长6321米，东、西、南、北四侧各有一门。整个城垣坐西面东。在内城的中部、封土的北侧，发现3处大型礼制性建筑遗址，疑为寝殿与便殿。从所出土的器物可知，寝殿供墓主灵魂生活起居，便殿则为墓主灵魂随时享受祭祀宴飨之所。

陵园内发现从葬坑180余座，或位于封土四周，或位于陵墓东西两侧的内外城之间，或分布于外城以外的东侧或北侧。其中，以兵马俑坑、铜车马坑、马厩坑、石铠甲坑、百戏俑坑、铜禽坑等最为重要，为世人所关注。

兵马俑坑，位于秦始皇陵外城以东约1.5千米处，由排列有序的四坑组成，其中四号坑为未建成而废弃的空坑，其余3个俑坑，总面积2万余平方米，基本上呈"品"字形排列。三个坑在建筑形式上都是地下坑道式的土木结构，彼此之间无通道相连，相对独立，各成单元。但从内涵上看，三坑之间又有着密切的联系，相互依存，浑然一体，共同构成一个布局严谨、气势磅礴的军事集团。一号坑呈东西向的长方形，长230米，宽62米，总面积14260米，为三个俑坑中最大的一个，内有陶俑陶马6000余件，木质战车50余乘，为一战车

一号兵马俑坑

三号兵马俑坑

三号坑出土铠甲俑

与步兵混合编组的矩阵。二号坑位于一号坑的东端北侧，与一号坑相距约20米，平面呈曲尺形，东西长124米，南北宽98米，面积约6000平方米。根据钻探和试掘的资料推算，二号坑内放置驾车陶马350余匹，骑兵用鞍马116匹，各种武士俑900余件，木质战车89乘，是一个由步兵、骑兵、战车三个兵种混合编组而成的曲阵。三号坑位于一号坑的西端北侧，两坑相距25米，东距二号坑120米，平面呈"凹"字形，总面积不足500平方米，是三个俑坑中面积最小、埋藏陶俑最少的一个，出土武士俑68件，陶马4匹，木质战车1乘。三号坑内的武士俑分布在南、北两个厢房，手持仪卫性兵器铜殳，面对面夹道排列，应属守卫指挥机关的警卫部队。另外，三号坑内出土有为祭祀祷战而杀牲所留下的鹿角兽骨等物，说明三号坑应为古代的"军幕"，即指挥部所在地。

铜车马坑，位于秦始皇陵封土西侧约20米处，平面呈"巾"字形，东西和南北均长55米，面积3025平方米。坑的底部及四壁铺砌枋木，上面搭盖棚木，形成一长方形盒状木椁。两乘铜车马面西，一前一后置于木椁内，是中国发现的体量最大、装饰最华丽、结构和系驾关系最逼真最完整的古代铜车马。两乘车均为双轮单辕，前驾四匹铜马，大小约为真车真马的二分之一。车上各有铜御官俑1件。一号车为高车或称立车，二号车为安车，俗称辒辌车。其制造过程采用铸造、焊接、錾刻、冲凿、抛光、镶嵌等多种工艺手段。两乘车的车舆和车盖部分绘满色泽艳丽的多种卷云纹和夔龙夔凤纹样。在许多部位和附件上有错金银的菱形、方形、三角形等几何图案，或云腾雾卷，或龙飞凤舞，精美细腻，豪华富丽，典雅古朴，庄重肃穆，是中国青铜文化末期异峰突起的集大成之作。

百戏俑坑，位于陵墓东南部内外城垣之间，平面呈不规则的东西向长方形，面积600余平方米。坑内出土诸如扛鼎俑、角抵俑、旋盘俑等11件造型奇特的彩绘百戏俑及1件大型铜鼎。铜鼎高60厘米，重212公斤，为已知秦代体量最大的铜鼎。此坑的发现为了解秦宫廷娱乐文化生活提供珍贵的实物资料。

马厩坑，位于秦始皇陵外城垣东侧约350米处的上焦村西。共发现马厩坑约百座，分为

一号铜车马

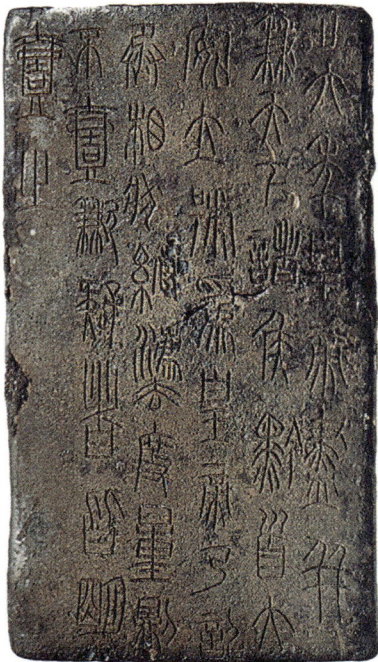

秦陵出土的铜诏版

南北向的3行排列，密集有序。已清理37座，其中马坑28座、跽坐俑坑3座、俑马同坑者6座。坑均为竖穴土圹。出土马骨架34具，跽坐俑9件，陶罐、陶盆、陶灯以及铁锸、铁镰等遗物124件。出土的器物上刻有"中厩""小厩""大厩四斗三升""宫厩""左厩容八斗"等文字，表明此处为秦宫廷厩苑之所。此外，在秦陵西侧内外城之间发现曲尺形马厩坑，面积2375平方米。经局部试掘，发现大量马骨，推算总数可达三四百匹。已出土陶俑11件，其中武士俑2件，袖手圉人俑9件。

石铠甲坑，位于陵冢东内外城垣之间的南部，东西长130米，南北宽100米，面积1.38万平方米，出土大量多种形式的石质铠甲和石质兜鍪，皆以打磨规整的石灰岩石片和扁铜条连缀而成，似代表秦王朝储存军服装备的仓库。

铜禽坑，位于秦陵外城垣北侧偏东处。平面略呈"F"形，面积925平方米。出土陶俑15件，其中箕坐式陶俑8件，跪式陶俑7件，为秦代考古首次所见。出土铜禽46件，包括天鹅20只、鸿雁20只、鹤6只，皆与自然界真禽大小相仿，造型逼真，栩栩如生。根据建筑布局和出土文物推断，铜禽坑应是宫廷苑囿中禽园类的陪葬坑。

此外，在秦始皇陵园范围发现多处墓葬。位于封土西北角的"甲"字形大墓推测为秦始皇之子公子高之墓。位于外城垣东侧上焦村的17座陪葬墓，墓主可能是被秦二世杀戮的秦始皇的宗室。位于陵墓外城西南的姚池头村、赵背户村以及临潼第五砂轮厂一带的墓地，白骨累累，死者多为青壮年，是当年陵园修筑者最后的葬身之地。

秦始皇陵是中国历史上第一座统一帝国皇帝的陵园，见证了公元前3世纪中国土地上第一个统一帝国秦朝的建立，及其空前强大的政治、军事、经济实力和发达的社会、文化、艺术水平。作为中国历史上最大规模的陵墓，其独特的建筑格局反映出当时都城咸阳的城市规划，是中央之国的缩影。秦始皇陵拥有数量巨大且工艺精美的陪葬物品，兵马俑和陪葬的铜车马高度仿真，战士的服装、兵器甚至马匹的缰绳等所有细节真实完整，极具资料价值，同时也反映制作者高超的技艺；陶艺家和青铜匠人的手艺和制作技术，具有极高的技术和艺术价值；兵马俑所组成的军阵，以及出土的矛、剑、钺、戟、弓、箭等，见证中国战国和秦时的作战队形和兵器。

1987年12月11日，在法国巴黎召开的第11届世界遗产委员会会议认为，秦始皇陵符合世界遗产第一、三、四和六条标准，将其列入《世界遗产名录》，遗产编号441，遗产区面积244万平方米，缓冲区面积4325万平方米，总面积4569万平方米。1961年3月4日，秦始皇陵被国务院公布为第一批全国重点文物保护单位，编号1-0164-2-003。

**周口店北京人遗址** 英文名Peking Man Site at Zhoukoudian，是中国著名的出土古人类化石、文化遗物和古动物化石的旧石器时代遗址，是在中国华北平原最早发现的更新世古人类遗址。周口店遗址位于北京市房山区周口店镇，距北京市中心约50千米。

周口店遗址发现于民国7年（1918年），民国10年（1921年）开始发掘。经过半个多世纪的发掘，先后发现不同时期的各类化石和文化遗物地点24处，先后出土人类化石200余件，其中包括生活在70万～20万年前的直立人、20万～10万年前的早期智人以及3万年左右的晚期智人化石、石器10多万件以及大量的用火遗迹及上百种动物化石等。遗址的科学考察工作仍在进行中。

遗址地处北京市区西南，华北平原和燕山山脉的接壤处，充足的水源和天然石灰岩洞穴为远古人类生存提供优越的环境。

周口店遗址由4个片区共24个遗址点组成，大致呈弧形分布。遗址地点多数位于龙骨山一带，另有部分遗址地点位于鱼岭、鸡骨山、太平山。

龙骨山遗址片是周口店遗址的核心片区，位于周口店镇西约1千米的一座低丘，周口河

周口店龙骨山

周口店第 1 地点（猿人洞）西壁剖面

周口店第 4 地点洞口

和周良支线铁路西侧，为海拔100～300米的丘陵区，龙骨山山顶海拔175米。龙骨山是因发现大量化石，而中药中称化石为"龙骨"而得名。龙骨山遗址片区内共有11个地点，分别为第1地点（猿人洞）和鸽子堂、第2地点、第3地点、第4地点、第5地点、第12地点、第15地点、山顶洞、顶盖堆积和龙骨山以西的第10地点、第11地点。鱼岭遗址片位于龙骨山南部，距北京猿人遗址以南约1.5千米的小山梁，因发现丰富的鱼类化石而得名，海拔175米，高出周口河约70米。在此范围内共有7个地点，分别为第7地点、第9地点、第13地点、第13A地点、第14地点、第19地点和第20地点。鸡骨山遗址片位于鱼岭以南，隔周张公路与鱼岭南北相望。在鸡骨山遗址范围内共有3个地点，分别为第6地点、第23地点和第24地点。太平山遗址片位于周口河以东地区，距龙骨山约1千米。在太平山遗址范围内共有3个遗址地点，分别为第8地点、第21地点和第22地点。龙骨山还有石灰岩溶洞存在。

　　周口店遗址是世界上同时期中内涵较丰富、材料较齐全和颇有科研价值的古人类及古生物遗址，周口店遗址保存纵贯60万年的古人类活动和古生物遗存。周口店遗址出土的丰富的人类化石材料涵盖人类演化史上直立人、早期智人和晚期智人的三个阶段。人类化石材料确立直立人作为人类演化阶段的存在，为研究直立人古人类的生物特征、演化过程与演化机制提供不可缺失的证据，阐释有关东西方人种形态差别特点及变异来源；有控制的用火遗迹和猎获大型猎物的遗存，为研究古人类的生存能力、行为特点、社会组织和智力发展水平

山顶洞遗址

提供不可替代的资料，成为建立东亚地区古人类生存模式的重要依据；由此确立的多地区起源说、区域连续演化说等理论基础，是研究以蒙古人种为代表的现代东亚人类的起源与演化过程的主要依据。周口店遗址出土有丰富的石制品，从60万年前断续延伸到1万年前。第1地点、第15地点和山顶洞分别是东亚地区旧石器时代早、中、晚三个时期的典型代表，是研究东亚古人类石器技术特点及其发展过程、建立中国旧石器时代考古学体系和进行东西方远古文化比较研究的实证基础。周口店遗址的一系列第四纪洞穴沉积和丰富的动物化石使周口店期和周口店动物群得以建立，成为华北中更新世地质时代、地质沉积类型与序列和动物群演化序列的典型代表，成为其他地域更新世地层划分、时代界定和动物群对比定性的参照

根据周口店第1地点（猿人洞）出土头骨化石
复原的北京猿人头像

系。周口店遗址保存着多方面的古环境信息，包括洞穴地层的沉积类型、规律、颗粒、化学成分，古哺乳动物群的生态环境特征，沉积物中所包含的孢粉等，均为重建远古气候条件背景的环境信息载体。周口店洞穴中所保留的这些环境信息与黄土沉积序列以及深海氧同位素相结合，将为复原中更新世的环境演变和研究古人类生存背景奠定基础。周口店遗址作为亚

周口店第1地点（猿人洞）出土的人头骨化石（复制品）

洲大陆发现的重要人类遗址，展示进化的文化序列，具有世界性的重大意义。周口店遗址不仅是有关远古时期亚洲大陆古人类的罕见的物证，还阐明人类进化的进程。周口店遗址的考古发掘与科学研究，是世界人类考古史上的重大事件，在世界科学史上具有重要地位。20世纪二三十年代是周口店北京人遗址发掘、研究最辉煌的时期，全世界几乎所有最具权威的古人类学、古生物学、地质学专家，都曾主持或参与过发掘或研究工作。

1987年12月11日，在法国巴黎召开的第11届世界遗产委员会会议认为，周口店遗址符合世界遗产第三、六条标准，将其列入《世界遗产名录》，遗产编号449，遗产区面积480万平方米，缓冲区面积888万平方米。1961年3月4日，周口店遗址被国务院公布为第一批全国重点文物保护单位，编号1-0136-1-001。

**承德避暑山庄及其周围寺庙** 英文名Mountain Resort and its Outlying Temples, Chengde，是中国最大的古典皇家园林及皇家寺庙群，位于河北省承德市区北部、武烈河西岸一狭长谷地之中。

避暑山庄原名热河行宫，始建于清康熙四十二年（1703年），历经康、雍、乾三代帝王耗时89年，至乾隆五十七年（1792年）营造完成。避暑山庄的兴建共分为四个阶段。第一阶段为康熙四十二至四十七年（1703～1708年），主要开拓湖区，筑洲、岛、桥、堤，建成澄湖、如意湖、上湖、下湖、西湖、半月湖、环碧、如意洲、月色江声三大岛，及金山、万壑松风等20余组建筑，初步具备避暑山庄中早期十六景。宫廷画家冷枚所画《热河

行宫图》表现的是第一阶段的山庄全景。第二阶段为康熙四十八至五十二年（1709～1713年），主要营建山庄，工程将万壑松风南的山冈平整成台地，修建包括澹泊敬诚、烟波致爽在内的正宫区，开辟东湖（银湖、镜湖），修建水心榭、清舒山馆、颐志堂、静好堂、畅远台等建筑。用罚贪官噶礼的赃款重建虎皮宫墙。康熙五十年（1711年），御题热河行宫匾"避暑山庄"，并以四字命名避暑山庄三十六景，撰写《避暑山庄记》。第三阶段为乾隆六至十九年（1741～1754年），主要维修康熙时已有的建筑，翻修正宫，新建东宫，在湖中造青雀舫，修建松鹤斋和永佑寺。乾隆十九年（1754年），将康熙时已有但未收入康熙三十六景的三字命名建筑，以及乾隆时新建的部分三字命名建筑御定为新三十六景，同康熙三十六景一起，合称避暑山庄七十二景。第四阶段为乾隆二十至五十七年（1755～1792年），主要在平原区修建永佑寺舍利塔、春好轩，湖区修建文园狮子林、文津阁、戒得堂、烟雨楼、汇万总春之庙，山区修建园林14座、寺庙9座，计有绿云楼、创得斋、瀑源亭、笠云亭、食蔗居、敞晴斋、秀起堂、静含太古山房、有真意轩、碧静堂、含青斋、玉岑精舍、宜照斋、山近轩、珠源寺、旃檀林、碧峰寺、水月庵、鹫云寺、斗姥阁、广元宫、仙苑昭灵、西峪龙王庙等。同治元年（1862年）十月下旬，慈禧太后下旨："谕内阁，热河避暑山庄停止巡幸已四十余年，所有殿亭各工，日久失修，多就倾圮，上年我皇考大行皇帝举行秋狝，驻跸山庄，不得已于各处紧要工程稍加葺治，现在梓宫已奉加京，朕奉两宫皇太后亦已

旋跸，所有热河一切未竟工程，著即停止。"此后，避暑山庄失去其原有功能，逐渐荒芜。至清末，许多建筑因年久失修，瓦垅松散，屋顶渗漏，兽吻脱落。1901年，慈禧下令将避暑山庄库房的大部珍品调往北京。民国元年

（1912年）12月，熊希龄任热河都统，清点山庄宝物。次年，将珍宝装船20多只，从滦河密运至北京，存于故宫古物陈列所。同年10月，姜桂禖接任热河都统。1913～1921年，大量砍伐古松，拆毁建筑，包括戒得堂、汇万总春之庙、香远益清、蘋香沜、金山的镜水云岑、芳洲亭、永佑寺（除陆合塔）等建筑群及山区建筑食蔗居、有真意轩、绮望楼及云容水态等。民国10～17年（1921～1928年），米振标、宋哲元、汲金纯、阚朝玺先后任热河都统，此期

避暑山庄全图

避暑山庄门

间又有大量古建被拆毁，文物被盗卖。民国17年（1928年）7月至22年（1933年）3月，奉系军阀汤玉麟先后任热河都统、河北省主席、省长，期间山庄内的古建、古松、文物损失极为惨重。民国21年（1932年）3月初，日本侵略军进攻承德，汤玉麟闻风而逃，并纵火焚烧都统公署（山庄宫殿区）；日军川原挺进队入德汇门进驻避暑山庄，放火焚烧卷阿胜境殿，其军团司令部设在东宫。日军进驻后，由日本学者将山庄文物逐一登记拍摄、出版、建档，编有一部《热河》画册（共四册），进行文化掠夺。日本侵略军组织"师道""优级"学生，填死内湖，充当靶场，长虹饮练、双湖夹镜、临芳墅等建筑从此荡然无存。民国33年（1944年）日本太平洋战争失利，强迫沦陷区进行"铜铁献纳"活动，日军881部队将珠源寺铜

殿宗镜阁全部拆卸运走，只剩一口铜钟及铜匾额、铜抱柱对联。民国34年（1945年）8月19日承德光复，8月底清音阁失火，整个东宫全被烧毁。1946年8月28日，国民党十三军石觉部驻承德，军部设在山庄内，并拆毁珠源寺、广元宫、碧静堂、碧峰寺等大部分山区建筑。民国37年（1948年）11月12日，承德解放，据统计，避暑山庄七十二景仅存七景，其他建筑只存13处。1949～1962年进行抢救性修缮：1949年整修正宫区；1950年芳园居整修瓦顶；1951年整修南面宫墙150米；1951年如意洲、月色江声除湖泥；1952年烟雨楼翻修油饰，澹泊敬诚殿整修油饰；1953年文津阁全部翻修油饰，延薰山馆翻修油饰，乐寿堂翻修油饰、莹心堂翻修油饰，并整修湖堤；1954年畅远楼翻修油彩，四知书屋房顶勾抹，挂栏夹陇，上帝阁翻修，德汇门翻修油彩，水心榭翻修油彩；1955年丽正门翻修油彩，重建文园缭青亭，芳渚临流翻修，冷香亭翻修油彩，翻修万壑松风桥，观莲所翻修油彩，静寄山房翻修油彩，湖山罨画翻修油彩；1956年翻修新所，翻修月色江声门殿，翻修峡琴轩；1957年松鹤斋钟楼翻修刷油，正宫澹泊敬诚殿走廊24间翻修，如意洲一片云油彩，重建甫田丛樾，望鹿亭油彩，松鹤斋钟楼清整，纪恩堂走廊修整，重建南山积雪，无暑清凉翻修，延薰山馆翻修，水心榭八孔闸修理；1960年南山积雪油饰，月色江声复建走廊九间，如意洲无暑清凉装修油饰，延薰山馆装修油饰，东湖、热河泉挖湖；1961年水心榭整修和回固闸板；1962年万壑松风前五间整修房顶更换部分椽子，正宫19间照房房顶后坡整修，宫墙修补11处。经国务院批准，

1976～1985年进行避暑山庄第一个十年整修规划，1986～1995年进行第二个十年整修规划，1996～2005年进行第三个十年整修规划，至此山庄内恢复的"康乾七十二景"总数达到50余景。2010年开始避暑山庄及周围寺庙遗产保护工程，截至2016年5月共审批105项修缮工程，开工实施96项，完工86项。

避暑山庄，占地约564万平方米，其中山峦420万平方米，假山74万平方米，平原陆地140万平方米（包括湖面30万平方米），48组庭院、73座亭榭、23座桥、19座碑、5处摩崖石刻，为中国所存最大的古典皇家园林，清代著名的离宫别苑之一。武烈河沿山庄东侧南流，绕过半壁山，流入滦河。隔河东望可见群山间高耸的磬锤峰和端坐的罗汉山。避暑山庄建有宫墙10千米，设丽正门、城关门、德汇门、流杯亭门、惠迪吉门、西北门、碧峰门、坦坦荡荡门、仓门九座宫门。建有暖溜暄波水门一座。武烈河水顺石砌沟渠，由山庄西北隅暖溜暄波水门下的进水闸引入庄内，再沿北山东麓经半月湖南流，途中汇聚西北山谷中的瀑布溪流，至文津阁北、云容水态东散而成湖，并分流两路，东路注入澄湖，西路汇入如意湖，全长近3千米，确保山庄内湖水的充盈与流动。避暑山庄为宫苑合一的皇家园林，按使用功能不同，全园分为两大部分：宫殿区和苑景区。宫殿区位于山庄南部，南临市区，主要有正宫、东宫、松鹤斋和万壑松风四组建筑，坐北朝南，采用北方民居四合院的建筑形式，层层递进，布局严谨，青砖素瓦，不饰重彩，尽显古朴典雅之风，是清代帝后理朝听政、举行庆典和日常起居的地方。苑景区按地形地貌

湖区鸟瞰

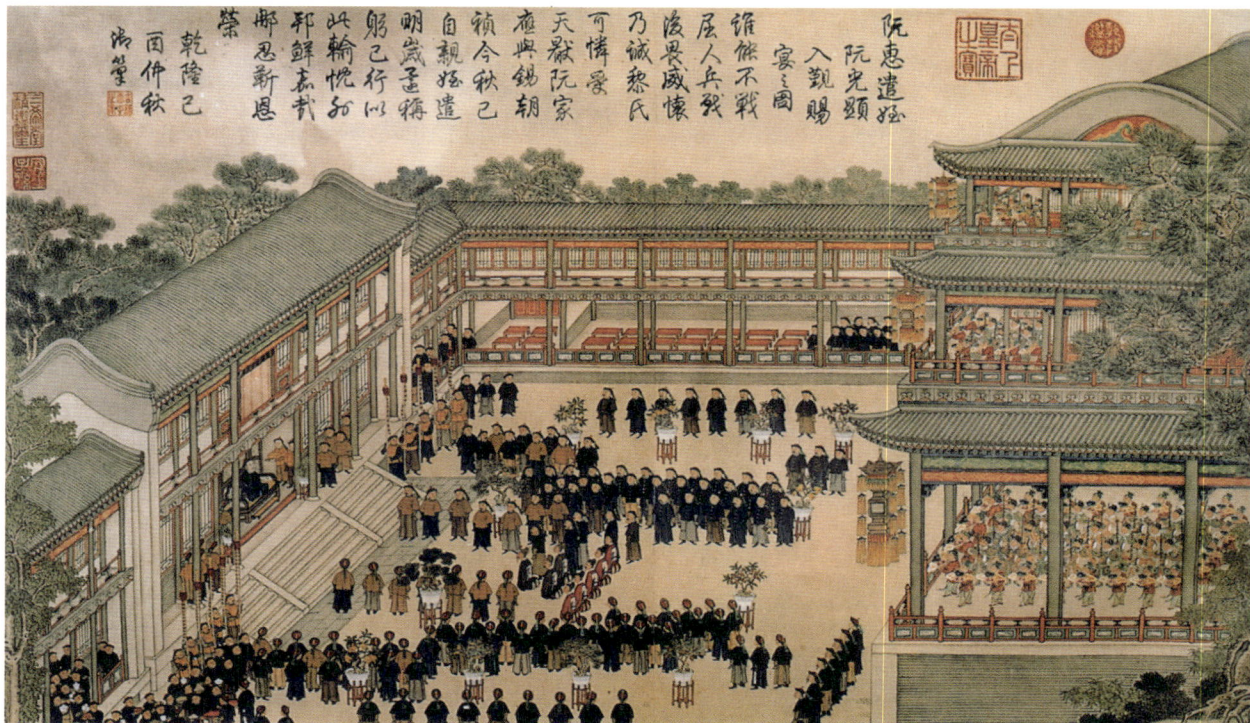

乾清皇帝在清音阁接见外国使臣场景图

特征分为湖区、平原区和山区三部分，是帝后游豫宴乐的活动场所。湖区位于山庄东南部，采用"一池三山"的造园手法，构筑环碧、月色江声、如意洲三岛，并挖有澄湖、如意湖、上湖、下湖、银湖、镜湖、西湖、半月湖等大小的系列湖泊，统称塞湖。堤岸边杨柳依依，洲岛上芳花遍地，湖泊中莲菱争艳，呈现出江南水乡的秀美景象。平原区位于山庄湖区与西北山区之间，为一片广阔宽敞的平地，地上芳草如茵、古树参天，一派茫茫草原风光。山区位于山庄西北部和西部，面积约占全园部面积的五分之四，峰峦叠翠，沟壑纵横，分布着榛子峪、西峪、松林峪、梨树峪、松云峡五条主要峡谷，有着中国西北高原特色。因此有人说避暑山庄是中国锦绣山河的一个缩影。避暑山庄内建有楼台殿阁、亭斋轩榭、庙塔廊桥等各种形式的建筑120余组。园林建筑相地合宜，巧于因借，散布于山间水际、林地草原，运用错落、聚散、萦回、映带、藏露、曲折、连绵等造园手法，加之以大小穿插、虚实相间，在

西暖阁御床

文津阁

宏大的视觉空间内，形成峰回路转、流动开合、有节奏有韵律的艺术效果和宜游宜居的风景特性，既有南方园林的精巧，又有北方园林的雄浑，可谓集"南秀北雄"艺术风格于一身，代表清代园林建筑艺术的最高成就。此外，园林纳天下名景于一园，大量仿建各地名胜景致，如仿江苏镇江金山寺而建的金山，仿浙江嘉兴南湖烟雨楼而建的烟雨楼，仿苏州沧浪亭而建的沧浪屿，仿宁波范氏天一阁而建的

文津阁，仿杭州六和塔而建的永佑寺舍利塔等等，仿建撷取原建的意境，仿中有创，表达了清帝"溥天之下莫非王土"的大一统思想。康熙、乾隆两位皇帝在众多的景观中择优取胜，分别以四字和三字命名三十六景，构成著名的"康乾七十二景"。山庄内植被丰富，主要以塞北油松为主，兼有槐、柳、榆、杨、栎、桑、枫、椿等，并伴生榛子、郁李、荆梢、胡枝子等灌木及野菊、马莲、翠雀、莎草等山花

澹泊敬诚殿

绮望楼

野卉，湖中还大量生长着苇、莲、菱、萍等水生植物，营造清爽宜人的小气候，滋育鹿、兔、獾、獐等小动物及大量鸟雀鱼虫，涵养沟谷中的清泉小溪。根据实测，山庄内气温要比市区低1～2℃。

周围寺庙指从康熙五十二年至乾隆四十五年（1713～1780年）修建的12座寺庙，呈众星捧月之势环绕于山庄周围。外八庙之称，源自《理藩院则例》，指由清朝理藩院管理的位于热河的八处皇家寺庙。因位于古北口以外，又被称作口外八庙，俗称外八庙。12座寺庙中，所存寺庙有溥仁寺、普宁寺、普佑寺、普乐寺、安远庙、殊像寺、普陀宗乘之庙和须弥福寿之庙8处，其余无地面建筑，仅存遗址。

溥仁寺，是清代皇帝在承德修建最早的一座寺庙，康熙帝亲题"溥仁寺"，位于承德市狮子沟镇喇嘛寺村武烈河东岸的原野上，河西岸是避暑山庄。康熙二十年（1681年），康熙皇帝设木兰围场，于每年秋季率领宗室亲王，满、汉、蒙古等民族的王公、大臣行围射猎，以训练军队。康熙五十二年（1713年）为康熙帝六十大寿，蒙古各部王公贵族前来山庄朝拜祝贺，一致上书恳请修建寺庙为康熙祝寿，避暑山庄外武烈河东岸溥仁寺因此诞生。溥仁寺建成后，内蒙古四十九旗，每旗派一名喇嘛到该寺，寺内的一切费用由清政府定期发放，包括喇嘛的钱粮、饷银。每到三月十八日，即康熙的寿辰之日，喇嘛还要在寺内举行盛大的诵经法会，为国家祈福，为帝王祝寿。随着清王朝的江河日下，溥仁寺也随之衰落。在军阀统治热河时期，配殿廊庑、僧舍百余间被拆毁；日军侵占时期，山门、钟鼓楼被毁，庙内

的文物被洗劫。1987年国家拨款对溥仁寺进行全面整修。修葺后的溥仁寺主要形制基本恢复完整，古朴庄重，面貌焕然。溥仁寺坐北朝南，典型的汉式"伽蓝七堂"布局，平面呈长方形，南北长250米，东西宽130米，占地面积32500平方米。寺内有二层墙垣。内院四进院落，沿中轴线南北依次排列有山门、天王殿、慈云普荫殿（大雄宝殿）、宝相长新殿（后殿）、垂花门；两侧对称布局置钟楼、鼓楼、配殿、配房、回廊、僧舍等建筑。溥仁寺外层院主要是喇嘛生活区，包括僧舍、经堂、禅堂、茶舍、库房、厨房等附属建筑，组成若干个四合院落。

普宁寺，位于避暑山庄北部武烈河畔，占地面积达3.3万平方米。普宁寺兴建于乾隆二十年（1755年），竣工于乾隆二十四年（1759年），是清乾隆帝在承德修建最早的一座寺庙。1960年、1988年和1997年分别对大乘之阁、大佛进行维修。普宁寺以西藏"三摩耶庙"为蓝本，主体沿南北中轴线布置，是一座典型的汉藏结合式的寺庙。寺院坐北朝南，以大雄宝殿为界分前后两部分。前半部是汉式的"伽蓝七堂"典型格式，由山门、幢竿、钟鼓楼、碑亭、天王殿、东西配殿和大雄宝殿等组成，南北长155米，东西宽70米。山门前原有三座牌坊围合而成庙前广场（已毁）。寺院的后半部藏式部分南北长100米，东西宽110米。以大乘之阁为中心，四角有四座不同颜色的喇嘛塔。建筑依山就势，布局巧妙灵活，体现喇嘛教的宇宙观，具有浓厚的喇嘛教色彩，是最早藏式风格寺庙建筑。大乘之阁通高37.4米，外观正面6层重檐。阁内置千手千眼观音菩萨

普宁寺

立像，高27.21米，用松、柏、榆、杉、椴等木材雕刻而成，用木材120立方米，重约110吨。千手千眼观音菩萨立像木雕高大雄伟，比例匀称，雕工精细，是世界上保存最大的金漆木雕佛像。

普佑寺，建于清乾隆二十五年（1760年），是清政府平定回部大小和卓木的叛乱，结束西北边疆分裂割据的局面，为庆祝胜利而建。历史上，普佑寺是普宁寺附属庙，位于普宁寺东侧，仅以一墙之隔。普佑寺原为外八庙喇嘛的"经学院"，藏语称"扎桑"。清朝鼎盛时期，全国有两所喇嘛经学院，一所在北京雍和宫，另一所设在承德普佑寺。普佑寺不但培养外八庙的喇嘛，蒙古各部的喇嘛也被选送此处学经、深造。寺庙全部经费由清政府支付，仅杂费和香火银每年1500两，宗教活动活

跃。民国15年（1926年），军阀汤玉麟驻扎热河期间，寺庙遭到破坏。日军占领期间，将原位于罗汉堂的508尊罗汉整体搬运到普佑寺法轮殿内，将罗汉堂作为军火库，之后罗汉堂毁于战火。1964年9月10日夜，普佑寺遭雷击起火，烧毁建筑94间计1500平方米，包括法轮殿49间780平方米、经楼36间540平方米，东执一房9间180平方米。寄存在普佑寺的508尊金漆木雕罗汉也未幸免于难。普佑寺坐北朝南，南北长116米，东西宽59.3米，占地面积6608平方米，建筑面积2761.5平方米。主要有山门、大方广殿、天王殿、法轮殿、经楼及配殿等建筑，布局以天王殿为界，将全寺分成前后两个部分。保存的罗汉有193尊，其中1980年调拨18尊罗汉安置在北京法源寺，其余175尊全部陈设在普佑寺东西顺山房。

普乐寺，建于乾隆三十一年（1766年），主体建筑旭光阁仿北京天坛祈年殿建造，俗称"元亭子"。普乐寺的前半部为汉族寺庙传统的"伽蓝七堂"式，后半部分的主体建筑是一座阁城，也称"曼荼罗"。普乐寺位于承德市狮子沟镇喇嘛寺村，东依磬锤峰，西临武烈河，与避暑山庄隔河相望。根据清乾隆年间档案记载，普乐寺殿堂内陈设各类文物达数十万件。乾隆之后，国势日衰，普乐寺逐渐倾圮。至晚清时，寺内文物减少。民国3年（1914年）军阀姜桂禵占据热河时，盗走宗印殿的全部供法器，并且为修兵营，拆毁阁城围廊70余间。民国15年（1926年）军阀汤玉麟统治热河期间，从普乐寺盗走鎏金塔、楠木塔、珐琅塔等，阁城上八座莲花佛塔颈上的琉璃金顶，亦被洗劫一空。民国26年（1937年），日本侵略军占热河时，对寺庙进行掠夺，抢劫殿内陈设

各类文物数百件。民国36年（1947年），国民党统治时期，国民党十三军肆意砍伐古树木，拆毁古建筑，修掩体、筑工事等。到承德解放前夕，普乐寺已是残垣断壁、满目疮痍。1963年1月20日上午，普乐寺旭光阁坛城中央供奉的身高82.5厘米，重40公斤的铜铸上乐王佛双身像被盗；1月29日，在平泉县将盗窃犯逮捕归案，但上乐王佛中的女像已毁坏。1967年5月，承德古建队对慧力殿、胜因殿、天王殿、钟楼、鼓楼、东南西北门殿及八座琉璃佛塔等建筑作维修预算并进行维护。1976～1995年，维修普乐寺宗印殿殿顶并更换殿脊琉璃八宝饰件，维修山门、钟、鼓楼及天王殿等处殿顶，更换殿脊部分琉璃饰件。普乐寺保存建筑有石雕狮子一对、山门、钟楼（内存一口铜铸大钟）、鼓楼、天王殿（内有佛像六尊、供桌一张）、慧力殿（内存佛像三尊、供桌三张），

普乐寺全景

宗印殿（内存佛像十一尊、供桌三张、铜铸钟一口、乾隆御笔木刻楹联一对），阇城中正山门殿（内存御制石碑一通）和旭光阁（内存曼荼罗和铜铸上乐王佛一躯）等。

安远庙，建于乾隆二十九年（1764年），式样仿照新疆伊犁河畔的固尔扎庙，因此又称伊犁庙。乾隆二十四年（1759年），叛军将固尔札庙烧毁。清军平叛后，立功的达什达瓦部两千多人从伊犁迁居热河，乾隆建此庙为达什达瓦部落提供佛事活动场所，安远庙也因平叛胜利而得名。安远庙位于承德市狮子沟镇喇嘛寺村，东依磬锤峰，西临武烈河，与避暑山庄隔河相望。安远庙南侧，有一处坐东朝西的院落，因院内有一小佛殿，俗称小殿子，是清政府为随同达什达瓦部迁居热河，曾协助清军平叛卓有功绩的原固尔扎庙的光虹活佛修建的小佛堂。1976～1985年，先后整修恢复普度殿（殿顶翻新）、碑亭、周围穿堂三座、配殿、山门及围墙。安远庙坐东面西，占地面积约2.6万平方米，建筑面积约1.16万平方米，分三进院落。主要建筑有山门、配殿、白台门、回廊、碑亭、普度殿和门楼殿。安远庙南侧小殿子有35间僧房，11间殿堂，二门里正中五间为小殿子，内供三世佛。

殊像寺，建于乾隆三十九年（1774年），乾隆皇帝特命内务府仿五台山殊像寺规制，按香山文殊相貌修建此庙，因寺内喇嘛皆为满族，故被清廷称为家庙。殊像寺位于承德市狮子沟镇殊像寺村。根据清乾隆年间记载，殊像寺殿堂内陈设各类文物几万件，乾隆之后，寺藏文物减少。咸丰十年（1860年），英、法侵略者劫掠北京，烧毁圆明园后，慈禧太后

殊像寺

下令将承德避暑山庄和外八庙中的奇珍异宝调运到北京，仅外八庙的佛像、供器、法器、陈设等文物被调进京的有数万件。民国3年（1914年），姜桂题占据热河时，盗走殊像寺会乘殿中楠木佛龛内小佛及文殊菩萨身上的108颗珍珠等200多件珍宝以及乾隆皇帝使用过的金碗、筷子等生活用品。据宣统三年（1911年）十二月《殊像寺佛像、供器等项清档》记载，有佛像1916尊，供、法乐器485件，经卷13部216套，佛龛87座，其他632件，总计3354件。民国36年（1947年）国民党统治时期，国民党十三军拆毁僧房几十间，并砍伐古树木修包楼、建工事。至承德解放前夕，殊像寺残垣断壁，满目疮痍，建筑仅存有：石狮子一对、山门殿（内有哼哈二将）、钟鼓楼（铜钟1口）、天王殿、会乘殿（内有三世佛、金漆菩萨10尊、

木雕金漆弥勒1尊、铜钟1口、楠木塔2座、木经橱2座、供桌5张等）、宝相阁及围墙。1954年，修缮殊像寺。1976～1995年，殊像寺内小学迁出，围墙、钟楼修复。2001年，承德文物局开始与美国盖蒂保护所合作，将殊像寺作为《中国文物古迹保护准则》实施的示范项目。

殊像寺，为典型汉式寺庙，坐北朝南，东西115米，南北200米，占地面积2.3万平方米，建筑面积4859.9平方米。寺内主要建筑有山门殿、钟鼓楼（后修复）、天王殿（基址）、馔香堂（基址）、演梵堂（基址）、会乘殿、指峰殿（基址）、面月殿（基址）、宝相阁（后修复）、云来殿（基址）、雪净殿（基址）、清凉楼（基址）、吉晖殿（基址）、慧喜殿（基址）、香林室（基址）、倚云楼（基址）、六方亭（基址）、小方亭（基址）、僧房（存有五间）等。寺庙后部采用庭院布局手法，大规模叠砌假山，散植松树，风格独特。

普陀宗乘之庙，是外八庙中规模最大的一座喇嘛庙，仿西藏布达拉宫修建，故又称"小布达拉宫"。始建于乾隆三十二年（1767年），竣工于乾隆三十六年（1771年）。普陀宗乘之庙坐落在承德市狮子沟镇狮子沟村。1976～1978年，修缮山门、钟楼白台、罡子殿、东殿、西殿、五塔白台、权衡三界亭等部分建筑，并再次对全寺庙进行清整，同时还在甬路两旁、植树绿化。1987～1992年4月，对普陀宗乘之庙大红台群楼、万法归一殿、塔罩亭、御座楼、慈航普渡亭、洛伽胜境、权衡三界亭全面恢复、整修，重新覆瓦及油饰彩绘等，总计投入1400万元。普陀宗乘之庙，占地面积22万平方米，主要建筑有五孔石拱桥、石雕狮子、山门、幢杆、碑亭、石雕象、五塔门、大小白台、钟楼、三塔水门、琉璃牌坊、罡子殿、大红台、千佛阁、文殊圣境、哑巴院、御座楼、群楼、洛伽胜境、权衡三界、万

普陀宗乘之庙

法归一殿、塔罩亭、慈航普渡亭、圆台等。

须弥福寿之庙，建于乾隆四十五年（1780年），是六世班禅额尔德尼到热河时居住讲经之所，俗称"班禅行宫"，属于汉藏结合的建筑风格。须弥福寿之庙位于承德市狮子沟镇狮子沟村的北山之上。民国3年（1914年）军阀姜桂题占据热河时盗走庙中大量珍贵文物。民国15年（1926年），军阀汤玉麟在热河期间，拿走樟木经箱、刺绣对联47件，金瓦滴水84块，砍伐古松100多棵。1937年，日本侵略军占领热河时，对寺庙进行掠夺破坏。为盗窃铜瓦上的黄金用化学药品洗刷，使"妙高庄严"殿的鎏金铜瓦失去光泽，并盗走寺内的甘珠经、丹珠经236部。民国36年（1947年），国民党十三军拆毁僧房，砍伐古树木，盗窃文物和鎏金铜瓦。到民国37年（1948年）承德解放前夕，须弥福寿之庙遭到严重的破坏，文物遗失，佛像残破，殿宇坍塌，残垣断壁，满目疮痍，建筑仅存有五孔石桥、石狮子一对、山门、碑亭（内有一赑屃驮石碑），石象一对、琉璃牌坊、大红台、妙高庄严殿（内有乾隆御笔"宝地祥轮"匾、楹联、佛像、佛塔及供桌等）吉祥法喜殿及万寿琉璃塔等。1976～1995年，须弥福寿之庙得到修复。须弥福寿之庙，占地面积3.79万平方米，建筑面积11756.84平方米。寺庙的建筑布局因山就势，错落有致。整体平面呈正方形，周围石墙环绕。主要建筑有五孔石拱桥、石狮子、山门、角楼、碑亭、石象、琉璃牌坊、大红台、妙高庄严殿群楼、御座楼、吉祥法喜殿、生欢喜心殿、假山磴道、万法宗源、金贺堂、大小白台及琉璃万寿塔等。

承德避暑山庄及周围寺庙是清代盛期帝

须弥福寿之庙全景

王避暑的离宫，也是清政府加强边疆管理的基地，12座体现不同民族建筑风格的皇家寺庙群，环列在山庄外的东部和北部山麓宫苑区外，象征民族友好，并拱卫避暑山庄。康熙、乾隆等多位皇帝每年夏、秋两季在这里处理军政要务，接见国内各民族政教首领和外国使节，并由此北上木兰围场进行秋狝围猎训练军队，是清廷的重要政治活动地之一。发生于此的诸多清代重要历史事件、重要遗迹和重要文物，见证中国多民族统一、国家巩固和发展的历史。承德避暑山庄及周围寺庙是中国宫殿建筑、园林、宗教建筑的代表性范例。避暑山庄及周围寺庙产生于中国封建社会最后一个盛世——康乾盛世，历经康雍乾三代帝王共89年，集中全国人力物力建造而成，是帝王苑囿与皇家寺庙建筑经验的结晶。避暑山主结合自然山水构建景观，继承发扬了皇家园林的传统，是中国自然山水宫苑的杰出代表。周围寺庙的建筑形式融汇了汉、蒙、藏等多民族建筑艺术和文化，包括藏式、汉式、汉藏结合等多种建筑形式，集大成地代表着中国建筑发展过程中多民族文化交流与融合的突出成就。园林建造实现"宫"与"苑"形式上的完美结合和"理朝听政"与"游息娱乐"功能上的高度统一，内部的寺庙建筑也具有鲜明的政治功用。承德避暑山庄及周围寺庙的人文景观与承德独特的丹霞地貌等自然环境完美结合，其自然和谐的规划布局是中国传统风水学说的成功实践。在造园上，承德避暑山庄继承和发展中国古典园林"以人为之美入自然，符合自然而又超越自然"的传统造园思想，总结并创造性地运用各种造园素材、造园技法，使其成为自然山水与建筑园林化的杰出代表。在建筑上，承德避暑山庄继承、发展、并创造性地运用各种建筑技艺，撷取中国南北名园名寺的精华，仿中有创，表达"移天缩地在君怀"的建筑主题。在园林与寺庙、单体与组群建筑的具体构建上，避暑山庄及周围寺庙实现中国古代南北造园和建筑艺术的融合，囊括亭台阁寺等中国

古代大部分建筑形象。建筑技艺上，展示中国古代木架结构建筑的高超水平，实现木架结构与砖石结构、汉式建筑形式与少数民族建筑形式的完美结合；加之建筑装饰及佛教造像等中国古代最高超技艺的运用，构成中国古代建筑史上的奇观。作为中国古典园林的杰出代表，承德避暑山庄的造园艺术曾经影响欧洲，在18世纪世界景观设计史上占据重要的地位。

1994年12月15日，在泰国普吉岛召开的世界遗产委员会第18届会议认为，避暑山庄及周围寺庙符合世界遗产第二、四条标准，将其列入《世界遗产名录》，遗产编号703，遗产区面积611.2万平方米，缓冲区面积888.8万平方米。1961年3月4日，国务院公布普宁寺、普乐寺、普陀宗乘之庙、须弥福寿之庙和避暑山庄为第一批全国重点文物保护单位；1988年1月13日，国务院公布殊像寺和安远庙为第三批全国重点文物保护单位；2001年6月25日，国务院公布溥仁寺为第五批全国重点文物保护单位；2006年5月25日，国务院公布普佑寺为第六批全国重点文物保护单位（附表1）。

蒙古包

附表1　全国重点文物保护单位编号

| 名称 | 批次 | 编号 |
| --- | --- | --- |
| 普宁寺 | 1 | 1-0115-3-068 |
| 普乐寺 | 1 | 1-0116-3-069 |
| 普陀宗乘之庙 | 1 | 1-0117-3-070 |
| 须弥福寿之庙 | 1 | 1-0118-3-071 |
| 避暑山庄 | 1 | 1-0123-3-076 |
| 殊像寺 | 3 | 3-0121-3-069 |
| 安远庙 | 3 | 3-0122-3-070 |
| 溥仁寺 | 5 | 5-0214-3-020 |
| 普佑寺 | 6 | 6-0353-3-056 |

**曲阜孔庙、孔林和孔府** 英文名Temple and Cemetery of Confucius and the Kong Family Mansion in Qufu。孔庙，是祭祀中国春秋末期著名的思想家、教育家、儒家学派创始人孔子的庙宇，位于山东省曲阜市明故城南门北侧。孔林是孔子及其后裔的家族墓地，位于山东省曲阜市明故城北约1.5千米，北临泗河，东邻104国道。孔府，本名衍圣公府，是孔子嫡裔子孙世代居住的官邸，位于孔庙东侧。

孔庙，建于孔子去世后的第二年（前478年），鲁哀公将孔子生前所居之堂改作"寿堂"，陈列孔子用过的"衣、冠、琴、车、书"，"因以为庙，岁时奉祀"。汉高祖十二年（前195年），刘邦过鲁，"以太牢祀孔子"，开历代帝王祭祀孔子的先例。汉武帝时期，董仲舒提出"罢黜百家，独尊儒术"的治国思想，确立儒学在社会上的统治地位。随着孔子地位的提高，孔庙的扩建、重修日益受到重视。据史料记载，自东汉至中华人民共和国建立前，孔庙先后重修、扩建70余次。东汉元嘉三年（153年），汉桓帝下令修建孔庙，并派孔和为守庙官，在庙内立碑。三国魏黄初二年（221年），曹丕下令修葺孔庙，并置鲁郡，封孔羡为"宗圣侯"，置百石吏卒守卫孔庙。晋太元十四年（389年），孝武帝敕修阙里孔子庙，颁六经于孔庙。南北朝时期，宋元嘉十九年（442年），诏修孔子庙，复学舍，招生徒。宋孝建元年（454三），孝武帝诏建孔子庙，制同诸侯之礼。北魏延兴二年（472年），孝文帝定祭孔子庙之制。东

孔庙全景（奎文阁及大殿）

魏兴和元年（539年），兖州刺史李珽塑孔子及十弟子容像，是孔庙立有塑像的开始。唐代实行以儒治国的方略，并多次下令修建孔庙。唐贞观十一年（637年），尊孔子为宣父，诏兖州作阙里庙，给户二十，奉守林庙；二十一年（647年），以先儒配享孔子庙。乾封二年（667年），兖州都督霍王李元轨承制修阙里孔子庙；开元六年（718年），兖州刺史韦元圭及褒圣侯孔璲之、县令田恩昭重修阙里孔子庙。开元八年（720年），定十哲配祀孔子庙。宋金元时期，孔庙又有进一步发展。宋建隆元年（960年），宋太祖赵匡胤谒孔庙，诏增修祠宇，绘先圣先贤先儒像，释奠用《永安之乐》。天禧二年（1018年），增建殿堂廊庑316间，是宋代孔庙最大的一次维修。金大定

十九年（1179年），郓国夫人寝殿成。明昌六年（1195年），修阙里孔子庙，增塑儒像，赐阁名为"奎文"。明清时期是孔庙发展的鼎盛时期，规模宏大的建筑群基本上是在明清时期修建。明代共重修、扩建孔庙21次，是历史上重建次数最多的朝代。明弘治十二年（1499年），孔庙遭雷击，大成殿等主要建筑120余间化为灰烬，明孝宗下令重修。宣德九年（1434年），工部侍郎周忱谒孔林、孔庙，捐建金丝堂。正德六年（1511年），因刘六、刘七领导的农民军攻占曲阜，"秣马于庭，污书于池"，下诏"移城卫庙"。嘉靖元年（1522年），阙里孔子庙竣工，曲阜新县城建成。嘉靖二十三年（1544年），巡抚曾铣建太和元气坊。万历二十年（1592年），巡按御史何出光

孔庙大成殿

孔子诞辰 2550 年祭孔大典

创建圣迹殿，立石刻圣迹图120幅。清初对孔子的尊崇有增无减，多次修葺孔庙。其中最大的一次是清雍正二年（1724年），孔子庙遭遇雷火，雍正帝亲自到太庙祭祀孔子，并下令重修孔庙。此次修建历时6年，耗银15.7万两，使孔庙面貌焕然一新，基本上形成现代的规模。孔庙，南北长1130米，东西最宽处约168米，占地面积约14万平方米。整个建筑群包括5殿、1祠、1阁、1坛、2庑、2堂、17座碑亭、53座门坊，共有建筑100余座460余间，建筑面积约1.6万平方米，分别建于金、元、明、清和民国时期。其中，前三进是引导性庭院，只有一些门坊，第四进的庭院建筑雄伟，气势壮观，主要建筑包括圣时门、弘道门、大中门、同文门、奎文阁、十三碑亭、大成门、杏坛、大成殿、寝殿、圣迹殿、崇圣祠等，是孔庙祭祀活动的主要场所。孔庙内碑刻林立，古木参天，存有唐、宋、金、元、明、清历代碑刻1500余通，古树1250余株。碑刻主要有记事碑、圣旨碑、题名碑等，还有一部分是新中国后为保护文物移入孔庙的，如汉画像石、玉虹楼法帖等。

孔林，孔子死后葬于泗上，弟子们筑坟植树，为孔林之始。孔子的孙子孔伋及裔孙孔

大成殿内孔子坐像及殿内悬匾

白、孔求、孔箕、孔穿、孔谦也先后葬于泗上。至战国末期，泗上已有8座孔氏坟冢。西汉武帝时，"孔子冢大一顷"，林地发展的雏形基本形成。东汉桓帝永寿三年（157年），鲁相韩敕将孔子墓前旧有祠坛改为石砌，并造神门1间，斋厅3间。同时拨派若干户人专门看护墓地，孔林从此有专门守林人。东汉灵帝建宁二年（169年），鲁相史晨为孔林设守墓官员，按时进行洒扫。南朝宋元嘉十九年（442年）十二月，宋文帝下诏卫护孔林，免除孔子墓旁孔景等五户"课役"（赋税及徭役），以供洒扫，并于林内植松柏六百株。唐咸通四年（863年），唐懿宗拨给50户供林庙洒扫。后周广顺二年（952年）六月，太祖郭威平定兖州后，至阙里祀孔子庙，拜其墓，勒令地方官

修建林墓，严禁百姓到孔林中乱砍伐。宋代时，孔林规模有较大的发展。宋大中祥符元年（1008年）十一月，宋真宗赵恒封禅泰山返京过阙里，拜谒孔子庙后，又拜其墓，增加守林人20户，在孔子墓左前增建驻跸亭一座。宣和元年（1119年），宋徽宗命工匠镌刻石仪，置于墓前两侧。历经五年，增孔子墓前石仪，置翁仲、角端、文豹、望柱各一对，形成孔子墓道轴线。同时，修建思堂、斋厅等建筑。元代制定规范礼仪祭祀，对林地的保护更加严格。元文宗至顺二年（1331年），孔子五十四代孙曲阜县尹孔思凯为保护孔林，为"严禁樵采……乃口而围之……崇建一门，甚为雄丽"（至顺三年所立《宣圣林神门记碑》）。此门为孔林大门之始建。明代是孔林的大发展时

孔子墓

万古长春坊

期，无论是墓冢数量、林地建筑，还是林地规模，都随着孔氏家族社会地位的提高而有较快发展。明永乐十二年（1414年），五十九代衍圣公孔彦缙恢扩思堂，又作墓门3间。二十年（1422年），孔彦缙又重建斋厅。二十一年（1423年），孔彦缙与曲阜知县孔克中出资"万缗"，并召集曲阜各孔氏族户率弟子千余人，与"庙丁"百余人一起重建孔林围墙。嘉靖二年（1523年），山东巡抚陈凤梧新建孔子墓神道洙水拱桥，并建洙水桥坊和子贡庐墓堂。随着嘉靖初年曲阜新城的建成，北城延恩门与孔林大林门的通道连通，成为孔林神道。万历二十二年（1594年），山东巡抚连标等跨神道添建"万古长春"石坊和两侧碑亭。崇祯年间，因"林墙颓废"，衍圣公孔胤植与"诸宗人共襄"更新林墙，改土墙为砖砌。崇祯七年（1634年），兖州兵备道李一鳌捐俸重修林门、门楼、享殿，并添建孔林门前的石狮。至明代末年，孔林面积达120万平方米。清代康熙二十三年（1684年），康熙帝准予衍圣公孔毓圻的上本奏请，将其林地向东、西、北三面各扩一百五十五丈七尺，总扩地为"十一顷十四亩九分"。林地扩大后，孔子六十八代孙

衍圣公孔传铎又新修孔林围墙7250多米，植侧柏500余株，基本形成孔林现代的规模。雍正八至十年（1730～1732年），大修孔林，享殿瓦色依庙工寝殿之制，改为黄色。宋宣和之石翁仲移至孔伋墓前，而以新镌之翁仲代替。道光五年（1825年），建"鸾音褒德"于氏坊。道光二十八年（1848年），又在孔林神道两旁植柏树千余株。孔林占地面积180多万平方米，林周筑有围墙，前有至圣林坊及二道林门。门内有一南北林道，长1266米，宽44米。林道西侧，偏南处即孔子墓葬区。过洙水桥及坊，有思堂、享殿，后即为孔子墓。孔子墓东有孔鲤墓，南有孔伋墓，形成"携子抱孙"之势。孔子墓葬区周围多为战国时代墓葬，再北多为汉代墓葬。明代54至65代衍圣公墓群在孔子墓西北1千米处。其他均散布林内，穿插而葬。孔林有孔子及其历代子孙的墓葬10万多座，汉、宋、明、清、民国墓碑4000余通，石人、石马、石兽、望柱等石仪85对，门、坊、享殿、碑亭等20余座，历代栽植的树木4.2万余株，是中国保存年代最长、面积最大、历史延续性最完整的氏族墓地，是儒家思想在中国漫长的封建社会中居统治地位的必然产物。孔林的发展脉络不仅反映出孔氏家族的发展历程，也浓缩中国古代的风俗人情、丧葬制度、生活理念等文化信息。

孔府，是在宋元时期的"袭封宅"基础上扩建而来的。孔子后裔子孙因庙建宅，住宅守庙，庙宅合一，当时的规模不大。至宋代时，以袭封视事厅和恩庆堂为主线，西为客位和客馆，东为双桂堂的中、东、西三路布局，庙宅有300余间，形成一定的规模与格局。金

代时，衍圣公衙署虽然仍然依附在孔庙内，但在官衙之东增加袭封宅一组建筑。明清时期，因朝廷授予孔府更大的特权和财富，孔府的规模也相应扩大。明洪武十年（1377年），奉敕在孔庙东、与庙墙相邻创建衍圣公府。据记载，创建的衍圣公府仅官衙区有正厅5间，后厅5间，东、西司房各10数间；外仪门3间，是在原视事厅、恩庆堂的基础上改建的；将原来的里门改建成3间仪门，增加东、西司房。清康熙二十三年（1684年），孔子六十七代孙衍圣公孔毓圻在孔府东学增建宸翰阁等建筑（存放帝王御笔墨迹，建筑已毁，仅存遗址）。道光三年（1823年），七十二代孙衍圣公孔宪培夫人于氏死后，在东路中部创建慕恩堂以祀。清道光十八至二十三年（1838～1843年），七十三代孙衍圣公孔庆镕对孔府进行较大规模

的修葺，共耗银六万六千四百余两。光绪十一年（1885年），孔府内宅不慎引发火灾，前、后堂楼，前后东、西配楼和佛堂楼被火烧毁（共七座楼）。次年，山东巡抚张曜发起募捐，共耗银80000余两，按旧式规模重建。清代中期孔府的规模达到顶峰，但随着清王朝的衰落，孔府也随之衰败，经济困难，无力再做较大的修缮，孔府东路的兰堂、念典堂、九如堂、宸翰阁等部分建筑，因年久失修而相继倒塌，所存孔府大门、二门、仪门、大堂、二堂、三堂、内宅门、前上房、家庙等为明代建筑，其余为清代建筑。孔府，东西宽300多米，南北长417米，占地面积16万平方米。有楼轩厅堂463间，八进院落，三路布局，东路为家祠所在地，有报本堂、桃庙、九如堂、一贯堂、慕恩堂等；西路为衍圣公读书、学诗学

孔府全景

礼、燕居吟咏和会客之所，有忠恕堂、安怀堂、南北花厅，为招待来宾的客室；中路是孔府的主体部分，前为官衙，设三堂六厅，后为内宅，有前上房、前后堂楼、配楼、后六间等，最后为花园，是集官衙、宅院、家庙三位为一体的典型的封建贵族式建筑群。

孔子是古代伟大的思想家、政治家和教育家，孔子所创立的儒家学派对中国文化的发展产生极为重要的影响，被中国皇帝奉为"万世师表"。曲阜孔庙建筑群是所有孔庙的本庙，其布局及形制是遍布东亚及部分东南亚国家的孔庙的源头与范本。孔林有坟冢10万余座，延续使用2400多年，是世界上沿用时间最长的家族墓地。有汉、宋、金、元、明、清以至民国历代墓碑4000余块，是中国数量最多的碑林。孔府有各类建筑约170座，存有各类馆藏文物

金声玉振坊

10万余件，著名的有商周十供祭器、历代孔子画像、明清衣冠等。孔府还珍藏有明清文书档案，是孔府400多年各种活动的实录，共有6万多件，是中国数量最多、时代最久的私家档案，对于研究中国明清史特别是明清经济史具有重要价值。

1994年12月15日，在泰国普吉岛召开的世界遗产委员会第18届会议认为，儒家思想不仅对于中国影响深远，也影响着韩国、日本和越南等国，而且对18世纪欧洲的启蒙运动产生了积极影响。孔庙、孔林和孔府不仅是东方建筑的杰出代表，同时也蕴藏着深邃的历史内涵，是人类文化遗产的重要组成部分。由于2000多年来中国历代帝王对孔子的尊崇，使得中国历代最为优秀的工匠参与了建筑物和景观的设计和建造，使孔庙、孔林、孔府建筑群具有杰出的艺术价值，成为中国建筑群杰出范例，体现中国物质文化在相当长时间内的演变；孔子在哲学和政治理论方面的贡献，不仅影响东方国家2000多年，还对18～19世纪的欧洲和西方产生影响，成为现代思想和治国理政演变中最为深刻的原因之一。世界遗产委员会认为曲阜孔庙、孔林和孔府符合世界遗产第一、四和六条

赵孟頫《论语》绘圣图

标准，将其列入《世界遗产名录》，遗产编号704，遗产区面积为212万平方米，缓冲区面积为193万平方米，总面积为405万平方米。1961年3月4日，国务院分别公布曲阜孔庙、孔府孔林为第一批全国重点文物保护单位，编号分别为1-0099-3-052和1-0163-2-002。

**武当山古建筑群** 英文名Ancient Building Complex in the Wudang Mountains，是中国现存规模最大、分布最广、形制等级最高、保存最完整的明清皇家道场。武当山古建筑群位于湖北省十堰市武当山旅游经济特区和丹江口市。

据明代任自垣《大岳太和山志》载，武当山作为皇室家庙，始建于唐贞观年间，宋、元均有不同规模的拓修。明永乐十年（1412年），朱棣皇帝钦命隆平侯张信、驸马都尉沐昕、礼部尚书金纯、工部侍郎郭琎等率军民工匠30余万人，开赴武当营建皇家道场。历时13年，建9宫、9观、36庵堂、72岩庙。永乐皇帝加封武当山为"大岳太和山"，尊为"四大名山皆拱揖，五方仙岳共朝宗"的"五岳之冠"，凌驾于五岳及佛教四大名山之上。嘉靖三十一年（1552年）重修、扩建武当山宫观，形成长达60千米、殿宇房屋2万多间的规模宏大的建筑体系。清康熙、雍正、乾隆年间，地方官吏集资和道士募化一度修复部分宫观，建筑规模逐渐缩小，清末至民国时期，武当山古建筑大部分先后毁于兵火。至1949年，全山只余庙房2000多间。

武当山远景

武当山建筑群的整体布局是以天柱峰金殿为中心，以官道和神道为轴线向四周辐射，依托《真武经》中"玄天上帝"真武修炼的故事，建筑主体以宫观为核心，庵堂祠庙分布于宫观附近，岩庙则占峰据险，形成"五里一庵十里宫，丹墙翠瓦望玲珑"的历史杰作。在营建时，充分利用峰峦的高大雄伟和岩涧的奇峭幽邃，使每个建筑单元都建造在峰、峦、岩、洞的合适位置上，其间距的疏密、规模的大小都布置得恰到好处，使建筑与周围环境有机地融为一体，达到时隐时现、若明若暗、玄妙超然、混为一体的艺术效果。营建伊始，整体规划体现道教"崇尚自然"的思想，工匠们严格遵循明成祖朱棣"相其广狭""定其规制""其山本身分毫不要修动"的原则，依山就势地设计布局。

武当山古建筑群共有遗产要素49处，包括玉虚宫、遇真宫、紫霄宫、南岩宫、太和宫、朝天宫、清微宫、五龙宫、元和观、回龙观、复真观、龙泉观、八仙观、琼台上观、琼台中观、琼台下观、太上观、仁威观、老君堂、襄府庵、冲虚庵、泰山庙、回心庵、磨针井、关

帝庙、财神庙、榔梅祠、将军庙、玉虚岩、老君岩、太子洞、雷神洞、凌虚岩、华阳岩、灵应岩、尹仙岩、黄龙洞、上院、中院、下院、飞升岩、金殿、古铜殿、玄岳门、剑河桥、一天门、二天门、三天门和高楼庄。此外，武当山古建筑群保存各类珍贵文物6599件，其中一级文物895件、二级204件、三级4603件、未定级897件。

金殿，位于武当山天柱峰顶端。建于明永乐十四年（1416年），高5.54米，宽4.4米，深3.15米，全为铜铸鎏金，仿木构建筑，建筑面积25平方米。殿基用花岗岩砌石台，周绕石雕栏杆。殿内神像、几案、供器均为铜铸。殿下峰腰绕石城一周，名紫金城，周长1.5千米。在武当山小莲峰有永乐十四年（1416年）从天柱峰顶移此的元大德十一年（1307年）铸造的较小铜殿一座，是中国所存最早的铜铸建筑物。永乐年间所铸金殿则为所存最大的铜铸建筑物。

紫霄宫，位于武当山主峰天柱峰东北的展旗峰下，是武当山的"八大宫"之一，规模宏大，建筑保存比较完整，建筑面积1万余平方

金顶日出

金殿内的真武大帝铜像

紫霄大殿

年）。以紫霄大殿最雄伟，面阔五间26米，进深五间18米，重檐歇山绿琉璃瓦顶，砖木结构，抬梁式结构。建筑形式与结构全是明代建筑官式作法。除建筑外，宫内保存很多碑碣，以及铸造和雕塑艺术品，如铜铸八大帅和铁画等珍贵文物。

米。进宫门后有左右碑亭、龙虎殿、十方堂、紫霄大殿和崇台等建筑。在中轴线的两旁建有东宫、西宫，四周围砌以高大的红墙，构成一个完美的整体。据《大岳太和山志》和宫内碑刻记载，紫霄宫重建于明永乐十一年（1413

南岩宫，又名天乙真庆宫，始建于元延祐三年（1316年），明永乐、嘉靖年间整修、扩建。存建筑有南天门、御碑亭、琉璃焚帛炉、龙虎殿、神厨、配房、八卦亭、皇经堂、两仪殿、龙头香、藏经楼、天乙真庆宫石殿、飞升台、梳妆台、礼斗台、朝阳古洞、棋亭等，占地面积9万平方米，建筑面积3505平方米。石殿为石仿木结构，歇山顶，面阔进深各三间，其梁架、立柱、斗拱、装修均为巨石雕凿。宫内藏有铜铸鎏金真武、元始

紫霄宫全景

天尊、四御等神像。

玉虚宫，始建于明永乐十一年（1413年），嘉靖年间扩建，是武当山八宫中规模最大的建筑组群。平面布局为五进三城，即外乐城、紫禁城、里乐城，占地面积8万平方米。清乾隆时遭火焚。所存建筑外乐城有泰山庙、御碑亭。紫禁城有宫门、宫墙、小宫门玉带河、玉带桥、御碑亭。里乐城有琉璃八字墙、小宫门、宫墙、琉璃焚帛炉、神坛、道房、父母殿等。

复真观，背依狮子峰，面临千丈幽壑，是武当山古建筑群八宫二观中最大的观庙。复真观为明永乐十年（1412年）敕建，嘉靖三十一至三十二年（1552～1553年）修葺扩建，共有殿堂大小为楹320间，后历经重修，存建筑20栋105间。复真观主体建筑坐东朝西，依山势

玉虚洞

高低布局为两重院落。一重为主轴建筑，建有照壁、焚帛炉、祭坛、龙虎殿、真武殿、南北配殿、太子殿；第二重院落布局有五云楼、官厅、藏经楼、皇经堂、道房、斋堂、神库等建筑。复真观是古代登顶必经之路，古神道由北至南穿绕观中，沿神道建有复真桥、山门、九曲黄河墙、二宫门。

遇真宫，建于明永乐十年（1412年），为明成祖敕建。遇真宫坐北朝南，占地2.4万平方米，两进院布局。由中轴线上建筑清石金水桥、琉璃八字宫门、龙虎殿、大殿（2003年焚毁）及东西山门、配殿、廊庑、斋堂等组成。

武当山古建筑群由皇家统一规划建造，从地形勘测、规划设计到兴工营建等周密筹划，极其注重与环境的相互补益，具有浓郁的建筑韵律，达到了建筑与自然的高度和谐，对明代宗教建筑有普遍影响，是皇室利用道教实现思想统治的重要场所。武当山古建筑群建筑规模之大、等级之高、构造之严谨、装饰之精美、神像和供器品类之多，在国内外所存道教建筑中绝无仅有。武当山金殿内神像、供器等

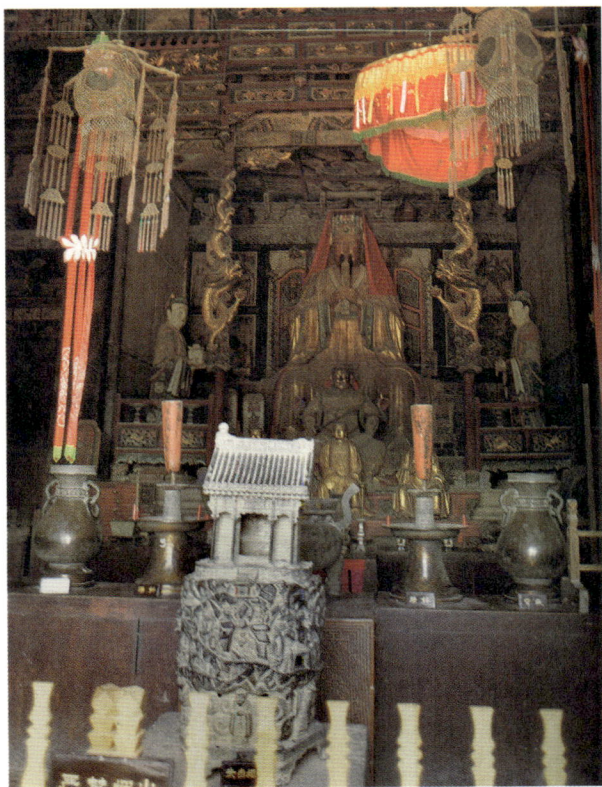
紫霄宫内玉皇大帝像

全部为铜铸鎏金，铸件体量硕大，采用失蜡法（蜡模）翻铸，代表中国明代初年（15世纪）科学技术和铸造工业的重大成就。武当山的宗教体系是以道教为中心的，道教是中国主要宗教之一，武当山建筑群以真武大帝修仙神话布局，并按照政权和神权相结合的意图营建，体现皇权和道教所需要的"庄严""威武""玄妙""神奇"的氛围，其道教体系对区域宗教信仰和哲学思想的发展起到了深远作用。

1994年12月15日，在泰国普吉岛召开的世界遗产委员会第18届会议认为，武当山古建筑群的宫阙庙宇集中体现中国元、明、清三代世俗和宗教建筑的建筑学和艺术成就，代表近千年的中国艺术和建筑的最高水平，符合世界遗产第一、二、六条标准，将其列入《世界遗产名录》，遗产编号705，遗产区面积67.1万平方米，缓冲区面积440.81万平方米。1961年3月4日，国务院公布武当山金殿为第一批全国重点文物保护单位，编号1-0094-3-047；1982年2月23日，国务院公布紫霄宫为第二批全国重点文物保护单位，编号2-0025-3-010；1996年11月20日，国务院公布南岩宫为第四批全国重点文物保护单位，编号4-0123-3-045；2001年6月25日，国务院公布玉虚宫遗址为第五批全国重点文物保护单位，编号5-0090-1-090；2006年5月25日，国务院公布武当山古建筑群为第六批全国重点文物保护单位，编号6-0666-3-369，具体包括复真观、棂星门和御碑、遇真宫三座建筑。

**拉萨布达拉宫历史建筑群（含罗布林卡和大昭寺）** 英文名Historic Ensemble of the Potala Palace, Lhasa，由布达拉宫、大昭寺

布达拉宫白宫

和罗布林卡组成。布达拉宫位于西藏自治区拉萨市中心地段；大昭寺位于拉萨市老城区八廓街中心；罗布林卡位于布达拉宫西约2千米处的拉萨河畔。

布达拉宫始建于7世纪吐蕃王朝的松赞干布统治时期，时称红山宫，是吐蕃王朝的政治中心。9世纪，随着吐蕃王朝的覆灭，布达拉宫逐渐荒芜。明崇祯十五年（1642年），五世达赖喇嘛阿旺·罗杰嘉措建立甘丹颇章政教合一制地方政权，并于清顺治二年（1645年），命第巴·索朗热登重建布达拉宫。至顺治五年（1648年），基本建成以白宫颇章嘎布为主体，东西长320米，南北宽200米的建筑群，同时还建设雪城的城门和城墙，以及乃康定、马厩、东印经院等建筑。康熙二十一年（1682年），五世达赖喇嘛圆寂后，摄政王第司·桑杰嘉措为纪念五世达赖喇嘛和安置他的灵塔，于康熙二十九至三十三年（1690～1694年）间，在保持法王洞和观音殿原址不动的基础上，拆毁部分旧房，修建以五世达赖喇嘛灵塔殿为主的红宫建筑群。红宫是一个由宫殿，佛殿和灵塔组成的多层建筑群，东面是白宫，

布达拉宫远眺

西面是供僧侣居住的建筑。红宫的建成标志着布达拉宫建筑群形成一个和谐、宏大的建筑整体，奠定现代的基本格局。九世达赖喇嘛时期修建了八世达赖喇嘛灵塔殿。十世达赖喇嘛时期修建九世达赖喇嘛灵塔殿。十三世达赖喇嘛时期在白宫顶增建东日光殿。民国24年（1935年），位于红宫西侧的十三世达赖喇嘛灵塔殿修建完成。至此，从17世纪中叶开始的布达拉

布达拉宫金顶

布达拉宫坛城

宫主体工程全部完成。布达拉宫中宫殿、灵塔殿、佛殿、经堂、僧舍、庭院等一应俱全，是当今世界上海拔最高、规模最大的宫殿式建筑群。布达拉宫是以红宫和白宫为主体的山上建筑群，红宫为宗教活动中心，白宫位于红宫东侧，是达赖喇嘛居住和处理政教事务的地方，也是甘丹颇章政教合一的统治中心。布达拉宫附属文物分为不可移动附属文物和可移动附属文物；不可移动附属文物包括壁画、灵塔，以及与建筑密切相关的坛城、佛塔、雕像等；可移动附属文物包括珍藏的10万余件具有历史、艺术、科学价值的佛像、佛塔、唐卡、法器、瓷器、服饰以及6万余部典籍。长期以来，布达拉宫一直是达赖喇嘛生活和主持政治和宗教活动的地方。从其总体功能分区来看，红宫为宗教场所，是一个由宫殿，佛殿和灵塔组成的多层建筑群；白宫为寝宫及施政场所，它的主

要建筑包括东大殿，是举行重要仪式活动的地方，包括达赖喇嘛的就职典礼，其他建筑为附属建筑。1959年后，布达拉宫逐渐从达赖喇嘛生活、主持政治和宗教活动的宫殿，转变为集宗教展示、行政研究、文物保存与保护于一体的综合性建筑。

大昭寺，始建于7世纪中叶。赞普松赞干布统一西藏，迁都逻娑（拉萨），建立奴隶

大昭寺

制吐蕃王朝，并迎娶唐文成公主入藏。大昭寺是在文成公主抵达拉萨的第3年，即唐贞观二十一年（647年）铺筑基础，一年后建成。其后，大昭寺经历了多次修缮增建。11世纪初，阿里地区著名翻译家桑噶·帕巴西绕第一次对大昭寺觉康佛殿进行较大规模的维修，并进行扩建，即东面突出部分。南宋乾道三年（1167年）前后，山南达波地区活佛慈诚宁波增建神殿周围转经廊，并维修壁画。13世纪初，拉萨地区公塘勘布桑杰的弟子格瓦木布，在神殿四周建瓦飞檐。13世纪中叶，萨迦王朝统一西藏。大昭寺扩建释迦牟尼殿（东向突出部分），新建大门及护法神殿，塑造松赞干布、文成公主和赤尊公主像等。其中最大工程是在神殿第三层的东、西、北建造佛殿并加盖金顶。15世纪初，宗喀巴为发展格鲁派势力，命乃东王扎巴坚赞在神殿增修部分顶盖，并在天井树立12根木柱，上覆高侧天窗。从明崇祯十五年（1642年）起，五世达赖执政及第司掌权期间，对大昭寺进行了历时30年大面积的扩建、改造与修葺，扩建三楼，增加四个佛殿，将屋顶更新，并增盖部分金顶和4个高楼佛殿。大昭寺的主要建筑为经堂大殿。大殿高4层，建筑构件为汉式风格，柱头和屋檐的装饰则为典型的藏式风格。大殿的一层供奉有唐代文成公主带入西藏的释迦牟尼金像。二层供奉松赞干布、文成公主和赤尊公主的塑像。三层为一天井，是一层殿堂的屋顶和天窗。四层正中为4座金顶。佛殿内外和四周的回廊满绘壁画，面积2600余平方米，题材包括佛教、历史人物和故事。寺内保存有大量珍贵文物，寺前矗立的"唐蕃会盟碑"，是汉藏两族人民友好交往的历史见证。

罗布林卡为藏文音译，意为"宝贝园林"，是历代达赖喇嘛的夏宫。罗布林卡所在地，原是一片流水潺潺、林木茂密、飞禽走兽时而出入的荒芜之地。清乾隆十六年（1751年），驻藏大臣代表清廷出资，专为七世达赖喇嘛修建供其沐浴后休息的凉亭宫，即"乌尧颇章"宫，开创罗布林卡建造之始。乾隆二十年（1755年），七世达赖喇嘛修建"格桑颇章"宫、习经室和辩经室。乾隆四十九年（1784年），八世达赖喇嘛修建"措吉颇章"宫。民国11~17年（1922~1928年），十三世达赖喇嘛兴建"金色颇章"宫、"格桑德吉颇章"宫、"夏布典拉康"殿、噶厦政府官员办公室等建筑。1954~1956年，在中央人民政府支持下为十四世达赖喇嘛修建"达旦明久颇章"宫。至此，罗布林卡形成了当代的规模。罗布林卡主要建筑由"格桑颇章"宫、"措吉颇章"宫、"金色颇章"宫、"准增颇章"宫、"夏布典拉康"殿、"达旦明久颇章"宫等建筑群组成，是西藏规模最大、营造最美、最具民族特色的，集自然与人文景观为一体的宫廷式建筑群，同时也是一年一度"雪顿节"

罗布林卡新宫

期间传统藏戏和民间歌舞演出的重要场所。以"格桑颇章"宫为主体的建筑群包括"乌尧颇章"宫、"格桑颇章"宫、习经室、辩经室、"康松司轮"威震三界阁等建筑。以"措吉颇章"宫为主体的建筑群包括"措吉颇章"（湖心亭）、"鲁康"（龙王亭）、"鲁康夏"（东龙王亭）、"准增颇章"宫、达赖喇嘛休息室以及内、外马厩等建筑。以"金色颇章"宫为主体的建筑群，主要有"金色颇章"宫、"格桑德吉颇章"宫、"曲敏确杰"宫等建筑。以"夏布典拉康"殿为主体的建筑群主要有"夏布典拉康"殿、旧西藏政府办公室、"议仓"办公室等。达旦明久颇章由修行室、经堂、会客室、卧室、洗手间等30多个房间组成，俗称新宫。罗布林卡汇聚绘画、造像、建筑、雕刻等方面的艺术珍品，珍藏3万余件珍贵文物，包括佛教造像、唐卡、经书文献、玉器、瓷器、印玺、漆器、竹木牙骨雕刻、金属法郎器皿、文房珍玩、服装饰物、家具陈设、交通用具等类型，可谓是一座巨大文化艺术宝库。珍藏除西藏本土文物外，还有历代中央赏赐和馈赠给西藏地方上层的各种物品，有的物品是历代朝廷为西藏特制的。

布达拉宫、大昭寺和罗布林卡的位置、布局和建筑形式完美地表现了西藏政教合一统治的行政、宗教和象征性功能。三个遗产地建筑的精美和独创性，丰富的建筑装饰和与其独特景观的和谐统一，都是其突出普遍价值的完美体现。布达拉宫历史建筑群因其杰出的设计、装饰及其与特殊自然景观的和谐统一，可谓人类想象力与创造力的杰作，代表西藏建筑的最高成就，不仅是西藏传统政教合一制度的特殊和最有力的象征，也是政教合一建筑的杰出典范。

1994年12月15日，在泰国普吉岛召开的世界遗产委员会第18届委员会会议认为，布达拉宫历史建筑群符合世界遗产第一、四和六条标准，将其列入《世界遗产名录》，遗产编号707。2000年11月30日，在澳大利亚凯恩斯召开的第24届世界遗产委员会会议同意将大昭寺作为布达拉宫历史建筑群的扩展项目列入《世界遗产名录》，遗产编号改为707bis。2001年12月14日，在芬兰赫尔辛基召开的第25届世界遗产委员会会议同意将罗布林卡作为布达拉宫历史建筑群的扩展项目列入《世界遗产名录》，遗产编号改为707ter。布达拉宫历史建筑群遗产区面积60.5万平方米，缓冲区面积198.8万平方米，总面积259.3万平方米。1961年3月4日，布达拉宫和大昭寺被国务院公布为第一批全国重点文物保护单位，编号分别是1-0107-3-060和1-0081-3-034；1988年1月13日，罗布林卡被国务院公布为第三批全国重点文物保护单位，编号3-0096-3-044。

**庐山国家公园** 英文名Lushan National Park，是中国第一个以文化景观类别列入《世界遗产名录》的世界文化遗产。位于江西省北部，北邻长江，东濒鄱阳湖，主峰大汉阳峰，是一座独特的地垒式断块山。

庐山是第四纪强烈上升的断块山，地质构造复杂，形迹明显。许许多多的断裂构造，开成众多的山峰，壑谷。自古命名的山峰有171座，群峰间散布冈岭26座，壑谷20条，岩洞16个，怪石22处。水流在河谷发育裂点，形成许多急流与瀑布，有瀑布22处，溪涧18条，湖潭14处。庐山生物资源丰富，生态系统完整。森林覆盖率76.6%。植物3000余种，昆虫2000余种，鸟类171种，兽类33种。

　　庐山地区早在6000年前便有人类的活动，人们在这里创造出内涵丰富、影响深远的"庐山文化"。汉朝司马迁登庐山，并将庐山载入《史记》。诗人陶渊明在庐山开创中国田园诗风。此后，谢灵运、李白、白居易、苏东坡、王安石、陆游、康有为、胡适、毛泽东、郭沫若等历代名人1500余名先后登临庐山，留下4000余篇诗词歌赋。4世纪，高僧慧远在庐山建东林寺，创"净土法门"；道教陆修静建简寂观，编撰《三洞经书目》。3～13世纪，庐山宗教兴盛，寺庙道观多至500座。民国13年（1924年），世界佛教大会在庐山大林寺召开；19世纪末到20世纪初，有20余国的教会汇聚庐山，庐山存有佛教、道教、伊斯兰教、基督教、天主教等五大宗教的寺观、教堂。五代南唐升元四年（940年），在庐山建国学；北宋更名白鹿洞书院，后经南宋朱熹重建，弘扬理学，遂成为"天下书院之首，海内书院第一"。16世纪后，药物学家李时珍、地理学家徐霞客、植物学家吴其睿等先后登上庐山进行科学考察。20世纪30年代初，地质学家李四光在庐山发现并研究第四纪冰川，创立中国第四纪冰川学说；中国植物学奠基人胡先骕建立中国第一座亚高山植物园。庐山近代别墅的开发始于清光绪十年（1884年），法国人樊迪爱在莲花洞建教堂、医院和别墅。光绪十二年（1886年），俄国人强占九峰寺；光绪二十年（1894年），樊迪爱又上山，在现在的香山路建天主教堂；次年，九江道台与英国九江领事签订《牯牛岭案十二条》，英国人李德立强租庐山牯岭开辟避暑地，规划牯岭分地出售，并修建庐莲登山道。光绪二十五年（1899年），庐山牯岭建设雏形形成，几十栋别墅相继建设完成，至民国20年（1931年）修建的别墅达800余栋，居民10539人。民国22年（1933年）8月11日，国民政府收回租借地。进入民国开发时期，至民国26年（1937年）庐山有近20个国家业主的上千栋别墅和房屋，庐山居民达14052人。庐山曾一度为国民政府的"夏都"，民国26年（1937年）蒋介石在庐山发表抗战宣言。次年7月，日军开始攻占庐山。民国28年（1939年）4月，牯岭沦陷，女儿城大片房屋被烧毁。中华人民共和国成立后，毛泽东三次登上庐山，分别主持召开1959年、1960

庐山牯岭全景

庐山石松

年和1970年的中共中央会议。

　　庐山保存有古建筑（群）、古墓葬、古遗址、摩崖石刻（碑刻）、近现代中外别墅等大量文物。

　　庐山古建筑（群）主要有白鹿洞书院古建群、东西林寺古建群、御碑亭和赐经亭以及观音桥等。白鹿洞书院辖区（184万平方米），坐落于庐山五老峰东南麓，群山环抱、古木参天。书院建筑群占地面积8000余平方米，由先贤书院、礼圣殿、白鹿书院、紫阳书院和延宾馆五个院落组成，院院相通，贯道溪水从院前流过。书院始建于南唐，宋、元、明、清办学不断，历史上经历九废十兴。南宋朱熹知南康军，重振白鹿洞书院，弘扬理学，使白鹿洞书院成为"天下书院之首、海内书院第一"，影响了后世700年理学发展的大趋势。新中国成立后，经过大规模维修。所存多为明清建筑，

建筑风格以小木作法的徽派建筑为主。书院存有宋至民国初年的碑刻157通、摩崖石刻57方。碑刻和石刻题记是书院的珍贵档案，具有很高的历史、科学和艺术价值。东林寺坐落于庐山西麓，始建于晋朝，晋太元六年（381年），高僧慧远应西林寺主持慧永之请，在庐山西林寺东寺开展活动，名曰东林。慧远在庐山36年，聚集徒众，宣扬佛法，阐发佛理，论赞佛经，并请天竺名僧到寺译经宣讲；邀刘遗民、周续之、宗炳等学者居士结莲社，创"净土法门"，使东林寺成为南方佛教中心，代表佛教中国化的发展趋势。东林寺历史上经历多次战乱，兴废更迭。中华人民共和国成立后，东林寺重新修建，20世纪八九十年代开始大规模修复。东林寺存有神运殿、三笑堂、十八高贤堂、莲池、聪明泉、罗汉松、文殊阁、慧远墓、觉显墓及唐经幢等名胜古迹。御碑亭为明

白鹿书院

观音桥

朝洪武二十六年（1393年）朱元璋赐建，石构歇山顶方亭，四面开门，位于庐山仙人洞景区入口的白鹿升仙台上。御碑亭内立汉白玉周颠仙传石碑，碑背面刻有朱元璋的"四仙诗"，著名书法家詹希原书。民国时期进行过多次维修，增设外围石栏及露台，并因风水原因封堵北门。御碑亭是明朱元璋封庐山为"庐岳"的重要历史见证。赐经亭是为纪念明神宗圣母皇太后赐经书给庐山黄龙寺而修建的，石构歇山顶方亭，四面通透，位于庐山黄龙寺后一小山丘上。赐经亭中立圣母皇太后赐经赞文汉白玉碑，是研究庐山明朝历史的重要实物见证。观音桥又名栖贤桥、三峡桥，建于北宋大中祥符七年（1014年），为单跨石拱桥，位于庐山南麓三峡涧上。观音桥长20米，宽4米，桥面以大石铺成，侧有石栏，桥孔内围以七行长方形条石以榫卯相接成拱，桥南有"天下第六泉"的招引泉。观音桥千年不损，结构独特，是研究中国古代桥梁建造技艺的重要实物。

古墓葬，在庐山多为和尚塔墓，在庐山著名寺院周边分布较多，墓葬形式基本相同，主要以恭乾禅师塔和普同塔为代表。其他墓葬多分布在缓冲区内，如陶渊明墓、刘凝之墓、周濂溪墓等。恭乾禅师塔位于庐山九奇峰下金竹坪中，是庐山地区保存较好的古墓葬之一，规模形制独特，制作工艺精湛，为江西所罕见，具有很高的历史、科学和艺术价值。恭乾禅师为佛教贤首宗（又称华严宗）第二十六代传人，明万历七年（1579年）来庐山辟千佛寺，潜心于贤首宗的研究和传承，阐化宗义，振兴门宗，为华严宗在庐山建立了根基。恭乾禅师塔院依据其功能和平面特点大体上可以分成入口、拜庭、塔和墓三个空间序列，包括禅师墓、塔、碑亭及护栏等，为一组纪念性宗教建筑组群，碑文、塔铭翔实，另去塔院东北30米处，有卧碑一块，其侧船形自然石葬恭乾禅师灰身舍利，石上立五层五边形小石塔一座。普同塔位于庐山金竹坪西侧山坡上，为原千佛寺和尚合葬塔墓。塔墓分为拜庭、塔和墓三个空间序列，形制类似于恭乾禅师塔，且更简约平素。墓门四柱三间，墓室依山开凿，内设架空木板，板上放置和尚骨灰。墓门明间碑刻"普同塔"，两次间墓门可向内开启，为其最独特之处。塔墓周边环境优美，绿树掩映，是研究庐山明代佛教历史及和尚墓葬文化的重要实物。

庐山地区的古文化遗址种类繁多，时间跨度长，古文化遗址有600余处，分布地域涵盖庐山整个山体及周边地区，远古遗址有20余处，分布在庐山山脚周边地区。1981年5月，在庐山脚下的马回岭、望家岭、蛟湖滩发现13处新石器遗址，遗址发现有石器（石斧等）、

庐山三叠泉

陶器以及灰坑和烧土等。经调查认定遗址下层为新石器晚期，中上层为商周时代遗存。此外在庐山南部的黄龙山亭子墩、磨盘山，庐山西南的城厢墩、王家墩、大王岭发现新石器中晚期至东周遗址。远古文化遗址的发现，证实6000年前在庐山地区存在人类的村落。泛舟岩商周农、猎、渔遗址（石钟山）的发现，证实庐山地区是长江文化与中原文化的融会地之一，夏商时期为越族人活动区域。庐山古文化遗址多以建筑（群）遗址为主，时间从晋朝至近代。环庐山周边主要有圆通寺遗址、陶渊明故里、归宗寺遗址、简寂观遗址、秀峰寺遗址、万杉寺遗址、栖贤寺遗址、海会寺遗址、匡山草堂遗址、马祖山遗址、濂溪书院遗址（濂溪墓）、大平宫遗址等。山体上主要有禹

王台遗址、天池寺遗址、千佛寺遗址、大林寺遗址、寻真观和昭德观遗址、李白草堂遗址、白居易草堂遗址、修静庵遗址、九峰寺遗址以及女儿城近代别墅遗址等等。

庐山存有石刻900余处、碑刻300余通。据志书记载，庐山的摩崖石刻最早为大禹治水时在禹王崖留下的蝌蚪文。所存石刻最早为唐刻，宋、元、明、清、民国石刻都有广泛分布，主要的石刻群有秀峰石刻、白鹿洞石刻、仙人洞石刻、九十九盘石刻、大天池石刻、五老峰石刻、黄龙寺石刻、松树路石刻、女儿城石刻、汉阳峰石刻、好汉坡石刻等等。从石刻内容上可以分为志地、记事、化景、明誓、弘道和骋怀六大类；从镌刻技法上可分为阴刻、线刻、阳刻；从表现形式上可分为摩崖、碑刻、碣石、造像、门额等。另外还有少量外国人的汉字题刻、英文石刻等。

庐山的近现代代表性纪念建筑主要指清末至民国时期外国人在庐山修建的别墅建筑（含公共建筑）和民国时期的建筑。庐山存有现代18个国家业主修建的别墅建筑600余栋，大多为欧洲乡村式别墅。受国家公园学说和城市公园学说以及折中主义建筑流派的影响，形成庐

庐山近代建筑"美国基督教堂"

山特色的国际性别墅群落，并与英国自然风致园及中国园林艺术相结合，构成具有庐山鲜明特色的文化建筑艺术景观。

庐山具有价值突出的地质构造，动植物资源丰富，造就"雄、奇、险、秀"为主要特征的自然美景，2000多年来吸引诸多学者、艺术家、文学家和政治家在此留下活动的遗迹。庐山瑰丽的自然风光与匠心独运的历史建筑构成了独一无二的人文景观，其突出的美学价值与中华精神、文化生活息息相关，是中国山水文化的杰出代表，也是哲学与艺术的灵感之源。优质文化遗产与自然景观浑然一体，是中华民族对于人文、自然和谐互动的深入理解的见证。庐山的寺庙与书院散布于自然景观之中，展示了从3世纪末到20世纪初人们精神价值的更迭。庐山是中国书院教育的典范，朱熹重振白鹿洞书院，使之成为宋明理学和书院教育的典范，影响宋代及之后700年的中国历史，朱熹的理学思想和教育模式远播日本、韩国、印度尼西亚等国，在世界教育史上有重要影响。慧远在东林寺创立"净土"法门，开创佛教中国化的新局面。庐山历史上重大的文化演变及历史事件影响中国历史的发展轨迹。庐山近代别墅群是西方文化在19世纪末到20世纪中期进入中国腹地的实物见证。别墅反映多种建筑风格，其与自然景观相契合的布局则遵循当时西方流行的规划设计概念，并与内涵丰富的历史遗迹完美结合，形成独特的文化景观。观音桥独特的榫卯石拱结构在中国桥梁建造史中扮演着重要的角色。

1996年12月6日，在墨西哥梅里达召开的联合国教科文组织世界遗产委员会第20届会议认为，庐山符合世界遗产的第二、三、四、六条标准，将其以"文化景观"类别列入《世界遗产名录》，遗产编号778，遗产区面积302平方千米，缓冲区面积500平方千米。1988年1月13日，国务院公布观音桥和白鹿书院（同白鹿洞书院）为第三批全国重点文物保护单位，编号分别为3-0067-3-015和3-0074-3-022；1996年11月20日，国务院公布庐山会议旧址及别墅建筑群为第四批全国重点文物保护单位，编号4-0219-5-021；2001年6月25日，国务院公布第五批全国重点文物保护单位时，将庐山河东路175号别墅归并入庐山会议旧址及别墅建筑群；2006年5月25日，国务院公布秀峰摩崖石刻为第六批全国重点文物保护单位，编号6-0829-4-019；2013年5月3日，国务院公布庐山赐经亭和庐山御碑亭为第七批全国重点文物保护单位，编号分别为7-1112-3-410和7-1120-3-418。

**丽江古城** 英文名Old Town of Lijiang，是一个以纳西族为主体的多民族聚居地，拥有800多年历史且保存完好的古城，由大研古城（含黑龙潭）、白沙民居建筑群、束河民居建筑群三个部分组成。位于云南省丽江市，地处云南省的西北部，青藏高原东南边缘、横断山脉分布地带。

丽江古城始建于宋末元初，盛于明清。从12世纪开始逐步成为中国川、滇、藏贸易的重要物资集散地，是南方丝绸之路与茶马古道的交汇点。南宋末年，丽江木氏先祖将其统治中心从白沙移至狮子山麓，开始营造房屋城池，称"大叶场"。南宋宝祐元年（1253年），木氏先祖阿宗阿良归附元世祖忽必烈。宝祐二年

丽江古城

（1254年），在大叶场设三赕管民官，其建制隶属于茶罕章管民官。元至元十三年（1276年），茶罕章管民官改为丽江路军民总管府。至元十四年（1277年），三赕管民官改为通安州，州治在今大研古城。明洪武十五年（1382年），通安州知州阿甲阿德归顺明朝，设丽江军民府，阿甲阿德由朱元璋皇帝赐姓木，并封为世袭知府。洪武十六年（1383年），木得在狮子山麓兴建丽江军民府衙署。清顺治十七年（1660年），设丽江军民府，仍由木氏任世袭知府。雍正元年（1723年），朝廷在丽江实行改土归流，改由朝廷委派流官任知府，降木氏

为土通判。雍正二年（1724年），第一任丽江流官知府杨馝到任后，在古城东北面的金虹山下新建流官知府衙门、兵营、教授署等，并环绕官府建筑群修建城墙。乾隆三十五年（1770年），丽江军民府下增设丽江县，县衙门建于古城南门桥旁。民国元年（1912年），丽江废府留县，县衙门迁入原丽江府衙内。民国30年（1941年），丽江设云南省第七行政公署及丽江县政府。1949年中华人民共和国成立，设丽江专员公署及丽江县人民政府。1961年，设丽江纳西族自治县。

大研古城坐落于玉龙山下一块海拔2400

丽江科贡坊

丽江黑龙潭

丽江玉水河上木板桥

米的高原台地上。旧设土司衙署于城南，周围建宫室园囿。在一条东西主轴线上，排列着石牌坊、丹池、大殿、配殿、光碧楼、玉音楼等建筑物。城北为商业区，以四方街为中心，四条干道呈经络状向四周延伸，临街均设商业铺面。城东为旧时流官府衙所在地，遗存有文明坊、文庙、武庙。大研古城的水系是其命脉和规划建设的要素。"城依水存、水随城在"是大研古城的一大特色。城北的黑龙潭为古城主要水源。潭水由北向南蜿蜒而下，至双石桥处分为东、中、西三条支流，各支流再分为无数细流，入墙绕户，穿场走苑，形成主街傍河、小巷邻水、跨水筑楼的景象。水网之上，造型各异的石桥、木桥多达354座，使大研古城桥梁密度居全国之冠。丽江民居极具特色。平面

临水而居的纳西人家

丽江白沙壁画

纳西古乐

布局有三坊一照壁、四合五天井、前后院、一进多院等多种形式。房屋就地势高低而建，以两层居多，也有三层，适用且美观。大研古城重要的文物古迹包括明代丽江军民府与木家院、黑龙潭古建筑群以及福国寺五凤楼。其中，丽江军民府沿中轴线依次排列金水桥、忠义坊、圆池、正殿、光碧楼、寿星楼、丹墀、一文亭、玉音楼、三清殿（玉泉阁）、狮山御园。丽江军民府北侧一进三院住宅为木家院。玉泉明清建筑群位于黑龙潭公园内，包括五凤楼、文明坊、石狮、一文亭、解脱林门楼、光碧楼、得月楼、龙神祠等。

白沙民居建筑群位于大研古城城北8千米，曾是宋元时期丽江政治、经济、文化中心。白沙民居建筑群的民居建筑分布在一条南北走向的主轴上，中心为一个梯形广场，四条巷道从广场通向四方。民居铺面沿街设立，一股清泉由北面引入广场，融入民居群落。白沙民居建筑群的形成和发展为后来大研古城的布局奠定了基础。白沙村还包括一处宗教建筑群，包括琉璃殿、大宝积宫、大定阁、金刚殿和文昌宫。其中著名的白沙壁画共44幅，分布在琉璃殿、大宝积宫和大定阁中，绘制于明初（13世纪），主题涉及佛教、道教和纳西族人的生活，还糅合白族人的文化元素。

束河民居建筑群在大研古城西北4千米处，是丽江古城周边的一个小集镇。束河民居建筑群依山傍水，街头有一潭泉水，称"九鼎龙泉"或"龙泉"。青龙河从束河村中央穿过，建于明代的青龙桥横跨其上。桥东侧建有长33米，宽27米的四方街。其四周铺面林立，依水设街，形制与大研古城四方街相似。

丽江古城流动的城市空间，充满生命力的水系，风格协调的建筑群体，尺度适宜的居住建筑，亲切宜人的空间环境以及独具风格的民族艺术内容等，体现特定历史条件下城镇建设中人类创造的精神，是人居环境建设的典范。丽江古城有别于中国任何一座古城的建城理念，未受"方九里、旁三门、国中九经九纬、经涂九轨"的中原建城府制影响，在选址和布局上充分尊重自然、顺应自然、利用自然，体现纳西族人民与自然和谐共处的传统思想。丽江古城北侧以深入平坝的山体为屏障，东面和南面为田园平川，拥有非常良好的风水关系和生态格局。自雪山而下的水系呈脉络状分布，穿越村镇与农田。黑龙潭与散布的井和泉构成完整的水系，供全城消防、居民生活、生产用水之需。同时，水在丽江古城独特的建筑风格、城市布局和景观中扮演了重要的角色，主街傍河、小巷临水、跨水筑楼、小桥不计其数。丽江古城的三个组成部分白沙、束河和大研古城充分体现从宋元时期（12世纪）开始，不同历史阶段的社会经济文化发展以及为丽江古城人居环境不断改进与完善而进行的不懈努力，规划布局充分利用自然的山体、水系，以四方商业广场为中心，主要巷道从广场依山傍水向四周伸展，形成城镇的脉络。纳西民居在布局、结构和造型上按照自然条件和传统生活习惯，有机结合汉、白、藏族民居的优秀传统，并在房屋抗震、遮阳、防雨、通风等方面进行创新，形成独特的建筑风格。丽江古城山水、树木和建筑融为一体，营造了"天人合一"的人居环境。丽江古城从12世纪开始逐步成为中国川（四川）滇（云南）藏（西藏）贸易重要的物资集散地，是南方丝绸之路与茶马古道的交汇点.丽江古城逐渐成为纳西、汉、藏、白等各民族经济文化交流的重要枢纽。8个多世纪文化技术的交流，融汉、白、藏各民族精华，形成独具纳西族特色的建筑、艺术、城镇规划和景观以及社会生活、风俗习惯、工艺美术等人文特征，尤其宗教建筑及其他建筑中的壁画，表现了儒家、道教和佛教等多种宗教的相容并存、和谐相处的生动景观。

1997年12月4日，在意大利那不勒斯召开的联合国教科文组织世界遗产委员会第21届大会认为，丽江古城符合世界遗产第二、四和五条标准，将其列入《世界遗产名录》，遗产编号811bis，遗产区面积145.6万平方米，缓冲区面积582.3万平方米。1996年11月20日，大宝积宫和琉璃殿被国务院公布为第四批全国重点文物保护单位，编号4-0159-3-081；2006年5月25日，黑龙潭古建筑群被国务院公布为第六批全国重点文物保护单位，编号6-0749-3-452；2013年5月3日，大觉宫壁画被国务院公布为第七批全国重点文物保护单位，编号分别为7-1374-3-672。

**平遥古城** 英文名Ancient City of Pingyao，是由完整的城墙、街道、店铺、寺庙、民居组成的一个庞大的古建筑群，是中国古代城市的原型。世界遗产平遥古城由位于山西省晋中市平遥县境腹地的平遥县城、位于县城西南6千米的桥头村的双林寺，和位于县城东北15千米郝洞村的镇国寺组成。

平遥古城相传始建于西周宣王时期（前827～前782年），为西周大将尹吉甫北伐猃狁时驻军于此而建。从北魏太武帝改平陶为平遥，至2017年，有1500多年的历史，平遥古城一直是平遥县历代县治所在地。平遥古城城墙为明代扩建，城内存六大寺庙建筑群和县衙署、市楼等古建筑，城内有大小街巷100

平遥古城墙

平遥古城一角

多条，是原来的历史形态，街道两旁的商业店铺基本上是17～19世纪的建筑，城内有3797处传统民居，其中400多处保存价值较高。平遥城墙周长6.4千米，明、清两代多次补修，但基本保持明初的形制和构造，系保存下来较好的一座县城城墙。平遥城平面呈方形，城墙高12米左右，外表全部砖砌，墙上有垛口。城外有护城河，深和宽均约4米。城墙开有6门，东西各二，南北各一。门外筑有瓮城，原有城楼、角楼和敌楼、台，已大多坍毁。平遥古城内部，格局讲究，朝向分明，南北正直，东西对应。四大街、八小街、七十二条蚰蜒巷，犹如龟背纹图，构成城内四通八达、井然有序的通行网络。全城建筑以市楼为中心，以市楼所在的南大街为中轴线，东西两侧的主要建筑物

形成上下有序、寺庙对称、左祖右社、文武相遥的独特格局。城之中部两侧，东为城隍庙，西为县衙署，是全城阴阳两界的最高统府；南

平遥市楼近景

平遥文庙大城殿

日升昌票号金库

部两侧东有文庙，西有武庙，体现儒家的文武礼治思想；北部两侧东建清虚观，西建集福寺（不存），为道、佛两家集中活动场所。古代民居遍布全城，主要街道两旁店铺林立，基本保持着明清时期的历史原貌。城内街道建筑布局基本保留原制。平遥文庙主要建筑分布在三进院落。一进院有影壁、棂星门、泮池、大成门、乡贤祠、名宦祠等；二进院有大成殿、掖门、东西庑；三进院有明伦堂、贤候祠、忠孝祠等。其中大成殿为金代建筑，东西庑为明代建筑，其余均为明清遗构。庙内有碑碣21通。大成殿面阔五间，进深达十椽。单檐歇山顶，布瓦覆盖，琉璃脊饰。斗拱七铺作，双抄双下昂，无补间。梁架后槽用乳栿，前槽用四椽栿，四椽栿上立蜀柱承六椽栿。平梁上用双重叉手。清虚观位于平遥县古陶镇东大街，创建于唐显庆二年（657年），元以后历代维修。清虚观坐北朝南，占地5891平方米，建筑面积2633平方米，三进院落布局，包括木构牌坊山门、龙虎殿、三清殿、纯阳宫及配房等建筑。二柱式木构牌坊，建于清乾隆三十六年（1771年）。山门殿，清代遗构，面阔五间，悬山顶，檐下施三踩斗拱。龙虎殿建筑面积225平方

米，元代重修，面阔五间，单檐歇山顶，柱头带卷杀，单昂四铺作斗拱，琉璃方心、剪边殿顶。三清殿建于明万历二十八年（1600年），面阔五间，进深九椽，单檐歇山顶，五踩斗拱，琉璃方心、剪边屋面，殿内存元大德元年（1297年）八思巴蒙文宣谕碑。纯阳宫，建于清光绪二十四年（1898年），面阔三间，六檩卷棚悬山顶，前有抱厦，斗拱五踩。另有钟鼓楼、东西廊庑若干间。观内现存元代以来的彩绘泥塑共8尊，宋、元、明、清各代的碑、碣30通。城隍庙始建年代不详，明嘉靖三十三年（1554年）重修，清同治时又重修，占地面积7302平方米，建筑面积2970平方米。城隍庙现存规模完整，前后三进院落，坐北朝南，中轴线上依次建有牌楼、山门、戏楼、献殿、正殿、寝宫，两侧建有东、西配殿和六曹府、土地祠等建筑。在城隍庙的左右两侧分别建有灶君庙和财神庙。日昇昌旧址前身为"西裕成"颜料行，清道光三年（1823年），改为专营银两汇兑和存放款业务的票号，取名"日昇昌"。旧址包括中、东、西三院，中院铺面五间，三进院，临街铺面与中厅以及西院后厅、东西厢房，都是上下两层的木结构房舍，东院

是"美和居"炉食铺，三者均为日昇昌票号财东所营。日昇昌旧址格局完整，建筑、装修如故，具有明清商业建筑特征和地方特色。"日昇昌"是中国第一家票号，在中国商业史和金融发展史上占有重要地位。

双林寺，原名中都寺，据所存北宋大中祥符四年（1011年）《姑姑之碑》记载，重修于北齐武平二年（571年），北齐皇帝还赠赐牌额，后经兵戈焚毁。北宋时期，更名为双林寺，取自佛经上"佛陀双林入灭"之说。金元之际，毁于战火。明代景泰、天顺、弘治、正德、隆庆年间以及清道光、宣统年间都有过较大修葺。双林寺坐北向南，四周围筑以夯土高墙，总占地面积1.47万平方米。经堂、禅院在东，寺院殿堂居西。寺院内，由10座殿堂组成四进院落，中轴线上依次有山门、天王殿、释迦殿、大雄宝殿和娘娘殿。前院两侧为罗汉殿、地藏殿、武圣殿、土地殿，

释迦殿两侧有钟、鼓二楼对峙，中院宽阔，千佛殿和菩萨殿左右对称。

镇国寺，原名京城寺。据碑文、县志和万佛殿内题记所示，始建于五代北汉天会七年（963年）。元明时期，前建山门天王殿和左右钟鼓二楼，后建三佛楼和东西廊房观音、地藏二殿。明嘉靖十九年（1540年），更名为镇国寺。清雍正、乾隆年间重修，分葺东西两廊。嘉庆元年至二十年（1796～1815年）又增修舞榭于山门外（"文化大革命"期间拆除），建经堂于佛阁两羽，添厢房6间，置东西廊之北。嘉庆二十年，对万佛殿进行修葺，并于殿前建左右碑亭，于寺西建禅房13间，又重修寺东元坛（真武坛）一所（已不存）。从光绪十四年（1888年）起，数年间移三灵侯、财福神两祠于寺内碑亭之北。镇国寺坐北朝南，寺内地势平坦，杂树交荫，总占地面

平遥双林寺内千手千眼观音像

积约1.33万平方米。由前后两进院落组成，中轴线上建有天王殿、万佛殿和三佛楼，两厢建钟、鼓楼、观音殿、地藏殿及东西厢房。禅院位于寺院西隅。万佛殿，平面近方形，宽深各三间，出檐深远，斗拱总高超过柱高的三分之二，梁架形制规整，殿内塑像为五代遗物。后院正面为三佛楼，楼内保存有明代壁画，左右有观音殿和地藏殿。

平遥古城的构筑，体现中国古代"筑城以卫君，造郭以为民"的造郭围城原则，集中展现14～20世纪的中国汉民族城市的建筑风格和城市规划的发展脉络，反映中国传统的等级思想和正统的礼制观念。平遥古城是中国汉民族城市在明清时期的杰出范例。平遥古城展示中国历史发展中一幅非同寻常的文化、社会、经济及宗教发展的完整画卷，对研究社会形态、经济结构、军事防御、宗教信仰、传统思想、伦理道德和人类居住形式等具有重要价值。平遥古城是整个中国19～20世纪初期金融业的中心，现存古城内的近4000处商业店铺、传统民居，建筑雄伟、建造精良，是平遥长达一个多世纪经济繁荣的真实见证。双林寺现存明、清彩塑2000余尊，精美绝伦，享誉"东方彩塑艺术宝库"。镇国寺主体建筑万佛殿，建于北汉天会七年（963年），是全国所存最古老的木构建筑精品之一。殿内的彩塑作品，是全国寺观庙堂中至今罕见的五代作品，颇具晚唐风格，至为珍贵，为研究中国古代建筑史、雕塑发展史提供极为珍贵的资料。

1997年12月4日，在意大利那不勒斯召开的联合国教科文组织世界遗产委员会第21届大会认为，平遥古城符合世界遗产第二、三、四条标准，将其列入《世界遗产名录》，遗产编号812，遗产区面积为245.62万平方米，其中平遥古城遗产区面积为242.54万平方米，双林寺遗产区面积为1.63万平方米，镇国寺遗产区面积为1.45万平方米；缓冲区面积338.53万平方米，其中平遥古城330.83万平方米，双林寺3.85万平方米；镇国寺3.85万平方米。1988年1月13日，国务院公布平遥城墙、双林寺、镇国寺为第三批全国重点文物保护单位，编号分别为3-0060-3-008、3-0120-3-068和3-0111-3-059；2001年6月25日，国务院公布平遥文庙为第五批全国重点文物保护单位，编号5-0240-3-046；2006年5月25日，国务院公布清虚观、平遥城隍庙和日昇昌旧址为第六批全国重点文物保护单位，编号分别为6-0407-3-110、6-0483-3-186和6-0483-3-187；2013年5月3日，国务院公布平遥惠济桥、雷履泰旧居和平遥市楼为第七批全国重点文物保护单位，编号分别为7-0898-3-196、7-0899-3-197和7-0900-3-198。

**苏州古典园林**　英文名Classical Gardens of Suzhou，是中国江南园林的典型代表，也体现着古代中国私家园林的最高成就。苏州古

拙政园小飞虹

拙政园水廊

典园林位于江苏省苏州市，由拙政园、留园、网师园、环秀山庄、沧浪亭、狮子林、艺圃、耦园和退思园9座园林组成。

拙政园，前身三国时为吴郁林太守陆绩宅第，东晋时为高士戴颙宅，唐末为诗人陆龟蒙宅，北宋时山阴簿胡稷言建五柳堂，元代为大弘寺，元末张士诚据苏时属其婿潘元昭驸马府。明正德四年（1509年），王献臣以大弘寺址拓建宅园，名为拙政园。后王氏子将园输给徐氏。崇祯四年（1631年），刑部侍郎王心在园东部建归园田居。清顺治二年（1645年），拙政园一度被镇将所据。顺治十年（1653年），为大学士陈之遴购得，后因"结党营私"获罪，园籍没入官。顺治十七年（1660年），为宁海将军府。康熙三年（1664年）改为兵备道署。后为吴三桂女婿王永宁所得，

大事增修。吴三桂反清失败，园再度入官。至康熙十八年（1679年），拙政园改为苏松常道新署，苏松常道署裁撤后，渐散为民居。乾隆三年（1738年），又划分为二：东偏归太守蒋棨，改名为复园；西偏为翰林叶世宽所有，另建书园。至此，原来浑然天成一体的拙政园，演变为相互分离、自成格局的三个园。清嘉庆十四年（1809年），复园为刑部郎中查世倓购得。嘉庆二十五年（1820年），又归吏部尚书协办大学士平湖人吴璥，故也称吴园。咸丰十年（1860年）四月，太平军进驻苏州。八月，建忠王李秀成府，吴园和书园都划归忠王府。同治二年（1863年），李鸿章收复苏州后，据为江苏巡抚行辕。同治十年（1871年）冬，南皮张之万任江苏巡抚时，占为行馆，略加修葺。同治十一年（1872年）正月，改为八

旗奉直会馆，其范围包括园的中部花园及前面的房屋，仍名拙政。光绪三年（1877年）西部归张履谦，大加修葺，易名补园。拙政园在民国26年（1937年），遭日本侵略军飞机轰炸破坏。1952年11月，整修后的拙政园中部花园和西部花园对外开放。1952年下半年，对东部花园进行整修。1959年在东部花园新建了大门、芙蓉榭、涵青亭、秫香馆等，1960年9月完工。至此，拙政园中、西、东三部重又合而为一，成为完整统一而又各有特色的名园。拙政园是苏州所存的最大古典园林，占地5.2万平方米。全园以水为中心，水面约占全园面积的五分之一，分为东、中、西三部分，各具特色。园南为住宅区，体现典型江南地区汉族民居多进的格局。园南还建有苏州园林博物馆，是国内唯一的园林专题博物馆。园东部以平冈小山、松林草坪、竹坞曲水为特点，缀以兰雪堂、芙蓉榭、天泉亭、秫香馆、放眼亭、涵青亭等建筑。中部是拙政园的主体，以池水为中心，亭轩楼榭多临水而筑，园景自然疏朗，有远香亭、倚玉轩、小飞虹、听松风处、得真亭、小沧浪、香洲、玉兰堂、见山楼、荷风四面亭、雪香云蔚亭、嘉实亭诸构，基本保持明代造园风格。西部水面迂回，布局紧凑。有三十六鸳鸯馆、宜两亭、倒影楼、拜文揖沈之斋、浮翠阁、笠亭、与谁同坐轩、留听阁、塔影亭等建筑。

留园，建于明万历二十一年（1593年），原为明代太仆寺少卿徐泰时的东园。清乾隆五十九年（1794年），转归广西右江兵备道刘恕（号蓉峰）所有，于嘉庆三年（1798年）重建和扩建后，取名寒碧庄，俗称刘园。同治十二年

（1873年），盛旭人购得，重加扩建，光绪二年修葺一新，取留与刘的谐音改名留园。留园建筑类型大致可分为厅堂、轩馆、楼阁、榭、亭和廊等，共计各类建筑40余座，廊长700余米，漏窗70多孔（60多式）。留园建筑装修有长窗、半窗半墙、地坪窗、横风窗（横披）、和合窗、景窗、地罩、美人靠以及各种挂落、栏杆。留园山水以中、西部为主，构成山水风光的骨架。中部假山缘池而叠，坐于池西北，池东、南为建筑，以水为中心的布置使山池主景置于向阳一面，山水更明丽深远。中部假山的堆叠法为石包土法，具有写意风格，是苏州园林中石包土假山的代表作品；水池曲折委婉，山涧、溪流、水口、桥岛等布置得当，有缥缈之态。西部假山的堆叠法为土包石法，假山体形较大，山形更为自然。南部有谷、溪透迤，园内假山上多植高大林木，更富山林气息。园内另有小型假山和水池散置于楼厅庭院之间。留园的湖石名峰，包括一些难得的大型斧劈石、石笋等，是天然的抽象雕塑，增强留园的艺术氛围。园内有林山3处，楼山2处，厅山1处，水池、溪涧5处，地表水井4口。峰石，是留园景观的一大特色。留园峰石多而美，有些曾是历史上名噪一时的名峰，至今仍是江南园林中湖石名峰的翘楚；有些则是留园历史的见证。据粗略统计，留园有名气、有姿态、有一定尺寸的峰石有30多峰，成为园林景观中颇具特色的内容，并负载着浓郁的人文信息，如因晚翠峰、独秀峰而成的揖峰轩、石林小院，如冠云峰与其周围的冠云台、冠云楼、冠云亭等一组景观等。留园铺地图案以几何、花卉、动物为主，粗略统计有150多种，大致

留园曲溪楼

可分三个类型：其一为素面纹型，其二为织锦纹型，其三为吉祥图案。留园石刻（书条石）数量最多，内容丰富，镌刻精美，品质上乘，统称为《留园法帖》。其中有一部分是园记、诗词、题跋，但数量最多的，当推历代名家法帖内容。《留园法帖》大多集自南派著名帖学诸家，从晋代钟、王，至唐、宋、元、明、清共有100多位书家的珍品。为点缀园景，留园中还有多处园林建筑小品，主要有花坛、石桌、石凳等。留园的陈设家具，除极个别为园中原物散落民间又重新收回之外，大多系1953年园林整修时从旧货市场、私人旧宅中购得。各类陈设1100多件。园内盆景，始于1970年末，迄今为止，园内盆景品种有日本大阪松、五针松、榆、鹊梅、黄杨、石榴、紫藤、六月雪等20多个品种，计269盆。留园素以古木嘉卉著称，有古树名木19株、植物种类151种、乔灌木植物数量2571株。

网师园，原为南宋淳熙年间吏部侍郎史正志所营万卷堂故址，堂前曾有花园一座，名渔隐。后园归丁氏，日久荒废。清乾隆年间，光禄寺少卿宋宗元退隐苏州，在万卷堂旧址营筑别业，以网师自号，兼取史正志"渔隐"旧义，与其所居王思巷谐音，名网师园。乾隆二十三年（1758年），彭启丰曾来园参加元宵游宴。宋氏死后，园渐颓废。乾隆末为太仓富商瞿远村购得，增置亭台竹木，半易网师旧观，人称瞿园，又名蘧园。同治初，园归

网师园殿春簃

江苏按察使李鸿裔。因与苏舜钦所建沧浪亭相近，李氏自号苏邻，并改园名为苏邻小筑。光绪二十二年（1896年），李鸿裔嗣子李少眉增建撷秀楼。光绪三十三年（1907年），吉林将军达桂曾携眷来此居住，并自撰《网师园记》述其事。1917年，张作霖以30万银圆购得此园，赠予其师张锡銮，改称逸园。叶恭绰、张善孖、张大千曾一度借寓园中。1940年，何亚农购得此园，费时三年，全面整修并充实古玩书画。1950年，何氏子女将园捐献给国家。网师园分住宅和园林两个部分。住宅部分共三进，布局严谨，空间紧凑，与园林部分的清幽含蓄形成对比。住宅自大门至轿厅、万卷堂、撷秀楼，沿中轴线依次展开，主厅"万卷堂"

屋宇高敞，装饰雅致。位于堂前的砖门楼雕刻精致，做工考究，为江南一绝，具有极高的文物艺术价值。园林部分由主、辅景区组成。主景区以水面为中心，各景点皆围绕水面布置，池南有"小山丛桂轩""濯缨水阁""云岗"等，北部为"看松读画轩""竹外一枝轩"，东侧"射鸭廊"，西侧"月到风来亭"。辅景区为主景区的补充与延伸。西部的殿春簃庭园为苏州园林中小庭园之精品，庭园北面为一座三间书斋，坐北朝南，斋前辟一露台，东部的曲廊与主景区相通，西围墙上设半亭名"冷泉亭"，东南角有泉名"涵碧"，怪石数点，清泉一泓，整个庭园含蓄典雅，余味无穷。集虚斋、梯云室、琴室、五峰书屋等建筑前均布置有不同的小庭园，或隐或显，或奥或旷，形成不同的景观，与主景区相辅相成，相得益彰。在植物配置方面，由于空间不大，主景区以孤植为主，沿池边点缀数株古柏苍松，造型各异，树脚则隐没于山石花台中。"小山丛桂轩"周围以桂花、玉兰、梧桐、青枫为主。而各小庭园内，各有一至二株姿态出众的主景树种，如黄杨、紫薇、罗汉松、白皮松等。与山石配合的点景植物有紫竹、慈孝竹、南天竹、芭蕉、迎春、牡丹等。网师园意谓"渔父钓叟之园"，园内的山水布置和景点题名蕴含着浓郁的隐逸气息。

环秀山庄，建造历史最早可追溯到晋代王珣、王珉兄弟舍宅建景德寺，五代时期为吴越王钱镠之子钱元璙的金谷园，宋代为文学家朱长文的药圃，其后屡有兴废。明嘉靖年间先后改为学道书院、督粮道署。万历年间为大学士申时行住宅。明末清初裔孙申继揆筑蘧园。清乾隆年间为刑部员外郎蒋楫宅，蒋氏建有"求自楼"，并于楼后叠石为山，掘地三尺，有清泉流溢汇为池，名泉为"飞雪"，并造屋筑亭于其间。其后相继为尚书毕沅宅、大学士孙士毅宅。孙氏后人孙均雅号林泉，于嘉庆十二年（1807年）邀请叠山名家戈裕良重构此园。戈裕良在半亩之地所叠假山有尺幅千里之势，从此该园以假山名扬天下。道光二十九年（1849年），汪为仁购建汪氏宗祠，立耕荫义庄，并重修东北部花园，此园成为汪氏宗祠"耕耘山庄"的一部分，更名"环秀山庄"，也称"颐园"。后多毁损，1949年时，仅存一山、一池、一座"补秋舫"。环秀山庄有房屋3处、亭3座、假山1座。南部为厅堂庭院，北部为山池花园。假山为环秀山庄的主体。厅堂前后三进，均重建于1984年。厅与厅之间有庭院相隔。第一进为门厅，面宽三间，硬山顶。前院东西设廊，院中置山石。第二进为前厅，名有穀堂，面宽三间，硬山顶。后院花木扶疏，缀以湖石。第三进为四面厅，额"华秀山庄"，面宽三间，进深九檩8.5米，四面翻轩为廊。花园紧接四面厅北平台，以山为主，以池为辅。东南为主山，西北为次山，水池缭绕于山

间。主山北坡有半潭秋水一房山亭，西偏临水南向筑补秋舫，船厅，问泉亭面对次山飞雪泉石壁，介于两山之间。西侧二层楼廊，可以从不同角度俯视假山全貌。主山次于东南，由一东南至西北走向的峡谷分前后两部分，后山临池水部分为湖石石壁，与前山之间留有仅一米左右的距离内，构成洞谷。环秀山庄面积虽仅2000平方米，却集建筑、园林、雕刻、诗书、灰雕等汉族传统艺术于一身。环秀山庄占地不大，但其内湖石假山为中国之最。据载，此山为清代叠山大师戈裕良制作，巧夺天工，尽得造化之妙，堪称假山之珍，环秀山庄亦因此而驰名。

沧浪亭，是苏州所存历史最悠久的园林，始建于北宋开宝二年（969年）。庆历四年（1044年），诗人苏舜钦被贬流寓吴中，购得吴越国节度使孙承佑旧园，并在北碕筑亭，以渔夫之歌"沧浪之水清兮，可以濯我缨，沧浪之水浊兮，可以濯我足"命其为沧浪亭，自号沧浪翁，作《沧浪亭记》，与欧阳修、梅尧臣作诗酬唱，自此"沧浪"之名大作。南宋绍兴初（1127年），沧浪亭为抗金名将韩世忠所得，改名韩园。元、明为僧居。明嘉靖

环秀山庄泉亭

沧浪亭大门

廿五年（1546年），僧人文瑛复建沧浪亭，归有光为其作《沧浪亭记》。清康熙三十四年（1695年），江苏巡抚宋荦重建沧浪亭，建观鱼处、自胜轩、步碕廊等，载于宋荦《沧浪亭重修记》。康熙五十八年（1719年），巡抚吴存礼增建康熙御诗碑诗亭。清道光七年（1827年），巡抚陶澍、梁章钜重修沧浪亭，将苏舜钦、欧阳修诗句各取一半组成楹联"清风明月本无价，近山远水皆有情"刻于亭柱，建五百名贤祠。清同治十二年（1873年），巡抚张树声再度重建沧浪亭，并增建明道堂，至21世纪格局未变。沧浪亭，西有"沧浪胜迹"石坊，园内古建筑延承宋朝风格，简朴无华。复廊上各式花窗图案精美生动，存一百多式，各有不同。园内石碑石刻数量可观、品类繁多。全园布局以山为主，山在园中，水在园外。虽然历经千年，园外水面依旧宽广，未进园，先见水，在苏州各园林中极为罕见。园内有假山高约10米，为苏州各园中地势较高的一处，假山上山石嶙峋，古树名木众多，有"真山林"的美称。园内建筑环山布置。假山东西绵亘，东段用黄石包土阜，为早期所垒，西段以太湖石堆叠，是晚期补缀。山上石径盘回，林木森郁，景色自然，土阜最高处为沧浪亭。山上有湖石峰数座，两侧的石板小桥下有涧溪，可引水湍入山下小池。池为园内唯一水面，仅90平方米左右，却有深壑之感。池周一带回廊萦系，随着地形高下逶迤。园内有明道堂、瑶华境界、五百名贤祠、清香馆、看山楼、印心石屋、翠玲珑、闻妙香室等古建筑，园北临水处有藕花水榭、锄月轩、面水轩、复廊、观鱼处等多处景观。

狮子林，以"假山王国"著称，是所存古代假山中最为复杂、占地面积最大的实例，也是唯一一座禅意园林。元至正二年（1342年），名僧天如禅师的弟子始建此园，后易名为菩提正宗寺。因"林有竹万个，竹下多怪石，状如猭猊者"，又取佛经中狮子座意思，故名狮子林。园内房屋不多，与禅院无异。竹与石占地大半，有含晖、吐月、立玉、昂霄等诸峰，最高为狮子峰。明洪武六年（1373年），狮子林主持如海上人邀请画家倪瓒（倪云林）作《狮子林图》后，狮子林成为名胜。清康熙四十二年（1703年）二月十一日，玄烨南巡亲临狮子林，赐"师林寺"三字额，题联"苔涧春泉满，萝轩夜月闲"。据冯桂芬《苏州府志》中记载，自康熙年间，寺与园分离，花园部分几易其主，成为私家宅园。清乾隆帝弘历曾6次游览狮子林，题匾3块，诗10首，并亲自临摹倪瓒《狮子林图》，命永藏吴中。民国7年（1918年），狮子林为实业家贝仁元所得时，已荒废，仅真趣御额、御碑犹存。贝氏根据故址重新修复柏轩、问梅阁、卧云室、立雪堂诸胜。另外，增建有族校、家祠、住宅、燕誉堂、小方厅、九狮峰、牛吃蟹等景点，以及湖心亭、九曲桥、石舫、荷花厅、见山楼。园西北辟一小院为五松园，园西堆土山，上筑人工瀑布，并建听涛亭。园四周环以长廊，廊墙上置"听雨楼藏帖""乾隆御碑""文天祥诗碑"等碑刻、书条石71块。中华人民共和国成立以后，贝氏将园捐赠国家。1954年，狮子林向公众开放。狮子林，平面布局成东西稍宽的长方形，由祠堂、住宅和花园组成。祠堂、住宅位于园东，以建筑为主，呈中轴对称分

狮子林山水

布；花园以假山、水池为中心，水池东南叠石为山，西岸垒土成丘；建筑多分布于东、北两面，而以长廊贯通四周，表现为典型的建筑围绕山池的通式。整体布局紧凑，风格多样，个性突出，尤以湖石洞壑式假山群为主要园景的格局，历数百年未变。另有相对独立的小庭院分布其中。园内所存建构，大多为民国初期重建或改建。花园南有族校、义庄西式建筑群，独立成区，亦为民国初所建。全园布局以山为主，峰峦起伏，水随山转，各式建筑环山水而筑。池西游峭岩石壁，人工瀑布飞泻。园内湖石假山为14世纪堆筑，面积1152平方米，规模在苏州古典园林中最大。假山洞穴曲折幽深，山径高低起伏，犹如迷宫。奇峰怪石千姿百态，状如狮舞，山上松柏古树虬曲苍劲，既有山林真趣，又有禅意。园中"燕誉堂"为典

型的鸳鸯厅，其南北两半部分的屋架、装饰、铺地、雕花、窗格等均为不同的形制，是古代建筑中独特的类型。真趣亭为花园中的主要观赏点，"真趣"匾为清代乾隆皇帝弘历游园时所题。亭画栋雕梁，金碧辉煌，显示出与素雅的苏州园林不同的皇家气派。其他建筑有指柏轩、问梅阁、石舫等。全园有堂构22处，匾额、门额25处，有著名的"听雨楼藏帖"书条石71方，有砖刻23方，屏刻5处，古树名木有银杏、白皮松等5种13棵。

艺圃，建于明嘉靖三十七年（1558年）。浙江按察司副使袁祖庚被罢官归乡后，在苏州古城西北隅建醉颖堂，门楣"城市山林"。园传袁子孝思，孝思曾官至上林苑监署丞。袁孝思后，醉颖堂逐渐凋败。万历四十八年（1620年），醉颖堂归文徵明曾孙文震孟

（1574～1636）所有，改名药圃，规模较前扩大，内有生云墅、世纶堂、石经堂、浴碧、猛省斋、凝远斋及岩扉等胜迹。崇祯《吴县志》称"文阁学震孟宅在宝林寺东北，中有世伦堂，前为药圃，垒山池，构石经堂、青霞屿，林木交映，为西城最佳。"1644年明亡，药圃日趋荒芜，部分宅园竟废为马厩。清顺治十七年（1660年），明遗臣姜埰购得药圃，先称颐圃，又称敬亭山房，后复改名为艺圃。其内主要建筑称为东莱草堂，又为敬亭山房。康熙十一年（1672年）八月建成念祖堂（博雅堂）。康熙三十五年（1696年），苏州商人吴斌移家于艺圃。道光三年（1823年），吴氏族人吴传熊购得艺圃。道光十九年（1839年）商人胡寿康、张如松各出资五百金购得艺圃。1956年曾加以维修。1982年花园部分全面整修，至1984年10月1日对外开放。2000年7月动迁东部住宅民居，并进行整修，于2001年5月1日住宅修复开放。艺圃分住宅、花园两部分。宅分五进，布局曲折，厅堂古朴，有世纶堂、东莱草堂、馎饦斋等。艺圃的正门位于文衙弄5号，坐西朝东。大门内为门厅，厅西有天井。迎面弹石斗方小径，顺小径右转折北数十米有一过街屋，屋檐下悬挂书法家崔护辛巳（2001年）春月书写的"七襄公所"匾，示意艺圃曾是绸缎行业会所。东侧墙面上镶嵌着黑色大理石刻，为苏州市人民政府所题的《艺圃重修记》。过街屋西侧有门可通达花园中乳鱼亭。向北小径延伸8米许，过砖雕门楼，即进入住宅区，门楼后有天井，约60平方米，其后是世纶堂，系姜氏延光阁故址。世纶堂后第二进有天井，门上置砖雕门楼，题砖额"正中刚健"。天井长14米，宽7米；两侧由石条筑成八角形树坛，各栽一株白玉兰。过天井后为主体建筑东莱草堂。东莱草堂是住宅部分最大最豪华的三开间正厅，进深六架，大厅的西南角有一古井，井水清澈、甘甜。东莱草堂后有石库门，通到最后一进天井，其后为凹形的住宅楼房。花园在宅西，面积2830平方米。水池居中，池北以建筑为主，有博雅堂、延光阁、旸谷书堂等，池南以山景为主，临池处则以湖石叠成绝壁、石径，既有变化又较自然。池水之东有乳鱼亭，系明代遗构。艺圃向以花木著称，明袁祖庚醉颖堂时，"有池台花竹之胜"，以"城市山林"命名；至文震孟药圃时，以梧桐、柳树而闻名，文为此还著有《五柳集》；清姜埰时，园内有"奇花珍卉，幽泉怪石……百岁之藤，千章之木，干霄架壑"。艺圃的许多景点和堂构命名取自花木，如"香草居"是因其建筑旁种植薜荔、蕙兰诸类香草，"爱莲窝"则因其旁水池中栽植莲花。商人吴斌购得艺圃后，他"颇擅园池之胜，峰石林立……在城市而有山林气象"。传至同族吴传熊时，"园有荷池，夏月盛开"。至道光艺圃归"七襄公所"后，公所"补植卉木，岭梅、沼莲、花实蕃茂"。清代记载，水池中原有白花重瓣湘莲，后人传说与太平军、白莲教有关，在"文革"中绝迹。艺圃植有各类树木约400株，52个品种。有乔木、小乔木、灌木、藤本类；有裸子植物、被子植物；有常绿阔叶树、落叶阔叶树，其中落叶居多，还有名贵的古树，如白皮松、罗汉松等。艺圃牡丹别具特色，在博雅堂前和芹庐小院内分别有牡丹花坛，均位于建筑物前庭院中央，是主要观赏植物。

耦园，前身为涉园。清雍正年间（1723～1735年），曾任四川保宁（四川省阆中）知府的苏州人陆锦（字闇亭、流真）构建"涉园"于此，又名"小郁林"（约东花园位置）。园不甚广，有宛虹桥、浣花井、觅句廊、月波台、红药栏、芰梁、箑笪径、流香榭诸胜。陆锦后，园渐败落。道光后，由书法家郭凤梁（字季虎）赁居，继为崇明祝氏别墅，咸丰十年（1860年）毁于兵燹。有黄石假山遗构。同治十三年（1874年），欲辞官隐退的苏松太道道台沈秉成（字仲复）从上海来苏州养病，购下涉园旧址，聘画家顾沄参与设计，在旧园基础上扩地营构，形成住宅居中，东西两园的格局，取宋人戴敏诗"东园载酒西园醉"之意。光绪二年（1876年），东花园落成，取园名为"耦园"，既取《论语·微子》"长沮、桀溺耦而耕"句，寓夫妇双双避世偕隐、啸吟终老之意，又指园林布局、造景的对景手法。耦园建成后，沈氏夫妇在园内偕隐八年。光绪十年（1884年），沈秉成奉诏复出任官，先后辗转顺天（北京）和广西、安徽等地。光绪二十一年（1895年），沈秉成因病回苏，卒于耦园。辛亥革命后，沈氏后裔逐渐归居故籍湖州竹

耦园月洞门

墩，耦园交由一黄姓裁缝代管，逐步租赁给他人散居，园日渐破落。民国29年（1940年），常州实业家刘国钧购下耦园，当时园子已破败。20世纪40年代，刘国钧将一部分住户逐渐搬出，重加修葺，但因住户较多，修理延续多年，直到1949年苏州解放也未完全修复，部分住户迁至西花园。1950年，中部大厅（载酒堂）后部因居民堆有柴草，不慎起火，大厅被毁。至1958年，园内居民大部迁出。1960年，开始对耦园修缮。至1965年5月1日，修缮完成并对游人开放。耦园，在苏州众多的古典园林中布局独特，南为水巷，东、北枕河道，西面临街，南北均建有水埠码头，保持着苏州水城建筑的历史风貌，在所存苏州古典园林中为孤例。旧时南面正门前建有照墙。园内，布局与苏州园林常用的前宅后园造园手法不同，为并列的东、中、西三部分，依次展开，分别为东部花园、中部住宅和西部花园，形成对称，对偶格局。耦园内受月池是所存苏州园林中唯一连通外河、与城市水系紧密相连的水池。园北背河的楼房，通过楼上走廊和过道，将中、东、西部连成一体，东可达东花园最东头的双照楼，西可至西花园最西端的藏书楼。东部花园占地约3600平方米，以山池为中心。花园中部为主景黄石假山，位于东花园中部，城曲草堂之南，重楼主体建筑退居东园后部，假山略偏轴线一侧，位置恰当，便于从各个角度观赏。假山以黄石为材，高不足5米，占地约300平方米。叠石手法与明嘉靖年间张南阳所叠上海豫园黄石假山几无差别，可能是清初遗物。山顶石室为清末所建。假山东南有水池萦绕，名受月池，呈南北狭长，山南池上架有曲桥宛

虹。池南有水阁山水间，与楼厅城曲草堂南北相对，组成以山水为主体的主要景区。阁内置有大型杞杞木"岁寒三友"落地罩，为镇园之宝。中部为住宅区，沿南北中轴线依次设有门厅、轿厅、大厅和楼厅，是典型的江南大型民居传统格局。门厅、轿厅建筑简雅，大厅载酒堂为园内主厅，高大敞亮，两侧有廊与东、西花园贯通。最后一进为两层楼厅，呈倒"凹"字形，五间开阔，高大恢宏，楼厅后间有天井数处。各厅之间有院落，分别设有砖雕门楼，门楼造型由简至精，与厅堂结构相得益彰。门厅北门楼题额"平泉小隐"，院中有古井一口；轿厅北门楼题额"厚德载福"，院中植桂花；大厅北门楼题额"诗酒联欢"，院中植玉兰。西花园占地约2200平方米，以主厅织帘老屋为中心，分隔为东、南、北的三个相互关联

的院落。织帘老屋坐北朝南，门前有宽敞月台，门樘、窗樘及窗台均为砖细构筑。织帘老屋之南为东西展开的湖石假山，类似屏障，山南形成一个独立小区，散布书斋、天井。织帘老屋之东北有三进平房，自成院落。其中一、二进有耳房，南有石库墙门，门前隔走廊，与织帘老屋毗邻处为南向歇山顶方亭。亭东走廊中有坐东朝西歇山顶半亭一座，名鹤寿亭，依墙而建。织帘老屋之北为一庭院，院内有湖石花台、花木、古井。北面为藏书楼，是书房和庭院结合较好的例子。楼北为临河而建的平房和一小院落。

退思园，建于光绪年间。园主任兰生革职回乡后，建园，名退思，取《左传》"进思尽忠，退思补过"之意。退思园，平面布局横向，自西向东为宅、中庭、园。宅分内外，外宅

退思园水香榭

有轿厅、茶厅及正厅三进，内宅为南北两幢五楼五底跑马楼，名畹多楼，楼间由双重廊贯通。中庭以坐春望月楼为主体，楼的东部延伸至花园，设一不规则五角形楼阁，名为揽胜阁。楼前置一旱船，船头向东，指向云烟锁匙月洞门。庭前植香樟、玉兰。花园以池为中心，各式建筑紧贴水面，有"贴水园"的美称。退思草堂是全园主景，坐北朝南，隔池与菰雨生凉轩、天桥、辛台和闹红一舸相对。与草堂相连的是环水池而筑的九曲回廊。闹红一舸为船舫形建筑，贴水而筑，因船头红鱼戏水而得名。天桥北侧矗立一块独体太湖石。园中有春夏秋冬四景，春为坐春望月楼，夏为菰雨生凉轩，秋为天香秋满，冬为岁寒三友。天香秋满处遍植丛桂，而岁寒三友则为松、竹、梅。地面铺装有五福捧寿图案。

苏州古典园林建造肇始于公元前6世纪，4世纪出现私家园林，18世纪达到鼎盛。在苏州所存的50余处园林中，拙政园、留园、网师园、环秀山庄、沧浪亭、狮子林、艺圃、耦园、退思园九处古典园林是中国"山水"园林最优秀的体现。苏州古典园林是在中国传统的写意山水画的影响下设计和建造的，以其意境深远、构筑精致、艺术高雅、文化内涵丰富而成为中国古代文人写意山水园林艺术的典范，完美地诠释中国古代文人士大夫的隐逸文化、美学思想与城市人居环境的和谐统一。苏州古典园林在十分有限的空间内因地制宜，通过运用高超的叠山理水、花木栽植、建筑配置等造园手法师法自然，成为自然山水的缩影。所存的园林体现中国古代造园家的高超技艺和卓越智慧；其取法自然而又超越自然的独特设计理念深刻影响着东西方园林艺术体系的发展；园

林内丰富的各式建筑、假山石峰、书法作品以及各种类型的家具陈设、装饰艺术品等，系统地展示古代中国江南地区高超的艺术成就，折射出中国传统文化中的精髓和内涵。苏州古典园林集中体现了中国传统文化精髓，是中国古代最具创造性的造园杰作。苏州古典园林在长达2000余年的过程中，形成系统、独特的造园艺术体系，其规划、设计、施工技术、艺术效果，对中国乃至世界园林发展产生了重大影响。苏州古典园林反映中国古代文人士大夫所追求的与自然和谐、修身养性的文化传统，是体现中国古代文人智慧和传统的最完美的遗存。苏州古典园林是中国江南地区11～19世纪最具特色的文化范例，其蕴含的哲学、文学、艺术和传承的建筑、园艺及各类手工技艺，代表苏州地区当时社会文化和科学技术的发展成就。苏州古典园林是中国传统居所与自然环境完美结合的杰出范例，反映古代中国11～19世纪江南地区的生活、礼仪和习俗。

1997年12月4日，在意大利那不勒斯召开的联合国教科文组织世界遗产委员会第21届大会认为，苏州古典园林的拙政园、留园、网师园、环秀山庄符合世界文化遗产第一、二、三、四和五条标准，将其列入《世界遗产名录》，遗产编号813。2000年11月29日，在澳大利亚凯恩斯市召开的联合国教科文组织第24届会议，同意将沧浪亭、狮子林、艺圃、耦园和退思园作为苏州古典园林的扩展项目列入《世界遗产名录》，遗产编号改为813bis。遗产区面积11.922万平方米，缓冲区面积26.839万平方米，总面积38.761万平方米。1961年3月4日，国务院公布拙政园和留园

为第一批全国重点文物保护单位，编号分别为1-0121-3-074和1-0124-3-077；1982年2月23日，国务院公布网师园为第二批全国重点文物保护单位，编号2-0041-3-026；1988年1月13日，国务院公布环秀山庄为第三批全国重点文物保护单位，编号3-0094-3-042；2001年6月25日，国务院公布耦园和退思园为第五批全国重点文物保护单位，编号分别为5-0284-3-090和5-0286-3-092；2006年5月25日，国务院公布沧浪亭、狮子林和艺圃为第六批全国重点文物保护单位，编号分别为6-0508-3-211、6-0517-3-220和6-0529-3-232。

**北京皇家园林——颐和园** 英文名Summer Palace, an Imperial Garden in Beijing, 是中国风景园林造园艺术的代表作，位于北京市西北郊。

据《颐和园志》记载，颐和园前身为清漪园，主要由昆明湖和万寿山组成。始建于清乾隆十五年（1750年），是在自然的山水框架里，一次性规划、连续12年不间断施工，建成气魄宏伟、色彩浓丽、金碧辉映的皇家园林，处处刻意突出皇家气派的宫苑，是乾隆皇帝在北京西北郊"三山五园"皇家园林中得意的压卷之作。清漪园建成后，经乾隆、嘉庆、道光、咸丰四朝皇帝御临。咸丰十年（1860年），清漪园及三山五园的其他园林同被英、法联军付之一炬。光绪十二年至二十一年（1886～1895年），掌握清朝实际政权的慈禧皇太后，挪用大量海军经费和其他款项，在清漪园的废墟上按原规模重建，并更园名为颐和园，成为其颐养天年的夏宫。民国17年（1928年），颐和园辟为国家公园，对主要建筑稍加

万寿山昆明湖全景

万寿山

修护，园林处于维持阶段。中华人民共和国成立后，成立颐和园管理处，投入大量资金进行重点保护和修整。1998年，颐和园收回清光绪十七年（1891年）修建园墙时划出园外的原清漪园耕织图景区土地。

颐和园遗产要素有山、水、建构筑物、植物和陈设五大类。2014年为建设颐和园世界文化遗产总平台，根据《颐和园志》、颐和园档案文件和颐和园文物保护规划和总体规划，认定3204个遗产要素清单，分别为山体17座、水体17个、驳岸23段、古建筑712座、古墓葬1座、古遗址12处、古桥梁23座、石碑10通、雕塑184个、古花台11个、古井4个、金属陈设67个、题刻132处、假山叠石58座、园墙11段、院墙122段、扶手墙25段、门68个、其他石质陈设33个、古树1602株、古桂盆景72个。

颐和园由位于北侧的万寿山和南侧的昆明湖构成主体框架，水面约占四分之三，全园100余处景观，分为临朝理政、生活居住和山水风景三大区域。

临朝理政区域，在东宫门内。中心建筑仁寿殿，是慈禧太后与光绪皇帝从事内政、外交政治活动的主要场所。

生活居住区域，位于朝政区与风景区之间，主要建筑乐寿堂、玉澜堂、宜芸馆三座大型院落，是慈禧太后、光绪皇帝及其后妃居住的地方。此区域背山面湖，全部建筑均用游廊串连，东可通德和园大戏楼，西可达长廊。建筑布局及室内陈设多方向端正、左右对称，以体现帝王家的富丽华贵、庄严肃穆。慈禧寝宫前的水木自亲码头，是帝后从水路出入颐和园的门户。庭院中叠石、假山及富有寓意的陈设、花木，是中国皇家园林追求的理想居住环境。园内殿堂中珍藏着4万余件文物，皆为帝后使用过的原物。位于德和园东面的两个院落，分别是专为帝后烹饪食物的寿膳房、御膳房。寿膳房是慈禧专用厨房，由八个院落组成，又称东八所。御膳房是光绪皇帝专用厨房，民国31年（1942年）拆除。位于仁寿殿的东南、耶律楚材祠南侧的电灯公所是为殿堂内

德和园大戏楼

供应生活用电的建筑，民国20年（1931年）被拆除。

山水风景区域，占全园总面积的十分之九，由万寿山前山、后山、后溪河和昆明湖组成。万寿山的前山，平缓舒展，面对浩渺的昆明湖水面，景色开阔。后山峰回路转，山脚下一条后溪河蜿蜒曲折，极为幽静。7万平方米的各式宫殿、寺庙和点景建筑，因地制宜，分布在山水框架之中，既有皇家园林的恢宏，又充满天然之趣，高度体现出中国园林"虽由人作、宛自天开"的造园准则。前山中部以佛香阁为中心，层层上升的建筑形成金碧辉煌的中轴群体，气势磅礴，突出了皇家园林的造园主题。佛香阁八面三层，高41米，是中国古代建筑工艺中的珍品，也是颐和园标志性建筑。阁东侧有转轮藏和"万寿山昆明湖"巨碑，西侧有五方阁和用207吨青铜铸成的宝云阁，均为中国传统建筑工艺的优秀代表。四周有众多的亭、台、楼、阁供登临俯览昆明湖的景色。湖山之间，连接前山建筑群的彩画长廊，长728米，绘有14000余幅彩画，是中国园林巨型画廊的代表。万寿山前山与昆明湖水面相对应，景观采取"因山筑室""以寺包山"的方式构造大量建筑，以增加自然山川的气势。从东到西，从南到北，主要建筑依次为乐农轩、益寿堂、景福阁、荟亭、含新亭、长廊、养云轩、福荫轩、意迟云在、无尽意轩、瞰碧台、圆朗斋、千峰彩翠、重翠亭、写秋轩、介寿堂、转

佛香阁

五方阁

颐和园石舫

轮藏、敷华亭、排云殿、佛香阁、众香界、智慧海、撷秀亭、清华轩、宝云阁、五方阁、邵窝殿、云松巢、贵寿无极、听鹂馆、画中游、西四所。万寿山后山中部是仿照中国西藏古庙桑耶寺建造的汉藏式寺庙建筑群。万寿山后山有两条山沟构成峡谷景观：须弥灵境东面一条沟谷，在寅辉桥下入后湖；赅春园西部的桃花沟，在澄碧亭遗址入后湖。后山的坡势较前山稍缓，南北最大纵深达280米，中央的佛寺四大部洲是园内的一组大规模建筑群，建筑群与横跨后溪河中段的三孔石桥及北楼门，构成贯穿于后山后湖的一条南北中轴线。后山景点布局采用大量的隐藏手法，以幽邃为基调，从东到西，依次为眺远斋、花承阁遗址、多宝琉璃塔、寅辉城关、云会寺、四大部洲、善现寺、通云城关、构虚轩遗址、赅春园遗址、味闲斋遗址、悦欣庄、绮望轩遗址、看云起时遗址。万寿山的东侧，主要建筑有谐趣园、紫气东来城关、霁清轩；西侧，主要建筑有西王所、寄澜堂、斜门殿、穿堂殿、小有天、延清赏楼、宿云檐城关、半壁桥、德兴殿、西宫门、北如意门、清晏舫、荇桥、临河殿、大船坞、烟雨牌楼、五圣祠、迎旭楼、澄怀阁。位于后山的后湖，从西端的半壁桥开始到东端的谐趣园止，全长1000米。河中段的两岸建置园内的一处水街——后溪河买卖街。昆明湖的名称源于

苏州街

十七孔桥春色

汉武帝修造的昆明池，而湖东、西的铜牛和耕织图是按照牛郎织女的神话意境修造。湖中布列着一条长堤、三个大岛、三个小岛。湖中三座大岛，大小不等呈鼎足之势，即今日的南湖岛、藻鉴堂岛和治镜阁岛，分别象征古代道家传说的神山仙境蓬莱、方丈、瀛洲。昆明湖的格局是从秦汉时延续下来的皇家"一水三山"的造园格局，表现出中国园林追求"海上仙山"寓意的传统修造模式。昆明湖西部的西堤，仿照中国杭州西湖著名的宋代苏堤而建，堤上建有6座不同形式的桥梁，景色与园外西山嵌合，形成一幅绝妙的山水画卷。长堤（西堤）及其支堤将前湖划分为里湖、外湖、西北三个水域。西堤以东的里湖水面最大，是前湖的主体，大岛"南湖岛"为湖的中心岛屿，通过长达150米的十七孔长桥连接于湖东岸，创造昆明湖水景中极为壮美的景观。岛与桥相结合又将里湖分为既相隔又通透的南北两部分，南半部的中心有小岛凤凰墩，北半部近西北岸有小岛"知春亭"。西堤西边的"外湖"水面

较小，以支堤再划分为南北两个小湖，各有大岛藻鉴堂和治镜阁作为中心岛屿。西北水域位于万寿山的西麓，以西堤北端及长岛小西泠穿插形成港岔湖泊纵横的水网地带。除昆明湖和后溪河外，在谐趣园内、扬仁风院内、养云轩院落南侧、无尽意轩院落南侧、排云门北侧、清华轩院内等还有水体分布，全园共计16处。

纵观全园，建筑物的分布是北实南虚、东实西虚。在怡春堂旧址上新建的大戏楼，增强全园的虚实对比，极大地丰富了以建筑物顶部轮廓为主要组成元素的园内东部天际线。北京西山起伏的山脊，是颐和园西部真正的天际线，也是颐和园结构框架的重要组成。颐和园将西山外景借入园内，在所存的中国古代园林中被视为最佳的借景范例。

北京的皇家园林颐和园是中国悠久造园艺术的经典范例和所存规模宏大、保存最完整的中国皇家园林。颐和园以卓越的规划和精美的建筑，完美诠释古代中国关于人与自然和谐统一的哲学思想、美学观念以及工艺造诣，显示

中国古代皇家宫廷对居住、游览、治国、修心等生活环境的物质和精神需求。颐和园将人造景观与大自然和谐融为一体，是对中国风景园林造园艺术的一种杰出的展现，是中国几千年南北各地园林景观艺术融会贯通的集成大作，其造园思想和实践对整个东方园林艺术文化形成和发展起了关键性的作用。以颐和园为代表的中国皇家园林，是世界文明的象征之一。

1998年12月2日，在日本京都召开的联合国教科文组织世界遗产委员会第22届大会认为，北京皇家园林——颐和园符合世界遗产第一、二和三条标准，将其列入《世界遗产名录》，遗产编号880，遗产区面积297万平方米，缓冲区面积5595万平方米。1961年3月4日，颐和园被国务院列入第一批全国重点文物保护单位，编号1-0122-3-075。

**北京皇家祭坛——天坛** 英文名Temple of Heaven: an Imperial Sacrificial Altar in Beijing，是中国所存规模最大、保存最完整的皇家祭天、祈谷、祈雨场所，也是世界上所存的最大祭天建筑群。天坛建筑群位于北京市东城区永定门内大街东侧，共由134座古建筑组成，包括祈谷坛、圜丘坛、斋宫、神乐署四组建筑群及内外两道坛墙，古建筑面积4万余平方米，存古树3000余株。

天坛，前身天地坛，建于明永乐十八年（1420年），与北京紫禁城同年建成。《春明梦余录》载："天地坛在正阳门之南左，缭以垣墙，周回十里，中为大祀殿……大祀殿门外，东西列十二坛，以祀岳、镇、海、渎、山川、太岁、风、云、雷、雨、历代帝王、天下神祇。东坛末为具服殿，西南为斋宫，西南隅

为神乐观、牺牲所。"主体建筑大祀殿用于合祀天地："其制十二楹，中四楹饰以金，余施三采。正中作石台，设上帝皇祇神座于其上。殿前为东西庑三十二楹，正南为大祀门六楹，接以步庑，与殿庑通。殿后，为库六楹，以贮神御之物，名曰天库，皆覆以黄琉璃。其后大祀殿易以青琉璃瓦，坛之后树以松柏。外墙东南角凿池凡二十区，冬月伐冰藏凌阴，以供夏秋祭祀之用，悉如太祖旧制。"永乐十九年（1421年）春，明成祖朱棣以北京郊社宗庙及宫殿建成，正月乙丑（初二日）亲至南郊天地坛举行告祭，甲戌（十一日）再至天地坛"大祀天地于南郊"，首次使用北京天地坛举行合祀天地礼。

明嘉靖九年（1530年），改行"天地分祀"，在大祀殿南增建圜丘，专门用于祭天，同时在北京城的北郊、东郊、西郊建造地坛、日坛、月坛。《春明梦余录》记载："嘉靖九年从给事中夏言之议，遂于大祀殿之南建圜丘，为制三成。……其从祀四坛。东一坛大明，西一坛夜明，东二坛二十八宿，西二坛风云雷雨，俱二成上。……新建圜丘内墙圆墙，外墙方墙，又外围方墙设四门，南曰昭亨，东曰泰元，西曰广利，北曰成贞。"《明世宗实录》载，圜丘建成后，明世宗朱厚熜谕礼部："南郊之东坛名天坛；北郊之坛名地坛；东郊之坛名朝日坛；西郊之坛名夕月坛，南郊之西坛名神祇坛。"天坛由此得名。北门外正北建泰神殿，后改为皇穹宇。嘉靖九年（1530年）冬至，嘉靖皇帝于新建圜丘上举行隆重的祭天典礼。嘉靖十一年（1532年），于圜丘坛外泰元门东建崇雩坛，为孟夏时节皇帝祈雨大典的

天坛圜丘

场所。《明史·礼志》载："坛在泰元门外，圆广五丈，高七尺五寸……棂星门六，正南三，东西北各一。外壝方墙四十五丈，高八尺一寸，厚二尺七寸，正南三门，曰崇雩门，共为一区，在南郊之西。"四郊分祀后，大祀殿废而不用。嘉靖十七年（1538年），前扬州府同知丰坊上书皇帝："考莫大于严父，严父莫大于配天，宜建明堂，尊皇考为宗，以配上帝。"同年撤大祀殿。嘉靖十九年（1540年）在大祀殿旧址上建大享殿，"岁以季秋大享上帝，奉皇考睿宗献皇帝配"。嘉靖二十四年（1545年），大享殿建成。嘉靖三十二年（1553年），北京城增筑外城，天坛被圈入外城城内。嘉靖朝对祭祀制度和建筑规制的一系列改革，奠定天坛格局的基础。

清代沿袭明代的祭坛及祭祀制度，经过

乾隆时期多次改建扩建，整个坛壝制度最终形成。乾隆十二年（1747年），拆除崇雩坛，祈雨礼改在圜丘进行。据《清通典》记载，乾隆十四年（1749年），将圜丘蓝色琉璃砖坛面换成了"艾叶青"石，圜丘扩建为现代的规模。乾隆十五年（1750年），改建大享殿两庑。乾

棂星门

隆十六年（1751年），将大享殿改为祈年殿，以副祈谷之意，并将大享殿三色瓦改为青色单色琉璃。乾隆十七年（1752年），改皇穹宇重檐式殿顶为单檐式，地面用青石铺墁，围墙墙身及槛均用临清城砖砌成，"敲之有声，断之无孔"，因有回声效果，后人称之为"回音壁"。乾隆十九年（1754年），在天坛西门外垣之南建门一座，称圜丘坛门，原西门称为祈谷坛门，形成了南、北两坛，规制严谨的格局。光绪十五年（1889年），祈年殿焚毁于雷火，次年重建，至光绪二十二年（1896年）竣工。

天坛平面形制北圆南方，象征"天圆地方"。园内以大面积树林和丰富的植被创造"天人协和"的生态环境。祭祀建筑集中于内坛，分南北两部分，北为祈谷坛、南为圜丘坛，南、北两坛由一条高出地面的砖砌甬道——丹陛桥相连，组成天坛的建筑轴线。

祈谷坛建筑群，由祈年殿、祈年门、东配殿、西配殿、皇乾殿及附属建筑神厨、宰牲亭、长廊等组成。祈年殿体态雄伟，构架精巧，内部空间层层升高向中心聚拢，外部台基屋檐圆形层层收缩上举，既造成强烈的向上动感，又使人感到端庄、稳重。色彩对比强烈而不失协调得体，使人步入坛内如踏祥云登临天界。以圆形、蓝色象征天，殿内大柱及开间又分别寓意一年的四季、二十四节气、十二个月和一天的十二个时辰以及周天星宿等，是古代"明堂"式建筑仅存的一例，是中国传统文化的载体。

圜丘坛建筑群，由圜丘、皇穹宇及附属建筑神厨、神库、三库、宰牲亭等组成。圜丘的尺度和构件的数量集中并反复使用"九"这个

祈年殿内燔柴炉

天坛祈年殿

祈年殿内景

皇乾殿琉璃门

数字，古代阳数（奇数）象征天，而九是阳数的最高数值，所以用九及九的倍数以表示九重天，以象征"天"和强调与"天"的联系。最上一层坛面的中央称天心石，若人正立于正中的圆心石上发音，则四方回响，为建筑与科学结合的佳作。

斋宫建筑群，位于祈谷坛西南，坐西朝东，平面呈正方形，是皇帝祭祀前斋戒专用宫室，由无梁殿、寝殿、钟楼等建筑组成，宫垣二重，垣外四周环以回廊，辟有御河，内、外垣墙均有垣门以方便出入。

神乐署建筑群，位于外坛西坛墙内、西天门之西南，是乐舞生练习乐舞的排演所。清末衰败，神乐署长期被机关及民居占用，一度破

圜丘坛

败不堪。经北京市社会各界专家学者的呼吁及市政府的大力支持，20世纪80年代末开始腾退工作，2002年神乐署重建工程启动，2004年辟为中国古代皇家音乐博物馆向游客开放。2006年，天坛神乐署中和韶乐被列为北京市非物质文化遗产，在神乐署凝禧殿展演古代皇家音乐等。

神乐署南原有牺牲所，为明清两朝祭祀牺牲之神和豢养牺牲之所，有享殿、牛房、猪房、羊房等诸多建筑。八国联军1900年侵占天坛，毁牺牲所部分屋宇，天坛坛内陈设、祭器、乐器等惨遭洗劫。撤走后清政府无力恢复，牺牲所余房渐改为他用。民国元年（1912年）年底，天坛外坛8.7万平方米土地被国民政府农林部借拨创办林艺试验场，揭开天坛土地被占做别用的序幕。此后，神乐署后院建起传染病医院，天坛外坛北侧修建五千余米的跑马道供在京外国人使用，神乐署、牺牲所、斋宫等房舍及周围大片空地被天坛林场、中央防疫处、无线电台、北平公安局等单位瓜分。抗日战争时期，日军在神乐署、牺牲所等处驻兵并建细菌实验室。全面内战爆发后，国民党占据古建驻军，大量难民、流亡学生涌入天坛，滥伐树木，垦荒耕种。中华人民共和国成立前夕，国民党军队在天坛构筑军事工事，扒掉南部坛墙，炸毁明代石牌坊及南外坛全部树木建军用机场，坛内主要干道均被汽车轧毁，古建门窗天花被拆……神圣的祭坛面目全非。中华人民共和国成立后于此设立天坛医院，古建筑渐次被拆除，仅遗部分垣墙，滚墩石及柱础石等。

坛墙分为内外两重。内坛墙上共建有坛门6座：北天门、昭亨门、西天门、广利门、东天门、泰元门。此外，在圜丘坛的北面，建有

成贞门

成贞门。外坛墙的东、南、北三面原无门，只有西面有门两座，北部称祈谷坛门，南部叫圜丘坛门，1949年后，增修东门和北门。

天坛所独具的象征性布局和设计，是世界建筑史上的杰作。天坛的建筑和景观设计理念将中国古代哲学以及天文理念巧妙融入建筑本身，不仅是中国"天人协和"的哲学思想最杰出的物化例证，还是中国古代建筑技术与艺术完美的结合。天坛从选位、规划、建筑设计以及祭拜礼仪和祭祀乐舞，无不依据中国古代《周易》阴阳、五行等学说，成功地把古人对"天"的认识、"天人关系"以及对上苍的祈望表现得淋漓尽致。其"象天法地"的思想理念、凝练的建筑艺术、巧妙的园林布局体现了皇家祭坛"崇高、祥和、清朗"的意境。北京天坛集古代哲学、历史、数学、力学、美学、生态学于一炉，是古代建筑精品代表作。天坛的位置、布局、设计、祭祀仪式以及音乐全部契合古代的数学原理和空间布局，体现天人之间的关系，体现皇帝的"天子"的独特地位。天坛是中国历代所有祭祀建筑中最具代表性的建筑群，也是世界最大的祭天建筑群，是建筑和景观设计的杰作，朴素而鲜明地体现出影响中国这一世界伟大文明古国发展进程的古代宇

宙观。天坛所独具的象征性布局和设计，对远东多个世纪以来的建筑和规划产生了深远的影响。2000多年间，中国一直处于封建王朝统治之下，而天坛的设计和布局正是封建王朝合法性的象征。

1998年12月2日，在日本京都举行的世界遗产委员会第22届会议认为，天坛符合世界遗产第一、二、三条标准，将其列入《世界遗产名录》，遗产编号881。天坛历史占地面积273万平方米，遗产区面积215万平方米，缓冲区面积3094.75万平方米，总面积3309.75万平方米。1961年3月4日，天坛被国务院公布为第一批全国重点文物保护单位，编号1-0105-3-058。

**大足石刻** 英文名Dazu Rock Carvings，是重庆市大足区境内摩崖造像的总称，以北山、宝顶山、南山、石篆山、石门山摩崖造像为代表，展示中国晚期石刻艺术的最高水平。

大足石刻，始凿于唐高宗永徽年间（650～655年），历经晚唐、五代、北宋、兴盛于南宋，延续至明、清，有造像5万余尊，铭文10万余字，题材以佛教为主，兼有道教和儒、释、道三教合一造像。

北山摩崖造像位于距大足城区以北1.5千米的北山山巅，由唐末昌州刺史、昌普渝合四州都指挥韦君靖于唐景福元年（892年）首先开凿，之后地方官绅、士庶、僧尼等相继营建，经五代至南宋绍兴年间，历时250余年建成。北山摩崖造像以佛湾为中心，计有营盘坡、观音坡、北塔寺、佛耳岩等5处，雕像近万躯。佛湾造像崖面长约300米，高7～10米。龛窟密如蜂房，分为南、北两段，通编为290号（1～100号为南段，101～290号为北段）。其中造像264龛窟，阴刻图1幅，经幢8座，余为碑碣题刻。造像题材51种，以佛教密宗为主，约占总数一半以上，其次有净土宗等造像，展示9世纪末至12世纪中叶（晚唐至两宋）中国民间佛教信仰及石窟艺术风格的发展、变化。北山晚唐造像端庄丰满，气质浑厚，衣纹细密，薄衣贴体，具有盛唐遗风。尤其是第245号观无量寿佛经变相内容丰富，层次分明，刻"西方三圣""三品九生""天生怨""十六观"及伎乐天人、楼台亭阁等，人物造像539尊，各种器物460余件，保存多方面的形象史料。五代造像占北山造像总数的三分之一以上，北山是中国五代时期造像最多的地区，其艺术特点是小巧玲珑，体态多变，纹饰渐趋繁丽，呈现出由唐至宋的过渡风格。如第53号的佛、菩萨像，既有唐代雕刻的丰满古朴，又具宋代造像的修长身躯；第273号的千手观音及其侍者、第281号的东方药师净土变相等，薄衣贴体颇具唐风，仪容秀丽又似宋刻。北山宋代造像题材广泛，尤以观音最为突出，被誉为"中国观音造像的陈列馆"。作品更加贴近生活，体现宋代的审美情趣。造像具有人物个性鲜明，体态优美，比例匀称，穿戴富丽等特点。最具代表性的是建于南宋绍兴十二至十六年（1142～1146年）的第136号转轮经藏窟。转轮经藏窟造像以恬静的面部刻划反映其内心之宁静；以玲珑的衣冠显其身份的高贵；以线造型，线面并重，富有中国民族特色；璎珞蔽体，飘带满身，花簇珠串，玲珑剔透，装饰味浓；且多保存完好，宛如新刻，被公认为是"中国石窟艺术皇冠上的一颗明珠"。第125号数珠手观音、第113号和第133

北山佛湾长廊

北山 136 号窟玉印观音像

北山 136 号窟文殊像

北山佛湾第155号大佛母孔雀明王像窟

宝顶山大佛湾地狱相养鸡女

号水月观音、第155号孔雀明王窟、第177号泗州大圣龛、第180号十三观音变相窟等都是南宋时期的代表作品。北山摩崖造像中，存碑碣7通。其中，刻于895年的《韦君靖碑》，具有补《唐书》之阙、证唐史之误的重要价值；刻于1163～1189年的《赵懿简公神道碑》，系宋代书法家蔡京所书；二十二章《古文孝经碑》，则被史家们称为"寰宇间仅此一刻"。此外，还存有题刻、诗词17件，造像记77件。为历史地理、宗教信仰、石窟断代分期、历史人物等的研究提供了实物资料。

宝顶山摩崖石刻位于大足城区东北15千米的宝顶镇，是由南宋高僧赵智凤于南宋淳熙至淳祐年间（1174～1252年）主持开凿的佛教密宗道场。宝顶山摩崖造像以大佛湾、小佛湾为中心，近万尊造像分布在方圆五里内的古道旁，另有十余处结界像。大佛湾形似一个"U"形山湾，崖面长约500米，高8～25米，龛窟通

编为1～31号，造像刻于东、南、北三面崖壁上，主要有六道轮回图、华严三圣像、千手观音、释迦涅槃胜迹图、九龙浴太子、孔雀明王经变相、父母恩重经变相、大方便佛报恩经变相、观无量寿佛经变相、六耗图、地狱变相、柳本尊行化图、牧牛图、圆觉洞、柳本尊正觉像等，涉及佛教密宗、禅宗、华严宗等宗派。此外，还遗存有碑碣、题刻、游记、诗词、培修、装绘等铭文2万余字。宝顶山大佛湾是一处有总体规划布局的造像群，上万尊造像题材无一重复，龛窟之间既有教义上的内在联系，又有形式上的相互衔接，其内容始之以六道轮回图，终之以柳本尊正觉像，系统连贯，雕刻图文并茂。造像把佛教的基本教义与中国儒家的伦理、理学的心性及道教的学说融为一体，体现出宋代佛学的基本特点，又呈现出儒释道三家共存融合的状态。第15号父母恩重经变相，通过怀胎、生子、哺育、送子远行等一系

宝顶山大佛湾北崖西段全景

列极富生活气息的故事，表现儒家传统孝道思想。宝顶山摩崖造像生活气息浓郁，地方特色鲜明，是石窟艺术民族化、生活化的典范。峭岩上随处可见王公大臣、官绅士庶、渔樵耕读各类人物与场景。横笛独奏的吹笛女、担负双亲在外行乞的孝子、乡村山野中牧牛的牧童、酒后丑态百出的"醉酒图"等，反映出源于印度的石窟艺术，至此完成了中国化的进程。如

千手观音雕刻在88平方米的崖面上，以主尊为中心，千只手呈辐射状分布于崖面上，各手均持器物，形若孔雀开屏。高7米的华严三圣像依崖屹立，身向前倾，成功避免透视变形；袈裟披肩挂肘，直至脚下，支撑手臂，使文殊手中所托近千斤重的石塔历千年而不下坠。整个造像在布局、排水、采光、支撑、透视等方面，都十分注重形式美和意境美。圆觉洞内的

宝顶山大佛湾第11号释迦牟尼涅槃圣迹

宝顶山大佛湾第 8 号千手千眼观音像

数十身造像刻工精细，衣衫如丝似绸，台座酷似木雕。洞窟设天窗采光，以游龙、钵盂等精巧设计出周密完整的排水系统。九龙浴太子于崖壁上方刻九龙，利用中央龙口将崖上的自然山泉导出，长年不断地沐浴着释迦太子。小佛湾位于宝顶山维摩顶坡北面山腰，距大佛湾约600米，原名圣寿本尊殿、大宝楼阁。赵智凤择宝顶山开宗传教，首建圣寿本尊殿，即小佛湾摩崖造像，同时，又依小佛湾为蓝本开凿大佛湾和四周结界像。小佛湾造像至南宋绍定四年（1231年）基本竣工。小佛湾基本上为用条石砌筑而成的石窟寺，坐南朝北，东西宽16.5米，进深7.9米，造像分别雕刻于条石砌筑的石台四周以及石台上、下部，存有造像1129尊，镌刻经目、经文、偈颂等5705字，存龛窟通编为9号，主要有祖师法身经目塔、七佛龛壁、报恩经变窟、殿堂月轮佛龛及十恶罪报图、毗卢庵窟、华严三圣、僧禅窟、金刚神窟以及灌顶井龛等。另外，保存宋明时期的碑刻7通以及零散圆雕造像10件。对于研究宋代佛教史尤其是四川地区密教史，以及宝顶山大佛湾的历史源流等问题提供了史料。

南山摩崖造像位于大足城区东南方向2.5千米处，开凿于南宋，均为道教题材，是中国南宋时期雕刻最精美、神系最完备的道教造像群。南山摩崖造像主要有三清洞、圣母龛、龙洞和真武大帝龛等。南山石窟中碑碣题记较多，其中刻于南宋淳祐七年（1247年）的《何光震饯郡守王梦应记碑》记载南宋末期四川东部被蒙古军队攻掠后的社会政治历史的基本情况，保存许多珍贵的第一手史料，具有以碑证史、以碑补史、以碑断代的价值。

石篆山摩崖造像位于大足城区西南25千米处的三驱镇佛惠村，据佛惠寺《严逊记碑》记载，开凿于北宋元丰五年至绍圣三年（1082～1096年）。石篆山摩崖造像崖面长约130米，高3～8米，通编为1～14号。造像题材包括诃利帝母、志公和尚、文殊和普贤菩萨、孔子及十哲、太上老君及真人、地藏及十王等，是典型的儒、佛、道三教合一造像区，在中国石窟造像艺术中极为罕见，对研究儒、佛、道三教的交融关系和中国传统文化的演进历程具有重要价值。

石门山摩崖造像位于城区东20千米的石马镇石门村，开凿于北宋绍圣至南宋绍兴年间（1094～1162年）。石门山摩崖造像崖面全长71.8米，高3.4～5米，通编为1～16号。其中有造像12龛窟。此外，尚存造像记20件，碑碣、题刻8件，培修记8件及文唯一、文居道、蹇忠进等工匠师镌名。造像题材有药师佛、玉皇大帝、释迦佛、水月观音、接引佛、西方三圣与十圣观音、五通大帝、孔雀明王经变、诃利谛母、三皇洞、东岳夫妇、山王地母等，是佛、道合一造像区，对研究佛、道二教的关系和佛教、道教石窟造型艺术具有重要价值。

重庆大足区五组石刻群见证了印度石窟艺术传入中国后完成本土化的过程，其中最大的组群位于北山，上万尊摩崖石刻陆续于9世纪末至12世纪中叶开凿，造像题材主要是佛教密宗及道教。11世纪末期的宋代石篆山石刻集佛、道、儒三教为一体，极为罕见。宋代石门山石刻初凿于12世纪上半叶，长72米，题材以佛教、道教造像为主。南山的宋代石刻开凿于12世纪，崖面长86米，题材以道教造像为主。宝顶山的"U"形峡内圣寿寺附近的两处石刻开凿于12世纪晚期至13世纪中叶，展现佛教密宗石刻艺术的精华，刻画牧民放牧场景和日常生活场景。大足石刻以其宏大的规模，高超的美学价值，丰富的造像题材以及完好的保存而闻名遐迩。作为9世纪至13世纪中国石窟艺术最高水平的代表，大足石刻不仅展示了佛、道、儒三教在中国的和谐共处，也确凿无疑地证明当时石窟艺术对世俗生活刻画的日益关注。遗产地大量的石刻造像与翔实的文字史料展现中国封建社会宗教信仰兼收并蓄的现象，以及中国石窟艺术与宗教信仰的剧变与沿革。

1999年12月1日，在摩洛哥马拉喀什举行的联合国教科文组织世界遗产委员会第23届会议认为大足石刻符合世界遗产第一、二、三条标准，将其列入《世界遗产名录》，遗产编号912，遗产区面积20.41万平方米，缓冲区面积211.12万平方米。1961年3月4日，国务院公布北山摩崖造像和宝顶山摩崖造像为第一批全国重点文物保护单位，编号分别为1-0045-4-012和1-0046-4-013；1996年11月20日，国务院公布第四批全国重点文物保护单位时，将南山-石篆山摩崖造像及多宝塔归入北山摩崖造像，石门山摩崖造像归入宝顶山摩崖造像。

**青城山——都江堰** 英文名Mount Qingcheng and the Dujiangyan Irrigation System。青城山是中国著名的道教名山，主峰海拔2434米；都江堰是当今世界年代久远、唯一留存、以无坝引水为特征的宏大水利工程。青城山——都江堰位于四川省都江堰市。

青城山有36峰、8大洞、72小洞、108景，有道教宫观11处，建筑风格具有中国道教文化和川西民俗特色。中国道教在川西奠基、形成和发展，已有1800多年的历史。晋代起，山中道教宫观崛起，道脉繁衍，学者辈出。以杜光庭为代表的青城山道学家，对唐末五代以前的道教教理、教义、斋醮科范、修道方术、宗教地理和神仙灵异进行全面整理，杜光庭的著作收入《道藏》的有20余种，对中国道教和科学文化的发展做出重要贡献。明清时期，青城山道教兴旺，众多道徒在青城山潜心研究、发展道学。清初，著名道士陈清觉在青城山创立"丹台碧洞宗"。建福宫、天师洞、上清宫、祖师殿等11处道教宫观保存完好。青城山古建筑群位于都江堰市青城山镇青城村，包括天师洞、朝阳洞、上清宫、真武宫、圆明宫、玉清宫、天然图画坊、五洞天及接仙桥、凝翠桥、山荫亭等10处建筑。天师洞大殿及唐碑位于青城山镇青城村、青城山腹地的山坳中，始建于隋大业年间（605～618年），名延庆观，清代俗称天师洞。天师洞存建筑主要系清光绪至民国间重建，建筑群坐西向东，占地面积8132.5平方米，建筑面积5749平方米，依地势和使用功能在总体上分为四个区域，在纵向和横向布置成十多个大小不等、形状各异、气氛有别的院落，由曲折环绕的石道连接成一座完整的

古建筑群。朝阳洞分为大、小洞，两洞相距5米，均面向东南，洞口有木构建筑。上清宫存建筑为清同治八年（1869年）再建，建筑群坐西向东，沿山形建成三区六个院落，中心区沿轴线依次为山门，右茶楼、左斋楼，三官楼，南、北楼，三皇殿，建筑面积4202平方米。真武宫建筑为清光绪年间（1875～1908年）所建，建筑群坐西向东，由山门、三官殿及左右厢房组成，建筑面积303平方米，建筑为穿斗式木梁架、悬山顶。圆明宫建筑为清道光二十六年（1846年）重建，建筑群依山势和使用功能从纵横两个方向展开，中央一组是殿堂区，依次为灵官殿、斗姆殿、三官殿及左右厢房，建筑面积1800.3平方米，建筑为穿斗式构架、歇山顶。玉清宫为1938年重建，建筑群坐西向东，殿宇两重，依次为灵祖殿、纯阳殿，建筑面积697平方米，穿斗式木构架，歇山顶。天然图画坊坐西北向东南，占地面积110平方米，建筑面积65.8平方米，坊为穿斗式木梁架、重檐歇山顶，面阔三间8.35米，进深一间2.8米，通高6.35米。五洞天，为砖砌筑三重檐牌坊式建筑，是天师洞的第一道门。接仙桥，始建年代不详，清代重建，条石砌筑单拱桥，宽3.5米，长14.1米，跨长5.25米，高4.7米，面积49.35平方米；两侧桥栏高0.8米，内嵌石刻浮雕图案，各9幅；两端分置垂带踏道，前12级、后13阶。凝翠桥始建年代不详，清光绪二十六年（1900年）重建，西北至东南走向，为木结构单墩、廊式桥，长9.3米，宽2.4米，面积22.32平方米；桥廊为茅亭类建筑，抬梁式木梁架、歇山顶，高4.21米。山荫亭，建于民国29年（1940年），占地面积42平

方米，亭边长2.05米，对角线5.36米，建筑面积26.8平方米，抬梁式木梁架、八角重檐攒尖顶，树皮屋面。青城山古建筑群融自然风光、建筑于一体，建筑充分利用地形地势，在选址、总体构成、平面布局、建筑空间处理诸方面，都达到了很高的成就。

都江堰，为秦昭襄王五十一年（前256年）秦蜀郡守李冰率领蜀郡各族民众"凿离堆""穿二江"而成，避水害，引水、行舟、灌溉，造就"天府之国"。公元前141年，蜀郡守文翁开渠引水，扩大灌区，把都江堰水源扩引到彭州、新繁一带。蜀汉建兴五至十二年（227～234年），蜀汉丞相诸葛亮设堰官管理堰务，征丁千二百人保护，并修筑九里堤等水利工程，解决成都府灌溉和居民用水。唐王朝（618～907年）大兴水利，先后修筑百丈堰、万岁池、縻枣堰、通济堰等灌溉渠系，使成都平原河渠纵横，水网交错，"民被其惠"。两宋王朝（960～1279年）把都江堰水系分为三派三流十四分支，总结治水经验，进一步健全完善工程岁修、维护、水量调节等制度，又修筑司理堰、沙坝堰等渠系，整个都江堰灌区扩大到12县。元朝（1279～1368年），在治理技术上进行重大革新尝试，两次以铁治堰，并修筑侍郎、万工、骆驼等20余处堤堰，进一步扩大灌区。明朝（1368～1644年），在大力修治都江堰的同时，加强灌溉渠系的疏浚和治理。明末清初，战乱频繁，都江堰一度失修。清朝（1644～1911年），对都江堰治理渐勤，恢复岁修制度，丁宝桢、强望泰等率众多次大修都江堰，使灌区面积增加到约1800平方千米。民国时期（1912～1949年），民国政府建新工

都江堰渠首工程俯瞰

鱼嘴，增设铜标，增埋卧铁；踏勘绘制《都江堰内外江各河分流详图》和《四川省都江堰灌溉区域平面图》，出版《都江堰水利述要》。1949～1999年，在充分保护都江古堰遗产原貌不变的前提下，用混凝土浆砌卵石技术，对都江堰渠首三大主体工程和附属工程进行维修和加固，在渠首下游新修分水枢纽和暗渠引水工程，都江堰灌溉面积由20世纪40年代末的14县1880平方千米扩大到1999年的34县（市）区6687平方千米。都江堰，含渠首工程和灌区两大部分。渠首工程在四川省都江堰市城西1千米处，成都平原顶端，是灌区的中枢，为全灌区制高点，由鱼嘴分水堤、宝瓶口引水口、飞沙堰溢洪道三大主体工程和百丈堤、人字堤等附属工程组成。渠首工程是一个分流引水与溢洪排沙相结合的生态系统工程。鱼嘴分水堤在岷江出山口不远的江心，江水在这里被分成内外二江，外江为岷江干流，内江经宝瓶口流入成都平原。分水堤顶端的鱼嘴下距宝瓶口1070米，堤临外江一面长880米，临内江一面长710米，高出河床5～8米。分水堤顶端宽30米，尾部宽140米。因鱼嘴分水堤构筑在岷江弯道（曲率半径850米）中心，能充分利用弯道环流，使内江引进含沙量少的表层水，而含沙量大的底层水，则趋向外江。飞沙堰溢洪道在鱼嘴分水堤尾部与人字堤之间，坝上口距鱼嘴710米，坝下口距宝瓶口引水口120米，堰宽240米，高2米，主要功能是将进入内江的过量洪水和沙石排入外江。内江流量越大，飞沙堰的溢洪能力越强。特大洪水时，飞沙堰溢洪道泄出的水流量相当于宝瓶口引水口流量的3倍以上。当内江流量低于320立方米／秒时，飞沙堰溢洪道自动失去排洪功能，导水入堰，保证成都平原的用水。宝瓶口引水口在都江堰市城南离堆与对岩间，是创堰时人工开凿的引水口，是内江水流入成都平原的咽喉，因上下河床较宽。形如瓶颈，故名宝瓶口。宝瓶口引水口底宽14.3米，顶宽28.9米，高18.8米，峡口长36米，能自动控制进入成都平原的水流量。多年测量资料显示，进入宝瓶口引水口的水量年平均为254.6立方米／秒，洪峰期为535.6立方米／秒左右，确保成都平原旱涝保收。百丈堤位于鱼嘴上方内江左侧，原用竹笼和干砌大卵石构筑，1964年被洪水冲毁后，改用混凝土浆砌大卵石重建，长850余米，堤高6.0～7.4米，堤基深2.4～3.4米，厚0.8米，堤顶海拔738.44米，1979～1980年用同样材料再次加固。百

东汉李冰石像

离堆伏龙观

二王庙内治水六字诀

丈堤作用是顺正水势，保持鱼嘴分水后内外江进口的稳定，有利于内外江自然合理分水分沙。二王庙顺水堤在内江进口左岸，长约400米，弯道曲率半径为400米，1954年在弯道上低作竹笼顺正水流，1964年被洪水冲毁后，改用混凝土砌浆大卵石构筑。二王庙顺水堤堤基深2.0～2.4米，宽1.1米，堤高9.1米，堤顶宽3.2～4.6米，堤顶纵坡6.7‰，堤顶海拔735.56米，作用是顺正内江进口河段的水势流态，减少对飞沙堰坝威胁。人字堤位于飞沙堰溢洪道下端，离堆右侧，1933年为竹笼卵石坝，1956年改为干钉卵石坝，1963年改为浆砌大卵石溢洪坝，顶口宽64米，底口宽43米，1986年扩宽人字堤坝口，溢洪坝宽65米，主要功能是辅助排洪。

　　早在东汉汉安元年（142年），哲学家张陵于青城山开创中国道教。晋唐时期，青城山中修建许多寺观，集中体现道教文化的精髓。17世纪，青城山恢复作为道教思想和精神中心

的地位，建在山上的10个重要的道观，反映川西传统的建筑风格。青城山道观群与作为东亚历史上最具影响力的宗教的道教的建立息息相关。始建于公元前3世纪的都江堰灌溉系统充分利用当地西北高、东南低的地理条件，根据江河出山口处特殊的地形、水脉、水势，乘势利导，无坝引水，自流灌溉，使堤防、分水、泄洪、排沙、控流相互依存，共为体系，保证防洪、灌溉、水运和社会用水综合效益的充分发挥，是水利管理和技术发展的主要里程碑之一。都江堰的创建，以不破坏自然资源，充分利用自然资源为人类服务为前提，变害为利，使人、地、水三者高度和谐统一，2200多年来，灌溉农田6687平方千米，是世界的一项伟大的生态工程，是世界古堰原貌保护最完好、灌溉面积最大、整体功能最强，综合效益最佳的大型水利工程之一。

　　2000年11月29日，在澳大利亚凯恩斯市召开的联合国教科文组织第24届会议认为，青

城山——都江堰符合世界遗产第二、四和六条标准，将其列入《世界遗产名录》，遗产编号1001，遗产区面积17891.5万平方米，缓冲区面积36858万平方米，总面积54749万平方米。1982年2月23日，国务院公布都江堰为第二批全国重点文物保护单位，编号2-0036-3-021；2013年5月3日，国务院公布青城山古建筑群为第七批全国重点文物保护单位，编号7-1352-3-650。

皖南古村落——西递、宏村 英文名Ancient Villages in Southern Anhui - Xidi and Hongcun。西递、宏村是中国皖南古村落中最具鲜明特色和风格的文化乡村范例，是研究地域文化历史的活化石。西递、宏村分别位于安徽省黟县的东南和东北部，两地相距约15千米。

春秋早期，皖南山区已有人类居住，秦统一中国时设置黟县、歙县，是中国最早设建制的县。唐大历四年（769年）设徽州府，辖歙、黟、休宁、婺源、绩溪、祁门等六县，奠

定了此后1000余年一府六县的基本建置。皖南山区一直是古代中原士族逃避战乱、依恋自然的地方，4世纪初、9世纪末、12世纪初的三次中原士族大规模迁入，使皖南成为一个以中原汉人为主的移民社会。

西递，始建于北宋庆历七年（1047年），有950余年历史。西递旧称西川，三条溪流由东而西穿村而过，因水得名；又因村西1.5千米处是古代的驿站，故又称铺递所，西递之名由此得来。据胡氏宗谱所载，西递胡氏始祖为唐昭宗李晔之子。唐天复四年（904年），唐昭宗迫于梁王朱全忠威逼出逃，皇后何氏在行程中生下一个男婴，时有新安婺源人胡三宦游于陕，秘密将太子抱回徽州婺源考水，取名昌翼，改姓胡。昌翼即明经胡氏始祖。北宋庆历七年（1047年），胡昌翼后代胡士良因公往金陵，途经西递铺，见其地群山环抱、风景秀丽、土质肥沃，遂举家迁至西递。从此在西递耕读并举，繁衍生息。明成化元年（1465年）

西递远眺

西递村走马楼

后，西递胡氏祖先"亦儒亦商"，西递的财富迅速积累，加之人口剧增，开始兴建大量住宅、祠堂和牌坊。明万历元年至泰昌元年（1573～1620年），重修会源桥和古来桥，并在两桥之间沿河渠建造一批住宅。胡仕亨后代在其旧居基址上建起敬爱堂后，西递的中心逐渐从东边移至会源、古来二桥之间。清康熙元年至道光三十年（1662～1850年），胡氏家族在经商、仕途上一帆风顺，西递人口、经济和建设的发展达到鼎盛阶段。胡氏廿四世祖胡学梓曾经营36家典当行和20余家铺庄，遍及长江中下游各大商埠，资产折白银500余万两，财力居于江南巨富第六位。其家在西递建有祠堂（追慕堂）和宅第数处。胡学梓则不仅经济实力雄厚，还与当朝宰相曹振铺结为亲家，地位显赫，为迎接曹来西递，在村口兴建走马楼，村中建迪吉堂等，以示其荣、以显其富。明清两朝，西递胡氏进入仕途，实授官职的有115人，廪生、贡生、监生多至298人。由儒而商、由商而官、官商结合的途径，使西递胡氏宗族的财富急剧增加，清乾隆年间西递村最鼎盛时期，全村共有600多座宅院、99条巷子、90多口井。清末民初，随着徽商式微，西递村

的发展缓慢。西递全村遗有14～19世纪的祠堂311堂、牌楼1座、古建筑224幢。西递主要遗产，石桥有会源桥、古来桥、梧庚桥、社屋桥，街巷有正街、横街、前、后边溪街和其余小街巷，民居古宅有瑞玉庭、桃李园、西园、东园、大夫第、履福堂、青云轩、膺福堂、笃敬堂、仰高堂、迪吉堂、惇仁堂等，公共建筑有刺史牌坊、追慕堂、敬爱堂，古树名木有柏树、牡丹、松树、枫树、罗汉松、批把、白玉兰、梅等。胡文光牌坊是胡文光（1521～1593年）升迁为荆州王府长史、授朝列大夫后，于明万历六年（1578年），明神宗皇帝批准其兴建的牌坊。胡文光牌坊矗立于村前，高12.3米，宽9.95米，为四柱三间单体结构，用大理石精雕细刻而成；底座为四座长方柱墩，中间两柱东西向雕有四双倒匍石狮；两侧额枋雕有形态各异的麒麟、仙鹤、凤凰、奔鹿等吉祥图

胡文光刺史牌坊

案，正面刻有"荆藩首相"字样，三楼正中直匾为"恩荣"二字，两旁衬以盘龙浮雕；斗拱间有圆形镂空花翅32个，恰巧与胡文光从政年数相吻合。敬爱堂位于西递村正中，原为西递胡氏十四世祖胡仕亨住宅，后重建于17世纪末，改扩建为胡氏宗祠，为西递村所存最大的祠堂，是胡氏宗族祭祀团拜、执行家法族规的场所。敬爱堂进深60余米，宽30米，占地面积1900多平方米。1992年春，敬爱堂修复后，作为西递村民俗博物馆，陈列古黟文物。追慕堂建于清乾隆五十九年（1794年），位于西递村正街，为胡氏支祠，分三进，首进为门楼，次进为祠堂，里进为享堂，是一台式三间建筑，供奉祖先灵牌。追慕堂于1993年夏修复。

宏村，始建于宋绍兴元年（1131年），有860多年的历史。北方中原移民、汉末龙骧将军汪文和后代汪彦济因遭火灾之患，举家从

黟县奇墅村沿溪河而上，在雷岗山一带建13间房为宅，是为宏村之始。明建文三年至泰昌元年（1401～1620年）和清嘉庆元年至光绪三十四年（1796～1908年），由于社会经济发展、文化繁荣，汪氏祖先在外做官、营商积累大量的资金财富，为光宗耀祖，纷纷在家乡购田置屋、修桥铺路，形成宏村建设的两次高潮。明永乐三年（1405年）前后，族长汪思齐、汪升平父子请风水先生现场察看，引西溪水入村，开凿水圳，在村中扩建约1000平方米的月沼。此后100多年，宏村人口繁衍、建筑密集。1607年，汪氏大小族长16人集资，购秧田数百亩，凿深、掘通村南大小河、泉、窟、滩田成环状池塘，形成南湖，至此形成全村完整的水利系统。清嘉庆十九年至宣统三年（1814～1911年），修建南湖书院（1814年）、工立堂（1888年）、乐贤堂（1890

宏村民居

年）、承志堂（1855年建，1911年重建）等大型书院、宅第。宏村，全村有14～19世纪古建筑137幢，以及保护完好的、独创的村落水利工程设施。宏村主要遗产包括石桥、水系、街巷、民居古宅、公共建筑、古树名木等。石桥有际宏桥，水系有村内水圳、月沼、南湖和家庭水园，街巷有前街、上、下水圳街、茶行弄和其余小街巷，民居古宅有承志堂、乐贤堂、三立堂、碧园、德义堂、树人堂、冒华居、更心堂、集雅斋、汪大燮故居等，公共建筑有南湖书院、四房厅、乐叙堂，古树名木有榛子树群、红杨、银杏、柏树、松树、樟树、枫树、柏子树群、板栗树、冬青、桂花、细叶树、金钱柳、百年牡丹、百年茶花等。乐叙堂位于月沼北畔正中，为汪氏宗祠，建于15世纪初，首进门楼基本保持原貌，月梁、莲托木雕甚为精

承志堂内景

美，后进正祠内部为1963年改建。南湖书院为17世纪中叶宏村人在南湖北畔所建六所私塾，称依湖六院，清嘉庆十九年（1814年），将依湖六院合并重建，取名南湖书院。南湖书院由志道堂、文昌阁、启蒙阁、会文阁、望湖楼、祇园六部分组成，另有庭院、操场。承志堂位于宏村上水圳街中段，建于清咸丰五年（1855年）

南湖书院

承志堂"百子图"木雕细部

前后，于清宣统三年（1911年）重建，是清末大盐商汪定贵住宅。建筑为木结构，内部砖、石、木雕装饰富丽堂皇，正厅有两进、三开间，左右有小厅堂，还有书房厅、鱼塘厅，以及娱乐场所排山阁、吞云轩等，全宅共有9个天井、大小房间60间，庭院内有花木果树、水井、池塘，总占地面积约2000平方米，建筑面积3000余平方米，是一栋保存完整的大型民居建筑。

西递、宏村还有当地民间工艺竹编、砖石木雕，有各种风俗节庆和民俗文化等构成的古村落的人文环境。

皖南古村落——西递、宏村，是以商业经济为基础，以家族为单位，富有地方、时代文化特色的两个杰出的传统古村落。西递、宏村在村落的整体布局、山水田园、建筑形式、建筑用材、装饰、施工工艺方面均完好地保存14～20世纪时期徽州乡村的真实风貌。西递、宏村是在深厚的古徽州传统文化影响下，由在外做官或经商成功者回乡逐步建设，发展成型的传统乡村典范。西递、宏村村落布局依山

傍水，空间变化富有韵律，街坊小巷幽深宁静，水口园林景色如画，体现天地共生、天人合一、人与自然相和谐的理想追求；建筑色彩朴素淡雅，山墙造型别具一格，装饰雕刻精致优美，室内陈设古朴雅致，展现徽州建筑独特典雅精美的艺术风格；宗法制度管理森严，民俗民风敦厚淳朴，反映封建社会士族阶层尊儒重教、程朱理学的文化思想；历经6个多世纪的演变，真实完整地保存至今，具有很高的科学、文化、艺术价值，是研究地域历史文化的活化石。西递、宏村是封建时期繁荣的商业经济为基础所创立的人类居住类型的真实例证，其建筑和街道格局反映中国历史上长期稳定存在的农耕定居社会的经济结构。西递、宏村特别完好地保存了中国传统的乡村聚落，而在20世纪乡村聚落和乡土建筑在其他地方已大范围地消失。

2000年11月30日，在澳大利亚凯恩斯召开的联合国教科文组织世界遗产委员会第24届会议认为，西递、宏村符合世界遗产第三、四、五条标准，将其列入《世界遗产名录》，遗产

编号1002，遗产区面积52万平方米，缓冲区面积730万平方米，总面积782万平方米。2001年6月25日，国务院公布西递村古建筑群和宏村古建筑群为第五批全国重点文物保护单位，编号分别为5-0321-3-127和5-0320-3-126。

**龙门石窟**　英文名Longmen Grottoes，展现中国石刻艺术发展初期的末段到中期之间（493～907年）最具规模和最为优秀的造型艺术，位于河南省洛阳市，与敦煌莫高窟、大同云冈石窟、天水麦积山石窟并称为中国四大石刻艺术宝库。

龙门石窟，位于洛阳城南13千米处，两山对峙，伊水中流，形似天然门阙，故称"伊阙"。隋炀帝都洛，始有"龙门"之称。石窟分布在伊水两岸南北长达1千米的崖壁上，始凿于北魏孝文帝迁都洛阳之际（493年），历经北魏、东魏、西魏、北齐、隋、唐、五代、北宋诸朝，断续营造达400余年。龙门石窟最早开凿的一个洞窟是古阳洞，始于孝文帝太和十七年（493年），揭开龙门石窟开凿的序幕。北魏宣武帝景明元年至孝武帝永熙二年（500～534年）的30余年间，北魏皇室在龙门展开大规模的开窟造像活动，掀起龙门石窟开凿的第一个高潮。唐贞观十年至天宝十四年（636～755年）为龙门石窟的第二次造像高潮，即鼎盛时期；唐天宝十五年至北宋靖康二年（756～1127年）为龙门石窟的衰落期。龙门石窟的造像以北魏和唐代为主，其中北魏窟龛造像约占总数的30%，唐代窟龛造像约占总数的60%。龙门石窟北魏时期的大型洞窟，主要有古阳洞、宾阳中洞、莲花洞、火烧洞、魏字洞、皇甫公窟等。唐代的代表性洞窟有宾阳南洞、宾阳北洞、潜溪寺、敬善寺、摩崖三佛龛、万佛洞、惠简洞、奉先寺（大卢舍那像龛）、药方洞、擂鼓台三洞、看经寺等。

龙门石窟，窟龛沿龙门山崖面密集、连续分布，东西走向，总长度2000米，平均高度约20米，最高达42米，少数窟龛分布于东山万佛沟冲沟内，南北走向。存龛窟共计2340多个，造像10万余尊。龙门石窟碑刻题记2780余块（通），较完整的纪年造像题记672条，其中"龙门二十品"和褚遂良的"伊阙佛龛之

龙门西山全景

碑"，分别是中国书法艺术史上魏碑体的珍品和唐楷的典范，堪称中国书法艺术的上乘之作。龙门石窟存佛塔40多座。建筑遗存主要包括窟前建筑遗存和窟檐遗存。

古阳洞，在龙门山的南段，开凿于孝文帝太和十七年（493年），洞中北壁刻有楷体"古阳洞"三字，是龙门石窟造像群中开凿最早、佛教内容最丰富、书法艺术最高的洞窟。古阳洞是由天然石灰岩溶洞开凿而成，地面呈马蹄形，主像释迦牟尼，着双领下垂式袈裟，端坐方台之上，左侧是手提宝瓶的观音菩萨，右侧是拿持摩尼宝珠的大势至菩萨。古阳洞是北魏皇室贵族发愿造像最集中的地方。达官贵人不惜花费巨资，开凿窟龛，以求广植功德，祈福免灾。龙门石窟保存的书法珍品"龙门二十品"，古阳洞占十九品，另一品在慈香窟中。

宾阳中洞，是北魏时期代表性的洞窟。"宾阳"意为迎接初升的太阳。宾阳三洞开凿于北魏景明元年（500年），历时24年，是北魏的宣武帝为父亲孝文帝做功德而建。后因宫廷政变以及主持人刘腾病故等原因，计划中的三所洞窟（宾阳中洞、南洞、北洞）仅完成宾阳中洞，而南洞和北洞直到初唐才完成主要造像。宾阳中洞呈马蹄形平面、穹隆顶，中央雕刻重瓣大莲花构成的莲花宝盖，释迦牟尼左右侍立二弟子、二菩萨。左右壁各有造像一铺，是一佛、二菩萨，着褒衣博带袈裟，立于覆莲座上。洞中前壁南北两侧，自上而下有四层精美浮雕。第一层是以《维摩诘经》故事为题材"维摩变"；第二层是两则佛本生故事；第三层为著名的帝后礼佛图；第四层为"十神王"。位于第三层的帝后礼佛图反映宫廷佛事

龙门石窟宾阳中洞正壁及北壁

活动，刻画出佛教徒虔诚、严肃、宁静的心境，造型准确，制作精美，代表当时生活风俗画的高度发展水平，具有重要的艺术价值和历史价值。浮雕于20世纪三四十年代被盗往国外，分别陈列在美国纽约大都会博物馆和美国堪萨斯州纳尔逊艺术博物馆。

莲花洞，因窟顶雕有一朵高浮雕的大莲花而得名，约开凿于北魏年间。佛教石窟窟顶多以莲花作为装饰，但像莲花洞窟顶硕大精美的高浮雕大莲花，在龙门石窟并不多见。莲花周围的飞天体态轻盈，细腰长裙，姿态自如。人民大会堂的莲花顶据此莲花设计而成。洞内正壁造一佛二弟子二菩萨，主像为释迦牟尼立像，着褒衣博带式袈裟，衣褶简洁明快，是释迦牟尼的游说像，即释迦牟尼外出讲经说法时的形象。二弟子是浅浮雕，左侧弟子迦叶深目高鼻，胸部筋骨突兀，手持锡杖，似一西域苦行僧，头部早年被盗，存法国吉美博物馆。莲花洞南壁上方有高不盈寸的小千佛，是龙门石窟中最小的佛像，仅有2厘米高，生动细致，栩栩如生。

宾阳南洞，是唐太宗李世民四子魏王李

泰在北魏未完成工程的基础上续凿而成，为其生母长孙皇后做功德而建，属于过渡时期的作品。洞中主佛为阿弥陀佛，面相饱满，双肩宽厚，体态丰腴，造型及服饰显厚重，尚存北魏遗风。从造像风格和造像艺术来看，这是上承北魏刚健雄伟，下开唐代生动活泼的风格的过渡形式。体现唐朝以胖为美的风格。

潜溪寺，是龙门西山北端第一个大窟，高、宽各9米多，进深近7米，大约建于唐代初期。窟顶藻井为一朵浅刻大莲花。主佛阿弥陀佛端坐在须弥台上，面部丰满，胸部隆起，衣纹斜垂座前，身体各部比例匀称，神情睿智，整个姿态给人以静穆慈祥之感。主佛左侧为大弟子迦叶，右侧为小弟子阿难。两弟子旁边分别为观世音菩萨与大势至菩萨。特别是南壁的大势至菩萨，造型丰满敦厚，仪态文静。阿弥陀佛与两侧的两位菩萨共称为西方三圣，即掌管西方极乐世界的三位圣人，是佛教净土宗信仰的对象。

摩崖三佛龛，共有七尊造像，其中三身坐佛，四身立佛，此种造像组合在中国石窟寺中极为罕见。中间主佛为弥勒，坐于方台座上，头顶被破坏，仅雕出轮廓，未经精雕打磨。据佛经记载，弥勒佛是未来佛，是作为佛释迦牟尼的接班人而出现的。武则天利用弥勒信仰为其登基制造舆论，登基后又自称"慈氏"（弥勒），推动弥勒信仰的风行。摩崖三佛龛的开凿正是在这样的历史背景下出现的。随着武周政权的垮台，摩崖三佛龛也停工。虽然此组造像是半成品，却为人们了解石窟造像的开凿程序提供了一份宝贵的实物资料。

万佛洞，因洞内南北两侧雕有整齐排列的一万五千尊小佛而得名。洞窟呈前后室结构，前室造二力士、二狮子，后室造一佛二弟子二菩萨二天王，是龙门石窟造像组合最完整的洞窟。窟顶有一朵精美的莲花，环绕莲花周围的为一则碑刻题记"大唐永隆元年十一月三十日成，大监姚神表，内道场智运禅师，一万五千尊像一龛"，说明洞窟是在宫中二品女官姚神表和内道场智运禅师的主持下开

黄甫公窟北壁礼佛图

凿的，完工于唐高宗永隆元年（680年）。洞内主佛为阿弥陀佛，端坐于双层莲花座上，面相丰满圆润，两肩宽厚，简洁流畅的衣纹运用唐代浑圆刀的雕刻手法。在洞内南北两壁整齐地刻有一万五千尊小佛像，每尊有四厘米高。南北两壁的壁基上各刻有六位伎乐人，舞伎在悠扬的乐曲声中翩翩起舞，体态轻盈，婀娜多姿。洞口南侧有一尊菩萨像，是龙门石窟唐代众多菩萨像的精美范例。菩萨像通高85厘米，头部向右倾斜，身体呈"S"形的曲线，姿态优美端庄。

惠简洞，位于万佛洞南侧，是一个敞口中型洞窟，高4.2米，深2.70米。据窟内题记，此窟为西京（西安）法海寺惠简主持修建，故称惠简洞。洞窟前半部是原有的窟门，已经塌毁。窟内平面近似马蹄形，西壁呈圆弧形，在南北两端略向里凹，西壁下部凿出一半圆形的基坛。西壁正中凿一善跏趺坐的弥勒，坐于长方形高座之上，足下踏一长方形台。弥勒两侧二弟子、二菩萨均立于基坛之上，足下踏束腰圆形莲台。另外，窟内还分布有一些后期补凿的小龛，其时代应该是在唐代。

奉先寺，是龙门石窟规模最大、艺术最为精湛的一组摩崖型群雕，因隶属皇家寺院奉先寺得名。奉先寺开凿于唐高宗咸亨三年（672年），皇后武则天捐赠脂粉钱两万贯，上元二年（675年）功毕，长宽各30余米，主佛莲座北侧题记称之为"大卢舍那像龛"。洞中共有九躯大像，中间主佛卢舍那大佛为释迦牟尼的报身佛，通高17.14米，头高4米，耳长1.9米，佛像面部丰满圆润，头顶为波状形的发纹，双眉弯如新月，附一双秀目，微微凝视着

奉先寺正壁主佛

下方。高直的鼻梁，小小的嘴巴，露出祥和的笑意，造像明显体现唐代佛像艺术特点，面形丰肥、两耳下垂，形态圆满、安详、温存、亲切，极为动人。奉先寺大型艺术群雕以其宏大的规模、精湛的雕刻高踞于中国石刻艺术的巅峰，成为中国石刻艺术的典范之作，也成为唐朝这一伟大时代的象征。

药方洞，因窟门刻有诸多唐代药方而得名。始凿于北魏晚期，经东魏、北齐，到唐初仍有雕刻。洞中五尊佛像，身躯硬直少曲线，脖子短粗，身体硕壮，菩萨头冠两旁的带子很长，下垂到胳膊上部，为北齐造像特征。洞门两侧刻有药方150多种，药方涉及内科、外科、小儿科、五官科等，所用药物多是植物、动物和矿物，药材在民间都能找到，很大程度上方便了老百姓。药方洞的药方是中国所存最早的

石刻药方，对研究中国医药有着重要的作用。

东山石窟中擂鼓台中洞，又名大万伍佛洞，武周禅宗窟。洞顶作穹隆形，有装饰华丽的莲花藻井，造像为一佛二菩萨。主佛为双膝下垂而坐的弥勒佛，壁基有二十五尊高浮雕罗汉群像，从南壁西起到北壁西止。罗汉群像构成一个半环形装饰带，罗汉身旁均刻有从《付法藏因缘传》摘录的经文，介绍罗汉的身世及特点，所刊经文中多杂以武周新字。擂鼓台北洞，是龙门石窟中开凿较早，规模最大的密宗造像石窟，穹隆顶，马蹄形平面，高4米，宽4.9米，窟顶为莲花藻井，周围环绕四身飞天，因风化剥蚀已不清晰。据说，北洞的主像，中洞的三尊佛像以及南洞的一尊佛像，都是民国时期从别处搬移进去的。洞内三尊大坐佛中，东壁的主佛为毗卢遮那佛，意为太阳，即除暗遍明之意，因此又称"大日如来"。大日如来头带宝冠，胳膊上带着臂钏的菩萨装形象，像高2.45米，结跏趺坐于0.9米高的须弥台座之上。

看经寺，亦为东山石窟，为武则天时期所开凿，双室结构，前室崖壁有数十个小龛造像，主室进深11.70米，宽11.16米，高8.25米，平顶，方形平面，四壁垂直，三壁下部雕出高均1.80米的传法罗汉二十九祖（正壁11身，两壁各9身），据隋代费长房《历代法宝记》刊刻，为唐代最精美的罗汉群像。

龙门石窟是中国石刻艺术的重要组成部分，展现中国石刻艺术发展初期的末段到中期之间（北魏晚期至唐代493～907年）最具规模和最为优秀的造型艺术，代表中国石刻艺术的最高峰，也是世界石刻艺术的一篇壮丽辉煌的篇章。龙门石窟数量繁多、规模巨大、主题多样、雕刻精妙、含义深刻，不仅有区别于其他石刻艺术的皇家风格和华中地区风格，也有世界上其他石窟所没有的最大数量的石碑和碑文，更有对佛教题材全面、广泛的涵盖，包括华严宗、禅宗、净土宗、密宗等众多佛教宗派。大量实物以及文献反映中国古代政治、经济、宗教、文化以及其他方面的发展，从不同角度为中国石刻艺术的创造和发展做出重要的贡献。龙门石窟也是中国唐朝高度发达的文化水平和社会形态的缩影。

2000年12月2日，联合国教科文组织世界遗产委员会第24届会议认为，龙门石窟符合世界遗产第一、二、三条标准，将其列入《世界遗产名录》，遗产编号1003，遗产区面积331万平方米，缓冲区面积1042万平方米，总面积1373万平方米。1961年3月4日，国务院公布龙门石窟为第一批全国重点文物保护单位，编号1-0037-4-004。

**明清皇家陵寝** 英文名Imperial Tombs of the Ming and Qing Dynasties，是指形成于中国明清时代以及民国初年（1368～1915年），分布于江苏省、北京市、湖北省、河北省、辽宁省的皇家陵寝，包括2000年列入的明显陵、清东陵、清西陵，2003年列入的明孝陵、明十三陵以及2004年列入的盛京三陵（清永陵、清福陵、清昭陵）。

明孝陵，位于江苏省南京市钟山南麓独龙阜，是明代开国皇帝朱元璋（1328～1398年）和皇后马氏的陵寝。明孝陵陵宫东侧约60米处，建有太子朱标的陵寝，陵宫西侧建有明太祖的妃园寝。钟山之阴是明孝陵的陪葬区，分布着徐达、常遇春、李文忠、仇成、吴良、吴桢等明代开国功臣的墓园。洪武二年（1369年），在文臣刘基和武将徐达、汤和等人参与下选定陵址。洪武九年（1376年）动迁陵址上梁代建的古刹开善寺（时称蒋山寺）。洪武十四年（1381年）正式营建陵墓，参加建陵的工匠达数万人，二程浩大。次年皇后马氏去世，入葬孝陵玄宫。因马皇后的谥号是"孝慈"，陵墓被命名为孝陵。洪武十六年（1383年）建成孝陵享殿。洪武二十五年（1392年），皇太子朱标葬入孝陵陵域内，位于孝陵之东，史称东陵。洪武三十一年（1398年），朱元璋病逝，当年入葬孝陵。孝陵工程并未因朱元璋的逝世而停止，建文（1399～1402年）、永乐（1403～1424年）年间局部工程仍在进行，如明成祖朱棣亲撰的《大明孝陵神功圣德碑》就立于永乐十一年（1413年）。孝陵建造工程前后延续30多年。明孝陵从下马坊至玄宫所在的宝城，纵深约2620米，沿线分布着30多座建筑物和石刻艺术品。建筑物和石刻艺术品或依地形蜿蜒分布，或以中轴线规整排列，由南向北，自外向内，先疏后密，主次分明，层层推进，构成规模宏大的陵区，在最后部分（后寝）形成建筑体量、营造法式、高

明孝陵方城明楼

程和密度上的最高潮。下马坊是明孝陵入口处的标志性建筑，为一间两柱冲天式石雕牌坊，高9米，宽6米，柱横截面作抹角方形，两柱前后及外侧抱以碑石，柱端饰以云板、云罐，内侧雕梓框，镶入大额坊，额上横刻"诸司官员下马"六个大字。大金门是明孝陵外郭城的正门，也是正式进入陵区的第一道大门，门南向，面阔26.66米，进深8.09米，有券门三洞，中门高5.24米，大金门下部为石造须弥座，束腰部分浮雕椀花，体现明初国家建筑的创新。须弥座以上砖砌，腰檐下施以石制挑檐，结构简洁而坚固。大金门的东西两侧还留有连接外郭红墙的痕迹。神功圣德碑楼遗存在大金门北70米，顶部已不存，建筑平面呈正方形，面阔、进深均为26.86米。墙壁下部为石造须弥座，束腰部浮雕椀花，上部砖砌，残高8.84米，四面各开一座券门。楼内正中置明成祖朱棣《大明孝陵神功圣德碑》，碑高6.7米，赑屃座高2.08米，碑额雕有九条龙，技艺精湛，气势雄伟。碑文由朱棣撰写，达2746字，记述朱元璋一生功绩，楷书阴刻，书法优美，具有较高的历史与艺术价值。过碑楼折向西北行约百米，便是神道及石像生。神道分三段，首段起自第一座御河桥，呈东南—西北走向，长618米，沿途分布着石兽6种12对24件，依次为狮子、獬豸、骆驼、象、麒麟、马，各种石兽有立姿和卧姿两种，石兽都用整块巨石采用圆雕技法刻成，体形巨大，有的重达80多吨，线条流畅而圆润，风格粗犷，细部颇具动感，代表明代早期石雕艺术水平；神道的第二段呈南北走向，长250米，以一对高6.28米白石望柱为起点，柱身满雕云龙纹，改变唐宋以

来神道石柱顶部作莲花式的造型风格，具有艺术上的创新意义，武将身穿甲胄、手执金吾、腰佩宝剑，文臣头戴朝冠、手握朝笏，武将文臣神情肃穆，威严端庄；神道第三段呈东北—西南走向，长275米，以一座石造棂星门（龙凤门）为开端，第三段神道尽处是第二道御河桥。孝陵共有三组御河桥。第一组介于碑亭和神道石像生之间，第二组位于神道尽处，第三组处于方城之前。神道结束之后，跨过内御河上的石构单曲拱桥，进入孝陵陵宫的主体建筑区。明孝陵陵宫按照皇帝生前皇宫格局建造，采取前朝后寝和前后三进院落模式。第一、二进院落为前朝部分，第三进院落为后寝部分。陵宫门共有五座门道，中间正门三孔作券顶，两侧掖门作平顶，正门顶部结构为单檐歇山顶覆黄色琉璃瓦，顶脊上的琉璃龙吻造型源于明初南京，后又传播到北京等地的明清官式建筑上。享殿前门东西通阔40.1米，南北进深14.6米。台基上有建于晚清时期的碑殿，碑殿内有清代皇帝康熙、乾隆先后谒陵留下的石刻。孝陵享殿存三层石造须弥座台基，底层台基东西面阔63米，进深48米，台基通高3.03米。每层台基周围原来有白石栏板、望柱及石雕螭首，台基前后各出踏跺三道，中央御路石浮雕云龙山水。考古学家根据遗迹推断，享殿原是面阔九间、进深五间，上覆黄色琉璃瓦顶的巨大重檐庑殿式建筑。台基上的建筑是清代晚期的遗存，规模已大为缩小。方城及明楼是明孝陵首创的建筑形式，方城位于宝顶前，用大条石砌成，平面作长方形，面阔60米，进深34.22米，通高16.25米。下部为石造须弥座，束腰部分饰绶带纹和方胜纹等。方城东西两侧建影

壁，影壁上装饰着精美的砖雕作品，内容有石榴、万年青、牡丹等，象征着子孙繁衍、江山永固和幸福美满，砖雕是中国明代早期砖雕艺术的杰出代表作。方城正中是一券门，高3.86米，门内是通向宝顶的圆拱形纵向隧道，隧道由54级台阶构成。明楼建造在方城顶部，面阔39.25米，进深18.4米，南面开三座拱门，东、西、北三面各设一座拱门，方砖墁地，建筑顶部在清咸丰三年（1853年）毁于兵火。2008～2009年对明楼实施保护工程。宝顶位于方城北面，是一个直径325～400米，高约70米的圆形土丘，原为自然山丘，后经过人工修缮和填补。宝顶四周建有平面略作圆形的砖构城墙，长约1千米。宝顶下部即为朱元璋与马皇后的玄宫所在。孝陵陵宫内外有具服殿、御厨、东配殿、西配殿、神帛炉、内红门、井亭、宰牲亭、陵宫护城壕等遗存，为重要的祭祀性建筑。孝陵之东是朱元璋的长子朱标的东陵，两座陵墓合用一条神道。由朱元璋所开创的第一代皇帝陵寝的神道为后世子孙所共用的制度，为北京明十三陵所继承。

明十三陵，是明朝迁都北京后皇帝陵墓的总称，位于北京市西北部，昌平区北部的天寿山麓。陵内共计葬有13位皇帝、23位皇后、皇贵妃1人以及数十名殉葬皇妃。除皇帝陵寝外，陵寝区域内还有明朝皇妃墓7座，太监墓1座，以及行宫、神宫监、祠祭署等若干附属建筑。明十三陵从明永乐七年（1409年）开始营建首陵长陵，到清初建造明朝亡国之君崇祯皇帝思陵，经历200余年的历史。明成祖朱棣建长陵之前，派礼部尚书赵羾率江西风水术士廖均卿、曾从政等人遍阅京郊诸山，最后选中

明十三陵神道

天寿山吉壤。天寿山是一个群山环抱的小盆地。周围群山系军都山余脉。北面天寿山主峰，"三峰并起，回出诸山"，中峰海拔760余米，是陵区最高的山峰。明成祖而后诸帝陵寝基本按尊卑关系，分布于长陵左右两侧的山麓间。各陵因按照江西堪舆方法中形势宗的卜吉理论，朝向依主山和朝案山的位向而定，方向不一。明十三陵的长陵，是明成祖朱棣陵寝，与仁孝文皇后徐氏合葬，殉葬皇妃十六人，在明十三陵中规模最大。其建筑制度，前为神道，后为陵宫。神道南起陵区南面的石牌坊，北至长陵陵门，全程7.3千米，依序建有石牌坊、三孔石桥、下马碑（两通）、大红门、长陵神功圣德碑亭、石望柱（一对）、石像生（18对）、龙凤门、南五孔桥、七孔桥、北五孔桥等墓仪建筑。神道前的石牌坊，是中

国所存最早的大型石结构牌楼，面阔五间，通阔28.86米，高约12米。长陵陵宫占地面积约12万平方米，平面布局作前方后圆形。前方，是指陵宫的前部为三进方形的院落；后圆，是指陵园的后部为一平面呈圆的城垣式建筑，名为宝城或宝山城。长陵陵内设有祾恩殿一座，是中国所存为数不多的大型楠木殿宇之一，祾恩殿坐落在三层汉白玉石栏杆围绕的须弥座式台基上，顶部为中国古建最高等级的重檐庑殿式，其柱网布列规整，面阔为九间66.56米，进深五间29.12米，象征着皇帝的"九五"之位。上檐斗拱作重翘重昂九踩式，下檐为单翘重昂七踩式斗拱，支撑殿顶的60根楠木大柱十分粗壮，最粗的一根重檐金柱，高12.58米，底径达1.124米。陵园左前方原有宰牲亭，是长陵祭祀宰杀三牲（牛、羊、豕）的地方。再

左有神宫监，驻守陵太监。其南祠祭署，为负责陵祭事宜的衙署。陵园右前方原有具服殿，是嗣皇帝谒陵更衣和临时休息的地方。具服殿南又有雀池五座，用以饮雀。献陵，葬明仁宗朱高炽、皇后张氏及殉葬皇妃5人，建筑制度基本仿长陵，规模较小，建筑较俭朴，其神道从长陵神道北五孔桥北分出，长约1千米。献陵宫占地约4.2万平方米。前有方院两进，因风水关系，两进院落被环抱在宝城前的玉案山分开，陵园附属建筑宰牲亭、神厨、神宫监、祠祭署等，设于陵宫前或左或右。景陵，葬明宣宗朱瞻基、皇后孙氏及殉葬皇妃十人，其神道从长陵神道北五孔桥南向东北分出，长约1.5千米，途中建单孔石桥一座，近陵处建神功圣德碑亭，陵宫占地约2.5万平方米。景陵的两道院落前后连成一体，宝城因地势修成前方后圆纵向狭长的形式，其祾恩殿后有抱厦一间，并设有后门，宰牲亭、神厨一院又有左右

神库各三间。裕陵，葬明英宗朱祁镇与皇后钱氏、周氏，其神道从献陵碑亭前向西北分出，长约1.5千米，途中建单孔石桥二座（分处献陵神宫监和庆陵单孔石桥东），近陵处建神功圣德碑亭，亭北建并列单孔石桥三座。裕陵宫占地面积约2.62万平方米，院落布局、单体建筑制如景陵，但祾恩殿无抱厦，无后门，宝城平面作纵向椭圆形，制如献陵。茂陵，葬明宪宗朱见深与皇后王氏、纪氏、邵氏，其神道从裕陵前向西分出，长约1.8千米，陵宫占地面积约2.56万平方米，总体布局、单体建筑制如裕陵，但宝城内琉璃照壁后有通向宝顶的左右方向踏跺。泰陵，葬明孝宗朱祐樘和皇后张氏，其神道从茂陵碑亭前向西分出，长约1千米，途中建有五孔石桥一座，近陵处建神功圣德碑亭，亭后设并列单孔石桥三座，其陵宫总体布局及单体建筑的设置同裕陵。康陵，葬明武宗朱厚照和皇后夏氏，其神道从泰陵五孔

长陵祾恩殿

定陵明神宗乌纱翼善冠

定陵十二龙九凤冠

桥南向西南分出，长约1千米，途中建五孔石桥、三孔石桥各一座，近陵处建神功圣德碑亭，陵宫占地约2.7万平方米，总体布局、单体建筑制如泰陵。永陵，葬明世宗朱厚熜与皇后陈氏、方氏、杜氏，其神道从长陵神道七孔桥北向东北分出，长约1.5千米，途中建单孔石桥一座。陵宫布局仿长陵而外多一道外罗城，单体建筑尤具特色：明楼全系砖石结构，通体无片木寸钉，其上下檐的斗拱、檐椽、飞子、望板、阑额，以及上下檐之间的匾额，均系石料加工而成，施以油漆彩画，酷似木构建筑；宝城、方城，垛口全系五彩斑斓的大块花斑石垒砌，坚固异常，城内满填黄土，宝山中部有上小下大圆柱形的宝顶；裬恩殿重檐七间，左右配殿各九间，裬恩门五间，神厨、神库各五间，规制大大超过献、景、裕、茂、泰、康诸陵，仅次于长陵，裬恩门、裬恩殿御路石上的"龙凤呈祥"浮雕图案异常精美。昭陵，葬明穆宗朱载垕和皇后李氏、陈氏、李氏，神道从长陵神道七孔桥北向西分出，长约2千米，陵宫占地面积约3.46万平方米，宝城内宝山制度取法永陵，宝山前有高大的拦土墙

与宝城墙相接，使方城后形成了一个月牙状的院落，俗称哑巴院。定陵，葬明神宗朱翊钧和孝端、孝靖两位皇后，其神道从昭陵神道五孔桥西向北分出，长约1.5千米，陵宫占地面积约18万平方米，建筑布局、形制仿永陵，仅左右配殿各七间，外罗城内神厨、神库各三间，规制仅次于永陵，地下玄宫于1957年实施发掘。庆陵，葬明光宗朱常洛与皇后郭氏、王氏、刘氏，其神道从裕陵神道小石桥西向北分出，长约20米，陵宫占地面积约2.76万平方米，排水系统尤独具特色，明楼前建有平面呈"T"字形的地下排水涵洞，涵洞用大块条石起券，券顶高3米，券宽3.5米，总长200余米。有地下涵洞，宝城两侧的水流可以从明楼前左右宫墙下的涵洞流入，在明楼前的地下汇为一流后向前排出，从地下躲过环抱于陵前的龙砂后，注入砂前排水明沟，再经裬恩殿后的三座石桥，从前院右侧绕过陵前注入河漕。此种考虑精到的排水方式，适应风水"水绕山缠"和"龙砂不可损伤"的要求，使陵园景观更为优美。德陵，葬明熹宗朱由校与皇后张氏，其神道从永陵碑亭前向东北分出，长约

明显陵远眺

500米，陵宫占地面积约3.1万平方米，总体布局同昭陵，单体建筑制如庆陵。思陵，葬明崇祯帝朱由检与皇后周氏、皇贵妃田氏，系妃坟改用，其墓室按文献所记有前后二殿，前殿三间，后殿九间，地上陵宫占地约6500平方米。明十三陵陵区内除13位皇帝陵寝，还设有皇妃、太子、太监墓，分别是东西二井（成祖朱棣的妃子坟）、明宪宗皇贵妃万氏坟、明世宗沈、文、卢三妃坟、明世宗四妃二太子坟、明世宗贤妃郑氏坟、明神宗皇贵妃郑氏及二李、刘、周四妃坟、明崇祯帝太监王承恩墓。

明显陵，是明世宗嘉靖皇帝朱厚熜的父亲睿宗献皇帝朱祐杬和母亲蒋氏的合葬墓，位于湖北省钟祥市城北郊纯德山，坐北朝南，处山环水抱之中，主峰海拔85米。根据明《兴都志》记载，明显陵始建于明正德十四年（1519

年），按亲王规制建设陵园。嘉靖皇帝朱厚熜登基之后，便追尊其父朱祐杬为"献皇帝"，将园寝按帝陵规制升级改建。明嘉靖二年（1523年），将其坟原覆黑瓦换为黄琉璃瓦，并修筑神路桥等；嘉靖三年（1524年），正式更名为显陵，增建旧红门、睿功圣德碑亭；嘉靖六年（1527年），"命修显陵如天寿山七陵之制"，增建石像生及棂星门、内明塘、方城明楼、前宝城等建筑，并重建享殿；嘉靖十年（1531年），将松林山敕封为纯德山，并立碑建亭；嘉靖十一年（1532年），建立纪瑞文碑亭、纯德山祭告碑亭；嘉靖十七年（1538年）十二月，其母章圣皇太后病逝，为妥善安葬母亲，嘉靖十八年（1539年），将皇太后张氏梓宫南祔显陵，并与其父合葬显陵后玄宫，至此形成"一陵两冢"的特殊格局，主体工程结束。嘉靖三十三年（1554年），令改建享殿即祾恩殿"如景陵制"。嘉靖三十五年（1556年），诏修显陵二红门左角门、便路及御桥、墙等。嘉靖四十五年（1566年），重修祾恩殿。直到明万历七年（1579年）、万历三十年（1602年）、万历三十七年（1609年）、明崇祯三年（1630年），大规模修建过显陵祾恩殿及明楼，前后修筑长达40年。保存有修建显陵的砖刻及文献可作见证。明显陵规划布局和建筑手法独特，在明代帝陵规制中具有承上启下的作用。整个陵园双城封建，外罗城全长3600米。陵园由30余处规模宏大的建筑群组成，依山间台地渐次布列有纯德山碑、敕谕碑、外明塘、下马碑、新红门、旧红门、御碑楼、石望柱、石像生群、龙凤门、九曲御河、内明塘、祾恩殿、双柱门、方城明楼、新旧宝城等，错落有致，层层递进，展示封建礼制的秩序感。其陵寝建筑中"一陵双冢"的特殊格局、九曲回环的御河、金瓶形的外罗城、龙鳞神道、琼花双龙琉璃影壁和内外明塘等都是明陵中的孤例。明显陵的设计与建造完美地运用传统的风水理论，以"陵制当与山水相称"为理念，将陵区内所有的山水、人文、林木植被作为陵寝构成要素统一设计和布局。在风水关系形与势的辩证处理中，显陵的规划设计严格遵循"千尺为势，百尺为形""远以观势，虽略而真，近以认形，虽约而博"的风水建筑理论。在纵向、横向乃至其建筑高度、建筑布局与组群划分上都体现得恰到好处，形成山水环境与人文建筑的完美结合。

盛京三陵，指永陵、福陵和昭陵，是开创清朝皇室基业祖先的陵墓。清永陵初为兴祖福满的家族墓地，位于辽宁省抚顺市新宾满族自治县永陵镇，始建于明朝晚期。崇祯九年（1636年），清太宗皇太极敕封先祖墓地为兴京陵，追封四祖为王。清顺治五年（1648年），清世祖福临为四王追尊帝号，顺治八年（1651年），将陵山敕封启运山。顺治十年（1653年），首次对清永陵进行改扩建，建造启运殿和各门、院墙及悬山式升龙袖壁。顺治十二年（1655年），建肇、兴二祖神功圣德碑。顺治十六年（1659年），改兴京陵为永陵。顺治十八年（1661年），建景、显二祖神功圣德碑，同年建成4座碑亭。康熙十五年（1676年），启运殿、配殿、四碑亭、启运门、正红门更换青瓦为黄琉璃瓦。至此，清永陵的建筑格局和建筑规模基本定型。清福陵是清朝开国皇帝——清太祖努尔哈赤及其皇后叶赫纳拉氏的陵墓，位于辽宁省沈阳市区东部。清福陵从天聪三年（1629年）开始营建，经过清朝数代皇帝的增建、改建形成现代的规模。清昭陵是皇太极以及孝端文皇后博尔济吉特氏的陵墓，位于辽宁省沈阳市皇姑区泰山路12号。顺治元年（1644年），皇太极入葬昭陵。顺治七年（1650年）二月，孝端文皇后入葬昭陵。清昭陵主体建筑初建于清崇德八年至清顺治八年（1643～1651年）各朝又根据明清陵寝规制对其进行改建和增建。崇德八年至顺治八年（1643～1651年）是昭陵的初建时期，初期陵寝规模较小，只建有隆恩殿享殿、石像生、陵门、围墙，建造隆业山并栽种陵树。康熙至乾隆时期，由于清朝受明朝陵寝制度的影响，按明陵规制对昭陵时断时续地作了改建和增建，包括隆恩殿享殿、地宫、方城、月牙城、

清永陵俯瞰图

明楼、神功圣德碑及碑亭、神桥以及各配殿、配楼等。至此，陵寝规模咸备。嘉庆、道光、咸丰、光绪各朝又作部分维修。清永陵原有各类建筑物16座，原貌保存下的尚有12座，损毁的4座建筑于1993年按原形制、原布局、原材料、原工艺复建。陵寝格局保存基本完整，前为神道，后为陵寝，四隅分设4座下马碑，其中神道为陵寝的导引部分，陵寝为陵寝建筑的主体和核心部分。陵寝占地面积1.137万平方米，由前院、方城、宝城组成三进院落。前院和方城为两进院落，围筑风水红墙，东西宽70米，南北长140米。其中，前院由正红门、四祖神功圣德碑亭、齐班房、饽饽房、膳房和果房组成。宝城为第三进院落，平面呈八角马蹄形，东西宽22米，南北纵深18米。方城内有启运门、启运殿、东配殿、西配殿等建筑。正红门为陵寝正门，硬山式琉璃瓦顶，面阔三间，

每间设两扇对开红木栅栏门，门外接陵寝神道，内连三条铺石神道。四祖神功圣德碑亭为单檐歇山式琉璃瓦顶，前后各辟石拱券门。亭内树立颂扬肇、兴、景、显四祖的神功圣德碑。碑为龙首龟趺，碑通高6.12米。齐班房为前院东厢，硬山式五间青砖黑瓦房，为守陵官兵的值守场所。饽饽房在前院西厢，硬山式五间青砖黑瓦房，为制作祭祀食品的作坊。膳房和果房是四祖碑亭后侧的东西两厢建筑，硬山式三间外廊青砖黑瓦房，为制作祭祀食品和果品的场所。启运门为单檐歇山式琉璃瓦顶，面阔三间，进深二间，6扇朱漆木板门上镶嵌81颗鎏金门钉。云龙袖壁为启运门两翼红墙正中的五彩龙壁，悬山式瓦顶，正脊，垂脊，鸱吻，瓦件勾滴全部青素。启运殿又称享殿，是陵寝建筑群中的主体建筑，单檐歇山式琉璃瓦顶，面阔三间19.25米，殿高13.5米，是清朝

皇帝谒陵举行祭祀大典的殿堂。东配殿和西配殿的建筑样式相同，均为单檐歇山式琉璃瓦顶，三面檐柱出廊，面阔三间。焚帛亭为歇山式青砖瓦顶小亭，高3.2米。宝城，其内建有上下两层高台。上层高台为四祖宝顶，其中兴祖居中，面对神路；下层高台分别为陪葬墓。下马碑设在南北神道和陵寝东西甬路上，乾隆四十八年（1783年）改木质为石质，碑高5米，碑文以满、蒙、汉、藏、回五种文字刻写。1993年，省牲所、陵寝前院中的膳房和果房，以及方城内的焚帛炉按原形制、原布局、原材料和原工艺复建。清福陵建筑群共有建筑32座组，其中主体建筑在正红门与风水红墙之内。正红门外东西各建石牌坊一座。正红门三间，正红门内建神道，设石骆驼、石马、石虎、石狮等石像生，神道上建有一百零八级台阶、石桥、神功圣德碑楼等建筑，神功圣德碑楼东西两侧分别建有东朝房、果房、涤器房、茶膳房，均保持原有形制。方城是陵寝内的主体建筑部分，以隆恩门为总门户，方城内建隆恩殿、东配殿、西配殿、焚帛亭、棂星门和石五供，方城的北门门洞上建大明楼，明楼内立圣号碑。方城后建有月牙城、宝城、宝顶及地宫。清昭陵存古建筑38座（组），是关外清三陵中规模最大、保存最完整的一座帝王陵寝。昭陵建筑布局严格遵循中轴线对称及前朝后寝的陵寝规制，自南向北分为三进院落，主要建筑均建在中轴线（神道）上，其他建筑对称分布在中轴线两侧，形成平面布局规整、礼制设施齐备的皇陵规制。皇陵内建筑布局自南至北依次为下马碑、石狮、神桥、石牌坊、宰牲亭、更衣亭。石牌坊以北是陵寝建筑群的集中区域，依次为正红门、神道、华表柱和石像生（石狮、石獬豸、石麒麟、石马、石骆驼、石象）、神功圣德碑及碑亭、东朝房、西朝房、方城、隆恩门、隆恩殿、东配殿、西配殿、东配楼、西配楼、棂星门和石祭台、大明楼、月牙城、宝城、宝顶、地宫、隆业山。清昭陵主

福陵鸟瞰图

昭陵鸟瞰图

体建筑保存基本完整，地下宫殿保持完好，规划、布局依然完整，古建筑与遗址未受后人过多的干预改变，自然环境基本保持原始状态。

清东陵，是清朝入关后修建的一处大型皇家陵墓建筑群，位于河北省遵化市马兰峪镇和东陵乡境内，建有皇帝陵5座、皇后陵4座、妃园寝5座、公主园寝1座。顺治帝孝陵是清东陵的第一座皇帝陵。顺治十八年（1661年），孝陵动土。康熙二年（1663年）二月十五日，孝陵正式兴工。康熙三年（1664年）十一月，孝陵主体建筑完工。康熙帝景陵于康熙十五年（1676年）二月初十日开工，康熙二十年（1681年）工程基本完成。乾隆帝裕陵建于乾隆八至十七年（1743～1752年），适逢乾隆盛世，工精料美，建筑质量堪居清陵之冠，尤其

是裕陵地宫，表面雕刻大量佛教经文造像，是所发现的最精美的地下宫殿。裕陵建筑保存较好，唯地宫于1928年7月被盗掘一空。咸丰帝定陵于咸丰九年（1859年）四月十三日申时破土兴工，由于当时内有太平天国农民起义，外有西方列强侵略打击，政局动荡，致使工程直到同治五年（1866年）才最后完工。为节省费用，定陵使用了大量宝华峪道光帝弃陵的旧料。同治帝惠陵于光绪元年（1875年）三月十二日午时破土兴工，除神路及石像生没有修建外，其余均照定陵规制。光绪四年九月，惠陵工程完工。惠陵主体建筑使用楠楠木，俗称铜铁操，有"铜梁铁柱"的美称。清东陵有4座皇后陵。康熙二十六年（1687年）十二月，孝庄皇后崩，遗命在孝陵附近安厝。康熙二十七年（1688年）春，康熙帝为其营造暂安

清东陵全景

清东陵石牌坊

奉殿，四月十九日投入使用。雍正三年（1725年），暂安奉殿改建成昭西陵，是年十二月初十日，孝庄文皇后正式葬入昭西陵地宫。孝惠章皇后的孝东陵是清朝第一座皇后陵，尊顺治帝孝陵为主陵。孝东陵约建于康熙三十二年（1693年），初建成时称新陵，康熙五十七年（1718年）孝惠章皇后入葬后称孝惠章皇后陵，康熙五十八年（1719年）二月二十一日正式称孝东陵。因清初典制未备，孝东陵内还附葬了顺治帝的28位妃嫔，成为皇后陵兼妃园寝的格局。慈安陵和慈禧陵于同治十二年（1873年）八月二十日未时同时兴工，规制相同，光绪五年（1879年）六月二十二日竣工，历时六年。慈安陵隆恩殿丹陛石雕刻"凤压龙"图案，反映当时太后垂帘听政，皇帝形同傀儡的政治现实。光绪二十一年（1895年），因"年久失修"，慈禧陵大规模重修，至光绪三十四年（1908年）慈禧死前几天才结束。重修后的慈禧陵富丽堂皇，有金绝、木绝、石绝"三绝"之称，豪华程度在清陵中首屈一指。清东陵建有5座妃园寝。清代妃园寝主要是埋葬妃嫔的合葬墓，位置上近依本朝皇帝陵，多与皇帝陵同时营建，成为帝陵附属建筑。受封建等级制影响，清代妃园寝建筑规模和单体建筑体量小帝、后陵许多，并且屋顶使用绿色琉璃瓦，以示尊卑有别。景陵妃园寝是清王朝入关后营建的第一座妃园寝，是康熙皇帝妃嫔的墓

清东陵定陵大殿

清东陵定陵龙凤彩石

园，与景陵同时修建，康熙二十年（1681年）建成，称妃衙门，雍正五年尊为妃园寝。景陵皇贵妃园寝约建于乾隆四至八年（1739～1743年），系乾隆帝为报答悫惠、惇怡两位祖母辈皇贵妃的抚育之恩而修建。裕陵妃园寝建于乾隆十二至十七年（1747～1752年），初建时仿照景陵妃园寝制度。乾隆二十五年（1760年），纯慧皇贵妃行将入葬，对园寝做了较大规模的改造，历时两年。民国18年（1929年）阴历十一月，纯惠皇贵妃地宫被盗。定陵妃园寝建于同治元年至同治五年（1862～1866年）八月，与定陵同时兴工，使用道光宝华峪妃园寝的部分旧料。惠陵妃园寝建于光绪二年（1876年）八月初三至光绪四年（1878年）九月。民国9年（1920年），逊清皇室曾将园寝

内后排的3座砖券地宫一律改成石券。端悯固伦公主园寝是清东陵附近唯一的一座公主园寝，和宝华峪道光陵同时营建，道光七年建成。道光八年，宝华峪道光陵地宫渗水，随后将整个帝陵并妃园寝拆除废弃，但公主园寝保存下来。民国17年（1928年）7月，军阀孙殿英制造震惊中外的东陵盗案，将慈禧陵和乾隆帝裕陵盗掠一空。民国22年（1933年），日军侵占清东陵。抗战胜利后，当地土匪将清东陵除孝陵以外的其他陵寝洗劫一空。中华人民共和国成立后，清东陵开始得到有效保护。清东陵有各类建、构筑物622座（组），15000多米长的砖石神路比较完整。清东陵以"居中为尊，尊卑有别"的封建伦理为建设准绳：入关第一帝顺治的孝陵居中而建，至尊至贵，其他陵寝各依山势，分列孝陵东西两侧，呈扇形排列开来，形成子孙陪护之势，辈分高的距孝陵近，辈分低的距孝陵较远。皇后陵和妃园寝又以本朝皇帝陵为中心，建在左、右两边。皇后陵的神道与本朝皇帝陵的神道相接，各皇帝陵神道又与孝陵神道相接，形成一个庞大的树状神道网络，统绪分明。帝陵分布如下：清东陵第一座陵寝是顺治帝孝陵，位于昌瑞山主峰南麓，整个陵区中轴线上。孝陵南北长达5.5千米，规模最大，其建筑规制总体上取法明朝长陵，局部略有改创，成为有清一代皇帝陵寝的建筑蓝本。第二座皇帝陵是康熙帝景陵，位于孝陵以东1千米处。裕陵是乾隆皇帝的陵寝，位于胜水峪，东距孝陵1.5千米。咸丰皇帝定陵位于清东陵最西侧的平安峪，东距裕陵约2.5千米。同治皇帝惠陵位于清东陵东端的双山峪，西距景陵

约3千米。皇后陵分布如下：孝庄皇后的昭西陵位于清东陵风水墙外大红门东侧500米处；孝惠章皇后的孝东陵西距孝陵500米；慈安陵位于清东陵普祥峪，西距定陵妃园寝500米，东与慈禧陵并排而建；慈禧陵位于清东陵菩陀峪，东邻裕陵妃园寝，西与慈安陵仅隔一条马槽沟。妃园寝分布如下：景陵妃园寝位于康熙帝景陵以东500米处；景陵皇贵妃园寝位于景陵妃园寝东南500米处，西邻东沟村；裕陵妃园寝位于裕陵以西500米处，西与慈禧陵紧邻；定陵妃园寝位于定陵以东的顺水峪，恰在定陵和慈安陵中间；惠陵妃园寝位于惠陵西侧的西双山峪，向东紧邻惠陵；在马兰峪镇东侧的许家峪村北，还建有1座端悯固伦公主园寝，单成体系。顺治帝孝陵首创清代皇帝陵的基本规制。其建筑布局可分为三个区，即神路区、宫殿区和神厨库区。孝陵的神路区建筑配置最为丰富，自南至北依次为石牌坊、东西下马牌、大红门、具服殿、圣德神功碑亭、石像生、龙凤门、一孔桥、七孔桥、五孔桥、东西下马牌、三路三孔桥及平桥。宫殿区按照前朝后寝的格局营建，自南至北依次为：神道碑亭、东西朝房、东西值班房、隆恩门、东西燎炉、东西配殿、隆恩殿、陵寝门、二柱门、石五供、方城明楼、琉璃影壁及月牙城、宝城宝顶，宝顶下是地宫。隆恩门以北部分环以围墙，前后三进院落。神厨库区位于宫殿区左侧，坐东朝西，由神厨房、南北神库、省牲亭组成，环以围墙。围墙外建井亭。孝陵建筑除值班房覆以灰布瓦外，全部用黄琉璃瓦覆顶。入关第二帝康熙皇帝的景陵承袭孝陵规制，宫殿区和神厨库区与孝陵相同，惟神路区有较大

改动。主要表现在不建石牌坊、大红门、具服殿；圣德神功碑亭改竖双碑，分刻满、汉碑文；石像生由18对缩减为5对；改砖石结构的龙凤门为木石结构的牌楼门；裁撤七孔桥、一孔桥，保留五孔桥和三路三孔桥；五孔桥改建在石像生以南。入关第四帝乾隆皇帝的裕陵基本承袭景陵规制，但稍有展拓：一是神路区的牌楼门以北增加一孔拱桥；二是石像生增至8对，比景陵多出3对；三是在陵寝门前建设三路一孔玉带桥；四是隆恩殿内东暖阁开辟为佛楼；五是地宫雕刻大量佛教造像和经咒。入关第七帝咸丰皇帝的定陵基本沿用祖陵的规制，但又借鉴其父道光皇帝慕陵的某些做法，如裁撤圣德神功碑亭、二柱门，将地宫做成蓑衣顶形式等。入关第八帝同治皇帝的惠陵规制在定陵基础上更为减缩，进一步裁撤石像生和神路。清王朝建造的第一座皇后陵是孝东陵，其建筑规模和规制较皇帝陵缩减，以示尊卑有别：神路区仅设一路三孔桥，宫殿区不设二柱门，其余则与皇帝陵相同。但由于当时陵制不完备，孝东陵兼有妃园寝的功能。孝庄文皇后的昭西陵因为是由暂安奉殿改建而成，因而规制极为特殊。一是因其与远隔千里的沈阳皇太极昭陵同属一个体系，所以神路区设置神道碑亭一座，神道碑刻墓主人名号；二是宫殿区建了内外两层围墙。三是隆恩殿为重檐庑殿顶，有别于其他帝后陵的歇山顶。慈安陵和慈禧陵是清王朝营建的最后两座皇后陵，其规制基本参照孝东陵，但又有所区别：一是在神路区仿昭西陵成例，增建下马牌和神道碑亭；二是隆恩殿前设置"凤压龙"丹陛石，一改以往皇后陵"左龙右凤"图案，突出墓主人垂帘听政的

高贵身份；三是陵院内不再埋葬妃嫔。景陵妃园寝是清东陵营建的第一座妃园寝，其布局只有宫殿区，自南向北依次为一孔拱桥和平桥、东西厢房、东西班房、宫门、燎炉、享殿、园寝门，后院建墓主人的宝顶群，均各有墓室。厢房、班房均以布瓦覆顶。大门、享殿为单檐歇山式建筑，并以绿琉璃瓦覆顶。景陵妃园寝成为后世各园寝的蓝本。景陵皇贵妃园寝是清东陵内建造的第二座妃园寝，园寝与景陵妃园寝相比，规制拓展，增加绿瓦单檐歇山顶的东西配殿；享殿月台前设置丹陛石；为两位皇贵妃各建立方城和绿瓦单檐歇山式的明楼，园寝成为清代等级最高的妃园寝。裕陵妃园寝规制接近景陵皇贵妃园寝，所不同的是享殿前未设丹陛石，园寝门开在享殿两侧的面阔墙上，仅有一座方城明楼。定陵妃园寝和惠陵妃园寝是

清东陵内营建的第四、第五座妃园寝，规制均与景陵妃园寝相同。

清西陵位于河北省易县城西15千米的永宁山下，是清朝入关后建造的另一处皇家陵墓群，自雍正八年（1730年），为雍正皇帝肇建泰陵开始，按乾隆皇帝谕旨，"各依昭穆次序，父子分葬东、西"的规定，在西陵境内以泰陵为中心，至民国4年（1915年）光绪皇帝的崇陵完工的185年间，先后建造雍正皇帝的泰陵、嘉庆皇帝的昌陵、道光皇帝的慕陵、光绪皇帝的崇陵等4座皇帝陵寝，还建有皇后陵3座、妃园寝3座、王爷园寝2座、公主园寝1座和阿哥园寝1座，共计14座陵寝。此外，还有行宫、永福寺两座附属建筑，形成了东起梁格庄、西至紫荆关、南至大雁桥、北达奇峰岭、方圆800平方千米的广袤陵区。埋葬

清泰陵隆恩殿

着清朝的4位皇帝、9位皇后、57位嫔妃，还有2位王爷、2位公主、6位阿哥，共80位皇室成员。泰陵是雍正的陵墓，建于雍正八至十四年（1730～1736年），规模最大，是清西陵的首陵，附葬雍正的孝敬宪皇后和敦肃皇贵妃。昌陵是嘉庆皇帝的陵墓，建于嘉庆元年至八年（1796～1803年），内葬嘉庆皇帝和孝淑睿皇后。慕陵是道光皇帝的陵墓，建于道光十二至十六年（1832～1836年），附葬孝穆成皇后、孝慎成皇后、孝全成皇后。崇陵是光绪皇帝的陵墓，建于宣统元年至民国4年（1909～1915年），附葬孝定景皇后叶赫那拉氏。泰东陵是乾隆皇帝的生母孝圣宪皇后的陵墓，清西陵三座皇后陵中规模最完备、占地面积最大的一座皇后陵，建于乾隆二至四十二年（1737～1777年），历时40年。昌西陵是嘉庆

皇帝的孝和睿皇后的陵墓，建于咸丰元年至三年（1851～1853年）。慕东陵是后妃合葬的陵寝，葬有道光的孝静成皇后和他的16个妃嫔，建于道光十一至十六年（1831～1836年）。泰妃园寝是雍正皇帝的妃嫔墓葬群，建于雍正八至十五年（1730～1737年），从前往后依次埋葬着雍正的21位妃嫔。昌妃园寝建于嘉庆元年至八年（1796～1803年），埋葬着嘉庆皇帝的17位妃嫔。崇妃园寝建于光绪三十四年至民国4年（1908～1915年），内葬光绪皇帝的珍妃和瑾妃。端王园寝建于雍正十三年至乾隆三年（1735～1738年），葬有雍正的长子弘晖、次子弘昀、七子弘昐和八女福宜。阿哥园寝建于雍正十三年至乾隆三年（1735～1738年），内葬有雍正的三子弘时、十子福沛和弘时的儿子永珅。怀王园寝建于雍正十三年至乾隆三年

清昌陵五供与明楼

（1735～1738）年，葬有雍正的八子福惠。公主园寝建于嘉庆八年（1803年），葬有嘉庆的两个女儿慧安和硕公主和慧愍固伦公主。行宫建于乾隆十三年（1748年），是皇帝谒西陵的下榻之所，清朝皇帝谒陵中八处行宫唯一一座保存下来的。永福寺建于乾隆五十二至五十三年（1787～1788年），是皇家御用寺庙，帝后忌辰时，从此处派遣喇嘛到陵寝念经，是专为皇家祭奠和入葬服务的专门机构。清西陵，共有14座陵寝和永福寺、行宫两座附属建筑。泰陵是雍正的陵墓，主体建筑自最南端的火焰牌楼开始，向北依次是五孔石拱桥、石牌坊、大红门、具服殿、大碑楼、七孔桥、望柱、石像生、龙凤门、三孔桥、三路三孔桥、小碑亭、神厨库、东西朝房、东西班房、隆恩门、焚帛炉、东西配殿、隆恩殿、三座门、二柱门、石五供方城、明楼、宝顶等建筑。昌陵的建筑规模与规制和泰陵基本相似，唯隆恩殿地面独具特色，采用珍贵的紫花石（天然花斑石）铺满，每块62厘米见方，磨光烫蜡，不滑不涩，砖缝如线，平亮如砥；石面呈黄色，缀以天然形成的紫色花纹图案，其状如竹笋、似春蚕、若芙蓉、像绒球，在阳光照耀下，如满堂宝石，熠熠生辉。另外，昌陵朝房、圣德神功碑楼、隆恩门、隆恩殿、配殿、明楼、宝城、宝顶等较泰陵更为高大。慕陵隆恩殿、东西配殿三座建筑木构架均采用珍贵的金丝楠木做成，殿内外均不施彩绘，以楠木木色为基调，其天花、裙板、绦环板、雀替等处用高浮雕和透雕手法雕刻上千条云龙、游龙、蟠龙，成为帝王陵寝中独具风格的艺术珍品。崇陵采用先进的建筑技术，隆恩殿构架用质地坚硬的铜藻、铁藻木建成，有铜梁铁柱之称。崇陵虽建于清末民初，但建筑规模仍壮观宏伟，特别是殿内四根明柱采用沥粉贴金的盘龙装饰，为清帝陵的独到之处。

明清皇家陵寝是大型建筑群与自然环境有机融合的创造性杰作，是14～20世纪中国历史上最后两个封建王朝（明、清王朝）文化和建筑传统的独特见证。明清皇家陵寝是集汉满民族建筑艺术于一体的中国古代建筑的精美杰作，从选址到规划设计都体现中国传统"天人合一"的哲学思想和礼制秩序，阐释中国古代社会后期一直延续着的世界观与权力观。明清皇家陵寝非凡的建筑群与根据风水理论选择的自然环境构成一个和谐的整体，形成独特的文化景观，堪称是中国古代皇家陵寝的典范。明清皇家陵寝是中国封建社会盛行的思想信仰、世界观和风水理论的绝美展现，是人类天才的创造性典范。明清皇家陵寝代表一个陵寝历史的发展阶段，将早期的传统与明清两代建筑模式完美融合，成为后来建筑布局发展的基础。明清皇家陵寝既是中国古代显赫人物的陵寝，也是中国历史中重大事件发生的舞台。

2000年11月30日，在澳大利亚凯恩斯召开的联合国教科文组织世界遗产委员会第24届会议认为，明清皇家陵寝符合世界遗产第一、二、三、四、六条标准，将明显陵、清东陵、清西陵列入《世界遗产名录》，遗产编号1004；2003年7月5日，在法国巴黎召开的联合国教科文组织世界遗产委员会第27届会议将明孝陵和明十三陵列入《世界遗产名录》，遗产编号改为1004bis；2004年7月4日，在澳大利亚凯恩斯召开的联合国教科文组织世界遗产委员会第28届会议将盛京三陵（清永陵、清福陵、清昭陵）列入《世界遗产名录》，遗产编号改为1004ter。（见遗产区和缓冲区面积如下表）

单位：万平方千米

| 名称 | 遗产区面积 | 缓冲区面积 | 总面积 |
|---|---|---|---|
| 明孝陵 | 943.00 | 8280.0 | 9223 |
| 明十三陵 | 823 | 8100 | 8923 |
| 明显陵 | 87.6 | 226.4 | 314 |
| 盛京三陵 | 338.34 | 2365.04 | 2703.38 |
| 清东陵 | 224 | 7800 | 8024 |
| 清西陵 | 1842 | 4758 | 6600 |
| 总面积 | 4257.94 | 31529.44 | 35787.38 |

1961年3月4日，国务院公布明孝陵、十三陵和清东陵、清西陵为第一批全国重点文物保护单位，编号分别为1-0177-2-016、1-0178-2-017和1-0179-2-C18、1-0180-2-019；1982年2月23日，国务院公布清昭陵为第二批全国重点文物保护单位，编号2-0061-2-006；1988年1月13日，国务院公布显陵、永陵和福陵为第三批全国重点文物保护单位，编号分别为3-0253-2-024、3-0256-2-027和3-0257-2-028。

**云冈石窟** 英文名Yungang Grottoes，是5世纪中叶至6世纪初开凿的大型佛教石窟群，代表中国佛教石刻艺术的杰出成就。云冈石窟位于山西省大同市城西16千米处的十里河（武周川）北岸，武周山南麓。石窟坐北朝南，依山开凿，东西绵延约1千米。

云冈石窟始创于北魏和平年间（460～465年），由著名和尚昙曜主持开凿石窟5所，即云冈第16～20窟，也称昙曜五窟；寺庙命名为武周山石窟寺。昙曜五窟的创建拉开云冈石窟

开凿的序幕。其他主要洞窟多完成于北魏孝文帝迁都洛阳之前，即延兴元年至太和十八年（471～494年）的30余年间，开凿的大型洞窟有12座，占云冈大型洞窟总数的70%左右，是云冈石窟开凿的高峰时期。北魏太和十九年至正光末年（495～524年），云冈石窟皇室工程基本结束。然而中下层官吏、邑义信众、僧尼等营窟造像之风不断，开凿一大批中、小型窟龛，总数200余座。唐、辽、金时期又有少量造像雕刻，主要是营造窟前木构寺院，称云冈十寺。辽保大二年（1122年）十寺遭兵火焚毁，尚留遗迹可循。元代在云冈石窟西部小窟龛中进行局部的开凿与修补。明清时期云冈石窟形成以5、6窟为中心，石窟、楼阁和佛殿多重寺院式布局。

云冈石窟存洞窟254个，窟区自东而西依自然山势分为东、中、西三区，存主要洞窟45个、附属洞窟209个，雕刻面积18000余平方米。造像最高17米，最小2厘米，佛龛计1100多个，大小造像59000余尊。云冈石窟佛教艺术按石窟形制、造像内容和样式的发展，可分为早、中、晚三个阶段。

早期石窟，位于石窟群西部，由五个主要洞窟组成，即第16、17、18、19、20窟，也称昙曜五窟。昙曜五窟气势恢宏、壮观古朴，是云冈石窟中最引人注目的部分之一。昙曜五窟的格局选择气势磅礴的大窟高像，主像形体高大，占据窟内主要位置。平面皆作马蹄形，穹隆顶，摹仿古印度草庐形式，一门一窗，外壁满雕千佛，是中国石窟雕刻史上罕见的现象。题材以三世佛和千佛为主。佛像高肉髻，面相丰颐，高鼻深目且眉眼细长，蓄八字须，双肩

齐挺，身躯健壮，着袒右肩式袈裟或通肩衣。菩萨像圆脸，短身，头戴宝冠，宝像翻飞，胸饰璎珞，臂上带钏，衣纹雕刻疏密适当。挺秀劲健、浑厚质朴的造像风格，反映凉州石窟以及犍陀罗、秣菟罗造像的一些特点，具有浓郁的西方风韵。其最具典型的是佛像沿袭西方旧有佛像服饰的外观，容颜却有可能是模拟当时中国北方民族的风貌，因而形成新的佛像模式。其中，第20窟是云冈石窟最具有代表性的洞窟之一。前立壁、顶部及西壁局部已崩毁，主像显露在外，成为著名的露天大佛。主像高13.8米，高鼻深目，眉眼细长，嘴角微微上翘，面部流露出慈祥和蔼的神情。主像挺拔硕健的身躯，显示出北疆游牧民族的剽悍与强大。粗犷豪放的表现手法，使造像充满活力。第20窟主像博大恢宏的气势和撼动人心的艺术感染力，成为云冈石窟的代表作品。

中期石窟，约开凿于北魏孝文帝延兴元年至太和十八年（471～494年），位于石窟群的东、中部，大型洞窟较为集中，主要有第1、2窟，第5、6窟，第7、8窟，第9、10窟四组双窟和第11、12、13窟一组三窟。此外，云冈最大的洞窟第3窟，主要工程（除三尊唐代造像外）也是在北魏孝文帝延兴元年至太和十八年（471～494年）开凿的。中期洞窟是云冈石窟中的精髓，其特点是汉化趋势发展迅速，雕刻造型追求工整华丽，出现许多新的题材和造像组合。早期造像融进的西方因素，中期已渐削弱，侧重于护法形象和各种装饰。渊源于西方的佛教石窟艺术中国化，即由中期开始显著加强。中期的洞窟平面多呈方形，多具前后室，有的洞窟雕中心塔柱，还有的在后壁开凿隧道式礼拜道。方形平面窟的壁面雕刻都作上下重层、左右分段的布局，窟顶多雕有平棊藻井。外壁两侧重层阁楼式的高塔和中庭耸立的丰碑，与八棱千佛柱承载的仿木结构屋檐，以及窟内壁面重层布局和分栏长卷画面，都体现中国汉代殿堂格局和传统建置。中期大像的数量锐减，取而代之的是题材内容的多样化，突出释迦牟尼佛、弥勒佛的地位，流行释迦多宝佛、佛装交脚弥勒、维摩文殊等造像。出现佛传故事龛、供养人行列、伎乐天行列以及佛本生、本行故事，门拱两侧始雕护法天神等，极大地丰富石窟造像内容。佛像面相丰圆适中，

云冈石窟全景

第20窟及西部外景

较清秀。太和十三年（489年）前后出现褒衣博带式服装。菩萨头戴花蔓冠，身披帔帛，下着羊肠大裙。殿堂龛面、帷帐流苏、画面附榜题、龛尾饰龙雀、博山炉、兽面装饰等，更是汉地所常见，表现佛教艺术中国化的不断深入。中期石窟中雕刻数以万计的佛、菩萨、天王、力士、飞天等，姿态各异：佛像端庄、和蔼；菩萨典雅、含蓄；飞天活泼、可人；力士强壮、有力。个别龛楣上用镂空雕饰的手法，表现飞天的秀逸姿态，雕刻技艺日渐成熟。

晚期洞窟，开凿时间约为北魏孝文帝太和十八年至孝明帝孝昌元年（494～525年），共有中、小型窟龛200余座。主要集中在云冈石窟群西部的第21～45窟，此外，第4窟及第4、5窟间龙王庙沟区域的中小窟龛，中部地区第11～13窟崖面小龛，第14、15窟等也是晚期开凿的洞窟。晚期的洞窟类型繁杂，式样变化迅速，流行千佛洞、塔洞、四壁三龛式或四壁重龛式洞窟。窟门外崖面上出现雕饰。造像内容趋于简单化，形式日趋程式化。晚期石窟雕刻中少恢宏、华丽的风格，呈现出一派清秀俊逸的新风貌，人称"秀骨清像"，对龙门石窟早期洞窟的造像风格，产生较大影响。晚期的洞窟在主像和造像组合方面，都日益繁缛。主像除坐佛外，释迦多宝对坐像普遍增多。窟口外两侧流行雕凿力士。此期较晚阶段的洞窟主像两侧出现弟子、菩萨并列像。佛像一律着褒衣博带，面相消瘦，细颈、削肩、衣纹下摆密集；菩萨体态修长，帔帛交叉，较晚流行交叉穿壁的做法。晚期石窟中一些窟龛，规模很小，但处理得主次有序；人物形象清瘦俊美，比例适中，夸张中有收敛，清瘦中透秀雅。晚期典雅、清新的艺术风格与早期石窟浑厚、纯朴的西域情调和中期石窟复杂多变、富丽堂皇的太和格

第 6 窟供养人特写

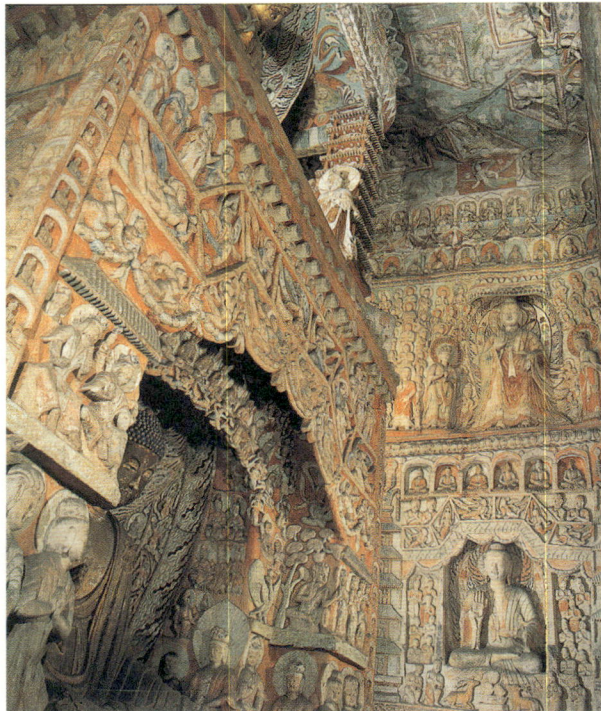

第 6 窟洞窟内景第 6 窟后室中心塔柱南面及东壁面

第 9 窟洞窟内景

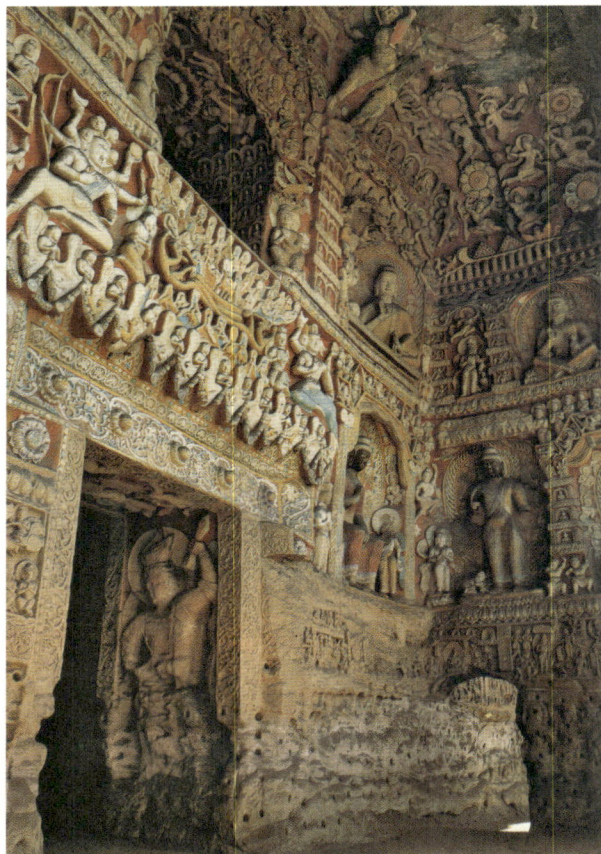

第 10 窟洞窟内景

调，共同构成云冈石窟绚丽多彩的艺术特色。

云冈石窟作为北魏建都平城（山西大同）时期的大型石窟寺文化遗存，历经近70年多年的不断开窟，艺术内容丰富，雕饰精美，是当时统治北中国的北魏皇室集中全国技艺和人力、物力所雕凿出的一座佛国圣殿，是新疆以东最早出现的大型石窟群。云冈石窟以壮丽的典型皇家风范造像而异于其他早期石窟，展现的佛教文化艺术涉及历史、建筑、音乐等多方面内容。云冈石窟是东方石雕艺术的精魂，也是中西文化融合的典范，代表着5～6世纪佛教艺术的最高成就，在中国乃至世界艺术史上占有重要地位。云冈石窟与敦煌莫高窟、洛阳龙门石窟并称为中国三大石窟，与印度阿旃陀石窟、阿富汗巴米扬石窟并称为世界三大石雕艺术宝库。作为珍贵的文化资源，云冈石窟在促进地方社会经济发展和中华民族文化认同、增强公众的遗产保护意识等方面具有重要的社会价值。

自明代筑堡始称云冈，云冈石窟除部分佛寺修葺、佛像妆銮外，渐入荒废境地。清代，僧人的活动主要集中在石窟区的中部，东西两头的石窟区日渐荒废。清代中晚期，云冈村民在石窟区内修建大量民房，同时利用洞窟放养牲畜、杂物，使部分洞窟遭受较大损坏。

云冈石窟是5世纪中叶至6世纪初开凿的大型佛教石窟群，代表中国早期佛教石窟和石刻艺术的杰出成就。云冈石窟是北魏时期皇家兴建的佛教石窟群，显示中国佛教信仰的国家意志。在承袭来自南亚和中亚地区佛教石窟艺术影响的同时，云冈石窟赋予佛教石窟艺术以鲜明的中国特征和地方特色，因而在东方早期石窟中占有极为重要的地位，对其后的中国乃至东亚地区的佛教石窟艺术有着深远的影响。

2001年12月14日，在芬兰赫尔辛基召开的联合国教科文组织世界遗产委员会第25届会议，云冈石窟符合世界遗产第一、二、三和四条标准，将其列入《世界遗产名录》，遗产编号1039，遗产区面积为348.75万平方米，缓冲区面积846.81万平方米，共计1195.56万平方米。1961年3月4日，国务院公布云冈石窟为第一批全国重点文物保护单位，编号1-0034-4-001。

**高句丽王城、王陵及贵族墓葬** 英文名 Capital Cities and Tombs of the Ancient Koguryo Kingdom，是中国保存最完整，种类最丰富，建筑最宏伟，最具代表性的高句丽时期遗迹，全面反映高句丽民族从建国到发展全盛直至灭亡整个历史时期的社会生活、建筑风格、丧葬习俗、宗教信仰和艺术文化。高句丽王城、王陵及贵族墓葬由位于辽宁省桓仁满族自治县的五女山山城和位于吉林省集安市的其他42处遗产要素组成。其中五女山山城位于辽宁省桓仁满族自治县境内，其余42处均位于吉林省集安市境内东西长40余千米，南北宽2～4千米的洞沟平原上。

五女山山城是高句丽政权建造的第一个都城，汉元帝建昭二年（前37年）朱蒙在西汉玄菟郡辖地内建立政权，定都于此。国内城、丸都山城是高句丽早中期（1～5世纪）的都城。西汉元始三年（公元3年），高句丽第二代王琉璃明王迁都国内，同时筑尉那岩城（后称丸都），至北魏始光四年（427年）移都平壤城。1～5世纪，国内城和丸都山城一直是高句丽王朝的政治、经济、文化中心，迁都后，仍不失为人口稠密、经济繁盛的重要都会。高句丽王陵和贵族墓葬是高句丽时期政权统治阶层的墓地所在。

高句丽王城、王陵及贵族墓葬由43处遗产要素组成，包括五女山城、国内城和丸都山城等3处王城，麻线0626号墓、千秋墓、西大墓、麻线2100号墓、麻线2378号墓、七星山0211号墓、七星山0871号墓、太王陵、临江墓、禹山2110号墓、禹山0992号墓、将军坟及1号陪葬墓等12处王陵，角抵墓、舞俑墓、马槽墓、王字墓、环纹墓、冉牟墓、散莲花墓、长川2号墓、长川4号墓、长川1号墓、禹山3319号墓、五盔坟1号墓、五盔坟2号墓、五盔坟3号墓、五盔坟4号墓、五盔坟5号墓、四神墓、禹山2112号墓、四盔坟1号墓、四盔坟2号墓、四盔坟3号墓、四盔坟4号墓、兄墓、弟墓、折天井墓、龟甲墓和将军坟1号陪葬墓等27处贵族墓葬，以及好太王碑1通。

五女山山城，建于五女山上，依山构筑，大部分利用天然的悬崖峭壁作屏障，仅在东、南部山势稍缓处筑墙封堵而成，充分利用高险的山势，居高临下，在军事上占有绝对优势，易守难攻，而且紧邻浑江冲积平原，控扼水陆交通要道，地理位置十分重要。城内分布多处高句丽早期的重要建筑遗址及生活、军事遗迹，文化内涵十分丰富。五女山山城由于特殊的都城地位，规模宏大，构筑坚实，在高句丽早期山城中，具有极高的中心地位，是高句丽早期山城中的代表作。

国内城，位于鸭绿江中游右岸，洞沟盆地的西部，集安市区内。城墙平面略呈方形，墙体以修凿工整的楔形、长方形石条饰面，内部土石混填。墙体垒砌严谨，横行平直、缝隙均匀，由地表往上分级内收，有的层次最多可达11级。城墙筑有马面与角楼，现发现马面20

辽宁桓仁五女山远景

处、角楼2处、门址4处。城内中部偏西发现大型建筑基址，规制较高，出土有龙纹砖、菱形纹砖和铭文瓦当等遗物，可能为宫殿、官署建筑。国内城是为数不多的地表保存有石筑城墙的平原城类型都城址，保存下来的城墙依然坚实牢固而又不失美观庄严，都城风范犹存。

丸都山城，建于国内城北2.5千米的高山上，沿山势走向构筑城垣，城墙高低起伏。山城北高南低，平面呈不规则的长方形，如向南倾斜的"簸箕"。东、西、北三面城垣垒筑在环抱的山脊上，外临陡峭的绝壁，内为广阔的山坡，南面城垣地势较低。城墙的构筑充分利用自然地理形势，陡峭处以自然岩壁为墙，平坦的山脊和地势低洼处，用花岗岩石条垒砌城垣，为求城垣绵亘一贯，凹伏愈大的地方，筑墙愈高，体现出高句丽山城的建筑特点。全城共有门址9处，其中南墙正中地势最低矮处曲折

五女山山城内一号大型建筑基址

内凹建瓮门，瓮门两侧各建有一座角楼，加强防御能力。城内有宫殿址，瞭望台址、戍卒驻地址、蓄水池址。丸都山城的布局因山形走势而巧妙构思、合理规划，完美地实现自然风貌与人类创造的浑然一体。通过考古发掘揭露的宫殿址遗迹，仍可显示原有建筑的恢宏气势。

洞沟古墓群，存有近7000座高句丽时代墓葬，堪称东北亚地区古墓群之冠。古墓群中有将军坟、太王陵、千秋墓、西大墓、临江墓等

国内城西墙马面及西南角楼

丸都山城西墙北段

为代表的十几座大型高句丽王陵。王陵多位低矮的山岗或坡地之上，葬地高敞，独立为陵。陵墓以石材砌筑，外形硕大，形制雄伟。经近5个世纪的嬗变，其修筑技术和审美情趣达到东北亚石墓修筑史上前所未有的高度，代表着高句丽乃至中国石墓建筑的最高水平。第二十代王长寿王的陵墓——将军坟，以其构筑严谨、技艺精良、雄伟壮观而被赞誉为"东方的金字塔"。矗立于太王陵东侧的好太王碑，其汉字镌刻的碑文是高句丽保存最长的一篇文献资料，既是追寻认知高句丽历史的珍贵文献，也是从不同侧面印证古代文化间借鉴发展、吸纳融合的最佳依据。

高句丽王室贵族墓葬以壁画墓最具特色，堪称东北亚地区的艺术瑰宝。壁画墓的壁画内容，经历由现实生活场景向宗教神灵理念的演进，艺术风格从初创的拙朴写实到成熟期的夸张写意。其绘图技法、情景构思无不显现出高句丽民族视角独特的审美观点、匠心独具的艺术创造力，达到艺术形式与思想内容的和谐统一，是东北亚地区壁画艺术成就的重要标志。丰富多彩的壁画题材，是高句丽民族文化底蕴在艺术追求上的充分展示，其中也透射出其他文化因素的强烈影响。不同时期的壁画作品，均不同程度地表现出对中国中原文化绘画传统的借用与改造，鲜活的民族特色中处处透出浓厚的中国中原文化绘画风韵。壁画中广泛出现的宴饮、出行、礼辇、神仙、奇兽等题材，是对战国秦汉以来中国中原文化流行的绘画式样的再创造。儒者服饰、四神、莲花、火焰纹等图案则是汲取东汉至魏晋时期儒教、道教、佛教等宗教艺术表现形式的营养。高句丽接受

在丸都山城中心部考古清理出来的宫殿遗址

儒、道、佛三种宗教，五盔坟4号墓壁画中，儒、道、佛的形象绘在同一墓室的四壁上，是汉文化儒、道、佛"三位一体"思想的生动写照。不仅如此，儒、道、佛三种宗教意识随着高句丽的发展，对朝鲜半岛和东北亚一些地区的宗教和祭祀也产生重要影响。

五女山山城承袭中国北方民族构筑山城的传统，但在选址布局、城墙筑法、石料加工等方面，具有很大的突破和创新，从而形成一种不同凡响的山城形式，不仅奠定高句丽山城的建筑模式，也对东北亚其他古代民族和国家山城的发展产生了重大影响。

将军坟

国内城是石筑城墙平原城类型都城址，都城规划形成宫殿区与居民区块状分区特点。丸都山城首创高句丽文化与自然环境完美结合的"簸箕形"山城的建筑模式，成为高句丽时期唯一的一处以大型宫殿为核心规划整体布局的山城王都。国内城与丸都山城相互依附，创建平原都城与山城王都交互使用、互为都城的附合式王都建制的新模式。此种因地制宜地创造具有浓郁的民族特色，是高句丽民族建筑才华、筑城理念的充分展示。

洞沟古墓群中的高句丽王陵及贵族墓葬，是高句丽王族、贵族丧葬制度的综合载体，从不同侧面反映高句丽的历史发展进程，是高句丽留给人类弥足珍贵的文化艺术宝库。洞沟古墓群壁画墓是中世纪东北亚地区的艺术瑰宝，是中国中原文化传统在高句丽文化中根植、渗透的具体表现。

高句丽墓葬的壁画和构造是表现人类创造性天赋的杰作，王城与王陵既体现地区性文化创造与特色，又记载、传播着多种文化的影响与融合，是湮没了的高句丽文明的历史见证，是高句丽文化历史进程中的里程碑，代表着高

长川2号墓北壁壁画

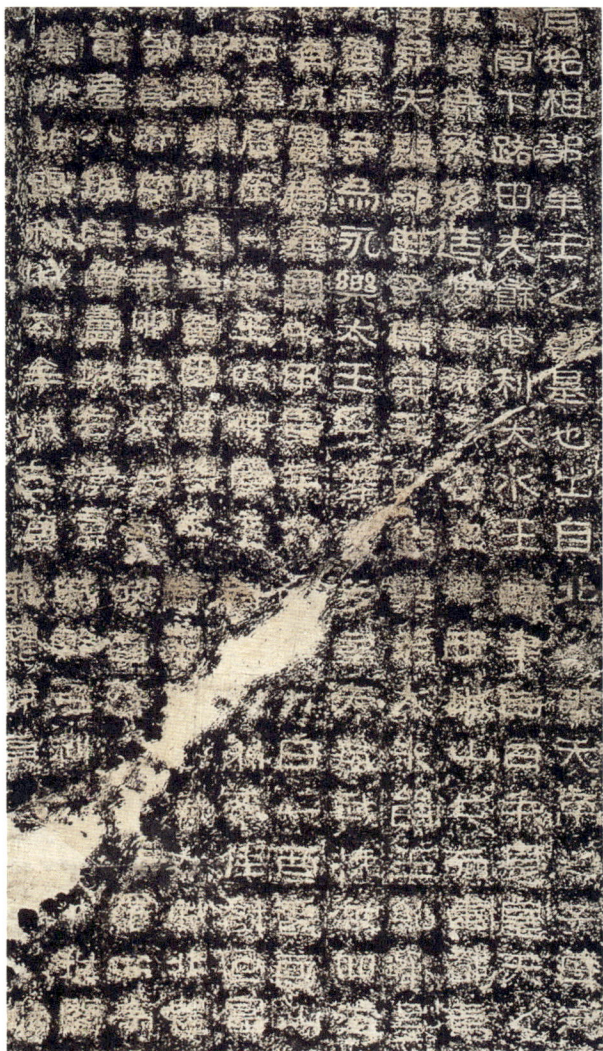

好太王碑拓片（局部）

舞俑墓壁画——舞蹈图

句丽文明最辉煌的历史地位和艺术成就，是人类创造与自然的完美结合。

2004年7月1日，联合国教科文组织世界遗产委员会第28届会议认为高句丽王城、王陵及贵族墓葬符合世界文化遗产第一、二、三、四和五条标准，将其列入《世界遗产名录》，遗产编号1135，遗产区面积4164.86万平方米，缓冲区面积14142.44万平方米，共计18307.3万平方米。1961年3月4日，洞沟古墓群（含好太王碑）被国务院公布为第一批全国重点文物保护单位，编号1-0168-2-007；1982年2月23日，丸都山城与国内城—丸都山故城被国务院公布为第二批全国重点文物保护单位，编号2-0052-1-007；1996年11月20日，五女山城被国务院公布为第四批全国重点文物保护单位，编号4-0036-1-036；2001年6月25日，国务院公布第五批全国重点文物保护单位时，将国内城与丸都山故城合并，更名为丸都山城与国内城，将采石场遗址和长川古墓群归入洞沟古墓群。

**澳门历史城区**　英文名Historic Centre of Macao，是中国境内所存年代最久、规模最大、保存最完整和最集中，以西式建筑为主、中西建筑互相辉映的历史城区，位于澳门特别行政区，地处澳门半岛中部至西南部一段狭长的地形内，大炮台山与妈阁山、西望洋山之间，以及东望洋山的东望洋炮台和白鸽巢公园前基督教坟场。

澳门半岛原为海岛，经泥沙堆积形成半岛。16世纪初，葡萄牙人未定居前，澳门仅有些小聚居点，分布在妈阁、望厦、沙梨头等一带。明嘉靖三十二年（1553年），明朝政府将澳门半岛西南部一片地段租给葡萄牙人为主的外国商人居住及进行贸易。嘉靖三十六年（1557年），以葡萄牙人为主的外国人开始陆续定居澳门，澳门由此发展成19世纪前中国主要的对外港口，也是亚洲地区重要的国际港口。随着居住人口的增加，以及现实的需要，各种各样的住宅及公共建筑（如炮台、教堂、医院）亦相继修建。17世纪，澳门的城市建设具有一定的规模，并兴建城墙保护。城墙东面以三巴门街至水坑尾街为界，西面至主教山（西望洋山）一带。以葡萄牙人为主的外国人住在城里，称为"天主圣名之城"，而城外则是中国人的农田。至清道光十八年（1838年）左右，半岛面积仅2.78平方千米。清光绪十三年（1887年12月1日），葡萄牙与清政府签订《中葡会议草约》和《中葡和好通商条约》，正式通过外交文书的手续占据澳门，并将此辟为殖民地。19世纪末，澳门政府开始大量填海造地。1999年12月20日，中国政府恢复对澳门行使主权，中华人民共和国澳门特别行政区成立。2004年，澳门半岛的面积为8.7平方千米，大量的历史建筑分布在旧城区各处，成为澳门珍贵的文化遗产。

澳门作为广州主要的外港，以中国商品和市场为依托，迅速发展成为东亚贸易中心之一，长达300年，直至香港在清道光二十二年（1842年）成为英国殖民地为止，澳门以位于珠江口的地利，在南中国海维持着独特的地位。由于国际贸易中心的地位，澳门成为"万邦云集"的城市，汇集来自荷兰、法国、瑞典、英国和印度等国的居民，同时带来基督教、天主教、波斯拜火教、伊斯兰教等宗教。

澳门历史城区包括妈阁庙前地、亚婆井前

地、岗顶前地、议事亭前地（此4处前地由龙嵩街主干道串联）、大堂前地、板樟堂前地、耶稣会纪念广场、白鸽巢前地等8个广场空间，以及妈阁庙、海事及水务局大楼、郑家大屋、圣老楞佐教堂、圣若瑟修院及圣堂、岗顶剧院、何东图书馆、圣奥斯定教堂、市政署大楼、三街会馆（关帝庙）、仁慈堂大楼、大堂（主教座堂）、卢家大屋、玫瑰圣母堂、大三巴牌坊、哪吒庙、城墙遗迹、大炮台、圣安多尼教堂、东方基金会会址、白鸽巢公园及基督教坟场、东望洋炮台（含东望洋灯塔及圣母雪地殿圣堂）等22处历史建筑或建筑群组成。

妈阁庙，初建于明弘治元年（1488年），原称妈祖阁，俗称天后庙，主要建筑有入口大门及牌坊、神山第一大殿、弘仁殿、观音阁等殿堂。妈阁庙的大门为一牌楼式花岗石建筑，宽4.5米，只于有一个门洞，门楣上有"妈祖阁"3个金字，两侧书有对联："德周化宇；

妈阁庙大门

泽润生民"。门楣顶部为飞檐状屋脊。庙门口有一对石狮，是300年前清人的杰作。紧跟在大门之后为一三间四柱冲天式牌坊，由花岗石建造而成，并有四只石狮分置在柱头上。正殿有"神山第一殿"之称，建于明万历三十三年（1605年），和正门建筑、牌坊以致在半山腰上的弘仁殿在空间上成一直线。建筑主要由花岗石及砖砌筑而成，其中花岗石作主导，无论柱、梁、部分墙身以至屋顶均由此材料修筑，两边墙体均开有大面积琉璃花砖方窗，在较高位置的气窗，则为圆形。在石造之屋顶上又铺设琉璃瓦顶，并以夸张的飞檐装饰正脊及垂脊，屋顶造型又分两部分，在朝拜区之屋顶以歇山卷棚顶形式出现，而神龛区上方之琉璃屋顶则为重檐庑殿式，飞檐纯朴有力。弘仁殿相传建于明弘治元年（1488年），规模小，仅3平方米左右，以山上岩石作后墙，再以花岗石作屋顶及两边墙身，殿内也供奉天后，两侧墙身内壁有天后之侍女及魔将浮雕，而天后神像则置于山石前，与正殿神龛区做法一样，在石屋顶上，此殿也加上绿色琉璃瓦及飞檐式屋脊装饰。位于最高处的观音殿，建筑年代无从稽考，阁内存一块清道光八年（1828年）重修的木匾，则观音阁应建于此前，建筑主要由砖石构筑而成，较为简朴，为硬山式做法。正觉禅林建于清道光八年（1828年），供奉天后，此殿在1988年2月8日曾发生火灾，后由文化局按原貌重修，至翌年2月完成。

海事及水务局大楼，清同治十三年（1874年）建成，初作为在澳门印度警察的营地。光绪三十一年（1905年），改为澳门港务局和水警稽查队的办公地点，故被俗称为水师厂。港

澳门海事及水务局大楼

务局大楼由意大利人卡苏索所设计，高两层，其外墙柱窗是穆斯林式穹顶，配合通花围栅，具有阿拉伯建筑风格。建筑物长67.5米，宽37米，建在一花岗石围筑而成的平台上，建筑物除中央局部为二层高达6.6米外，其他地方都为一层式设计。除了近妈阁山一侧外，建筑物三周均有宽达4米带有尖券拱的回廊回绕，回廊式除便于观赏风景外，同时也是建筑对本地气候的反映。在回廊相交处，其楼顶高度也稍为提高，打破建筑物的强烈水平感，而在其相互垂直的外墙上，则分别开有3个宽1米多由四条细小的圆柱支承的伊斯兰尖拱，在回廊的其他墙身上，均开满宽1.5米的伊斯兰尖拱窗

洞，特别是较长的回廊上，一共连续开有19个具有阿拉伯色彩的尖券拱，各尖拱间以三叶饰点缀，加上女儿墙上有节奏雉堞式排列的方尖形装饰，形成一种强烈的韵律感。建筑整体粉刷成黄色，并以白色花纹衬托，与粗糙的花岗石围墙在色彩及质感上均形成强烈的对比。

郑家大屋，大约建于清光绪七年（1881年），是中国近代著名思想家郑观应的祖屋，由其父亲郑文瑞筹建。郑家大屋建筑面积约4000平方米，是一岭南派院落式大宅，建筑沿妈阁街方向纵深达120多米，主要由两座并列的四合院建筑以及由内院连接的仆人房区建筑及大门建筑等组成。整体建筑均以青砖为主要建筑材料，屋顶平面为连续不断的中式坡屋顶，建筑高度因房区性质不同而有所分别，仆人房区一般为一层高之硬山式建筑，有时也有可上人之平屋顶出现；主房区建筑多为两层高，其中也有达三层者。建筑主入口位于东北方向的龙头左巷，为一两层高之宅门建筑，建筑长13米，深7.9米。宅门与主建筑群分离，宅门入口墙身自檐口往内退缩，上层开有窗

郑家大屋大门

郑家大屋余庆堂内景

户、下层为入口大门，檐壁上有中式绘画，为典型传统中式风格，门廊内墙身上设有神龛，而天花则是西式石膏图案装饰。门廊内有花岗石梯级过渡至水平面稍低的主建筑群空间。与传统中国民居不同的是，主建筑群各房区之大门入口与大宅入口不在同一方向，但都面向西北，都在同一直在线，前面有既宽且长的晒场，晒场中段有另一房门将主次建筑分开，前段为仆人房区及外花园，后面为主房区。两房区之间以大内院相连。主房区主要由两座四合院式建筑组成，建筑都作三进深三开间式，其间以水巷相连，建筑外墙檐壁均有泥塑浮雕装饰，墙基由花岗石砌筑，建筑入口，特别是两个主入口，采用与宅门入口相同的处理手法，即自檐口往内退缩，与外墙身不处在同一直线，为表示其重要性，门框以花岗石作材料，其中最重要的建筑入口作两重花岗石门框设计，建筑室内一般作传统中式设计，厅堂位置的地面层与传统做法不同，设在二楼，整个厅堂占据三开间一进深的空间，为一抬梁式木结构形式。

圣老楞佐教堂，通称风顺堂，是澳门最古老的三座教堂之一，位于风顺堂街，澳门慈幼中学的正对面。实际建筑年份已不可测，据史料记载，教堂是明隆庆三年（1569年）左右由

澳门圣老楞佐教堂

耶稣会会士创建的一座木制小教堂。据教堂内一石刻上的碑文记载，明万历四十六年（1618年）第一次重修；清道光二十四年（1844年）改建形成现代规模。教堂设计，雄伟壮观，左右钟楼并峙，一座是时钟，报时用；一座是铜钟，供教堂弥撒时轰鸣用。教堂的屋顶是中国式的金字瓦面。室内装饰充满东方色彩，古雅逸趣。堂内宽敞宏伟，巨大的梁柱和精美的吊灯，颇具豪华博大之气派。祭坛内供奉着圣老楞佐的神像，穿着绚丽的衣袍，一手持圣经，一手拿法杖，庄严肃穆，在经常航海的葡萄牙人心目中，是庇佑平安，赐予风信之神。

圣若瑟修院及圣堂，位于澳门岗顶前地的教堂，于清雍正六年（1728年）创办，与修院毗连的圣堂则于乾隆二十三年（1758年）落成。圣若瑟圣堂连同已坍塌的圣保禄教堂是中国罕见的巴洛克风格建筑。主祭坛供奉圣若瑟像，左右两侧祭坛则供奉耶稣及圣母。圣堂主堂由四个帆拱顶起的一个直径12.5米，顶部高度为19米的穹顶，开有两环各16个窗户，具通风和采光功能。堂内存有第一位到远东传教的耶稣会会士圣方济各·沙勿略的前臂骨，供教徒瞻仰。

岗顶剧院，于清咸丰十年（1860年）由澳门的葡萄牙人集资兴建，以纪念葡萄牙国王伯多禄五世。建成初期只建成主体部分，同治十二年（1873年）在入口正面加建柱廊、拱廊及新古典主义的三角楣。为澳门葡萄牙人的大会堂和土生葡人聚会之地。除剧场外，建筑内还设有舞厅、阅书楼和台球室等，所以又有岗顶波楼之称。岗顶剧院建筑长41.5米，宽22米，中式坡屋顶的屋脊高12米，屋檐高7.5米。岗顶前的路是用石子铺成的海浪图案，据说每块地砖均是由葡萄牙运来。建筑设计为新古典希腊复兴风格，平面作纵向布局，圆形的观众席前后布置前厅及舞台，两侧是可供休息的长廊，长廊上设有楼梯直达二楼月牙形观众席，观众席由楼下10条排列成弧线的柱子支撑着。剧院正主面为一面宽15.7米的门廊，门廊顶端以三角形山花收结，其下则是由四组爱奥尼柱式倚柱组成的三个券洞，券洞宽约3米，8条倚柱均长约6米，山花及柱子上装饰较为简单，令立面看起来更为雄伟、高耸。与正立面不同的是面向岗顶前地的侧立面，其墙上连续开满9个宽2.45米的落地大窗，进一步加强屋面水平感的同时也表现出一种浑厚的气度。

圣堂

澳门岗顶剧院

大三巴牌坊

大三巴牌坊，其正式名称为圣保禄学院天主之母教堂遗址，一般称为大三巴或牌坊，是澳门天主之母教堂（圣保禄教堂，于1580年竣工）正面前壁的遗址。大三巴牌坊是澳门的标志性建筑物之一，同时也为"澳门八景"之一。明嘉靖四十一年（1562年），葡萄牙人历经数年，在澳门建起教堂，取名圣保禄教堂。葡语"圣保禄"发音接近粤语中的"三巴"，所以也称大三巴教堂。后来，教堂两次毁于火灾。万历三十年（1602年），圣保禄教堂再次重建，历经35年，明崇祯十年（1637年）完工。道光十五年（1835年）一场大火把教堂烧毁，只剩下耗资3万两白银的前壁。教堂成为遗址之后，因前壁与中国传统牌坊相

似，加上"圣保禄"从葡文São Paulo音译成中文，说成"三巴"，故称大三巴牌坊。牌坊的建筑是巴洛克式，有明显东方色彩的雕刻，包括中国传统舞狮及日本传统菊纹等图案，在全世界的天主教教堂中具有独一无二的特色。

大三巴哪吒庙是指位于澳门大三巴牌坊右侧的哪吒庙，为澳门所存两座哪吒庙之一。大三巴哪吒庙被视为澳门中西文化和谐相处的象征，创建于光绪十四年（1888年），改建于清光绪二十七年（1901年）。传建庙前，澳门瘟疫流行，死人无数，坊众以本区无神庙压邪，乃与柿山坊众商议，拟请柿山的哪吒神来大三巴，建庙奉祀，但遭反对，屡治不果，于是自行建庙。哪

澳门哪吒庙

吒庙的简约别致，两进式的建筑，中间没有天井，是传统中式庙宇中不常见的。整座庙宇极为朴素，主要由相连的门厅及正殿组成，正殿进深5米，四面墙体均以青砖筑建而成，绝少装饰。正殿入口前是门厅，三周不砌墙，只以黑色木栅栏围绕。门前有石刻长联"何者是前身漫向太虚寻自我；吾神原真道敢生多事感斯民"。

城墙遗迹（简称旧城墙），是指大三巴和哪吒庙后的一道黄土墙，是澳门旧城城墙幸存的一部分。旧城墙为澳门军事防卫的重要部分。澳葡当局曾多次在澳门建筑城墙，最早可追溯至明隆庆三年（1569年）之前。万历三十二年（1604年），由于朝廷不允许私筑城墙，先后都被拆毁。至万历四十五年（1617年），澳葡官员贿赂地方官吏，使他们不加干涉，再次筑起城墙。天启五年（1625年）在明政府官员强力干涉下，拆毁北部城墙，但葡人仍不顾明政府反对，继续筑墙。明崇祯五年（1632年）的澳门城市地图反映整个澳门城除西部内港外，北部、东部及南部均建有城墙，诸要塞处建置炮台，澳门城成为一座在军事上

防范甚为严密的城堡，所存的旧城墙遗址正是当时所建。

东望洋炮台，又称松山炮台、东望洋山炮台，建于17世纪。位于澳门半岛最高的东望洋山上，为澳门八景之一，为中国所存最古老的西式炮台建筑群之一，是东望洋山上三大名胜古迹之一。炮台于明崇祯十年（1637年）建成，建筑占地约800平方米，炮台平面为不规则多边形，墙高约6米，由花岗石筑建而成，女儿墙不作雉堞式设计，在架设大炮的地方，女儿墙稍为降低。炮台上设有一灯塔及小教堂等建筑。灯塔于同治三年（1864年）建成，为中国海岸第一座灯塔，灯塔所在地面位置的坐标值为澳门于世界地图上的地理定位，建筑为一圆柱形结构，底部直径7米，往上收分为5米，总高15米，内部共分三层，有一回旋连接垂直空间，塔顶是一直径为7米的平台，中间设置巨型射灯。在晴朗的夜晚，澳门四周20里的范围内可以见到灯塔射出的灯光。灯塔侧的小教堂名为圣母雪地殿，历史较炮台长，建于明天启六年（1626年），主堂呈长方形，长16米，宽4.7米，两侧墙身较为厚大，目的是

澳门东望洋炮台

澳门东望洋灯塔

承托拱形内屋顶，外屋顶则以红瓦铺设，屋脊高7.06米，檐口高4.8米，主祭坛右侧设有一祭衣房，唱诗台则在门口上层，极为狭窄。教堂立面设计较为简单，两边壁柱加上三角形山花，而入口大门亦以相同手法设计。1998年，教堂内发现年份久远的壁画，其绘画技巧融合中西艺术，从而更显教堂的价值。

大炮台，又名圣保禄炮台、中央炮台或大三巴炮台，坐落在大三巴牌坊侧，是澳门主要名胜古迹之一。大炮台创建于明万历四十五年（1617年），至1626年建成。为圣保禄学院教会所有，为保护圣保禄教堂内的教士而兴建，用以防范海盗，后转为军事设施区。炮台上有大片空地，绿草如茵；参天古树，生长茂盛；巨型钢炮，雄踞于旁。炮台上并置有不少古迹文物和历史性建筑物，如炮台上的古塔，是耶稣会的会址之一。大炮台位于澳门半岛中部一海拔52米的小山头上，建筑西侧紧靠圣保禄修院遗址。大炮台是澳门众多炮台中规模最大、最古老的炮台，炮台占地约一万平方米，呈不规则四边形，边长均约为100米，四个墙角外突成为棱堡。炮台东北、西南及东南面墙身建基于3.7米宽的花岗石基础上，墙身以夯土砌建，并以蚝壳粉末作灰泥批荡，非常坚实，墙高约9米，往上收窄成2.7米宽。女儿墙高约2米，呈雉堞状，可架设多达32门大炮，以防范来自此两方向之攻击。东南墙两角设有碉堡。面向中国大陆的西北墙身，主要以花岗石砌筑，女儿墙较矮且没有炮口设置，主要显示对海外的防御作用以及对当时中国官方的友好姿态。炮台正门入口设在东南墙上，大门后有一些简单房间，是军事用房。炮台内备有水池及

军需库，军需库储备充足，足以应付长达二年的包围。大炮台为当时澳门防御系统的核心，构成一个覆盖东西海岸的宽大炮火防卫网。明天启三年至清乾隆五年（1623～1740年），一直是城防司令和澳督的住所。清康熙元年（1662年），荷兰人企图入侵，炮台山上的大炮击退了荷兰人，保卫了澳门。

仁慈堂大楼，是位于澳门特别行政区议事厅前地旁边的砖石建筑物，是澳门第一所慈善组织，明隆庆三年（1569年）由澳门首任主教贾尼路创立，负责慈善救济工作，名仁慈堂。成立之后，仁慈堂开办中国第一间西式医院白马行医院，并设育婴堂、麻风院、老人院、孤儿院等机构。仁慈堂大楼修建于18世纪中叶，至清光绪三十一年（1905年）形成现代的面貌，具新古典主义建筑风格。仁慈堂为砖石建筑，由于后加的两层券廊，赋予它新古典外衣从而吸引人们的注意。建筑整体除花岗石柱基外，均粉刷以白色，故即使立面装饰线丰富，依然给人一种安静高雅感觉。建筑物正立面上层为大楼之外廊，下层为宽2米的公众通道。立面墙身是建在10个方形的花岗岩柱基上，柱基间则以砖券相连，同时，在柱基上均设有壁柱一对作装饰，券柱式建筑手法在立面上重复使用，令大楼立面具有一种镂空的效果，建筑物宽22米，女儿墙高度为12.5米，左右中分为三部分，中间部分宽22米，其顶上三角形山花高达16米，打破建筑物的水平感主面上下两层各开有7个券拱，券拱两侧壁柱在形式及柱式上均有所不同，上层中央三组为爱奥尼式圆柱，两侧4个则为爱奥尼式方柱；下层则为科林斯柱式，两侧为圆柱，中间是方柱，并以叠

柱形式出现。

澳门历史城区保存澳门400多年中西文化交流的历史精髓，是中国现存最古老的西式建筑群遗产，西方宗教文化在中国和远东地区传播历史重要的见证，是400年中西文化交流互补、多元共存的结晶。澳门是融合欧、亚、非、美四洲人民华洋杂居的国际城市，来自葡萄牙、西班牙、荷兰、英国、法国、意大利、美国、日本、瑞典、印度、马来西亚、菲律宾、朝鲜以至非洲地区等不同地方的人，带着不同的文化思想，不同的职业技艺，不同的风俗习惯，在澳门生产、生活，不仅使澳门成为当时中国接触西方文化的桥头堡，也是外国认识中国的门户。澳门历史城区是近代西洋建筑传入中国的源头。明末清初，大量天主教传教士以澳门为传教基地，积极从事远东地区的传教工作，为中国带来西方近代科学技术及人文艺术，又向西方介绍中国的文化。在澳门历史城区产生许多"中国第一"，如第一座巴洛克式风格建筑，第一所西式大学（圣保禄学院），第一个西方行政立法组织（市议会），第一份外文报纸，第一座现代灯塔，第一个基督新教教堂和墓地，第一座西式堡垒，第一所西式医院，第一所西式印刷厂以及历史最悠久、保存时间最长久的修道院（圣约瑟修道院）等。澳门民间的妈祖崇拜，表现澳门与中国闽粤沿海居民妈祖信仰一脉相承的关系。澳门妈阁庙是15世纪开始，中国、东亚和东南亚地区对外商业港口中，香火不断且延续至现代，历史最长的妈祖庙。在400多年的历史中，中国人与葡萄牙人在澳门历史城区内，合力营造不同的生活社区，展示澳门的中、西

建筑艺术特色外，更展现中葡两国人民不同宗教、文化以至生活习惯的交融与尊重。中葡人民共同酝酿出来的温情、淳朴、包容的社区气息，使澳门成为最有特色、最有价值的地方。澳门历史城区见证了西方文化与中国文化的碰撞与对话，证明中国文化永不衰败的生命力及其开放性和包容性，以及中西两种相异文化和平共存的可能性。澳门是许多近代中国著名人物活动过的地方，包括孙中山、郑观应、吴历、大汕、汪兆庸、高剑父等。

2005年7月15日，在南非德班召开的联合国教科文组织世界遗产委员会第29届会议认为，澳门历史城区符合世界遗产第二、三、四和六条标准，将其列入《世界遗产名录》，遗产编号1110，遗产区面积16.1678万平方米，缓冲区面积106.791万平方米。

**殷墟** 英文名Yin Xu，是中国历史第一个有文献记载并经甲骨文及考古发掘所证实的商代晚期都城遗址，是公元前14世纪至公元前11世纪世界青铜文明的重要代表。殷墟位于河南省安阳市西北郊，横跨洹河南北两岸。

殷墟，又称殷虚、殷邑，甲骨卜辞中又称为大邑商、商邑，是中国商代晚期的都城，距今有3300年的历史。约公元前1300年，商王盘庚由奄（山东曲阜）迁都至殷，建立规模宏大的都城。都城历经八代十二位商王，共255年，"更不徙都"，成为中国青铜时代鼎盛时期的政治、经济、军事、文化中心。《竹书纪年》记载："盘庚十四年，自奄迁于北蒙，曰殷。十五年营殷邑。"约公元前1046年，武王伐纣，殷商灭亡，殷邑逐渐沦为废墟，史称殷墟。秦汉时期对殷墟的记载屡见于文献，《史

记·宋微子世家》记载："箕子朝周，过故殷虚，感宫室毁坏……乃作麦秀之诗以歌咏之。"北朝时期中国著名的地理学著作《水经注》中记载，"洹水出山东，迳殷墟北"，对殷墟的地理位置进行了较为确切的描述。宋元时期，金石学兴起，殷墟小屯一带屡有青铜器出土，引起人们的关注，但被认为是商王"河亶甲居相"之相。

约公元前17世纪，华夏族的重要一支——商族，击败夏王朝，在中原地区建立中国古代历史上的第二个奴隶制王朝。商王朝疆域辽阔，东到大海，西至陇蜀，北到辽河流域，南到洞庭湖平原，国力空前强盛，开创中国上古史的新纪元，是青铜时代东方最强盛的国家之一。

清光绪二十五年（1899年），金石学家王懿荣发现并考证殷墟甲骨文是商代的文字。后经学者多方求证和探索，甲骨文的出土地安阳小屯被确认是中国古代文献中的殷墟所在，中国商代的历史从此成为信史，中国有文字可考的历史由此上溯近千年。民国17～26年（1928～1937年），中央研究院历史语言研究所对殷墟进行15次大规模的科学发掘，发现殷墟宫殿宗庙区、王陵区和大量的文化遗存。10年间，共在殷墟揭露宫殿宗庙建筑基址53座，发掘王陵大墓13座和小墓、祭祀坑1000余座，发现著名的YH127甲骨窖穴，出土刻辞甲骨17000余片，发掘出土大量青铜器、玉器、石器、陶器和漆木器等。发掘工作使湮没地下3000多年的商代都城逐渐被人们所认识，并确立了作为中国第一个有文字可考的古代都城的地位。民国26～38年（1937～1949年），由

于持续的战争，殷墟的大规模科学发掘工作被迫停止，给殷墟的研究和保护带许多困难。1949年，中华人民共和国成立后，殷墟的考古发掘和研究得到迅速恢复，国家和地方政府对殷墟进行有效和妥善的保护。1950年，考古工作者在侯家庄西北冈发掘著名的武官村大墓；1953～1965年，对殷墟进行全面的调查和发掘，调查清了殷墟的范围，发现苗圃北地铸铜遗址、大司空村制骨作坊遗址、后冈圆形祭祀坑、宫殿宗庙区城濠遗迹等；1973年，在小屯南地发现小屯南地甲骨窖穴；1976年，在小屯村西北发现著名的妇好墓。1978～2017年，殷墟考古不断有重大发现，较著名的有宫殿宗庙区54号基址、花园庄东地H3甲骨窖穴、郭家庄160号墓、花园庄54号墓、洹北商城等。

殷墟总体布局以小屯宫殿宗庙区为中心，沿洹河两岸呈环形、放射状分布，是一座开放形制的古代都城，存有宫殿宗庙区、王陵区和众多的族邑聚落遗址、家族墓地群、甲骨窖穴、铸铜遗址、制玉作坊、制骨作坊等。

殷墟宫殿宗庙区，位于洹河南岸小屯村、花园庄一带，南北长1千米，东西宽0.65千米，总面积71.5万平方米，是殷墟最重要的遗址。在宫殿宗庙区发现大型夯土建筑基址80余座。建筑基址形制阔大、气势恢宏、布局严整，按照中国古代宫殿建筑"前朝后寝、左祖右社"的格局，依次排列，分布在以小屯村为中心的范围内。民国26年（1937年）以前发掘的53座建筑基址，是殷墟宫殿宗庙区的主体和殷王都全盘规划、布局结构的中心所在，被考古学者划分为甲、乙、丙三组基址。20世纪70年代之后，又发现著名的54号基址和妇好墓

等。在宫殿宗庙区的西、南两面，有一条人工挖掘成的南北长1.1千米，东西长0.65千米，宽10～20米、深5～10米的防御壕沟，其东、北两端与洹河的河曲相通，将宫殿宗庙区环抱中间，构成严密的防洪、防御体系，与宫殿宗庙区浑然一体，起到类似宫城的作用。甲组基址位于宫殿宗庙区的东北部，南北100米，东西90米，东、北两面濒临洹河，共发现15座夯土基址，以东西向的长方形房基为主，个别为"凹"字形，呈现出东西成排分布的特点。15座夯土基址按分布位置，可分为南北两区。北区包括甲一至甲十10座基址，南区包括甲十一至甲十五5座基址，是宫殿宗庙区内建设时间最早、使用时间最长的建筑，被认为是商王室的宫室、寝居之所。乙组基址中最具代表性的建筑为乙一和乙八基址。乙一基址位于乙组基址的最北部，整体近方形，其南北中线与子午线相一致，是乙组基址的核心。乙八基址位于乙组基址中部，是宫殿宗庙区内规模最宏大的

建筑。丙组基址位于乙组基址西南部，共发现夯土基址17座，基址呈对称排列，面积较小，被认为是商王室的祭坛建筑。54号基址位于乙组基址东南，发现于20世纪80年代初。54号基址濒临洹水西岸，整体呈"凹"字形，缺口向东，包括南、北、西三组基址，房基构成半封闭状的建筑群，面积5000平方米，结构严谨，构思精巧，已具备中国四合院的雏形，被认为是中国传统四合院的滥觞。54号基址是20世纪50年代以来宫殿宗庙区内发现的最重要的建筑基址。妇好墓位于丙组基址西南，是殷墟宫殿宗庙区内最重要的考古发现之一，是殷墟科学发掘发现的唯一保存完整的商代王室成员墓葬。妇好墓南北长5.6米，东西宽4米，深7.5米，墓上建有被甲骨卜辞称为"母辛宗"的享堂。妇好墓室有殉人16人；1928件精美绝伦的随葬品，其中包括青铜器468件、玉器755件、骨器564件；出土海贝6800余枚。随葬品不仅数量巨大，种类丰富，而且造型新颖，工艺精

殷墟宫殿区

洹北商城1号宫殿遗址发掘现场

湛，堪称国之瑰宝，充分反映商代高度发达的手工业制造水平。根据地层关系及大部分青铜器上的"妇好"铭文，考古学者认定墓主人为商王武丁的配偶——妇好。妇好墓是唯一能与甲骨文联系并断定年代、墓主人及其身份的商代王室成员墓葬。殷墟宫殿宗庙区分布着为数众多的甲骨窖穴，自19世纪末甲骨文被发现，共出土甲骨约15万片，震惊世界，最著名的有YH127甲骨窖穴、小屯南地甲骨窖穴、花园庄东地H3甲骨窖穴。YH127甲骨窖穴，发现于民国25年（1936年），位于宫殿宗庙区中部偏西，出土刻辞甲骨17000余片；小屯南地甲骨窖穴发现于1973年，位于小屯村南部，共出土刻辞甲骨5000余片；花园庄东地H3甲骨窖穴，发现于1991年，位于宫殿宗庙区东南部，共出土甲骨1583片。甲骨的内容极为丰富，包括祭

祀、畋猎、农业、天文、军事等，涉及商代社会生活的方方面面，为甲骨文和商代历史研究提供极其宝贵的资料，被称为中国古代最早的"档案库"。

殷墟王陵区，位于洹河北岸侯家庄西北冈、武官村北地的高地上，东西长450米，南北宽250米，总面积11.3万平方米，包括东、西两区，与宫殿宗庙区隔河相望，是殷墟遗址重要的组成部分。自民国23年（1934年）起，在王陵区共发掘13座王陵大墓、2000余座陪葬墓和祭祀坑。其中，西区有8座大墓，8座大墓分成4排，一南一北分列；东区有5座大墓，其中4条墓道大墓1座，2条墓道大墓3座，1条墓道大墓1座。13座大型墓葬均为南北向，墓形呈"亚"字形、"中"字形、"甲"字形等，被学者认定为殷商后期的王陵。在王陵区的东

区和西区，还分布着2000余座小墓葬，其中东区已发掘1383座，西区发掘104座。墓葬除少数为陪葬墓外，大多是祭祀坑，是商王祭祀先祖的遗迹。祭祀坑呈长方形、方形等，集中而又有规律地成组排列。坑内埋葬着数千具祭祀牺牲的遗骨，祭祀的人牲大部分被砍杀，多为青壮年，还有女性和未成年的儿童，每坑8～10人，仅1976年发掘清理的191座祭祀坑就发现祭祀人牲1178人，祭祀坑的存在成为商代残酷人祭制度的历史见证。

在殷墟遗产区和缓冲区内分布着众多的族邑、墓葬和手工作坊遗址。在小屯西地、小屯南地、王裕口西地、黑河路一带分布着大量的居住遗址。其中，位于小屯村西的小屯西地居住遗址，发现较大面积的建筑基址、窖穴、灰坑和道路遗迹，出土了大量的陶器皿残片和石刀、石镰等工具，是殷墟后期一个较大的族邑遗址。在小屯村东北部、北部分布有铸铜、制玉等手工作坊遗址。其中，位于小屯村东北部的小屯东北地铸铜作坊，共出土陶范3500余块和大量铜片、铜炼渣等，是殷王室控制下的一处铸铜作坊遗址。位于小屯村北的小屯村制玉作坊出土大量的石璋残片、铜刀、磨石和制作精细的玉雕作品，是殷墟范围内一处较大的制玉作坊遗址。

殷墟是中国所存最重要的早期都城遗址之一，依托洹河，地理位置优越，形成以宫殿宗庙区为中心的环形、分层、放射状分布的总体规划形式，体现出一个高度繁荣都城的宏大气派，其规划布局对中国都城以后的建设和发

殷墟王陵遗址

殷墟妇好墓出土妇好钺

殷墟妇好墓出土跽坐玉人

殷墟妇好墓出土嵌绿松石夔鋬象牙杯

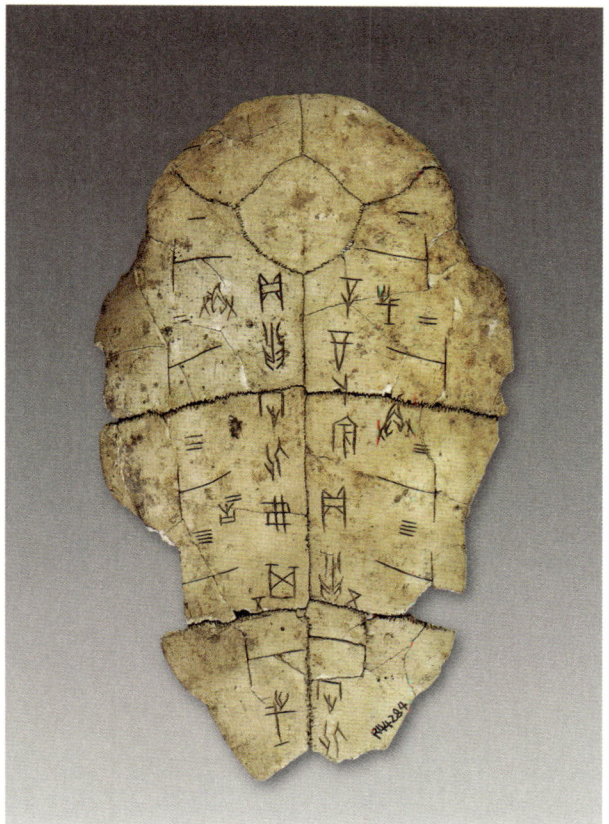

殷墟妇好墓出土甲骨文物

展具有重要的影响。位于洹河南岸的宫殿宗庙建筑群以土木为主要建筑材料，形制多样，对西周及以后的宫殿宗庙建筑产生了重要影响。位于洹河北岸的商王大墓深达十余米，规模宏大，殉人牲数量惊人，随葬品极多而且精美，是中国已知最早、最完整的王陵区，是中国墓葬王陵制度的源头。殷墟甲骨文是中国已知最早的、成系统的文字，是世界四大古文字之一，印证中国商代历史的可信性，使中国的信史上推近千年。殷墟出土的各种青铜器制作精美、纹饰细腻、用途广泛，是不可多得的艺术珍品，在世界上享有极高的声誉。殷墟玉器数量巨大、工艺精湛，形成中国古代玉器制作与使用的一次高潮。殷墟遗址是商代晚期社会形态的真实载体，反映出建筑、青铜铸造、历法等科学技术的高度发达。殷墟的手工业空前发达，门类齐全，技术先进。殷墟丰富的文化遗存为中国文字和语言体系的早期历史、古代信仰、社会体系以及重大历史事件提供物质证据。殷墟以其重要的历史、文化、科学和艺术价值，成为人类文明史上不可或缺、辉煌壮美、璀璨绚丽的一页，是人类文明进程中一个重要的里程碑。

2006年7月，在立陶宛维尔纽斯召开的联合国科教文组织世界遗产委员会第30届会议认为，殷墟符合世界文化遗产的第一、二、三、四、六条标准，将其列入《世界遗产名录》，遗产编号1114，遗产区面积414万平方米，缓冲区面积720万平方米。1961年3月4日，国务院公布殷墟为第一批全国重点文物保护单位，编号1-0142-1-007。

**开平碉楼及村落** 英文名Kaiping Diaolou and Villages，是中国所存村落群中近1833座塔楼的精品，代表了近5个世纪塔楼建筑的巅峰。开平碉楼位于广东省开平市，由四组共计40座碉楼和村落群组成。

开平碉楼的出现与开平市的地理环境和当时社会的政治经济条件密切相关。开平市位于广东省中南部，珠江三角洲的西缘，地势平坦、低洼，辖内河网密布，常有洪涝之灾。明朝至清朝鸦片战争爆发（1840年）之前，是开平碉楼的初期发展阶段，由于匪患不断，有些村落出现防匪防洪的多层塔楼式建筑——碉楼，建于16世纪的三门里迎龙楼是开平所存最早的碉楼，代表开平碉楼的早期形态，其特点是造型简单，功能单一，采用传统形式，使用传统材料。存于山区非侨乡的大沙镇竹莲塘等村的10座石楼就是早期碉楼的延续。19世纪末20世纪早期，由于政府对地方管辖不力，导致开平匪盗猖獗，村民为求自保纷纷修建碉楼以防卫。大量华工外出，赴广州、香港、东南亚、欧美务工创业，将积蓄的收入寄回开平，为开平碉楼与村落的建设奠定了经济基础。海外归国华侨将西方的思想文化、价值观念、建筑风格、饮食习惯带回家乡，融入传统文化，使开平碉楼的建设达到鼎盛时期，最多时达3000多座。第二次世界大战爆发后，随着侨汇的减少和最后中断，侨乡建设基本停顿，开平碉楼的建设进入衰落期。

开平碉楼及村落由赤坎镇三门里村落、塘口镇自力村村落与方氏灯楼蚬冈镇、锦江里村落、百合镇马降龙村落群等四组共40座碉楼组成。

开平碉楼具有防卫和居住两大功能，分为更楼、众楼、居楼三种类型。更楼出于村落联防的需要，多建在村口或村外山冈、河岸，高耸挺立，成为视觉焦点，起着预警的作用。众楼建在村落后面，由全村人或若干户人家集资共建，每户分房一间，为避匪时所用，其造型封闭、简单，防卫性强。居楼也建于村后，由富有的人家独资建造，它将碉楼的两大功能结合得最好，楼体高大，空间较为开敞，生活起居方便舒适，造型美观大方，往往成为村落的标志（见开平碉楼分类表）。

从碉楼上部造型看，可分为柱廊式、平台式、退台式、悬挑式、城堡式和混合式，不同的建筑造型反映着楼主的经济实力、审美情趣和外来建筑文化的影响，是开平碉楼最引人入胜的地方。

从建筑材料和结构分，可分为石楼、三合土楼、砖楼（包括砖木和砖混结构）、钢筋混凝土楼。石楼和砖楼主要分布在丘陵地区，建筑年代较早，早期的砖楼为砖木结构，后多为砖混结构。钢筋混凝土楼则主要分布于平原地区，是20世纪初开始大量采用进口的钢筋、水泥等建筑材料的结果。开平碉楼反映了人们因地制宜、就地取材和与时俱进的建筑思想和建筑技术水平（见开平碉楼分类表）。

迎龙楼，坐落在开平市赤坎镇三门里村，为关氏家族所建。三门里村建于明正统年间（1436～1449年），地处潭江下游冲积平原。关氏家族建村之初是一片芦苇丛生、水鸟群集的低洼之地，洪涝灾害频繁。关氏十七世祖关圣徒于明代嘉靖年间（1522～1566年）建起迎龙楼。迎龙楼坐西北朝东南，占地面积152平方米，建筑面积456平方米，砖木结构，楼高3层11.4米，为全村制高点。第1、2层为明代大型红泥砖砌筑，红砖规格为长33厘米、宽15厘米、高8厘米，墙厚93厘米，为明代原构；第3层为民国9年（1920年）用青砖加建，开窗比第2层大；楼面为木梁板结构。迎龙楼四角各有一个落地式塔楼，塔楼的第2、3层开设射击孔，楼顶为传统硬山顶式，风格拙朴，造型简洁。迎龙楼建成后多次成功地保护民众避免洪涝和盗匪的侵袭。迎龙楼方形的建筑形体是开平碉楼最原始的模式，代表开平碉楼的早期形态。

锦江里，由黄氏家族于清光绪年间（1875～1908年）规划建设而成。建村之初，由在黄氏家族中威望很高的黄贻桂画定村首界面线，规定纵巷宽1.5米，每三排建一横隔巷，第一条横隔巷宽1.5米，从第二条横隔巷开始一律宽60厘米，划出统一面积的宅基由族人认购，要

## 开平碉楼分类表

| 类　型 | 特　点 |
| --- | --- |
| 更楼 | 主要用于打更放哨，一般分布在村头村尾或山冈、河岸等地形险要处，内部陈设一般较简单。形体秀丽，成为地标。 |
| 众楼 | 由村民集资兴建，用于集体避难和存放财物，楼内一般分隔成若干个单间小房。外观坚固、封闭。 |
| 居楼 | 主要是家庭或家族作为住所使用，内部厅房、卧室、厨房等功能用房一应俱全，空间组合紧凑，外观华丽，造型丰富，艺术性强。 |
| 石楼 | 分布在低山丘陵地区，利用当地丰富的石材资源垒砌而成，楼体造型简单，楼顶多为中国传统的硬山顶式。 |
| 三合土楼 | 楼体主要为泥、细砂、石灰等材料拌和夯筑而成，主要分布在丘陵地带。 |
| 砖楼 | 墙体一般较厚，造型较前两种复杂，多数有悬挑的燕子窝和复杂的窗楣线脚。 |
| 钢筋混凝土楼 | 大部分兴建于20世纪二三十年代，大量运用水泥、钢筋、木材等进口建筑材料，造型最能体现中西合璧的特色。 |

三门里迎龙楼

锦江里

求房屋统一为6米高。村后并列着的瑞石楼、升峰楼、锦江楼3座碉楼，是锦江里村的标志性建筑。兴建最早的锦江楼位于村后中部，建于民国7年（1918年），由村民集资兴建，是典型的众楼。楼高5层17.36米，钢筋混凝土结构，顶层为悬挑出来的平台，女儿墙外有中西融合的灰塑图案，正中为一悬山顶的楼屋，墙体密布射击孔，窗口狭小，置有铁门、窗。建筑形体简洁，朴实无华，是防御性显著的碉楼。瑞石楼紧邻锦江楼的东侧，坐落在村落民居的主轴线上，建于民国12～14年（1923～1925年），是典型的居楼式碉楼。瑞石楼为钢筋混凝土结构，楼高9层25米，室内布置受到西方生活的较大影响，第1层是客厅，第2～6层每层都配备有厅房、卧室、卫生间、厨房和家具，设施齐全。第6层外部为柱廊，第7层为平台，平台四角各伸出一个瞭望、防卫用的圆形塔楼，南北面则以巴洛克风格的山花和中国园林景窗相结合。第8层内部放置祖先神龛，神龛雕刻精美堪称艺术精品，为家人祭祖的精神空间，在室外则是一周观景平台。第9层是堡垒式的瞭望塔，整体建

筑呈现出中世纪意大利城堡风格。同时在立面上运用西洋式窗楣线脚、柱廊造型，大量的灰塑图案中，融入中国传统的福、禄、喜、寿等内容，在西洋的外表装饰下蕴藏着浓郁的传统文化内涵。楼内家具形式与陈设表现出十足的传统格调，酸枝木的几案、椅凳、床柜，柚木的屏风，坤甸木的楼梯、窗户等，用材讲究，做工精致，格调高雅。特别是用篆、隶、行、草、楷等多种中国书法刻写的屏联，更是洋溢着浓浓的传统风韵。升峰楼毗邻锦江楼西侧，建于民国17年（1928年），楼高7层12.34米，钢筋混凝土结构，造型精致秀丽，充满南亚印度建筑的情调，是典型的居楼。据记载，自锦江楼、瑞石楼和升峰楼建成后，锦江里再也没有遭受过土匪的袭击。

自力村，隶属开平市塘口镇，坐落在潭江支流镇海水河谷丘陵平原。全村共建有9座碉楼、6座庐（即西式别墅），分别是龙胜楼、养闲别墅、球安居庐、居安楼、耀光别墅、云幻楼、竹林楼、振安楼、铭石楼、安庐、逸农楼、叶生居庐、官生居庐、澜生居庐、湛庐。最早的龙胜楼建于民国8年（1919年），最晚

锦江里瑞石楼

的湛庐建于民国37年（1948年）。其中，最精美的铭石楼高6层，第1层为厅房，第2～4层为居室，第5层为祭祖场所和柱廊、四角悬挑塔楼，第6层平台正中有一中西合璧的六角形瞭望亭。楼内保存着完整的家具、生活设施、生产用具和日常生活用品，丰富而有趣，是当时华侨文化与生活的见证。自力村风格各异、错落有致的碉楼群是开平碉楼兴盛时期的代表。

马降龙村落群，隶属开平市百合镇，坐落在潭江东岸的河谷平原。马降龙村由永安、南安、河东、庆临、龙江5个自然村组成，为黄、关两姓家族于清朝末年和民国初年兴建。马降龙村背靠百足山，面临潭江水，5个自然村像一条珠链，错落有致地分布在青山绿水之间。村后茂密的竹丛中掩映着13座碉楼和庐，造型别致，保存完好，与周围民居、自然环境融为一体。其中最具代表性的天禄楼，是民国14年（1925年）由29户村民集资兴建，为典型的众楼。天禄楼高7层21米，钢筋混凝土结构。第1至5层共有29个房间，每个集资户各有1间；第6层为公共活动空间，第7层为瞭望亭。据记载，1963年、1965年、1968年开平连续发生3次大水灾，洪水漫过民居屋顶，村民登楼得以避难。

方氏灯楼，坐落在开平市塘口镇塘口墟北面的山坡上，由宅群、强亚两村的方氏家族于民国9年（1920年）共同集资兴建，原名"古溪楼"，以方氏家族聚居的古宅和原来流

自力村碉楼群

马降龙碉楼群（开平百合）

经楼旁的小溪命名。方氏灯楼高5层18.43米，钢筋混凝土结构，第3层以下为值班人员食宿之处，第4层为挑台敞廊，第5层为西洋式穹隆顶的亭阁，楼内配备值班预警的西方早期发电机、探照灯、枪械等，是典型的更楼。方氏灯楼选址极佳，视野开阔，同时也成为周围乡村的景观中心。方氏灯楼历史上为古宅乡的方氏民众防备北面马冈一带的土匪袭击起到了积极的预警防卫作用。

开平碉楼将中国传统乡村建筑文化与西方建筑文化有机相融，形成独特的建筑艺术，是中国华侨文化的纪念丰碑，是中国移民文化以及人类各族群之间文化密切交融、促进人类共同发展的最有说服力的见证。开平碉楼丰富多变的建筑风格，涵盖西方建筑史上多个国家、不同时期的建筑风格与形式，成为一种独特的

建筑艺术形式，它大大丰富了世界乡土建筑史的内容和当地的人文与自然景观。

2007年6月28日，在新西兰克赖斯特彻奇市召开的世界遗产委员会第31届会议认为，开平碉楼及村落符合第二、三和四条世界文化遗产的标准，将其列入《世界遗产名录》，遗产编号1112。遗产区面积371.948万平方米，缓冲区面积2738.052万平方米，总面积3110万平方米。2001年6月25日，国务院公布开平碉楼为第五批全国重点文物保护单位，编号5-0502-5-029。

**福建土楼** 英文名Fujian Tulou，是中国东南生土、生土与木结构相结合，并不同程度地使用石材的大型民居建筑的代表，是世界乡土建筑中的一类的代表。福建土楼由分布在福建省龙岩寺永定区和漳州市南靖县、华安县的

10组共46座土楼组成。

福建土楼产生于宋元时期（11～13世纪），经过明早中期（14～16世纪）的发展，至明末、清代、民国时期达到成熟期，并一直延续。

福建土楼分布在福建省西南部山区地带，地处福佬民系和客家民系交会处，地势险峻、人烟稀少、野兽出没、盗匪四起，给异地来此定居、开垦创业的居民带来许多艰难，加之特殊的生存环境和传统观念的支配，只能靠聚族而居来谋求，在狭小有限的空间中创造出以生土夯筑而成，以圆形围合、高大多层为主要形态的大型土楼民居建筑，并随着当地经济、社会、文化的发展而不断创新。

考古成果表明，战国晚期至西汉初期，福建的生土夯筑技术已相当成熟。唐五代后，福建地区出现的具有防御性质的堡、寨，其墙体多以夯土依山而筑。宋元明时期（11～14世纪），由于社会动乱，许多战事延至福建境内，再加上沿海地区时常遭受海寇侵袭，具有强烈军事防御性质的堡、寨形式所具有的功能，逐渐被移植到民居建筑上。以四周夯土墙与围墙内部木构架建筑共同承重的土楼建筑形式，逐渐大量出现。

南宋时期，客家民系在向福建的东、南方向拓展过程中，不可避免地与先期扎根于此的福佬民系居民产生冲突。客家民系进入福建后的二次迁徙，多以家族为单元，举族而迁。为了拥有生存空间，适应新的生产、生活和防卫要求，客家民系需要一种既能适应家族共同居住、高度防御性能的要求，又必须适合当地特殊地理环境，就地取材，便于建造，在经济成本、建筑材料的获取等方面具有可行性的建筑。由土堡、土寨形式演化而来，集居住、防御等功能于一体的围合型生土建筑——土楼建筑由此产生。

宋元时期，是福建土楼的形成阶段，规模较小，大多没有石砌墙基，装饰也较丬糙，建筑形式上呈正方形、长方形。明代（14世纪末开始至17世纪初），随着福建经济、文化的发展，特别是明中叶以后福建沿海与闽西南山区寇、贼屡发，融防御与居住为一体的福建土楼建筑形式被广泛采用。福建土楼进入发展阶段。

清代、民国（17世纪中叶至20世纪上半叶），随着经济的发展和对生态环境认识的提高，居民对住宅的要求更加迫切，提出更高的要求；另一方面，由于人口的增长，为维护家族的共同利益，让众多的宗亲几十人或几百人聚族而居，以适应家族的兴旺、居住的安全，方形、圆形和府第式等丰富多样的土楼应运而生，建筑形式渐趋考究，功能也向多样化发展，出现以土楼群建筑为主体的村庄。19世纪晚期起，海外文化影响在部分土楼建造中得到一定的反映，一些土楼内出现中西融合的建筑形式与装饰。福建土楼达到鼎盛阶段。

20世纪50～60年代，当地居民仍大量建造土楼，所知最晚的土楼是1978年建造的永定初溪的善庆楼。20世纪70年代所建的二楼，建筑比较注重实用性，结构简练，缺少华丽的装饰。福建土楼绝大多数保存完好，一直是当地居民的主要居住建筑，说明福建土楼具有强大的生命力，反映了一种独具特色的生活方式和文化现象。

福建土楼，是以"天圆地方"概念作为

建筑的主体造型，以满足家族聚落群居和良好的防御功能需要来安排建筑的规模，采用夯土墙与穿斗式木构架共同承重的两层以上封闭式围合型大型民居建筑。一座大型的土楼，往往聚居着一个数百人的家族。按照建筑形式，福建土楼基本可分为圆形土楼、方形土楼和府第式（又称五凤楼）土楼等，以圆形土楼为多。方形土楼中又有诸多变异形式，如殿堂式方楼等。按照建筑结构，福建土楼主要可分为内通廊式和单元式两类。通廊式土楼，基本特征为楼内住户垂直拥有每层一个开间的房屋，楼层设通廊连通各个房间，设公共楼梯上下，院子中间多设祖堂兼作书斋，主要分布于福建省两大民系——福佬民系、客家民系之客家民系地区，体现了客家人高度注重家族内部团结的精神。单元式土楼，基本特征为整座楼被平均等分成若干个单元，每单元为一户，各有独自的入口、内庭院、房间，有独用的楼梯上下，主要分布于福佬民系地区，体现福佬人在维系家族纽带的同时，注重满足各家各户居住的私密性、独立性与舒适性的要求。在选址上，福建土楼重视中国传统的风水理论，注重选择向阳避风、临水近路的地方作为楼址，多坐北朝南、依山傍水，与自然环境融为一体。土楼依山势而筑，错落有致，构成村落，蔚为壮观。村内溪水有序回流，两岸绿树成荫，山坡梯田递次，种植着水稻、果树、茶树等农作物，山顶覆盖茂密的植被。在规模上，一座土楼占地多在1000平方米以上，高3～5层。如承启楼，由四圈同心环形建筑组合而成，占地5376.17平方米，拥有400多间房屋，鼎盛时楼内居住有600余人。其中外环楼高4层、直径73米。在

永定承启楼内景

永定奎聚楼内景

永定福裕楼外景

结构上，主楼以夯土墙与木构架共同承重，以鹅卵石或块石、条石为墙基，设有祖堂的建筑都比较讲究，多为穿斗、抬梁混合式木构架。圆形土楼屋面为两面坡瓦屋顶，方形土楼、多边形土楼等的屋面为悬山顶或歇山顶，府第式土楼的屋面以歇山顶为主。在布局上，圆形土楼和方形土楼多由外环和内院两个部分组成，内院有1～2口的水井。圆形土楼，外环一般以3～5层高的围合型夯土楼房为主体建筑，内院一般有1～3圈的1～2层环形建筑，在客家民系地区在楼内中心位置多设单层祖堂建筑，整体呈外高内低。方形土楼一般都是由一重楼墙四边围合而就，内院有的设有单层的祖堂，楼外正面建有单层的辅助用房围合成外庭院。府第式土楼一般呈前低后高之势，楼外正面围以矮墙形成外庭院，左右两侧设门房进出。每座土楼都有鲜明的中轴线，圆形土楼的中轴线依次为大门、祖堂、后厅。方形和府第式土楼尤为突出，大门、厅堂、主楼都置于中轴线上，横屋和附属建筑分布在左右两侧，整体两边对称极为严格。在功能上，每座土楼的各层都有明确的功能划分。在通廊式圆形和方形的土楼中，一般主体建筑的一层为厨房、餐厅，二层

为粮食仓库，三层以上为卧室，祖堂及其两廊多兼作学堂。在单元式的土楼中，一般主体建筑的一层为杂物间，二层以上为卧室，顶层是粮食仓库，依着墙体设有隐通廊贯通，便于对外防御。

福建土楼在建筑设计上充分考虑建筑的稳定性、防御性和排水系统，不仅满足聚族而居、安全防卫、教化育人的要求，还具有防风抗震、冬暖夏凉等良好性能。在稳定性方面，土楼外墙呈下大上小，从下而上逐渐向里收分，生土外墙底部的厚度一般是顶部的150%至200%，从而保证建筑的整体稳定性。墙基部分多为鹅卵石或块石、条石砌筑，高出地面1～2米，以防墙体被地下毛细水或地面渍水浸泡而坍塌。屋檐出挑较长，以防夯土墙被雨水淋漓坍塌。在防御方面，一层、二层不在外墙设窗，二层以上由小到大在外墙多设置射击孔；有的土楼还在最高层外墙外设置瞭望台，用以观察敌情；大门门扇多为硬木板门、有的还包以铁板以防撞击，在门框顶部则设水槽以防火攻。土楼的排水系统十分完善，在楼外根据地形、水流条件，因地制宜设置散水通道；在内部则沿大门走向设置主排水道，呈放射状向外

扩散，主排水道上多设检修孔。在排水系统的设计上，还综合考虑传统的风水理念，在主排水道的走向上很少呈直线外泄。因为按照风水理念，如果设计主排水道直线外泄，就意味着房主人的财气和运气无法聚集、容易外泄。

福建土楼文化底蕴深厚，几家甚至数十家聚居于一楼，反映传统宗族观念。楼内的祖堂与众多楹联、匾额，以岁时节庆、婚丧喜庆、民间艺术、伦理道德、宗法观念、宗教信仰、穿着饮食等为主题，处处展示土楼人家的淳朴民风，体现了敬祖重教的理念。丰富的文化内涵，集中展现家族内部团结互助、开拓进取的精神风尚，是地方传统的宗法伦理、民俗文化的实物载体。

初溪土楼群，位于龙岩寺永定区南部的下洋镇初溪村。土楼群整体坐南朝北，背靠海拔1200多米的高山，东西面长约500米，南北面长约300米。一条小溪自东而西从土楼群的前向横穿而过，水面距土楼群前向土楼的地面落差达20多米。两条山涧（俗称山坑）水分别自东而西、自南而北进入村内，汇合后从村中贯穿而过，然后注入小溪。土楼群的前半部分靠近小溪，分布有5圆1方土楼。初溪土楼的主要类型有长方形楼、正方形楼、圆楼、椭圆形楼、六角形楼等。列入申报的土楼有集庆楼、余庆楼、绳庆楼、华庆楼、庚庆楼、锡庆楼、福庆楼、共庆楼、藩庆楼、善庆楼等10座土楼，均保存完好。初溪村的建筑布局仍保留着古代的传统格局。

洪坑土楼群，位于龙岩寺永定区东南面的湖坑镇洪坑村，距县城凤城镇45千米。洪坑村东、西、北3面群山耸立、林木葱茏。洪川溪自北而南蜿蜒曲折，贯穿全村，两岸地势狭长、

平缓。建于不同时代、形态各异、规模不一的客家土楼沿溪而建，错落有致，布局合理，与青山、绿水、村道、小桥、田园完美结合、融为一体。洪坑村有圆形土楼、方形土楼、府第式土楼等各种类型的土楼数十座，列入申报的土楼有光裕楼、福兴楼、奎聚楼、福裕楼、如升楼、振成楼、庆成楼，均保存完好。

高北土楼群，位于龙岩寺永定区东南面的高头乡高北村，距县城凤城镇47千米，背靠海拔800余米的金山，高头溪自西而东从土楼群前穿流而过，汇入永定区三大河流之一金丰溪。列入申报的土楼有承启楼、五云楼、世泽楼、侨福楼等4座土楼。承启楼坐落在高北土楼群的核心位置，东为世泽楼、五云楼，西邻侨福楼均保存完好。

衍香楼，坐落在龙岩寺永定区东南部的湖坑镇新南村，南溪与奥杳溪的汇流处，建于清道光二十二年（1842年），圆形土楼，坐东北朝西南，占地约4300平方米。

振福楼，坐落在龙岩寺永定区湖坑镇西片村，民国2年（1913年）由经营条丝烟成为富翁的苏振太动工兴建。圆形土楼，坐北朝南，占地4000平方米，20世纪初期客家土楼融合部分近代西方建筑艺术和中国园林艺术的杰作之一。振福楼依山傍水，西侧的小溪蜿蜒曲折，清澈见底，楼前、楼后竹木掩映，青石小路四通八达。振福楼由内外两环同心圆建筑组成，外环高3层，直径43.5米，土木结构，以中国传统的《易经》八卦格局建造，计3厅96间，内通廊式，两面坡瓦屋顶，穿斗、抬梁混合式木构架。

田螺坑土楼群，位于漳州市南靖县西部的书洋镇上坂村田螺坑自然村，距南靖县城60千

米，坐落在海拔787.8米的湖崇山半山坡上，由方形的步云楼和圆形的振昌楼、瑞云楼、和昌楼、文昌楼组成，均保存完好。土楼群东、北、西三面环山，南面为大片的梯田，遵循中国风水建筑规划理论选择基址，讲究因地制宜。五座土楼依山势起伏，高低错落，疏密有致，居高俯瞰，像一朵盛开的梅花点缀在大地上，又像是飞碟从天而降，构成人与自然环境和谐共存的绝景。

南靖田螺坑土楼群俯瞰

河坑土楼群，位于南靖县西部的书洋镇曲江村河坑自然村，距南靖县城58千米。13座不同年代、不同类型的土楼错落有致地分布于山谷间，东、西、南三面青山环绕，一条小溪流自东而西穿过土楼群，汇入西北面的曲江溪。列入申报的土楼有方形的朝水楼、阳照楼、永盛楼、绳庆楼、永荣楼、永贵楼，圆形的裕昌楼、春贵楼、东升楼、晓春楼、永庆楼、裕兴楼，以及五角形的南薰楼等13座。

怀远楼，位于南靖县西部的梅林镇坎下村东部，距南靖县城54千米。建于清代光绪三十一年至宣统元年（1905～1909年），为旅居缅甸的简氏16世简新喜兄弟捐资所建。为纪念远洋谋生寄钱建土楼的主人，取名"怀远"。怀远楼为双环圆形土楼，坐北朝南，占地1384.7平方米，建筑面积3468平方米。背靠青山，面向农田。

和贵楼，位于福建省南靖县西部的梅林

南靖田螺坑土楼群远景

南靖和贵楼

镇璞山村中部，距南靖县城53千米。建于清代雍正十年（1732年）。土楼西侧背靠青山，其余三面稻田环绕，一条小溪自北而南从楼前田间流过，正前方遥望笔架山，一派田园风光景象。和贵楼为方形土楼，占地1547平方米，建筑面积3574平方米。

大地土楼群，位于华安县东部的仙都镇大地村，距华安县城26千米。大地村东、西、南三面环山，北面为农田。两条小溪涧在村中穿流，于二宜楼前汇合注入河中。大地村保留着许多土楼及其他土木结构的传统建筑，列入申报的土楼有二宜楼、南阳楼、东阳楼，均保存完好。

福建土楼是中国东南山区土楼中最具代表性，也是保存最完好的土楼代表。作为造型独特、规模宏大、构造巧妙的防御型建筑，是一种适应特殊要求的聚落方式的非凡体现，历史悠久、沿用至今。土楼及其相关联的大量文献史料，全面展示延续7个世纪特殊的生土建筑艺术的产生、创新和发展。土楼构造精巧的内部空间，装饰精美，满足社区生活物质和精神双重需求，以一种独特的形式体现一个高度成熟的社会，在一个偏远、近乎不适宜人居的自然环境中的发展过程。体量巨大、造型奇巧的土楼与其景观环境间的关系也体现中国传统的风水理论和与自然环境融合的和谐之美。

福建土楼为一个悠久的聚族而居的防御性建筑文化传统提供了独特见证，体现高度发展的建造传统与和谐协作的理念。福建土楼在建筑体量、传统和功能上，体现一个特殊聚居社会在一个相对广阔的区域中对不同历史时期的经济、社会发展阶段的非凡的应对方式。福建土楼是优美人居环境的典型范例。

2008年7月6日，在加拿大魁北克召开的世界遗产委员会第32届会议认为，福建土楼符合第三、四和五条世界文化遗产的标准，将其列入《世界遗产名录》，遗产编号1113。遗产区面积152.65万平方米，缓冲区面积934.59万平方米，总面积1087.24万平方米。福建土楼共有31座被公布为全国重点文物保护单位，具体见下表。

## 福建土楼世界遗产构成要素

| 群组 | 群组名称 | 土楼名 | 所处区域 | 遗产区面积（万平方米） | 缓冲区面积（万平方米） | 保护级别 | 公布批次 |
|---|---|---|---|---|---|---|---|
| 1 | 初溪土楼群 | 集庆楼 | 龙岩寺永定区下洋镇初溪村 | 14.72 | 271.20 | 国保 | 六 |
| | | 余庆楼 | | | | 省保 | |
| | | 绳庆楼 | | | | | |
| | | 华庆楼 | | | | | |
| | | 庚庆楼 | | | | | |
| | | 锡庆楼 | | | | | |
| | | 福庆楼 | | | | | |
| | | 共庆楼 | | | | | |
| | | 藩庆楼 | | | | | |
| | | 善庆楼 | | | | | |
| 2 | 洪坑土楼群 | 奎聚楼 | 龙岩寺永定区湖坑镇洪坑村 | 29.87 | 72.40 | 国保 | 五 |
| | | 福裕楼 | | | | | |
| | | 振成楼 | | | | | |
| | | 光裕楼 | | | | 省保 | |
| | | 福兴楼 | | | | | |
| | | 如升楼 | | | | | |
| | | 庆成楼 | | | | | |
| 3 | 高北土楼群 | 承启楼 | 龙岩寺永定区高头乡高北村 | | | 国保 | 五 |
| | | 世泽楼 | | | | | |
| | | 五云楼 | | | | | 七 |
| | | 侨福楼 | | | | | |
| 4 | 衍香楼 | 衍香楼 | 龙岩寺永定区湖坑镇新南村 | 2.41 | 19.80 | 国保 | 七 |
| 5 | 振福楼 | 振福楼 | 龙岩寺永定区湖坑镇西片村 | 1.56 | 12.60 | 国保 | 七 |
| 6 | 田螺坑土楼群 | 步云楼 | 漳州市南靖县书洋镇上坂村 | 8.85 | 67.80 | 国保 | 五 |
| | | 振昌楼 | | | | | |
| | | 瑞云楼 | | | | | |
| | | 和昌楼 | | | | | |
| | | 文昌楼 | | | | | |

| 群组 | 群组名称 | 土楼名 | 所处区域 | 遗产区面积（万平方米） | 缓冲区面积（万平方米） | 保护级别 | 公布批次 |
|---|---|---|---|---|---|---|---|
| 7 | 河坑土楼群 | 朝水楼 | 漳州市南靖县书洋镇曲江村 | 17.40 | 79.60 | 国保 | 七 |
| | | 永盛楼 | | | | | |
| | | 绳庆楼 | | | | | |
| | | 永荣楼 | | | | | |
| | | 南薰楼 | | | | | |
| | | 阳照楼 | | | | | |
| | | 永贵楼 | | | | | |
| | | 裕昌楼 | | | | | |
| | | 东升楼 | | | | | |
| | | 春贵楼 | | | | | |
| | | 晓春楼 | | | | | |
| | | 永庆楼 | | | | | |
| | | 裕兴楼 | | | | | |
| 8 | 怀远楼 | 怀远楼 | 漳州市南靖县梅林镇坎下村 | 1.44 | 15.70 | 国保 | 六 |
| 9 | 和贵楼 | 和贵楼 | 漳州市南靖县梅林镇璞山村 | 1.75 | 37.30 | 国保 | 五 |
| 10 | 大地土楼群 | 二宜楼 | 漳州市华安县仙都镇大地村 | | | 国保 | 四 |
| | | 南阳楼 | | | | | 六 |
| | | 东阳楼 | | | | | 七 |
| 合计 | 10 | 46 | | 152.65 | 924.49 | | |

五台山　英文名Mount Wutai，是中国佛教名山、文殊菩萨的道场，也是世界佛教的文殊信仰中心，绵延传承1600余年，位于山西省五台县境内，由台怀和佛光寺两处遗产区组成。

山西东北部的五台山传说与佛祖释迦牟尼出家修行的印度灵鹫山相似，因此当佛教传入中国时，汉明帝刘庄在五台山建筑的第一座庙宇命名为大孚灵鹫寺（显通寺的前身）。五台山的地理位置和地理形势与《大方广佛华严经》《文殊师利宝藏罗尼经》等佛经中描述的文殊菩萨的住处很相似，自唐龙朔二年（662年）被正式确立为文殊菩萨的道场。五台山山体浑圆高大，五座台顶气势磅礴，独特的夷平面台顶以及冰缘地貌自然景观与佛教文化相互交融，形成佛教信徒对5座台顶的膜拜，从而产生盛大的佛事活动——大朝台和小朝台。大朝台，是遍礼全山佛寺，并亲临东台（聪明文殊）、西台（狮子文殊）、南台（智慧文殊）、北台（无垢文殊）和中台（孺童文殊）5大高峰供佛和祈祷。小朝台，仅在台怀镇附近各寺巡礼，并登临作为五台山5大高峰象征的黛螺顶。

五台山保存有寺庙68座，佛教造像14.6万余尊，壁画2380.1平方米，以及佛塔150余座。其中主要寺庙包括显通寺、塔院寺、菩萨顶、碧山寺、殊像寺、南山寺、龙泉寺、金阁寺和佛光寺，其中除佛光寺外，其他均位于怀台区。

显通寺，始建于东汉永平十一年（公元68年），北魏孝文帝扩建，唐太宗、明太祖重修，清代也屡有修缮。显通寺坐北朝南，中轴线七进院落，建筑计400余座，对称布局，包括牌楼、大钟楼、小山门、山门、观音殿、文殊殿、大雄宝殿、无量殿、千钵文殊殿、铜塔、铜殿、藏经殿、佛国藏珍楼等。寺中另有明清彩塑700余尊，明清碑14余通，明万历三十八年（1610年）铸造的铜塔2座、近代复原铜塔3座、元代木塔1座，明版大藏经3210册，明铜钟2口，明铁钟5口等。寺中保存着五台山最大的大雄宝殿、最大最重的铜钟、最大的铜香炉。显通寺是五台山最早兴建的寺庙，是五台山佛教文化生长和发展的中心，是研究中国北方佛教文化的活标本，其中的无量殿是研究中国古代砖券结构鲜有的实例。

塔院寺，为明永乐五年（1407年），明成

显通寺无量殿

祖大修时从显通寺分出，始独立成寺，其后明清各朝代均有维修。寺中大白塔传为阿育王所建舍利塔，元大德五年（1301年）尼泊尔匠师扩建。塔院寺坐北朝南，平面布局呈正方形，由原显通寺塔院改建而成。有殿堂19间、楼14间、房94间、塔2座、牌楼2座、钟鼓楼2座，另有元明清历代碑碣30通，清代彩塑1115尊。塔院寺曾是五台山五大禅处及十大青庙之一，极负盛名，其大白塔被视为清凉胜境和五台山的标志，是五台山佛教文化的重要发源地之一。

菩萨顶，据传为文殊菩萨道场，即文殊居住处，又名真容院、大文殊寺。始建于北魏孝文帝时期（471～499年），宋景德四年（1007年）重建奉真阁，明永乐初改建为大文殊寺，后明清各朝屡有修建。菩萨顶坐北朝南，平面布局分前、中、后三大部分，共有殿堂房屋121间，石碑8通，另有清代佛教塑像50余尊，明代铜锅1口，清代铜锅2口，明代铁钟1口。菩萨顶是五台山黄庙中的首庙，统管其他黄庙事务，牌楼木雕堪称五台山诸寺之最，其主要文物建筑瓦顶在康熙年间改为皇家等级的琉璃黄瓦，山门同时使用了等级较高的石栏杆与

"陛"，在皇家道场中占有重要的地位。

碧山寺，始建于北魏孝文帝时期（471～499年），明成化二十二年（1486年）重建，后各代均有修建。计有殿堂、房屋108间。中轴线上自南而北有天王殿、雷音宝殿、戒坛殿、藏经殿，寺前有照壁、牌楼，两翼是配楼、禅房、钟楼、鼓楼、伽蓝殿、祖师殿。寺中另有明清彩塑770尊，明清重修碑14通，宋代铜钟1口。

殊像寺，约始建于东晋（319～350年），毁于前秦（350～394年），后秦（384～417年）修复，唐代（618～907年）再次重建，其后元明清屡有修建。殊像寺坐北朝南，二进四合院布局，中轴线上由牌楼、天王殿、文殊殿、藏经阁构成，东西两面的2处院落还有房30余间。寺内另有明清彩塑500余尊，明清重修寺庙碑7通，明弘治九年（1496年）钟1口，明代石狮1对。殊像寺是五台山佛教最早建立的寺庙之一，是五台山5大禅处、10大青庙之一，是研究五台山佛教文化发展的重要实例，其中文殊殿的梁架结构对古代建筑技术史的研究具有重要意义。

菩萨顶

殊像寺

南山寺

南山寺，始建于元元贞元年（1295年），明嘉靖二十年（1541年）重修，清代、民国屡有修建。南山寺坐东朝西，依山建造，共7层院落，上3层为佑国寺，中1层为善德堂，下3层为极乐寺。全寺共有院落18处，殿45间，房204间，窑洞44眼，钟鼓楼5座，合计288间。寺内另有石雕1480幅、明清彩塑318尊，明清碑19通。南山寺为五台山十大青庙之一，整个寺院的砖雕、木刻、壁画均堪称佳作，具有颇高艺术价值及文物价值。

龙泉寺，始建于宋代（960～1279年间），明嘉靖年间（1522～1566年）重修，民国扩建。龙泉寺坐北朝南，依山而建，共有殿堂、僧舍165间，寺庙并排建有：东院为天王殿、观音殿、大雄宝殿；中院为献亭、普济和尚墓塔和祖师殿；西院为四合院，建有岫净文公和尚墓塔。龙泉寺具有相当高的建筑、美学、艺术价值，其石雕是国内石雕的珍品。

金阁寺，始建于唐贞观元年（627年），另载始建于唐大历年间（766～779年），后毁于战火，所存文物建筑为明、清时期在旧址重建。金阁寺坐北朝南，两进院落布局，存殿堂34间，楼19间，房98间，洞19间，钟、鼓楼

各1座，石碑15通。中轴线上自南而北有天王殿、观音殿、楼殿和大雄宝殿。其中佛阁九间3层，连同东西12院，均为渗金铜瓦盖顶。寺内另存明代彩塑400余尊，唐代础石2块，明、清维修碑15通，明弘治十四年（1501年）铁钟1口，明代石狮1对，幡杆1对。金阁寺总体布局尚存唐代高阁在前、殿居寺后的固有规制，对研究中国早期寺庙布局具有重要价值。

佛光寺，始建于北魏孝文帝时期（471～499年），中唐时期极为兴盛，至唐武宗会昌五年（845年）全寺被毁，唐宣宗大中十一年（857年）重建，宋、元、明、清屡有修建或装绘。佛光寺坐东朝西，南、北、东三面环山，三进院落，寺内有殿堂17座，楼6座，窑洞26孔，房72间，北魏墓塔1座，唐代墓塔6座，经幢2座，明代经幢1座，唐代彩塑36尊，金代彩塑7尊，明代彩塑5尊，石碑12通，牌匾4幅。寺中唐代木构、佛塔、泥塑、壁画、墨迹、石雕荟萃，是研究中国古代建筑史、艺术史不可或缺的实物例证。

五台山是中国四大佛教名山之一，也是全世界佛教文殊菩萨朝圣的中心。从所保存的丰富的碑刻铭文中可以看到，共有9位帝王18次在

佛光寺东大殿

中国和亚洲大部分地区宗教圣山和佛教建筑发展的实物见证。五台山的绝大部分寺庙由皇家出资建造，代表古代建筑的最高水平。佛光寺东大殿及其壁画和彩塑，是保存的最高等级的唐代寺观遗存。明代殊像寺的500余尊彩塑，将佛教故事生动融合在立体山水画境之中，是中国悬塑的代表作之一。五台山的建筑中还展示有尼泊尔和蒙古的风格，以及对整个中国佛教建筑发展的影响。五台山是由自然山岳逐渐演变成为佛教圣山，其突出的自然美景，包括终年积雪的山顶、茂密的森林和葱郁的草地，与建筑完美地结合成一体，成为历代艺术家们描绘和赞美的对象，其景观绘制在敦煌莫高窟的壁画中。五台山自然景观与佛教建筑、佛塔和佛像等文化遗存一起，构成宗教寺庙文化景

五台山朝拜文殊菩萨，朝拜活动对五台山朝圣传统的形成产生了直接影响。五台山一直是佛教文化的重要宝库，保存历朝历代帝王学者收藏的大量书籍文献，吸引着亚洲及世界各地的佛教朝圣者来访。五台山保存的53个佛教建筑群，拥有自唐开始历代的佛教建筑实物，成为

佛光寺东大殿彩塑

观，五台山不仅是自然景观与建筑景观结合，同时还将对佛的崇拜凝入了对自然山体的崇拜中，完美体现中国天人合一的传统哲学思想。

2009年6月26日，在西班牙塞维利亚召开的联合国教科文组织世界遗产委员会第33届会议认为，五台山符合世界遗产第二、三、四和六条标准，将其列入《世界遗产名录》，遗产编号1279，遗产区面积为18415万平方米，其中台怀核心区17946万平方米，佛光寺核心区469万平方米，缓冲区面积为42312万平方米，其中台怀核心区41337万平方米，佛光寺核心区975万平方米，总面积60727万平方米。1961年3月4日，国务院公布南禅寺大殿和佛光寺为第一批全国重点文物保护单位，编号1-0079-3-032、1-0080-3-033；1982年2月23日，显通寺被国务院公布为第二批全国重点文物保护单位，编号2-0026-3-011；2006年5月25日，国务院公布第六批全国重点文物保护单位时，将塔院寺、菩萨顶、碧山寺与第二批全国重点文物保护单位显通寺合并，命名为五台山古建筑群；2013年5月3日，罗睺寺被国务院公布为第七批国家重点文物保护单位，编号7-0874-3-172。

**登封"天地之中"历史建筑群** 英文名Historic Monuments of Dengfeng in "The Centre of Heaven and Earth"，是以"天地之中"中国最古老的宇宙观串联起的一组系列遗产，由太室阙和中岳庙、少室阙、启母阙、嵩岳寺塔、少林寺建筑群（常住院、初祖庵、塔林）、会善寺、嵩阳书院和观星台8组建筑群组成，位于河南省郑州市登封附近，分布在40平方千米的范围。

太室阙和中岳庙，是祭祀中岳的建筑群。

太室阙是太室祠前的神道阙，建于东汉安帝元初五年（118年），由阳城长吕常创建，是著名的中岳汉三阙之一。其位置和神道一直未变。1942年，修建有太室阙保护房，1953年，对太室阙保护房进行维修。中岳庙的前身是太室祠，为祭祀嵩山太室山神而建。对太室山神的祭祀由来已久，《竹书纪年》载："虞舜十五年，帝命夏后，有事于太室。"西汉时，汉武帝曾大规模扩建太室祠。《汉书·武帝本纪》载："其令祠官加增太室祠，禁无伐其草木。以山下三百户为之奉邑，名曰嵩高，独给祠，复亡所与。"说明太室祠在汉武帝前已建。五岳制度形成后，太室祠成为祭祀中岳神的地方，之后更名嵩岳庙。庙的规模随着历代帝王对嵩山中岳神的封祀不断增修扩建。北魏时，杨龙子奉皇帝之命重修。著名道士寇谦之在此修行数十年，创立北天师道。唐开元十八年（730年），唐玄宗李隆基加封中岳神为天中王，并下令依照汉武帝旧制，重新整修，扩建殿宇。宋乾德二年（964年）又修行廊一百余间，均饰以丹青，绘以壁画，并在庙内遍植松柏。宋开宝六年（973年），敕修中岳庙。宋大中祥符六年（1013年），增修峻极殿、崇圣殿等殿宇850间，金妆神像，绘制功德壁画470余幅。金大定十四至二十二年（1174～1182年），金世宗诏命重修，恢复唐宋旧貌，重修殿宇238间。金章宗承安五年（1200年），刻立的重修中岳庙图碑，详细绘制中岳庙当时的格局和建筑情况。元代初年，中岳庙尚有殿堂庙房755间，元末因战火仅存百余间。明成化十三年（1477年），中岳庙遭到风雨破坏。成化十八年（1482年）起开始历时一年零八个月的大规模维修，复建寝殿等建筑。嘉靖十四年（1535年）又重修，嘉靖四十一年（1562年）登封知县刘汝登重修黄中楼后将其改名天中阁。明崇祯十四年（1641年），峻极殿及廊庑遭遇火灾。清顺治十年（1653年）至康熙二年（1663年）重建。清乾隆年间（1736～1795年），高宗弘历颁布《钦修中岳庙图》，下令大加修整，进一步奠定中岳庙的格局。乾隆四十年（1775年），在庙内设置道会司以掌管全县道教事务。民国时，成立"中岳风景区整建会"修缮中岳庙。抗日战争期间，日寇飞机炸毁峻极殿东北一角。太室阙由凿石砌成，通高3.96米，分东西二阙，阙门间距6.75米，东阙高3.92米，西阙高3.96米。两阙结构相同，由阙基、阙身、阙顶三部分构成。西阙南面上部阳刻篆书"中岳太室阳城"6字，铭记刻在西阙北面，为阴刻隶书，计27行，每行7字，内容主要赞颂中岳神君的灵应和阳城长吕常等人建阙的缘由。另一方铭记字体为篆隶，剥蚀严重，仅辨50余字。铭记中的"东汉延光四年（125年）"年号是后刻的。太室阙上雕刻的车马出行、马戏、狩猎、神话故事、奇禽珍兽、斗鸡、杂技、楼阁等画像和装饰图案，艺术风格浑朴古拙，气势深沉，反映古代劳动人民在艺术创作上高超水平，其形式和内容对研究建筑史、美术史和东汉社会历史有很高的参考价值。

中岳庙所存庙制为明代（1368～1644年）所定，其建筑大部分为清顺治至乾隆时（1644～1795年）按照工部营造则例的官式作法重修的面貌，有殿、宫、楼、阁、亭、台、廊、庑等明清建筑400余间，汉至清代古柏300余株，金石铸器、石刻造像等金石文物百余件。中岳庙沿中轴线，由南向北主要有太室阙、中华门、遥参亭、天中阁、崇圣门、化三门、峻极门、中岳大殿、寝殿、御书楼。中岳庙院南北长650余米，东西宽160余米，占地面积近11万平方米，是中国五岳之中所存规模最大、最完整的一组古建筑群，具有很高的历史、艺术、科学价值。

少室阙，是少室山庙前的神道阙，建于东汉延光二年（123年），由颍川太守朱宠兴建，是著名的中岳汉三阙之一。少室山庙建于汉武帝时，唐代对少室山庙进行修葺，并立碑记述其事。少室山庙明代初年坍毁，少室阙一直保留未变。少室阙以青灰色块石砌筑，分东西二阙。两阙结构相同，为二重子母阙，由阙

少室阙

基、阙身、阙顶三部分构成。东阙通高3.37米，西阙通高3.75米，间距7.60米。西阙北面三层中部有阴刻篆书"少室神道之阙"六字，阙铭也为篆书，约55行，每行4字，皆侵蚀，不可辨识。少室阙上雕刻的画像有车马出行、宴饮、羽人、玄鸟生商、四灵、兽斗、击剑、狩猎、犬逐兔、驯象、斗鸡、蹴鞠、羊头、鹿、虎、马戏、月宫、常青树、柏树等。其中以马戏图和狩猎图最为出众，马戏的惊险在画面中表现得淋漓尽致。少室阙是古代祭祀少室山神的重要实物见证，也是中国古代祭祀礼制建筑的典范之一。

启母阙，是启母庙前的神道阙，建于东汉延光二年（123年），由颍川太守朱宠兴建，是著名的中岳汉三阙之一。启母庙建于汉武帝

启母阙

时，因避景帝刘启讳，名开母庙，后被汉成帝所废。东汉时，启母庙恢复，元代末年又被毁，启母阙一直保留未变。启母阙以凿石雕刻砌成，分东西二阙，存高3.17米。西阙北面有两方阙铭，一方为启母阙铭，篆书，内容主要是赞颂夏禹治水的功绩和三过家门而不入的忘我精神。另一方是《请雨铭》，在启母阙铭下，隶书，堂溪典撰写，计18行，每行5字，仅存11行。阙身雕刻马戏、骑马出行、杂技、幻术、驯象、郭巨埋儿、夏禹化熊、果下马、狩猎、虎逐鹿、双蛟、月宫图、蹴鞠图等，阙顶雕刻瓦垄、瓦当、板瓦、垂脊等建筑构件。其中，雕刻的女子蹴鞠图，是足球起源于中国的重要实物证据。启母阙雕刻艺术具有很高的历史、艺术、科学价值。阙顶上雕刻的建筑构件的外形为研究汉代建筑提供实物依据。

嵩岳寺塔，位于嵩岳寺内，始建于北魏正光年间（520～525年），高15层、平面正十二边形，是中国所存最古老的砖塔。根据考古研究，唐代曾对嵩岳寺塔进行过修缮。嵩岳寺原为北魏宣武帝离宫，北魏永平二年（509年）宣武帝诏冯亮与僧暹及河南尹甄琛等，就山岭幽胜处营建离宫。正光元年（520年），孝明帝元诩舍宫为闲居寺，并在寺内建嵩岳寺塔及堂宇千余间。据唐李邕《嵩岳寺碑》记载："嵩岳寺者，后魏孝明帝之离宫也。正光元年，傍闲居寺。广大佛刹，殚极国财。济济僧徒七百众，落落堂宇逾一千间……隋开皇五年，隶僧三百人。仁寿一载，改题'嵩岳寺'。"由此可知，嵩岳寺在正光元年（520年）改为闲居寺，隋仁寿元年（601年）更名为嵩岳寺。唐高宗、武则天游嵩山时曾经以嵩

岳寺为行宫，并造无量寿殿、定光佛堂等，其后又建有逍遥楼、凤阳殿、八极殿等建筑。自金元时期，嵩岳寺开始走向衰落，寺院内木结构建筑已无存，唯嵩岳寺塔岿然屹立。清代时，又重建山门、大雄宝殿、伽蓝殿和白衣殿。嵩岳寺塔为15层的密檐式砖塔，平面呈十二边形，通高37.045米，由基台、塔身、15层叠涩砖檐和塔刹组成。塔身分上、下两部分。上部东、西、南、北四面各辟一券门通向塔心室。门上有拱形门楣。外壁八面每面砌一座方形塔龛，龛上部砌出叠涩檐，正面嵌铭石1方，铭石下辟半圆拱券门，门内各有砖雕护法狮子1个，共16个，形象各异。各转角处有倚柱，柱头饰火焰宝珠与覆莲，柱下为砖砌覆盆式柱础。下部上下垂直，外壁没有任何装饰。塔身之上是15层的叠涩密檐，密檐自下而上逐层内收，构成一条柔和的抛物线。叠涩檐间的塔壁上均辟有门窗，每面正中砌筑板门2扇，门上皆有拱形门楣。除南面第5、7、9、10、11、13层及东南面的第15层辟真门外，其他皆为假门。塔刹由基座、覆莲、须弥座、仰莲、相轮、宝珠等组成，塔下有地宫。嵩岳寺塔是中国现存最早的砖塔，反映中外建筑文化交流融合创新的历程，在结构、造型等方面具有很大价值，对后世砖塔建筑有着巨大影响。

少林寺，创建于北魏太和十九年（495年）。魏孝文帝为安顿印度高僧跋陀，在少室山麓为之建造少林寺。因寺院坐落于少室山阴的丛林中，故名。跋陀在寺西创建舍利塔，其后建翻经堂，从事翻译佛经和传法活动，聚徒甚众。北周武帝建德年间（572～577年）灭法，曾一度废寺。周静帝将少林寺更名为陟岵寺。隋王朝建立后，立刻下令恢复少林寺原名。同时，由于隋文帝的推崇，少林寺出现"山林学徒皈依者众"的局面。开皇年间（581～600年），隋文帝下诏将少林寺西北50里的柏谷庄100顷良田赐予少林寺。隋大业年末，农民起义军攻入并焚烧少林寺。武德四年（621年），秦王李世民与王世充战于嵩洛间，驻守少林寺柏谷庄封地的志操、惠玚、昙宗等十三武僧帮助唐军击败王世充的大加封赏与鼎力支持，使少林寺武术闻名全国，从此走向兴盛。唐高宗李治及皇后武则天多次驾临少林寺。武周如意元年（692年），女皇武则天还将少林寺诸神像金妆后，迎入宫中供奉。开元时，唐王朝在少林寺立《皇唐嵩岳少林寺碑》，玄宗亲自书写"太宗文皇帝御书"

嵩岳寺塔

七字，由天文学家僧一行送往少林寺刻于碑额。宋代，随着禅宗初祖达摩在少林寺传法故事的渲染及禅宗的广传，少林寺又被推上佛教界至高无上的地位。在传说达摩面壁的五乳峰下，僧人建立初祖庵。元朝，帝王推崇佛教不遗余力。南宋淳祐五年（1245年），北方禅宗领袖福裕主持少林寺，并总领全国佛教。福裕入主少林寺后，对包括少林寺在内的嵩山诸寺大加修葺，并将嵩山诸寺归于少林门下，成为其分院。同时，所属下院数量更多，分布更广，至元二年（1336年）所铸的钟铭上，少林寺的下院就达22个。远及方城、信阳、灵宝、卢氏、永宁等地。此外，福裕还在内蒙古和林、河北燕蓟、陕西长安、山西太原、河南洛阳分别建造五座少林寺。少林寺内最高的殿宇钟楼、鼓楼及达摩亭等皆为元朝所建。元末战

少林寺塔林

争使少林寺遭受重创。明洪武时，凝然改公出任少林寺住持，修复被毁的殿宇、僧堂、寮舍等。之后，法堂、禅堂、初祖庵等也相继得到重建和修复。明万历十六年（1588年），肃皇太后拆伊王殿材，在少林寺建造规模宏敞、华丽无比的毗卢阁，并命工匠精刻大藏经储于少林寺。明朝是少林功夫发展的一个极盛时期，形成完整的少林功夫体系。嘉靖时，少林寺僧兵应征赴东南沿海抗击倭寇，在少林历史上写下了辉煌的一页。明代少林寺的修缮、建设颇盛，创建、复建东西牌坊、紧那罗殿、六祖堂、立雪亭、毗卢阁、廓然堂、法堂、禅堂等。少林寺所存的古代碑刻中，明代碑刻超过一半。塔林中的228座古塔中，已知的明塔有143余座。少林寺从明末清初开始走向衰落。清朝建立后，顺治时依旧制给海宽以"钦命住持"之衔，海宽尽全力修复少林寺部分因战争损毁的殿堂。雍正十三年（1735年），朝廷下令修葺少林寺，不仅维修寺院大部分殿堂，还创建少林寺山门及两侧的寮房，奠定现代的常住院格局。清乾隆时，对少林寺常住院又进行较大规模的维修。嘉庆后，少林寺几乎没有大的整修工程，寺院建筑日见损坏。民国17年（1928年），军阀石友三火烧少林寺，法堂、天王殿、大雄宝殿、紧那罗殿、六祖堂、钟鼓楼等18座建筑及秦槐、汉柏、佛教典籍等重要文物多遭到破坏，是少林寺历史上继隋末大火之后遭到的又一次劫难。中华人民共和国成立后，少林寺作为重要的文化遗产，得到国家的重视，先后保护加固千佛殿、塔林、初祖庵、少林寺山门、千佛殿、白衣殿等，并依旧制复建天王殿、大雄宝殿、客堂、禅堂、紧那罗

殿、钟楼、鼓楼、法堂、厨库等。少林寺建筑群由常住院、初祖庵和塔林组成。常住院为少林寺的主体，是历代少林寺僧进行佛事活动的主要场所，院内中轴线上由南向北依次布置山门、天王殿、大雄宝殿、法堂、方丈院、立雪亭、千佛殿。两侧有钟鼓楼、东西禅堂、东西寮房、六祖殿、紧那罗殿、白衣殿、地藏殿等建筑，寺内保存有北齐至民国碑刻245品，明代五百罗汉大型彩色壁画，金至清代匾额、对联、金属文物百余件，清代少林寺拳谱、少林寺十三棍僧救秦王等彩色壁画、少林拳站桩坑和古树名木等，具有较高的历史、艺术、科学价值。少林寺不仅是中国佛教禅宗的祖庭，还是少林武术的发源地，有"天下第一名刹""天下功夫出少林"的美誉。初祖庵位于登封市少林寺常住院西北约2千米的龟背形山丘上，宋宣和七年（1125年）为纪念初祖达摩而建，保存有山门、大殿、千佛阁、面壁亭、圣公圣母亭，建筑群坐北朝南，占地面积约3400平方米。初祖庵大殿面阔三间，进深三间，单檐歇山式绿琉璃瓦剪边顶，出檐深远，檐下置硕大斗拱，明间安板门两扇，两侧次间辟直棂窗，前檐下立6根满雕卷草、飞禽图案的石柱，殿内石柱4根，雕刻天王、盘龙等图案，梁架为砌上明造，东、西山墙和后墙壁上均有彩色壁画。初祖庵殿经多次重修，主要构件仍宋代原物，大殿外保存有石刻40余方，宋、金以后碑碣38通以及唐代"六祖手植柏"等。初祖庵建造年代与中国古代建筑科学巨著《营造法式》的成书年代相近，其斗拱、梁架、雕饰多与《营造法式》相符合，是宋代木构建筑技术的重要例证。少林寺

初祖庵大殿

塔林位于少林寺西约300米山脚下，是少林寺历代和尚的墓地，存有自唐贞元七年至清嘉庆八年（791～1803年）之间的各代砖石墓塔228座，其中唐塔2座、宋塔3座、金塔16座、元塔51座、明塔146座、清塔10座，余为无纪年题记者。塔的层级不同，一般为1至7级，高度都在15米以下，大都有塔铭和题记。除塔林228座古塔之外，在少林寺常住院周边还有15座古塔，其中唐塔4座（法如、无名、同光、萧光）、五代塔1座（法华）、元塔1座（缘公）、明塔2座（道公、璞公）、清塔4座（法缘、汝妙、宁公、府公）以及不明年代塔3座（东公等）。少林寺塔林是中国所存数量最多的墓塔，是综合研究中国建筑发展史、雕刻艺术发展史和宗教发展史的珍贵实物资料宝库。

会善寺，位于嵩山太室山积翠峰下，是嵩山古代最著名的寺院之一。北魏孝文帝时（471～499年），在此建造离宫。北魏灭亡后，离宫成为澄觉禅师精舍，遂成为佛教场所。隋开皇年间，隋文帝赐名会善寺。会善寺在唐代最为鼎盛，著名天文学家僧一行出家于此。武则天游幸嵩山时，曾至会善寺拜访高僧道安禅师，并称之为老安国师。之后，僧一行、玄同在会善寺创建琉璃戒坛，成为当时全国三大戒坛之一和僧人受戒中心。五代后梁时期遭到部分破坏。宋开宝五年（972年），会善寺经募化重兴，渐复旧观。金大定时，亦有补葺，元代又重建大殿。明末之后，寺院走向衰落。晚清时重建山门、配殿。会善寺坐北朝南，存二进二院，西院11座建筑，东院7座。其中大雄宝殿面阔五间、进深三间，单檐歇山灰筒瓦绿琉璃瓦剪边顶，殿檐下施有硕大的斗

会善寺大雄宝殿

拱，殿内作减柱造。殿正面明间为槅扇门，余四间皆为槅扇槛窗，背面明间用板门。大雄宝殿始建于元代，后多次重修，殿内木架及檐下斗拱均为元代遗物。除大殿外，其他建筑均为硬山式灰瓦顶。寺内存北齐《会善寺碑》等碑碣石刻30余通。唐至清古树120余株，明代铸大铁钟一口。寺周存清代古塔4座。会善寺大殿建筑出檐深远，斗拱硕大，是嵩山地区所存唯一的元代木结构建筑。其典型做法虽经后世重修，仍具历史价值。

嵩阳书院，位于嵩山太室山峻极峰下，因其居于嵩山之阳，故名。嵩阳书院前身为嵩阳寺，创建于北魏太和八年（484年）。隋大业八年（612年）更名嵩阳观，作为道士潘诞的炼丹之地。唐高宗、武则天曾两次以嵩阳观为行宫，并加以营造，并更名为奉天宫，中唐时还曾一度更名天封观。唐天宝三年（744年），于此刻立《大唐嵩阳观纪圣德感应之颂》碑。后唐清泰元年至三年（934～936年），进士庞式和南唐学者舒元等，在嵩阳观聚徒讲学。五代后周显德二年（955年），周世宗改嵩阳观为太乙书院，建藏书楼、斋房，奠定嵩阳书院作为著名教育场所的基础。宋至

道三年（997年），太宗将太乙书院更名为太室书院，并赐"太室书院"匾额。宋景祐二年（1035年）重修，赐额并更名为嵩阳书院。金大定年间（1161～1189年）废书院，更名嵩阳宫，并一度更名承天宫，成为道教场所。元代限制私学，仍为嵩阳观。明代嘉靖七年（1528年）知县侯泰重建之后，复改为嵩阳书院，并建二程祠，明末书院被毁。清康熙十三年（1674年）知县叶封复建书院。康熙十六年（1677年）后，进士耿介继叶封之后继续修建，先后复建先贤祠、三贤祠、丽泽堂、观善堂、辅仁居、藏书楼、道统祠、博约斋、三益斋等。嵩阳书院经增建修补后，规模逐渐扩大，布局日趋严整。清乾隆十五年（1750年），修建四边形重檐御碑亭，立有乾隆所题"游嵩阳书院"诗碑。御碑亭清末时倒塌，存四方形亭基和柱基。1982～1989年，新建东西碑廊30间，将各地无人管护的69品碑刻嵌于碑廊墙壁，集中保护。宋代之后，名儒种放、范仲淹、程颐、程颢、司马光、吕诲、李纲、韩维、朱熹、元好问、高仲振、汤斌、耿介、张沐、窦克勤等人相继在此讲学，培养出吕蒙正、张载、滕子京、陈尧佐、范纯仁、杨时、游酢、崔鷗、邵伯温、钱若水、郑遨、陈与义、吕大临、刘景曜、王铎、焦贲亨、焦子春、崔应科、景东旸、焦钦宠、傅而师等杰出人才。嵩阳书院保存了传统书院的建筑布局，南北长128米，东西宽78米，占地面积9984平方米，保存清代建筑26座。沿中轴线布置五进院落，由南向北依次为大门、先圣殿、讲堂、道统祠和藏书楼。除道统祠为歇山顶以外，其他建筑均为硬山卷棚布瓦顶，具有河南地方建筑风格。嵩阳书院建筑体量适中，青砖灰瓦，古朴雅致。另外，嵩阳书院还保存有东魏以后石刻15品、古树14株等文物遗存。嵩阳书院格局紧凑，功能完善，作为中国最早的传播儒家理学学说、祭祀儒家圣贤和举行考试的书院，对儒学的发展起过重要作用，对研究我国古代书院建筑、教育制度以及儒家文化具有不可替代的标本意义。嵩阳书院之大唐嵩阳观纪圣德感应之颂碑由基座、碑身、碑额、云盘、碑首五层雕石组成。唐天宝三载（744年）二月五日立，通高9.02米，宽2.04米，厚1.05米，雄伟壮观，为河南最大的石碑。碑额题"大唐嵩阳观纪圣德感应之颂"12个篆字，碑文末行"天宝三载二月五日建"九字亦作篆体。碑文25行、行53字，内容主要记述唐玄宗李隆基为寻求"长生不老"之术，命嵩阳观道士孙太冲炼丹九转的故事。由著名书法家徐浩八分隶书，字态端正，一丝不苟，堪称唐隶上乘作品。碑石质坚硬细腻，雕工极为精致，是中国唐碑的优秀代表作之一。

观星台位于登封市区东南15千米的告成镇北，创建于元代至元十三至十六（1276～1279年）。明弘治十四年（1501年）河南知府陈宣命知县祁珩在观星台处建周公庙。正德十五年（1520年）陈凤梧重修周公庙。嘉靖七年（1528年）知县侯泰重修周公庙，对观星台台体与石圭进行维修，在台顶北部建造小室。万历四十年（1612年）知县傅梅再次修缮周公庙。清康熙十五年（1676年）、乾隆三十二年（1767年）、嘉庆十四年（1809年）、光绪十九年（1893年）均对庙宇进行重修。民国33年（1944年），侵华日军炮击观星台，致

观星台

使台顶小室部分倒塌，台体外表局部受损，留下弹洞枪痕。2004年，登封市文物管理局维修复原帝尧殿。观星台前的周公测景台相传为西周时周公旦为营建洛邑、寻求地中时所建，唐开元十一年（723年）由天文官南宫说依周公旧制建石质"周公测景台"一座。观星台遗存建筑自南向北有照壁、大门、仪门、周公测景台石圭表、周公庙卷棚、大殿（各三间）、观星台、帝尧殿等。观星台为砖石结构的建筑，由覆斗状的台体和石圭两部分组成。台体的平面近正方形，北壁正中有一凹槽，凹槽南壁上下垂直，东西两壁有明显收分，台体北壁下设有东西对称的踏道口，由此登至台顶。石圭在台体以北下部，圭上刻两条平行双股流水渠，渠南端有方形注水池，北端有长条状泄水池，池两头有泄水孔。水渠装置，是用以测水平的天文仪表，当时世界最先进的历法《授时历》是经过观星台的观测与推算出来的。观星台是中国所存时代最早、保护较好的天文台，也是世界上最早的天文建筑之一。此外，院内还有唐代依周代旧制重建的周公测景台。

登封作为中国最早的都城之一，但其周公测景台和登封观星台不仅印证着中国古老的宇宙观——天地之中，而且代表13世纪天文科技的顶峰。天文意义上的天地之中被古代帝王用作建造帝都的最佳地点，而嵩山作为天地之中的自然象征，又被作为礼仪崇拜的焦点，强化帝王统治。登封地区聚集的建筑在建造之初均属最高级别，其中许多更是由帝王钦定建造。因此，登封建筑群又加强登封地区作为天地之中核心地位的影响。登封天地之中建筑群，包括皇家、儒释道等宗教建筑群，见证长达1500年圣山崇拜的传统，对中国文化具有非凡的意义。

2010年7月31日，在巴西首都巴西利亚召开的联合国教科文组织世界遗产委员会第34届会议认为，登封天地之中历史建筑群符合世界遗产第三和六条标准，将其列入《世界遗产名录》，遗产编号1305rev，遗产区面积825万平方米，缓冲区面积3438.1万平方米。1961年3月4日，国务院公布太室阙、少室阙、启母阙、嵩岳寺塔和观星台为第一批全国重点文物保护单位，编号分别为1-0048-3-001、1-0049-3-002、1-0050-3-003、1-0061-3-014和1-0097-3-050；1996年11月20日，国务院公布初祖庵及少林寺塔林为第四批全国重点文物保护单位，编号4-0089-3-011；2001年6月25日，国务院公布中岳庙、会善寺和大唐嵩阳观纪圣德感应之颂碑为第五批全国重点文物保护单位，编号分别为5-0357-3-163、5-0354-3-160和5-0460-4-018；2013年5月3日，国务院公布少林寺为第七批全国重点文物保护单位，编号7-1162-3-460。

**杭州西湖文化景观** 英文名West Lake Cultural Landscape of Hangzhou，以秀丽的湖光山色、悠久的历史、深厚的文化内涵以及

西湖全图

丰富的文化史迹闻名世界，是中国历史上最具有杰出精神栖居功能的文化名湖，也是享誉中外的"人间天堂"。杭州西湖文化景观位于浙江省杭州市的城市中心区以西地带。

　　杭州西湖文化景观肇始于9世纪、成形于13世纪、兴盛于18世纪并传承发展。唐宋初创期（9～12世纪），白居易担任杭州刺史期间将疏浚西湖的淤泥筑起长堤，后人称为白堤。白堤的修筑是西湖景观设计发展历程中具有划时代意义的重要事件，从此西湖疏浚筑堤成为传统。唐末五代，吴越国钱氏政权建都杭州，吴越三代五王在西湖边大兴佛寺、建佛塔、开

曲院风荷

石窟，使西湖一带成为10世纪中国佛教发展最繁荣的重地，西湖景观中代表性的佛教文化史迹均创建于吴越时期。宋代，苏东坡修筑苏堤，并在湖中圈定水域、修三塔为标志，限定水域禁植区等，以防湖泥淤积，西湖景观格局和要素初具规模。南宋时期赵氏建都临安（杭州），西湖景观随着都城的建设进程和经济文化繁荣获得巨大发展。约成书于1239年的《方舆胜览》中，确切记载"西湖十景"，又由南宋文人的因景作画到因画名景，成为西湖景观的核心要素。此时，大量优秀的吟咏和描绘西湖景观的文学和书画作品出现，西湖景观的审美价值和精神家园功能自此被开掘和发扬至高峰。元代（13～14世纪）西湖景观营造活动较少，但依然发挥着精神家园作用，成为文人寄托思想情感、享受精神审美的场所，不少当时的著名文人撰写的作品，追思南宋西湖十景，并对西湖及周边景观进行新的题名，形成"钱塘十景"。明朝时期，对西湖景观的设计营造和文化内涵阐释逐渐复苏到原有水平，并对西湖进行多次大规模的疏浚，为西湖景观的复兴

打下基础，修筑西湖景观中几处标志性景观要素：三潭、小瀛洲、湖心亭、锦带桥等，西湖独特的"两堤三岛"景观格局初成规模。清代（17～19世纪）是西湖景观的鼎盛时期，在康熙、乾隆等皇帝多次巡行、题咏西湖的影响下，西湖及其周围寺庙道观得到全面的疏浚与修葺，西湖景观达到全盛，"西湖十景"正式获得皇家钦定。嘉庆十四年（1809年），浙江巡抚阮元疏浚西湖，将淤泥在小瀛洲背面堆筑成岛，后人称为阮公墩。至此西湖"两堤三岛"景观格局形成。中华人民共和国成立后，西湖景观作为文物古迹得到正式保护，并设立专门的保护管理机构，制定相应的文物保护规章制度。1982年，西湖被认定为国家级风景名胜区。

杭州西湖文化景观由西湖水域和湖西群山共同构成旖旎秀美的湖光山色，其间分布上百处的各类历史文化古迹。杭州西湖世界文化遗产的价值特征载体主要由六个部分组成：西湖自然山水、城湖空间特征、西湖景观格局、西湖十景、西湖文化史迹和西湖特色植物。西湖自然山水由西湖的外湖、小南湖、西里湖、岳湖、北里湖五片水域（559.30万平方米）与环抱于湖的北、西、南三面丘陵峰峦组成（3000多万平方米），既是整个西湖景观基本的自然载体，也是景观的组成要素。城湖空间特征是自12世纪以来形成的，西湖南、西、北三面环山、东面为杭州城的"三面云山一面域"的城湖历史关系。西湖景观格局表现为"两堤三岛"，由9～19世纪期间通过多次西湖疏浚工程逐渐形成的人工产物白堤、苏堤和小瀛洲、湖心亭、阮公墩共同组成，分布于整个西湖水域，形成一系列独特而丰富的大尺度景观观赏

雷峰夕照

层次，是西湖景观具有整体架构作用和广泛影响力的景观要素。"西湖十景"是创始于南宋（13世纪）并持续演变至现代的10个诗意命名的系列景观单元：苏堤春晓、曲院风荷、平湖秋月、断桥残雪、花港观鱼、柳浪闻莺、三潭印月、双峰插云、雷峰夕照、南屏晚钟。"西湖十景"以世代传衍的特定观赏场所和视域范围，或依托于文物古迹，或借助于自然风光，呈现出系列型的观赏主题和情感关联，分布于西湖水域及其周边地带，是"自然与人的联合作品"，属于中国原创的山水美学景观设计手法"题名景观"留存的最经典、最完整、最具影响力的作品，并具有突出的文化关联特性，是西湖景观中最具创造性精神和艺术典范价值的核心要素。西湖文化史迹是在上千年的持续演变过程中，由于政治、历史、区位的原因，更因其特有的景观吸引力和文化魅力，融汇和吸附大量的中国儒释道主流文化的各类史迹，在所存上百处文化史迹中最具代表性的有14处：保俶塔、雷峰塔遗址、六和塔、净慈寺、灵隐寺、飞来峰造像、岳飞墓（庙）、文澜阁、抱朴道院、钱塘门遗址、清行宫遗址、舞鹤赋刻石及林逋墓、西泠印社、龙井。14处史迹分布于湖畔与群山中，承载特别深厚和丰富多样的文化与传统，成为西湖景观作为"文化名湖"的支撑要素。西湖特色植物具有悠久历史和突出文化象征含义，包括始于宋代（11～13世纪）并传衍至现代的沿西湖堤、岸间种桃、柳的特色景观，与"西湖十景"的四季观赏特征相应的春桃、夏荷、秋桂、冬梅四季花卉，以及分布于湖西群山中承载中国茶禅文化重要价值的传统龙井茶园及其景观。

杭州西湖文化景观不仅展现中国景观的美学思想，是文化景观的杰出典范，同时也反映从印度传入中国的佛教思想，如"佛之平和"和"自然如画"，对中国乃至世界的园林设计影响深远。西湖景观是中国文人按照心目中的理想景观和天人合一的理念，对自然环境不断改造完善，从而创造出一系列"画幅"的实物典范。画幅进而作为文人吟诗作画、寄情山水之间、启发艺术创作的灵感源泉，在唐宋两代得到发展。西湖十景自南宋（13世纪）起，被文人墨客认定为理想的景观，其模式在中国延续7个世纪，堤、岛、桥、寺、塔和风格鲜明的景色，在中国各地和日本被广为效仿，16世纪朝鲜文人造访西湖后传到朝鲜半岛。杭州西湖文化景观以其湖山皆备、四季分明、文化特别丰富、历史特别悠久的特色，承载历朝历代各阶层人士的各种审美需求，并在中国"天人合一""寄情山水"的山水美学文化传统背景下，拥有突出的精神栖居功能，对唐宋以来中国历代文化精英包括东亚地区的文化交流学者产生强烈的吸引作用，成为学者持续不断地创造和营建的精神栖居地。

2011年6月24日，在法国巴黎举行的联合国教科文组织世界遗产委员会会议认为，杭州西湖文化景观符合世界遗产第二、三、六条标准，将其列入《世界遗产名录》，遗产编号1334，遗产区面积3322.88万平方米，缓冲区面积7270.31万平方米，总面积为10593.19万平方米。1961年3月4日，国务院公布六和塔和岳飞墓为第一批全国重点文物保护单位，编号分别为1-0072-3-025和1-0176-2-015；1982年2月23日，国务院公布飞来峰造像为第二批全国重点文物保护单位，编号2-0015-4-005；2001年6月25日，国务院公布西泠印社为第五批全国重点文物保护单位，编号5-0486-5-013；2006年5月25日，国务院公布第六批全国重点文物保护单位时，将西湖南山造像归入飞来峰造像；2013年5月3日，国务院公布灵隐寺石塔和经幢、保俶塔和西湖十景为第七批全国重点文物保护单位，编号分别为7-0989-3-287、7-0990-3-288和7-1938-6-002。

元上都遗址　元上都，英文名Site of Xanadu，是元朝（1271～1368年）的第一座都城，是中国元代都城系列中创建最早、历史最久、格局完整、保存最完好的遗址。元上都位于内蒙古自治区锡林郭勒盟正蓝旗和多伦县境内，其中上都城址西南距正蓝旗上都镇约20千米，地处滦河上游上都河北岸，北依龙岗，南临滦河。蒙古语中称元上都为"兆奈曼苏默"，意为"一百〇八座寺庙"。

元上都，在滦河上游地区。滦河上游是中国北方民族的活动区域，乌桓、鲜卑、柔然、库莫奚、契丹等部族都留下有活动的遗迹。辽、金两代皇帝在金莲川草原设立避暑纳凉的行宫。12世纪中期，蒙古人南下，金莲川一带成为扎剌儿部兀鲁郡王的营幕地。南宋淳祐十一年（1251年），蒙哥汗登基，遣忽必烈主持漠南汉地军政庶务，金莲川成为忽必烈的分地。宪宗蒙哥六年（1256年），忽必烈命藩府幕僚刘秉忠在桓州东、滦水北的龙岗山下选址建立开平府，作为藩府所在。元中统元年（1260年，南宋景定元年），忽必烈在开平称汗；中统四年（1263年），开平升为上都。与元大都（北京）并称元朝两大首都。作为"两都巡幸制"的都城之一，自忽必烈始，每年阴历四月至九月，元朝皇帝都率文武百官，嫔妃

元上都遗址全景鸟瞰

忽必烈铜像

侍从到上都避暑游猎和处理政务，因此元上都又被称为"夏都"。上都城在13～14世纪是草原丝绸之路的重要节点之一，众多外国使者、传教士、旅行家、商人曾到达此地，成为当时的国际性大都会。据史料记载，上都城内的建设活动从建城开始一直持续到元末。元至正十八年至明洪武元年间（1358～1368年），元上都遭到红巾军的严重破坏。明代初期，在上都城遗址置开平卫，仅作为阻止蒙古南下的一个单纯的军事据点。明军对城垣的整修仅为加强军备，对荒废的元上都宫殿并未加以整修。明宣德五年（1430年），开平卫内移到独石堡（河北省赤城县独石口），开平卫彻底废弃。明代中后期，相继成为山阳万户、察哈尔万户、喀喇沁万户、林丹汗察哈尔万户控制的牧地。清代（1644～1911年），成为蒙古察哈尔部正蓝旗游牧的地方。19世纪末至20世纪40年代，陆续有外国人到元上都遗址探险考察，并留下一批考察报告。

元上都遗址由四大要素组成。一是分布于25131.27万平方米范围内的城市遗址遗迹；二是位于城址东南的砧子山墓葬群和位于城址西北的一棵树墓葬群；三是分布于整个175853.23万平方米范围内的辽阔而富庶的蒙古高原草原特色的自然环境，包括湿地草原、草甸草原、沙地草原等三种景观；四是浓郁纯正的蒙古族人文环境，包括敖包及相关祭祀活动。元上都城市遗址遗迹由城址、城外四周的关厢地带，以及城西北面的铁幡竿渠组成，分布面积近1800万平方米。其中，城区为城垣围合区域，平面呈方形，坐北朝南，边长2200米，面积约484万平方米，分为宫城、皇城和外城三个部分。宫城位于皇城中部偏北，外城附于皇城的西、北两面，宫、皇城的南北中轴线与真子午线方向平行，为0度。宫城、皇城和外城的三重墙外均设有护城河以解决因元上都地处湿地引起的内涝。关厢和铁幡竿渠位于城垣之外，总面积约1296万平方米。宫城作为都城核心区域，大内所在，属于皇帝朝政和起居生活的空间，东西宽542米，南北长605米，

皇城建筑遗址一

略呈长方形，面积约32万平方米，主要宫殿楼阁均位于其内，总体布局与皇城构成"回"字形结构。宫城之内的宫殿遗址星罗棋布，以宫城北墙的阙式建筑，正中的方形台基和南墙正中的御天门为南北中轴线，其余建筑群均随形就势错落分布于两侧，各自独立成组，之间多有道路连通。宫城共设三门，四角设角楼，城墙外有兼具排水和防卫功能的河渠。皇城围合于宫城外围，官署、寺庙建筑基址分布较多，属于国家行政管理机构的使用空间，东西宽约1410米，南北长约1400米，近长方形，面积约164万平方米。皇城城墙共设6门，南北墙正中各开1门，东西墙对称各开2门，各门外皆筑有瓮城。四墙外侧均设马面，四角建有高大的角楼，军事防御功能较为完备。城墙外有兼具排水和防卫功能的沟渠。外城位于皇城外围地带，使用功能在历史记载上为蒙古皇帝行宫斡耳朵和贵族扎帐召开部落会议及游赏狩猎所在。围绕于皇城之西、北两面扩建而成，西、北两面墙长2220米，东墙长815米，南墙长820米，面积约288万平方米。外城整体呈曲尺形，其东墙北端和南墙西端分别与皇城的东墙和南墙相接，使元上都城址整体呈现为一个完整的正方形。外城内有一道东西呈外弧形的

隔墙，将外城分隔为互不相通的南、北两个部分。其中，北部称为北苑，遗迹较小；南部称为西内，有较多的建筑遗迹分布。外城城墙共设4门，北墙设2门，南墙、西墙各设2门，皆筑有瓮城。外城城墙无马面、角楼等军事设施。根据考古勘察成果，外城的护城河只在西部、南部和西北角部有护城河，东部和北部没有护城河。

关厢，位于外城外围，紧邻外城城垣的东、南、西、北四门，向东、南、西、北四方展开约2000米，地表可见遗迹的分布，面积共计约1220万平方米，是城市的居民居住、商贸市场、手工业场所、军队驻防的主要分布地，其中的3处粮仓遗址是草原城市维持居民，包括驻军生活生存的重要保障。体现出农耕区域的生活资源对草原地区的支撑作用。元上都的城市生活功能分布在东、南、西、北四面的关厢地带，四关均保存有大量建筑基址和纵横交错的街道。依据调查材料，四关内的遗址大致可以分为官署、仓址、驿馆、大型院落、店铺、居民和兵营等几类。各类遗存在每关的分布情况各有侧重，形成既相互关联又各具特点的分布规律。其中：东门外的东关厢为王公贵族、元朝官员和朝觐者的聚居地，帐幕云集，

皇城建筑遗址二

西关厢遗址

铁幡竿渠

自由的蒙古包选址没有沿街设置的定规，呈现出游牧民族住居的自由风格；南门外的道路通向大都，是皇帝和官员进出的主要交通方向，不仅道路笔直，而且沿街设置建筑，呈现出汉人的传统；西门的道路通往大都与哈剌和林，是上都城最重要的交通城关和主要贸易区域，区内店铺林立。商贾云集；北关厢的建筑遗址由狭小密集的单体建筑组成800米长的条状遗址片、横卧于城北的山坡上，结合史料记载"发各卫军士兵五百人扈从，又发诸卫汉军万五千人驻山后"，当属驻兵之地。

城外西北面的铁幡竿渠是整座城市的防洪设施，体现出湿地建城的特殊需求，也是元上都遗址的重要组成部分。

砧子山墓葬群位于多伦县西北的蔡木山乡境内，西北距元上都城址9公里，是已发现的元上都遗址附近规模最大的元代墓葬群，属汉人家族墓葬群，共约1500座。一棵树墓葬群位于城址西北约12公里的上都音高勒苏木北面的山湾缓坡之上，分为两个区，东西相距约1500米，墓葬分布面积约215万平方米。

元上都遗址是中国元代都城系列中创建最早、历史最久、格局完整、保存最好的遗址，作为13～14世纪世界性大帝国蒙古帝国的第一个都城（1263～1273年）与后续的"夏都"（1274～1368年），展现亚洲大陆上游牧与农耕两大文明在古代中国的自然条件与历史背景下的冲撞与融合，其中既有中原文化的强大底蕴，又有北方民族对自己传统、理念、习俗、情感的固守和维系，形成一种独特的游牧与农耕文化高度兼容并蓄的"二元"城市模式，成为蒙汉民族文化融合的典范。是标志13世纪欧亚文明分水岭的忽必烈称汗、建元事件的历史场所，与引发欧洲"大航海时代"的《马可·波罗游纪》直接关联，是导致13世纪之后亚洲宗教格局发生重要变化的宗教事件"佛道大辩论"的发生场所。遗址所在地至现代仍传承着古老的游牧文化活传统"敖包祭祀"。因此，元上都遗址是亚洲北方草原都城遗址中最具蒙汉民族文化融合特性的杰作，在人类文明发展史和世界城市规划设计史上拥有独特的地位。

2012年6月29日，在俄罗斯圣彼得堡召开的第36届世界遗产委员会会议认为，元上都遗址符合世界遗产第二、三、四和六条标准，将其列入《世界遗产名录》，遗产编号1389，遗产区面积25131.27万平方米，缓冲区面积150721.96万平方米。1988年1月13日，元上都遗址被国务院公布为第三批全国重点文物保护单位，编号3-0220-1-040。

**红河哈尼梯田文化景观** 英文名Cultural Landscape of Honghe Hani Rice Terraces，是致力于生产世界最重要作物稻米的活的文化景观，由磅礴的水稻梯田、独特的乡土建筑以及山顶的森林和山间的水系构成，是人与自然长期互动的完美产物。红河哈尼梯田世界文化遗产位于云南省红河哈尼族彝族自治州元阳县。

根据民族学研究相关文献和哈尼族古歌记载显示，哈尼族源起地位于巴颜喀拉山口两麓的黄河、长江源地区，经大渡河北岸之四川盆地与川西高原交缘地区、四川雅砻江和安宁河流域、大理洱海、昆明地区、玉溪通海县、红河石屏县等地，最终定居在红河哀牢山麓。自7世纪，历经长期迁徙苦难的哈尼族先民心怀对自然的感恩与敬畏，在群山中建设家园、开垦梯田、耕种水稻，创造水稻梯田景观。以遗产区内全福庄和箐口两个村庄分配水量的分水石和全福庄哈尼族家谱中的记录推算，两个村庄定居开垦水稻梯田的历史大约有一千年。根据唐代文献《蛮书·云南管内物产》的记述，在唐代晚期（863年之前），遗产地世居民族已精于耕种山地水田，已经在有效的利用天然水源，在出现旱灾的情况下，仍能确保满足生产生活用水的需要。元末明初（14世纪前后），土司制度开始在红河、元阳地区施行。土司制度适应当时、当地的社会经济状况，对梯田的发展产生积极的影响，对元阳梯田形成现代的规模发挥重要的作用。经过明朝的拓展，至清代（17～20世纪）遗产地基本形成绵亘于哀牢山南段千余平方千米，波澜壮阔的红河哈尼梯田，被誉为农耕文明的神话。

红河哈尼梯田文化景观的遗产区包括1镇2乡（新街镇、攀枝花乡、黄茅岭乡）、18个行政村、82个自然村寨。其中，北部属新街镇辖区，面积共计9336.66万平方米，共有57个自然村寨，分属12个行政村；南部的大部分地区属攀枝花乡辖区，面积共计6515.83万平方米，共有23个自然村寨，分属5个行政村；东南的一角属黄茅岭乡辖区，面积共计750.73万平方米，共有2个自然村寨，属1个行政村。红河哈尼梯田中规模最大最集中的三组水稻梯田片区为坝达、多依树、老虎嘴片区，面积分别为4741.72万平方米、4594.94万平方米和7766.56万平方米。红河哈尼梯田还包括面积12.7万余平方米的森林。遍布梯田的沟渠总长度达445.83千米，其中主干沟渠4条，宽50～100厘米，总长度30.06千米；支沟392条，宽度多在30厘米以下，总长度415.78千米。

哈尼梯田文化景观是一个独特且相对独立完整的自然生态平衡系统，由森林、村庄、梯田、水系四种要素构成，各要素之间有机联系，相互依存，为当地村民提供一切生存必需的产品。在海拔2000米以上较为阴冷的高山

红河哈尼梯田之一

红河哈尼梯田之二

区，保存着茂密的亚热带常绿阔叶林。在海拔1400～2000米的中半山向阳坡地，分布着众多村寨，在整体布局和建筑形式上独具特色，与当地民族文化和梯田农耕活动紧密联系、相互融合，形成完整的少数民族聚落。在海拔680～2000米的半山区，从村寨边至山脚河谷均有水稻梯田分布。村民因地制宜，在不同海拔地区选择不同的稻种及耕作方式，形成独特的集高寒山区、中暖山区和低热山区稻作于一体的立体山地水稻梯田景观。而水系贯穿着森林、村庄、梯田。从森林植被和山体蓄留的大气降水是哈尼梯田的供水来源。蓄积的地下水以天然泉水的形式，在山间露头形成地表溪流，流经村庄后注入梯田的沟渠系统，对梯田进行灌溉；在最低处，河流接纳沟渠和梯田中的水，流向更大的江河中去。

梯田是哈尼族社会生活的核心，其节庆民俗均是围绕着梯田文化实体而展开。梯田文化是哈尼族文化的核心，哈尼族文学艺术、居住文化、饮食文化、服饰文化等都是从梯田中生发出来，并为梯田文化所统系。同时，千余年的梯田稻作影响着社群中人与人的关系，形成和谐的乡规民约等社会管理制度。从梯田稻作过程中发展出来的文化系统，包括口传知识、信仰祭祀活动、诗歌舞蹈等非物质文化。得益于相对封闭的自然环境，世居哈尼人并未受到

红河哈尼梯田之三

外来宗教的影响，因而很好地保留以"圣树崇拜"和"稻魂崇拜"为核心的信仰体系，保证了梯田文化景观的可持续发展和利用。

红河哈尼梯田文化景观展现人类对自然的利用，在确保和谐的状态下达到极致，森林、村寨、梯田、水系"四素同构"的景观格局真实、生动地展现和谐的极致状态及演进规律。作为亚热带季风气候下崇山峻岭环境中人类生态体系的杰出范例，哈尼梯田是以四素（森林、村庄、梯田、水系）同构共存为鲜明特色的活态遗产，是特殊地理自然条件下分布广泛、影响深远、具有永久生命力的一种独特的传统稻作文化的代表作。红河哈尼梯田文化景观见证哈尼人民的文化演进，是人类顽强生存能力、伟大的创造力和乐观精神的象征。红河哈尼梯田文化景观是一伟大、壮美的大地雕塑，是千百年积淀形成、并仍在延续发展，充满旺盛的生命力的人与自然的结合物，描绘着千百年农业文明在极为有限的自然条件下所能达到的极致与巅峰，所展现出的世界观在当今具有深刻的启示意义。

2013年6月22日，在柬埔寨金边举行的联合国教科文组织世界遗产委员会第37届大会认为，红河哈尼梯田文化景观符合世界遗产第三、五条标准，将其列入《世界遗产名录》，遗产编号1111，遗产区面积16603.22万平方米，缓冲区面积29501.01万平方米，总面积46104.23万平方米。2013年5月3日，国务院公布红河哈尼梯田为第七批全国重点文物保护单位，编号7-1942-6-006。

**大运河** 英文名The Grand Canal，是世界上空间跨度最大、延续使用时间最久、工业革命以前科技最为先进的人工水道，是世界上唯一一个由国家开凿和管理的巨型漕运工程体系。大运河北至北京、南至浙江杭州，东西向西至河南洛阳、东至浙江宁波。

大运河主体工程历代均有，但主要集中在隋代之前、隋代和元代三个时期。隋代之前，春秋战国时期，各诸侯国出于战争和运输的需要竞相开凿运河，但都各自为政，规模不大，时兴时废，没有形成统一体系。这一时期最著名的是邗沟的开挖。东周敬王十四年（前486年），为北上争霸，吴国在今扬州附近开挖邗沟，沟通长江与淮河水系，成为大运河河道成型最早，也是中国历史文献中记载的第一条有确切开凿年代的运河。战国中期，魏国为争雄称霸，于东周显王八年（前361年）前后开始挖掘改造鸿沟，北接黄河，南边沟通淮河北岸的几条主要支流，构成黄、淮之间的水路交通网络。秦始皇二十六年（前221年），秦始皇统一六国后，为巩固统一的大帝国，充分利用鸿沟水系漕运大批粮食到关中和京师咸阳。西汉时期，为向京城长安运送漕粮，将运河向西延至关中地区。东汉定都洛水北岸的洛阳，开凿鸿阳渠以沟通洛水与黄河，洛阳成为全国最大的漕粮集中地。这一时期，鸿沟水系的许多支流因黄河泛滥而淤塞，只有主水道汴渠尚未断流。东汉政府修治汴渠，整治邗沟，漕运由京城洛阳入汴渠，至徐州入泗水，由泗水入淮水，再转经邗沟达江南。东汉末期，为征战北方，曹操利用黄河故道，开挖白沟等运河，使运河向黄河以北延伸，抵达河北省东部地区。东晋南北朝时期，南方统治阶层曾着力开凿修治浙东运河，自杭州向东连通钱塘江至萧山县的西兴镇，继而向东开通至宁波，沟通姚江、甬江、钱塘江、曹娥江等自然河流。经过1000多年的陆续营建，到隋统一中国之前，以中原地区为中心，贯通东西南北的中国大运河体系已初步形成，为隋唐时期对运河大规模开挖、整治及航运大繁荣奠定基础。

隋大业元年（605年），隋炀帝为加强洛阳与南方地区的联系，下令在汴渠的基础上开凿通济渠，沟通黄河与淮河，同时下令重新疏浚邗沟并疏凿长江以南的江南运河，整治浙东运河航道，使大运河越过钱塘江沟通宁绍平原。隋大业四年（608年），隋炀帝在曹操时期开凿的原有运河基础上，开凿永济渠，直抵涿郡（北京南郊）。隋代开凿通济渠、永济渠，重修江南运河并疏通浙东航道，将各条地方性运河连接起来，形成以国都洛阳为中心，东北方向到达涿郡，东南方向延伸至江南、南达宁波的一条"Y"形运河体系，完成大运河的第一次全线贯通，在中国历史上第一次建成从南方重要农业产区直达中原地区政治中心和华北地区军事重镇的内陆水运交通动脉。唐宋时期，对大运河的主要工作在于维护航道、大规模疏浚与改建部分航段，同时建立粮食仓储、转运等运河配套设施，逐步完善运河维护和运输管理的漕运行政体系。经过第一次大沟通，大运河成为沟通中国经济与政治中心的大动脉，确保繁忙的物资与人员交通，不仅为维持大一统的政治局面做出重要贡献，也促进沿线地区的经济和社会的发展繁荣。两宋时期，大运河作为连接海外的重要通道凸显出其重要的战略地位。北宋晚期，宋、金对峙，战乱不断，运河维护渐弱，航道不断淤积，航运逐渐

中断。期间黄河数次泛滥，淮河以北的大运河河道大多被黄河堵塞，以洛阳为中心的大运河体系逐渐宣告结束。

元朝统一中国并在大都（北京）建都后，从南方经济中心运送漕粮到北方政治中心的需求十分迫切。为此，元至元二十六年（1289年），开凿会通河，北通卫河，南接泗水和黄河，形成南北直行的走向，从根本上改变淮河以北大运河的格局，使大运河航程缩短千余里，但不再经过洛阳，河南和安徽北部的河段遂遭废弃。至元三十年（1293年），沟通大都城东通州和城内的通惠河建成，来自南方的漕粮可直接抵达城内积水潭，今什刹海，实现中国大运河的第二次大沟通。自明成祖朱棣再次定都北京，直至清朝灭亡的500年间，北京一直是全国的政治经济中心。为保障漕运的持续畅通，明清政府投入巨大的人力和物力，在元代大运河的基础上不断进行整治修葺，陆续新建、改建多处河道和水工设施，并不断完善漕运管理制度和机构。其中，为减少清口以北借黄河行船所带来的危险，清政府于1686～1688年在宿迁与淮安间于黄河故道平行的东侧开凿中河。中河的建成标志着大运河彻底脱离借自然河道行运的状况，实现完全的人工控制。清咸丰五年（1855年）6月，黄河在兰考铜瓦厢决口，于阳谷张秋镇穿过运河夺大清河入海，不仅影响航道，还造成运道补水不足，通航困难。清政府虽采取多种措施，但未能从根本上解决问题。到清末，由于内忧外患，政权岌岌可危，无力顾及运河之事，逐渐放弃修复运河的计划，宣布各省漕粮全部改折银两交纳，运河及漕运管理机构

也陆续裁撤。至此，沟通南北的大运河逐渐中断，变为多条局部通航的区域性运河，除江南、淮扬、浙东、鲁南及南北运河等水段外，其他河段渐渐淤废。

中华人民共和国成立后，对大运河进行修复和整治。大运河北方段部分恢复航运，济宁以南的河段保持畅通，成为连接山东、江苏、浙江三省，沟通淮河、长江、太湖和钱塘江水系，纵贯中国东部沿海地区的水运主通道，是世界上最繁忙的运输航道之一。如大运河苏北段是北煤南运的"黄金水道"和原材料运输主干道，2011年货运量2.2亿吨；浙北运河货运量从1995年的0.8亿吨增长到2011年的2.6亿吨。此外，大运河发挥着巨大的排涝、灌溉、排洪、供水等综合功能。

大运河经过中国东部的北京、天津、河北、山东、安徽、河南、江苏、浙江等8个省（直辖市）的25个设区市，沟通海河、黄河、淮河、长江、钱塘江五大水系，总长度1011千米。大运河由从西到东的通济渠段、卫河（永济渠）段、淮扬运河段、江南运河段、浙东运河段，以及由北到南的通惠河段、北运河段、南运河段、会通河段和中河段等10处河段（图1）的31处遗产区组成，包括27段河道和58个遗产点，共计85个遗产要素，分为水工遗存、附属遗存和相关遗存3类。其中水工遗存63处，包括河道、湖泊、闸、坝、堤、险工、纤道、桥、码头和水城门等漕运基础设施；附属遗存9处，为仓储等配套设施和漕运管理设施遗存；相关遗存12处，为历史文化街区、行宫、驿站等与大运河有关的古建筑遗存；综合遗存1处，是由河道和其他水工设施以及相关

柳孜运河遗址发掘区域全景

回洛仓遗址

总督漕运公署

古建筑组成的清口枢纽。

通济渠河段，是开凿时间较早、规模较大、体现中国古代早期规划思想和建造技术高峰的重要河段，包括含嘉仓160号仓窖遗址、回洛仓遗址、通济渠郑州段、通济渠商丘南关段、通济渠商丘夏邑段、柳孜运河遗址和通济渠泗县段7个遗产区的8个遗产要素，分别为郑州段、泗县段、柳孜段，商丘的南关段和夏邑段等5段运河故道和柳孜运河桥梁遗址等1处水工遗存，以及含嘉仓和回洛仓2处运河附属遗存。郑州段和泗县段是通济渠保留的两段较为完整的运河故道，反映大运河河道的线路、走向，其考古遗存揭示了早期运河的形态、规模以及通济渠与水源河道、黄河的关系。商丘南关段和夏邑段作为大运河沿线重要的河道堤岸及构筑物遗存，展现隋至宋夯土驳岸的形制与工艺，以及巨大的河道规模。柳孜运河遗址，包括柳孜段河道和柳孜运河桥梁遗址，是通济渠沿线重要的水工及构筑物遗存，展现隋、唐和宋时期河道的规模与走向，以及高超的石构水工技术，出土的船只见证运河漕运的事实和漕船的形制。含嘉仓、回洛仓遗址均为隋唐时期大运河沿岸重要官仓遗址。含嘉仓是隋唐洛

阳城皇城内的皇家粮仓，是最为完整的仓窖遗址，其位置、储量与出土遗存证实唐代大运河漕运与朝廷供给的重要关联。回洛仓是隋代大运河沿线的大型国家性漕仓之一，具有完整的仓城格局和众多仓窖遗址，反映隋代大运河漕运的规模与国家直属仓储设施建设的情况。

卫河（永济渠）河段，是开凿时间较早、具有关键性军事战略意义的重要河段，是维系中国中原与北方地区紧密联系的河段之一，包括滑县浚县段和黎阳仓2个遗产区的2处遗产要素。滑县浚县段是卫河（永济渠）保留的最典型的一段运河故道，反映河道的走向与规模形态。黎阳仓遗址是大运河沿线的大型转运漕仓之一，位于黄河与永济渠之间，战略位置重要，始建于隋，沿用至北宋，体现隋至宋，由仓至库的形制变化，以及卫河（永济渠）重要的军事战略位置。

淮扬运河河段，是运河修建和维护历史较长、体现运河大规模影响河湖变迁和运河逐渐人工化过程的河段，包括清口枢纽综合遗存，总督漕运公署遗址和淮扬运河扬州段3个遗产区的17处遗产要素。清口枢纽遗产区包括清口枢纽及与其相关的淮安段河道、双金闸、清江

元锡清名桥历史文化街区

大闸和洪泽湖大堤5处遗产要素；总督漕运公署遗址遗产区仅有总督漕运公署遗址1处遗产要素；淮扬运河扬州段遗产区包括扬州段河道、刘堡减水闸、盂城驿、邵伯古堤、邵伯码头、瘦西湖、天宁寺行宫、个园、汪鲁门宅、盐宗祠和卢绍绪宅11处遗产要素。清口枢纽是为解决运河会淮穿黄的难题而建设的大型综合性水利枢纽，是大运河上最具科技价值的节点之一，持续维护运行4个多世纪；总督漕运公署遗址是最重要的国家级漕运管理机构遗址；扬州段是延续使用时间较长、反映长时期人工干预下河段沿线河湖水系变迁过程的河段。

江南运河河段，包括常州城区段、无锡城区段、苏州段、嘉兴—杭州段和南浔段5个遗产区的19处遗产要素。其中常州城区段为1段河道；无锡城区段包括无锡城区段河道和清名桥历史文化街区；苏州段包括苏州段河道、盘门、宝带桥、山塘河历史文化街区（含虎丘云岩寺塔）、平江历史文化街区（含全晋会馆）和吴江古纤道6处遗产要素；嘉兴—杭州段包括该段河道、长安闸、杭州凤山水城门遗址、杭州富义仓、长虹桥、拱宸桥、广济桥、杭州桥西历史文化街区8处遗产要素；南浔段包括南浔段（頔塘故道）河道和南浔历史文化街区。江南运河的5个遗产区均是南方城区段运河的典型段落，反映城市与运河相伴相生的特点。其中苏州段是中国大运河各个段落

苏州盘门

中延续使用时间最长、最为繁忙的内河运输航路之一。苏州段还包含江南运河段的塘路工程（吴江古纤道）和与之配套的塘路桥（苏州宝带桥等），是太湖东岸界定运河堤岸的纤道和驿路，标志着江南运河作为独立的水利工程体系的最终完成。苏州段的盘门是申报的两处水城门之一，山塘河和平江历史文化街区则反映城市与运河相伴相生的特点。嘉兴—杭州段是大运河各个段落中延续使用时间较长的河段之一，展现杭嘉湖平原的大运河自公元前5世纪至现代的完整演进历程。其中，凤山水城门是申报的两处水城门之一；长安闸是被《国际运河名录》所记载的唯一的复闸实物例证；富义仓是元明清时期仅存的运河仓储设施遗存。江南运河的5个历史文化街区，反映历史上大运河对沿线区域发展，特别是苏州、杭州的形成和发展，产生的强大影响力。南浔段的頔塘故道是完好保存的江南运河支线的河道，真实反映江南运河在古代通航时期的原有材料、位置和形态。

浙东运河河段，连通大运河与海上丝绸之路，包括杭州萧山—绍兴段、上虞—余姚段、宁波段以及宁波三江口4个遗产区的8处遗产要

京杭大运河杭州段拱宸桥

素。其中杭州萧山—绍兴段包括杭州萧山—绍兴段河道、西兴过塘行码头、八字桥、八字桥历史文化街区和古纤道；上虞—余姚段和宁波段均为浙东运河河段河道；宁波三江口包括宁波庆安会馆。西兴过塘行码头见证着大运河沟通浙东运河、钱塘江的重要交通枢纽作用。上虞—余姚段是联系曹娥江和姚江的重要河段，促进沿线城镇的兴起与繁荣。宁波段是为避免潮汐影响而建造的航道，反映水利、潮汐、航运技术在宋代的重要变化，是浙东运河通往宁波的最东段。宁波三江口是宋至清代浙东运河的终点，是大运河和海上丝绸之路的连接点。

通惠河河段，是大运河北方终点，对北京城市格局的形成具有重要的影响，包括北京旧城段和通州段2个遗产区的5处遗产要素。其中北京旧城段包括北京旧城段（玉河故道）、澄清上闸、澄清中闸、什刹海4处遗产要素；通州段也是通惠河段河道。元明清时期大运河北方终点段落——什刹海以及通往什刹海的玉河故道见证着运河规划设计对城市形态、格局的影响。通州段位于通惠河与北运河交汇的节点位置，是明清两代大运河漕运的转运关键节点。

北运河河段，是见证海漕转运的节点，是南运河与北运河的交接处，包括天津三岔口段1个遗产区的1处遗产要素。天津三岔口段是北方城区运河典型段落，是南运河内河漕船北上和来自海河的海运漕船换船的交通枢纽和漕运中转站，也是历朝政府对运河岁修制度的见证。

南运河河段，是采用众多弯道工程降低河道纵比降，保证航运畅通的河道，包括沧州—衡水—德州段遗产区的3处遗产要素，分别为沧州—衡水—德州段河道、连镇谢家坝

京杭大运河北京通惠河源河道及燃灯塔

和华家口夯土险工。沧州—衡水—德州段河道为解决水量变化较大给航运带来的困难，在自然河道的基础上，通过人工弯道降低河道纵向高差以减缓流速，通过挑水坝改善水流便于行船，实现不建一闸而调整航道水力特性，有效地提高通航质量，同时满足干流行洪的需要，其综合工程效益被归纳为"三弯抵一闸"，体现古代运河工程规划的科学性。连镇谢家坝和华家口夯土险工则是保存完好的运河夯土水工设施遗存。

会道河河段，具有众多节制闸群以及穿越大运河全段水脊的水利枢纽工程，包括临清段、阳谷段、南旺枢纽和微山段4个遗产区的19处遗产要素。临清段包括临清段河道和临清运河钞关2处遗产要素；阳谷段包括阳谷段河道、阿城上闸、阿城下闸、荆门下闸和荆门上闸5处遗产要素；南旺枢纽包括南旺枢纽段河道、小汶河、戴村坝、十里闸、邢通斗门遗址、徐建口斗门遗址、运河砖砌河堤、柳林闸、南旺分水龙王庙遗址和寺前铺间10处遗产要素；微山段包括微山段河道和利建闸2处遗产要素。临清运河钞关是大运河唯一的钞关遗存；阳谷段集中体现会通河作为闸河的典型段落，基本保存元代修建历代沿用的风貌；南旺枢纽是为了解决大运河跨越水脊难题而建设的大型综合性水利水运枢纽，是大运河上最具科技价值的节点之一；微山段是大运河全段唯一一段湖中运道，体现大运河沿线在人工干预下的河湖水系变迁以及运河工程与之相适应的演进历程。

中河河段，是完成大运河完全人工化的标志性河段，见证着大运河在17世纪末最终彻底脱离自然河道、实现全段人工控制的历史。中河河段包括台儿庄段与宿迁段2个遗产区的3处遗产要素。台儿庄段是北方城区运河典型段落之一。宿迁段包括宿迁段河段和龙王庙行宫2处遗产要素，其中宿迁段河段是大运河为摆脱借黄河行运而开凿的河段，标志着大运河全段实现完全的人工控制；龙王庙行宫是大运河申报遗产中仅有的两处行宫遗存之一。

中国大运河是世界上唯一一个为确保粮食运输（"漕运"）安全，以达到稳定政权、维持帝国统一的目的，由国家投资开凿和管理的巨大工程体系，是解决中国南北社会和自然资源不平衡的重要措施。中国大运河以世所罕见的时间与空间尺度，展现农业文明时期人工运河发展的悠久历史阶段，代表工业革命前水利水运工程的杰出成就，实现在广大国土范围内南北资源和物产的大跨度调配，沟通国家的政治中心与经济中心，促进不同地域间的经济、文化交流，在国家统一、政权稳定、经济繁荣、文化交流和科技发展等方面发挥着不可替代的作用。中国大运河由于广阔的时空跨度、巨大的成就、深远的影响而成为文明的摇篮，对中国乃至世界历史都产生巨大和深远的影响。

中国大运河是人类历史上超大规模水利水运工程的杰作，创造性地将零散分布的、不同历史时期的区间运河连通为一条统一建设、维护、管理的人工河流，开创性地通过工程实践解决高差问题和水源问题，是世界水利水运工程史上的伟大创造。中国大运河以世所罕见的时间与空间尺度，证明人类的智慧、决心与勇气，是在农业文明技术体系之下难以想象的人类非凡创造力的杰出例证。

中国大运河见证中国历史上已消逝的一个特殊的制度体系和文化传统——漕运的形成、发展、衰落的过程以及由此产生的深远影响。漕运是中国大运河修建和维护的动因，而大运河则是漕运的载体。大运河线路的改变受到政治因素的牵动与影响，见证随着中国政治中心和经济中心改变而带来的不同的漕运要求。由于漕运的需求，深刻影响都城与沿线工商业城市的形成与发展，围绕漕运而产生的商业贸易，促进中国大运河沿线地区的兴起、发展与繁荣，在中国大运河相关遗产中得到呈现。

中国大运河是世界上延续使用时间最久、空间跨度最大的运河，被《国际运河古迹名录》列入作为世界上"具有重大科技价值的运河"，是世界运河工程史上的里程碑。中国大运河所在区域的自然地理状况异常复杂，开凿和工程建设中产生众多的因地制宜、因势利导的具有代表性的工程实践，并联结为一个技术整体，以多样性、复杂性和系统性，体现具有东方文明特点的工程技术体系，展现农业文明时期人工运河发展的悠久历史阶段和巨大的影响力，代表工业革命前土木工程的杰出成就。

中国大运河是中国自古以来的大一统思想与观念的印证，并作为庞大农业帝国的生命线，对国家大一统局面的形成和巩固起到重要的作用。大运河通过对沿线风俗传统、生活方式的塑造，与运河沿线广大地区的人民产生深刻的情感关联，成为沿线人民共同认可的"母亲河"。历经两千余年的持续发展与演变，一直发挥着重要

样、兼容并蓄的多元文化特征，以及天山南北地区农耕与游牧文明、民族多元文化的交流特性，对丝绸之路的繁荣做出贡献。

商贸聚落遗迹，包括6处：塔尔加尔遗址、阿克托贝遗址、库兰遗址、奥尔内克遗址、阿克亚塔斯遗址和科斯托比遗址，全部位于哈萨克斯坦境内，遗址、遗迹充分展现丝绸之路沿线的民族迁徙、政权变更、货物生产与贸易等人群的往来活动，商品品类极为丰富，贸易范围涉及南亚、西亚、北亚，直至欧洲。特别是中国丝绸在整个交流活动所拥有的独特地位，揭示定居文明与游牧文明持久而多变的碰撞、交流与融合特征。

交通及防御遗迹，包括7处：新安汉函谷关遗址、崤函古道石壕段遗址、锁阳城遗址、悬泉置遗址、玉门关遗址、克孜尔尕哈烽燧和卡拉摩尔根遗址（哈萨克斯坦）。交通及防御

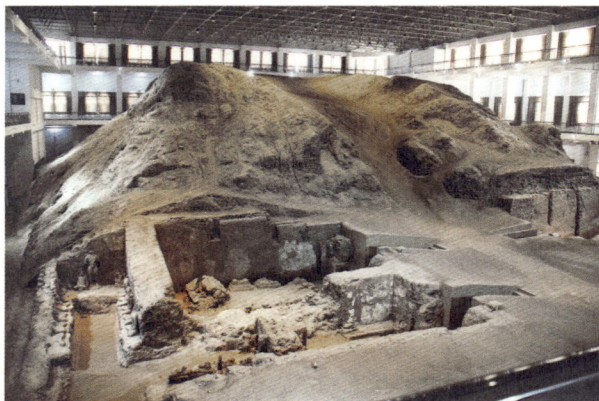

北庭故城

遗址是长距离贸易交通活动保障为主要历史功能的考古遗址，包含道路、关隘、烽燧、长城、驿站、城堡等交通保障与管理设施的多种类型。以玉门关为界，向东沿河西走廊连绵分布的、由长城和烽燧组合的交通防御体系，与向西延伸、穿越整个西域的系列烽燧交通预警设施，构成最为独特且规模庞大的长距离交通保障体系。沿线的其他遗址，包括中心城镇，

汉长安城未央宫中央官署遗址

大多也包含有支撑长距离交通交流的给养、住宿、集市、手工作坊等的遗址、遗迹。所有维护或支撑交通设施的遗迹，展现出为可持续的、长距离贸易活动和行旅活动提供安全和管理的保障，见证欧亚草原之路、山地之路与沙漠绿洲之路的沟通与维系，以及对双向洲际贸易、政治外交和军事征战等人类交往活动的支撑，成为长期沿用的东亚与中亚、西亚、北亚连通的主要干道之一。

宗教遗迹包括8处：克孜尔石窟、苏巴什佛寺遗址、炳灵寺石窟、麦积山石窟、彬县大佛寺石窟、大雁塔、小雁塔和兴教寺塔，其中4处为石窟寺、4处为佛教建筑或遗址。佛教遗存和线路上的中心城镇、商贸聚落等类型的遗址遗迹中，包含琐罗亚斯德教、基督教、摩尼教等多种宗教遗迹。巴拉沙衮城址中的伊斯兰教建筑遗址，是具有代表性的早期伊斯兰教建筑遗存。宗教遗迹，展现佛教、琐罗亚斯德教、基督教、摩尼教、伊斯兰教等宗教从印度次大陆、中亚和西域向东传至中原，通过教徒

玉门关遗址

沿途传教、经文翻译等传播过程，揭示各种宗教和平共存的传播模式，对现代与未来人类的交往、交流方式具有突出的借鉴意义。

关联遗迹，仅1处，位于起始段的汉中张骞墓。张骞因凿空西域的历史事件而成为丝绸之路最有代表性的人物之一，张骞墓葬是人物和历史事件的实物见证。

除33处遗址外，廊道路网还保存大量遗物和非物质的文化传统，包括发现和出土的、并收藏于世界许多国家的汉文、大夏文、佉卢文、婆罗谜文、波斯文、粟特文、藏文、回鹘

函谷关

彬县大佛寺（窟外）

张骞墓

文、西夏文、蒙古文等记载的丰富史料和文书、铭刻和其他可移动文物，以及所存于世的民族风情与生活习俗等。所有遗存见证了东西方文明技术以及诸多物产的双向传播，展现民族间的价值观与生活方式的交流和融汇，极大地丰富人类的多元文化。

丝绸之路作为人类历史上规模最大的文化、贸易、宗教、技术交流的文化线路，其整体意义超过其所有组成部分之和。丝绸之路汇聚古老的中国文明、印度文明、波斯—阿拉伯文明、希腊—罗马文明、中亚文明以及其后的诸多文明，沟通亚欧大陆上游牧民族与定居民

彬县大佛寺（窟内）

族之间的文化交流，促成人类历史上多元文化的发展。丝绸之路作为东西方之间融合、交流和对话之路，在人类文明与文化的交流史上拥有无可比拟的影响与突出的地位，在近两千年的历史上为人类的共同繁荣做出重大而杰出的贡献。

廊道路网是丝绸之路极为重要的组成部分，在丝绸之路整个交流交通体系中具有起始的地位。廊道路网是公元前2世纪至16世纪期间存在于东亚古老文明中心中国的"中原地区"和中亚区域性文明中心之一"七河地区"之间，跨越山川湖泊、戈壁沙漠和山谷草原等地理单元的交流大通道，1800年间的缘起、发展、昌盛和衰变之过程，展现经由中国与中亚之间各种文明与文化的交流、冲突、对话与融合，在游牧与定居、东亚与中亚等文明交流中具有重要的作用，是人类经由长距离交通、进行广泛的文明与文化融合、交流和对话的杰出范例，为人类的共同繁荣和发展做出显著贡献。

廊道路网清晰地展示公元前2世纪至公元16世纪之间，动态发展的通道如何将欧亚大陆上的文明和文化连接起来，实现最广泛、最持久的相互交流，以及交流在建筑和城市规划的发展、宗教和信仰、城市文化和居住地、商品贸易以及不同种族间的关系等方面所产生的深远影响。廊道路网体现高价值长途贸易推动大型城镇和城市的发展、展示精心设计的复杂水利管理系统支持居民和旅行者的生活、见证张骞出使西域的里程碑事件、造就佛教对古代中国以及东亚文化所产生的重大影响，促成基督教、摩尼教、拜火教和早期伊斯兰教的广泛传播。

2014年6月23日，在卡塔尔首都多哈举行的联合国教科文组织世界遗产委员会第38届会议认为，世界遗产委员会认为廊道路网符合世界遗产第二、三、五和六条标准，将其列入《世界遗产名录》，遗产编号1442，遗产区面积42668.16万平方米，缓冲区面积

**附表1："丝绸之路：长安—天山廊道的路网"遗产点一览表**

| 序　号 | 编　号 | 遗产点 | 国　家 | 位　置 |
|---|---|---|---|---|
| 01 | C01-CN | 汉长安城未央宫遗址 | 中国 | 陕西省西安市 |
| 02 | C02-CN | 汉魏洛阳城遗址 | 中国 | 河南省洛阳市 |
| 03 | C03-CN | 唐长安城大明宫遗址 | 中国 | 陕西省西安市 |
| 04 | C04-CN | 隋唐洛阳城定鼎门遗址 | 中国 | 河南省洛阳市 |
| 05 | C05-CN | 高昌故城 | 中国 | 新疆维吾尔自治区吐鲁番市 |
| 06 | C06-CN | 交河故城 | 中国 | 新疆维吾尔自治区吐鲁番市 |

| 序 号 | 编 号 | 遗产点 | 国 家 | 位 置 |
|---|---|---|---|---|
| 07 | C07-CN | 北庭故城遗址 | 中国 | 新疆维吾尔自治区 昌吉回族自治州 |
| 08 | C08-KG | 碎叶城（阿克·贝希姆遗址） | 吉尔吉斯斯坦 | 楚河州 |
| 09 | C09-KG | 巴拉沙衮城（布拉纳遗址） | 吉尔吉斯斯坦 | 楚河州 |
| 10 | C10-KG | 新城（科拉斯纳亚·瑞希卡遗址） | 吉尔吉斯斯坦 | 楚河州 |
| 11 | C11-KZ | 开阿利克遗址 | 哈萨克斯坦 | 阿拉木图州 |
| 12 | S01-KZ | 塔尔加尔遗址 | 哈萨克斯坦 | 阿拉木图州 |
| 13 | S02-KZ | 阿克托贝遗址 | 哈萨克斯坦 | 江布尔州 |
| 14 | S03-KZ | 库兰遗址 | 哈萨克斯坦 | 江布尔州 |
| 15 | S04-KZ | 奥尔内克遗址 | 哈萨克斯坦 | 江布尔州 |
| 16 | S05-KZ | 阿克亚塔斯遗址 | 哈萨克斯坦 | 江布尔州 |
| 17 | S06-KZ | 科斯托比遗址 | 哈萨克斯坦 | 江布尔州 |
| 18 | T01-CN | 新安汉函谷关遗址 | 中国 | 河南省洛阳市 |
| 19 | T02-CN | 崤函古道石壕段遗址 | 中国 | 河南省三门峡市 |
| 20 | T03-CN | 锁阳城遗址 | 中国 | 甘肃省酒泉市 |
| 21 | T04-CN | 悬泉置遗址 | 中国 | 甘肃省敦煌市 |
| 22 | T05-CN | 玉门关遗址 | 中国 | 甘肃省敦煌市 |
| 23 | T06-CN | 克孜尔尕哈烽燧 | 中国 | 新疆维吾尔自治区 阿克苏地区 |
| 24 | T07-KZ | 卡拉摩尔根遗址 | 哈萨克斯坦 | 阿拉木图州 |
| 25 | R01-CN | 克孜尔石窟 | 中国 | 新疆维吾尔自治区 阿克苏地区 |
| 26 | R02-CN | 苏巴什佛寺遗址 | 中国 | 新疆维吾尔自治区 阿克苏地区 |

| 序 号 | 编 号 | 遗产点 | 国家 | 位 置 |
|---|---|---|---|---|
| 27 | R03-CN | 炳灵寺石窟 | 中国 | 甘肃省临夏回族自治州 |
| 28 | R04-CN | 麦积山石窟 | 中国 | 甘肃省天水市 |
| 29 | R05-CN | 彬县大佛寺石窟 | 中国 | 陕西省咸阳市 |
| 30 | R06-CN | 大雁塔 | 中国 | 陕西省西安市 |
| 31 | R07-CN | 小雁塔 | 中国 | 陕西省西安市 |
| 32 | R08-CN | 兴教寺塔 | 中国 | 陕西省西安市 |
| 33 | A01-CN | 张骞墓 | 中国 | 陕西省汉中市 |

## 附表2：廊道路网中的全国重点文物保护单位一览表

| 全国重点文物保护单位名称 | 批次 | 编号 | 全国重点文物保护单位名称 | 批次 | 编号 |
|---|---|---|---|---|---|
| 汉长安城未央宫遗址 | 1 | 1-0152-1-017 | 克孜尔尕哈烽燧 | 5 | 5-0131-1-131 |
| 汉魏洛阳城遗址 | 1 | 1-0153-1-018 | 克孜尔石窟 | 1 | 1-0041-4-008 |
| 唐长安城大明宫遗址 | 1 | 1-0156-1-021 | 苏巴什佛寺遗址 | 4 | 4-0045-1-045 |
| 隋唐洛阳城定鼎门遗址 | 3 | 3-0216-1-036 | 炳灵寺石窟 | 1 | 1-0039-4-006 |
| 高昌故城 | 1 | 1-0154-1-019 | 麦积山石窟 | 1 | 1-0038-4-005 |
| 交河故城 | 5 | 5-0000-2-008 | 彬县大佛寺石窟 | 3 | 3-0049-4-008 |
| 北庭故城遗址 | 3 | 3-0217-1-037 | 大雁塔 | 1 | 1-0063-3-016 |
| 新安汉函谷关遗址 | 7 | 7-0324-1-324 | 小雁塔 | 1 | 1-0064-3-017 |
| 锁阳城遗址 | 4 | 4-0050-1-050 | 兴教寺塔 | 1 | 1-0067-3-020 |
| 悬泉置遗址 | 5 | 5-0123-1-123 | 张骞墓 | 6 | 6-0285-2-065 |
| 玉门关遗址 | 3 | 3-0210-1-030 | | | |

189963.1万平方米，总面积232631.26万平方米。1961～2013年，国务院分别将中国境内21处遗产点公布为全国重点文物保护单位（附表2）；崤函古道石壕段遗址仍为河南省重点文物保护单位。

**土司遗址** 英文名Tusi Sites，是13～20世纪中国西南山地多民族聚居地区行政首领土司的行政、生活中心聚落和山地城堡遗存，是历史上土司制度管理智慧及人类价值观交流的代表。土司遗址由湖南省永顺县老司城遗址、湖北省咸丰县唐崖土司城址和贵州省遵义市海龙屯三处代表性土司城遗址构成。

土司制度是13～20世纪中国中央王朝在西南少数民族地区委任当地首领担任土司、世袭统治当地人民的一种行政管理制度，于元代（13世纪）初步形成，至明代（14～17世纪）发展完备，清代（17～20世纪）沿用，主要推行地区为中国西南少数民族聚居地区，即云贵

老司城遗址土司王墓群

高原以及青藏高原的东、北边缘山地，涉及今云南、贵州、广西、四川、湖北、湖南，后期还扩展到今青海、西藏的局部。土司制度秉承古代中国延续两千余年"齐政修教、因俗而治"的多民族地区管理的传统理念，强调充分关注各民族的自身特征，对各民族进行教化而不改变其旧有文化、风俗，保持国家政令统一而不改变其适宜的生存基础。中国西南地区留存有众多土司相关的文化遗存，包括土司治

老司城遗址全貌

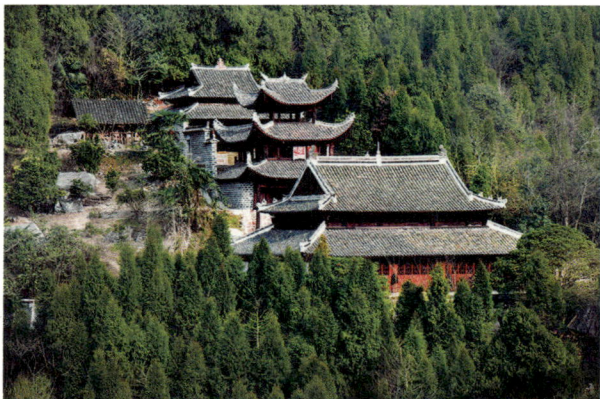

老司城遗址祖师殿

唐崖土司墓全景

所、城堡、官署、庄园、墓葬等多种类型。遗存中已列入国家级、省级、市县级文物保护单位名录的共百余处。其中，土司治所、城堡是具有行政、军事、生活、文化等综合功能的土司行政和生活中心，能够充分反映土司制度和土司统治地区社会文化特征的代表性土司遗存类型。

老司城遗址，位于湖南省湘西土家族苗族自治州永顺县，地处武陵山脉中段。遗址所代表的彭氏土司是元代最早设立的土司之一，主要族群是自古定居于此的土家族。城址于南宋绍兴五年（1135年）始建，至明洪武六年（1373年）设立永顺宣慰司后大规模营建，废弃于清雍正二年（1724年）。近600年间，老司城一直是当地的政治、经济、军事、文化中心。彭氏土司属土司制度体系中最高级别的土司，是中国西南地区辖境较大的土司，历任土司与中央政权关系和谐，在土司制度发展史上具有突出的代表性。老司城的考古遗存分布范围约534万平方米，中心城址集中分布于灵溪河东岸的平缓坡地，其他庄园、钓鱼台、栈道、题记等遗址遗迹沿灵溪河两岸分散分布。中心城址包括生活、衙署、土司家族墓

葬、宗教等功能区，出土有土司官印、德政碑、青花瓷器、墓志铭、金银饰品等体现彭氏土司身份的重要文物。其他重要遗存包括祖师殿建筑群、土王祠、石牌坊、文昌阁、若云书院遗址等。

唐崖土司城址，位于湖北省恩施土家族苗族自治州咸丰县，地处武陵山区西部。遗址所在地古属施州，主要族群为土家族，自元末（14世纪）起由覃氏土司世袭统治。城址建设至迟可追溯自元末设立的唐崖长官司，所存主要遗存为明代覃氏第十二世首领覃鼎及其夫人田氏于天启、崇祯年间（1622~1644年）集中营建，废弃于清雍正十三年（1735年）。近400年间，唐崖土司城一直是唐崖长官司的治所，是元、明、清时期地区统治者唐崖土司的行政和生活中心。唐崖土司城址属较低等级的土司（长官司）的综合治所，城址与高等级的土司城址相组合，共同呈现出土司的整体职级序列及等级特征。唐崖土司城址的考古遗存分布在面积约80万平方米的三角形独立台地上，周边为河流和天然壕沟环绕。城址主体位于遗址东部临河平缓区域，西部的山林中及城址周边分布着墓葬、外围设施等遗存。城址四周有

海龙屯飞虎关

城墙围合，随地形呈不规则梯形，面积约35万平方米。主体建筑方向一致朝东，面向唐崖河。城址由一条南北向主干道、三纵三横的次干道以及数十条巷道形成的道路系统分割为数十个院落。有衙署区遗址、大寺堂遗址、采石场遗址、土司墓葬等重要遗存，出土遗物主要有瓷器、土司官印、砖石质建筑构件等。

海龙屯，位于贵州省遵义市汇川区，坐落于大娄山东支险要的龙岩山山巅，始建于宋宝祐五年（1257年），主要为明万历年间（16世纪末）的遗存。海龙屯是播州杨氏土司在其统治核心区域设立的山地防御城堡，与位于平原地带的播州宣慰司治所（遵义老城区）配合使用，是战争时期播州土司的行政和军事中心。播州居民以仡佬族、苗族为主。元明时期（13~16世纪）播州杨氏土司辖境涉及黔北、黔东南的广大地区，官至从三品宣慰使，是西南地区辖境广阔、地位显赫的大土司之一。播州土司是设立早、辖域广、职级高的大土司，在土司制度发展史上具有突出代表性。海龙屯属战备军事防御城堡，聚落功能以军事、行政为主，兼有一定的生活性，是综合土司治所的必要补充。海龙屯，是因山而建的山地防御城

堡，因借外围自然天险建造城墙、关口等军事设施，同时在山顶较平坦之处修建土司行政、生活设施，遗存包括飞龙关、朝天关等9处关口、"新王宫"与"老王宫"两处衙署建筑群遗址、石砌城墙、三十六步、龙虎大道、采石场、窑址等，分布范围160万平方米。出土遗物包括砖瓦建筑构件、瓷器、碑石题刻等。

中国土司制度是中央政府为了促进国家统一，以任命少数民族首领为可以世袭的土司一职，将其纳入行政管理体系的同时，能够使少数民族保留自己的风俗习惯和独特生活方式的一种政治治理体系。湖南永顺老司城遗址、湖北唐崖土司城遗址、贵州播州海龙屯遗址作为系列遗产，是土司治理体系的综合反映。老司城遗址和海龙屯遗址反映最高级别的土司管辖状况，唐崖土司城反映较低级别土司管辖状况。老司城遗址、唐崖土司城址、海龙屯是保存有完整的格局、大型的规模、丰富的遗存、最具价值特征代表性的土司城遗址，其所在的云贵高原东北边缘地区是中国西南山区与中央政权核心地区在地理和文化上的最前沿交会地带，是土司制度实施的典型先行地区。三处土司城址在历史时段、地理环境、族群属性、行政级别、功能构成、聚落形态、建筑风格等方面显著地表现出土司遗存特有的共性特征和内在关联，展现中央政权与地方族群间在民族文化传承和国家认同方面的人类价值观交流，共同见证古代中国作为统一多民族国家，对西南山地多民族聚居地区"齐政修教、因俗而治"的独特管理智慧，对推动社会整体发展、保障国家长期统一、维护族群文化多样

性传承具有重要意义，对全人类关注文化多样性保护及族群间的交流与共同发展具有重要价值和启示意义。

2015年7月4日，在德国波恩召开的第39届联合国教科文组织世界遗产委员会会议认为，土司遗址符合世界遗产第二和三条标准，将其列入《世界遗产名录》，遗产编号1474，遗产区总面积为781.28万平方米，缓冲区总面积为3125.33万平方米，合计3906.61万平方米。2001年6月25日，老司城遗址和海龙屯被国务院公布为第五批全国重点文物保护单位，编号分别为5-0094-1-094和5-0401-3-207；2006年5月25日，唐崖土司城址被国务院公布为第六批全国重点文物保护单位，编号6-0163-1-163。

**左江花山岩画文化景观** 英文名Zuojiang Huashan Rock Art Cultural Landscape，是公元前5世纪至公元2世纪左江沿岸骆越人留下的珍贵的文化遗存，是岩溶地貌中以岩画为核心、利用特定的自然环境而形成的"自然与人的共同作品"。左江花山岩画文化景观位于广西壮族自治区崇左市境内，沿左江及其支流明江密集分布。

据历史文献记载，商周至东汉时期（公元前1600～公元220年），在中国广西左右江、邕江至郁江两岸，以及海南等地，骆越人是活动的主体。因此，左江花山岩画的绘制者应是当地骆越人。考古材料证明，生活在广西地区的骆越人创造的独具特色的文化，与当地旧石器时代文化和新石器时期文化相符。骆越人及其先民创造了发达的文化，为岩画的产生奠定良好的基础。

由于没有直接的文字记载，研究人员针对左江花山岩画的绘制年代开展了大量、深入的研究工作。依据岩画与器物对比法、科技测年两种方法，学术界认为左江花山岩画的绘制年代为战国至东汉（约公元前5世纪至公元2世纪）。通过岩画中出现的典型图像如羊角钮钟、环首刀、有格或有首剑、扁茎短剑、铜鼓和渡船图像等与其他考古发现的相似器物图像

花山岩画

宁明花山岩画

进行对比，以及对在岩画之上、之下和近旁采集到的木桩、钟乳石、碳酸钙标本进行碳十四年代测定和铀系年代测定，左江花山岩画的上限应在战国早期，下限至东汉时期。因此研究推断左江花山岩画的绘制年代是战国至东汉（约公元前5世纪至公元2世纪）。中国学术界基本上认同将左江花山岩画分为四期的观点：第一期为开创期，第二期为鼎盛期，第三期为持续期，第四期为衰落期。从整个流域的统计结果来看，第二期的地点最多，第三期开始衰落，第四期无论是地点还是各地点的图像数量都显著减少。

左江花山岩画文化景观由岩画密集分布的、最具代表性的3个文化景观区域组成，包

含38个岩画点、岩画所在的山体和对面的台地以及约105千米的左江、明江河段。其中遗产区Ⅰ，位于崇左市宁明县境内，包含珠山岩画、龙峡山岩画、高山岩画、宁明花山岩画（岜莱岩画）4个岩画点；遗产区Ⅱ，位于崇左市龙州县境内，包含沉香角岩画、宝剑山岩画、水岩山岩画、对面山岩画、楼梯岩岩画、三洲头山岩画、三洲尾山岩画、岩敏山岩画（上白雪山岩画）、岜逢山岩画（下白雪山岩画）、无名山岩画、朝船头山岩画、渡船山岩画、大洲头岩画、三角岩岩画、纱帽山岩画、棉江花山岩画共16个岩画点；遗产区Ⅲ，位于崇左市江州区、扶绥县境内，包含驮柏山岩画、驮柏银山岩画、穿窿山岩画、岜岸山岩画（神窟山岩画）、马鼻山岩画、关刀山岩画、闸口山岩画、灵芝山岩画、大山岩画（长滩山岩画）、小银瓮山岩画、大银瓮山岩画、七星山岩画、岩怀山岩画、孔驮山岩画、白鸽山岩画（白鹤山岩画）、将军山岩画、大湾山岩画、万人洞山岩画（湾山岩画）共18个岩画点。

左江花山岩画文化景观具有"青山临碧水，岩画面台地"的空间特征，每处岩画都与其所在的山崖、山崖下的河流、对面的台地构

龙州棉江花山岩画

龙州棉江花山岩画河流台地景观环境

成一个相对独立、封闭的景观单元，景观单元密集分布在3个遗产区内。左江及其支流明江串联各景观单元，整体呈现出"一带多点"的基本格局。

所有38个岩画点可分为109处、193组，图像总数约为4050个，其中人物图像3315个，包括正身人像1152个、侧身人像2163个；器物图像621个，包括铜鼓图像368个、羊角钮钟图像11个、细钮钟（铃）图像5个、环首刀图像39

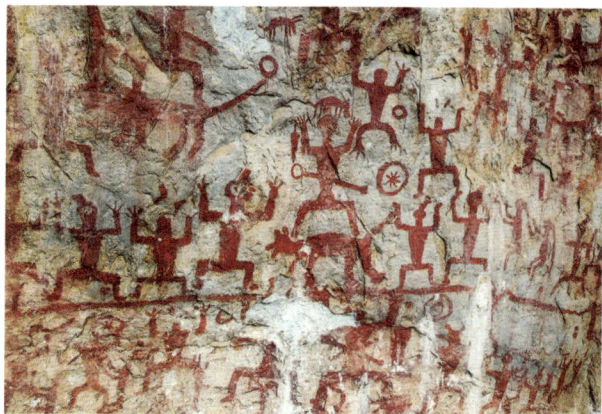

宁明花山岩画

个、有格或有首剑图像174个、扁茎短剑图像1个、渡船图像21个、男女交媾图像2个；动物图像114个，包括犬类113个，飞禽类1个。

左江花山岩画画面内容丰富，以人像为主，所表达的主题具有原始宗教的意义，是群体性祭祀场景的真实记录。综观各个岩画点的画面情况，多为众多的侧身人围绕着一个形象高大的正身人，正身人的形态与侧身人有明显区别，正身人像下方有的有犬类图像。众多的侧身人像和形体较小的正身人应为行祭的主体；居于画面中心、形体高大显赫、装束特殊的正身人像，是行祭的指挥或灵魂人物。高度格式化了的人物动作形态和画面的格局表明，画面所表现的不是即兴舞蹈，而是一种受着某种观念强烈制约的形式固定化了的集体舞蹈，是当时人们举行原始宗教祭祀时集体歌舞的场面。同时，画面使用鲜明而强烈的赭红色绘制而成，不仅有助于突出岩画祭祀文化的主题性，同时在视觉传达上，也更具冲击力和震撼力。

根据对与岩画相关的遗迹和周边地形地势的分析可知，当地骆越人因地制宜，采用至少三种方式接近崖壁绘制岩画，即自下而上攀缘法、直接搭架法、自上而下悬吊法，其中最为常用的当是自下而上攀缘法和直接搭架法。左江花山岩画作为一种绘画艺术，以其巨大的画幅、鲜明的色彩、动感十足的画面、写实而真诚的记录手法，赋予画面真实而强烈的情感传递，表达作画者特有的审美情趣。

研究表明，古代骆越人对岩画点的选取有一套非常统一的系统和标准，具体体现在对于岩画点与河流的位置关系、作画高度、崖壁材质、画面方向等选取的高度一致性。38个岩画点中，有33个位于江河的拐弯处，拐弯处地点的岩画均在临江的高大峭壁之上，画面大多分布在距离江水面15～100米，最高可达130米，岩画对面往往有一块面积稍大的平坦台地。独特的选址使岩画点与山、河、台地共同构成一个相对封闭的景观"场域"，产生神秘氛围，使人生出敬畏之情。作画的崖壁，多选择宽

大、平整、基本垂直于地面或上部外突下部内凹者，倾斜面见天的崖壁上一般未见有画。绘制岩画的崖壁大部分都是灰黄色，其他颜色的崖壁上很少有画甚至完全无画。裸露的、平整的灰黄色崖壁具有一定的孔隙度，对颜料有很好的吸附和承载作用。作画所用颜料为赤铁矿物颜料，具有很好的耐酸碱、耐光、耐候性能，性状非常稳定。因此，"虽然岩画经受2000余年的日晒雨淋，仍有相当部分基本完好地保存下来，许多画像还鲜艳如初"。画面方向总是面向江水来向，因而顺流而下既能直面岩画，又可见岩画所在山崖之全貌。画面大多朝南，在阳光的照射下视觉效果强烈。

左江花山岩画文化景观，作为公元前5世纪至公元2世纪左江沿岸骆越人留下的重要文化遗存，以一系列岩画为核心精心建构、服务于祭祀仪式的文化景观单元和独特的"蹲式人形"为基础符号的图像表达系统，见证约2000年前当地先民的精神世界和社会发展面貌，反映由舞蹈祭祀仪式、岩画绘制活动彼此交融而成的极其繁荣、富有活力的祭祀传统以及人类

驼柏银山岩画

与自然沟通的独特方式。不可思议的作画位置和大规模的图像证明，岩画的创作过程虽然异常艰难，但却达到极高的美学成就，反映出创作者杰出的作画技术和强烈的精神追求。此外，岩画中的铜鼓形象及其相关画面内容，与中国南方历史悠久、盛行不衰的铜鼓文化具有直接的联系。左江花山岩画文化景观是岩溶地貌中、以岩画为核心、利用特定的自然环境而形成的"自然与人的共同作品"。从独创的景观构成模式、岩画图像表达系统、罕见的作画位置、巨大的画幅规模、作为历史见证的独特性及其体现的人与自然的沟通来看，左江花山岩画文化景观无疑是岩石艺术文化景观中的杰出范例，是世界岩画艺术的代表作之一。

2016年7月15日，在土耳其伊斯坦布尔召开的世界遗产委员会第40届会议认为，左江花山岩画文化景观符合世界遗产标准三和四，将其列入《世界遗产名录》，遗产编号1508，遗产区面积为6621.60万平方米，缓冲区面积为12149.01万平方米，面积总计18770.61万平方米。1988年1月13日，国务院公布花山岩画为第三批全国重点文物保护单位，编号3-0165-4-013。

**鼓浪屿：历史国际社区**　英文名Kulangsu, a Historic International Settlement，是19世纪中叶到20世纪中叶鼓浪屿国际社区发展中形成的近代重要史迹及代表性建筑，位于福建省厦门市思明区鼓浪屿岛，面积1.88平方千米。

鼓浪屿历史国际社区形成于19世纪中叶到20世纪中叶，在早期闽南本土居民建设的零星传统聚落基础上建设而成。19世纪中叶，厦门开埠以后。鼓浪屿作为在厦门租界供职外国人的理想居所，成为外来文化传入中国的前沿和各国势力的交汇点。陆续来岛上居住的外国传教士、领事外交人员、商人等，在此建设西式的建筑与近代化的学校、医院、俱乐部等社区公共设施，以及道路、墓地等基础设施，并以鼓浪屿为基地，向闽南地区乃至中国内陆传播

鼓浪屿全景图

鼓浪屿美国领事馆（旧址）

近代西方的文化、技术与生活方式。传入的外来文化与本地文化碰撞、交流，并在之后的历史进程中融合、发展。清光绪二十八年（1902年）《厦门鼓浪屿公共地界章程》签订，光绪二十九年光绪皇帝签字生效，大批内迁台胞及自东南亚还乡华侨参与鼓浪屿的政治、经济建设，至民国30年（1941年）太平洋战争爆发、时局动荡、居民纷纷迁出而结束。当时鼓浪屿以独特的地理位置、宽松的政治氛围、多元的文化环境与高质量的生活品质，成为当时中国东南沿海少有的安全岛，吸引大批外国人、华侨、台胞和闽南本土居民来此定居。特别是越来越多的还乡华侨定居鼓浪屿，逐步成为住宅及公共设施建设、工商业发展的主导力量，创造包括厦门装饰风格建筑等颇具地方特色的新

风尚。依托良好的社区环境与近代教育，鼓浪屿培养出一大批杰出的中外文化精英，他们在语言学、文学、教育、科技等方面的成就，影响了中国东南沿海及东南亚教育的推广以及宗教的传播。在多元文化力量的共同作用下，鼓浪屿建立一系列近代化的文教、医疗、基础设施、体育、休闲娱乐场所和金融设施，社区功能和服务得到进一步完善，展现出发展高潮阶段的繁盛景象。

鼓浪屿历史国际社区由51组代表性历史建筑、2处文化遗迹、4组主要历史道路和7处代表性的自然景观组成，包括：会审公堂旧址等工部局时期的社区公共管理机构遗存1处2栋；体现中外政治、商贸、文化交流的各国领馆、中外商贸金融机构等驻岛机构遗存5处7栋，包

括日本领事馆和日本警察署及宿舍旧址、美国领事馆旧址、厦门海关理船厅公所旧址、厦门海关副税务司公馆旧址、厦门海关验税员公寓旧址；综合反映当时鼓浪屿社区服务近代化水平及多元文化交流的各类宗教、文教、医疗、文化娱乐等公共建筑遗存7处9栋，包括天主堂、三一堂、救世医院—护士学校旧址、博爱医院旧址、毓德女学校旧址、安献堂、万国俱乐部旧址，以及反映不同时代不同文化影响的住宅建筑及其庭园遗存6处10栋和1处园林，包括汇丰银行公馆旧址、西林—瞰青别墅、黄荣远堂、海天堂构、八卦楼、菽庄花园、亦足山庄。历史国际社区使鼓浪屿成为历史城镇类遗产中独特而突出的珍贵范例。

鼓浪屿作为中外共管的国际社区，其独特的历史进程和富有活力的文化形态既凸显与世界多元文化的广泛交流，也是对近代化和现代人居理念的全面实践，同时也显示闽南移民文化开拓性、包容性和本土性的充分伸张，是人类文明交流进程中独特而杰出的成果。鼓浪屿见证清王朝晚期中国在全球化早期浪潮冲击下步入近代化的曲折历程。鼓浪屿岛在19世纪中叶到20世纪中叶的百年间，是东亚和东南亚地区海外华人、还乡华侨、外来的多国侨民以及各界精英的理想居所。中国、东南亚和欧洲地区的居民通过建筑、文化价值和传统的交流，在鼓浪屿岛诞生了一种新的混合建筑风格，即厦门装饰风格。厦门装饰风格体现了传统建筑

鼓浪屿三一堂（基督教堂）

类型向新型模式的转变过程。这种风格虽然诞生于鼓浪屿，但却在东南沿海地区及更远的地区产生了较为深远的影响。从这个角度看，鼓浪屿历史国际社区是亚洲全球化早期阶段不同价值观的碰撞、交流和融合最为独特的见证。

2017年7月8日，在波兰克拉科夫举行的世界遗产委员会第41届会议认为，"鼓浪屿：历史国际社区"符合世界遗产第二条和第四条标准，将其列入《世界遗产名录》，遗产编号1541，遗产区面积316.2万平方米，缓冲区面积886万平方米。2006年5月25日，国务院将鼓浪屿近代建筑群公布为第六批全国重点文物保护单位，包括美国领事馆旧址、日本领事馆旧址、汇丰银行公馆旧址、天主堂、三一堂、安

瞰青别墅

献堂、八卦楼、西林—瞰青别墅、亦足山庄、菽庄花园等9处11幢建筑和1处园林等，编号6-0963-5-090；2013年5月3日，国务院公布第七批全国重点文物保护单位时，将扩展项目会

鼓浪屿八卦楼

鼓浪屿菽庄花园

审公堂旧址、厦门海关理船厅公所旧址、厦门海关副税务司公馆旧址、厦门海关验税员公寓旧址、救世医院—护士学校旧址、博爱医院旧址、毓德女学校旧址、万国俱乐部旧址、黄荣远堂、海天堂构等10处17幢近代建筑归入鼓浪屿近代建筑群。

# 第二节　世界文化与自然混合遗产

泰山　英文名Mount Taishan，享有"五岳之首""天下第一山"的称号，是中国第一个世界文化和自然混合遗产，位于山东省的中部，横亘于泰安、济南之间。遗产地范围138平方千米，缓冲区面积121平方千米。主峰玉皇顶海拔1545米，相对高差1391米。

从地质历史看，泰山地区在太古代地层沉积巨厚，后期经历强烈的地壳运动，造成强烈区域变质和紧密褶皱。整个元古代，泰山地区都在强烈抬升，没有沉积。到古生代，地壳活动开始减弱，不断下沉，接受下古生代巨厚浅海碳酸盐岩沉积。下古生代末，上升为大陆，中新生代又不断上升，并不断遭受风化剥蚀。同时，受到燕山期和新生代地壳运动的影响，强烈上升，形成泰山。

泰山是黄河流域古代文化的发祥地之一。40万年前的沂源人化石遗存和5万年前的新泰人化石遗存是泰山周围早期人类活动的遗迹。泰山南麓的大汶口文化和北麓的龙山文化遗存证明，至少在距今五六千年，人类对泰山已经十分崇拜。商初（前17～前16世纪）商王相土在泰山脚下建东都；周初，周天子以泰山为分界建齐（国）鲁（国）。《诗经》云："泰山岩岩，鲁邦所瞻。"春秋末期产生"五行学说"，汉武帝按"五行"之说正式创立五岳制，用不同方位的五座名山代表江山社稷。汉

宣帝时确定泰山为东岳、华山为西岳、霍山为南岳、恒山为北岳、嵩山为中岳。后来又改湖南省境内的衡山为南岳，遂成定制。同时尊泰山为"五岳之首"，作为国家政权的象征，成为一座圣山。历代盛世皇帝至此封禅祭祀，连续两千余年。据《史记·封禅书》转引管仲语说，古有72代君王到泰山封禅，继而秦始皇、

十八盘

玉皇顶

孔子登临处

秦二世、汉武帝均到泰山举行封禅大典。汉武帝本人曾7次到泰山封禅。其后，东汉光武帝、章帝、安帝，唐高宗及皇后武则天，唐玄宗，宋真宗，清帝康熙帝、乾隆帝等都曾到泰山封禅致祭，共计27次，泰山的神圣地位被提升至无以复加的程度。

战国时期，沿泰山山脉直达黄海边修筑长约500千米的长城，遗址犹存。从远古崇拜山神，到秦汉的封禅和宗教活动，使泰山逐渐神化，君权和神权赋予泰山独特的意义。

随着帝王封禅泰山的兴盛，文化名人纷至沓来，如孔子、孟子、司马迁、张衡、曹植、诸葛亮、李白、杜甫、颜真卿、苏东坡、王世贞、姚鼐等，均登泰山览胜，吟诗著文，留下数以千计的诗文。孔子《邱陵歌》、司马迁《封禅书》、曹植《飞龙篇》、李白《泰山吟》、杜甫《望岳》等诗文，均为中国的传世名篇。泰山以石刻众多闻名天下，石刻有的是帝王亲自题写，有的出自名流之手，文辞优美，书体高雅，制作精巧。泰山的石刻、碑碣，集中国书法艺术之大成，真草隶篆各体俱全，颜柳欧赵各派毕集，古代大书法家李斯、颜真卿、李北海、米芾等在泰山留下墨宝，是

中国历代书法及石刻艺术的博览馆。

泰山宗教和儒家学派相继发展，把泰山作为重要的活动场所。泰山道教活动历史久远，影响极大，在战国时有方士隐居岱阴岩洞，秦汉后祠观林立，保留至现代的尚有王母池、老君堂、斗母宫、碧霞祠、后石坞庙、元始天尊庙等，其中以王母池为最早，创建于220年以前；以碧霞祠影响最大，泰山行宫（即元君庙）遍及中国。中国人对泰山神和泰山老母碧霞元君的信奉超过其他神祇。北宋文学家苏辙在《岳下》诗中有"车途八方至，尘飞万里内"之句。明代王锡爵《东岳碧霞宫碑》载："自碧霞宫兴，而世人香火东岳者，咸奔走元君，近数百里，远即数千里，每岁拜香岳顶者数十万众，施舍金钱币亦数十万，而碧霞香火视他岳盛矣。"佛教于4世纪中期传至泰山地区。据史书记载，前秦皇始元年（351年），高僧朗公首先到泰山，在岱阴创建"朗公寺"和"灵岩寺"。魏晋南北朝时期，泰山较大的寺院还有谷山玉泉寺、神宝寺、普照寺等。著名的泰山经石峪为北齐人所刻佛教经典《金刚经》。唐宋时，灵岩寺极为兴盛，唐宰相李吉甫称泰山灵岩寺为天下"四绝"之一。

泰山宏大的山体上共有1处封禅祭祀系列建筑群、22座寺庙建筑群、2200余处碑碣石刻、97处古遗址。

封禅祭祀系列建筑群包括坊14座、旗杆4座、亭14座、阁4座、门11座和登山石阶7736级，分布于封禅古道的中轴线上，沿途有"三里一旗杆、五里一牌坊"的礼仪建筑，烘托封禅气氛，增强登山的节奏感，使之产生移步换景的效果。

泰山的22座寺庙包括登山中轴线上的遥参亭、岱庙、关帝庙、红门宫、斗母宫、壶天阁、南天门、孔子庙、碧霞祠、青帝宫、神憩宫、玉皇庙；山南麓的王母池、普照寺、三阳观、元始天尊庙、无极庙、灵应宫；山阴的元君庙、谷山玉泉寺、吴道人庵、灵岩寺等。

岱庙，位于泰安城北的旧泰城北门内，封禅路线南端，创建于汉代，拓建于唐宋，重修于金元明清。岱庙是泰山所存的规模最大的古建筑群，帝王祭祀泰山神的地方，系中国宫廷式建筑群，总面积96439平方米，南北中轴线上贯穿着门、殿、宫，组成五进院落，两侧配以宫、院，四周城墙环围。庙内存碑176块，汉画像石48块，古柏212株，观赏植物290余种，内藏历代文物4664件，属国家一级珍贵文物123件，清代皇帝所赐祭器珍宝613件，其中沉香狮子、温凉玉和明代御窑制黄和青花葫芦瓶为稀世"镇山三宝"。岱庙天贶殿为宋大中祥符二年（1009年）创建，为中国所存古代三大宫殿式建筑之一，面阔九间、进深四间，重檐庑殿顶。殿内保存有宋大中祥符二年（1009年）泰山神出巡图，画面长62米，高3.3米，宫殿楼阁、山林桥涵、百官仪仗、丛骑祥兽疏密相间，构图精湛。画中人物675个，姿态各异，栩栩如生。《泰山神出巡图》为著名的中国道教壁画之最。岱庙保存有著名的汉代七大名碑之一的张迁碑、西晋孙夫人碑、唐代双束碑和神宝寺之碣。岱庙西碑廊保存有汉画像石48块，系东汉墓穴出土，共62幅，是研究东汉社会历史、民风民俗的实物资料。

碧霞祠，位于岱顶大观峰前，创建于宋代，后历代重修。碧霞祠是岱顶最大最完整的古建筑群，碧霞元君（泰山老母）的上庙，以照壁、双重山门、香亭、大殿为中轴，左右分列东西神门、钟鼓楼、御碑亭、东西配殿。其结构严谨，布局紧凑，因山就势，将天街盘路拦截，让游人穿越庙内前院，才豁然见到泰山

岱庙坊

岱庙天祝殿

极顶的全貌，产生先抑后扬的效果，是杰出的山地建筑群。其正殿为铜瓦盖顶，配殿与山门为铁瓦，庙内神像系铜铸。院中有明代铜碑，东西对峙，并有铜铸千斤鼎、万岁楼等。

灵岩寺，位于泰山西北麓，创建于东晋，北魏太平真君七年（446年）灭佛时，庙尽毁，后唐宋等历代重修。寺内有千佛殿、御书楼、辟支塔、五花殿等，为宋、明以来建筑。寺内有唐宋名刻。千佛殿有宋代罗汉彩塑40尊，像高1.01～1.20米，塑技精湛，比例匀称，喜怒哀乐神态各异，呼之欲出，血管脉络均清晰可见，梁启超称赞为"海内第一名塑"。寺外西侧有规模居全国第二的墓塔林。墓塔高低错落，雕刻精细，且部分保存有墓志铭。其中慧崇塔为唐代建筑，三面有门，砌磨精致，有侍女凭门缝做开门状，极为生动，环周浮雕古朴典雅。墓塔林是研究中国佛教史的珍贵资料。灵岩寺保存有唐代李邕撰书的名碑灵岩寺颂并序。

泰山碑碣，共819块，分布于泰山各处，年代从秦汉至当代，是中国历史及艺术发展过程的见证，是研究泰山封禅、宗教和历史的珍贵资料。其中《泰山刻石》为秦王政二十八年（前219年）东封泰山时所立，秦二世东封时又刻诏书，为秦代李斯篆书，是中国碑制最早、书法价值极高的国宝，仅存二世诏书残字十个。《张迁碑》《衡方碑》为中国所存东汉七名碑之二，《晋孙夫人碑》是中国所存晋代三大丰碑之一。此外，唐代《岱岳观造像记碑》《神宝寺之碣》《垂拱残碑》《灵岩寺颂并序》及宋代《天贶殿碑铭》《封祀坛颂》《祥符碑》《宣和碑》《访黄茅岗》《重修崇兴桥记》等碑，是不可多得的名碑。其余均为历代创建、重修寺庙等碑及祭祀碑，碑文大部为历代大臣和名流学者撰书，并有皇帝御制碑，是诗文荟萃、书法竞秀的展览馆。

泰山保存摩崖石刻1018处，大部分集中于岱阳登山盘道两侧及岱顶、岱阴和灵岩寺，年

大观峰

经石峪

代自南北朝至当代。其中泰山经石峪大字是北齐人所刻佛经《金刚经》，位于岱阳中溪1800平方米的大石坪上，原刻3000余字，存1067字，字50厘米见方，字体之大、规模之巨，世所罕见。岱顶上唐玄宗于开元十四年（726年）撰书《纪泰山铭》刻于大观峰绝壁，高13.3米，宽5.7米，共1009字，是唐玄宗开元盛世东封泰山的颂功碑。

大汶口遗址，位于山南大汶口镇，汶河两岸，为原始社会末期新石器时代文化遗址，距今6400～4500年。1959年首次发现，发掘墓葬133座，有男女分别单葬、成年男女合葬、少年儿童单葬，出土随葬品2100多件，其中有石铲、石斧、牙镰、石磨棒、骨矛、箭尾、网坠、纺轮、骨针、角锥、鼎、豆、壶、鬶、背壶、三足器颈饰、臂环和指环等，多用白色大理石、翠绿色玉石以及骨料制成，还有猪头骨及龟甲等，少者一两件，多者180余件，石器精致。后来又发现多处新石器时代文化遗址，命名为大汶口文化。

泰山的古遗址还包括齐长城、天胜寨遗址、周明堂和汉明堂等。

泰山十大自然奇观为旭日东升、云海玉盘、夕阳西照、黄河金带、碧霞宝光、雾凇雨凇、天门云梯、云龙三观、石屋松涛、盛夏冰洞。

泰山自古就有人类活动和定居的遗迹。泰山作为中国五岳之首，是中国最神圣的山峰之一，也是中国五行哲学思想的物质体现。泰山是古代帝国封禅传统的独特见证。两千多年，皇帝在此封禅祭祀，向天地表达敬意。泰山的封禅建筑群，不仅是突出的建筑成就，而且是人类用双手对壮观的自然景观精雕细琢的成果。在泰山，优美的建筑、题刻等人文要素，与森林、沟壑等自然要素形成鲜明的对比，构成绝美、和谐的文化景观，是人类有史以来最宏伟的成就之一。泰山对中国的宗教影响十分深远，岱庙和碧霞祠是中国同类庙宇的始祖，中国各地都有以岱庙和碧霞祠为蓝本的庙宇建造。岱庙中的天贶殿，始建于宋大中祥符元年（1008年），是中国古代规模最大的三座宫殿之一。碧霞祠建筑群在布局上是典型的山地建筑综合体，全面展示唐宋时期的文化和宗教，而灵岩寺及其千佛殿是大型庙宇杰出和完整的典范。泰山对中国艺术的发展产生多方面而广泛的影响，是众多诗书绘画灵感的源泉。泰山是对世界历史重大贡献的诸多事件的发生地，如儒家思想的出现、中国的统一，以及中国文字和文学的出现。泰山经过近30亿年的自然演化，经过复杂的地质和生物过程，形成一个巨大的岩体，矗立在平原之上，被茂密的植被覆盖。

1987年12月11日，在法国巴黎召开的联合国教科文组织世界遗产委员会第11届会议认为，泰山符合世界遗产的第一、二、三、四、五、六和七条标准，将其列入《世界遗产名录》，遗产类型为文化和自然混合遗产，遗产编号437，遗产区面积25000万平方米。1982年2月23日，国务院公布大汶口遗址、灵岩寺为第二批全国重点文物保护单位，编号为2-0048-3-003和2-0021-3-006。1988年1月13日，国务院公布岱庙和冯玉祥墓为第三批全国重点文物保护单位，编号3-0125-3-073和3-039-5-039；2001年6月25日，国务院公布长城（齐长城遗址）和泰山石刻为第五批全国重点文物保护单位，编号分别为5-0442-3-248和5-0454-4-012；2006年5月25日，国务院公布泰山古建筑群为第六批全国重点文物保护单位，编号6-0616-3-319。

**黄山** 英文名Mount Huangshan，素有"中国第一名山"美誉，并是众多诗词绘画的创作源泉。黄山位于安徽省黄山市境内。

黄山原名黟山，因相传轩辕黄帝在此炼丹，丹成服后，淋浴汤泉，得道升天。唐玄宗信奉道教，于天宝六年（747年）六月十六日敕名黄山。此后，黄山名声逐渐扩大，成为理想的修道场所。据《黄山志》记载，元至元年间（1264～1294年），黄山已建寺庙宫观64座。明万历三十四年（1606年），普门和尚入山，首建法海禅院，帝敕创建"护国慈光寺"，并修整了登山简易步道，初步形成连接各点的线路格局，沟通寺庙之间的联系。清代主要以维修道路和房屋为主，开发甚少。民国21年（1932年），民国政府整修了部分登山道路，兴建了北海散花精舍等少量房屋。

唐、宋、元各代均有大量著名文人，到黄山赏景，或赋诗高歌，或描绘胜景，留下大量的文学艺术作品。唐代诗人李白偶游黄山，

黄山迎客松

黄山幽谷祥云

黄山晚霞映飞来

并留有名句："黄山四千仞，三十二莲峰。丹崖夹石柱，菡萏金芙蓉。"（《送温处士归黄山白鹅峰旧居》）嗣后，慕名游黄山者日渐增多。至明嘉靖年间（1522～1566年），文坛后七子领袖王世贞率领三吴两浙文士宾客一百余人，浩浩荡荡，来游黄山，盛况空前。明代徐霞客，于万历四十四年（1616年）、四十六年两次登临黄山，留有两篇著名游记流传于世，赞曰："薄海内外无如徽之黄山，登黄山天下无山，观止矣！"明歙人潘之恒，热爱黄山，自任导游，引导游人观奇。纷至沓来的历代名人络绎不绝，包括范成大、程元凤、吴龙翰、方弦静、汪道昆、许国、江天一、龚自珍、魏源、许承尧、黄炎培、张大千、李四光、黄宾虹、郭沫若等。黄山的美景奇观，使无数的诗人、画家和科学家为之赞叹和陶醉，留下不可胜数的艺术作品。

黄山群峰林立、沟谷纵横、飞瀑流泉、气象万千。海拔千米以上的山峰有77座，奇

松、怪石、云海、温泉、冬雪世称"五绝"。黄山地处文化历史悠久的古徽州，尤以遗存、书画、文学、传说、名人等"五胜"见著。黄山所存历代摩崖石刻200余处，古道、古桥、古寺、古亭、古墓等古建遗迹150多处；古今中外游历黄山的名人数不胜数，历代歌颂黄山的诗词歌赋达两万多首（篇）；诞生于明代的"天都诗社"和明末清初的"黄山画派"影响至今，书咏、描绘黄山的书法、绘画作品不计其数。还有各种方志、文献、传说和学术论文，以及以黄山主创的音像、摄影、邮票、邮品等等，丰富了文化黄山的内涵，有着极其宝贵的历史价值、艺术价值和科学价值。

黄山所有寺庵均建在风景绝胜处。慈光寺、翠微寺、祥符寺、掷钵禅院被称为黄山"四大丛林"，或为皇帝敕建，或为帝王题额。历史上曾有百僧、行僧相聚、礼香拜佛，修身养性。而更多的寺庙、庵堂，规模较小，或茅屋竹篱，几僧一庵；或仅"一席之地"，

独居静修，各具风格。

慈光寺，位于朱砂峰下，明万历帝敕建，名护国慈光寺。为皇太后香火地。皇家除赐建寺帑银外，先后赐佛牙、金佛、七层万佛像等。建筑为明代风格，三进庭院，前后大殿，左右厢房为藏经楼，金碧辉煌。曾有僧千余人，为徽宁二府梵宇之冠。历代重建，清康熙帝御书"黄海仙都"匾额悬于大殿。后毁于火，仅残留山门、后殿和千僧灶。1963年重修，董必武题"慈光阁"。1987年，依原样修复山门、后殿和东西厢房。

翠微寺，位于翠微峰麓，唐中和二年（882年）天竺（印度）僧包西来创建。南唐保大五年（947年）皇帝敕额。弘光二年（1646年）重建。建筑群坐落在翠微峰麓的万绿丛中，环境异常雅秀。建筑上吸取徽州古民居特色，别是一种风格。太平天国年间，太平军在皖南作战，曾在此休整。

汤岭关，位于汤岭，明代建造，古时横跨徽宁二府，山以汤岭关、平天矼、黄狮党一线为界。山阳属徽州歙县，山阴属宁国府太平

黄山狮子峰

县。汤岭关是两县分界的关口，用花岗岩砌成，十分险要。关南条石横铺，关北条石直砌，以显两县之不同。

松谷庵，位于叠嶂峰下，为宋宝祐年间（1253～1258年），浙江道士张严甫创建的道观，明宣德年间（1426～1435年）重建，改为佛寺。建筑仍保持宋代建筑风格。类似的还有钓桥庵。

罗汉级古道，位于朱砂峰与紫云峰之间岩壁上，为明代前山登山主道，石阶凿在人字瀑之间的巨大陡峭崖壁上，有500余级，高200米。两侧有奔腾而下的人字瀑，十分险峻。明徐霞客从此登山，并在其《游黄山记》载："过汤池，仰见一崖，中悬鸟道，两旁泉泻如练，从此攀跻上。"

蹬道，分布在景区各处，始于唐，形成于明清，修建于民国，重整于当代。蹬道以北海为中心，分东、西、南、北四条，盘道曲径，贯通各个景区景点。总长50788米，有石阶36073级。依山就势，穿涧过桥，顺其自然，与峰峦叠嶂、奇松怪石、深壑幽谷、鸣泉飞瀑融为一体，是科学性、艺术性的统一，为黄山一绝。

石亭，位于西海朱砂峰下，排云亭、立马亭均由花岗岩条石砌成。排云亭为六柱长方形牌坊式建筑，是西海幻境的主要观景亭。立马亭，六角六柱，是看青峦、观石刻的观景亭，造型美观，结构讲究，工艺精细。碧山村头的问余亭，为唐诗仙李白访胡晖问路处，亭联曰"绿柳桥边山径，青莲马上诗机"。

黄山古桥，共40余座，分布在各登山道上，为明清遗构，有跨溪流的水桥，跨悬崖峭

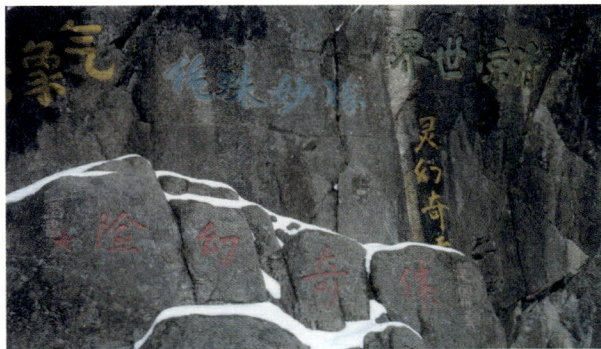

黄山清凉世界

壁的旱桥和横跨峡谷的天桥。明代卧龙桥在汤泉溪，为双孔石桥，存有一半，桥上有翼然亭；白龙桥横跨桃花溪，单孔石拱桥，桥下雕白龙飞舞；延寿桥，石拱高桥，可以垂钓；青峦桥，横跨中沟深涧；仙人桥在始信峰顶，横跨深崖，下临深壑等。黄山的古代石桥，建造风格各异，各具特色。

黄山摩崖石刻，共200余处，分布在各个景点，年代为唐至当代。石刻多在悬崖峭壁上，或咏赞风景，或寄情抒怀，或题名记游，或记载古迹，或志历史要闻，或写宗教传说。篆、隶、真、草，各种书体精湛、古朴、典雅。"立马空东海，登高望太平"十字，雕刻在海拔1589米的青峦峰上，每字直径六米，"平"字一竖长9米，为世所罕见。"鸣弦泉""洗杯泉"为唐代诗人李白手书，尤为珍贵。

黄山保存有"乌龙收舞"石刻像一尊，位于松谷庵乌龙潭，明万历庚申刻，精工雕镂，线条流畅，栩栩如生。两侧刻有对联一副，曰"泉声咽危石，日色冷青松"。

黄山因传说中的轩辕黄帝在此采药修炼成仙而得名，皇帝赐名奠定黄山在中国历史上的地位。黄山是众多隐士的修行场所，也吸引包括诗人、画家在内的众多游客。诗人和画家以诗歌和绘画的形式歌颂黄山的意境，创造了丰富的、具有全球意义的艺术和文学作品，并在明朝形成具有广泛影响力的黄山画派，成为东方景观画在世界艺术之林最重要的代表。

黄山以其壮丽的自然风光闻名于世，奇峰、古松、云海共同组成绝妙、壮丽的自然景观。黄山的天然石峰、怪石、瀑布、洞穴、湖泊和温泉是由复杂的地质历史形成的。黄山奇峰中有77座海拔超过1000米，最高的是莲花峰，海拔1864米。

黄山是许多中国特有的植物物种的栖息地，其中一些物种为全球濒危物种。黄山有中国三分之一的苔藓植物和一半以上的蕨类植物物种。黄山特有种包括13种蕨类植物和6种高等植物。此外，黄山是种类丰富的动物种群的栖息地，包括300多种脊椎动物（其中有48种哺乳动物）、170种鸟类、38种爬行动物、20种两栖动物和24种鱼类。共有13个物种受到国家保护，包括云豹和东方鹳。

1990年12月12日，在加拿大班夫召开的联合国教科文组织世界遗产委员会第14届会议认为，黄山符合世界遗产第二、七和十条标准，将其列入《世界遗产名录》，遗产类型为文化与自然混合遗产，遗产编号547。2012年6月29日，在俄罗斯圣彼得堡召开的世界遗产委员会第36届会议批准边界微调申请，遗产编号改为547bis，遗产区面积16060万平方米，缓冲区面积49000万平方米。2013年5月3日，国务院公布黄山摩崖石刻群和黄山登山古道及古建筑为第七批全国重点文物保护单位，编号分别为7-1533-4-036和7-1039-3-337。

**峨眉山—乐山大佛** 英文名Mount Emei Scenic Area, including Leshan Giant Buddha Scenic Area。峨眉山是中国著名的佛教名山，是普贤菩萨的道场，位于四川盆地西南边缘向青藏高原过渡地带，核心景区面积154平方千米；主峰金顶，最高峰万佛顶，海拔3099米。乐山大佛是世界所存最大的石刻弥勒佛坐像，位于四川省乐山市城东南凌云山栖鸾峰临江峭壁上，岷江、大渡河、青衣江三江汇流处。

峨眉山古建筑始建于东晋，总建筑面积5万余平方米。代表性的建筑有报国寺（含圣积铜钟）、伏虎寺（含圣积寺铜塔）、万年寺（含砖殿）、清音阁、洪椿坪、大庙飞来殿等。乐山大佛为世界第一大佛，其周边摩崖石刻、麻浩崖墓、灵宝塔和离堆是重要的遗产构成要素。

报国寺，位于凤凰坪下黄湾乡，海拔530米，坐西向东。明万历四十三年（1615年），明光道人创建于伏虎寺右侧，原名会宗堂（会宗坊、问宗堂），取儒、释、道三教会宗之意。清顺治九年（1652年），闻达和尚迁址并扩建。清康熙四十二年（1703年），康熙皇帝玄烨取《释氏要览》一书中"报国主恩"之意撰题"报国寺"三字。清同治五年（1866），王藩代书，悬挂于山门之上，从此"报国寺"取代"会宗堂"。圣积铜钟位于报国寺对面凤凰堡上的亭内，据钟体铭文记载，钟为明嘉靖四十三年（1564年）别传禅师募资铸造，次年运至峨眉县郊虹溪桥打磨钻字。明隆庆元年（1567年）悬于圣积寺老宝楼（宋时名真境楼）中，用铜25000斤，故名"圣积晚钟"。原悬挂于峨眉城南圣积寺内，1982年12月迁至凤凰堡上。报国寺占地面积40000平方米，建筑面积11600平方米。建筑均为木结构，复四合院组合，依山就势，按中轴线逐级升高，主体建筑依次为山门、弥勒殿、大雄殿、七佛殿、藏经楼序列。圣积铜钟通高2.6米，腹径2.1米，钟壁唇厚0.2米，钟纽高0.31米，钟下口呈12瓣莲花状，向外微张。钟体内外刻有西晋太康二年辛丑（281年）至明嘉靖三十四年（1555年）一些帝王和与峨眉山有关的文武官员及高僧名讳、捐资铸造铜钟的信众姓名、《阿含经》文和佛偈，以及《洪钟疏》铭文，

峨眉金顶

远眺万佛顶

共61600余字。圣积晚钟有"巴蜀钟王"之誉。

伏虎寺（含圣积寺铜塔），位于伏虎岭下黄湾乡，相传为晋时开建，南宋绍兴年间再建，名龙神堂。据说寺周密林中常有虎患，寺僧士性建"尊胜石幢"镇之（幢为石砌，形似塔，上刻梵咒），易名伏虎寺；一说因寺后山形如伏虎而得名。明代称虎溪禅林，明末荒废。清顺治八年（1651年），贯之和尚率徒可闻等在旧址重建。康熙皇帝曾题"离垢园"三字赠与伏虎寺，墨迹尚存，因此伏虎寺曾被俗称"离垢园"。伏虎寺占地面积67000平方米，建筑面积18000平方米。建筑为木结构，复四合院，纵横交错与散点布局相结合的格局。中轴线上从低到高依次为天王殿、普贤殿、大雄殿。大雄殿西南侧为"圣积寺铜塔（华严宝塔）"亭，西北侧为五百罗汉堂。东面为御书楼，殿后偏西为观音殿，普贤殿南为晴云轩。山门前有引道，长200余米，迂回曲绕，横穿虎溪、瑜伽河，引道设有木坊二、小桥四。圣积寺铜塔位于伏虎寺"华严宝塔"亭中，坐西南向东北。因塔体内外铸有《华严经》文和佛像4700余尊，故又名华严宝塔。塔为紫铜冶铸，通高5.8米，八方14层，喇嘛式密檐塔，由须弥座塔基、塔身、相轮、塔刹四部分组成。塔体内外的《华严经》文字清晰可认。塔身表面布满浮雕，佛像、菩萨、人物、狮象等造型生动，雕饰精美，栩栩如生，层次感强，无一雷同。

万年寺（含砖殿），位于黄湾乡万年村，创建于东晋，为峨眉山最早的六大古寺之一，初称普贤寺。东晋隆安三年（399年），高僧慧持以"欲观峨眉，振锡岷岫"而远道入蜀，

不久上峨眉山创建普贤寺。唐僖宗乾符三年（876年）慧通禅师重建，并因山形如火，寺院屡建屡毁，遂改普贤寺为白水寺，意欲以水压火。宋代易名白水普贤寺。明神宗朱翊钧为祝其母慈圣皇太后七十寿辰，御题"圣寿万年寺"，简称万年寺。殿宇除明代砖殿外，其余均毁于1946年火灾。砖殿建于明万历二十八年（1600年），是明神宗朱翊钧之母慈圣皇太后赐金而建，用于保护普贤铜铁佛像。原有木阁覆之，明末木阁被火烧。清初重建木制高阁，再毁后仅存砖殿。民国35年（1946年），维修砖殿，在殿顶增建喇嘛塔。砖殿内有北宋太平兴国五年（980年）宋太宗赵光义命内侍张仁赞，携金于成都采用分段浇铸法铸造后，运至万年寺组装而成的普贤菩萨骑六牙白象一尊，为全国最大的普贤铜像。殿内四壁下部有小龛

宋代普贤菩萨铜像

二十四个，各供铁铸佛一尊。万年寺占地面积67000平方米，建筑面积10200平方米，中轴线上以砖殿为中心，散点布局，按山门、弥勒殿、砖殿、巍峨宝殿、大雄殿由下而上排列。砖殿东为藏经楼，西为行愿楼，东南侧为般若堂，西南侧为斋堂，殿后为巍峨宝殿和大雄殿组成的复四合院。砖殿为万年寺住持台泉禅师仿印度热那寺造型，请妙峰禅师设计而建，为穹隆圆顶方形建筑，因无梁栋，又称无梁殿、砖殿，俗称锅呵顶。圣寿万年寺铜铁佛像位于万年寺砖殿内，坐西向东，有铜铁佛像共306尊，其中普贤铜像1尊、圆觉铁像24尊、小铁佛像280尊、小铜佛像1尊。普贤铜像由普贤菩萨和白象组成，通高7.35米，重62吨。圆觉铁像通体敷金，分置于砖殿四周凹形龛窟之内，每件均高0.55米。小铁佛像敷重彩，分置于砖殿穹隆顶上部七层环形龛内，每件高0.24～0.27米，造像粗犷朴拙。

清音阁，位于牛心岭下黄湾乡龙门村，为峨眉山最早的六大古寺之一，始建于唐，称后牛心寺（延福院）。北宋乾德三年（965年），天寿院僧继业三藏再建，取名前牛心寺。明洪武二年（1369年），安徽凤阳县龙兴寺僧人广济禅师来到峨眉山禅隐于此。广济禅师根据寺周山水环抱的天然风貌，取晋人左思《招隐诗》"非必丝与竹，山水有清音"中"清音"二字，改名为清音阁。清音阁，占地面积40万平方米，建筑面积8252平方米。中轴线以阁为中心，取散点布局，依山形水势趋向，按台、亭、楼、阁由下而上序列。阁右为广福寺，阁后为延福寺，与沿黑龙江而上二里许白云峡珠联璧合，构成一组风格独特的寺庙

园林建筑群体。

洪椿坪又名千佛庵，位于天池峰下峨山镇湾乡龙门村，因寺前有千年洪椿古树，故寺以树（坪）名。明楚山禅师开建，名千佛禅林或千佛禅院。明崇祯四年（1631年），得心、锐锋禅师先后续建。清乾隆四十三年（1778年）正月初三毁于大火。乾隆四十七至五十五年（1782～1790年）前后8年，云峨、圆瑞禅师修复，始具当代规模。洪椿坪占地面积2万平方米，建筑面积3614平方米。寺为木结构建筑，殿宇三重，系复四合院组合，依山傍势逐渐升高，主体建筑按山门、观音殿、大雄殿、普贤殿序列。

飞来殿，位于峨眉山市城北2.5千米的绥山镇大庙村飞来岗上，海拔457米。飞来殿始建于唐懿宗年间（860～874年），名家庆楼；重修于北宋淳化四年（993年），名曰天齐王行庙。元大德二年（1298年）、元泰定元年（1324年）扩建，改名东岳庙。元泰定四年（1327年）碑文记载："庙之经始，莫能究，淳化、景佑断碣略云，庙址神所自择，当一夕有风雷之变，迟明小殿巍然，自是民无葜藜，年谷丰登。"故称飞来殿。"飞来殿"三字为明代嘉州太守郭卫宸书写。明万历三年（1575年）始供佛像，称飞来寺。因神、佛、道均居，俗称大庙。飞来殿，正面檐柱三开间，歇山顶，覆盖青瓦。明、清时改建，但主要建筑仍保持宋、元时期风格，在西南地区罕见。

乐山大佛，始凿于唐开元初年（713年），竣工于唐贞元十九年（803年），历经四位皇帝（玄宗、肃宗、代宗、德宗）、三个建造者（海通、章仇兼琼、韦皋）的努力，历

乐山大佛

时90载方成，已有1300余年。乐山大佛系"一佛二天王"龛像，坐东向西，是由居中的弥勒龛和两侧的天王龛组成的一个完整的龛像群。弥勒龛和天王龛均依山镌像，弥勒龛露顶开龛，并接构木阁，其木阁即著名的大像阁。大佛建成时曾有十三层楼阁覆盖，即大像阁。南宋维修时改名天宁阁，后楼阁在宋元之际，因战乱失修而坍塌，此后大佛就暴露于大自然中。天王龛虽未露顶开龛，但也前接木阁。乐山大佛，通高71米，坐身高59.96米，头径10米，肩宽28米，眉长3.7米，眼长3.3米，鼻长5.6米，嘴长3.3米，耳长7米，脚宽5.6米，头作螺旋髻，身着双领下垂袈裟，内着僧祇支，双手抚膝，善跏趺坐，脚下为莲花足踏。胸前凿有"藏脏洞"，宽0.9～1米，高3.3米，深约2米。1962年维修，曾将此洞打开，只发现

一些废铁、铅皮，封门石是一块石碑。碑正面刻《重修东坡先生读书楼记》，刻写年代为清道光二十九年（1849年）；背面刻《凌云山考》和《大像阁考》，刻写年代是1915年。另外，佛头、肩、胸后开凿三条排水廊道，用于阻断山体浸水的排水设施，防止山体浸水对大佛的危害。大佛龛外，两天王龛高约16米，宽约6米。龛内天王头戴通天冠，身着战袍，手持法器。此组造像的雕刻手法、艺术造型为唐代艺术风格的体现，反映佛教在唐代的兴盛。乐山大佛窟及凌云山脚另有唐代石刻造像，分布在大佛区、临江区、上山步道区，共计造像龛184个、题刻龛21个，以及大量明清时期的摩崖石刻，多与凌云山和凌云寺有关。

麻浩崖墓，位于凌云、乌尤两山之间的溢洪河道东岸，墓群始于东汉前期，止于南北朝

时期，以东汉后期墓最多。麻浩崖墓于1940年发现。1964年在1号墓外修筑围墙进行保护。1984年建立乐山崖墓博物馆。麻浩崖墓分布在大地湾至虎头湾间东西长约300米的红砂石山崖中，分为4～9层排列，有编号的崖墓544座。墓室分为单室、双室、多室3种类型，均由墓门、甬道、主室、棺室、耳室等组成。棺室内凿崖棺，后室设灶台案龛。单室墓一般是在主室一侧设一棺室。双室墓在后室两侧设棺室。多室墓结构较复杂，墓门由两柱分为2～4个门洞，前室横列，其后平行开凿2～4个后室，各后室结构相同，前设甬道，两侧设室。石刻多见于双室墓和多室墓的墓门及前室，技法为高浮雕、弧面浅浮雕和阴刻，内容有仿木构建筑、画像和文字题记。1号墓墓门和前室刻出仿木构建筑的斗、柱枋、瓦当、板瓦、橡头、连檐等。墓门刻瑞兽、乐伎、秘戏、舞伎等画像；前室刻荆轲刺秦王、方士、门卒、朱雀、挽辇、六博、垂钓、挽马等画像。中后室甬道口外门枋上，刻高浮雕坐佛1尊，通高37厘米，是中国早期的佛教造像之一。99号墓为横前室四后室墓，墓门刻门阙，前室刻出瓦当、板瓦、橡头、连檐和龙虎戏璧等；后室门有阴刻隶书题记9则。麻浩崖墓大多早年被盗，随葬品有陶制的农夫俑、服饰俑、厨俑、舞俑、乐俑等陶俑，狗、鸡、马、楼房等模型，罐、碗、釜、甑、耳杯等器皿，铜镜、"五铢"钱和铁器等。

灵宝塔，位于乐山市中区凌云山九峰之一的灵宝峰巅，始建于唐，明嘉靖三十三年（1554年）培修。灵宝塔坐落于乐山凌云寺后的灵宝峰巅，为砖筑、塔为正方形13级空心密

凌云山灵宝塔

檐式砖塔，通高29.29米。须弥座以上第一级塔身，高5.1米，宽7.7米，四周均有券龛，每层皆有通光小窗，以供登临时眺望。塔四面设有券门，西券门通内室，有石阶可盘旋达顶室。根据山川形势，修建此塔的目的，主要是作为三江合流处的标志。高71米的大佛是为了镇水保平安，灵宝塔则作为航船标志，使船工提高注意力，以便安全渡过急流险滩。

离堆，即乌尤山，位于乐山市城东1.5千米的岷江东岸，四面环水。史载战国时秦蜀守李冰"凿离堆，避沫水之害"，主持开凿该水利工程。乌尤寺建于离堆之上，始建于唐至德、乾元年间，清同治后重建寺宇，乃成今日规模。相传离堆为汉郭舍人注《尔雅》处。离堆南北长约500米，东西宽约400米，高

出水面约80米，总占地面积约20万平方米。乌尤寺建筑群建于其上，坐东向西，由弥勒殿、大雄殿、如来殿、观音堂、禅堂、客堂、方丈室、钟鼓楼、青衣精舍等组成，总占地面积为3152.09平方米。其中弥勒殿重檐悬山式屋顶，小青瓦屋面，穿斗式木结构梁架，三穿用四柱，面阔三间，进深三间。大雄殿，单体建筑，单檐硬山式屋顶，小青瓦屋面，抬梁穿斗式木结构梁架。五穿用六柱，面阔三间，进深五间。如来殿，重檐歇山式屋顶，小青瓦屋面，穿斗式木结构梁架，面阔五间20.8米，进深四间12.8米，通高12米，素面台基1.3米，六级垂带式踏道。钟鼓楼，木结构重檐八角攒尖宝瓶顶，小青瓦屋面。方丈室、禅堂、观音堂等均为单檐悬山式屋顶，小青瓦屋面，穿斗式木结构梁架。离堆及建于其上的乌尤寺等建筑群在选址和构建上，充分利用周围的自然地理环境，与周围自然景观熔为一炉，形成一道独特的山水人文景观，为研究中国水利史及清代建筑布局提供实物依据，具有较高的历史、艺术和科学价值。

峨眉山全山有大小寺院27座，建筑面积近20万平方米。第三次全国文物普查中，峨眉山景区范围内调查登录不可移动文物99处（古建筑50处、古遗址6处、古墓葬9处、石窟寺及石刻11处、近现代重要史迹及代表性建筑18处、其他5处），其中新发现61处，复查38处。乐山大佛为世界体量最大的坐佛，大佛周边区域拥有先秦离堆、汉代崖墓、唐宋灵宝塔和宋元三龟九顶城、明清寺庙等遗产名录点25个，古迹文物点39处。

峨眉山—乐山地区位于四川盆地边缘和东喜马拉雅高地的过渡位置，生物多样性异常丰富。已记录到的植物有242科约3200种，其中31种为国家级保护植物、100多种为地方特色植物。海拔2600米范围内，有亚热带常绿阔叶林、常绿阔叶林和落叶阔叶林、混交阔叶林和针叶林、亚高山针叶林等多种植被类型。动物物种，已记录的有大约2300个物种，其中包括一些全球范围内的濒危物种。

峨眉山是中国最著名的佛教圣地之一，普贤菩萨的道场，不仅见证佛教经南方丝绸之路传入中国的历史，还保存大量古建筑群，特别是许多杰出的园林寺庙。乐山大佛是世界上最高的佛像，大佛及周边的汉代崖墓、唐塔、离堆和寺庙，是地区珍贵的文化遗产。峨眉山—乐山保存大量价值极高的塑像、碑刻、书画等文物。峨眉山—乐山的建筑巧妙利用自然山体和沟壑，是人与自然完美、和谐结合的产物，在建筑的选址、规划、设计和施工方面极其精巧且具有独创性，是物质和非物质、自然与文化结合的典范。峨眉山—乐山植物多样性价值极高，对生物多样性的保护和科学研究具有特殊意义。

1996年12月6日，在墨西哥梅里达召开的联合国教科文组织世界遗产委员会第20届会议认为，峨眉山—乐山大佛符合世界遗产第四、六和十条标准，将其列入《世界遗产名录》，遗产类型为文化和自然混合遗产，遗产编号779，遗产区面积15400万平方米。1961年3月4日，国务院公布峨眉山圣寿万年寺铜铁佛像为第一批全国重点文物保护单位，编号1-0133-6-002；1982年2月23日，国务院公布乐山大佛为第二批全国重点文物保护单位，编号2-0013-4-003；1988年1月13日，国务院公布大庙飞来殿、麻浩崖墓为第三批全国重点文物保护单位，编号分别为3-0114-3-062和3-0238-2-009；2006年5月25日，国务院公布第六批全国重点文物保护单位时，将灵宝塔归入乐山大佛，将峨眉山古建筑群与峨眉山圣寿万年寺铜铁佛像合并，并更名为峨眉山古建筑群；2013年5月3日，国务院公布离堆为第七批全国重点文物保护单位，编号7-1298-3-596。

**武夷山** 英文名Mount Wuyi，是古闽族文化和其后闽越族文化的见证，是宋代理学的发源地，具有极为优美的景观和丰富的生物物种。武夷山位于福建省武夷山市和江西省上饶市。

明万历《武夷山志略》载"陶唐人彭祖，姓缉名铿，常进雉羹于尧，尧封彭城，故称彭祖。生平隐居武夷山慢亭峰下，有子二，曰武、曰夷，亦隐兹山"，武夷山因此得名。

考古资料表明，早在夏商前（前21世纪）即有古越族的先民定居武夷山。武夷山内及周围发现有新石器时代至商周遗址15处；峭壁上的船棺距今3750～3295年。商代设四方令，管约四方部族，福建属东三区的九夷十蛮。秦

水帘洞

鹰嘴岩

汉时期，武夷山成为闽越人的活动中心。秦废周制，建立闽中郡，开始部族的迁徙。外族迁入武夷，并留下彭祖和武夷君幔亭招宴的神话。汉兴并平定闽越国后，为定民心，汉武帝刘彻于元朔元年（前128年），遣特使到武夷山封祭武夷君，同时将武夷山划归会稽郡管辖，武夷山遂成天下名山。汉祀坛址尚存。明时建有"汉祀亭"和"拜章台"，每年中秋日祭祀武夷君。城村汉城遗址为西汉闽越时期的王城。汉武帝封祀武夷君，吸引众多仰慕武夷山的隐士进山修炼，逐步演化出皇太

姥及魏王子蓦等十三仙，形成武夷道教雏形。唐武德元年（618年），有僧人在武夷山茶洞的接笋峰下建石堂寺，宋天圣二年（1024年）因山崩被毁，后移建桃源洞。随着唐朝的兴固，北方汉民大量迁入武夷山，道教开始兴盛。唐天宝七年（748年），唐玄宗李隆基派特使登仕郎颜行之入山封祭武夷君，并在九曲溪一曲同亭湖洲洁涧建造天宝殿，刻碑立禁，禁止在武夷山采樵捕鱼。禁区自武夷宫到九曲溪上游曹墩村。南唐元宗李璟遣其弟李良佐入武夷山修道，将天宝殿移建于大王峰下，改名会仙观，封李良佐为演道冲和先生，颁赐武夷山"方圆一百二十里与本观护荫"，道教臻于鼎盛。同时武夷山被列为全国道教体系第十六升真元化洞天。北宋咸平二年（999年），将会仙观改为冲佑观，真宗亲笔御书"冲佑观"匾额，遣使到武夷山，在大王峰投送金龙玉简；至熙宁末（1077年），共投送20次。大中祥符二年（1009年），真宗下诏"宏广观基，增修屋宇"，扩建观堂300余间，赐给供养田苗租百斛（十顷），银钱八十万。此时武夷山道教发展到最高峰，佛教亦得到发展。区内云集吕洞宾、知微子、王文卿、白玉瞻、张三丰以及扣冰古佛、伏虎禅师、嗣公和尚、祖鉴禅师等道教名流、佛教高僧，先后建造庙、堂、宫、观、道院、寺、庵、祠、殿计132座，亭、台、楼、阁97处，累计朝廷、仕宦赠给庙田11000余亩。宋朝廷派遣四品、五品官员到武夷山冲佑观任主管、提举达145人，其中有陆游、辛弃疾、刘子翚、朱熹等著名学者、诗人。朱熹在武夷倡导理学，创办教育，于南宋淳熙十年（1183年）在武夷山九曲溪五曲隐屏

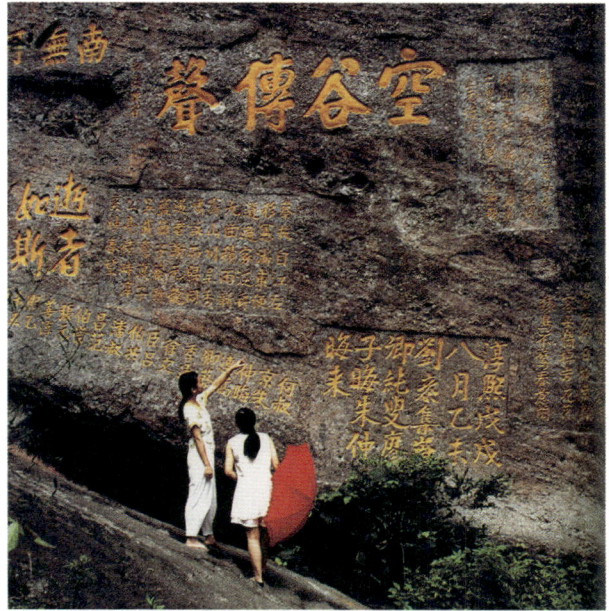

水帘洞摩崖石刻

峰下，营建武夷精舍讲学著述。随朱熹学习的生徒有理学家蔡元定、游九言、刘爚、黄干、詹体仁、真德秀、李闳祖、李方子、叶味道等宋代名儒，同时吸引全国许多知名学者，纷纷来武夷山建学馆、书堂共67座200余间，使武夷山发展成全国知名的文化名山，被誉为道南理窟。明、清时期，武夷山佛教趋于兴盛，寺庙取代道教宫观。明永乐年间建造天心永乐禅寺，初建时称山心永乐庵，嘉靖七年（1528年）扩建，改名为天心庵。清康熙年间（1662～1722年）再次扩建，并改称天心永乐禅寺，建筑面积2.6万平方米。武夷山成为全国佛教"华胄八名山"之一。

武夷山人文景观和历史文化遗存积淀丰厚，按古闽族和闽越族文化遗存、理学文化、茶文化、宗教文化、摩崖碑刻、其他古建筑和遗址等六个系列分述如下。

古闽族和闽越族文化遗存，包括新石器时代到商周时期梅溪岗古文化遗址1处、商周时

期马子山古文化遗址1处、商周时期架壑船棺18处、商周时期虹桥板18处、商周时期葫芦山文化遗址1处、西汉城村汉城遗址1处、清咸丰年间扩建古崖居遗构1处。理学文化包括北宋到清古书院遗址35处、北宋至清南山书院遗址1处、宋紫阳书院1处、宋叔圭精舍及石牌坊1处、宋刘公神道碑1处、南宋朱熹墓1处、明见罗书院遗址1处以及摩崖石刻宋灵岩1处、宋逝者如斯1处、宋升真元化洞天1处、明修身为本1处、清道南理窟并跋1处，和清活源1处。宗教文化包括商鼓祖墓1处、汉代汉祀坛1处、秦汉至明清古宫观遗址64处、晋止止庵遗址1处、唐桃园观1座、唐万年宫1座、唐三清殿1座、宋天游观1座、宋投龙洞1座、明凝云道院1座、唐至民国古寺庙遗址40余处、唐天成禅院1座、明白云禅寺1座、明天心永乐禅寺1座、清惠苑寺1座、清

朱熹墓

妙莲寺1座、近代天主教堂1座。茶文化景观包括唐至民国古茶园多处、宋遇林亭窑址1处、元至明御茶园1处、明大红袍名丛6株、清庞公吃茶处1处、明至民国古茶厂130处、清茶政告示石刻7处。摩崖碑刻包括宋雕像4尊；宋摩崖石刻139处，440余方；明游武夷九曲水记碑1块；

城村汉城遗址高胡坪甲组宫殿建筑群大殿遗址

明游武夷歌碑1块；明嘉靖镜台1处；明戚继光题摩崖石刻1处；明万历武夷山游记1处。其他古建筑和遗址包括古蹬道19条、古牌坊3座、古井4口、山门12座、古亭47座、古桥10座、古塞遗址10余处、清七十二板墙1处、清余庆桥1座、清林氏家祠1座、清赵氏家祠1座、清古奥门楼1座、清百岁坊1座。此外，重要馆藏文物包括15件套国家一级珍贵文物和12件套国家二级珍贵文物。

武夷山的九曲溪，与三十六峰和九十九岩绝妙结合，使其成为以奇秀深幽为特征的天然山水园林。武夷山具有世界同纬度带所存最典型、面积最大、保存最完整的中亚热带原生性森林生态系统。自清同治十二年（1873年）开始，国内外动植物专家先后在武夷山采集到的动植物新种（包括新亚种）的模式标本近1000种，其中昆虫新种模式标本779种，脊椎动物新种模式标本100多种，植物新种模式标本57种。

武夷山保存有大量价值极高的考古遗址和遗迹，包括古闽族和闽越族文化遗存、城村汉城遗址、大量的宫观寺庙遗址、墓葬、摩崖石刻等，以及与朱子理学相关的书院遗址。武夷山是朱子理学的发源地，理学曾在东亚和东南亚国家中占据统治地位达7个世纪，并在哲学和政治方面影响世界很大一部分地区。九曲溪两岸峡谷秀美，平静的溪水和挺拔矗立的山峰形成鲜明对比，构成绝美的自然景观。武夷山脉是中国东南部最负盛名、世界上保存最好的生物多样性保护区之一，拥有中国最大的亚热带森林和热带雨林片区，区内动植物极其丰富，包括大量爬行动物、两栖动物和昆虫物

武夷九曲风光

武夷短尾猴

种，是大量古代孑遗植物的避难所，其中许多生物为中国所特有。

1999年12月1日，在摩洛哥马拉喀什市召开的世界遗产委员会第23届会议认为，武夷山符合第三、六、七和十条世界遗产标准，将其列入《世界遗产名录》，遗产编号911。2017年7月10日，在波兰克拉科夫市召开的第41届世界遗产委员会会议同意武夷山边界微调的申请，将位于江西省上饶市铅山县武夷山部分纳入世界遗产范围，遗产编号改为911bis。遗产区面积107044万平方米，缓冲区面积40170万平方米，总面积147214万平方米。1996年11月20日，国务院公布城村汉城遗址为第四批全国重点文物保护单位，编号4-0038-1-038；2006年5月25日，国务院公布武夷山崖墓群、朱熹墓和遇林亭窑址为第六批全国重点文物保护单位，编号分别为6-0253-2-033、6-0254-2-034和6-1088-1-008。

# 第七章 中国历史文化名城名镇名村

中国不可移动文物资源根据认知、评估体系或管理需求可分三类：文物保护单位、历史文化名城名镇名村和世界文化遗产。

中国对历史文化名城名镇名村（名街）保护的重视由来已久，在解放战争时期，为保护历史文化名城北京，避免因战火对名城的古迹名胜造成破坏，中国共产党努力促成了北平的和平解放。1982年，国家公布第一批国家历史文化名城24座，并在当年公布的《中华人民共和国文物保护法》中对历史文化名城的保护作出规定，标志着历史文化遗存丰富和革命传统深厚区域的集中保护被正式纳入国家文物保护的体系。此后，2003年公布第一批中国历史文化名镇名村，2008年《历史文化名城名镇名村保护条例》颁布实施，同年，经文化部、国家文物局批准，中国文化报社联合中国文物报社启动首届中国历史文化名街评选推介活动。2014年，住房与城乡建设部、国家文物局联合印发《通知》，启动中国历史文化街区认定工作，至此集中成片保护历史文化遗产与弘扬革命传统的历史文化名城、名镇名村和街区的保护体系日趋完善与成熟。伴随着社会主义经济建设的高速发展，经历曲折复杂的历程。截至2017年12月31日，中国共公布三批国家历史文化名城132座（含增补合并），中国历史文化名镇252个（共六批）、中国历史文化名村276个（共六批）和中国历史文化街区30个（第一批）。历史文化名城、名镇、名村的保护体系日前成熟。

# 第一节　国家历史文化名城

1978年十一届三中全会确立了改革开放和以经济建设为中心的国家大政方针，文物保护也进入了全面发展时期。20世纪80年代城市更新和开发建设，对文物古迹和历史环境带来"建设性破坏"，历史建筑、传统街区、历史城区等开始被不加区别地成片地更新改造。

1980年5月，国务院批转国家文物事业管理局、国家基本建设委员会《关于加强古建筑和文物古迹保护管理工作的请求报告》，指出当时存在的主要问题有：重要古建筑被机关、部队、工厂、企业所占用；在文物保护单位和文物古迹周围修建风貌上很不协调的新建筑；对古建筑"改旧创新"。同月，国务院发布《关于加强历史文物保护工作的通知》，要求"认真保护种种有历史意义和艺术价值的古建筑、石刻、石窟等历史文物"。

1981年，在参考国外历史城市保护[①]的基础上，经北京大学侯仁之、建设部郑孝燮、故宫博物院单士元三位学者提议，全国政协起草了一份专题报告，要求尽快公布一批文物古迹

丰富的历史城市。这一提议得到相关部门的积极呼应和大力支持。

1982年11月19日第五届全国人民代表大会常务委员会第二十五次会议通过的《中华人民共和国文物保护法》规定："保存文物特别丰富、具有重大历史价值和革命意义的城市，由国家文化行政管理部门会同城乡建设环境保护部门报国务院核定公布为历史文化名城。"这为历史文化名城的公布与保护提供了法律依据。

1997年，国务院《关于加强和改善文物工作的通知》指出："保护好历史文化名城是所在地人民政府及文物、城建规划等有关部门的共同责任。在历史文化名城城市建设中，特别是在城市的更新改造和房地产开发中，城建规划部门要充分发挥作用，加强城市规划管理，抢救和保护一批具有传统风貌的历史街区，同时加强对文物古迹特别是名城标志性建筑及其周边环境的保护。"对相关政府及部门的责任和工作方针提出要求。

---

① 20世纪六七十年代，世界范围形成了保护文物古迹及其环境的高潮，保护历史文化遗产的国际组织在此期间通过一系列宪章和建议：《国家古迹保护与修复宪章》（1964年5月，简称《威尼斯宪章》）、《保护世界文化遗产和自然遗产公约》（1972年11月，巴黎）、《关于历史地区的保护及其当代作用的建议》（1976年11月，简称《内罗毕建议》）、《关于真实性的奈良文件》（1984年）、《保护历史城镇和地区的国际宪章》（1987年10月，简称《华盛顿宪章》）等。保护范围日益扩大，内涵日益丰富。

### 一、第一批国家历史文化名城

1981年12月，国家基本建设委员会、国家文物事业管理局、国家城市建设总局向国务院提交了《关于保护中国历史文化名城的请示》。请示认为，随着经济建设的发展，城市规模一再扩大，在城市规划和建设过程中又不注意保护历史文化古迹，致使一些古建筑、遗址、墓葬、碑碣、名胜遭到了不同程度的破坏。尤其是在基本建设和发展旅游事业的过程中，出现了新建大工厂和高楼大厦等与城市原有格局很不协调的建筑，使城市和文物古迹的环境风貌进一步受到损害；如不控制，宝贵的城市历史文化遗产不久将被断送，后果不堪设想。《请示》提出，要根据城市的历史特点和在国民经济中的地位作用来确定城市的性质和发展方向，将逐步实现城市现代化与保存发扬固有历史文化特点有机结合起来；要严加保护集中反映历史文化的老城区、古城遗址、文物古迹、名人故居、古建筑、风景名胜、古树名木等，划出一定的保护地带，对新建、扩建、改建工程采取必要的限制措施；历史文化名城基本建设项目，事先应征得当地城建、文物部门同意。

1982年2月，国务院批转这一请示（国发〔1982〕26号），公布了第一批24个历史文化名城。简介如下：

北京　燕、蓟重镇，辽的陪都，金、元、明、清的故都，地上地下文物保存非常丰富，为世界闻名的历史文化古城。有天安门、人民英雄纪念碑、毛主席纪念堂、故宫、北海、天坛、颐和园、十三陵、万里长城和中国猿人遗址等重要革命和历史文物。

承德　位于河北省北部。古代属幽燕地区，清代为直隶承德府。除保存古长城外，还有避暑山庄（又称承德离宫或热河行宫）、外八庙等大量具有历史艺术价值的古建筑。

大同　位于晋北大同盆地。古称平城，是北魏初期的国都，辽、金陪都，有公元四五三至四九五年北魏时期开凿的云冈石窟。古建筑很多，如上下华严寺、善化寺、九龙壁等。

南京　为东吴、东晋、南朝、明朝等建都的历史名城，素有虎踞龙盘之称。文物古迹很多，有石头城、南朝陵墓、石刻和明孝陵、明故宫遗址、太平天国天王府、孙中山临时大总统办公处、中山陵等。

苏州　春秋时为吴国都城，隋、唐为苏州治所，宋代为平江府。历来是商业手工业繁盛的江南水乡城市，与杭州齐名，并称"苏杭"。保存着许多著名的古代园林，集中了中国宋、元、明、清建造的园林艺术精华。

扬州　春秋吴王夫差开始在这里筑"邗城"，隋朝开凿大运河以后，更成为南北交通的要冲，工商业发达，文化繁荣，是历史上闻名的商业城市和中外友好往来的港口。有唐城遗址、史公祠、平山堂、瘦西湖、何园、个园等文物古迹。

杭州　中国古都之一，秦置钱塘县，隋为杭州治，五代时是吴越国都，南宋时以此为行都，是世界著名的游览城市。西湖风景秀丽，名胜古迹很多，如灵隐寺、岳庙、六和塔等。

绍兴　春秋时为越国都城。有著名的兰亭、清末秋瑾烈士故居、近代鲁迅故居和周恩来同志祖居等，是江南水乡风光城市。

泉州　位于福建省晋江下游北岸。唐时

设州。南宋和元朝曾为中国最大的对外贸易港口，为著名的侨乡。遗存名胜古迹很多，著名的有清净寺、开元寺、洛阳桥、九日山摩崖石刻、清源山等。

**景德镇**　位于江西省东北部，是古代的瓷都，保存很多古代窑址、明代民居以及宋塔等古建筑。后世成为以生产瓷器为主的工业城市。

**曲阜**　位于山东省中部偏南。春秋战国时为鲁国都城，秦置鲁县，隋改曲阜。有孔子故里，孔府、孔庙、孔林和鲁国故城遗址。

**洛阳**　为中国著名的九朝故都。名胜古迹以市南龙门石窟最有名。城东白马寺是中国第一座佛寺。还有汉魏故城遗址、西周王城、隋唐故城遗址、关林以及大量的古墓葬。

**开封**　古称汴梁。五代后周、北宋均建都于此，称东京，为著名古都之一。文物古迹有铁塔、繁塔、龙亭、禹王台、大相国寺和北宋汴梁城遗址等。

**江陵**　位于湖北省中部偏南。春秋楚国都城郢都在此。汉置江陵县，唐为江陵府，清为荆州府治。遗存有楚纪南城遗址、明代城垣和大量古墓群等。

**长沙**　秦置长沙郡，辖今湖南东部，隋改今名，唐天宝年间曾改为潭州，明改为长沙府。有毛泽东早期从事革命活动的中国共产党湘区委员会旧址（清水塘）、湖南第一师范学校、爱晚亭、船山学社等。还有麓山寺、岳麓书院、马王堆西汉古墓等古迹。

**广州**　秦为南海郡郡治所在，五代十国时为南汉都城，一直是中国对外交通贸易的港口和城市。近代反帝反封建斗争迭起，是第一次国内革命战争的策源地。有光孝寺、南海神庙、六榕寺花塔、镇海楼、三元里平英团旧址、广州公社旧址等文物古迹。

**桂林**　历史上是广西政治、文化中心和军事重镇。秦始皇时在此开凿了著名的水利工程——灵渠。漓江流经市中，还有独秀峰、叠彩山、七星岩、月牙山、芦笛岩等，山青水秀，素有"桂林山水甲天下"之称。

**成都**　秦汉以后，一直是西南的政治、经济和文化中心。名胜古迹很多，著名的有杜甫草堂、武侯祠、王建墓、望江楼、青羊宫等等。

**遵义**　位于川、黔交通线上，向为黔北重镇。一九三五年一月，中国工农红军长征途中，在此召开了中国共产党中央政治局扩大会议，确立了毛泽东在全党的领导地位，在中国共产党历史上具有伟大意义。城内和周围有遵义会议会址、毛泽东旧居、红军坟、娄山关等等。

**昆明**　汉代为建伶、谷昌县地，唐为益宁县，元置昆明县，为中庆路治所。有汉、彝、回、苗、白、傣等民族。有滇池、西山、翠湖、圆通山、金殿、大观楼、黑龙潭等文物古迹。

**大理**　位于云南省大理白族自治州中部、洱海之滨。为南诏及宋代大理国都城所在地，又是中国与东南亚诸古国文化交流、通商贸易的重要门户。保存的南诏太和城遗址、大理三塔、南诏德化碑等，是体现云南与中原地区文化密切关系的重要文物。

**拉萨**　位于雅鲁藏布江支流拉萨河北岸，从公元七世纪初，就是西藏地区的政治经济中心，是座历史悠久的古城。市内尚保存着宏伟的布达拉宫、大昭寺和罗布林卡园林等重要古建筑。

**西安**　位于关中平原渭河南岸，原名长安。周、秦、汉、西晋、前赵、前秦、后秦、西魏、北周、隋、唐都建都于此，是世界闻名的历史古城。遗存有大量地上地下文物，如西周的丰、镐遗址，秦阿房宫遗址，汉长安城遗址，唐大明宫遗址、大雁塔、小雁塔以及明钟楼、鼓楼、碑林等。周围还有秦俑博物馆、古咸阳城、半坡遗址等。

**延安** 在陕北延河之滨。城区有宝塔山、凤凰山和清凉山，是中国革命圣地。1937～1947年，中国共产党中央和毛泽东同志在此领导全国革命。中华人民共和国后建有革命纪念馆。

在第一批国家历史文化名城名单公布后，1983年城乡建设环境保护部城市规划局会同文化部文物事业管理局在西安召开了"历史文化名城规划与保护座谈会"，研究历史文化名城规划与保护工作面临的形势和存在的问题，会后城乡建设环境保护部发布《关于加强历史文化名城规划工作的通知》。《通知》认为当时历史文化名城保护和规划建设中存在着有些建设项目不当，城市的文物古迹、风景名胜遭受破坏，名城保护与建设、旅游事业的发展不相适应，保护不力等主要问题，直陈忽视整个城市的经济效益、社会效益和环境效益的统一，城市规划工作长期废弛、管理不善，对保护历史文化名城的重要性认识不足等原因，并就历史文化名城规划的原则、内容和方法提出了指导性建议。《通知》认为，编制保护规划时，应根据保护对象的历史价值、艺术价值，确定保护项目的等级及其重点，对单独的文物古迹、古建筑或建筑连片地段和街区、古城遗址、古墓葬区、山川水系等，按重要程度不

同，以点、线、面的形式划定保护区和一定范围的建设控制地带，制定保护和控制的具体要求和措施；《通知》认为，历史文化名城规划必须建立在对城市历史和现状深入调查研究的基础上，既包括从"横的"方面摸清文物古迹、风景名胜在地域和空间的分布，还从"纵的"方面掌握城市发展不同历史阶段文物古迹的完整体系，两方面摸清文物古迹的数量和分布，准确把握历史文化名城的历史价值、艺术价值和科学价值和城市特点，注意实事求是和科学性，形成完整的规划构思，力求反映城市历史优秀传统发展的连续性以及城市特有的自然和传统风貌，保持与发展古城的合理的规划格局；《通知》认为，历史文化名城保护规划的编制应注重协调好发展生产和保护历史文化名城、名城保护与城市现代化建设特别是旧城改造古城风貌、发展旅游事业和保护历史文化名城的关系，要注重与计划、规划、设计、文物、园林、宗教等其他部门密切协作配合。《通知》强调历史文化名城保护规划的编制，要按审批权限，随同城市总体规划一并上报审批；要在总体规划基础上，根据需要编制重要保护项目地段、街区、风景名胜区等的详细规划。

## 二、第二批国家历史文化名城

1984年4月，经国务院办公厅同意，城乡建设环境保护部、文化部组织第二批国家历史文化名城名单的遴选工作。遴选工作采取自下而上推荐、广泛征求意见的办法。各省（自治区、直辖市）先后推荐了80个城市。全国政协文化组和经济建设组也曾专门召集政协委员和专家对推荐名单进行讨论，并提出建议。城乡建设环境保护部、文化部广泛听取各方面意

见，并进行了重点实地考察，认为历史文化名城应是"保存文物特别丰富，具有重大历史价值和革命意义的城市"，确定了国家历史文化名城标准：着重文物古迹是否保存丰富完好，是否具有重大的历史、科学、艺术价值；名城注重现状格局和风貌的历史特色，是否具有一定的代表城市传统风貌的街区；分布在城市市区或郊区的文物古迹等历史文化遗产的保护和合理使用，对该城市的性质、布局、建设方针要有重要影响。在此基础上，邀请全国历史、文物、考古、革命史、建筑、城市规划、地理等各界知名专家对推荐名单进行了审议。综合各方面的意见，这次，确定38个城市作为第二批国家历史文化名城，报请国务院核定公布。

1986年4月，国务院批转了城乡建设环境保护部、文化部《关于请公布第二批国家历史文化名城名单报告》（国发〔1986〕104号），公布第二批38座国家历史文化名城。简介如下：

**上海**　是中国近代科技、文化的中心和国际港口城市。古代这里为海滨村镇，唐天宝十年（751年）设华亭县，宋设上海镇，元置上海县。上海具有光荣的革命历史，是中国共产党的诞生地，近、现代许多重要历史事件和历史人物的活动都发生在这里，如小刀会起义、五卅运动、上海工人三次武装起义、淞沪抗战等。革命遗址有中共一大会址、孙中山故居、鲁迅墓、宋庆龄墓、龙华革命烈士纪念地等。文物古迹有龙华塔、松江方塔、豫园、秋霞浦、唐经幢等。上海近代的各式外国风格建筑在建筑史上也具有重要价值。

**天津**　是中国北方重要的港口贸易城市、交通枢纽。从金、元时起，由于漕运兴盛促进商业繁荣而发展起来。明代在此设卫建城，进一步奠定了古城的基础。保存的文物古迹有天后宫、文庙、广东会馆等。革命遗址有大沽口炮台、望海楼遗址、义和团吕祖堂坛口遗址、觉悟社、平津战役前线指挥部等。传统文化艺术有泥人张彩塑、杨柳青年画、天津曲艺等。遗存的过去各国租界地的外国式建筑和清末民国初年的别墅式建筑和街道，如同一个近代建筑"博物馆"，很有特色。

**沈阳**　位于辽宁省中部，汉代建侯城，辽、金时为沈州，明代在金、元旧城址上重建沈阳中卫城，明天启五年（1625年）清太祖努尔哈赤迁都沈阳，扩建城池，增筑外城，是清入关前的政治中心。沈阳故宫是除北京故宫外，保存最完整的宫殿建筑群。城北的北陵（昭陵）和城东北的东陵（福陵）是皇太极和努尔哈赤的陵墓。其他文物古迹还有抗美援朝烈士陵园、周恩来同志少年读书处，以及永安石桥、塔山山城和一些寺观等。

**武汉**　位于长江的中游，武昌、汉口、汉阳三镇相连，水陆交通便利，号称九省通衢。武汉历史悠久，自商周、春秋、战国以来即为重要的古城镇，宋、元、明、清以来就是全国重要名镇之一。武汉还是革命的城市，辛亥革命武昌起义、二七罢工、八七会议等发生在这里。革命遗址、名胜古迹有武昌起义军政府旧址，二七罢工旧址，八七会议会址，向警予、施洋烈士墓及胜象宝塔、洪山宝塔、归元寺、黄鹤楼、东湖风景名胜区等。

**南昌**　位于江西省北部，赣江下游，为江西省的省会，全省政治、经济、文化的中心。南昌水陆交通发达，形势险要，自古有襟三江而带五湖之称。汉代在此设了豫章郡治，隋为洪州治，唐、五代至明、清一直是历史名城。南昌还是革命的英雄城市。1927年8月1日，周恩来、贺龙、叶挺、朱德等在中共前敌委员会领导下，组织了南昌起义，打响了反对反动统治的第一枪，开创了中国共产党领导的武装斗争和创建人民军队的新纪元。革命遗址和名胜古迹有"八一南昌起义"总指挥部旧址和纪念馆、纪念塔、革命烈士纪念堂、方志敏烈士墓及青云谱、百花洲等。

**重庆** 位于长江与嘉陵江汇合之处，水陆交通发达。战国时期，重庆为巴国国都，称江州。其后两千多年一直为重要的城市，留下的文物古迹有巴蔓子墓、船棺、岩墓、汉阙等。在近代史上，重庆也占有重要的地位。辛亥革命时期为同盟会的重要根据地之一，抗日战争时期，是国民政府的陪都，以周恩来为首的中共南方局驻在这里。遗存有曾家岩、红岩村八路军办事处旧址，新华日报社旧址及白公馆烈士牺牲纪念地等。还有南温泉、北温泉、缙云山等名胜古迹。

**保定** 位于河北省中部，西周属燕，至战国中期为燕国辖地，北魏建县，唐至明为州、路、府治，清为直隶省省会。今旧城始建于宋，明增筑，尚存部分城墙。保定不仅是历代军事重镇，还是一座著名的文化古城。自宋设州学，清末、民国初年曾为北京的文化辅助城市。革命纪念地有保定师范学校、育德中学、协生印书局、石家花园等。文物古迹有大慈阁、古莲花池、钟楼、直隶总督署、慈禧行宫、清真西寺等。

**平遥** 位于山西省中部，城始建于周宣王

时期。保存完整的城池，为明洪武初年重修，城墙高12米左右，周长6.4千米，有垛口、马面、敌楼、角楼、瓮城等。城内街道、商店、衙署等比较完整地保持着传统格局和风貌，楼阁式的沿街建筑、四合院民居以及市楼、文庙、清虚观等古建筑都很有特色。城北的镇国寺万佛殿和殿内塑像是五代遗物，雕塑和壁画十分精美。城西南的双林寺，殿宇规整，寺内彩塑也有很高艺术价值。

**呼和浩特** 蒙语意为青色的城，自古就是北方少数民族与汉族经济文化交往地。老城为明代所建，清初在其东北建新城。呼和浩特有许多喇嘛寺庙，著名的有大召、席力图召、乌素图召等。此外，还有金刚宝座塔、清真大寺、将军衙署旧址、昭君墓、万部华严经塔、清公主府等名胜古迹。

**镇江** 春秋时称朱方、谷阳，秦称丹徒，三国时孙权筑京城后称京口，北宋始称镇江，为府治。沿长江有著名的京口三山，金山有金山寺、慈寿塔、"天下第一泉"等；焦山有定慧寺和"瘗鹤铭"等著名碑刻；北固山有甘露寺及宋铸铁塔等，南朝梁武帝称之为"天下第一江山"。市内文物古迹有元代石塔，石塔附近还保持着古街道风貌，还有清代的抗英炮台和纪念辛亥革命先烈的伯先公园，南郊风景区有招隐寺等。

**常熟** 商末称勾吴，西晋建海虞县，南朝梁时称常熟，自唐以后为县治所在。古城布局独特，城内有琴川河，西北隅有虞山伸入，人称"十里青山半入城"。虞山上保存有明代城墙遗迹，城内街道基本保持明、清格局。文物古迹有商代仲雍墓、春秋言子墓、南朝梁昭

明太子读书台、南齐兴福寺、宋代方塔、元代大画家黄公望墓等。虞山风景秀丽，有剑门奇石、维摩寺、辛峰亭等名胜。

**徐州**　尧封彭祖于此，称大彭氏国，春秋有彭城邑，战国时为宋都，项羽亦曾在此建都，三国时为徐州州治，清代为府治。自古兵家必争，是有名的军事战略要地。文物古迹有汉代戏马台遗址、兴化寺、大士岩、淮海战役烈士陵园，还有汉墓多处，出土有汉画像石、兵马俑、银缕玉衣等。所辖沛县有元代摹刻刘邦"大风歌"碑。南郊有云龙山、云龙湖风景区。

**淮安**　位于江苏省北部，秦汉设县，隋、唐至清历为州、郡治，元、明以来，漕运、商业发达，为运河要邑。城池始建于晋，元、明增筑，三城联立，至今格局未变，尚保留有部分城墙遗迹。文物古迹有周恩来故居、青莲岗古文化遗址、文通塔、金代铜钟、关天培祠及墓、镇淮楼、韩侯祠、勺湖园、漂母祠、吴承恩故居、梁红玉祠等。

**宁波**　位于浙江省东部，早在七千年前已有相当发达的河姆渡原始文化，秦时设鄞县，自唐以后历为州、路、府治，并为重要港口，近代为"五口通商"的口岸之一。文物古迹有保国寺、天童寺、阿育王寺、天封塔，中国遗存最早的私人藏书楼天一阁，还有明代的甲第世家、清代大型民居等。宁波是中国烧制青瓷最早的地方之一，古代造船及海外贸易发达，宋代已有整套涉外机构，目前尚有遗迹可寻。

**歙县**　位于安徽省南部，秦代设县，自唐至清历为州、府、郡治。城池始建于明，保存有南、北谯楼及部分城垣。城内有大量明、清住宅及庭园，一些街巷还基本保持着明、清时代风格。文物古迹有许国牌坊、李太白楼、长庆寺砖塔、棠越村牌坊群、新安碑园、明代古桥等。歙县人文荟萃，有许多名人遗迹，还有歙砚、徽墨等传统工艺品。

**寿县**　位于安徽省中部，古称寿春，春秋为蔡侯重邑，后历代多为州、府治。城墙始建于宋，兼有防洪功能，经明、清修整，至今保存完好。文物古迹有报恩寺、范公（仲淹）祠、孔庙等，附近出土许多战国墓葬。城郊有八公山、淝水，是著名的"淝水之战"的古战场。

**亳州**　位于安徽省西北部，曾称亳县。亳，因商汤王立都而得名，以老子之故乡，曹操、华佗之故里而传闻中外。北周时即名亳州，涡河绕流城东北，古代水运较发达，商贾云集，会馆林立，曾为商埠，是中国古代四大药材基地之一。亳州一些老街依然保持着明清建筑的浓厚风貌。遗存的文物古建筑有商汤王陵、曹操家族墓群、华佗故居、文峰塔、明王台、花戏楼和古地道等。

**福州**　秦代设闽中郡，后一直为福建的政治中心，宋末、明末两次作为临时京都。福州汉代即有海外贸易，宋代为全国造船业中心，近代是"五口通商"口岸之一。城池始于汉代的冶城，晋、唐、五代、宋几次扩大，奠定了三山鼎立、两塔对峙的格局。市区文物古迹有宋代华林寺大殿、崇福寺、乌塔、白塔、戚公祠、开元寺等，郊区鼓山有涌泉寺及历代摩崖石刻，还有王审知墓、林则徐祠堂和墓、林祥谦陵园等。市区三坊七巷保存有大量明、清民居。

**漳州**　位于福建省东南部，战国属越，晋设县，自唐以后历为州、郡治所。宋末已有漳人去台湾，是台湾同胞及海外侨胞的祖居地之一。

文物古迹有唐代咸通经幢、南山寺、文庙、陈元光墓、芝山红楼革命纪念地等。周围有明建仿宋古城赵家堡、明代铜山古城、清代军事城堡诒安堡、宋代石桥和云洞岩摩崖石刻等。

**济南**　战国时为历下城，自晋以来历为州、府、郡治所。市区有风景优美的大明湖和趵突泉、黑虎泉、珍珠泉、五龙潭四大泉群，泉水串流于小巷、民居之间，构成独特的泉城风貌。文物古迹有城子崖龙山文化遗址，孝堂山汉代郭氏石祠，隋代四门塔、唐代龙虎塔、九顶塔、灵岩寺，宋代塑像、千佛山、黄石崖等名胜古迹。

**安阳**　位于河南省北部，是商代的殷都，秦筑城，隋至清历为州、郡、路、府治所。市区西北部的"殷墟"出土有大量甲骨文、青铜器，其中有著名的"后母戊"大方鼎。旧城基本保持传统格局并有许多传统民居。文物古迹有文峰塔、高阁寺、小白塔等，城北有袁世凯陵墓，城西水冶镇有珍珠泉风景区。

**南阳**　位于河南省西南部，古称宛，战国时为楚国重邑，东汉称陪京，后历为府治。文物古迹有两千年前的冶铁遗址、战国时宛城遗址、汉代画像石刻，还有玄妙观、武侯祠、医圣祠、张仲景墓、张衡墓等。

**商丘（县）**　位于河南省东部，舜封契于商，契后裔汤在此建商国，北魏、南宋短时做过帝都，秦置睢阳县，自汉代以后历为郡、州、府治。县城始建于明，称归德府，城池内方外圆，城墙及城河、城堤保存较完整，城内棋盘式道路、四合院民居基本保持传统格局与风貌。文物古迹有阏伯台、三陵台、文庙、壮悔堂、清凉寺等，还有梁园、文雅台等遗址。

**襄樊**　位于湖北省北部，周属樊国，战国时为楚国要邑，三国时置郡，后历代多为州、郡、府治。襄阳城墙始建于汉，自唐至清多次修整，保存基本完好，樊城保存有两座城门和部分城墙。文物古迹有邓城、鹿门寺、夫人城、隆中诸葛亮故居、多宝佛塔、绿影壁、米公（芾）祠、杜甫墓等。

**潮州**　位于广东省东部，是著名侨乡。古城始建于宋，东门城楼及部分城墙保存完好。城内南门一带有很多明、清民居及祠宇，反映了潮州建筑的传统风貌。市区有开元寺、葫芦山摩崖石刻，宋代瓷窑遗址、凤凰塔、文庙、韩文公祠、涵碧楼等文物古迹。市区西南有以桑浦山为中心的名胜古迹区。传统的潮州音乐、戏曲及手工艺品对台湾、东南亚均有影响。

**阆中**　位于四川省北部，是古代巴蜀军事重镇，汉为巴郡，宋以后称阆中，历代多为州、郡、府治所，清兵初入川时曾为四川首府。古城内有许多会馆等古建筑，还保留着主要的历史街区，传统风貌保存较好。汉、唐为天文研究中心之一，遗存唐代观星台遗址，文物古迹还有张桓侯庙及祠、巴巴寺、观音寺、白塔等，城东大佛山有唐代摩崖大佛及石刻题记。丝绸是著名的传统产品。

**宜宾**　位于四川省南部，金沙江、岷江交汇处，有"万里长江第一城"之称。曾为古西南夷僰侯国，汉为僰道，北宋始称宜宾，历为州、郡、府治所。文物古迹有翠屏山、流杯池、旧州塔、汉代墓葬、唐代花台寺、大佛陀石刻以及赵一曼纪念馆等。

**自贡**　位于四川省南部，生产井盐已有两千年历史，为著名"盐都"。遗存南北朝时的大公井遗址，有的清代盐井至今仍在生产，杉木井架高达百米，蔚为壮观。自贡还以"恐龙之乡"著称，在大山铺出土大量恐龙化石，建有恐龙博物馆。此外还有西秦会馆、王爷庙、桓侯馆、镇南塔等文物古迹。

**镇远**　位于贵州省西部，汉设无阳县，宋置镇远州，后历为州、府、道治，是古代东南亚入京城的主要通道。㵲阳河穿城而过，北为府城，南为卫城，皆明代建，保留有部分城墙。城内基本保持着传统风貌，四合院民居及沿河建筑富有地方特色。文物古迹有青龙洞古建筑群、四官殿、文笔塔、天后宫、谭家公馆、祝圣桥等。城西16千米处有㵲阳河风景区。

**丽江**　位于云南省西北部，是纳西族聚居地，战国时属秦国蜀郡，南北朝时纳西族先民羌人迁此，南宋时建城，元至清初为纳西族土司府所在地，后为丽江府治。老城区仍保存传统格局与风貌，具有浓郁的地方特色，新建民居亦就地取材，采用传统形式。文物古迹有木氏土司府邸、明代创建五凤楼、保存有纳西族古代壁画的大宝积宫琉璃殿、玉峰寺、普济寺，还有纳西族古代象形文字的"东巴经"、纳西古乐等。附近有玉龙雪山、长江第一湾、虎跳峡等风景名胜。

**日喀则**　位于西藏中南部，古称"年曲麦"，很早就是藏族聚居地，交通方便，环境优美，是后藏地区的政治、经济和文化中心。该地建城已有500余年历史，14世纪初，大司徒绛曲坚赞建立帕竹王朝，得到元、明中央政府的支持，当时日喀则为十三个大宗溪（行政机构名称）之一。噶玛王朝时期，西藏首府设此。基本保存藏式传统建筑风貌。有西藏三大宗之一扎什伦布寺，雄伟壮丽，为历世班禅驻锡之地。城东南有珍贵的宋、元建筑夏鲁寺等。

**韩城**　位于陕西省东部，西周时为韩侯封地，春秋称韩源，秦、汉为夏阳县，隋代称韩城县。旧城内保存大量具有传统风貌的街道及四合院民居，还有文庙、城隍庙等古建筑群，城郊有旧石器洞穴遗址、战国魏长城、司马迁祠墓、汉墓群、法王庙、普照寺、金代砖塔等名胜古迹。

**榆林**　位于陕西省北部，古长城边，著名的沙漠城市，是古代军事重镇和蒙汉贸易交往地。古城建于明代，城墙大部分尚存，城内古建筑很多，有新明楼、万佛楼、戴兴寺、关岳庙以及牌坊等。城北有古长城、镇北台、易马城、红石峡雄山寺，还有凌霄塔、青云寺、永济桥等。榆林传统手工业发达，民间音乐"榆林小曲"脍炙人口。

**武威**　位于甘肃省中部，古称凉州，六朝时的前凉、后凉、南凉、北凉，唐初的大凉都曾在此建都，以后历为郡、州、府治。是古代中原与西域经济、文化交流的重镇，是"丝绸之路"的要隘，一度为北方的佛教中心。著名的凉州词、曲，西凉乐，西凉伎都在这里形成和发展。文物古迹有皇娘娘台新石器文化遗址、唐大云寺铜钟、海藏寺、罗什塔、文庙、钟楼、雷台观及碑刻等。雷台汉墓出土的铜奔马为国家文物珍品。

**张掖**　位于甘肃河西走廊的中部，水草丰茂，物产富饶，因有"金张掖"之称。自汉武帝元鼎六年（前111年）开设河西四郡以来，张掖一直为通往西域欧亚各国的"丝绸之路"的重要城市。遗存的文物古迹丰富，有大佛寺、木塔、西来寺、鼓楼、大土塔、黑水国汉墓群等。大佛寺内的大卧佛身长34．5米，为全国最大的卧佛。市内还保存有不少明、清时期的民居，具有明显的地方特点。

**敦煌** 位于甘肃省西部，周以前为戎地，秦为大月氏地，汉武帝时设置敦煌郡，为古代"丝绸之路"上的重镇。自宋至清雍正年间称沙州，乾隆年间改名敦煌县。文物古迹有莫高窟千佛洞，是中外闻名的艺术宝库；城南月牙泉，在茫茫沙漠中泉水澄碧，有"沙漠第一泉"之称。还有敦煌古城遗址和白马塔、古阳关遗址、汉代烽燧遗址、玉门关等。县境内有汉代长城遗址150千米、烽火台70余座，还有寿昌城、河仓城等古城遗址。

**银川** 位于宁夏北部。秦为北地郡所辖，南北朝时屯田建北典农城。自古引黄灌溉，有"塞上江南"之称。银川旧城为唐始建，新城前身为清代建的满城。西夏时名兴州，在此建都达190年。保存有承天寺塔、拜寺口双塔、西夏王陵等。其他文物古迹还有海宝塔、玉皇阁、鼓楼、南门楼、清真寺以及阿文古兰经、古代岩画等。

**喀什** 位于新疆西部，古称疏勒、喀什噶尔，汉为疏勒属国都城，自汉至清均为历代中央政府管辖，是古代"丝绸之路"的重镇。文物古迹有艾提尕尔清真寺、阿巴克和卓陵墓、经教学院、艾日斯拉罕陵墓、斯坎德尔陵墓、玉素甫·哈斯·哈吉甫麻扎儿及佛教石窟三仙洞等。喀什是维吾尔族聚居地，街道、民居、集市以及音乐、舞蹈、手工艺品都有浓郁的民族特色。

国务院批转《通知》认为，国家历史文化名城名单的公布，带动其他城市的历史文化遗产和城市特色的保护，对城乡经济建设和旅游事业发展、加强精神文明建设具有积极作用。《通知》要求，根据具体城市的历史、科学、艺术价值分别由国务院公布国家历史文化名城和各省、自治区、直辖市人民政府公布省级历史文化名城；《通知》要求，做好历史文化名城保护规划，保护文物古迹及具有历史传统特色的街区，保护城市的传统格局和风貌，保护传统的文化、艺术、民族风情的精华和著名的传统产品，并纳入城市总体规划；《通知》要求，要制定名城保护管理的地方法规，明确保护对象及其保护范围和建设控制地带，分别采取相应的保护措施。《通知》还提出了"历史文化保护区"的概念和资金安排的要求。

## 三、第三批国家历史文化名城

1990年国务院发布《中华人民共和国城镇国有使用权出让和转让暂行条例》以后，土地的有偿使用和土地收储政策带动地方政府财政收入的增加，也带来了90年代开始的大规模"造城运动"，城市开发建设速度越来越快，一些历史文化名城，片面追求近期经济利益，在建设时违反城市规划和有关法规规定的倾向又有所抬头。1991年起，建设部、国家文物局请各省（自治区、直辖市）人民政府在认真调查研究的基础上慎重提出第三批国家历史文化名城推荐名单。对各地区提出的推荐名单，经有关城市规划、建筑、文物、考古、地理等专家按照《国务院批转建设部、文化部关于请公布第二批国家历史文化名城名单报告的通知》（国发〔1986〕104号）文件关于审定国家历史文化名城的原则，进行反复酝酿，讨论审议，提出37个城市建议作为第三批国家历史文化名城，于1993年6月10日联合报国务院审批。1994年1月4日，国务院印发《批转建设部、国家文物局关于审批第三批国家历史文化名城和加强保护管理请示的通知》（国发〔1994〕3号），公布第三批37个国家历史文化名城。简介如下：

**正定**　位于河北省西部。春秋时为鲜虞国都，战国为中山国东垣邑，秦置县，西晋至清末为郡、州、府、路治所。正定城始建于北周，遗存的砖城为明代改建，城墙基本完整。隆兴寺、开元寺钟楼、凌霄塔、广惠寺华塔为全国重点文物保护单位。

**邯郸**　位于河北省南部。兴起于殷商后期，战国为赵都，秦为邯郸郡首府，魏晋至民国为县城。全国重点文物保护单位有新石器时代的磁山遗址、春秋战国时期的赵邯郸故城、魏晋时期的邺城遗址、南北朝时期的响堂山石窟等。

**新绛**　位于山西省南部。古名绛州。隋至清为州、府治。遗存城墙筑于明代，城内分5个坊。有绛州大堂、龙兴寺、钟楼、鼓楼、乐楼等古建筑。建于隋代的绛守居园池，是国内遗存唯一的隋唐园林遗址。有薛家花园、陈家花园、乔家花园等私家园林。

**代县**　位于山西省北部。隋为代州，唐以后，曾为郡、州、县治。尚存西门瓮城及城墙，为明初扩修，长约千米，墙体基本完整。有边靖楼、阿育王塔、文庙、关帝庙、钟楼、将军庙等文物古迹。有抗日战争时期八路军雁门关伏击战遗址。

**祁县**　位于山西省中部。北魏太和年间为县治。县城典型的明清格局基本完好。临街多为商号店铺建筑。有文庙、财神庙、乔家大院和镇河楼等文物古迹。遗存居民院落近千处。

**哈尔滨**　位于黑龙江省西南部。唐代为忽汗州辖区。18世纪市区位置始有村落。有极乐寺、文庙等多处文物古迹。1898年以后，曾被俄、日、美、英、法等列强占领。市内尚存许多当时建造的东正教堂、天主教堂等欧式建筑和中央大街。

**吉林**　位于吉林省中部。清康熙年间筑吉林城，将军衙门迁此后，改名吉林乌拉。文物古迹有古城残垣、清代文庙、北山玉皇阁、坎离宫、观音古刹、龙潭山山城、临江摩崖石刻以及中国共产党从事地下活动的毓文中学等。

**集安**　位于吉林省南部。唐至辽代均为州治。古城由国内城与城北的丸都山故城组成。丸都山故城东部城墙保存完整，为全国重点文物保护单位。文物古迹有洞沟古墓群、霸王朝山城、长川壁画墓等。

**衢州**　位于浙江省西部。东汉始为县治，唐至清历为州、路、府治。遗存的城墙为明代所建，保存有城门、城垣和钟楼。清代重建的孔氏家庙为全国两个孔氏家庙之一，庙内存有唐代吴道子绘"先圣遗像碑"、明代"孔氏家庙图"碑刻等珍贵文物。

**临海**　位于浙江省中部。三国时始为县治，此后为郡、州、路、府治。遗存西南两面部分明代城墙及4个城门。有元代所建楼阁式千佛塔。有为纪念谭纶、戚继光驻扎临海抵御倭寇而建的表功碑。

**长汀**　位于福建省西部。西晋始置县，唐至清为州、郡、府、路治。有新石器时代遗址，唐代、明代的城墙、城门，还有文庙、朱子祠等古迹。第二次国内革命战争时期，是中央苏区的经济中心。革命活动遗址有福建省苏维埃政府旧址、福音医院、第四次反围剿紧急会议旧址、中央闽粤赣省委旧址等，以及瞿秋白、何叔衡纪念碑。

**赣州**　位于江西省南部。汉高祖年间设赣县。东晋为郡治，隋唐为虔州治所，南宋改名赣州。遗存宋代城墙，还有舍利塔、文庙等文物古迹。有王阳明讲学的新安书院、爱莲书院、濂溪书院和阳明书院，还有南市街、六合铺传统街区。宋代的通天岩石窟为全国重点文物保护单位。

**青岛**　位于山东省东南部。明代中叶为防止倭寇侵袭，设浮山防御千户所。鸦片战争后，设总镇衙门。1897年后，曾被德、日、美列强先后占领。遗存原提督公署、官邸和原警察署等大量欧式、日式建筑。

**聊城**　位于山东省西部。古为齐国城邑。宋熙宁年间建土城，明清为东昌府治。城中央的光岳楼和城内的山陕会馆为全国重点文物保护单位。有北宋时建的13级铁塔，还有运河小码头、傅氏祠堂、范筑先纪念馆等文物古迹。

**邹城**　位于山东省南部。是孟子故乡。秦代始置驺县，北齐天保年间迁今址，唐代改"驺"为"邹"。孟庙及孟府和铁山、岗山摩崖石刻为全国重点文物保护单位。有古建筑重兴塔、传统街道亚圣庙街和野店遗址、邾国故城、孟子林、葛山摩崖石刻等文物古迹。

**临淄**　位于山东省中部。公元前11世纪，姜太公于齐地建立齐国，都治营丘。后更名为临淄。西周、春秋、战国时，为齐国都城，西晋以后，为州、郡、县治。齐国故城、田齐王陵为全国重点文物保护单位。还有临淄墓群、桐林田旺遗址等古遗址、古墓葬。

**郑州**　位于河南省中部。有多处新石器中晚期文化遗址。郑州商城遗址保存完整，有城墙、宫殿基址和各类手工作坊遗址。有中国最早利用煤炭作燃料的汉代冶铁遗址，还有城隍庙、清真寺和纪念1923年京汉铁路工人大罢工的二七纪念塔、纪念堂等。

**浚县**　位于河南省北部。古称黎，西汉置黎阳县，宋改为浚州，明改州为县。县城始建于明代，遗存部分城垣。城内有清代民居。有千佛寺和千佛寺石窟、天宁寺、大石佛、碧霞宫、恩荣坊等文物古迹。

**随州**　位于湖北省西北部。传说为炎帝神农的故里。西周时为随国都城，秦属南阳郡，唐以后为州治。存有明代砖城遗迹。有古文化遗址、古墓葬多处。城西擂鼓墩古墓葬群中的曾侯乙墓出土大量文物，其中有极其珍贵的编钟、编磬等古乐器。

**钟祥**　位于湖北省中部。古为郢，战国后期为楚国都城。三国时吴置牙门戍筑城，名为石城，西晋至明朝为郡、州、府治。遗存部分石城遗址。城内有文风塔、元祐宫、阳春台和白雪楼等文物古迹。明显陵是嘉靖皇帝生父母的合葬墓，为全国重点文物保护单位。

**岳阳**　位于湖南省东北部。春秋时属楚，晋始建巴陵县，曾为郡、州、府、县治。为楚文化和百越文化交汇处。岳阳楼为全国重点文物保护单位。还有岳州文庙、慈氏塔、鲁肃墓等文物古迹。

**肇庆**　位于广东省中部。古称端州，汉设县，隋置端州，宋始称肇庆。城墙保存完好。有崇禧塔、梅庵、西谯楼、叶挺独立团旧址、七星岩摩崖石刻等文物古迹。有佛教禅宗六祖的遗迹，东、西清真寺等。

**佛山**　位于广东省南部。隋属南海县，唐代贞观年间因掘出3尊佛像而得名。有祖庙、孔庙、黄公祠等文物古迹，石湾有古窑址、名园群星草堂。

**梅州**　位于广东省东北部。南齐中兴元年（501年）置程乡县，宋设梅州，为府治。有千佛塔、灵光寺等文物古迹。历史上是客家人的最大聚居中心和文化中心。民居围龙屋富有特色。

**海康**（1994年改设雷州市）　位于广东省南部。始建于战国，西汉始为县、郡、州、道、府治。有雷祖祠、三元塔、真武堂、新石器时代遗址、南朝至唐代窑址、汉代至元代古墓葬等文物古迹。许多清代民居保存完好。

**柳州**　位于广西壮族自治区中部。汉元鼎年间置潭中县，唐贞观时称柳州，宋为州治，明、清为府治。有柳侯祠、东门城楼、清真寺等文物古迹。有白莲洞、鲤鱼嘴贝丘、蛮王城等石器时代人类文化遗址。

**琼山**　位于海南省北部。秦始设县，唐至清为琼州府治。有五公祠、琼州文庙大成殿、琼台书院、邱浚故居等文物古迹。有冯白驹故居等近代革命历史遗迹。

**乐山**　位于四川省中南部。春秋时期为蜀王开明王国都，北周时称嘉州，此后为州、府治所。城垣依山临江而筑，城堤合一，临江部分尚存，有5个城门券。三龟九顶山上有宋末的城址和炮台。乐山大佛是全国重点文物保护

单位。还有凌云寺，乌尤寺、龙泓寺及唐塔、摩崖造像、汉代崖墓等文物古迹。

**都江堰**　位于四川省中部。秦李冰兴建都江堰，唐时在城北建玉垒关，晋置灌口，五代至元末时称灌州，明以后称灌县。有始建于五代的文庙，还有奎光塔、城隍庙及一些传统民居。都江堰是中国古代大型水利工程，至今仍发挥作用，为全国重点文物保护单位。有纪念李冰父子的二王庙和伏龙观。

**泸州**　位于四川省南部。西汉置江阳县，梁武帝大同年间改名泸州。有建于南宋的报恩塔，塔高33米。有"老泸州城"遗址，遗存东城垣和东、西城门及炮台。还有奎星阁、忠山平远堂等文物古迹。

**建水**　位于云南省南部。县城为唐南诏时所筑。元初设建水千户，后改建水州。有建于元代的文庙、清代的双龙桥，还有燃灯寺、东林寺、玉皇阁、东城门朝阳楼、朱家花园、百岁楼等文物古迹。

**巍山**　位于云南省西部。汉代设县治，名邪龙县，唐以后多为县治。古城保持着明清时的棋盘式格局。有建于明代的北门古楼、清代文献楼。遗存文庙、书院等文物古迹。城南巍宝山有众多道教古建筑。

**江孜**　位于西藏自治区南部。江孜宗是一组集军政职能于一体的宫堡式建筑。1904年，当地军民在此抗击过英国侵略军，宗山抗英遗址为全国重点文物保护单位。白居寺建于公元15世纪，聚萨迦、格鲁、布敦等各教派于一寺，在西藏佛教史上有一定地位和影响，寺内的白居塔殿堂内藏有大量佛像，称十万佛塔。

**咸阳**　位于陕西省中部。古为秦国都城。

汉时先后为新城、渭城，唐置咸阳县。有周陵、秦咸阳城遗址、西汉诸陵及唐顺陵和昭陵、乾陵等9座唐代帝王陵，还有唐代昭仁寺、大佛寺、杨贵妃墓和明代佛铁塔等文物古迹。

**汉中** 位于陕西省南部。西周时称周南、南郑，战国时置汉中郡，宋嘉定年间筑兴元城。文物古迹有刘邦的汉台、钦马池、拜将台以及魏延墓、净明寺塔、武侯墓、武侯祠、张骞墓、张良墓等。褒斜道石门及其摩崖石刻为全国重点文物保护单位，其汉魏以来石刻极其珍贵，已移入博物馆保存。

**天水** 位于甘肃省东部。春秋时设邽县，汉置天水郡。是"丝绸之路"南道要冲。文物古迹有明代四合院如南宅子、北宅子，有明代建伏羲庙、玉泉观。麦积山石窟为全国重点文物保护单位。有诸葛亮六出祁山的祁山堡。

**同仁** 位于青海省东部。民国18年（1929年）设同仁县，1949年设隆务镇。隆务寺，初属萨迦派寺院，后改宗格鲁派，为藏汉结合式建筑。隆务镇老城区分上下街，有南北城门各一，街区风貌基本完整，还有二郎庙、清真寺等古建筑。

《通知》要求，各地区、各部门要按照《文物保护法》《城市规划法》等有关法规和本通知的要求，切实处理好历史文化名城的开发建设与保护抢救工作的关系，把历史文化名城保护好、建设好、管理好。《通知》要求，国家历史文化名城的审定，要从严审批，严格控制新增数量；对于不按规划和法规进行保护、失去历史文化名城条件的城市，应撤销其国家历史文化名城的名称；对于确实符合条件的城市，也可增定为国家历史文化名城。通知要求，抓紧制订历史文化名城的保护管理办法，使保护工作走上规范化、法制化的轨道；抓紧组织编制、修订和审批历史文化名城保护规划。通知还要求，各历史文化名城近期要对保护工作进行一次自查。

## 四、国家历史文化名城的增定

三批国家历史文化名城相继公布后，国家对国家历史文化名城的核定公布更加审慎、严谨，严格控制新增数量，不再采取逐批次集中公布的措施，从2001年开始按照达到条件即适时公布的方式，陆续增定数量不多的确实符合条件的国家历史文化名城。具体简介如下：

2001年8月10日，国函〔2001〕90号："**秦皇岛市山海关区**位于华北地区北部，1989年，经河北省人民政府批准为省级历史文化名城。山海关于公元1381年建城，自古即为中国的军事重镇。现山海关关城较完整地保留了明清时期形成的历史风貌，东西罗城、南北翼城、威远城、宁海城等大量文物古迹保存完好，具有较高的历史价值。'万里长城——山海关'是全国重点保护单位。"

2001年12月17日，国函〔2001〕167号："**凤凰县**位于湘西土家族苗族自治州南部，1999年经湖南省批准为省级历史文化名城。凤凰县县城所在地沱江镇已有一千多年建城的历史，自古即为湘西地区的政治、军事、经济、文化中心。现凤凰县县城较完整地保留了明清时期形成的传统格局和历史风貌，湘西边墙、朝阳宫、天王庙等大量文物古迹保存完好，具有较高的历史文化价值。"

2004年10月1日，国函〔2004〕84号："濮阳市位于河南省东北部，最早的历史可以追溯到距今七八千年前的裴李岗文化时期，秦汉以来先后有东郡、澶州、开州等称谓。现老城区内的东、西、南、北四条大街较完整地保留了明清时期形成的格局和风貌。保存至今的历史遗存有西水坡遗址、卫都高城遗址、春秋戚城遗址、五代澶州城遗址、仓颉陵、子路墓祠、回銮碑、原中共中央北方局和平原分局旧址等。市内的各级文物保护单位近70处，其中许多文物古迹具有较高的历史文化价值。"

2005年4月14日，国函〔2005〕28号："安庆市城市发展历史悠久，文化遗存丰富，历史遗迹保存较好。安庆市城市发展历史，特别是近代城市发展历史，在中国城市发展史上具有重要地位。"

2007年3月9日，国函〔2007〕25号："泰安市城市发展历史悠久，文化遗存丰富，历史遗迹保护较好，自然风光雄伟壮丽，具有重要的历史、科学、艺术价值。泰安市'山城相依、山城一体'的格局独具特色。"

2007年3月13日，国函〔2007〕26号："海口市城市发展悠久，文化遗存丰富，历史遗址保存较好。海口市历史上作为连接中国内陆与东南亚地区的重要枢纽，形成了特色鲜明的文化积淀。"

2007年3月18日，国函〔2007〕28号："金华市城市发展历史悠久，历史文化遗存丰富，古城格局基本完整，传统文化特色突出。"

2007年3月18日，国函〔2007〕29号："绩溪县城市发展历史悠久，文化底蕴十分厚重，历史遗存丰富，古城格局完整，历史文化街区保存完好，徽文化特色突出。"

2007年4月27日，国函〔2007〕42号："吐鲁番市历史悠久，文化底蕴丰厚，历史遗存丰富，民族特色突出。"

2007年5月6日，国函〔2007〕45号："特克斯县历史悠久，文化底蕴丰厚，历史遗存丰富，民族特色突出。"

2007年9月5日，国函〔2007〕89号："无锡市历史悠久，文化底蕴丰厚，历史遗存丰富，地方特色突出。"

2009年1月2日，国函〔2009〕2号："南通市历史悠久，文化底蕴丰厚，历史遗存丰富，近代城市建设特色突出。"

2010年11月9日，国函〔2010〕121号："北海市历史悠久，文化底蕴丰厚，历史遗存丰富，近代城市建设特色突出。"

2011年1月24日，国函〔2011〕9号："宜兴市历史悠久，文化底蕴丰厚，历史遗存丰富，陶瓷文化特色突出。"

2011年1月24日，国函〔2011〕10号："嘉兴市历史悠久，文化底蕴丰厚，历史遗存丰富，城市建设特色突出，红色文化价值独特。"

2011年3月12日，国函〔2011〕27号："中山市历史悠久，文化底蕴丰厚，历史遗存丰富，近代城市建设特色突出。"

2011年3月17日，国函〔2011〕28号："太原市历史悠久，文化底蕴丰厚，历史遗存丰富，城市建设特色突出。"

2011年5月1日，国函〔2011〕49号："蓬莱市历史悠久，地位独特，历史遗存丰富，城市传统格局保存较好，城市建设特色突出。"

2011年11月2日，国函〔2011〕135号："会理县历史悠久，文化底蕴丰厚，历史遗存丰富，近代城市建设特色突出。"

2012年3月15日，国函〔2012〕22号："库车县历史悠久，文化底蕴丰厚，历史遗存丰富，城市传统格局保存完整，民族文化特色突出。"

2012年6月28日，国函〔2012〕64号："伊宁市历史悠久，文化底蕴丰厚，历史遗存丰富，城市传统格局保存完整，民族文化特色突出。"

2013年2月10日，国函〔2013〕26号："泰州市历史悠久，遗存丰富，街区特色鲜明，文化底蕴丰厚，古城传统格局和风貌保存完整，城市历史地位突出。"

2013年5月18日，国函〔2013〕59号："会泽县历史悠久，遗存丰富，街区集中成片，古城传统格局和风貌保存完整，历史地位突出。"

2013年7月28日，国函〔2013〕83号："烟台市历史悠久，遗存丰富，文化底蕴深厚，名胜古迹众多，近代建筑集中成片，街区特色鲜明，城区传统格局和风貌保存完好，具有重要的历史文化价值。"

2013年11月18日，国函〔2013〕120号："青州市历史悠久，遗存丰富，文化底蕴深厚，名胜古迹众多，近代建筑集中成片，街区特色鲜明，城区传统格局和风貌保存完好，具有重要的历史文化价值。"

2014年7月14日，国函〔2014〕88号："湖州市历史悠久，遗存丰富，太湖溇港文化景观价值突出，城区传统格局和风貌保存完好，具有重要的历史文化价值。"

2014年8月6日，国函〔2014〕98号："齐齐哈尔市历史悠久，文化多元，遗存丰富，特色鲜明，具有重要的历史文化价值。"

2015年6月1日，国函〔2015〕93号："常州市历史悠久，遗存丰富，文化底蕴深厚，街区特色鲜明，城区传统格局和风貌保存完好，具有重要的历史文化价值。"

2015年8月11日，国函〔2015〕132号："瑞金市历史悠久，红色文化特色突出，革命历史遗存丰富，是人民共和国的摇篮和苏区精神的主要发源地，城区传统格局保存较好，具有重要的历史文化价值。"

2015年10月3日，国函〔2015〕117号："惠州市历史悠久，遗存丰富，文化多元，底蕴深厚，城区传统格局和风貌保存完好，具有重要的历史文化价值。"

2016年4月22日，国函〔2016〕75号："温州市历史悠久，文化遗存丰富，历史街区特色鲜明，传统风貌保存完好，保存有独特的'山水斗城'格局，具有重要的历史文化价值。"

2016年11月22日，国函〔2016〕184号："高邮市历史悠久，文化遗存丰富，古城传统格局和风貌保存完好，邮驿文化和运河文化特色突出，具有重要的历史文化价值。"

2016年12月16日，国函〔2016〕205号："永州市历史悠久，文化遗存丰富，保存有独特的'两山一水一城'古城格局，历史街区特色鲜明，非物质文化遗产丰富，具有重要的历史文化价值。"

2017年7月16日，国函〔2017〕97号："龙泉市历史悠久，古城传统格局和风貌保存完好，非物质文化遗产丰富，具有重要的历史文化价值。"

2017年10月15日，国函〔2017〕131号："长春市历史悠久，历史遗存丰富，城市空间格局独特，工业遗产特色鲜明，非物质文化遗产丰富多样，具有重要的历史文化价值。"

自2001年以来新增的国家历史文化名城，均由各省（自治区、直辖市）人民政府提出申报请示，国务院批复。批复文件一般要求地方省、市两级政府认真做好相关国家历史文化名城的保护、建设和管理工作，认真编制完善国家历史文化名城保护规划；在充分研究传统历史文化的基础上，正确处理城市建设与历史文化遗产保护的关系，明确保护原则和工作重点，划定历史街区和文物古迹保护范围及建设控制地带，制定严格的保护措施和控制要求，并纳入城市总体规划。并且明确要求省政府和建设部、国家文物局加强对国家历史文化名城规划、保护的指导、监督和检查工作。后来随着"历史文化街区"概念的提出，明确要求分级"划定历史文化街区、文物保护单位、历史建筑"的保护范围和建筑控制地带，编制历史文化街区等重要保护地段的详细规划，制订严格保护措施；明确要求不得进行任何与历史文化名城环境和风貌不相协调的建设活动。有的还根据名城类别给予环境整治、历史建筑修缮、民族文化特色、地方传统风貌等针对性要求。

# 第二节 中国历史文化名镇名村

历史文化名镇名村的提出与管理，是随着历史文化名城保护管理实践的不断成熟而提出来的。1982年《文物保护法》提出了"历史文化名城"的概念，没有提出"历史文化名镇（村）"的概念。1986年4月，国务院批转城乡建设环境保护部、文化部《关于请公布第二批国家历史文化名城名单报告》（国发〔1986〕104号）的文件，初步提出"文物古迹—历史文化保护区—历史文化名城"三级保护体系，其中要求保护的"街区""小镇村落"已经初具名镇名村的含义。1996年，建设部开始历史文化名镇名村的申报工作，但由于各种原因而被耽搁。2002年修订的《文物保护法》，明确提出"历史文化街区""历史文化村镇"的概念，以法律形式确立历史文化镇村的保护地位。

## 一、第一批中国历史文化名镇（村）

2003年，建设部、国家文物局决定开始在全国选择一些保存文物特别丰富并且具有重大历史价值或革命纪念意义，能较完整地反映一些历史时期的传统岁月和地方民族特色的镇（村），分期分批公布为中国历史文化名镇和中国历史文化名村。10月8日，建设部、国家文物局联合发布《中国历史文化名镇（村）评选办法》，分别从历史价值与风貌特色、原状保存程度、现状一定规模等方面规定了中国历史文化名镇（村）的基本条件与评价标准。历史价值与风貌特色方面，要求历史文化名镇（村）应当具备下列条件之一：在一定历史时期内对推动全国或某一地区的社会经济发展起过重要作用，具有全国或地区范围的影响；或系当地水陆交通中心，成为闻名遐迩的客流、货流、物流集散地；在一定历史时期内对建设过重大工程，并对保障当地人民生命财产安全、保护和改善生态环境有过显著效益且延续至今；在革命历史上发生过重大事件，或曾为革命政权机关驻地而闻名于世；历史上发生过抗击外来侵略或经历过改变战局的重大战役以及曾为著名战役军事指挥机关驻地；能体现中国传统的选址和规划布局经典理论，或反映经典营造法式和精湛的建造技艺；或能集中反映某一地区特色和风情，民族特色传统建造技术。建筑遗产、文物古迹和传统文化比较集中，能较完整地反映某一历史时期的传统风貌、地方特色和民族风情，具有较高的历史、文化、艺术和科学价值，保有清代以前建造或在中国革命历史中有重大影响的成片历史传统建筑群、纪念物、遗址等，基本风貌保持完好。原状保存程度方面，镇（村）内历史传统建筑群、建筑物及其建筑细部乃至周边环境基本上原貌保存完好；或因年代久远，原建筑群、建筑物及其周边环境虽曾倒塌破坏，但已按原貌整个恢复；或原建筑群及其周边环境虽部分倒塌破坏，但"骨架"尚存，部分建筑细部亦保存完好，依据保存实物的结构、构造和样式可以整体修复原貌。同时还就现状规模、村镇总体规划、管理机构、保护资金等做了规定。

2003年11月27日，经建设部和国家文物局联合审定的首批历史文化名镇（村）正式公布。具体名单如下。

### 第一批中国历史文化名镇

1．山西省灵石县静升镇
2．江苏省昆山市周庄镇
3．江苏省吴江市同里镇
4．江苏省苏州市吴中区甪直镇
5．浙江省嘉善县西塘镇
6．浙江省桐乡市乌镇
7．福建省上杭县古田镇
8．重庆市合川县涞滩镇
9．重庆市石柱县西沱镇
10．重庆市潼南县双江镇

### 第一批中国历史文化名村

1．北京市门头沟区斋堂镇爨底下村
2．山西省临县碛口镇西湾村
3．浙江省武义县俞源乡俞源村
4．浙江省武义县武阳镇郭洞村
5．安徽省黟县西递镇西递村
6．安徽省黟县宏村镇宏村
7．江西省乐安县牛田镇流坑村
8．福建省南靖县书洋镇田螺坑村
9．湖南省岳阳县张谷英镇张谷英村
10．广东省佛山市三水区乐平镇大旗头村
11．广东省深圳市龙岗区大鹏镇鹏城村
12．陕西省韩城市西庄镇党家村

## 二、第二批中国历史文化名镇（村）

2004年，建设部、国家文物局决定开展第二批中国历史文化名镇（村）评选工作。在全国范围内选择一些保存文物特别丰富并且具有重大历史价值或革命纪念意义，能够完整反映一些历史时期的传统风貌和地方民族特色的镇（村）。建设部规划司委托中国建筑设计研究院小城镇发展研究中心承担此次评选的具体工作。统计资料显示，共收到全国26个省（自治区、直辖市）报送参评的历史文化镇（村）共214个，其中申报名镇的122个，申报名村的92个。与第一届相比，申报数量有大幅增加，申报材料质量有较大提高。第二批中国历史文化名镇（村）评选会议于2004年6月15～18日在北京举行，由罗哲文、王景慧、黄景略、陈同滨、傅清远、楼庆西、王健平、杜白操等组成专家评审组，罗哲文担任评委专家组组长。评选专家组经过4天认真工作，从上报214个申报单位中评选形成专家推荐名单，上报建设部、国家文物局审定。最终公布了第二批中国历史文化名镇34个、中国历史文化名村24个。

### 第二批中国历史文化名镇

1．河北省蔚县暖泉镇
2．山西省临县碛口镇
3．辽宁省新宾满族自治县永陵镇
4．上海市金山区枫泾镇
5．江苏省苏州市吴中区木渎镇
6．江苏省太仓市沙溪镇
7．江苏省姜堰市溱潼镇
8．江苏省泰兴市黄桥镇
9．浙江省湖州市南浔区南浔镇
10．浙江省绍兴县安昌镇

11. 浙江省宁波市江北区慈城镇

12. 浙江省象山县石浦镇

13. 福建省邵武市和平镇

14. 江西省浮梁县瑶里镇

15. 河南省禹州市神垕镇

16. 河南省淅川县荆紫关镇

17. 湖北省监利县周老嘴镇

18. 湖北省红安县七里坪镇

19. 湖南省龙山县里耶镇

20. 广东省广州市番禺区沙湾镇

21. 广东省吴川市吴阳镇

22. 广西灵川县大圩镇

23. 重庆市渝北区龙兴镇

24. 重庆市江津市中山镇

25. 重庆市酉阳土家族苗族自治县

26. 四川省邛崃市平乐镇

27. 四川省大邑县安仁镇

28. 四川省阆中市老观镇

29. 四川省宜宾市翠屏区李庄镇

30. 贵州省贵阳市花溪区青岩镇

31. 贵州省习水县土城镇

32. 云南省禄丰县黑井镇

33. 甘肃省宕昌县哈达铺镇

34. 新疆鄯善县鲁克沁镇

### 第二批中国历史文化名村

1. 北京市门头沟区斋堂镇灵水村

2. 河北省怀来县鸡鸣驿乡鸡鸣驿村

3. 山西省阳城县北留镇皇城村

4. 山西省介休市龙凤镇张壁村

5. 山西省沁水县土沃乡西文兴村

6. 内蒙古土默特右旗美岱召镇美岱召村

7. 安徽省歙县徽城镇渔梁村

8. 安徽省旌德县白地镇江村

9. 福建省连城县宣和乡培田村

10. 福建省武夷山市武夷乡下梅村

11. 江西省吉安市青原区文陂乡渼陂村

12. 江西省婺源县沱川乡理坑村

13. 山东省章丘市官庄乡朱家峪村

14. 河南省平顶山市郏县堂街镇临沣寨(村)

15. 湖北省武汉市黄陂区木兰乡大余湾村

16. 广东省东莞市茶山镇南社村

17. 广东省开平市塘口镇自力村

18. 广东省佛山市顺德区北滘镇碧江村

19. 四川省丹巴县梭坡乡莫洛村

20. 四川省攀枝花市仁和区平地镇迤沙拉村

21. 贵州省安顺市西秀区七眼桥镇云山屯村

22. 云南省会泽县娜姑镇白雾村

23. 陕西省米脂县杨家沟镇杨家沟村

24. 新疆鄯善县吐峪沟乡麻扎村

### 三、第三批中国历史文化名镇（村）

2006年，建设部和国家文物局下发《关于组织申报第三批中国历史文化名镇（村）的通知》，决定进行第三批中国历史文化名镇（村）的评选认定工作。《通知》指出，历史文化名镇（村）是中国历史文化遗产的重要组成部分，它反映了不同时期、不同地域、不同民族、不同经济社会发展阶段聚落形成和演变的历史过程，真实记录了传统建筑风貌、优秀建筑艺术、传统民俗民风和原始空间形态，具有很高的研究和利用价值。通知要求，各地按照建设部、国家文物局发布的《中国历史文化名镇（村）评选办法》的要求组织申报。要求申请报告中在概述申报镇（村）的地理位置、环境条件、村镇规模、水陆交通以及社会经济和建设等状况的基础上,着重说明其历史传统建筑群及其环境的历史年代、原貌保存情况、现状规模、空间分布以及价值特色等情况。此外还要提交经省级建设行政主管部门批准的保护规划、《评价指标体系》和《基础数据表》、保护维修的规章制度与具体办法以及传统建筑群风貌照片集等资料。

2007年5月31日,根据《评选办法》等规定,在各地初步考核推荐的基础上,经专家评审并按《评价指标体系》审核,建设部、国家文物局批准公布了第三批中国历史文化名镇41个、名村36个。具体名单如下:

### 第三批中国历史文化名镇

1. 河北省永年县广府镇
2. 山西省襄汾县汾城镇
3. 山西省平定县娘子关镇
4. 黑龙江省海林市横道河子镇
5. 上海市青浦区朱家角镇
6. 江苏省南京市高淳区淳溪镇
7. 江苏省昆山市千灯镇
8. 江苏省东台市安丰镇
9. 浙江省绍兴市越城区东浦镇
10. 浙江省宁海县前童镇
11. 浙江省义乌市佛堂镇
12. 浙江省江山市廿八都镇
13. 安徽省肥西县三河镇
14. 安徽省六安市金安区毛坦厂镇
15. 江西省鹰潭市龙虎山风景区上清镇
16. 河南省社旗县赊店镇
17. 湖北省洪湖市瞿家湾镇
18. 湖北省监利县程集镇
19. 湖北省郧西县上津镇
20. 广东省开平市赤坎镇
21. 广东省珠海市唐家湾镇
22. 广东省陆丰市碣石镇
23. 广西壮族自治区昭平县黄姚镇
24. 广西壮族自治区阳朔县兴坪镇
25. 海南省三亚市崖城镇
26. 重庆市北碚区金刀峡镇
27. 重庆市江津区塘河镇
28. 重庆市綦江区东溪镇
29. 四川省成都市双流区黄龙溪镇
30. 四川省自贡市沿滩区仙市镇
31. 四川省合江县尧坝镇
32. 四川省古蔺县太平镇
33. 贵州省黄平县旧州镇
34. 贵州省雷山县西江镇
35. 云南省剑川县沙溪镇
36. 云南省腾冲县和顺镇
37. 西藏自治区山南市乃东区昌珠镇
38. 甘肃省榆中县青城镇
39. 甘肃省永登县连城镇
40. 甘肃省古浪县大靖镇
41. 新疆维吾尔自治区霍城县惠远镇

### 第三批中国历史文化名村名单

1. 北京市门头沟区龙泉镇琉璃渠村
2. 河北省井陉县于家乡于家村
3. 河北省清苑县冉庄镇冉庄村
4. 河北省邢台县路罗镇英谈村
5. 山西省平遥县岳壁乡梁村
6. 山西省高平市原村乡良户村
7. 山西省阳城县北留镇郭峪村
8. 山西省阳泉市郊区义井镇小河村
9. 内蒙古自治区包头市石拐区五当召镇

五当召村

10. 江苏省苏州市吴中区东山镇陆巷村
11. 江苏省苏州市吴中区西山镇明月湾村
12. 浙江省桐庐县江南镇深澳村
13. 浙江省永康市前仓镇厚吴村
14. 安徽省黄山市徽州区潜口镇唐模村
15. 安徽省歙县郑村镇棠樾村
16. 安徽省黟县宏村镇屏山村
17. 福建省晋江市金井镇福全村
18. 福建省武夷山市兴田镇城村
19. 福建省尤溪县洋中镇桂峰村
20. 江西省高安市新街镇贾家村
21. 江西省吉水县金滩镇燕坊村
22. 江西省婺源县江湾镇汪口村
23. 山东省荣成市宁津街道办事处东楮岛村
24. 湖北省恩施市崔家坝镇滚龙坝村
25. 湖南省江永县夏层铺镇上甘棠村
26. 湖南省会同县高椅乡高椅村
27. 湖南省永州市零陵区富家桥镇干岩头村
28. 广东省广州市番禺区石楼镇大岭村
29. 广东省东莞市石排镇塘尾村
30. 广东省中山市南朗镇翠亨村
31. 广西壮族自治区灵山县佛子镇大芦村
32. 广西壮族自治区玉林市玉州区城北街道办事处高山村
33. 贵州省锦屏县隆里乡隆里村
34. 贵州省黎平县肇兴乡肇兴寨村
35. 云南省云龙县诺邓镇诺邓村
36. 青海省同仁县年都乎乡郭麻日村

建设部和国家文物局要求，各部门、各级地方政府和社会各界要不断提高认识，以科学发展观为指导，坚持"保护为主，抢救第一，合理利用,加强管理"的原则,妥善处理好文化遗产保护与现代化建设、人民群众生产生活条件改善的关系,制定严格的保护措施,加强对中国历史文化名镇（村）规划建设工作的指导;加强对保护规划实施的监管力度,严厉查处违反保护规划的建设行为;进一步理顺管理体制,切实做好中国历史文化名镇（村）的保护和管理工作。

## 四、第四批中国历史文化名镇（村）

2007年12月，建设部、国家文物局研究决定开展第四批中国历史文化名镇（名村）的申报认定工作。申报通知要求申请报告按照新修订的《中国历史文化名镇（名村）评价指标体系（试行）》和《中国历史文化名镇（名村）基础数据表》，着重说明申报镇（村）的历史传统建筑群及其环境的历史年代，原貌保存情况、现状规模、空间分布以及价值特色等情况。2008年10月14日，住房和城乡建设部、国家文物局联合发出《关于公布第四批中国历史文化名镇（村）的通知》。根据《中国历史文化名镇（村）评选办法》等规定，在各地初步考核和推荐的基础上，经专家评审并按《中国历史文化名镇（村）评价指标体系》审核，住房和城乡建设部、国家文物局公布了第四批中国历史文化名镇名村，其中中国历史文化名镇58个、中国历史文化名村36个。名单如下：

### 第四批中国历史文化名镇

1. 北京市密云县古北口镇
2. 天津市西青区杨柳青镇
3. 河北省邯郸市峰峰矿区大社镇
4. 河北省井陉县天长镇
5. 山西省泽州县大阳镇

6. 内蒙古自治区喀喇沁旗王爷府镇

7. 内蒙古自治区多伦县多伦淖尔镇

8. 辽宁省海城市牛庄镇

9. 吉林省四平市铁东区叶赫镇

10. 吉林省吉林市龙潭区乌拉街镇

11. 黑龙江省黑河市爱辉镇

12. 上海市南汇区新场镇

13. 上海市嘉定区嘉定镇

14. 江苏省昆山市锦溪镇

15. 江苏省江都市邵伯镇

16. 江苏省海门市余东镇

17. 江苏省常熟市沙家浜镇

18. 浙江省仙居县皤滩镇

19. 浙江省永嘉县岩头镇

20. 浙江省富阳市龙门镇

21. 浙江省德清县新市镇

22. 安徽省歙县许村镇

23. 安徽省休宁县万安镇

24. 安徽省宣城市宣州区水东镇

25. 福建省永泰县嵩口镇

26. 江西省横峰县葛源镇

27. 山东省桓台县新城镇

28. 河南省开封县朱仙镇

29. 河南省郑州市惠济区古荥镇

30. 河南省确山县竹沟镇

31. 湖北省咸宁市汀泗桥镇

32. 湖北省阳新县龙港镇

33. 湖北省宜都市枝城镇

34. 湖南省望城县靖港镇

35. 湖南省永顺县芙蓉镇

36. 广东省东莞市石龙镇

37. 广东省惠州市惠阳区秋长镇

38. 广东省普宁市洪阳镇

39. 海南省儋州市中和镇

40. 海南省文昌市铺前镇

41. 海南省定安县定城镇

42. 重庆市九龙坡区走马镇

43. 重庆市巴南区丰盛镇

44. 重庆市铜梁县安居镇

45. 重庆市永川区松溉镇

46. 四川省巴中市巴州区恩阳镇

47. 四川省成都市龙泉驿区洛带镇

48. 四川省大邑县新场镇

49. 四川省广元市元坝区昭化镇

50. 四川省合江县福宝镇

51. 四川省资中县罗泉镇

52. 贵州省安顺市西秀区旧州镇

53. 贵州省平坝县天龙镇

54. 云南省孟连县娜允镇

55. 西藏自治区日喀则市萨迦镇

56. 陕西省铜川市印台区陈炉镇

57. 甘肃省秦安县陇城镇

58. 甘肃省临潭县新城镇

### 第四批中国历史文化名村

1. 河北省涉县偏城镇偏城村

2. 河北省蔚县涌泉庄乡北方城村

3. 山西省汾西县僧念镇师家沟村

4. 山西省临县碛口镇李家山村

5. 山西省灵石县夏门镇夏门村

6. 山西省沁水县嘉峰镇窦庄村

7. 山西省阳城县润城镇上庄村

8. 浙江省龙游县石佛乡三门源村

9. 安徽省黄山市徽州区呈坎镇呈坎村

10. 安徽省泾县桃花潭镇查济村

11. 安徽省黟县碧阳镇南屏村
12. 福建省福安市溪潭镇廉村
13. 福建省屏南县甘棠乡漈下村
14. 福建省清流县赖坊乡赖坊村
15. 江西省安义县石鼻镇罗田村
16. 江西省浮梁县江村乡严台村
17. 江西省赣县白鹭乡白鹭村
18. 江西省吉安市富田镇陂下村
19. 江西省婺源县思口镇延村
20. 江西省宜丰县天宝乡天宝村
21. 山东省即墨市丰城镇雄崖所村
22. 河南省郏县李口乡张店村
23. 湖北省宣恩县沙道沟镇两河口村
24. 广东省恩平市圣堂镇歇马村
25. 广东省连南瑶族自治县三排镇南岗古排村
26. 广东省汕头市澄海区隆都镇前美村
27. 广西壮族自治区富川瑶族自治县朝东镇秀水村
28. 四川省汶川县雁门乡萝卜寨村
29. 贵州省赤水市丙安乡丙安村
30. 贵州省从江县往洞乡增冲村
31. 贵州省开阳县禾丰布依族苗族乡马头村
32. 贵州省石阡县国荣乡楼上村
33. 云南省石屏县宝秀镇郑营村
34. 云南省巍山县永建镇东莲花村
35. 宁夏回族自治区中卫市香山乡南长滩村
36. 新疆维吾尔自治区哈密市回城乡阿勒屯村

《通知》要求各省、自治区、直辖市按照《历史文化名城名镇名村保护条例》的要求，进一步理顺管理体制，切实做好中国历史文化名镇（村）的保护和管理工作；要加强对中国历史文化名镇（村）规划建设工作的指导，认真编制保护规划，制定和落实保护措施，杜绝违反保护规划的建设行为的发生，严格禁止将历史文化资源整体出让给企业用于经营。

2008年12月23日，住房和城乡建设部、国家文物局联合举办第四批中国历史文化名镇、名村授牌仪式暨历史文化资源保护研讨会。会议认为，中国历史文化名镇名村保护还存在许多困难和问题，如由于不合理的建设和旅游性开发，造成一些极具价值特色的空间格局、历史环境遭到破坏，村镇的基础设施陈旧老化，许多传统建筑年久失修，保护机构不健全，保护修复资金匮乏，动态监管和资源普查工作还不能有效开展等，严重影响了文化遗产保护、城镇化健康发展以及新农村建设的推进；会议认为，中国历史文化名镇名村保护体系已基本形成，《历史文化名城名镇名村保护条例》实施为历史文化名镇名村保护与管理工作带来新的机遇，要不断完善保护法规体系，逐步建立动态监管信息系统，健全保护技术支撑和服务体系，加强历史文化名镇名村的保护工作，促进历史文化名镇名村健康可持续发展。

### 五、第五批中国历史文化名镇（村）

2009年5月13日，住建部和国家文物局印发《通知》（建规函〔2009〕114号），决定开展第五批中国历史文化名镇(名村)的申报认定工作。通知要求，各省（自治区、直辖市）按照《历史文化名城名镇名村保护条例》和《中国历史文化名镇(名村)评选办法》，认真组织申报工作；通知特别指出，对第三次全国文物普查中新发现的具有特别重大历史、文化、艺术和科学价值的镇（村），即使不是省级历史文化名镇（村），也可直接申报。申报名单及相关材料于2009年9月底前完成报送。2010年7月22日，住房和城乡建设部、国家文物局联合发出《关于公布第五批中国历史文化名镇（村）的通知》。根据《中国历史文化名镇（村）评选办法》等规定，在各地初步考核和推荐的基础上，经专家评审并按《中国历史文化名镇（村）评价指标体系》审核，住房和城乡建设部、国家文物局公布了第五批中国历史文化名镇名村，其中中国历史文化名镇38个、中国历史文化名村61个。12月13日，住建部和国家文物局在京举行第五批中国历史文化名镇（村）授牌仪式。名单如下：

### 第五批中国历史文化名镇名单

1. 河北省涉县固新镇
2. 河北省武安市冶陶镇
3. 山西省天镇县新平堡镇
4. 山西省阳城县润城镇
5. 上海市嘉定区南翔镇
6. 上海市浦东新区高桥镇
7. 上海市青浦区练塘镇
8. 上海市金山区张堰镇
9. 江苏省苏州市吴中区东山镇
10. 江苏省无锡市锡山区荡口镇
11. 江苏省兴化市沙沟镇
12. 江苏省江阴市长泾镇
13. 江苏省张家港市凤凰镇
14. 浙江省景宁畲族自治县鹤溪镇
15. 浙江省海宁市盐官镇
16. 福建省宁德市蕉城区霍童镇
17. 福建省平和县九峰镇
18. 福建省武夷山市五夫镇
19. 福建省顺昌县元坑镇
20. 江西省吉安市青原区富田镇
21. 河南省郏县冢头镇
22. 湖北省潜江市熊口镇
23. 湖南省绥宁县寨市镇
24. 湖南省泸溪县浦市镇
25. 广东省中山市黄圃镇
26. 广东省大埔县百侯镇
27. 重庆市荣昌县路孔镇
28. 重庆市江津区白沙镇
29. 重庆市巫溪县宁厂镇
30. 四川省屏山县龙华镇
31. 四川省富顺县赵化镇
32. 四川省犍为县清溪镇
33. 云南省宾川县州城镇
34. 云南省洱源县凤羽镇
35. 云南省蒙自县新安所镇
36. 陕西省宁强县青木川镇
37. 陕西省柞水县凤凰镇
38. 甘肃省榆中县金崖镇

### 第五批中国历史文化名村名单

1. 北京市顺义区龙湾屯镇焦庄户村
2. 天津市蓟县渔阳镇西井峪村
3. 河北省井陉县南障城镇大梁江村
4. 山西省太原市晋源区晋源镇店头村
5. 山西省阳泉市义井镇大阳泉村
6. 山西省泽州县北义城镇西黄石村
7. 山西省高平市河西镇苏庄村
8. 山西省沁水县郑村镇湘峪村
9. 山西省宁武县涔山乡王化沟村
10. 山西省太谷县北洸镇北洸村

11. 山西省灵石县两渡镇冷泉村
12. 山西省万荣县高村乡阎景村
13. 山西省新绛县泽掌镇光村
14. 江苏省无锡市惠山区玉祁镇礼社村
15. 浙江省建德市大慈岩镇新叶村
16. 浙江省永嘉县岩坦镇屿北村
17. 浙江省金华市金东区傅村镇山头下村
18. 浙江省仙居县白塔镇高迁村
19. 浙江省庆元县松源镇大济村
20. 浙江省乐清市仙溪镇南阁村
21. 浙江省宁海县茶院乡许家山村
22. 浙江省金华市婺城区汤溪镇寺平村
23. 浙江省绍兴县稽东镇冢斜村
24. 安徽省休宁县商山乡黄村
25. 安徽省黟县碧阳镇关麓村
26. 福建省长汀县三洲乡三洲村
27. 福建省龙岩市新罗区适中镇中心村
28. 福建省屏南县棠口乡漈头村
29. 福建省连城县庙前镇芷溪村
30. 福建省长乐市航城街道琴江村
31. 福建省泰宁县新桥乡大源村
32. 福建省福州市马尾区亭江镇闽安村
33. 江西省吉安市吉州区兴桥镇钓源村
34. 江西省金溪县双塘镇竹桥村
35. 江西省龙南县关西镇关西村
36. 江西省婺源县浙源乡虹关村
37. 江西省浮梁县勒功乡沧溪村
38. 山东省淄博市周村区王村镇李家疃村
39. 湖北省赤壁市赵李桥镇羊楼洞村
40. 湖北省宣恩县椒园镇庆阳坝村
41. 湖南省双牌县理家坪乡坦田村
42. 湖南省祁阳县潘市镇龙溪村

43. 湖南省永兴县高亭乡板梁村
44. 湖南省辰溪县上蒲溪瑶族乡五宝田村
45. 广东省仁化县石塘镇石塘村
46. 广东省梅县水车镇茶山村
47. 广东省佛冈县龙山镇上岳古围村
48. 广东省佛山市南海区西樵镇松塘村
49. 广西壮族自治区南宁市江南区江西镇扬美村
50. 海南省三亚市崖城镇保平村
51. 海南省文昌市会文镇十八行村
52. 海南省定安县龙湖镇高林村
53. 四川省阆中市天宫乡天宫院村
54. 贵州省三都县都江镇怎雷村
55. 贵州省安顺市西秀区大西桥镇鲍屯村
56. 贵州省雷山县郎德镇上郎德村
57. 贵州省务川县大坪镇龙潭村
58. 云南省祥云县云南驿镇云南驿村
59. 青海省玉树县仲达乡电达村
60. 新疆维吾尔自治区哈密市五堡乡博斯坦村
61. 新疆维吾尔自治区特克斯县喀拉达拉乡琼库什台村

截至第五批名单的公布，中国历史文化名镇名村数量达到350个，其中名镇181个，名村169个，分布范围覆盖全国31个省、区、市，反映了中国不同地域、不同民族、不同经济社会发展阶段的聚落形成和历史演变过程，是展示中国优秀传统建筑风貌、优秀建筑艺术和建造技艺、传统空间形态和民俗风情的真实载体。

## 六、第六批中国历史文化名镇（村）

2012年12月17日，住建部、文化部和财政部联合公布了第一批中国传统村落名录，共列入北京市房山区南窖乡水峪村等646个村落。2013年1月17日，住建部、国家文物局联合印发通知，决定进行第六批中国历史文化名镇名村的申报认定工作，要求各省（自治区、直辖市）按照《历史文化名城名镇名村保护条例》第十一条和《中国历史文化名镇（名村）评选办法》，认真组织评审，并于2013年6月底前完成申报工作。通知特别指出，对第一批传统村落中保存完好、格局风貌完整且符合中国历史文化名村申报条件的，可由省住房城乡建设部门会同省文物（文化）部门组织专家评审推荐后直接申报。2014年2月19日，住建部、国家文物局印发《关于公布第六批中国历史文化名镇（村）的通知》，根据《中国历史文化名镇（村）评选办法》（建村〔2003〕199号）等规定，在各地推荐的基础上，经专家评审并按《中国历史文化名镇（村）评价指标体系》审核，决定公布河北省武安市伯延镇等71个镇为中国历史文化名镇、北京市房山区南窖乡水峪村等107个村为中国历史文化名村。名单如下：

### 第六批中国历史文化名镇

1. 河北省武安市伯延镇
2. 河北省蔚县代王城镇
3. 山西省泽州县周村镇
4. 内蒙古自治区丰镇市隆盛庄镇
5. 内蒙古自治区库伦旗库伦镇
6. 辽宁省东港市孤山镇
7. 辽宁省绥中县前所镇
8. 上海市青浦区金泽镇
9. 上海市浦东新区川沙新镇
10. 江苏省苏州市吴江区黎里镇
11. 江苏省苏州市吴江区震泽镇
12. 江苏省东台市富安镇
13. 江苏省扬州市江都区大桥镇
14. 江苏省常州市新北区孟河镇
15. 江苏省宜兴市周铁镇
16. 江苏省如东县栟茶镇
17. 江苏省常熟市古里镇
18. 浙江省嵊州市崇仁镇
19. 浙江省永康市芝英镇
20. 浙江省松阳县西屏镇
21. 浙江省岱山县东沙镇
22. 安徽省泾县桃花潭镇
23. 安徽省黄山市徽州区西溪南镇
24. 安徽省铜陵市郊区大通镇
25. 福建省永定县湖坑镇
26. 福建省武平县中山镇
27. 福建省安溪县湖头镇
28. 福建省古田县杉洋镇
29. 福建省屏南县双溪镇
30. 福建省宁化县石壁镇
31. 江西省萍乡市安源区安源镇
32. 江西省铅山县河口镇
33. 江西省广昌县驿前镇
34. 江西省金溪县浒湾镇
35. 江西省吉安县永和镇
36. 江西省铅山县石塘镇
37. 山东省微山县南阳镇
38. 河南省遂平县嵖岈山镇
39. 河南省滑县道口镇
40. 河南省光山县白雀园镇
41. 湖北省钟祥市石牌镇
42. 湖北省随县安居镇
43. 湖北省麻城市歧亭镇

44. 湖南省洞口县高沙镇

45. 湖南省花垣县边城镇

46. 广东省珠海市斗门区斗门镇

47. 广东省佛山市南海区西樵镇

48. 广东省梅县松口镇

49. 广东省大埔县茶阳镇

50. 广东省大埔县三河镇

51. 广西壮族自治区兴安县界首镇

52. 广西壮族自治区恭城瑶族自治县恭城镇

53. 广西壮族自治区贺州市八步区贺街镇

54. 广西壮族自治区鹿寨县中渡镇

55. 重庆市开县温泉镇

56. 重庆市黔江区濯水镇

57. 四川省自贡市贡井区艾叶镇

58. 四川省自贡市大安区牛佛镇

59. 四川省平昌县白衣镇

60. 四川省古蔺县二郎镇

61. 四川省金堂县五凤镇

62. 四川省宜宾县横江镇

63. 四川省隆昌县云顶镇

64. 贵州省赤水市大同镇

65. 贵州省松桃苗族自治县寨英镇

66. 陕西省神木县高家堡镇

67. 陕西省旬阳县蜀河镇

68. 陕西省石泉县熨斗镇

69. 陕西省澄城县尧头镇

70. 青海省循化撒拉族自治县街子镇

71. 新疆维吾尔自治区富蕴县可可托海镇

**第六批中国历史文化名村**

1. 北京市房山区南窖乡水峪村

2. 河北省沙河市柴关乡王硇村

3. 河北省蔚县宋家庄镇上苏庄村

4. 河北省井陉县天长镇小龙窝村

5. 河北省磁县陶泉乡花驼村

6. 河北省阳原县浮图讲乡开阳村

7. 山西省襄汾县新城镇丁村

8. 山西省沁水县嘉峰镇郭壁村

9. 山西省高平市马村镇大周村

10. 山西省泽州县晋庙铺镇拦车村

11. 山西省泽州县南村镇冶底村

12. 山西省平顺县阳高乡奥治村

13. 山西省祁县贾令镇谷恋村

14. 山西省高平市寺庄镇伯方村

15. 山西省阳城县润城镇屯城村

16. 吉林省图们市月晴镇白龙村

17. 上海市松江区泗泾镇下塘村

18. 上海市闵行区浦江镇革新村

19. 江苏省苏州市吴中区东山镇杨湾村

20. 江苏省苏州市吴中区金庭镇东村

21. 江苏省常州市武进区郑陆镇焦溪村

22. 江苏省苏州市吴中区东山镇三山村

23. 江苏省高淳县漆桥镇漆桥村

24. 江苏省南通市通州区二甲镇余西村

25. 江苏省南京市江宁区湖熟街道杨柳村

26. 浙江省苍南县桥墩镇碗窑村

27. 浙江省浦江县白马镇嵩溪村

28. 浙江省缙云县新建镇河阳村

29. 浙江省江山市大陈乡大陈村

30. 浙江省湖州市南浔区和孚镇荻港村

31. 浙江省磐安县盘峰乡榉溪村

32. 浙江省淳安县浪川乡芹川村

33. 浙江省苍南县矾山镇福德湾村

34. 浙江省龙泉市西街街道下樟村

35. 浙江省开化县马金镇霞山村

36. 浙江省遂昌县焦滩乡独山村

37. 浙江省安吉县鄣吴镇鄣吴村

38. 浙江省丽水市莲都区雅溪镇西溪村

39. 浙江省宁海县深甽镇龙宫村

40. 安徽省泾县榔桥镇黄田村

41. 安徽省绩溪县瀛洲镇龙川村

42. 安徽省歙县雄村乡雄村

43. 安徽省天长市铜城镇龙岗村

44. 安徽省黄山市徽州区呈坎镇灵山村

45. 安徽省祁门县闪里镇坑口村

46. 安徽省黟县宏村镇卢村

47. 福建省龙岩市新罗区万安镇竹贯村

48. 福建省长汀县南山镇中复村

49. 福建省泉州市泉港区后龙镇土坑村

50. 福建省龙海市东园镇埭尾村

51. 福建省周宁县浦源镇浦源村

52. 福建省福鼎市磻溪镇仙蒲村

53. 福建省霞浦县溪南镇半月里村

54. 福建省三明市三元区岩前镇忠山村

55. 福建省将乐县万全乡良地村

56. 福建省仙游县石苍乡济川村

57. 福建省漳平市双洋镇东洋村

58. 福建省平和县霞寨镇钟腾村

59. 福建省明溪县夏阳乡御帘村

60. 江西省婺源县思口镇思溪村

61. 江西省宁都县田埠乡东龙村

62. 江西省吉水县金滩镇桑园村

63. 江西省金溪县琉璃乡东源曾家村

64. 江西省安福县洲湖镇塘边村

65. 江西省峡江县水边镇湖洲村

66. 山东省招远市辛庄镇高家庄子村

67. 湖北省利川市谋道镇鱼木村

68. 湖北省麻城市歧亭镇杏花村

69. 湖南省永顺县灵溪镇老司城村

70. 湖南省通道侗族自治县双江镇芋头村

71. 湖南省通道侗族自治县坪坦乡坪坦村

72. 湖南省绥宁县黄桑坪苗族乡上堡村

73. 湖南省绥宁县关峡苗族乡大园村

74. 湖南省江永县兰溪瑶族乡兰溪村

75. 湖南省龙山县苗儿滩镇捞车村

76. 广东省广州市花都区炭步镇塱头村

77. 广东省江门市蓬江区棠下镇良溪村

78. 广东省台山市斗山镇浮石村

79. 广东省遂溪县建新镇苏二村

80. 广东省和平县林寨镇林寨村

81. 广东省蕉岭县南礤镇石寨村

82. 广东省陆丰市大安镇石寨村

83. 广西壮族自治区阳朔县白沙镇旧县村

84. 广西壮族自治区灵川县青狮潭镇江头村

85. 广西壮族自治区富川瑶族自治县朝东
镇福溪村

86. 广西壮族自治区兴安县漠川乡榜上村

87. 广西壮族自治区灌阳县文市镇月岭村

88. 重庆市涪陵区青羊镇安镇村

89. 四川省泸县兆雅镇新溪村

90. 四川省泸州市纳溪区天仙镇乐道街村

91. 贵州省江口县太平镇云舍村

92. 贵州省从江县丙妹镇岜沙村

93. 贵州省黎平县茅贡乡地扪村

94. 贵州省榕江县栽麻乡大利村

95. 云南省保山市隆阳区金鸡乡金鸡村

96. 云南省弥渡县密祉乡文盛街村

97. 云南省永平县博南镇曲硐村

98. 云南省永胜县期纳镇清水村

99. 西藏自治区吉隆县吉隆镇帮兴村

100. 西藏自治区尼木县吞巴乡吞达村

101. 西藏自治区工布江达县错高乡错高村

102. 陕西省三原县新兴镇柏社村

103. 甘肃省天水市麦积区麦积镇街亭村

104. 甘肃省天水市麦积区新阳镇胡家大庄村

105. 青海省班玛县灯塔乡班前村

106. 青海省循化撒拉族自治县清水乡大庄村

107. 青海省玉树县安冲乡拉则村

2016年8月19日，住建部、国家文物局联合印发通知，决定开展第七批中国历史文化名镇名村的申报认定工作。截至2017年底，申报遴选工作仍在进行。

# 第三节　中国历史文化街区

历史文化街区是历史文化名城的有机组成部分，是特殊类型的文化遗产，又是广大民众日常生活的场所。历史文化街区也是随着历史文化名城保护进入保护范围的。2002年《文物保护法》明确了"历史文化街区"，新世纪经济建设与城乡改造的快速发展，给历史文化名街保护带来了新的机遇和严峻挑战。中国历史文化街区相关保护活动，先是2008～2013年中国文化报社、中国文物报社组织评选的"中国历史文化名街"，后是住建部、国家文物局公布的"中国历史文化街区"。

## 一、中国历史文化名街

2007年，一大批专家学者和有识之士，怀着强烈的社会责任感，联络新闻媒体和专业机构，策划了中国历史文化名街的评选推介活动。这一活动，首先由中国文化报社提出，并于2007年底形成了《"中国历史文化名街"评选推介活动实施方案（草案）》。2008年8月，经文化部、国家文物局批准，中国文化报社联合中国文物报社启动首届中国历史文化名街评选推介活动。

评选推介活动，秉承"一年一评、一城一街"的原则，依据"自主报名，媒体推介，专家评审，公众投票，报批核准，隆重推出"的程序，设定六条入选标准：历史要素要求历史上在政治、经济、文化方面有过重要因素，或者发生过重要历史事件，或者有代表性的传统产业，能集中反映地方、民族的风貌特色；文化要素要求拥有鲜明的历史文化特色、有丰富的非物质文化遗产，并有其传承；保存状况要求文物古迹、历史建筑保存丰富，有着较完整的传统格局和历史风貌，具有一定的规模，并且要求留存的历史建筑及空间格局必须是真实的遗存，具有历史的真实性；经济文化活力要求对原有的历史文化和社会生活有一脉相承的延续性，有较多的原有居民，至今仍持续着可持续发展的社会功能和经济文化活力；社会知名度要求在本省、市或区域内享有较高的知名度及繁荣度，在历史上或者现代具有影响与作用；保护管理要求主管部门对街区的保护和监督具有行之有效的管理机制，对历史建筑的抢救、维护以及修整符合规范要求并取得成效，街区利益相关者对街区保护积极支持并参与，已经或正在制定保护规划，并能按规划实施。全国有20多个省市200多条街区申报参评，公众投票总数超过140万张。2009年6月10日，首届中国历史文化名街授牌仪式暨高峰论坛在北京市国子监街举行。北京市国子监街等10条街道被推介为中国历史文化名街。自此，拉开了中国历史文化名街评选推介活动的帷幕。

此后2010、2011、2012、2013年又先后举办四届中国历史文化名街评选推介活动，共有

50条街道被推介。名单如下：

**第一届中国历史文化名街** 北京市国子监街、山西省晋中市平遥县南大街、黑龙江省哈尔滨市中央大街、江苏省苏州市平江路、安徽省黄山市屯溪老街、福建省福州市三坊七巷、山东省青岛市八大关、山东省青州市昭德古街、海南省海口市骑楼老街、西藏自治区拉萨市八廓街。

**第二届中国历史文化名街** 江苏省无锡市清名桥历史文化街区、重庆市沙坪坝区磁器口古镇传统历史文化街区、上海市虹口区多伦路文化名人街、江苏省扬州市东关街、天津市和平区五大道、江苏省苏州市山塘街、黑龙江省齐齐哈尔市昂昂溪罗西亚大街、北京市烟袋斜街、福建省漳州市历史文化街区（漳州古街）、福建省泉州市中山路。

**第三届中国历史文化名街** 山西省晋中市祁县晋商老街、浙江省杭州市清河坊、安徽省黄山市歙县渔梁街、河南省洛阳市涧西工业遗产街、江苏省无锡市惠山老街、上海市徐汇区武康路历史文化名街、广东省潮州市太平街义兴甲巷、福建省龙岩市长汀县店头街、云南省大理白族自治州巍山彝族回族自治县南诏古街、贵州省黔东南州黎平县翘街。

**第四届中国历史文化名街** 江苏省南京市高淳老街、福建省厦门市中山路、四川泸州尧坝古街、西藏江孜县加日郊老街、陕西省榆林市米脂古城老街、山东青岛小鱼山文化名人街、浙江省临海市紫阳街、吉林省长春市新民大街、广东省深圳市中英街、安徽黄山市休宁县万安老街。

**第五届中国历史文化名街** 广东省广州市沙面街、上海市静安区陕西北路、河南省濮阳县古十字街、江西省上饶市铅山县河口明清古街、安徽省宣城市绩溪县龙川水街、广东省珠海市斗门镇斗门旧街、福建省石狮市永宁镇永宁老街、广东省梅州市梅县区松口镇松口古街、江苏省泰兴市黄桥老街、四川省大邑县新场古镇上下正街。

## 二、中国历史文化街区

2013年12月12～13日，中央城镇化工作会议召开。会议指出，城镇化是现代化的必由之路；会议要求，要以人为本，推进以人为核心的城镇化，既要体现尊重自然、顺应自然天人合一的理念，依托山水脉络等独特风光，让城市融入大自然，让居民望得见山、看得见水、记得住乡愁，又要保护和弘扬传统优秀文化，延续城市历史文脉，发展有历史记忆、地域特色、民族特点的美丽城市。

历史文化街区是中国历史文化名城保护制度的核心内容，是历史文化遗产保护体系的重要组成部分，承载着不可再生的历史信息，具有重要的历史文化价值。在非历史文化名城的城市，同样保留着许多风貌完整、传统建筑集中、历史遗存丰富的街区，具有极高的保护价值，应当纳入保护体系加以保护。

为贯彻落实中央城镇化工作会议精神，做好历史文化街区保护工作，2014年2月19日，住建部、国家文物局联合印发通知，启动中国历史文化街区认定工作。通知要求申报工作由历史文化街区所在地城市人民政府提出申请，省（自治区、直辖市）人民政府城乡规划主管部门会同文物主管部门初审同意后，按程序上报；各地申报的中国历史文化街区原则上是省级人民政府公布的历史文化街区；通知要求，省级城乡规划、文物主管部门要高度重视，组织指导做好申报工作，按时汇总报送申报资料，对本地历史文化街区状况进行梳理，推荐具有珍贵历史文化价值的街区参加申报；通知要求，要重视和加强历史文化街区保护工作，指导、督促地方按照历史文化街区保护规划的要求，做好历史文化街区的保护工作，通过认定工作将非历史文化名城城市符合条件的历史文化街区纳入保护体系。

完成申报工作的有19个省（自治区、直辖市）164个历史文化街区。经专家评审和主管部门审核后，住建部、国家文物局于2015年4月3日印发《关于公布第一批中国历史文化街区的通知》，决定公布北京市皇城历史文化街区等30个街区为第一批中国历史文化街区。名单如下：

1．北京市皇城历史文化街区
2．北京市大栅栏历史文化街区
3．北京市东四三条至八条历史文化街区
4．天津市五大道历史文化街区
5．吉林省长春市第一汽车制造厂历史文化街区
6．黑龙江省齐齐哈尔市昂昂溪区罗西亚大街历史文化街区
7．上海市外滩历史文化街区
8．江苏省南京市梅园新村历史文化街区
9．江苏省南京市颐和路历史文化街区
10．江苏省苏州市平江历史文化街区
11．江苏省苏州市山塘街历史文化街区
12．江苏省扬州市南河下历史文化街区
13．浙江省杭州市中山中路历史文化街区
14．浙江省龙泉市西街历史文化街区
15．浙江省兰溪市天福山历史文化街区
16．浙江省绍兴市蕺山（书圣故里）历史文化街区
17．安徽省黄山市屯溪区屯溪老街历史文化街区
18．福建省福州市三坊七巷历史文化街区
19．福建省泉州市中山路历史文化街区
20．福建省厦门市鼓浪屿历史文化街区
21．福建省漳州市台湾路-香港路历史文化街区
22．湖北省武汉市江汉路及中山大道历史文化街区
23．湖南省永州市柳子街历史文化街区
24．广东省中山市孙文西历史文化街区
25．广西壮族自治区北海市珠海路－沙脊街－中山路历史文化街区
26．重庆市沙坪坝区磁器口历史文化街区
27．四川省阆中市华光楼历史文化街区
28．云南省石屏县古城区历史文化街区
29．新疆维吾尔自治区库车县热斯坦历史文化街区
30．新疆维吾尔自治区伊宁市前进街历史文化街区

《通知》要求，各省（自治区、直辖市）要依法编制保护规划并严格实施，完善保护管理工作机制，及时协调解决保护工作中出现的问题；要积极改善历史文化街区基础设施和人居环境，激发街区活力，延续街区风貌，坚决杜绝违反保护规划的建设行为；要积极组织开展省级历史文化街区认定工作，扩大保护范围，完善保护体系，加强历史文化街区保护利

用工作，有关情况及时报住房城乡建设部和国家文物局。同时，通知指出，住房城乡建设部、国家文物局将对中国历史文化街区的保护工作进行指导、监督和检查，并建立动态维护机制；对由于保护管理工作不力，致使历史文化街区历史文化价值受到破坏、已经不再符合规定条件的，住房城乡建设部、国家文物局将撤销其中国历史文化街区的称号。

# 后　记

　　编修方志是我国悠久的历史文化传统，党和政府十分重视志书的编修工作。为贯彻习近平总书记"要在展览的同时高度重视修史修志"的指示精神，2014年7月21日，国家文物局召开中国文物志编纂委员会第一次会议，正式启动《中国文物志》编纂工作。时任国家文物局局长励小捷指出，编纂《中国文物志》既是落实党中央、国务院关于志书编纂战略部署的具体举措，也是填补文物行业志书空白、促进文物事业发展的时代要求。

　　为保证编纂工作顺利开展，国家文物局将《中国文物志》编纂工作纳入《国家文物事业发展"十三五"规划》；成立中国文物志编纂委员会，由国家文物局局长任编纂委员会主任，副局长任副主任，机关各司室、各直属单位和省市自治区文物行政部门主要负责人，中国国家博物馆、故宫博物院、文化部恭王府博物馆、中国历史研究院考古研究所、北京大学考古文博学院负责人为编委会委员；聘请在世的国家文物局历任局长、顾问和中国国家博物馆馆长、故宫博物院院长为中国文物志编委会顾问；编纂委员会设立办公室，由分管局领导任主任，局办公室和政策法规司、文物出版社等单位主要负责同志任副主任，负责日常编纂管理工作。8月4日，经局党组研究决定，聘请时任国家文物局党组副书记、副局长董保华任总编纂，主持全志编纂工作；聘请地方志专家田嘉、齐家璐为特邀专家，全程指导志书编纂工作；聘请张自成、李季、刘小和、董琦任副总编纂，后根据编纂工作需要，增聘黄元、乔梁、何洪任副总编纂，其中李季负责《文物管理编》《文物事业编》，刘小和、乔梁负责《不可移动文物编》，董琦负责《可移动文物编》，黄元负责《大事记》，何洪负责《人物传》《文献辑存》编纂工作，张自成协助总编纂负责日常管理保障工作。编委会办公室依托文物出版社人文图书编辑中心设立秘书处，由许海意负责，协助总编纂承担日常文秘等工作。

　　《中国文物志》编纂工作先后经历工作计划编制与篇目设置、开展资料收集与志稿撰写、组织统稿修改与审定工作三个阶段。2014～2015年，编委会办公室建章立制，先后制定《〈中国文物志〉编纂出版项目管理办法》《〈中国文物志〉会议制度》《〈中国文物志〉项目调研、督办及差旅管理办法》等制度，保障编纂工作规范有序开展；根据志书"横分门类，事以类从"的体例要求，结合文物工作实际和行业特点，在广泛征求文博专家、志书专家意见的基础上，设计篇章节目，确定总述、大事记、文物管理编、文物事业编、不可移动文物编、可移动文物编、人物、文献辑存八大部类，明确主要记述内容；编制《〈中国文物志〉编纂工作手册》《〈中国文物志〉编纂项目实施方案》及《〈中国文物志〉行文通则》。2016～2021年，编委会办公室组织开展编纂工作，包括收集整理资料与集中撰稿工作，编制各篇《撰写说明》，审订初稿示例，作为撰稿工作的一般遵循；国家文物局直属单位、各省（自治区、直辖市）文物局、中国国家博物馆、故宫博物院、中国历史研究院考古研究所、中国科学院古脊椎动物与古人类动物研究所等参编单位根据要求承担撰写初稿、提供资料及配图工作。2019年，编纂工作进入审改阶段。文博专家负责专业内容，确保记述完整、重点突出、评价准确；方志专家负责规范行文、统一体例。几经审改后，志稿质量基本达到编辑出版要求。2021年3月1日，国家文物局召开《中国文物志》终审会，时任国家文物局党组书记、局长刘玉珠充分肯定编纂工作取得的成绩，指出编纂《中国文物志》是一项重大文化典籍工程，是国家文物局党组的重要决定；《中国文物志》编纂完成是全国文物系统共同参与、密切配合的结果；全体编纂人员付出了极大的辛苦努力，各有关部门及单位给予了有力的支持与配合。经过评议，全部志稿通过终审。2022年起，交由文物出版社开展编辑出版工作。

《中国文物志》编纂工作历时七年，由于各编记述内容不同、工作基础不同、具体要求不同，编纂方式和推进方法也不尽相同。为此，参编单位，特别是诸多专家和参编人员克服重重困难，通过不懈努力，终于完成了全部编纂任务。下面以各编为单位，以重要节点和难点为主要内容，简要回顾令人难忘的艰辛与收获。

《总述》是《中国文物志》的总纲，源于主体志，高于主体志，具有国家高度、时代背景、部门职责和行业特征，立足于中华文明进程记述文物资源价值，立足于依法行政记述文物管理工作，立足于经济社会发展记述文物事业成就，对全志有着总括内容、彰明因果、评量得失的作用。在总编纂董保华主持下，秘书处多次组织文博专家、方志专家研讨，吸取其他志书的优秀成果和撰写经验，深刻认识和把握文物工作普遍规律，基于其他各篇具体内容，明确了资源、管理、事业三部分的撰稿思路。由长期与国家文物局合作编写《文化遗产蓝皮书——中国文化遗产事业发展报告》的国务院发展研究中心研究员苏杨以及浙江大学博士研究生蒋凡承担资料收集和初稿撰写任务，形成28万字资料初稿。为避免与主体志的综述内容重复，总编纂确定秘书处胡奥千、王海东两位同志承担资源部分示例撰写任务，分别选择新石器时代、宋元时代文化艺术两部分作为撰写"文物资源"的总述示例内容；为了确定"文物管理""文物事业"的重大事件和重要节点，突出重要举措和重要成果，董保华、何洪、胡奥千、王海东在初稿的基础上，查阅多方面资料，汇集各领域专家意见，最终完成20万字总述送审稿。资源部分通过以物说史、以物证史，彰显中华文明进程；管理部分重点记述不同历史阶段文物管理工作的重点与成效；事业部分通过记述中国文物事业取得的成就，彰显文物工作在国民经济社会发展中的地位和作用。审稿过程中，国家文物局老领导、老同志、老专家纷纷以书面、电话、座谈等形式提供修改意见和资料。吕济民局长年过九旬，仍坚持通读并审改总述全文，提出10余条修改建议；张德勤、张文彬、单霁翔、励小捷局长和谢辰生顾问多次提出修改意见；闫振堂、马自树、彭卿云副局长均提出书面修改意见；李晓东同志着重审改了文物法律体系构建相关内容，认真核对史实，指出了25处存疑内容；夏燕月、刘庆柱、朱凤瀚、张廷皓、彭常新、王军、李耀申等专家分别在专业表述和价值阐述上提出了有重要价值的意见；李耀申同志重点审改总述的小序与结语，润饰文字、阐幽抉微，使文章增色不少。

《大事记》以编年体为主，纪事本末体为辅，纵向记录文博行业古今大事。2015年，国家文物局政策法规司陈培军、王汉卫编制《大事记入志标准》，分8类24项，拟定事条入志标准、记述体例初稿，明确记述文物事业发展历程中的大事、要事，并收集以1990～2009年为例整理的大事、要事的事条，约30万字。2016年，编委会办公室确定北京鲁迅博物馆马海亭同志承担资料收集工作，参照《中华人民共和国文物事业纪事（1949～1999）》，以《中国文物报》《中国文物事业60年》《春华秋实》《中国文物年鉴》等为资料来源，编成约170多万字资料长编。2017年，副总编纂黄元修订完善入志事条标准，并参考《中华人民共和国大事记》《改革开放四十年大事记》编写方法，精简语句，突出要点、精准用语，十易其稿，完成约49万字的《大事记》志稿。审稿过程中，编委会各位顾问以及马自树、彭卿云、刘曙光、孟宪民、杨志军、彭常新、王军、李耀申等专家都提出颇具价值的修改意见。

《不可移动文物编》和《可移动文物编》荟萃我国珍贵文化遗产，传承民族历史记忆，是本志的精华所在。这两部分以文物调查成果、全国重点文物保护单位为基础。《不可移动文物编》主体部分为全国重点文物保护单位，分"古遗址""古墓葬""古建筑""石窟寺与石刻""近现代重要史迹和代表性建筑""世界文化遗产""历史文化名城名镇名村"七章，其中以前五章记述的全国重点文物保护单位为主体。2015年，副总编纂刘小和负责编制《条目要素表》，明确资料提供基本内容；董保华、刘小和、田嘉、齐家璐一行专程到河南、甘肃两地，开展资料收集和初稿撰写试点工作调研，确定委托两地文物专家撰写"大地湾遗址""龙门石窟"等八篇样稿；秘书处在解析研讨的基础上编制初稿撰写说明，作为志稿撰写的基本遵循。其后，各地文物局根据《不可移动文物资料要素表和初稿示例》审订条目遴选、报送资料初稿并审核志稿，参与人员200余人。2016年，针对各地资料与初稿内容参差不齐、质量不一问题，在时任北京市文物局舒小峰局长支持下，委托北京市文物局图书资料中心主任祁庆国组织承担稿件梳理工作。2018年进入统稿阶段，副总编纂乔梁会同陈光、侯兆年、魏文斌、安莉等文博专家分别对各章稿件统稿修改，补充资料，核对史实，规范表述。其间，北京大学考古文博学院李崇峰教授修改的"麦积山石窟"条目、古建专家沈阳修改的"古建筑"章简述，完善了统稿示例，明显提升了相关章节的学术含量。夏燕月、信立祥、李裕群等文博专家对《不可移动文物编》相关章节提出了重要修改意见。尤其是兰州大学教授魏文斌，面向全国确定统稿团队，按照统稿示例和专家函审意见统改"石窟寺与石刻"章志稿；世界文化遗产专家郑军根据申遗资料撰写统改"世界文化遗产"章志稿，均表现出深厚的专业素养。

《可移动文物编》以馆藏一级文物和近年考古新发现的珍贵文物为基础，分"青铜器""陶瓷器""玉石器""金银器""书法绘画""石雕与文字石刻""甲骨简牍文献文书印信""钱币漆木器杂项""近现代文物""旧石器人类化石及文化遗存"十章，收录3100多条目。编纂工作得到中国国家博物馆吕章申、王春法两任馆长高度重视，以中国国家博物馆专家为主联系中国科学院古脊椎动物与古人类研究所、北京大学考古文博学院等单位专家组建了《可移动文物编》编纂团队。副总编纂董琦组织编制《可移动文物初稿示例和撰写说明》，带领10位专家组成的编纂团队有序开展撰稿工作，保障了初稿的基本质量。推进过程中注重发挥专家作用：北京大学教授朱凤瀚在整个编纂过程中不仅提出明确的指导性意见，并亲自修改重点内容；许忠陵、王宇信、夏燕月、肖贵洞、胡平生、赵超、杨晶、李凯等专家在条目内容完整、专业表述和价值记述等方面提出了多条重要修改意见。2018年进入统稿阶段，编辑专家冯广裕、于采芑做了大量修改工作。中国国家博物馆王永红，不仅承担"石雕与文字石刻"章撰稿工作，还协助副总编纂做了大量组织与统稿工作；于成龙独立承担内容繁博的"甲骨简牍文献文书印信"章撰稿统稿工作，表现出攻坚克难的精神和独立的学术品格。

《文物管理编》《文物事业编》是编纂工作中的重点与难点。两部分独立设篇是行业类志书的创新之处。总编纂董保华、副总编纂李季先后组织数十次研讨，反复辩难推求，认为管理和事业两部分具有明显区别，应该分别设篇：《文物管理编》注重工作过程，设"管理机构""法治建设""重要会议""安全监管与行政执法""不可移动文物保护管理""可移动文物保护管理""博物馆管理""科技信息化标准化管理""文物保护经费管理与使用"九章，旨在通过重要工作事例，记述各时期重点工作的决策依据、执行主体、工作过程和管理成果，展现中国文物工作自身规律、文物理论政策的创新和文物工作改革实践的探索，反映中国文物管理工作的法治化、科学化、规范化进程；《文物事业编》反映事业发展、体现成就，设"文物事业发展规划""文物保护工程""考古工作""博物馆工作""科技与信息化、标准化工作""国家文物局直属单位与社会组织""与港澳台地区文物交流合作""国际文物交流合作""教育培训工作""文物宣传工作"十章，通过记述文物事业发展过程中的重大事件、重要节点、重要人物和重要成果，体现出文物事业是中国特色社会主义事业的重要组成部分和在社会主义经济建设、政治建设、文化建设、社会建设、生态文明建设"五位一体"总体布局中的地位和作用，并根据国家文物局各司室职能、工作重点草拟节级设置和记述条目，后在局责任司室指导下和根据专家意见不断修订完善。

《文物管理编》《文物事业编》资料由国家文物局档案室和各地文物部门提供；撰稿工作得到了国家文物局各直属单位的大力支持，纳入单位年度重点工作和绩效考核。各位撰稿人均是相关领域的业务骨干，但由于资料基础相对薄弱，加之缺少撰写经验，撰稿工作遇到极大的困难。为破解这一难题，总编纂董保华、副总编纂李季采取"对接研讨"方式，组织专家和撰稿人员逐章逐节反复讨论，通过编制撰写说明和初稿示例，明确要求，突出重点，规范体例，从根本上解决了撰稿难题。2016～2020年，总编纂就《文物管理编》《文物事业编》编写问题先后主持召开了95次专题研讨会，甚至到撰稿单位现场办公，以条目为单位明确体例、以节为单位确定内容、以章为单位进行调整，确保撰稿质量。其中，2017年上半年撰稿工作全面铺开之前，仅"博物馆机构"一章，在方志专家齐家璐指导下，先后组织中国国家博物馆、故宫博物院、北京鲁迅博物馆、首都博物馆、北京自然博物馆、中国人民抗日战争纪念馆六家试点单位专家开展6次研讨，明确博物馆等业务机构类条目的定性定位、历史沿革、目前状况等基本内容构成，文博专家李学良全程参与该章撰稿统稿工作。由于文物收藏单位性质复杂、多头管理，单独设章难以组织，故早期缺设"文物收藏单位"。总编纂董保华认为博物馆管理是文物工作中不可或缺的重要内容，提出增设"博物馆管理"章的建议，得到国家文物局博物馆司的充分肯定。针对其中"藏品管理""展览管理"撰写难点，在两年多时间里，总编纂率队先后赴上海博物馆、首都博物馆实地调查，多次研讨，力图理清条目要点，完成撰写示例。由于种种原因没能写出理想的示例，正在举步维艰的时候，总编纂提出查阅故宫博物院郑欣淼、单霁翔两任院长组织开展的文物登记工作的总结报告。正是在单霁翔院长《博物馆藏品架起沟通的桥梁——来自故宫博物院文物普查的报告》中，清晰地提出藏品来源、藏品构成、藏品保管是藏品管理工作的基本构成，总编纂当即与娄伟副院长联系，确定请故宫博物院许凯同志撰写初稿示例。真可谓"山重水复疑无路，柳暗花明又一村"！为了解决"展览管理"初稿条目参差不齐的问题，则按基本陈列、原状陈列、临时展览、出境展览、进境展览类别各选一个最具代表性的事例，分别由中国国家博物馆王永红、故宫博物院王建涛、首都博物馆张杰、中国文物交流中心钱卫和樵鑫蕊承担撰写任务，经过讨论修改形成规范示例，为此项撰写工作全面开展给予了有力支持。

《文物管理编》《文物事业编》志稿约250万字。其中，陈同滨、乔梁、李春玲、郑军、彭蕾、刘爱河、叶倩等同志率先完成志稿，获得方志专家和文博专家一致认可，确定作为初稿示例，为其他撰稿人提供了宝贵经验。"文物保护经费管理"章专业性强，资料繁乱，专门借调南京博物院沈骞同志，承担撰稿工作；董保华、李季与国家文物局办公室及相关专家反复研讨形成初稿提纲与修改建议，沈骞同志几易其稿，终于将50万字繁杂资料梳理成章，较好地形成约5万字的初稿。中国社会科学院考古研究所研究员白云翔，对"重大考古发现"节编纂工作给予具体指导，遴选出167项具有重大价值和意义的考古发现，以点代面反映工作成就，并根据考古过程和价值影响分为长、中、短三类条目，平衡体量，有效推动撰稿工作。董保华、何洪协助李季对《文物管理》《文物事业》两编做了全面统改，乔梁完成了"重大考古发现"一节的统稿工作。彭常新、王军、李耀申、刘超英、柴晓明、许言、刘铭威等专家在审稿过程中，提出了很多有价值的修改意见。

《人物传》遵循生不立传的原则，收录在中国文物博物馆事业中做出重要贡献的已故人物。2015年，在国家文物局人事司的指导下，编委会办公室经多次研讨，确定《人物传》入志人物标准和名单，收录267名重要人物。北京鲁迅博物馆撰稿团队在齐家璐老师指导下，撰写出40篇传记初稿。何洪在黄元协助下，反复研读修改稿件，编制《人物传》撰写说明，作为人物传记资料整理和初稿撰写的指南。各省（自治区、直辖市）文物局、中国国家博物馆、故宫博物院、中国历史研究院考古研究所、中国国家图书馆、北京大学、清华大学、复旦大学、吉林大学等单位负责撰写227名人物传记初稿。何洪以确凿事实为依据，以组织评价为标准，寓观点于记事之中，高质量地完成了全部统稿工作。

《文献辑存》主要收录与《中国文物志》主体志有关的重要文献及资料，包括法律、行政法规、地方性法规、中共中央国务院文件、部门文件、国家文物局文件、重要讲话等内容。在方志专家田嘉和国家文物局政策法规司的指导下，秘书处许海意、王海东完成《文献辑存收录标准》的编制和300余万字资料的收集工作。副总编纂何洪按照有关要求，补充了相关资料，对全文进行系统梳理和全面审核，并根据李晓东、彭常新、刘曙光、李耀申等专家的建议，增补了若干内容、规范了编纂方法，在文化和旅游部办公厅、国家文物局办公室等有关部门支持下，补充了新中国初期的重要资料。

《中国文物志》编纂工作历时七年，撰写任务十分艰巨。中国国家博物馆馆长吕章申、王春法，故宫博物院院长郑欣淼、单霁翔、王旭东在全力支持的同时，亲自修改稿件，及时反馈审核意见。特邀方志专家田嘉、齐家璐全程参与。田嘉在全志的筹备、撰稿、统稿、审稿工作阶段发挥了重要指导作用。齐家璐不辞劳苦，查阅群书，浏览资料，阐规则，订体例，调结构，理行文，答疑解惑，言传力行，七年如一日，在编纂工作各个方面、各个阶段发挥了关键作用。经他亲自修改的"大地湾遗址""后母戊鼎""长城专项督察""文物普查与调查""尼雅遗址考古发现""陶寺遗址考古发现""中国国家博物馆机构"等条目，成为保证编纂质量的重要示例；各编各章的指导更是不惮其繁乱细琐，仅单独反馈的修改意见就多达40余万字。方志专家王国庆带领秘书处胡奥千、沈骞、王海东完成《可移动文物编》大部分统稿，并独自承担《文物管理编》《文物事业编》全部统稿工作。方志专家王卫明、吕书红承担《不可移动文物编》统稿工作，颜小忠、苏炎灶、王雨亭等对《总述》《大事记》《文物管理编》《文物事业编》提出重要统改意见。

编纂工作始终在国家文物局有力领导下开展。励小捷、刘玉珠、李群三任局长先后主持志书编纂启动工作、编纂修改及终审工作和编辑出版工作；先后分管志书工作的董保华、顾玉才、关强三位副局长，兼任编纂委员会常务副主任和办公室主任，及时听取有关情况，审定工作方案，推动工作如期完成。局机关各司室履职尽责，从撰稿审稿人员推荐、资料收集整理到内容重点确定，再到稿件审核，提出明确意见；每次专题研讨会，各司同志亲临指导。政策法规司为主管司室，李耀申、朱晓东、陆琼等几任司长恪尽职守，在政策把关、执行程序和工作落实方面发挥了主导作用。文物出版社有限公司作为项目管理单位，社长张自成（编委会办公室常务副主任）召开社务会议，明确将志书编纂出版项目作为重点工作，专门以人文图书编辑中心为主体负责编纂委员会办公室秘书处日常工作，全程参与编纂例会、前期调研、项目推进、出版结项，为整个编纂工作给予了有力保障。副社长何洪、副总编辑刘铁巍先后分管编纂工作，在不同工作阶段，他们及时组织秘书处讨论具体方案，为落实各项工作发挥重要作用。编纂过程中，张自成社长自始至终参加每周例会，掌握进展情况，解决实际困难。文物出版社坚持规范管理，坚持勤俭办事，严格执行预决算制度，保障编纂工作依法合规顺利完成。

编纂团队秉持坚韧不拔、勇于担当的精神，同心协力、攻坚克难。总编纂董保华勤勉敬业，带领编纂团队积极探索，充分发挥每个人的作用，广泛听取各方面意见，形成集体智慧，理清编纂思路。副总编纂黄元、乔梁、刘小和、董琦、李季、何洪兢兢业业，发挥各自专业优势，对各篇内容进行统改和分纂。秘书处在许海意带领下，胡奥千、王海东、沈骞、周小玮、马莉萍等，克服时间紧、任务重、人员少等重重困难，完成了会议组织、资料图片收集整理、日常服务保障等大量工作；积极参与业务工作，参加各篇章撰写示例、撰写说明的起草和专题研讨。在攻《总述》、信息化工作、博物馆藏品管理、重大考古发现、文物保护经费管理等撰写难点过程中，许海意和胡奥千、王海东不畏艰难、认真负责，经过不懈努力，很好地完成了颇有难度发挥了重要指导作用。齐家璐不辞劳苦，查阅群书，浏览资料，阐规则，订体例，调结构，理行文，答疑解惑，言传力行，七年如一日，在编纂工作各个方面、各个阶段发挥了关键作用。经他亲自修改的"大地湾遗址""后母戊鼎""长城专项督察""文物普查与调查""尼雅遗址考古发现""陶寺遗址考古发现""中国国家博物馆机构"等条目，成为保证编纂质量的重要示例；各编各章的指导更是不惮其繁乱细琐，仅单独反馈的修改意见就多达40余万字。方志专家王国庆带领秘书处胡奥千、沈骞、王海东完成《可移动文物编》大部分统稿，并独自承担《文物管理编》《文物事业编》全部统稿工作。方志专家王卫明、吕书红承担《不可移动文物编》统稿工作，颜小忠、苏炎灶、王雨亭等对《总述》《大事记》《文物管理编》《文物事业编》提出重要统改意见。

编纂工作始终在国家文物局有力领导下开展。励小捷、刘玉珠、李群三任局长先后主持志书编纂启动工作、编纂修改及终审工作和编辑出版工作；先后分管志书工作的董保华、顾玉才、关强三位副局长，兼任编纂委员会常务副主任和办公室主任，及时听取有关情况，审定工作方案，推动工作如期完成。局机关各司室履职尽责，从撰稿审稿人员推荐、资料收集整理到内容重点确定，再到稿件审核，提出明确意见；每次专题研讨会，各司同志亲临指导。政策法规司为主管司室，李耀申、朱晓东、陆琼等几任司长恪尽职守，在政策把关、执行程序和工作落实方面发挥了主导作用。文物出版社有限公司作为项目管理单位，社长张自成（编委会办公室常务副主任）召开社务会议，明确将志书编纂出版项目作为重点工作，专门以人文图书编辑中心为主体负责编纂委员会办公室秘书处日常工作，全程参与编纂例会、前期调研、项目推进、出版结项，为整个编纂工作给予了有力保障。副社长何洪、副总编辑刘铁巍先后分管编纂工作，在不同工作阶段，他们及时组织秘书处讨论具体方案，为落实各项工作发挥重要作用。编纂过程中，张自成社长自始至终参加每周例会，掌握进展情况，解决实际困难。文物出版社坚持规范管理，坚持勤俭办事，严格执行预决算制度，保障编纂工作依法合规顺利完成。

编纂团队秉持坚韧不拔、勇于担当的精神，同心协力、攻坚克难。总编纂董保华勤勉敬业，带领编纂团队积极探索，充分发挥每个人的作用，广泛听取各方面意见，形成集体智慧，理清编纂思路。副总编纂黄元、乔梁、刘小和、董琦、李季、何洪兢兢业业，发挥各自专业优势，对各篇内容进行统改和分纂。秘书处在许海意带领下，胡奥千、王海东、沈骞、周小玮、马莉萍等，克服时间紧、任务重、人员少等重重困难，完成了会议组织、资料图片收集整理、日常服务保障等大量工作；积极参与业务工作，参加各篇章撰写示例、撰写说明的起草和专题研讨。在攻克《总述》、信息化工作、博物馆藏品管理、重大考古发现、文物保护经费管理等撰写难点过程中，许海意和胡奥千、王海东不畏艰难、认真负责，经过不懈努力，很好地完成了颇有难度的总述示例撰写和重大考古发现条目修改任务。秘书处诸同志"谦虚谨慎、任劳任怨、勤奋学习、勇于担当"的优良作风，得到参编单位和众多领导、专家的一致好评。文物出版社编辑孙霞、张晓曦、孙漪娜、王媛等同志坚持出席编纂例会，听取专家意见、认真编辑稿件，为保证志书质量付出辛勤汗水。

《中国文物志》编纂工作还得到了中国历史研究院考古研究所所长陈星灿，北京大学考古文博学院两任院长杭侃、孙庆伟，中国科学院古脊椎动物与古人类研究所前副所长高星等人的大力支持，中国地方志指导小组办公室原书记田嘉给予全程指导。张德勤、张文彬、单霁翔、励小捷、谢辰生、郑欣淼、吕章申等顾问以及马自树、彭卿云、李晓东等老同志悉心评议，提出许多重要建议。

由于水平有限、时间紧迫，本志难免重复、疏漏、错讹之处，诚恳期望各界人士给予批评指正。

值此《中国文物志》出版之际，衷心感谢所有关心、支持、帮助编纂工作的各位专家、同志们、朋友们！与此同时，我们深切缅怀与世长辞的张德勤、张文彬、谢辰生顾问和齐家璐老师，他们为祖国的文物事业贡献了毕生精力，为《中国文物志》的诞生倾注了最后的心血。最后，我们由衷地希望通过这部记述中华民族悠久文化，伟大祖国宝贵遗产，文物工作艰辛历程，文物事业辉煌成就，新中国几代文物工作者忠于事业、无私奉献崇高精神的鸿篇巨制，为新时期文物事业谱写新的篇章，为实现中华民族的伟大复兴做出应有的贡献！

《中国文物志》编纂委员会办公室

2023年5月